行 政 管 理 學

傅 肅 良 著

中興大學、文化大學兼任教授

三 民 書 局 印 行

© 行政管理學

著　者　傅肅良

發行人　劉振強

著作財　三民書局股份有限公司
產權人

印刷所　三民書局股份有限公司
　　　　復興店／臺北市復興北路三八六號五樓
　　　　重慶店／臺北市重慶南路一段六十一號
　　　　郵撥／〇〇〇九九九八一五號

初　版　中華民國七十二年十二月
修訂初版
再修訂初版　中華民國七十七年十二月
再修訂再版　中華民國八十一年二月
　　　　　　中華民國八十三年二月

編　號　S 49012

基本定價　玖元叁角叁分

行政院新聞局登記證局版臺業字第〇二〇〇號
著作權執照臺內著字第二五四三〇號

ISBN 957-14-0233-8 (平裝)

自　序

　　近年來，國內外學者撰寫的行政或管理學甚多，但對行政或管理學的界說，頗多差異，所包括的主題範圍，亦出入甚大，致研究行政管理者，頗感困擾。

　　作者從事行政及教學工作多年，就平日工作上的體會及研讀行政及管理學的心得，撰寫是書，以期對研究行政及管理者，能略有助益。

　　作者在本書中，先對行政管理學的意義界說為：行政管理學，係研究各組織推行業務之行為與程序，及組織、人事、財務、事務之配合與管理，以遂行任務及達成目標之理論、原則、方法與技術。而後再根據此一意義界說，擬定行政管理學應行研討的主題範圍，並按主題性質歸納為篇、章、節，共計八篇、三十二章、一百三十三節。

　　本書第一篇，除第一章概說外，以敘述行政管理的理論發展為主，並區分為三個時期，每期以一章的篇幅容納之。

　　第二、第三篇各章，係敘述行政行為與行政程序者，誠以行政工作的推動，不論為何種專業行政，均須透過行政行為的表現與經由行政程序而完成，故此兩篇的內容並不涉及各種專業行政的實質，而只敘述推行行政的模式。至各種專業行政的實質內容，係因專業的不同而異，須

分別在各種專業行政的專門著作中討論。

　　第四、第五、第六、第七篇各章，係敍述一般組織的組織管理、人事管理、財務管理、事務管理者，此四種管理工作為各組織所共有，且多屬大同小異，故以敍述其實質內容為主，至推行的模式，仍適用行政行為與行政程序的論點。

　　第八篇各章，係敍述行政管理的革新，此為一般組織所共同需要者，故其內容係以模式與實質內容兼顧。

　　本書內容，除根據作者體會所得而撰寫外，引述或參考國內外學者著作之處甚多，作者對之深表感謝。其中須特別一提者，有本書之㈠主題範圍，多係參考老師張金鑑教授所著行政學典範而擬定；㈡第六篇財務管理之分章結構及主要內容，除現行法有規定之部分外，多係參據張則堯教授所著財務行政而撰寫；㈢第二、第三、第四章的結構，多係參考張潤書教授所著行政學而設計；㈣第十三章第一節、第十五章第一節，主要係參照姜占魁教授所著行政學而撰述；㈤第八章第四節，係參據徐佳士教授所著大眾傳播理論而撰擬。

　　本書稿件完成後，蒙三民書局劉董事長振強先生慨允出版，特此致謝。作者對行政管理，學驗有限，又成書匆促，疏誤之處在所難免，還望各界先進不吝指正。

傅肅良
七十二年十月於臺北市

行政管理學

目次

自 序

第一篇 總 論

第二篇　行政作為

第三篇　行政程序

第四篇　組織管理

第六篇　財務管理

第七篇　事務管理

第八篇　行政管理革新

第一篇　總　論

在總論中擬予研究的問題，包括對行政管理學之概要性的說明，及行政管理之理論的演變過程。大致而言，行政管理學的概說，為研究其他各別行政管理問題之先須加以了解者；而行政管理理論的發展，則可大別為傳統的行政管理理論，人性的行政管理理論，及系統權變的行政管理理論三個時期，每一時期的理論，均有其特性，而此種特性對各別的行政管理問題均發生有若干影響，故對研究行政管理學而言，亦須先加以了解者。茲分概說，傳統的行政管理理論，人性的行政管理理論，系統權變的行政管理理論四章，研究討論之。

第一章　概　說

行政管理學有其一般的意義，亦有其較爲固定的範圍，行政管理有其明顯的目標、特性、發展階段，研究行政管理有其可行的方法，行政管理的主管機關甚爲分散，茲分節敍述如後。

第一節　行政管理學的意義

欲了解行政管理學的意義，須先將與之有關的數個學科名詞加以解析，再就國內外學者對行政管理意義的界說作一介紹，而後提出作者對行政管理意義的看法。茲分項簡述如後。

第一項　與行政管理學有關的數個名詞

與行政管理學有關的學科名詞，主要有下列四個：

一、行政學　係偏重研究政府機關之一般的共同的行政理論與現象之學，其中又有以行政學典範、行政學概論、現代行政學、公共行政、公共行政學等名之者。在外國通常以 "Public Administration" 或 "Administration" 名之。

二、管理學　係偏重研究事業機構之一般的共同的管理理論與現象之學，其中又有以現代管理學、企業管理、企業組織與管理、工商管理等名之者。在外國通常以 "Management"，"Business Management" 或 "Management and Organization" 名之。

三、行政管理學　係研究政府機關及事業機構之一般的共同的行政及管理理論與現象之學，其中又有以行政管理、現代行政管理等名之者。

四、其他　凡以一般的共同的行政或管理中之某一主題的理論或現象為其研究之對象時，通常即以該主題名之，如人事管理、財務管理、事務管理等。

由於行政與管理的理論與現象之間，雖有其相異之處，但大部分係屬相同，故行政學或管理學，亦常可分別適用至事業機構或政府機關。再以學校等機構而言，其行政或管理的理論與現象，與政府機關或事業機構之行政或管理，亦有其相通之處，故行政學或管理學之研究結論，有者亦可適用至學校等機構。

由上說明，吾人可知行政學與管理學兩者，並非兩種不同的學科，事實上大部分內容均屬相通，有的學者更將行政與管理看作同義字，只認為對政府機關及高層次的事業機構，以用行政兩字較宜而已[1]。本書之所以以行政管理學名之，乃希望能兼顧行政與管理二者，因而其研究範圍，亦略較一般的行政學或管理學為廣。

第二項　國內學者對行政管理意義的界說

國內學者撰寫之行政或管理著作不少，對行政學或管理學的意義界說亦頗有不同，茲擇其要者摘示如後：

---

[1]　Dalton E. McFarland, *Management: Principles and Practices*, pp. 8-9, 美亞出版社，1974。

　　一、**行政學**　就是就行政現象與事實，作有組織有計畫的研究，而獲致的原理與法則和系統知識。所謂行政就是公務或政務的處理，所謂原理就是一般的或公認的信念或眞理足爲行政行爲或措施之普遍與正確指引，所謂法則就是在一定的情形下足爲行政行爲或措施之正常規範者，所謂系統知識就是科學❷。

　　二、**行政學**　係對政府或公務機關如何有效的推行其業務以達成最後目的時，所作的有系統的研究而獲致的知識與學問❸。

　　三、**行政學**　主要係研究組織內行政管理的行爲和問題。行政學的研究範圍至爲廣泛，不僅限於政府機關❹。

　　四、**行政學**　就是用最經濟與最有效的方法，處理政府事務的科學❺。

　　五、**行政學**　乃爲研究有關行政管理、執行與效能等事項之科學❻。

　　六、**行政學**　是研究公務處理最經濟有效所獲致的原理與法則，以達成其共同目標的科學❼。

　　七、**管理學**　係以管理爲研究對象所發展和累積的有系統知識❽。

　　八、**企業管理**　是企業各部門的各級主管人員，運用決策、協調、資源運用的精神，從事其所應履行的計畫、組織、用人、指導及控制等管理工作，以達成工作目標❾。

　　九、**管理**　乃計畫、執行、控制的一連串活動的循環作用，稱爲管

❷　張金鑑著，行政學典範，第十頁，中國行政學會，六十四年版。
❸　張潤書著，行政學，第一頁，三民書局，六十五年版。
❹　姜占魁著，行政學，第八頁，五南圖書出版社，七十一年版。
❺　左潞生著，行政學，第二頁，三民書局，六十五年版。
❻　管歐著，現代行政學，第一頁，永大書局，六十七年版。
❼　侯暢著，行政學通論，第二十頁，華岡書局，六十年版。
❽　許士軍著，管理學，第二十二頁，東華書局，七十一年版。
❾　陳定國著，企業管理，第十五——十六頁，三民書局，七十年版。

理循環，並以人的因素爲重心⓵。

　　十、管理　是一組活動或程序，在組織的結構中，由組織成員應用技術與資訊，以協調與整合資源的運用，而達成組織的共同目標（生產力與滿足）⓫。

　　十一、行政管理學　是研究推行政令管理機關的科學，亦卽研究公務管理如何經濟有效的科學⓬。

　　由上可知，國內學者對行政或管理的意義界說不盡一致，有者較繁，有者較簡；有者以行政現象與事實爲研究主要對象，有者以計畫執行控制爲研究主要對象；有者以經濟有效的運用爲研究範圍，有者以行政或管理的行爲與問題爲研究範圍；有者將行政或管理視爲一組原理、法則及知識，有者卽認爲是一種科學；以行政學名之者，其研究對象多以政府機關爲範圍，但亦有認爲不僅限於政府機關者；以管理學名之者，其研究對象或以企業機構爲範圍，或不以企業機構爲限；以行政管理學名之者，則以推行政令與管理機關爲研究重點。

第三項　國外學者對行政管理意義的界說

　　國外學者撰寫之行政學或管理學著作甚多，對行政學或管理學的意義界說亦頗有差異，茲選其重要者摘示如後：

　　一、公共行政　是完成政治上決定的目標⓭。

　　二、行政　是各組織（含政府、事業、社會團體、工會）於履行責任及執行方案時，所需運用的某些行政實務與管理技術⓮。

⓵　王德馨著，現代工商管理，第三頁，中興大學企管系，七十一年版。
⓫　龔平邦著，現代管理學，第四頁，三民書局，六十七年版。
⓬　唐振楚著，行政管理學，第一頁，國防研究院，五十四年版。
⓭　Dimock and Dimock, *Public Administration*, p. 1, 馬陵出版社，1969。
⓮　Albert Lepawsky, *Administration* p. 3, Knopf, 1960.

三、**管理** 乃是現代組織的一特殊器官,只有這種器官的有所作爲,組織才能有所作爲與生存❶ 。

四、**管理** 是經由員工使工作做好的程序❶ 。

五、**管理** 就是計畫、組織、用人、指導、管制、革新及與外界聯繫❶ 。

六、**管理** 是一種程序,管理者運用此種程序,經由人力之有系統的協調合作,以創立、指導、維持及運轉有目標的組織❶ 。

七、**管理** 是一種程序,經由此種程序,使一個團體的組成份子獲得統合、協調與運用,以有效果的與有效率的達成組織的目標❶ 。

八、**管理** 是一種包括計畫、組織、激勵及管制的程序,經由此種程序運用可用人力與其他資源,以決定及完成所定的目標❷ 。

九、**管理** 是管理者在制作決定、協調團體力量及領導時所表現出的各種活動❷ 。

十、**管理者** 他的主要問題與任務,爲意見溝通、影響他人行爲、規畫目標、制作決定、分配資源與人力、處理衝突及主持變革❷ 。

十一、**管理** 是一種經由他人完成工作的職能,管理者的任務,是

❶ Peter F. Drucker, *Management, Tasks Responsibilities and Practices*, p.6, 美亞, 1974。
❶ Richard M. Hodgetts, *Management, Theory Process and Practices*, p.581, 中央圖書出版社, 1975。
❶ Ernest Dale, *Management, Theory and Practices*. pp.4-6, 東南出版社。
❶ Dalton E. McFarland, 同前書, p.6, 美亞出版社, 1974。
❶ Howard M. Carlisle, *Management, Concepts and Situations*, p.5, 淡江書局, 1977。
❷ George E. Terry, *Principles of Management*, p.4, 美亞出版社, 1974。
❷ Justin G. Longenecker, *Principles of Management and Organizational Behavior*, p.6, 美亞出版社, 1974。
❷ Ross A. Webber, *Management*, p.17, 華泰書局, 1976。

計畫、組織、用人、指導及管制他人的業務[28]。

由上可知,外國學者對行政學或管理學的意義界說亦不盡相同,有者極簡,有者較繁;惟多數學者皆認爲管理是達成組織目標所運用的一種程序,至程序的內涵則頗有不同看法;再對行政與管理兩個名詞,並無多大區別,同時行政與管理兩個名詞,既均可適用於政府機關,亦均可適用於事業機構、社會團體、工會等非政府機關。

第四項　作者對行政管理意義的界說

作者對行政管理意義的界說,試定爲「行政管理學,係研究各組織推行業務之作爲與程序,及組織、人事、財務、事務之配合與管理,以遂行任務及達成目標之理論、原則、方法與技術」。

茲再說明如下:

一、所稱各組織　並不以政府機關爲限,凡事業機構、社會團體等均包括在內。換言之,任何組織均有其行政管理的工作,當組織規模愈大的機關,行政管理的工作愈趨於重要。

二、行政管理學的範圍　是以研究推行業務之作爲與程序,及組織、人事、財務、事務的配合與管理爲範圍。推行業務的作爲可稱爲行政作爲,推行業務的程序可稱爲行政程序;爲配合業務的推行,並對組織、人事、財務、事務,予以配合與管理。此種行政作爲、行政程序、組織管理、人事管理、財務管理、事務管理,即成爲行政管理學的研究重點。

三、研究行政管理學的目的　各組織均有其任務與目標,此種任務與目標的達成,須經由行政管理而實現,故研究行政管理學的目的,在

---

[28] Koontz and O'donnell, *Principles of Management*, p.1, McGraw ——Hill, 1959.

使各組織能順利的逐行任務與達成目標。

　　四、行政管理學的內容　包括一套理論、原則、方法與技術。所稱理論、原則、方法與技術，其範圍極爲廣泛，任何措施均有其理論、原則、方法與技術，而行政管理學僅指有關行政作爲、行政程序，及組織、人事、財務、事務之配合與管理方面的理論、原則、方法與技術。

第二節　行政管理學的範圍

　　行政管理的範圍，各學者看法不盡一致。茲就國內學者、國外學者，對行政管理範圍的看法，作者對行政管理範圍的看法，及本書對篇、章、節、項的區分，分項簡述如後。

第一項　國內學者對行政管理範圍的看法

　　茲選國內十一位學者所著行政與管理學之章名爲準，作成統計如下表，以了解行政管理範圍的梗概。

章名或與之相當的章名	曾列專章討論之著作數	佔十一本著作之百分比
行政管理概說（總論、緒論）	10	91%
傳統的行政管理理論	7	64%
行爲科學的行政管理理論	5	45%
系統權變的行政管理理論	6	55%
行政權與政府行政的演變	2	18%
法治行政	1	9%
行政作爲	3	27%
行政授權	2	18%
領導	7	64%
決策	7	64%
計畫	7	64%

溝通與協調	5	45%
管制考核	6	55%
研究發展	2	18%
公共關係	2	18%
行政三聯制	4	36%
組織的原則	11	100%
組織的目標	1	9%
設計組織的程序與組織型式	9	82%
組織的分類	8	73%
組織內員工的行為	3	27%
人員考試、任用、俸給、考績	8	73%
人員訓練、保險、退休、撫邮	6	55%
充分運用人力	1	9%
人羣關係	3	27%
預算	8	73%
會計、公庫	7	64%
決算、審計	7	64%
營銷管理	1	9%
生產管理	1	9%
文書管理	6	55%
財物管理	7	64%
庶務管理	8	73%
管理革新	4	36%
管理的未來	5	45%
行政改革	1	9%
行政效率	2	18%
建立管理資訊系統	1	9%
其 他	3	27%

從以上國內學者對行政管理範圍的看法統計，行政管理的範圍主要可歸納為七大部分，即總論、行政行為、行政程序、組織、人事、財務、事務，至每一大部分的分章章名及研討的重點，則甚多差異，所分章數亦不一致。

第二項　國外學者對行政管理範圍的看法

　　茲選國外十一位學者有關行政與管理學的著作，以其章名為準作成
統計如下表，俾了解行政管理範圍的梗概。

章名或與之相當的章名	曾 列 專 章 討 論 之 著 作 數	佔 十 一 本 著 作 之 百 分 比
管理總論	8	73%
管理的回顧	2	18%
管理者與行政者	3	27%
自古代至工業革命	2	18%
科學管理運動	6	55%
人性的管理	4	36%
社會責任與倫理行為	4	36%
系統的管理思想	5	45%
領導	10	91%
決策	9	82%
政策管理	3	27%
計畫	11	100%
管理目標	6	55%
管制與協調	11	100%
意見溝通	7	64%
管理者的執行職務	3	27%
組織與環境	4	36%
組織系統	2	18%
組織理論	1	9%
組織結構	9	82%
組織設計	9	82%
組織中的權威與責任	5	45%
組織的變更	6	55%
組織的衝突	3	27%
織組的成長	1	9%
織組的效能	1	9%

組織與個別員工	2	18%
組織氣候、士氣、態度	2	18%
人員的進用	4	36%
人員的薪給	4	36%
激勵系統	7	64%
人員的發展、訓練	5	45%
管理者的訓練與發展	3	27%
工作技術與生產力	1	9%
預算管制	4	36%
管理資訊系統	5	45%
管理革新	2	18%
管理的將來	6	55%
比較管理與國際性擴張	4	36%
其 他	1	9%

從以上國外學者對行政管理範圍看法的統計，行政管理的範圍主要包括六大部分，卽總論、行政作爲、行政程序、組織、人事、財務，至各大部分中所分的章名則頗多差異，所分章數亦多不等。惟值得吾人注意者，一爲對組織方面所分章次甚多，討論亦甚爲詳盡；二爲對事務管理，多未列入行政管理範圍，其原因也許是機關管理 (Office Management) 已成爲獨立學科，故從缺；三爲對人性管理與系統權變管理的理論，多在組織、人事及程序各章中，分別加以應用，可使理論與實務配合。此與我國情形相比，自有不同。

第三項　作者對行政管理範圍的看法

在前節第四項，作者對行政管理學的意義，曾界說爲「行政管理學，係研究各組織推行業務之作爲與程序，及組織、人事、財務、事務的配合與管理，以遂行任務及達成目標之理論、原則、方法與技術」。因此，行政管理的範圍，應包括下列各方面：

一、**總論方面**　主要研討行政管理學的意義、範圍，及行政管理理論的發展。

二、**行政作為方面**　主要研討法規，領導，制作決定，及公共關係等問題。

三、**行政程序方面**　主要研討計畫，溝通，管制，及研究發展等問題。

四、**組織方面**　主要研討組織的成長與設計，組織的型式，組織的分類，及組織內員工的行為等問題。

五、**人事方面**　主要研討人事體制，人員選用考訓，人員薪給福利，及激勵員工工作意願與發揮員工潛能等問題。

六、**財務方面**　主要研討財務計畫，財務收支，財務監督及財務調整等問題。

七、**事務方面**　主要研討文書管理，財物管理及庶務管理等問題。

八、**行政管理革新方面**　主要研討確立革新目標，健全組織，有效運用資源，及建立管理資訊系統等問題。

第四項　本書對篇、章、節、項的區分

本書共分八篇，每篇分為四章，每章以分四節為原則（但亦有只有三節及分為六節者），每節以分四項為原則（但亦有只分二項及分為七項者）。其篇及章名如下：

一、**第一篇總論**　內分概說，傳統的行政管理理論，人性的行政管理理論，系統權變的行政管理理論等四章。

二、**第二篇行政作為**　內分法規與法治，領導，制作決定，公共關係等四章。

三、**第三篇行政程序**　內分計畫，溝通與協調，管制考核，工作檢

討與研究發展等四章。

　　四、第四篇組織管理　內分組織的成長、更新、效能與設計原則，設計組織的程序與組織的型式，組織的分類，組織內員工的行為等四章。

　　五、第五篇人事管理　內分建立人事體制與選用考訓人員，激發潛能意願與保障生活安全，人事管理的傳統面與人性面，人事管理的系統面與權變面等四章。

　　六、第六篇財務管理　內分預算，會計與公庫，決算與審計，財務調整等四章。

　　七、第七篇事務管理　內分文書管理，財物管理，庶務管理，事務管理的科技面、人性面與權變面等四章。

　　八、第八篇行政管理革新　內分確立革新的目標，健全組織與整理法規，有效運用資源，建立管理資訊系統等四章。

第三節　行政管理的目標、特性與發展

　　行政管理的目標、特性與發展情形，與一般學科頗有不同，茲分行政管理的目標，行政管理的特性，行政管理的發展，行政管理的共同性與差異性四項，簡述如後。

第一項　行政管理的目標

　　行政管理的目標，因行政管理理論的發展而改變。行政管理的理論，由傳統的（含科學管理）發展為人性的，再由人性的發展為系統權變的，因而行政管理的目標，亦由工作成果與工作效率兩個目標，再發展為尚需兼顧員工滿足與保持彈性的四個目標。茲簡說如下：

一、對工作獲得成果　各機關的任務與目標，須透過行政管理來逐行與達成，不論為任務的逐行或目標的達成，都須獲得成果。如任務未能逐行或目標未能達成，不論其原因為行政行為不當、行政程序不合、或人事、財務、事務管理未能配合、組織不健全，均屬行政管理的缺失，亦即行政管理未有達到目標。

二、對工作具有效率　各機關的任務與目標，不但要獲得成果，且在逐行任務與達成目標的過程中，更須具有高的效率。如行政行為有效，行政程序簡明，組織健全，人力獲得充分的運用，經費及財物做到最有效的分配，以期以最少的人力、經費、時間、物料，產出最多的工作數量、最好的工作素質、及最大的工作績效。

三、對員工能給予滿足　各機關的員工，固須為機關逐行任務達成目標而奉獻出心力，但吾人應切記員工亦有其個人的需要與願望，此種需要與願望，有者屬於物質生活方面，有者屬於精神生活方面。員工表現出工作上行為的另一目的，則希望因此而能滿足自己的需要與實現自己的願望，亦只有需要與願望能獲得適度滿足與實現的員工，始能對機關提供更多的奉獻。因此行政管理的另一目標，就是要對員工合理的需要給予較多的滿足，對員工合理的願望協助其實現。

四、對措施須保持彈性　行政管理必須適應機關內外的環境，而環境是多變的，環境的變更不但會對行政管理發生影響，而且行政管理措施亦須作適度的調整，以期行政管理措施與經變更的環境之間，能保持着動態的平衡。這種因環境的變更而調整行政管理措施的需要性，當社會越進步、科技越發展、環境變更的頻次越多與變更速度越快時，調整的需要性越大。因此行政管理措施的本身，必須保持較大的彈性，以期在彈性許可範圍內，隨時根據環境的改變作適應的調整。

第二項 行政管理的特性

根據作者對行政管理學意義的界說，亦可推知行政管理的特性。

一、廣博性 行政管理本身，包括理論、原則、方法與技術。行政管理的內容，包括行政作為、行政程序，及組織、人事、經費、物材等。行政管理所適用的機關，包括政府機關、事業機構、社會團體、學校等，且不論機關大小，均須透過行政管理來遂行其任務與達成其目標。故在範圍上，行政管理較一般學科為廣博。

二、適應性 各種學術理論的發展，各種科學技術的改進，人員思想的改變，及其他環境因素的變更，均會影響及行政管理，因而引起行政管理理論、原則、方法、技術的改變，以求適應。如行政管理不能作配合改變的適應，將使各機關在遂行任務與達成目標的過程中發生阻礙，甚或使目標根本無法達成。

三、輔助性 設立機關的目的是為遂行任務與達成目標，行政管理雖為機關遂行任務與達成目標所必須，但行政管理工作本身並非機關的目的，它只是遂行任務與達成目標的輔助而已，故行政管理是輔助性的工作，而非目的性的工作。但吾人須注意的是，行政管理並不因其為輔助性而影響其重要性。

四、進步性 行政管理是在繼續發展的，如由傳統的行政管理發展至人性的行政管理，再由人性的行政管理發展至系統權變的行政管理，每當經過一個發展階段，行政管理的理論、原則、方法與技術，均有着相當幅度的改變。就以今日的行政管理而言，亦不是最終的，在今後一定還會繼續的發展改進與革新，故繼續不斷的求進步、求改進、求革新，可稱為行政管理的又一特性。

第三項　行政管理的發展

從縱的時間流程看，行政管理是在隨着時間的經過而發展，在整個發展過程中，可依其特性的不同區分為若干階段，但對階段的區分各學者看法不甚一致。大概而論，可區分為三個階段，每個階段的發展均有其背景與特性。除三個階段的行政管理主要論點，另在本書第二至第四章中敍述外，茲先就三個階段的背景與特性簡說如下：

一、傳統的行政管理階段（大致期間為一九○○年以後）

（一）背景：歐洲自文藝復興以後，人類思想有了重大轉變，探討問題的主觀方法漸為客觀方法所代替，所謂科學方法亦廣被採用與發展。又自工業革命後，對社會制度發生了重大影響，法治觀念獲得重視。再由於產品的大量生產，銷售競爭激烈，為期廉價銷售取勝，對效率的需求日趨迫切。在此種背景下，行政管理乃表現出它的特性。

（二）特性：科學管理運動隨而興起，建立科學處事方法，訂定標準考核績效。訂定管理程序及原則，以為管理依據。降低成本、增加產量、提高素質，以增進效率。設計理想型的官僚組織模式，使組織有法制依據，編制採定額，任務憑職掌，辦事依規定。

二、人性的行政管理階段（大致期間為一九三○年以後）

（一）背景：由於科學管理只重視管理技術，只重視對事的管理，將人看作事的配屬，對管理缺少完整的理論，組織亦不够健全。人由物質的生活走向精神生活的趨向，更使員工有滿足需要與實現願望的期求。由於傳統管理之疏忽人的心願，乃使員工普遍的產生不滿，對傳統的行政管理發生甚大的衝擊，致使行政管理不得不作適度的改變。

（二）特性：人性的行政管理，重視管理當局與員工間人際關係的和諧。研究員工的動機與行為、需要與願望，一方面採取激勵措施以激

發員工的工作行為，一方面並協助員工使其需要與願望獲得適度的滿足與實現。人性的行政管理亦重視員工相互間的互動關係，以增加員工對組織的向心力，降低員工對管理的阻力。

三、系統權變的行政管理階段（大致期間為一九六〇年以後）

（一）背景：傳統的行政管理固有所偏（偏於事的管理），但人性的行政管理亦有所偏（偏於人際關係）。偏於事的管理，固使機關任務的逐行與目標的達成發生了阻碍；偏於人際關係，同樣會使機關任務的逐行與目標的達成發生困難；因而事與人的兼顧乃有必要。再由機關組織之日趨龐大，業務之日趨繁複，分工之日趨精細，行政管理與組織內外環境間關係之日趨密切，使行政管理有綜合知識、調和偏頗、統合局部的迫切需要，因而以系統觀念為依據，採取權變的行政管理措施，乃應運而生。

（二）特性：認為行政管理是屬於組織系統的一個部分，而組織又是屬於環境系統的一個部分；環境是多變的，環境系統中任何一個部分的變動，均會對組織發生影響；組織亦是多變的，組織系統中任何一個部分的變動，均會對行政管理發生影響；因此行政管理須作經常的調整以求適應。再認為行政管理必須與當時的國情相配合，故行政管理制度不能生硬移植。又認為每一問題均含有若干因素，因素之不同與因素變化程度的不等，均會影響問題的內涵，因而解決問題時必須考慮構成問題的因素與因素變化的程度，而後找尋解決問題的最有效方法；因為因素相同的問題已不多，而因素相同且變化程度亦相等的問題則更少，因此解決問題的方法不能相同，而應權變運用。

行政管理的發展，從時間上看雖可區分傳統的、人性的、系統權變的三個階段，但每一階段只有大致的開始期間，而無終止時間。其原因為前一階段的行政管理特性中，如有被認為係屬優點者則會在後一階段

的行政管理中延續的被應用。因此，在同一時間內，可能並存有三個不同發展階段行政管理的特性。

第四項　行政管理的共同性與差異性

從橫的空間觀點看，各個國家及同一國家的各機關的行政管理，固有其相同的部分，但亦有其相異的部分。一般而論，行政管理的目標與基本原則，大致均屬相同；行政管理的方法、技術部分，則常因國家別及機關別而不同。

一、相同部分

（一）目標相同：行政管理是各機關為遂行任務與達成目標所採取的措施，其目標不外對工作獲得成果，對工作具有效率，對員工能給予滿足，對措施保持彈性。此種行政管理的目標，不致因國家別或機關別而產生差異。

（二）行政作為的基本原則相同：　如制訂行政法規，　以為處事依據；經由領導，結合員工心力，完成任務與目標；制作決定解決問題；加強公共關係與新聞聯繫，以增進公眾對機關的了解與支持。

（三）行政程序的基本原則相同：　如訂定工作計畫，經由意見溝通與行動協調妥為執行，並加考核管制，以期任務與目標之順利的遂行與達成。再不斷檢討改進與研究發展以求精進。

（四）組織管理的基本原則相同：　各機關為遂行任務與達成目標，必須根據任務目標及組織原則，設計某種型式的組織架構與權責區分，並配置員額編制，此種組織架構及權責區分與員額編制，並須適應機關任務與目標的改變而調整。同時尚須重視組織內員工的行為，並作適當的管理與輔導，以增進組織的活力及員工的向心力。

（五）人事管理的基本原則相同：　各機關為便於配置員額編制，須

先建立人事體制，再選用優秀人員，在服務期間並嚴加考核，以獎優汰劣。對員工尙需加以訓練培養，以應業務變動及發展人才需要，並採取措施以提高員工的工作意願及發揮員工的潛在能力，使人力獲得充分的運用。更須建立薪給及保險、退休、撫邮制度，以維護員工生活與身心健康。

（六）財務管理的基本原則相同：各機關的財務須先有計畫（卽預算），並按計畫收支（卽會計與公庫），在收支過程中及收支終了，並需嚴加監督（卽決算與審計），以期財務資源獲得最有效的運用。遇及情勢有重大變動時，並須作財務的調整以求因應。

（七）事務管理的基本原則相同：各機關之文書處理應規定其手續，對經處理之文書應愼爲保管。對財產物品，應妥加登記並善加使用與保養。改善員工的工作環境，增進員工福利，維護員工身心健康。

（八）行政管理革新的基本原則相同：如經常保持組織的健全，法規的合時，辦事手續的簡化，人力的獲得充分運用，資源的做到有效分配，建立管理資訊系統以利決策，及行政管理目標的調整等，均爲行政管理革新所不可缺少者。

二、容有差異部分　各機關對行政管理的目標與行政管理措施的基本原則，雖多屬相同，但對達成目標及實現基本原則的方法與技術，則常因當時當地環境的不同而異，而各學者對行政管理見解的不同處，及各行政管理專家或主管人員對行政管理問題看法的相左處，大多亦屬於此方法與技術部分。

（一）行政作爲方面的差異：如管理法規如何制定？對民眾及員工的權益如何給予保障？採何種領導方式？採個人決策抑團體決策？如何加強公共關係與新聞聯繫等，各機關的做法頗有不同。

（二）行政程序方面的差異：如採何種期程的計畫及如何擬訂計

畫？採何種程序及途徑溝通意見？溝通的障礙如何排除？應用何種協調途徑及如何協調行動？採何種考核方法？管制考核程序如何規定？如何加強研究發展？各機關對這些問題的處理方法與技術，亦常因當地當時的條件與環境的不同而有差異。

（三）組織管理方面的差異：如應選用或特別重視何種原則來設計組織？應採用演繹方法或歸納方法來設計組織？應採用何種性質與型式的組織？組織應根據何種標準分類？應用何種方法來改善員工態度及提高團體士氣？對非正式組織應採取何種態度來處理？各機關的看法可能有不同，處理時所用的方法與技術自亦有差異。

（四）人事管理方面的差異：如宜採用何種人事體制？如何遴選人員？用人應專才專業或適才適所或通才通用？用何種方法考核員工工作？如何獎優汰劣？人才應如何來訓練、培養與發展？用何種方法來提高意願與發揮潛能？採何種標準設計薪給？保險、退休、撫卹制度應如何設計？人性管理與權變管理的精神應如何納入人事管理之實務中？對這些問題的解答方法與技術，各機關可能有不同。

（五）財務管理方面的差異：如應採用何種預算制度？編製程序如何規定？會計制度應如何設計？現金收支應如何集中處理？決算應如何審核？如何進行審計？如何發揮審計的效用？應採用何種方法調整財務收支以應特殊需要？對這些問題的看法與做法，亦可能有差異。

（六）事務管理方面的差異：如文書處理程序如何規定？檔案如何分類保管及借調？財產物品如何分類登記使用與保養？車輛如何調派？宿舍如何分配及保養？辦公處所如何佈置？環境衛生如何維護？工友如何管理？如何增進員工福利？各機關對這些問題的處理方法與技術，亦會發生差異。

（七）行政管理革新方面的差異：如應如何保持組織的健全？法規

應如何整理以發揮功效? 如何實施分層負責及簡化辦事手續? 如何提高人員素質? 人與事如何求其配合? 人才與工作如何能做到交互發展? 財力、物品如何作最有效的分配? 管理資訊系統如何建立? 行政管理目標應如何調整等, 解答這些問題的方法, 各機關亦不會完全相同。

第四節　行政管理的研究方法與主管機關

研究行政管理的方法甚多, 須視情況而選用, 行政管理學與某種學科關係甚為密切但有區別, 主管行政管理的機關甚多。茲分行政管理的研究方法, 行政管理學與其他學科的區別, 及行政管理的主管機關三項, 簡述如後。

第一項　行政管理的研究方法

研究行政管理的方法甚多, 如法學研究法、理論研究法、歷史研究法、比較研究法、實證研究法、社會研究法、心理研究法、數量研究法、實驗研究法、行為研究法、靜態研究法、動態研究法、間接研究法、直接研究法、生理研究法、生態研究法等。不過以上各種研究法, 有者僅從不同的角度來區分, 並非在方法上有真正的區別; 有者在內容上甚有重複, 故事實上用來研究的方法, 並無如此之多。一般而言, 用以研究行政管理的方法, 可從下列各種方法中, 視研究問題的性質及當時的情勢, 分別選用。

一、歷史研究法　「一種制度都是生長而成的, 並不是製造而成的; 都是被發現出來的, 而非被創造出來的」[24]。此種方法乃是以研究史學的方法來研究行政管理, 研究重點放在行政管理的起源、發展及其

---

[24]　張金鑑著, 行政學典範, 第三九頁。

沿革，其主要根據爲各種史料及學者的著作。運用此種方法的優點在於有根據，而其缺點是範圍過狹，難於發展新的理論領域。

二、**理論研究法**　卽先對各種行政管理現象，作有計畫與有組織的觀察與分析，而後歸納出某些原理原則，再根據此種原理原則，以演繹的方法予以推演，並作爲處理行政管理問題的依據，及判斷行政管理良窳的標準。運用此種方法的優點是可發揚行政管理的眞理，促進行政管理的進步；而其缺點是過於偏重主觀的判斷，忽略行政管理的客觀事實，致部分原理原則雖言之成理，但難以眞正應用。

三、**事實研究法**　乃以個別的行政管理事實或問題，作爲研究的對象，並就其癥結所在提出解決辦法，亦可說是個案研究個案解決，並不期望建立通用的原理原則，而完全是就事論事。運用此種方法的優點是確能解決問題，解決的方法亦確能適應問題的需要；而其缺點是解決問題的方法極爲零亂瑣碎，旣無一定的原理根據，亦無旣定原則可循。

四、**比較研究法**　歷史法是從縱的時間觀點就行政管理的演變予以觀察，而比較研究法是從橫的空間觀點就行政管理的異同予以觀察，並就其異同作比較分析及發現其優劣。運用此種方法的優點是他山之石可以攻錯，取他人之長改自己之短；而其缺點是各國的背景環境等情況並不相同，在他國甚至在他機關行之有效的行政管理，並不一定卽能適用於自己。

五、**心理研究法**　此乃根據員工動機與行爲的研究爲出發點，來研究行政管理現象的方法。人因有了動機而後表現出行爲，而動機又係因需要及刺激而產生，人的行爲又常受到團體的影響。因此種錯綜複雜的心理問題，影響行政管理極大，故擬運用此種方法，解決員工心理的衝突與減少員工行爲的挫折，以改善行政管理。但此種方法的缺點是心理問題旣抽象又屬變化多端，不易獲得爲一般人所接受的結論。

六、系統研究法 亦可稱爲社會研究法，因行政管理現象，並非屬孤立的現象，而是社會現象的一部分，與社會現象的其他部分之間有著互動相互影響的作用，任何其他部分的變動均會對行政管理發生影響，因此對行政管理問題的觀察與分析，不能只限於行政管理問題的本身，而應擴大觀察與分析的範圍，以求行政管理問題的眞正解決。運用此種方法的優點是能了解全盤情況，徹底解決問題；而其缺點是化費人力時間經費最多，一般機關難以負擔。

上述六種方法，從應用的時間先後言，大致是在傳統行政管理階段，以運用歷史法、理論法、事實法、比較法者爲多；自人性的行政管理興起後，心理法常被應用；自系統權變的行政管理興起後，系統法亦常被應用。再就研究方法與問題性質的關係而言，如組織問題似以應用系統研究法爲有效，人事問題宜用心理研究法，理論發展問題宜用歷史研究法，有關行政行爲與行政程序問題可用比較研究法等。

總之，研究方法只是一種手段，研究方法可視情況作不同的應用或選用或併用。

第二項　行政管理學與其他學科的區別

與行政管理學關係較爲密切但其內涵不同而又易於相混的學科，主要有研究政治的政治學與研究行政法的行政法學兩種，茲說明其區別如下：

一、行政管理學與政治學的區別 「國人往往拿政治當作行政來看，又拿行政當作政治來看，因此行政與政治的性質，往往混爲一談，這是最大的錯誤」[25]。至其區別可從下列知之：

（一）本質不同：如古德諾 (F. Goodnow)在其政治與行政一書中

---

[25]　侯暢著，行政學通論，第二十五頁轉引總統蔣公語。

云，「政治乃社會意志的結晶，行政乃此結晶的意志的執行」。

（二）範圍及方法不同：政治是管理眾人之事，其範圍較廣；行政是在如何管理眾人之某一種或數種事務，其範圍較狹；政治偏於政策性的制度或原理原則，行政偏於實際工作的推進，具體方案的實施，及執行之方法與技術。

（三）性質與時序不同：政治屬於權的性質，行政屬於能的性質；政策立於先導地位，行政屬於後隨地位㉖。

二、**行政管理學與行政法學的區別**　可從下列觀之：

（一）範圍不同：行政法學所研究之範圍，以屬於狹義的行政法規為限，如行政機關之組織、職權及其作用等行政事項之行政法規，均為其研究的範圍；其餘若立法、司法、考試、監察等機關之組織、職權及其作用等事項，應不屬於行政法學之範圍。而行政管理所研究之範圍，並不以行政法規所規定之行政事項為限。故行政管理之研究範圍較廣。

（二）重點不同：行政法學之研究重點，乃以法律關係為其基礎，各行政事項何者為法律所規定，何者則否，凡行政機關之組織、職權及其所為之作用，如制定行政法之依據、所規定之事項、所適用之範圍、所發生之效果、法律關係之當事人、權利義務之得喪變更、及不法行政之救濟方法等行政事項，要均以行政法所規定者，為其研究之依據，進而探求規定之利弊得失，建立行政法制的原理原則，加強法治行政的推行。而行政管理學的研究重點，並不以法律所規定之行政事項為限，即使已為法律所規定者，亦須探求其執行的方法與技術，以期順利遂行任務與達成目標㉗。

㉖　侯暢著，行政學通論，第二十六頁。
㉗　管歐著，現代行政學，第十七——十八頁。

第三項 行政管理的主管機關

行政管理中之行政作爲，行政程序，及組織、人事、財務、事務管理等事項的主管機關，各有不同；且公務機關與非公務機關之行政管理，其主管機關又有區別。

一、公務機關行政管理之主管機關

（一）行政作爲：有關行政法規之制訂，分別由立法院審議及行政主管機關核定；有關領導及制作決定的行爲，除行政法規另有規定外，均由各級主管人員自行運用；至公共關係則須與新聞主管機關協調。

（二）行政程序：有關計畫，溝通與協調，管制考核，工作檢討與研究發展等工作，除行政法規另有規定者外，多由各級主管人員自行運用；但須與行政院主計處及研究發展考核委員會協調。

（三）組織管理：屬中央政府機關之組織，須以法律定之，由主管院提出組織的法律案，送請立法院完成立法程序咨請總統公布施行。屬地方政府機關之組織，多以組織規程定之，由省（市）政府擬報行政院核定發佈，但其中有關職稱職等部分，須經考試院之同意，對規模小員額少之三級以下地方政府機關之組織規程，亦有由行政院授權省（市）政府自行核定發佈後再向行政院報備者。至公立學校及公營事業之組織，除以專法制定者外，其組織多依各級公立學校法及公營事業之法律規定，自行訂定組織或報經上級主管機關核准後施行。

（四）人事管理：有關人事法律者，由考試院提出法律案，送請立法院完成立法程序咨請總統公布施行；屬人事規章者由考試院核定發布施行，至根據人事規章所定各種補充規定，則由各有關機關首長核定施行。

（五）財務管理：屬中央機關者，財源籌劃由財政部主管，行政院

主計處則主管預算編製、會計、決算，至審計則由監察院審計部主管。預算案及決算案均須經立法院決議，其中預算案尚須由總統公布。屬地方機關者，分別由省（市）財政廳（局）、主計處、審計處主管，並須經省（市）議會通過；屬縣（市）鄉鎮級者，分別由縣（市）鄉鎮級有關單位及機關主管。

（六）事務管理：由行政院秘書處、研考會、主計處、人事行政局共同組成專案小組，規劃制度及法規，由行政院核定發佈施行，至一般的補充規定或解析，則按事項性質，分別由秘書處、研考會、主計處、人事行政局主管。

（七）行政管理革新：須視行政管理革新的內容，而定其主管機關或須與協調之機關。

二、非公務機關之行政管理 除組織之設立，需經主管機關事先核准或事後備案外，餘多由各機關自行規劃並處理。

第二章　傳統的行政管理理論

傳統的行政管理理論，主要由科學管理學派、程序管理學派及官僚組織體系學派各巨子，對行政管理的論點而形成。此種傳統的行政管理理論有其基本原則，自亦有其優點與缺點。茲分節敍述如後。

第一節　科學管理學派

科學管理學派，是科學管理運動的創始與發揚者，茲選泰勒等四人的論點，分項簡述如後。

第一項　泰勒的工廠管理理論與科學管理原則

泰勒 (Frederick W. Taylor)，曾受良好教育，入工廠工作，由領班升至總工程司，同時並在學院取得工程學士學位，由於泰氏肯研究實驗，以其心得著書立說，其中最受人重視者，為工廠管理理論與科學管理原則。

一、工廠管理的理論　一九〇三年出版「工廠管理」(Shop Management) 著作，提出有關管理的四點理論：

（一）每一工作日均應有其明確的工作。

（二）為完成工作須給以標準化的工作環境、設備及工具。

（三）凡具有較高的成績者應給以較高的薪資。

（四）凡工作失敗者卽將失去待遇與地位❹。

二、科學管理原則 一九一一年修正出版「科學管理原則」（Principles of Scientific Management），提出四項原則：

（一）對一個工人之每一單元的工作，研究用科學的方法來處理，以代替原有僅憑臆斷或摸索的方法。

（二）應用科學的方法遴選工人及訓練、教導與發展工人；在以往工作是由工人自己選擇與自己訓練的。

（三）工人之間應誠心的合作，以保證所有的工作都是依照所發展出的科學原則處理。

（四）管理者與工人間，應同等的分工與分責任，比較適合於管理者處理的工作應由管理者負責處理；在以往是幾乎所有的工作與大部分的責任均交由工人處理與負責❷。

三、差異計件制 薪資採按件計資方式，但完成一件工作的薪資定有兩種標準，一為高薪資，一為低薪資；當工人在規定時間（如一天）內所完成的工作件數在規定件數之內者，按低薪資標準核計所得；工人在規定時間內所完成的工作件數超過規定件數者，除在規定件數以內部分仍按低薪資核計外，超出規定件數部分改按高薪資標準核計❸。

第二項　吉勃里斯的動作研究

❶ 張潤書著，行政學，頁三二。
❷ Richard M. Hodgetts, *Management, Theory Process and Practices* p. 32, 中央圖書出版社，1975。
❸ 姜占魁著，行政學，頁九二。

　　吉勃里斯　(Frank Gilbreth)，本可進入麻省理工學院攻讀工程，但卻改行經營事業，並從砌磚學徒開始。他發現各砌磚工人所用砌磚的動作都不一樣，快慢速度亦不一致，乃引發他動作研究的興趣。

　　一、對砌磚動作的研究改進　吉氏對砌磚工人在砌磚時所用的動作中，研究何些動作可以減少以節省時間與體力，經過多次的實驗，對外層砌磚之手的動作可從十八個減至四個半，內層砌磚之手的動作可從十八個減少至二個；同時研究改進站立的姿勢以利撿磚。經吉氏研究改進後，一個砌磚工人的效率，從每小時砌一二〇塊磚提高砌三五〇塊磚❹。

　　二、標準的手動作的研究　吉氏先用電影錄下工人之工作情形，而後再錄放電影分析工人的動作，認定有無非必要的動作，及計算處理工作所需要的時間。除此之外，吉氏並將手的動作區分為十七種基本的單元，如抓、持、放等，並稱此種單元為Therbligs，即吉氏名字的倒寫❺。

　　三、升遷三職位計畫　吉氏創設升遷三職位計畫，以選用最合適之工人。每選用一個工人時，皆須考慮三個職位，即該人以前之職位、目前職位、及待升職位，故每一工人均須做三部分工作，即目前職位的本身工作，對以前職位之人員負有訓練的責任，對待升之職位人員負有學習的義務。如此使人員的升遷不會發生困難，對工作亦不致發生困難❻。

第三項　肯特的管制圖表

　　肯特　(Henry L. Gannt)，係與泰勒同事，但肯氏對工作環境中人的因素，比泰勒更為了解，因而創立了獎金制度；同時發明以管制圖來控制工作進度，對管理甚有貢獻。

❹　Richard M. Hodgetts, 同前書，p. 33, 中央圖書出版社，1975。
❺　同註❹。
❻　姜占魁著，行政學，頁九三。

　　一、工作獎金制度　肯氏所規劃的工作獎金制度 (Task and Bonus System)，與泰勒的差異計件制不同。依肯氏意見，工人的每天工資應予以保障；如工人能完成該天所分配於他的工作，他就可獲得獎金。肯氏認為工作的保障是有力的激勵因素，這亦是養成工人勤奮與合作習慣的條件。

　　二、管制圖表　肯氏於一九一七年發展出一種用以管制進度的圖表，以橫軸代表時間，表明工作的名稱與完成工作的時間，縱軸代表員工及機器，表明分配至該種工作的員工姓名及機器名稱。此種管制圖的結構雖極簡單，但卻提供了有效的規劃與管制的技術。在以後，此種管制圖表被普遍的採用，圖表內容雖一再被修正補充而趨複雜化，但其基本結構還是與肯氏最初所用者相同❼。

第四項　愛默生的效率原則

　　愛默生 (Harrington Emerson)，對科學管理極有研究，彼所提之效率原則深受當時各界重視。其效率原則共計十二點：

　　一、明確的信念　意指管理當局需制定目標，並使組織內每一員工都能熟悉這些信念。

　　二、豐富的常識　意指運用豐富的常識，管理者需堅持信念，考慮將來的問題，如此始能作通盤的研究，及尋求良好的意見。

　　三、合適的商議　意指管理者須隨時隨地尋求合適的意見，當然並不從同一人尋求所有的合適意見。在集體的基礎上，從每一人處獲得最好的意見，即可能做到合適的商議。

　　四、紀律　意指須嚴守規律，此一原則將引致對其他十一個原則的能否被遵守。

---

❼　Richard M. Hodgetts, 同前書, p. 34, 中央圖書出版社, 1975。

五、**公正的處理**　意指須具備三種管理的本質，即同情，想像力，及最重要的合理。

六、**可靠的、直接的、適當的及永久的記錄**　各種記錄是制作明智決定的基礎。不幸的有許多公司眞能供作成本管制的記錄極爲貧乏，而所累積的其他記錄卻毫無價值。

七、**派遣**　意指管理當局須規定有效的生產進度及管制的技術。

八、**標準與日程**　意指須有處理工作的方法與日程。此可經由動作與時間硏究及建立工作標準，與規定每一工作者在工作上的位置來完成。

九、**規定標準化的條件**　意指條件的標準化可節省心力與經費的浪費。此種標準化的條件可適用至員工個人及工作環境。

十、**規定標準化的作業**　意指標準化的作業，可大大的增進效率。

十一、**規定標準實務指導**　意指實務指導可促使快速達成目標。

十二、**對效率的獎勵**　意指對具有效率者須予以獎勵。愛氏指出，效率構成品質與數量及經常的物料、人工及固定費用之十八個成本效率單元中的九個。根據成本效率給予效率獎勵的措施，經發現極爲滿意與便利，此種方法亦極有彈性，旣可應用至個人的短期間的作業，亦可應用至個人的長期間的整個工作，甚至可應用至一部門或一個計畫的所有各種工作❽。

第二節　程序管理學派

程序管理學派，對管理的重點，放在對組織及管理程序的硏究，茲舉費堯等四人的論點爲代表，簡述如後。

---

❽　同註❼。

第一項　費堯的管理術

費堯 (Henri Fayol)，不僅受過良好的教育，且一直在公司擔任管理工作，最後升至總經理職位。其所著工業與一般管理 (Indiustrial and General Administration) 一書，對管理的貢獻極大，在當時並有管理理論之父的稱號。其貢獻包括:

一、提出管理的意義　費氏認為所有的管理工作,可歸納為六部分，即 (一) 技術性的作業 (生產、製造)；(二) 商務性的作業 (購置、銷售與交換)；(三) 財務性的作業 (籌集與管制資金)；(四) 安全作業 (保護產品與人員)；(五) 會計作業 (存貨記錄、資產負債平衡表、成本計算、統計)；(六) 行政性作業 (計畫、組織、指揮、協調及管制)。一般工作人員的主要特性是技術性的能力，但各級主管人員 (尤其是高級主管人員) 所需要的，是技術性的能力逐漸降低而行政性的能力逐漸提高❾。

二、提供分析組織的原則　費氏認為分析組織，應根據五項原則 (簡稱 OSCAR)，即

(一) 目標 (Objective)：組織應有一明確的目標，每一職位也應有其職位目標，集職位而成的單位亦應有其單位目標；當職位目標達成時單位目標也就達成，單位目標達成時組織的目標也就達成。

(二) 專業化 (Specialization)：每人所從事的工作應嚴格限於一種單純的作業，對該作業並須經長期的專業訓練，使具有專業的技能與知識。

(三) 協調 (Coordination)：應規劃各種協調方式，以發揮團隊精神及有效地達成組織目標。

(四) 權威 (Authority)：組織應有一位最高的權威者，自最高權

<hr>

❾　Richard M. Hodgetts, 同前書, pp. 42-43, 中央圖書出版社, 1975。

威者之下應建立一明確的權威系統，使層層節制有條不紊；其主要的作用在提供有效的協調方式。

（五）職責（Responsibiilty）：即權與責應相稱，既課予某人以責任，應即賦予與責任相稱的權威❿。

三、訂定十四項管理原則

（一）分工（Division of Labor）：自亞當斯密（Adam Smith）就認爲專業分工（即將人員的工作依專業區分爲若干工作單元）可以提高效率，但費氏認爲專業分工不但可應用於技術工作，亦可應用於管理的工作。

（二）權威與責任（Authority and Responsibility）：費氏認爲權威與責任是携手並行的，權威是命令他人與使他人服從的權力，責任是隨着權力的運用所作的獎賞與懲罰。用以防止領導者濫用權威及削弱地位的最好方法，是個人的品格（特別是道德上的品格）。權威可區分爲法律的權威（Statutory Authority）與個人的權威（Personal Authority），法律權威來自職位，任何人擔任一個職位即可取得該職位的權威；個人權威來自個人的智慧、知識、道德品格及指揮的能力（通常稱爲非正式的權威）。一個優秀的領導者，須同時具有法律的與個人的權威。

（三）紀律（Discipline）：紀律是公司與其員工間所同意規定的範圍之內的服從、勤奮、努力、態度及尊重，但只憑此並不能保證有良好的紀律。一個組織須同時具有優秀的領導者，他能對違反紀律者予以有效的懲罰，紀律的敗壞常常是來自無能的領導者。

（四）命令統一（Unity of Command）：任何員工只能有一個長官，這不僅是原則而且是法則。

（五）管理統一（Unity of Management）：對具有同樣目標之同

---

❿　姜占魁著，行政學，頁一〇〇——一〇一。

一計畫的所有作業，須由同一管理者負責，如此對各種資源方可做到良好的協調，及所有的努力才能朝向同一的目標。健全的組織結構，始能提供管理的統一。

（六）個人的利益應受制於共同的利益 (Subordination of Individual Interest to Common Good)：組織的目標須優先於個人的或由個人所組成之團體的目標。無知、野心及自大，都是使個人利益先於共同利益的因素。管理者的經常的保持警覺與做良好的榜樣，是協調這種紛紛與歧見的方法。

（七）員工的報酬 (Remuneration of the Staff)：薪給計畫須保證報酬的公正，對績效優異者給予獎賞，及不使獎賞超出合理的限度。不論為計時薪給、計件薪給、紅利及利益分享等薪給計畫，均各有利弊，沒有一種薪給計畫能完全代替合適的管理。

（八）集權 (Centralization)：集中權威的本身無所謂好或壞，但多少總有一些集權的現象，問題在究應集權至何種程度方為合理。這須視管理當局及員工的素質及環境的情況等而定，因為這些情況是常有變動的，故合適的集權與分權的分際亦需隨而調整。

（九）層次節制 (The Hierarchy)：此乃一個組織自上而下的地位高低的順序，為保持層次節制的完整及確保命令的統一，組織內員工的意見溝通須循着此種正式的管道進行。其情形如下頁甲圖所示，如E與K須溝通工作上意見，則E須循D、C、B、A，再循H、I、J至K。但費氏認為必要時亦得採用跳板 (Gangplank) 原則，卽組織內同層次的員工，先分別獲得上級同意，及將溝通之結果分向上級報告時，應允許作直接的意見溝通。其情形如下頁乙圖所示。

（十）秩序 (Order)：每一位置均有其事，每一事均有其位置，此一原則亦可應用至物料與人力資源，卽完美的人力秩序需要有效的組織

與審愼的選用人員。

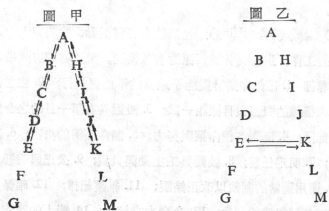

圖甲　　　　　　　　圖乙

（十一）公平 (Equity)：友善與公正始能達到公平，能幹的管理者應將公平灌輸至組織所有各層次。

（十二）員工的安於久任 (Stability of Staff)：要將員工安排至工作並表現出績效是需要時間的。費氏認爲成功的事業的管理人員都是安於久任的，不成功的事業的管理人員多是不安於久任的，因此組織須鼓勵員工對組織之長期的貢獻。

（十三）主動 (Initiative)：主動是設想與執行一個行動計畫的力量，主動可增進員工的熱心與活力。因此在尊重權威與紀律的範圍內，應盡力鼓勵與發展員工的主動。

（十四）團隊精神 (Esprit de Corps)：此種精神的培養依賴於組織內員工間的和諧與統一，發揮團隊精神的最有效的辦法是經由命令統一與口頭的意見溝通⓫。

四、提示管理的五種功能

（一）計畫 (Planning)：指根據情勢的預測訂定作業方案。此種預

⓫　Richard M. Hodgetts，同前書，pp. 44-47，中央圖書出版社，1975。

測的期程遠近應視組織需要而定，一種爲期十年的預測每隔五年需重新修正一次。

（二）組織 (Organizing)：包括結合各種活動、物料與人力，以完成所分配的工作。這需要各種資源的有效協調。爲期協調有效果，須遵循下列指導卽 1. 確保作業計畫能予適當的準備與執行； 2. 注意組織的結構是否與組織的資源與目標相一致； 3. 設置具有單一目的之合適而有力的管理部門； 4. 協調各種作業與努力； 5. 制作簡明的決定； 6. 審愼的遴選員工； 7. 明定任務； 8. 鼓勵員工主動與負責； 9. 公正與明智地獎賞員工； 10. 運用適當的制裁以改正錯誤； 11. 維護紀律； 12. 確保員工個人的利益不超越組織的利益； 13. 命令力求統一； 14. 對人的與非人的因素之間保持着一定的秩序； 15. 對任何事均應有所管制； 16. 避免過多官樣文章 (Red tape)。

（三）指揮 (Commanding)：包括運用領導的藝術以推動組織業務，·定期的作組織的檢討以消除無效人力。

（四）協調(Coordination)：此乃統一的與調和的達成組織目標所必需者。經由管理者與員工的定期會商，將使協調及工作的進行趨於順利。

（五）管制 (Controlling)： 注意各種工作是否按計畫進行， 管制工作的範圍，必須擴大至人力、物料及作業[12]。

第二項　孟尼的管理原則程序與效果說

孟尼 (James D. Mooney)，在美國通用汽車公司任職，後曾轉任政府職務，於一九三一年與其同事雷賴 (Alan C. Reiley) 合著前進的工業一書，其後又修訂爲「組織的原則」(Principles of Organization)，其主要論點，爲一個有效的組織必須基於下列原則：

---

[12]　Richard M. Hodgetts, 同前書，p. 48，中央圖書出版社，1975。

一、**協調** (Coordination)　組織的第一個原則是協調，亦卽有次序的安排各團體的努力，使在追求共同的目標過程中表現出行動的一致，此乃組織原則的整體，其他的原則均歸屬於此一原則之下。此一原則經由層次的程序及組織內自上而下的權威而實施。其效果是功能的效果，卽各層次的每一員工之功能的確定。因此，原則（協調）有一種程序（層次）及一種效果（功能），而此三者又各有其自己的原則、程序與效果。

二、**權威** (Authority)　協調原則的基礎就是權威，此乃至高無上的協調權力。此種權威經由程序的協調而進行，使各種活動能受統一的指揮。其效果乃是有效的協調。

三、**領導** (Leadership)　層次程序之決定性原則是領導。此乃經由對屬員的授權之程序進行。其效果是功能的確定或分配任務。

四、**功能效果** (Functional Effect)　是協調原則與組織內個別員工之任務與責任的最後效果。功能效果的原則、程序與效果是決定的、應用的及解析的功能主義。決定的功能主義（原則）意指認定廣泛目標的功能；應用的功能主義（程序）是指活動的眞正執行；解析的功能主義（效果）是對期望要做的與已經做成的二者間的比較分析。孟氏等認爲此三種功能與政府的行政的（應用的）、立法的（決定的）及司法的（解析的）三部門相當[13]。

以上情形亦可用下表表示

	原　　　　則	程　　　　序	效　　　　果
協調原則	權威	程序的協調	有效的協調
層次程序	領導	授權	功能的確定
功能效果	決定的功能主義 （立法的）	應用的功能主義 （行政的）	解析的功能主義 （司法的）

---

[13]　Richard M. Hodgetts, 同前書, pp. 49-51, 中央圖書出版社, 1975。

第三項　葛立克的行政管理計畫說

葛立克 (Luther H. Gulick)，曾在美國羅斯福總統任內擔任行政管理委員會委員，對行政組織性質深具了解。彼與伍韋克所著之「行政科學論文集」(Papers on the Science of Administration) 中，曾提出行政管理計畫論點，葛氏個人又提出行政組織分類的論點如下：

一、行政管理計畫 (POSDCORB) **論點**　認爲行政管理計畫須包括七個部分：

（一）規劃 (Planning)：任何行政管理計畫須先有週密的規劃，以確保工作的完成。無計畫則工作無頭緒，其結果將只是頭痛醫頭、腳痛醫腳。

（二）組織 (Organizing)：將應行處理的各種活動（或作業）予以歸納，凡相同的歸納組合成一個職位，相近的職位歸納成一個單位，相關的單位再歸納成一個部門，如此可構成一完整的組織。

（三）人事 (Staffing)：包括需用人員的遴選、派用、訓練、考核、薪給等各種人事工作。

（四）指揮 (Directing)：包括權責的分配、指揮系統的建立、及一切命令與服從關係的確立。

（五）協調 (Coordinating)：包括上下層次間及同層次之各單位間的工作聯繫與協調溝通等活動。

（六）報告 (Reporting)：包括工作成果的記錄、分析、研究、審查、評估及報告等活動。

（七）預算 (Budgeting)：包括預算的編製、會計及審計等。

二、對組織的分類　葛氏對行政組織區分爲下列四類：

（一）目標的組織　卽具有明確目標的組織，組織的重點卽圍繞着

此一明確的目標而設計。如敎育局、工務局等。

　　（二）程序的組織：卽無明確的目標，所處理者多爲日常業務的組織，組織的重點卽圍繞着工作程序而設計。如總務單位等。

　　（三）處理人、物的組織：卽以服務對象之人或管理對象之物爲主而設計的組織。如兵役處、人事處、物資局等。

　　（四）地區的組織：卽以所管轄地區爲準而設計的組織。如一般鄉鎮區公所、地區分局等⑭。

第四項　伍韋克的計畫協調管制說

　　伍韋克 (Lyndall F. Urwick)，在牛津大學接受敎育，在兩次世界大戰時服役英國軍隊，並曾任日內瓦國際管理學院院長。於一九四三年所著「行政原理」(The Elements of Administration) 中，對泰勒、費堯、孟尼等所提倡之各種管理理論，曾作有系統的統合，並將管理認爲是一種社會科學。伍氏對計畫、協調與管制的論點如下：

　　一、計畫(Planning)　根據伍氏意見，計畫是預測的效果，而預測是計畫的程序，至預測的原則則爲調查。故調查（原則）預測（程序）

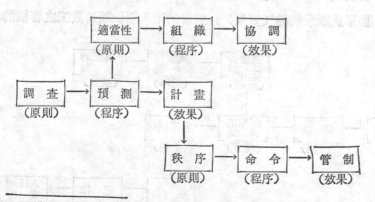

⑭　姜占魁著，行政學，頁一〇三——一〇四。

計畫（效果）三者，存有如孟尼所說之原則、程序與效果的關係。預測（程序）本身又有其自己的原則（適當性）、程序（組織）及效果（協調）的關係，計畫（結果）本身亦有其自己的原則（秩序）、程序（命令）及效果（管制）的關係。以上情形如上圖所示：

二、**協調**（Coordination）　伍氏認為權威是協調的基礎，並經由層次的程序而實現，進而獲致功能分配與整合的效果。同樣的，層次的程序及功能的分配與統合亦各有其自己的原則、程序與效果。其情形如下圖所示：

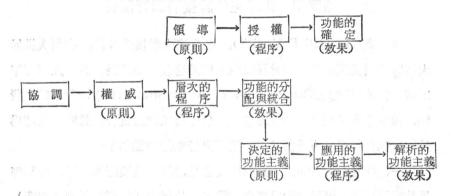

三、**管制**（Controlling）　管制的原則是集權，並經由適當的用人（程序）而形成團隊精神（效果）。適當的用人則依賴於員工之審慎的

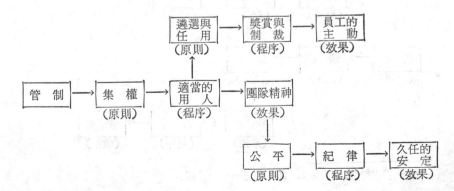

遴選與任用（原則），以期獲得最好的利益；適當的用人並經由獎賞與制裁（程序）以達成員工的主動（效果）。而團隊精神的原則是公平，經由紀律（程序）而達成久任的安定（效果）。以上情形如上圖所示：

　　如將上述三種圖示聯結在一起，則更可顯示出計畫、協調、管制三者之原則、程序及效果的關係，更可證明行政是科學的及值得吾人研究與了解的⑮。

第三節　官僚組織體系學派

　　官僚組織體系學派，主要可以韋柏的理想型官僚組織模式為代表。茲分項簡述如後。

第一項　官僚組織的意義

　　依吉勃生 (James L. Gibson) 的說法，對官僚組織 (Bureaucratic organization) 名詞，有下列三種不同的解析：

　　一、傳統的解析　從政治科學的觀念，官僚組織是指構成政府的機關，但此種機關統治人民時並無被統治者的參與。

　　二、通俗的解析　官僚組織是指龐大機關的反結果，如過分的做官樣文章、程序上的延誤、及一般的無效果。

　　三、韋柏的解析　官僚組織是指從社會學觀念之集體的活動的合理化，亦即描述組織的型式以確定組織內員工行為的可預測性⑯。

第二項　官僚組織的前提與需要

⑮　Richard M. Hodgetts, 同前書, pp. 51-54, 中央圖書出版社, 1975。
⑯　Gibson, Irancevich and Donnelly, *Organizations*, pp. 270-271, 馬陵出版社, 1977。

官僚組織的前提是建立法定權威，而法定權威又係從傳統權威及超人權威演進而來。

一、傳統權威 (Traditional Authority) 傳統權威係在傳統的社會及文化中所形成的，權威的掌權者亦係根據傳統社會及文化中所沿襲下來的律法所指派的。一般人之服從權威者，並非服從權威所賦予他的地位，而是服從權威者本人，換言之，命令與服從之間的關係是高度的人稱化，團體亦完全建築在對權威者個人的效忠上。傳統權威既是以對個人的效忠為基礎，故子民及團體接受權威的領域是無限的，無論權威的掌權者所施行的權威是如何的殘酷，如何的令人難以忍受，皆會受到子民及團體之無條件的接受。

在這種傳統權威籠罩下的組織形態，多具有下列特性：

（一）組織內權力的分配，多由權威的掌權者之興緻所致而獨斷的決定，不受任何法規的約束。

（二）組織中人員的行為，皆以爭取權威的掌權者之寵信為中心，藉以獲取財富資源或權勢。

（三）組織中的職掌及權責結構，與家族中之職掌及權責結構並無二致，並無明確的劃分，致職掌不清權責不明，人際間的糾紛迭起，從人員所擁有的職銜，無法判斷其真正具有的職掌與權責。

（四）組織中的決策者及決策方法，亦無定規。有時可以權威為基礎，根據傳統的先例予以決策；有時亦可由權威的掌權者獨斷決定。

（五）權威的掌權者之產生，多來自統治家屬，而成為世襲制度，但亦偶有從統治家族中的總管、侍從擢升而當權者。

二、超人權威 (Charisma Authority) 當傳統權威發展到極致時，多會演變成超人權威。此處所稱超人，乃指異乎常人的一種人格特質而言；此種人格特質，係先天賦予的一種超自然、超世俗的特質，係

來自神意，為一般常人所未有，凡具備此種人格特質的人，即被稱為超人，即是領導者。如先知先覺的預言家、戰爭中的英雄，常被認為具有超乎尋常的人格特質，因而亦就成為超人領導者，擁有超人權威。故超人權威是建築在接受權威人員的認可之上，而接受權威人員之所以加以認可，是因超人領導者能拯救他們於水火。因此如一旦超人領導者不能拯救人民於水火，則他的超人權威將會消失。

在超人權威籠罩下的組織特徵為：

（一）超人領導者的主要職責，是發展一套超越世俗的神化理念 (Sacred Ideologies) 作為支持其權威的支柱，是說教、創造，及不斷發佈新命令。但這些都只是一些預言或領導者的個人意志。

（二）超人與其部屬的關係，係建立在深厚的情感上，係屬救世主與弟子之間的關係。因此對部屬既無所謂任命也無所謂革職，部屬既無專業精神也無所謂升遷。

（三）團體內的行為，不需遵循層次的節制，無論為一般通案或個案，超人領導者皆可隨時干預，自亦無明確的權責劃分及法定待遇。凡事既無法規可循，也無前例可引，乃多根據神意或啟示作專案辦理。

（四）超人權威的繼承問題，多於超人領導者瀕臨死亡邊緣之際發生，此時部屬的行為必會引起顯著的變化，如保全自己既得的利益，或尋求一位新的超人領導者以建立起新的關係。但亦有先由超人領導者先行指定，並細心加以培育，在培育過程中取得部屬對其心理上的認可；有時也採世襲方式，繼承超人領導者。

（五）超人權威為追求安全感，企圖將既得利益與權力地位，透過法定化的程序加以穩固。如對部屬的甄選原憑超人領導者的個人好惡，為使法定化乃設立甄選標準，並經一定程序而進用。

超人權威由於法定化（或慣例化世俗化）的結果，因而演變成訴諸

理性的官僚組織，而法定權威乃因而產生。

三、法定權威 (Legal Authority)　係以理性爲基礎，建築在對法律具有無上權威之信仰上。根據法定程序而取得權威地位的人，不但有發佈命令的權利，接受命令者也有服從命令的義務，但所謂服從並非服從發佈命令的人，而是服從法律所賦予他的權威地位。故法是一切權威的來源，法具有約束人的行爲的無上力量，不論是法定權威的掌握者或服從權威的他人，一舉一動一言一行，皆須接受法的約束。

法定權威能否發生預期效果，有賴於能否接受以下的四個前提：

（一）任何法定組織，可根據理性的價值或一時的權宜，以共同協議方式設置或以命令設置。組織設置後，組織中的人員皆須遵奉協議或命令，不能提出異議，否則法定組織便不能成立。

（二）法律本身只是一些抽象條文，尙須作補充的規定與解析，條文之間須相互一致而不矛盾，故官僚體系就是一種法規體系。法律的執行，就是將法律條文應用於各別的案例，以確保法定利益，但執行法律必須遵守法定的程序。

（三）在法定組織中，每人皆佔有一個職位，在他從事該職位所規定的行爲（卽執行職務）時，他必須接受「無人情味的命令」(Impersonal Order) 的約束。

（四）在法定組織中，人之所以服從權威，完全基於他是法定組織中一分子的這一事實，而且他所服從的僅是法律而不是人，同時僅在法律所定的權威範圍之內，他才有服從權威的義務，如超越法定權威的範圍，他的行爲就不受權威的約束，自亦不須服從[17]。

在法定權威觀念籠罩下的組織特徵敍述，可以韋伯的理想型官僚組織模式說爲代表。

[17]　姜占魁著，行政學，頁一〇八——一一八。

第三項　韋伯的理想型官僚組織模式說

韋伯 (Max Weber)，雖是德國的社會學家兼經濟學家，但對公共行政的理論亦曾提供了重大的貢獻，尤其對官僚組織模式 (Bureaucration Model) 的理論，更對行政組織與管理發生巨大的衝擊作用。在韋氏心目中，所謂理想型的官僚組織模式 (Bureaucratic Ideal Type)，具有下列特性：

一、組織中的人員應有固定和正式的職掌並依法行使職權　組織係根據一種完整的法規制度而設立的，組織應有其明確的目標，並靠着這一種完整的法規制度、組織與規範人員的行為，及循着法規的程序，以有效的追求達到組織的目標。因而在官僚組織體制下，（一）每個人均有其固定的職責；（二）以法規嚴加限制的方法，賦予命令的權威，以行使固定的職責；（三）人員的盡責任與享權利，都有一定的規定；（四）只有具備一定資格條件的人才能被任用。

二、組織的結構是一層層節制的體系　在組織內，按照地位的高低規定人員間命令與服從的關係。除最高的領導者外，組織內每人僅有一位上司，而且須嚴格接受上司的指揮，服從上司的命令，除服從上司的命令外，不能接受任何他人的命令。如此一方面可減少混亂的現象，一方面對下屬可較易控制，以達到指揮裕如的目的及提高效率。

三、人與工作的關係　人員的工作行為與人員之間的工作關係，均須遵循法規的所定，不得參與個人喜憎、愛惡的情感。換言之，人員間的關係只有對事的關係而無對人的關係。

四、人員的選用與保障　人員的選用，係按自由契約的原則，並經公開的考試合格後始予任用，對不合格者則予以淘汰，對經任用之人員，務求皆能運用其才智，克盡其義務及有效的推行工作。故每一職位

皆有其資格限制，或根據其學歷，或根據其成績，或經由考選，藉以證明其確能達到要求，不致因才學不足而影響工作效率。人員經任用後，除非因犯錯並依規定予以免職外，否則組織不能隨便結束此種自由契約關係。任期的保障，可使人員能專心一致的處理事務，而免心存五日京兆之想。

五、專業分工與技術訓練 爲達成組織目標所需處理之各種工作，應按照人員的專長作合理的分配，並對每人的工作範圍及其權責以法規予以明文規定。在這一明確的分工制度下，人員的工作將趨於專門化，因而對人員須作技術訓練，以增進專門知識進而提高工作效率。

六、人員薪給與升遷 人員薪給的給付，應依其地位與年資，並以明文規定薪給制度及支給辦法，使佔有某種職位或從事某種工作的人員，一定可享有某種待遇。在薪給制度約束下不可有偏私，以免影響工作情緒。除正常薪給外，尚須有獎懲制度與升遷制度，使人員能安心工作，並培養其事業心。獎懲制度應針對人員工作成績的優劣而設，至升遷制度可根據人員之工作成績而設，亦可根據人員的年資而設，亦可根據成績與年資兩者而設[18]。

韋氏認爲，凡具有上述六種特性的組織，不但可使組織表現出高度的理性化，且人員的工作行爲也能達到預期的效果，組織目標也能順利的達成。

第四節　傳統行政管理的原則與優缺點

不論是科學管理學派、程序管理學派及官僚組織體系學派，均可歸納爲傳統的行政管理。而傳統的行政管理，自有其基本的原則，以現今

---

[18]　張潤書著，行政學，頁四〇——四二。

的眼光來衡量，當然亦有其優點與缺點。茲分項簡述如後。

第一項　傳統行政管理的原則

傳統行政管理的基本原則，可歸納爲下列四個：

一、對人有三個基本假設（亦即學者所稱的X理論）

（一）強調人性好逸惡勞：人多生性厭惡工作，因此想逃避工作，能夠少做就少做，能夠不做則更好；因此在管理上強調生產力及同工同酬的觀念，並以獎金制度運用金錢的引誘，來換取工人的努力工作。

（二）強調懲罰：由於人有厭惡工作的天性，故須強施威脅及懲罰來警戒，以迫使他們對組織目標的達成。當厭惡工作性向強烈，平時給予的薪給或獎金仍難以克制時，在管理上只有運用懲罰。

（三）嚴密的組織與嚴格的管理：一般人樂於爲人所督導，多想規避責任，比較上未具雄心，特別企求安全。故在管理上強調組織的嚴密，管理督導的嚴格，對循規蹈矩者，予以生活及職位的安全保障。

二、從生理學範圍研究工作效率　動作與時間研究是科學管理的核心，但爲增進工作效率所作的動作與時間研究，其範圍則始終以下列生理學的範圍爲限。

（一）能量：指人體的生理活動能量。人的能量是有其限度的，如超出限度則會失去生理活動的能力。人體能量的消耗，與人體活動的速度及每活動一次須消耗能量的大小有關。如活動速度不變，則每活動一次須耗能量愈大時，愈易超出能量限度而導致疲勞；如每活動一次須耗能量不變，則活動速度愈快時愈易超出能量限度而導致疲勞。因人體的疲勞則須停止工作休息，故爲避免疲勞，人體的活動能量應保持在何種範圍內須加以研究。

再在研究人體的生理活動能量時，還需注意「動作經濟化」（Motion Economy)， 卽如何以最舒適的姿態、最少的動作、耗費最少的能量來運動。

（二）速度： 指人體生理活動的速度。生理活動速度快， 則消耗能量大； 活動速度慢雖可減少能量的消耗，但卻增長了工作時間， 致增加用人經費的開支，均屬不智。故在動作與時間的研究中， 除研究能量外尙須考慮速度，亦卽在何種速度下， 使能量的消耗及工作時間的化費均屬最少。

（三）持久性： 指在不須休息的原則下人體生理活動的持續時間。如生理活動所耗費之能量少， 則不易發生疲勞， 能持續活動的時間長，否則持續時間短， 須休息恢復疲勞的時間增加。

（四）成本： 指完成工作所化費的時間與經費。研究動作與時間的另一作用卽在節省所化費的時間與經費⑲ 。

經由研究實驗， 在一定的成本下可使產量提到最高的能量、 速度與持久性的動作， 卽爲最標準的動作， 也是效率最高的動作。

三、重視原則並以程序貫串以利達成組織目標

（一）重視原則： 傳統行政管理不但重視原則，且希望對所定原則能適用至各種不同性質及規模大小的組織。對下列各種原則尤爲強調，卽1. 組織原則， 包括組織應如何設計， 職掌及權責應如何劃分等原則；2. 專業分工原則， 認爲專業分工爲提高效率所必須； 3. 層次節制原則，卽組織內上下層次分明， 透過領導權威的運用,下達命令,維護紀律等；4. 標準化原則， 對處理工作的方法程序等， 經由研究實驗建立標準， 以爲人員執行工作的依據； 5. 效率原則， 卽希望以最少人力、 時間與經費，完成所需處理的工作。

（二）以計劃協調管制之程序貫串： 對所定各種原則的實現， 各種

---

⑲ 姜占魁著， 行政學， 九六——九七頁。

工作的推行，及組織目標的達成，均應注意程序的運用。所謂程序主要
包括：1.計畫，先根據有關資料或調查所得，再作情勢的預測，而後根
據預測情況訂定爲計畫，以憑執行的根據；2.協調，在計畫的執行過程
中，應注意協調，如意見的溝通，行動的配合，以期各人能朝向同一目
標而努力；3.管制，在執行計畫過程中，對工作的進度及工作的成果、
效率與效果，組織目標之能否達成等，尙須加以考核與管制。有了計
畫、協調與管制三個程序的貫串，可使行政管理工作更爲順利。

　　四、法規化的組織　將組織內的單位區分、層次劃分，職掌與權責
的分配，甚至一單位內各工作人員的職權等，均以法規加以明定，處理
工作的程序與方法亦由主管人員事先加以規定。總之，組織內的一切活
動均用法規規定，組織內的工作人員均須依法規行事，不容許有人情味
的存在，不允許有法規關係之外的人際關係發生。

第二項　傳統行政管理的優點

　　基於前述傳統行政管理的原則，亦可發現下列優點：

　　一、引發行政管理的革新　科學管理所強調的是尋求最佳的方法，
而所謂最佳的方法也不是永遠不變的，今日認爲是最佳的方法，當新技
術工具有發明時，原有的最佳方法可能又可再求改進。此種繼續不斷的
求改進，可引發整個行政管理工作的革新與再革新，進步與再進步。

　　二、強調效率觀念與其重要性　效率觀念是研究提高效率並爲科學
管理學派所強調與追求的。所謂效率，簡單的說就是輸入與產出的比
例，所謂輸入包括處理工作需用的人力、物料、時間與經費；所謂產出
包括所完成的工作產量、品質與績效。在此效率觀念下，欲提高效率只
有兩種辦法，一爲維持輸入不變擴大產出，一爲維持產出不變而減少輸
入，如能同時做到減少輸入及擴大產出，則效率更將倍增。高的效率，

不但可節省人力、時間、經費與物料，亦可增加工作產量、提高品質及發揮績效，如與他人競爭亦必可穩操勝算。

三、對管理程序的闡述有助行政管理工作的推動與獲致效果　程序管理學派所強調者為管理程序，亦即計畫、協調與管制。對每一程序的進行，又有其應行遵守的原則、處理的程序及如何獲致效果，且不論業務的性質、目標的大小，在處理的過程中均可適用此種管理程序。由於對管理程序的闡述，使管理程序深受各界的重視，對管理工作的推動，不但事先有良好的計畫，在推行過程中隨時注意溝通與協調，進而加以有效的管制，以期獲得預期的成果。

四、法規化的組織有助於建立法治觀念與推行法治　將組織法規化的結果，使組織內每一工作人員均會建立起依法行事的觀念與行為，如主管對所屬的下達命令須有法規依據，所屬對上級的服從也以法規所定範圍內的命令為限，人員處事須依法規所定之程序，並力求公正，不得摻雜私情，凡此均有助於法治觀念的建立與法治的推行。

第三項　傳統行政管理的缺點

傳統的行政管理雖有優點，但以現今觀點衡量，亦顯然有其缺點。正因有其缺點，才會引發出對傳統行政管理的不滿。

一、對人的看法已不適合於今日　尤其是下列各點為然：

（一）視人為不變的常數，可以隨意加以指派、驅使，而未考慮人的願望、動機和態度等因素對其行為的影響。

（二）視人為生產工具，否定他們的人格尊嚴與價值，認為員工既無自由意志，又缺乏主動，故視人為機器一樣任意擺佈，致主管對所屬的領導亦多採獨斷方式，不讓所屬表示意見。

（三）認為人參加生產行列，惟一的動機就是以勞力換取物質或金

錢的報酬，換言之，金錢可以買到人的一切。

二、**忽視心理層面對效率的影響**　科學管理學派所研究的效率，多只限於人的生理層面及機械的層面，表面上看是極爲客觀與確實，但如深一層的研究卻不儘然。影響效率的因素，除生理及機械層面外，尚有心理層面，如員工對工作動機的強弱、興趣的高低、情緒的好壞、態度的良窳等心理因素，不但會影響及效率的高低，甚且影響及職業災害發生的頻繁與嚴重性。

三、**部分管理原則意義不够明確，適用範圍亦屬有限**　傳統行政管理中所提出之管理原則中，有者意義不够明確，如費堯所示之公平、主動、團隊精神等。有者意義上不無重複，如紀律與秩序原則間、命令統一與層次節制原則間等。有者適用範圍有限，無法作廣泛的應用，如命令統一及層次節制的原則。

四、**忽視組織的動態面開放面與實質面**　傳統行政管理對組織的看法是：

（一）靜態的而非動態的：如多只研究組織的結構，如何分工，如何建立起層次節制體系，如何訂定法令規章及工作標準等工作，但徒法不足以自行，再好的靜態的組織，沒有動態的人的行爲來作靈活的運用，亦是徒然。但對人在組織內的行爲（如交互關係、心理反應、態度士氣等），卻極少研究。

（二）封閉的而非開放的：將組織只作一個封閉型的系統來研究，致未能涉及組織與其外在環境關係及相互影響的探討。事實上任何一個組織是不能孤立的，它與其外在的環境之間，不但具有密切的關係，而且具有相互的依賴與影響作用，遇及外在環境有重大變動時，組織卽需作適當的調整以求適應[20]。

---

[20]　張潤書著，行政學，頁四九。

（三）形式的而非實質的：只重視組織形式上的功能，而忽視人員間不拘形式的互動行爲及其所產生的影響。只重視成文的組織法規制度，認爲有了成文的法規制度後，人員的行爲因受法規的約束，一定可順利的遂行任務達到目標，但事實上只憑法規制度並不一定卽可解決問題及達到目標，主要的還是要如何的去領導人員與鼓勵人員，使他們能樂意地完成所交付的任務。

第三章 人性的行政管理理論

　　由於傳統行政管理的缺點，引起員工對管理的不滿，因而人的問題受到管理當局及學者的重視，有關人性的研究因此盛行，且學派甚多。茲就人羣關係學派、激勵動機學派及團體動力學派，對行政管理的理論，及其一般原則與優缺點，分節簡述之。

第一節　人羣關係學派

　　可歸屬於此一學派的學者甚多，茲選孟斯伯格、梅堯、巴納德及馬格里柯等四人的論點分項簡述如後。

第一項　孟斯伯格的科學管理與心理聯結論

　　孟斯伯格 (Hugo Münsterberg) 出生於德國，在歐洲受良好教育，主要研究心理學，並從事心理實驗，研究及實驗心得多在報章雜誌發表，同時以心得用以解決實際問題。由於他的貢獻乃贏得工業心理學之父的稱號。

　　一、孟氏認為心理的技能與生理的技能同樣重要　孟氏的主要目

標，在加強科學管理與工業效率之間的聯結，以補充泰勒等人的研究的不足，孟氏以為效率工程司只重視到生理的技能但疏忽了心理的技能。人之能否勝任工作，須先從心理上來考慮，不是只從生理上來考慮。孟氏相信工業效率的關鍵，是員工須具有只集中注意至與良好執行工作直接有關的因素上的能力，與工作成功直接有關的因素的範圍大小，則因工作而不同，如開汽車需要注意的因素範圍大（包括行人、車輛、速度、紅綠燈、交通號誌），在鄉間行人需要注意的因素範圍小（也許只有行人，腳踏車）。此種注意力可用心理測驗測得，故孟氏也認為心理測驗對組織各階層人員的選用均有幫助。

二、孟氏的貢獻　主要可歸納為下列三點:

（一）將心理學普遍化，使他人感到心理學對許多方面都有價值，乃成為心理學應用至工業的先驅。故孟氏不但是心理學的研究者、實驗者，而且還是個心理學的推銷者。

（二）除研究為良好執行工作所需要的心理特質之外，孟氏亦注意到達成最高產量時的心理狀態，包括注意力、疲勞、令人厭倦的單調及社會影響的衝擊。

（三）為期獲得最好的可能效果，孟氏將某些科學管理的觀念與心理學相結合。如廣告，一方面須他人能迅速而正確的閱讀（科學管理），並能記憶其內容及採取適當行動（心理學）。諸如版面大小、顏色、用字、排列等，均會影響及效果，孟氏均曾加以調查。若干年後，廣告公司多用與孟氏同樣的方法調查與評價廣告的效果。孟氏將此種基本的觀念應用至買賣與展覽的作業上，在每一方面均表示出心理學可用來增進工作績效。故工業心理學已成為管理的重要新領域之一❶。

❶ Richard M. Hodgetts, *Management, Theory Process and Practices,* pp. 66-70, 中央圖書出版社, 1975。

第二項　梅堯的豪桑實驗

梅堯 (Elton Mayo) 出生於澳洲，曾在大學教授哲學、邏輯，其後轉任哈佛大學企業管理學院教授。他曾主持多次實驗，根據實驗所得結論，並作有系統整理後，乃形成了人羣關係的理論。

一、紡織廠的實驗　一九二三至一九二四年，梅氏在美國費城紡織廠曾主持員工休息時間與生產力關係的實驗。實驗的方法是將員工分爲若干小組，其中一小組在上午及下午有兩次十分鐘的休息時間，發現此一小組員工的士氣有提高，異動率有降低，而產量並不因休息時間的增加而減少。其後全廠的員工均實施休息時間制，致該廠的產量由原來最高的70％增加到80％。對此一實驗的結果，根據梅氏的解析，是由於運用了有系統的休息時間所致，此種休息時間的實施，不但可幫助員工恢復疲勞（生理的），更可減少「悲觀的幻想」(Pessimistic Revery)（心理的）。因此工作產量的高低，涉及兩個因素，一爲疲勞（此乃易於了解者），一爲令人厭倦的單調（此乃梅氏等亟欲了解與宣導者）。

二、豪桑實驗　梅氏等人於一九二四至一九三二年，在伊利諾爾州西屋電氣公司的豪桑工廠，又開始了一連串的下列實驗：

（一）燈光亮度與產量實驗：將員工分爲兩組，一組在同一亮度的環境下工作；一組在亮度強弱作有計畫的變化的環境下工作。原想經此實驗以測定亮度對產量的影響，但結果發現此兩組的產量幾乎是同樣的增加，兩組工作效率的差異極小。因此梅氏認爲，1.亮度只是影響及工作產量的因素之一，且影響甚小；2.測定亮度對工作產量的影響，並不會有結果，因爲影響產量的尚有許多難以控制的因素，且其中的任何一個因素，均可影響及產量。

（二）電話交換器裝配線工作實驗：先從員工中選出一位佈置操作

員與五位擔任裝配線工作的女工，成爲一工作小組，並在指定之房間內工作。另指定一觀察員至該小組的房間，並說明「此實驗不是用來增加產量的，他也不是監督者，他只是紀錄小組人員的工作情況而已，希望小組人員能與平常同樣的工作」。如此的經過一段期間後，卽開始作下列實驗：

1. 將該小組的工作環境作若干改變：如將房間改小，改善燈光及通風，觀察員也多少的運用了一些監督性措施，如與該小組人員建立友善關係，並常與小組人員作非正式的交談，有時談些有關工作的事，有時談些私人的事，偶而也徵詢小組人員對此種措施的態度，同時並允許女工間可相互交談。因爲人數少、房間小，使小組人員相互間感到分外的親切。

2. 觀察工作時間與產量的關係：初規定小組人員的休息時間，結果是產量確有增加，而後再減少小組人員的工作天數，產量同樣的有增加，再將休息時間取消及恢復原有的工作天數，但產量仍維持原有水準，並未因恢復舊觀而降低。

經由此一實驗，梅氏等認爲產量的增加，眞正原因是由於人員相互間相處情況及監督方法的變更，致改善了員工的工作態度及增加了工作產量。

(三) 與員工面談的實驗：梅氏等與大批員工舉行個別面談，起初是用直接發問問題方式，徵詢員工對工作的意見，員工多存有戒心而不願直言，致所答覆意見多屬相同。後改用交談方式，避免直接發問問題，並請員工自由發表意見，結果所蒐集資料極爲豐富。對此實驗，梅氏等認爲員工在組織內的工作情況、職位及地位，不僅由員工自己決定，而且也由同事們決定。

(四) 電話接線實驗：梅氏等先指定接線人員九人，補綴人員三人，

檢查人員二人，共十四人。每三個接線人員配一個補綴人員，經接線與補綴後由檢查人員檢查，並同在一房間內工作。經相當期間的觀察後發現：

1. 有些人限制着他人的工作量：如經由動作與時間的研究，規定需接線七三一一次，他們也相信可達到此種標準，但他們只完成接線六○○○次，此種非正式標準是員工們自定的，而且也阻止其他員工去超出此一自定的標準。員工們如此做的理由，據面談時表示，如果多做接線次數，管理當局將會再提高工作標準，同時員工中會有因此而失業，如將接線速度放慢，對工作較慢的員工可有保護作用，並可免受管理當局的蔑視與叫罵。

2. 員工對待各級主管的態度有差別：員工對經常與他們在一起工作的直接主管，被看作是自己人，沒有服從或不服從命令的想法；對上一級長官，則會有不服從其命令或與之爭辯的情事發生，對再上一級長官，則會服從其命令，當其出現在員工面前時，員工會表現出遵守規定的行為。因此層次越高的主管，越受到員工的尊敬。

3. 有非正式組織及其行為規範存在：在一起工作的員工，由於時間久、工作與興趣相同，乃形成了非正式的組織，人際關係趨於密切，能相互支援，並產生了非正式組織內所遵行的行為規範，如不可生產過多或過少的工作量，同一非正式組織內的主管或視察人員對其他成員不可表現出官架子行為，不可有喧嚷、自我主張或切望領導的行為。非正式組織的行為規範，對內是對成員可加以適當的管制，對外是免受管理當局對部分工作績效不夠良好成員的干涉。

三、豪桑實驗的發現　主要可歸納為三點：

（一）消除心理的（或智力的）幻想（或感到厭倦的單調），主要不在規定工作中休息的時間，而在員工間社會關係網（Social Network）

的重新組合。

（二）在一種新情況中的新奇或興趣，可導致積極的成果。所指新情況，包括新的工作環境、新的工作地點、新的工作小組等；所指新奇或興趣，包括員工受到尊重與關切，使員工感到他們是組織內重要的分子等；所指成果，包括工作產量的增加，員工態度的改善等。此乃所謂豪桑效果。

（三）監督氣氛的改善，如採用民主的領導方式，是增加工作產量之另一決定性的因素❷。

第三項　巴納德的權力理論

巴納德(Chester I. Barnard)，曾任美國貝爾電話公司總經理多年，對管理問題有獨到見解。 巴氏於一九三八年出版「主管人員的功能」(The Functions of The Executive) 一書，將社會學的觀念應用至管理工作。其重要論點有：

一、主管人員的功能　巴氏認為正式的組織，是有意的協調兩人以上的多種活動。主管人員在組織中是最重要的因素，在整個管理程序中，主管人員的主要任務是：

（一）建立與維持意見溝通系統：這需要主管人員與主管職位的結合，並經由審慎的遴選人員、應用積極的與消極的制裁、及保護非正式組織始能完成。非正式組織在意見溝通中扮演了重要的角色。

（二）增進組織人力的運用：此首須建立起員工與組織的合作關係，再須使員工對組織發生認同，並須建立起誘導與激勵制度。

（三）訂定組織的宗旨與目標：此須實施授權，每一員工對組織主要目標的達成均負有一部分責任，應用意見溝通與回饋方法，將可發現

---

❷　Richard M. Hodgetts, 同前書, pp. 71-80, 中央圖書出版社, 1975。

工作上的困難與障礙所在，必要時並修正原定計畫，當計畫修正後，對員工可再給予新的責任。

　　二、**權威理論**　巴氏認爲主管人員對所屬只憑發佈命令的權威是不夠的，因爲屬員可能拒絕服從命令。因此提出：

　　（一）權威接受理論：卽權威或命令權依賴於屬員之是否接受。主管人員對不接受權威的屬員固可給予制裁，但此並不保證屬員卽會接受命令，因爲屬員可能只願意接受管理當局給他安排的命運。欲使屬員完全接受命令，則應具備四個條件，卽1. 受命者確已了解；2. 合於組織的目標；3. 不違背受命者的利益；4. 受命者有能力加以執行。

　　（二）沒有興趣區域（Zones of Indifference）的重要性：雖然過於強調權威接受理論，將有使管理當局受制於屬員的顧慮，但巴氏認爲獲得屬員的同意與合作是常可能的。卽1. 接受命令所需要的四種條件通常是具備的，故屬員常會接受有如權威的意見溝通；2. 每個屬員均有其沒有興趣區域，落在此一區域內的命令，屬員會毫無問題的接受；至沒有興趣區域之大小則依賴於該屬員對組織的看法，能幹的主管人員會使屬員感到他從組織所得到的要比他給組織的來得多，如此屬員的沒有興趣領域就會擴大，對主管人員的命令大致均會接受；3. 某一屬員的拒絕接受命令，其餘屬員常會對該屬員施加壓力要他服從命令，因而組織內部亦就可趨於穩定。

　　三、**巴氏的貢獻**　巴氏對管理之心理學的與社會學的層面深感興趣，並擴展至員工間互動的研究。再巴氏的研究管理，多從員工的觀點來考慮，與傳統的多從原則與功能觀點來研究管理者不同，因而巴氏亦常被視爲是一位人羣關係或行爲科學的學者❸。

---

❸　Richard M. Hodgetts, 同前書，pp. 56-59, 中央圖書出版社，1975。

第四項 馬格里柯的Y理論

馬格里柯 (Douglas McGregor) 認爲每一位管理者，均有其處理員工的哲學或一套假設，大致上可將此種哲學或假設區分爲兩類，一爲X理論的假設，一爲Y理論的假設，X理論可列在管理連續線的一端，而Y理論則可列在另一端。在馬氏一九六〇年所著「企業的人性面」(The Human Side of Enterprise) 一書中，其Y理論的要點爲：

一、人是願意工作的 工作時對心力的耗費，其情形與休閒嬉戲相同，一般人並非天生就厭惡工作。由於工作環境的不同，工作可以爲樂趣之源（人們將樂於工作），工作也可以是痛苦之源（人們將盡可能規避工作）。

二、鼓勵重於懲罰 外力的管制和懲罰的威脅，並非就是惟一能促使達成組織目標的方法，人們也會自治自律去達成所肩負的任務。因此，鼓勵比懲罰還要重要。

三、報酬並不限於物質 人們對達成組織目標中任務的成就，也屬一種自我滿足和自我實現的報酬，此種報酬可促使人們爲達成組織目標而努力。因此，報酬並不限於物質，精神上慾望的滿足，也屬一種有效的報酬。

四、人會自動尋求職責 在情況許可時，一般人不僅會去接受職責，而且還會去尋求職責。故自動的找工作也是人的天性。

五、人多有想像力 應用高超而豐富的想像力，是大眾的人而非少數人所具有。

六、發揮人的潛能 在現代工業生活的環境裏，一般人所具有的潛在能力並未充分利用。因此，如何去發揮人們的潛能，要比羅致人才更

爲重要❹．

第二節　激勵動機學派

研究人的動機，及激勵動機進而表現出良好行爲的學者，大致可納入此一學派。茲舉李維持、馬斯洛、赫茲柏格、馬克利蘭及佛魯姆五人爲例，分項簡述如後。

第一項　李維特的行爲模式說

李維特 (Harold J. Leavitt) 在其「管理心理學」(Managerial Psychology) 中，曾提出解析人的行爲的模式。

一、對人的行爲的基本假定　李氏對人的行爲有三個基本的假定:

（一）人的行爲是有原因的: 此種原因，好像是外力作用於物體，使物體運動的物理現象一樣。根據此一概念，人的遺傳、環境等因素，均可構成原因，會對行爲發生影響，此也卽外在因素可影響及人的內在。

（二）人的行爲是有動機的: 人的行爲，是受着推力、需求或驅力而表現出的，此種推力、需求或驅力，卽爲推動行爲的動機。

（三）人的行爲是有目標的: 人的行爲不但有其原因有其動機，而且還有其目標，也卽人的行爲是受着目標的指引，故人的行爲是有所爲而爲的。

以上三個基本假定，可用下圖表示

---

❹　Donglas McGregor, *The Human Side of Enterprise*, pp. 47-48, McGraw-Hill, 1960.

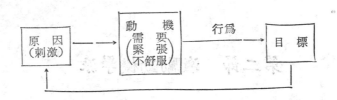

二、對行為模式的解析　李氏對行為模式有下列解析:

　　(一)對基本模式的解析:上述觀念係將人類行為予以概化,根據此三個基本假定,人的行為可視為由原因而動機到指向目標的歷程。此三個假定構成一個封閉的循環圈,人的行為經達到目標後,原因就會消失,原因不存在時動機就會跟着消失,因而行為亦就隨而停止。如一個饑餓的人會有饑餓的感覺,因而刺激他去尋找食物(即產生動機),一旦找到食物(即表現出行為),填飽肚子(達到目標),就不再有饑餓的感覺(原因消失),不再想找尋食物(動機消失,行為停止)。

　　(二)對目標的解析:人有許多目標,有者屬於生理目標,有者屬於心理目標。生理目標個數有限,且亦易於滿足;而心理目標不但個數多,且也不易滿足,如一個已有成就的人,卻不一定會感到滿足,且心理目標似乎會瞬息萬變且沒有止境,因而一般人追求心理目標的原因與動機,也就不易消失。

　　(三)人有共同性也有差異性:人的行為均有其原因、動機與目標,固可視為共同性;但人也有差異性的一面,如接受不同的刺激,動機的種類與強度的不同,以不同的方式表現出行為,追求不同的目標等,均屬個別差異的明證。因行為模式雖可適用至各種情況不同的人,但在此模式之中,人的行為的原因、動機、行為、目標,還是各不相同的❺。

----

❺ Harold J. Leavitt, *Managerial Psychology*, pp. 6-8, 開發圖書公司, 1978。

第二項　馬斯洛的需要層次說

馬斯洛 (Abraham Maslow) 認爲人是有需要的動物，人之所以表現出行爲，其目的在追求當時某種需要的滿足。當某種需要已獲得適度滿足時，則對該種需要不會再熱心的去追求，此時又會產生了另一種需要，因而又會表現出行爲去追求此另一種需要的滿足。各人由於背景的不同，當然需要也不會完全相同，但大致而言，多數人有著下列五種不同層次的需要

一、生理的需要 (Physiological Needs)　此爲第一層次的需要，也是人的最基本的需要，且爲維持生命所必需，如食物、水、衣、住處等。一般人在生活中如缺少此種必需品，則受着激勵去追求此種生理需要的滿足。如一個人缺少食物、安定、友愛、與受到尊重時，則追求食物的慾念，將強過追求其他的慾念。

二、安定的需要 (Safety Needs)　當生理的需要得到相當滿足時，則會產生第二層次之安定的需要。最平常的安定的需要，如保護身體免受危害，其次如求經濟的安定，福利的設施，意外、健康及人壽保險等，再其次如希望生活在有秩序的環境中及工作有保障等，凡此均屬安定需要的範圍。

三、社交的需要 (Social Needs)　當生理的及安定的需要獲得相當滿足後，則產生社交的情感的需要。如人都希望自己能被團體所接受，自己能接受他人，人需要友誼與愛情，感到自己是需要的一分子，甚至希望別人輕拍自己的頭或輕拍他人的肩以示親熱。

四、受到尊重的需要 (Esteem Needs)　當生理的、安定的及社交的情感的需要獲得相當滿足後，則產生了受尊重的需要。人都感到自己是重要的，並希望獲得他人對此種重要的認可；當自己確實是重要的以

後，除產生自尊、自信之外，又有了地位與權力需要的感覺，如參加高層社會的活動，獲得更多權力慾望的加強等，均屬滿足受尊重需要的範圍。

五、自我實現的需要 (Self Actualization Need) 馬氏解析爲「自我實現是最能表現出個人的特質，及達成個人所能達成的一切的期望」。因此自我實現，乃是個人運用最大的潛能，參與自我實現、自我發展及創造❻。

第三項　赫玆伯格的二元因素說

赫玆柏格 (Frederick Herzberg) 與其同事，在一九五〇年末期，於匹玆堡地區約談了十一個工廠的二百個工程司與會計員，主要徵詢何種事項使他們快樂及何種事項使他們不快樂的意見。經由約談發現使得一般人感到不滿意的事項大都與工作環境有關，使人感到滿意的事項大都與工作本身有關，因而提出了二元因素說。

一、保健因素 (Hygiene Factors) 保健是不使疾病加重，並從速恢復健康，如皮膚被擦破，敷以碘酒，可免傷處發炎及使皮膚加速恢復原狀，但不能使皮膚比以前更美麗，故碘是保健的藥物。在行政管理上的措施，如金錢、監督、地位、安定、工作條件、政策與行政、人際關係等，均與工作環境有關，也均屬保健因素。這些保健因素，對員工並不會發生積極激勵作用，只能防止員工心理的不滿；對增加工作產量並無幫助，但工作產量並不會有所減少；可維持激勵至零度的水準，但可防止反激勵的發生。此也是將此種因素被稱爲保健因素的原因。

二、激勵因素 (Motivators) 激勵不是消極的，不只限於恢復原狀，而是積極的與增進的，也卽比原有的更好、更多、更有效。在行政

❻ 傅肅良著，人事管理，第四〇四——四〇五頁，三民書局，72年版。

管理上與工作有關的措施，如工作本身、工作受到嘉許、工作獲得進步、擴展工作的可能性、責任的加重、工作上的成就等，均屬激勵的因素。此類因素可增加員工對工作的滿足感，進而可增加工作產量[7]。

第四項　馬克利蘭的成就動機說

馬克利蘭 (David C. McClelland) 的成就動機理論，包括兩個要點：

一、人有三種內在需要　馬氏認為人有三種內在的需要，卽成就需要、權力需要、歸屬需要。成就需要對於工作表現有密切關連，可使人獲得高度的滿足。就個人而言，成就動機之強弱會影響到工作績效的高低，而成就動機的衡量，可透過「主題統覺測驗」來測知。

二、成就動機高的人之特徵　馬氏認為成就動機高的人具有三項特徵，卽（一）喜歡自我負責，當發現問題時卽自行設法解決，以滿足其成就感。（二）喜歡設定適度的成就目標，並願意承擔可預料的風險。（三）對工作渴望獲得具體反饋，適時知道自己的成效與缺失，藉謀改進。故對成就動機的人而言，工作本身的成就，卽具有激勵作用，且此種內滋的獎勵係經由自己努力而成功者，遠比金錢或其他的獎勵更具意義[8]。

第五項　佛魯姆的期望值與期望說

佛魯姆 (Victor Vroom) 的期望值與期望的理論，雖較為複雜，但被認為比較適合實況。佛氏理論的基本觀念，可用下列公式表示：

---

[7]　傅肅良著，人事管理，第四一一──四一二頁，三民書局，72年版。
[8]　陳庚金著，人羣關係與管理，第二七一──二七二頁，五南圖書出版公司，68年版。

$$激勵 = \sum 期望值 \times 期望$$

此一公式表示激勵等於期望值乘期望之和。爲期了解佛氏理論，需注意下列三種觀念：

一、**媒介 (Instrumentality) 是個人理解第一結果與第二結果間的關係** 對個別員工的激勵，是對其完成某種目標所給予之眞實的或可理解的獎勵。如公司要求某甲提供生產力，此種要求對某甲有何意義？則依賴於某甲對完成任務可得獎勵的看法而定，如某甲認爲生產力與晉升有直接關係，也卽他的晉升將依賴於生產力。因而生產力就成爲第一結果，而晉升則成爲第二結果。

二、**期望值 (Valence) 是個人所期望的特種結果** 此時須考慮某甲的第一結果的期望值（生產力），爲使此期望值更有意義，可用三種不同情況的生產力，卽高的生產力、中的生產力、低的生產力。某甲對高生產力的期望值爲何？則有賴於某甲對晉升的慾望而定，如某甲對晉升的慾望極強，則期望值將是正值的；如某甲對晉升是漠不關心，則期望值將是零；如某甲不願晉升，則期望值將是負值。對中生產力及低生產力者，亦可用同樣的邏輯來推定期望值。因此。期望值與媒介二者可用下列方式予以聯結：

第一結果的期望值——→媒　　　介————————→第二結果
（生產力）　　　（對第一結果與第二結果的理解）　　（晉升）

因此，第一結果的期望值，取決於員工可因而獲得第二結果的信任。

三、**期望是一種行動可獲得特定第一結果的可能性** 如某甲努力能達到高生產力的可能性如何？這種可能性可從零（卽不可能提高生產力）到一（卽一定可提高生產力）。如某甲認爲他努力工作一定可以達到高的生產力，則他的期望等於一。此媒介、期望值與期望三者間的關係，可用下圖表示：

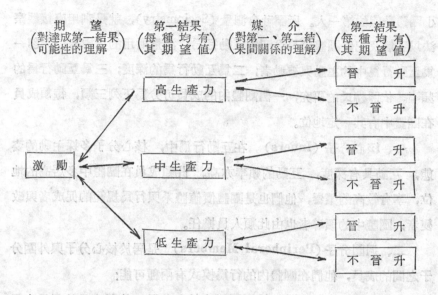

如用最簡單而淺顯的話說，對員工能否發生激勵作用，決定於（一）他有無完成任務的能力；（二）完成任務後所得到的獎勵是否為他所迫切希望的。如（一）（二）都是正面的，則可發生激勵作用，如（一）（二）都是負面的或是一正一負的，則不會發生激勵作用[9]。

第三節　團體動力學派

團體動力學派，主要係研究個人在團體中的心理行為，及小團體與小團體間的衝突與合作行為者。可歸屬於此派的學者及心理學家甚多，茲舉赫曼、雷茲、謝立夫等的論點，分項敍述如後。

第一項　赫曼的社會測量說

赫曼（George C. Homanns），是運用社會測量理論來研究組織內

[9]　Richard M. Hodgetts, 同前書, pp. 328-330, 中央圖書出版社, 1975。

小團體動態的第一人。所謂社會測量 (Sociometry)，就是利用直接觀察法以了解及記錄團體成員之間的互動行爲，測量所用的指標有三，卽一爲互動行爲中的主動與被動者；二爲互動行爲的深度；三爲互動行爲的頻率。依照赫氏的研究，一個團體內的成員可分爲下列三類，每類成員在團體中有其一定地位。

一、核心分子 (Inners) 在互動行爲中，核心分子多採主動的姿態，互動具有深度，互動的頻率亦高。此類成員在團體中多居高的地位，享有較高的榮譽，他們也是團體價值體系與行爲規範的促成者與改變者，團體中的領導者也由此類人員擔任。

二、週圍分子 (Peripheral Members) 是居於核心分子與外圍分子之間的成員，他們在團體內的行爲模式有兩種可能：

（一）爲企圖打入核心範圍而變成核心分子：此種成員的行爲表現出高度的服從性，服從團體的領導，遵從團體的價值體系與行爲規範，並獻出一顆効忠的心；如原有的核心分子深恐週圍分子的加入而破壞原有的穩定狀態而產生強烈的排斥心理時，則週圍分子打入核心分子的企圖必將落空。

（二）退居到外圍分子的地位：原有的週圍分子因不能打入核心分子致深感受到挫折時，卽可能退居爲外圍分子，此時的行爲，對團體會採取敵視與對抗態度。故週圍分子往往是行爲態度不太穩定的分子。

三、外圍分子 (Outsiders) 此類成員與團體的關係，不是孤立者就是挑戰者。孤立者已無打入核心範圍的意念，對團體也採漠不關心的態度；挑戰者多係企圖打入核心範圍而遭受失敗後所形成的態度，團體既不能容納他，他也就對團體採取攻擊或敵對的姿態，有時甚會出賣團體或對團體施以致命的打擊⑩。

---

⑩　姜占魁著，行政學，第一三三——一三五頁，五南圖書出版公司，71年版。

以上三類成員情況，可以下圖表示

第二項　個人在團體中的心理反應

　　個人在團體中的心理反應，與獨自一人時的心理反應不同。根據**心理學家的研究，最重要者有下列四種：**

　　一、社會助長作用　指當個人與其他多數人在一起工作時，由於**其**他多數人的在場，無形中增加了個人的工作動機，致使個人提高效率**增**加產量。根據心理學家如奧波特（F. H. Allport）所作多種實驗，證明確有社會助長作用存在。但一般而言，如個人所從事的工作係屬較為**簡**單的操作時，社會助長作用較為明顯，即使個人並不與其他多數人作**自**由的意見溝通，也不作工作上的競爭，只要有其他多數人在一起從事同樣的工作，社會助長作用也很明顯。但如從事思考性的工作時，即使**有**其他多數人在一起從事相同的工作，也不會表現出社會助長作用，如再作自由的溝通時，反而會降低工作效率；如各人間具有相互的依賴作用，

具有共同的目標時，則眾人的在一起與自由的溝通，可收思考上互相激勵之效，易於創造出新的觀念，所謂腦力激盪術的方法，就是此種社會助長作用的運用。

二、社會標準化傾向　指對事物的判斷或對問題的答案，如由個人各自判斷或答覆時，其差異性大，但個人在團體中時的判斷或答覆，則差異甚小，故個人在團體中表現出極少差異，也卽趨向於同一標準的傾向。根據梅堯等學者的實驗，證明工人在團體中各有其行為的常模，對事情及問題有他們的一套看法，對工作量有其一定的標準，不使工作太勤快或太偷懶，以免受到責難或冷落。此種為團體中成員所遵守的無形的規定，稱為團體行為規範，多為團體中的領導者，依據成員公認為適當的情況而設定或為自然形成，並為成員所共同遵守。團體行為規範一旦成立，對成員卽會發生極大的影響力。

三、社會顧慮傾向　指個人在大眾面前各種行為的表現，與個人在私底下的行為表現不盡相同，其原因為個人在大眾面前常會感到不自在，當對大眾的了解甚少時更是如此。根據心理學家如瓦柏納 (S. Wapner) 以大學生在不同觀眾面前表演作實驗，發現當面對一無所知的大眾時，個人表現出的躊躇反應最多，在面對有充分認識的大眾時，個人會表現出較好的適應；新加入團體的成員，在未與其他成員熟悉之前，在行為上也常會表現出拘謹。社會顧慮雖為常見的現象，但對社會顧慮的程度則可能因人而異，如性格上較為拘謹而內向者，社會顧慮傾向特別明顯；好動與外向者，社會顧慮傾向則不甚明顯。

四、社會從眾行為　指個人在團體中，常不知不覺的受到團體的壓力，致在知覺、判斷、信仰及行動上，表現出與團體中多數人相一致的現象。根據心理學家如阿舒(S. E. Asch) 所作的多次實驗，尤其是辨別線段長短的實驗，證實有許多人因受團體的壓力而改變自己的信念，卽

使個人對問題是非常的了解或甚至是一望可知的錯誤，也不例外。再如當四週的人均穿着樸素的服裝，如只自己一人穿着花式衣服，心理卽會感到侷促不安。又如對某一問題的看法，雖有證據可證明自己論點的正確，但遇及眾人均提出反駁時，也會失去對論點的信心，個人的外表舉動或內在思想，若與周圍的人一致時，才會感到安心。個人雖多少都有徒眾行為的傾向，但從眾的強度則常因情況而不同，如個人喜歡標新立異者，會故意表現出不服眾的行為；刺激的性質愈是曖昧不明者，團體壓力所引起的從眾程度愈高；團體為個人意願所認同者，個人容易表現出從眾行為；　個人智力較低、情緒不穩定、對自我看法模糊、缺乏自信、性格保守者，易表現從眾的行為⑪。

第三項　團體對個人行為的影響

團體對個人行為的影響，有屬於一般性者，有因團體性質之不同而異者。主要可分下列五種：

一、一般性團體對個人行為的影響　團體促使個人順應多數人的意見，卽為團體壓力。團體壓力雖不具有強制執行性質，但個人在心理及行為上很難抵抗，因此其對改變個人行為的效果，有時比權威及命令更大。其情形為：

（一）團體壓力的性質：團體需要達成既定目標時，須依賴全體成員的支持與合作，必要時尚需採取大家一致的行動，致無法照顧到少數成員個別的意願。個人原為基於滿足某種需要（如獲得他人的支持、免於孤獨的恐懼、發揮自己的才能等，均需依賴團體來滿足）而加入團體，但因團體中成員的行為必會受到某些限制，此種限制乃構成了團體對個人的壓力。

---

⑪　傅肅良著，人事心理學，第一九三——一九八頁，三民書局，70年版。

（二）團體產生壓力的過程：根據李維特的觀點，團體產生壓力的過程有四，卽1.先是合理辯論的過程，卽由與會者自由發表意見，此時各人也多能耐心聽取與自己不同的意見，如將各人意見予以歸納後，大致可表現出兩種不同的意見，卽一爲多數的意見，一爲少數的意見。2.接着是勸導的過程，卽對仍維持少數意見的成員，好言相勸，透過平時交誼與感情，請其放棄成見接受多數意見，以保持顏面。3.繼而是攻擊的過程，卽對經勸導仍不放棄成見的落單者，大家因勸導不成而開始攻擊，指其執迷不悟或破壞合作或不忠於團體，使固執成見者不容於大眾。4.最後是採取隔離的過程，卽對未在攻擊下屈服者，大眾卽採取對他不理會、不說話、不屑一顧的態度，使他感到完全的被孤立與隔離。

（三）在團體壓力下仍不從眾成員對團體的影響：團體中不從眾成員的存在，對團體的一致行動及團體目標的達成，自可能發生若干影響，但有時亦可能有助於團體的生存與發展。卽一方面，可刺激團體作自我檢討，甚至會導致團體目標的調整與達成目標之程序方法的改進，使團體獲得更穩健的成長；另一方面，可激發革新的創造性的意見，促使團體在知識及技術方面獲得突破性的發展⑫。

二、有組織與無組織團體對個人行爲的影響　有組織團體，指成員彼此間關係密切，以分工合作達成共同目標的團體，如球隊及一般機構的組織；無組織團體，指臨時集合在一起，成員間並不相互認識，亦無共同目標，如一羣烏合之眾。根據心理學家如傅連奇(J. R. P. French)研究，認爲在解決問題的過程中，一旦遇及困難，如屬有組織的團體，表現出繼續嘗試的次數較多，一旦失敗，各成員所受的挫折感也較深；而無組織的團體，則表現出缺乏興趣，團體卽有解體現象。又當遇及緊急狀態時，有組織的團體不但不能以冷靜態度及有秩序的處理事態，且

---

⑫　Harold J. Leavitt, 同前書，pp. 213-222, 開發圖書公司，1978。

會有張皇失措的情緒反應，並急速的傳播至每一成員；而無組織團體則不盡然⑬。

三、合作式與競爭式團體對個人行為的影響　合作式團體，指重視團體內各成員的合作，如採取鼓勵時以全體成員的成果為依據，達到標準時就給予團體的獎勵；競爭式團體，指重視各成員間的相互競爭，如鼓勵係以個別的成績為依據，對成績最好的成員予以獎勵。根據行為科學家杜屈（M. Deutsch）的研究，合作式團體的成員，(一)有關團體事項，不但所提的建議較多，且亦較好；(二)成員間有較好的意見溝通；(三)成員相互間較為友善，並能關心別人；(四)對所屬團體感到滿意；(五)團隊精神能充分發揮，分工合作情況良好。競爭式團體則不然⑭。

四、專制與民主團體對個人行為的影響　專制的團體，指領導者行使權力來領導所屬，要求成員服從領導，團體事務的處理須根據領導者意見行事；民主的團體，指領導者能運用影響力來領導所屬，鼓勵成員間意見溝通，對團體事務成員有充分參與意見機會。根據行為科學家如李彼（R. Lippitt）研究，認為在專制團體中，成員相互攻擊的事較多，多表現出對領導者的服從，成員多以自我為中心，相互間常推卸責任，領導不在時成員的工作動機大為減少；在民主團體中，成員彼此之間較為友好，常以我們為中心，成員團結一致解決問題的企圖甚為明顯，領導不在時成員仍能自動自發處事，成員對團體的活動多能感到滿足⑮。

五、大團體與小團體對個人行為的影響　成員超過三十人者可稱為大團體，不滿三十人者可稱為小團體。根據行為科學家如韓菲爾（Hamphill）研究，認在大團體中，對有一個領導者的需要性增加，當團體

⑬　張淑貞著，管理心理學，第一五六──一五七頁，三民書局，66年版。
⑭　張淑貞著，管理心理學，第一五八──一五九頁，三民書局，66年版。
⑮　張淑貞著，管理心理學，第一五九──一六一頁，三民書局，66年版。

愈大時，不但愈需要領導者，且容易有獨斷領導方式的出現，成員間的凝聚力較少， 對團體的滿足感也較差， 討論問題時成員發言量差別擴大，易成為只有少數人發言而多數人保持沈默，成員個人的工作量有降低趨向； 在小團體中， 對有一個領導者的需要性不大， 成員富有凝聚力，能從團體獲得較多的滿足，討論問題時成員多能表示意見，成員的工作產量會有增加⑯。

<h2 style="text-align:center">第四項　雷茲與謝立夫的團體衝突說</h2>

組織內包括有多個團體，如組織內部的正式單位，及組織員工間的非正式組織，均屬組織內的團體。團體間發生衝突乃是難以避免的事，然則發生衝突的原因何在? 發生衝突後團體與團體間將會發生何種影響? 又如何來處理團體間的衝突? 均屬值得研究。茲簡說如下:

一、團體間發生衝突的原因　依據學者雷茲 (Joseph Reitz) 的研究，團體間發生衝突的主要原因有:

（一）因團體間的相互依賴性而引起衝突：組織均有定額的資源、經費或人力，再分配至各團體運用。如某一或數個團體對資源、經費或人力需用甚殷時，則團體間因相互爭取而發生衝突；業務上有密切關聯的團體間， 因工作進度未能密切配合也會引起責難；專業分工原為組織內部設置單位及分派工作所需重視的原則，但愈是專業分工相互間依賴性愈大，因而亦愈可能發生衝突。

（二）因團體的目標不同而引起衝突：各團體的目標不同 則 對 資源、經費或人力需求亦有不同，致發生對有限的資源、經費或人力的相互爭取；獎金制度，也常為引起團體間衝突的原因；各團體內成員的目標之不同，及各團體對組織目標之主觀看法上的差異，尤其是對不夠明

---

⑯　張淑貞著，管理心理學，第一六一——一六三頁，三民書局，66年版。

確的目標，也會使團體間發生衝突。

（三）因團體對事物的認知不同而引起衝突：各團體對事實之認識不盡相同，致意見難以一致，增加在共同制訂政策及合作上的困難。如各團體應業務需要，均有其所需要的資料及其資料來源，因而各團體對事實的了解，往往只是整個事實中的一部分而非全部，因而對同一事實的看法易發生歧見；再如達成工作目標之時程的差異（如研究發展工作須五年完成，工人只須數小時工作卽可完成），因任務不同對事物看法所產生的差異（如生產單位希望大量生產，品管單位希望產品無缺點），均可能引致團體間的衝突⑰。

　　二、衝突對團體的影響　根據謝立夫 (M. Sherif) 的研究與實驗結果，其影響可從三方面看：

　　（一）一般的影響

　　1. 對團體內部的影響：包括可增加團體內部的團結，加強成員對團體的忠誠，減少成員間的個別差異；由人際關係的團體轉變為以工作、任務為中心的團體，減低對成員需求的關心，加強達成團體任務的需求；在領導方式上逐漸轉變為獨斷式的領導，成員也多能忍受此種領導；團體的組織趨向嚴密，成員間形成了階級，強化了分工合作的要求；要求成員對團體的高度効忠與服從。

　　2. 對團體間關係的影響：各團體不再認為對方團體是中性的，而開始把對方看成敵人；各團體常產生知覺的歪曲現象，只看到自己的優點否認自己的缺點，只注意對方的短處忽視對方的長處，向對方產生了偏見；由於對對方的敵意的增加，與對方的溝通逐漸減少，如勉強使各團體在一起交換意見時，亦只注意與支持自己團體代表的意見，不注意

⑰　H. Joseph Reitz, *Behavior in Organizations*, pp, 433-443, 華泰書局，
　　66年版。

對方代表的意見或只挑剔其缺點。

3. 對各團體代表的影響: 各團體的代表，均認爲自己團體的意見最好，千方百計去說服對方團體的代表接受自己團體的意見，如說服不成則會變成攻擊對方代表；所屬團體對代表的壓力很大，使得代表難作客觀的判斷與選擇，惟一辦法只有堅持自己意見，致無法獲得結論。

（二）對衝突中獲勝團體的影響: 對獲勝的團體也會發生若干較爲特殊的影響。如不但保持原有團體成員間的凝聚力，更有加強凝聚力的傾向；也可能會因勝利而消除緊張氣氛的結果，逐漸失去戰鬥的意志而得意忘形；爲期對成員的慰勉，會加強對成員需求的照顧，並逐漸減少完成工作及任務的關心；由於成員獲得更多的滿足，更堅信自己團體的長處與對方團體的缺點，因而對自己團體的一切不再去檢討與改進；在衝突期間握有權力地位的領導者，仍將保有其權力與地位。

（三）對衝突中落敗團體的影響: 對落敗的團體更將發生若干較爲特殊的影響。如團體成員常會根據合理化作用的心理來掩飾自己的失敗，如責備裁判不公或認爲自己的運氣不佳等；如團體的落敗乃屬無可置疑且失敗得極爲慘重時，可能使團體內發生混亂與鬥爭或甚至趨於瓦解，成員變爲自暴自棄或發生相互攻擊情事；如團體的落敗並不嚴重時，可能會促進全體成員的奮發，並探究落敗原因及謀求改進，以期東山再起；落敗的團體會減低對成員心理需求的照顧，逐漸注意於工作與任務的完成；過去只知自己長處與對方缺點的偏見，會因落敗而再加檢討或重新估計[18]。

三、處理團體間的衝突　處理團體間的衝突，依雷茲看法，不外從對衝突應有所反應，降低衝突的不良後果，及預防團體間的衝突三方面着手:

---

[18] 傅肅良著，人事心理學，第二○三——二○四頁，三民書局，70年版。

（一）對衝突應有的反應：又可分不干與方法與干與方法：

1. 不干與的方法：管理者多不願干與團體間衝突的原因，不外一為不敢確定干與後可能發生的後果，二為不願承認團體間衝突已嚴重到非由管理者干與不可。因此管理者對衝突不予重視，讓由團體自行解決，或鼓勵團體去設法解決。至團體間自行解決衝突的方法，主要有四種，卽(1)由團體雙方透過解決問題的途徑，尋求旣可達成目標又能被雙方接受的方法；(2)設定較高層次的目標，要求團體雙方在達成高層次目標之原則下，調整團體的目標；(3)由團體雙方討價還價，尋求妥協；(4)用政治方法解決，如雙方尋求支持者，以投票方式作成決定。

2. 干與的方法：主要包括(1)處理徵候，如用獎勵方法鼓勵團體雙方管制衝突的發生及避免公開化；或用壓力或懲處權力以壓制衝突的發生；(2)解決衝突，如訂定辦法禁止發生衝突；或允許用民主票決方法解決衝突；(3)消除發生衝突之源，如將煽動衝突的員工調職；或將團體的成員組合作必要的重組。

（二）降低衝突的不良後果：主要方法有 1. 增加團體間的接觸機會，以增進相互間的了解；2. 促使雙方團體領導人間的接觸與協商；3. 交換雙方情報資料，以減少誤會；4. 改善工作環境，以誘離對衝突的注意力；5. 設定共同的敵人，移轉團體的注意力共同對外；6. 由團體內具有影響力的成員相互間協商；7. 設定對雙方均具有引誘力的高級目標，而此種目標的達成必須經由雙方合作且能成功者。

（三）預防團體間的衝突：主要方法有1. 建立明確的、可行的及易於達成的目標；2. 鼓勵團體間的意見溝通與交互行動；3. 團體間的競爭措施並非必須放棄，但須經審愼的衡量，因競爭所獲生產力的增加確能超過因發生衝突而減少合作的損失為多時，始可採取競爭措施[19]。

---

[19]　H. Joseph Reitz 同前書，pp. 447-457，華泰書局，66年版。

第四節 人性行政管理的原則與優缺點

人性行政管理各學派的論點雖不盡相同，但綜合言之，仍有其共同的原則及優點與缺點，茲分項簡述如後。

第一項 人性行政管理的原則

人性行政管理的基本原則，可歸納爲四點:

一、**心理因素受到重視** 不論在傳統的行政管理或人性的行政管理，均重視生產力與效率問題，但前者只重視機械的與生理的一面，而後者則特別重視心理的一面。良以眞正的增加生產力與效率，必須機械的生理的與心理的受到同樣的重視。人性行政管理學者不但提出許多須重視心理因素的理論，而且經由各種實驗來證明心理因素的重要性，由此也奠定了管理心理學的基礎。

二、**對人的看法有了改變** 人性的 Y 理論就是人性行政管理理論中對人性看法的代表，它的內涵與 X 理論截然不同，它認爲人是願意工作的，獎勵方法比懲罰方法有效，人的聰明才智在工作上尚未獲充分的發揮，須由管理者去激發。因此也轉變了對人的管理的基本方向。

三、**對人的動機、行爲、目標有了新的解析** 認爲人是有其需要與願望的，由需要與願望產生了動機，由動機表現出行爲，經由行爲的表現來滿足需要與實現願望，故人的行爲是有原因的，人的行爲是有目標的。管理當局如希望員工在工作上表現出良好的行爲（提高生產力與效率），則需先了解員工當時的需要與願望是什麼？再採取措施促使員工透過工作上良好行爲的表現，來獲得需要的滿足與願望的實現。

四、**重視人在團體中的心理與行爲** 員工獨自一人時所表現出的心

理與行為，與員工在團體中所表現出的心理與行為不甚相同，此乃由於
員工個人在團體中的心理反應受着團體的影響力所致。再就團體而言，
團體與團體間的心理與行為，亦經常表現出各種不同的動態，此種動態
情況為了解組織所需認識者，故各團體間的互動及團體間的衝突情況，
也為人性行政管理學者所必須探討者。

第二項　人性行政管理的優點

人性行政管理，可得而言的優點主要有四點:

一、突破傳統行政管理的研究範圍與方法　傳統行政管理的研究範
圍，多以事及原則為主，而人性行政管理的研究範圍，則擴至人性，因
而員工的心理與行為乃成為行政管理的主要研究對象。再以研究方法言，
傳統的方法多以價值判斷為主，偏於主觀；而人性行政管理的研究方法，
則多採驗證方法，也即先作假定，而後再細心去求證，以獲得客觀的結
論，再將此種結論在管理實務上予以應用。

二、對組織作動態的研究　研究組織不再以組織架構、組織法規為
對象，而以組織內員工的心理與行為為主。因而員工的態度與士氣、組
織內各種團體的交互行動及衝突等，均為研究組織的重點所在。又組織
內的所謂權威，並非單憑組織法規及地位所能賦予，而須員工之心理的
接受。故人性行政管理的組織觀，是動態的而非靜態的。

三、由限制的管理到激發的管理　在X理論時期，認為員工多生性
厭惡工作，故在管理上除以金錢作為引誘外，最重要者須對員工嚴加管
制，也即對員工的行為、思維及工作加以多方限制，以免偷懶及為非作
歹。在Y理論時期，為期符合人性及使員工的潛能可獲得充分的發揮，
乃走向激發的管理，此也即現代管理的基礎。以期透過各種激勵措施，
來激發員工在工作上表現出良好的行為，思維上表現出靈活新穎的運用。

四、講求員工心理的滿足 員工是人不是工具，員工不願做被動者而願做主動者，員工不但有他的需要與願望，更希望需要能獲得滿足顧望能獲得實現，員工不但需求物質的生活，更需求精神的生活。因此，所謂行政管理，固然需求生產力與效率的提高，更須使員工心理獲得滿足，使員工對工作有充分的成就感。

<h2 style="text-align:center">第三項　人性行政管理的缺點</h2>

人性行政管理雖有其優點，但仍然有其缺點：

一、對人性看法仍有所偏 如Y理論過於理想，員工究竟不是個個都會自我指導及自我管理的，員工並非個個都可從工作上獲得需要的滿足；再如員工雖均有其需要，但五種需要及其層次並不適用至每一個人，有的人為了榮譽寧可拋棄生命，有的人能豐衣足食則不會再求其他；又如二元因素說，同一措施（如增加待遇）對有的員工可能只屬保健措施，而對有的員工可能係屬激勵措施；又如行為模式說，人的行為往往因受了某種因素的影響，會表現與行為模式不盡相同的行為，而此某種因素包括有個人因素、環境因素、文化因素、情勢因素等。故人性行政管理理論的客觀性，仍不無疑問。

二、對組織的研究過於重視人而忽略組織架構與組織法規 此乃剛與傳統的行政管理相反。人固然是組成組織的最重要因素，但為期組織能順利逐行任務與達成目標，仍應有其基本的組織架構與組織法規，如只將組織看成是一羣人的活動，而忽視相互間的基本關係（如權責區分、指揮系統等），則非屬健全的組織，對任務的逐行與目標的達成將有阻礙。

三、未涉及環境因素對行政管理的影響 人性行政管理的研究範圍，雖突破了傳統行政管理的範圍，但仍屬有限，主要是它並未涉及環

境因素對行政管理的影響。良以社會愈發展進步也愈快速，社會與其環境間的關係也愈為密切。行政管理無法與社會及環境脫離，社會及環境因素的變動也會影響及行政管理，因人性行政管理未有及此，乃致某些問題仍難以獲得解決。亦正因如此，系統權變的行政管理乃應運而起。

第四章　系統權變的行政管理理論

因傳統的與人性的行政管理理論皆有所偏，乃產生了系統權變的行政管理理論。權變的理論係因生態理論而來，而生態理論又係根源於系統理論。在本章中乃按系統理論、生態理論、權變理論順序分節予以敍述，而後再說明系統權變行政管理理論的原則與優缺點。

第一節　系統理論

在系統理論中，首須說明者爲系統的意義，而後再介紹環境系統說、組織系統說與組織開放說。

第一項　系統的意義

首先創用系統理論的，是生物學家貝特蘭菲 (Ludwig Von Bertal-anffy)，用以解析生物現象。後有鮑丁 (Kenneth Boulding) 加以發揮，並提系統層次的觀念，因而系統理論乃常被引用，且應用於行政管理。然則系統的意義究竟爲何？卻有頗不相同的解析：

一、韋氏新國際字典對系統所下定義　所謂系統，指具有規律化的

交互作用或相互依賴的事物，爲達成共同目標所結合而成的整體。因此系統是指一個有目的有組織之許多不同部分所構成的複合體，系統的構成分子或次級系統各有特定的功能與目標，但各個次級系統必定相互關聯而且分工合作，以達成整體之共同目標，且系統整體之效益必定超過各部分效益之總和。

　　二、帕森斯 (T. Parsons) 的系統定義　所謂系統,乃是一種概念,它是指部分與部分之間，以及規律化過程之間的相互依賴性所形成的一種集合體，同時也指此一集合體與外在環境的相互依存性❶。

　　三、系統的意義　由上說明，吾人所謂系統（姑稱本系統），係指具有規律化的交互作用或相互依賴關係的若干事物（稱爲部分或因素），爲達成共同目標所構成的整體。但構成此一整體之若干事物，每一事物本身又自成爲一個系統（姑稱爲次級系統），每一事物同樣是由具有規律化的交互作用或相互依賴關係的若干次級事物，爲達成共同目標所構成的次級整體，故本系統係由各次級系統所構成。再本系統也不是孤立的，它又與其他具有規律化的交互作用或相互依賴關係的同層次事物，爲達成共同目標構成一範圍更大的系統（姑稱爲上級系統），故本系統與其他同層次系統又成爲上級系統的各個部分或因素。若此，本系統之內有次級系統，本系統之上有上級系統；甚至次級系統之內又有更次級系統，上級系統之外又有更上級系統；此種層層的交互作用與相互依賴的關係，就稱爲系統理論。

第二項　赫爾等的環境系統說

　　赫爾 (Richard H. Hall)，在其組織結構與程序 (Organizations Structure and Process) 一書中，曾謂廣義言之，環境是指組織界限之

---

❶　張潤書著，行政學，第八三頁，三民書局，65年版。

外的各種事物，但爲了思考的便利，可將環境分爲一般環境與特定環境
兩種，前者對社會中的所有組織均可發生影響力；後者只有對特定組織
會發生更直接的影響。然則一般環境及特定環境各指什麼？赫氏指出：

一、一般環境　主要包括下列九種：

（一）文化：指一個社會或國家的歷史背景、價值標準、意識形態
等，包括對權威的看法、領導方式、人際關係、理性化程度及科學技術
等。

（二）工藝技術：指一個社會或國家的科學與技術高度發展的程
度，包括科技組織的基礎、物質條件的水準、以及發展與運用新科技的
能力程度等。

（三）敎育：指一般人民的知識水準，敎育制度專業化與成熟化的
程度，及接受職業或專業訓練者佔全部人口的比例。

（四）政治：指一個社會或國家的一般政治氣氛，如政治權力的集
中程度、政治組織（如政黨）的性質（如功能分化及分權的程度）等。

（五）法制：指對憲法尊重的程度、法律制度的特性、政府各部門
管轄權的區分，對稅務及管制工商企業之特別法規等。

（六）自然資源：指自然資源的性質、數量、可開發量，及風土氣
候等。

（七）人口：指社會上可用人力資源的性質，包括數量、分配、年
齡及性別，工業化社會之人口集中或鄉村化情形。

（八）社會：指社會階級結構及流動性，社會角色的界定，社會組
織的特性及社會體制的發展等。

（九）經濟：指一般經濟結構，包括經濟組織的類型（公有或私有），
經濟計畫的集權或分權，銀行制度及財政政策，對自然資源的投資水準
及消費特性等。

二、特定環境　主要包括下列五種:

　(一) 顧客: 指產品或服務的配銷人及消費者。

　(二) 供應者: 指新物料、設備、器材及勞力的供應者。

　(三) 競爭者: 指與本組織具有競爭供應及消費作用的其他組織或人員。

　(四) 社會與政治: 指政府對本組織的管制法規，公眾對本組織及特種產品的態度，職業工會與本組織的關係等。

　(五) 技術: 指本組織生產產品或服務之新技術設備，及引進新技術開發新產品情況等❷。

第三項　柏森斯等的組織系統說

　柏森斯 (T. Parsons) 認為任何一種組織，其本身就是一個社會系統，在此社會系統之內又包括了許多小的社會系統。卡斯特 (Fremont E. Kast) 與羅森威格 (James E. Rosenzweig) 認為組織本身也是一個系統，並由若干次級系統所組成。茲簡說如下:

　一、柏森斯的組織系統說　柏氏認為一個組織係由下列三個層次（即較小系統）所組成，每個層次均有特性與功能:

　(一) 策略層次: 如事業的董事會、政府機關的首長等，處於組織的前瞻地位，與客觀的社會環境直接發生關係。與此一層次任務有關的許多因素無法作事先的了解與掌握，故此一層次須作完全開放式來看，其組織無論在形式上或作業程序上，必須具有高度彈性以充分發揮應變的能力。此一層次的主要責任是制訂決策。

　(二) 管理層次: 主要任務在協調組織內部各單位業務之推動，同

---

❷　Kast and Rosenzweig, *Organizations and Management, A Systems Approach*. p. 136 淡江書局，63年版。

時也負責維持組織與外在社會團體的接觸，故又可稱爲協調層次。管理層次，對內可作封閉的觀點來看，與之相關的許多因素通常均可了解與掌握，且可用理性的原則來分析；對外與社會上團體的接觸，與之有關的因素多無法事先預測與了解，故應以開放的觀點來看。故管理層次是半封閉半開放的狀態。此一層次的主要責任是執行決策。

（三）技術層次：如事業的生產部門，主要任務爲利用技術與生產工具從事生產工作，與社會環境不直接發生關係，所面臨的只是生產目標的達成。故此一層次是完全處於封閉狀態。此一層次的主要責任是實地執行工作❸。

二、卡斯特與羅森威格的組織系統說　卡氏及羅氏認爲組織係由下列五個次級系統所構成：

（一）結構次級系統：指組織中單位區分、權責分配，及上下指揮監督關係，平行業務聯繫關係之正式的說明。此一次級系統可以組織系統表表示，再如組織法規、辦事細則，職位說明書等，亦屬此一系統的要件。

（二）技術次級系統：指組織爲達成目標所需運用之各種技術與知識，以便進行日常工作，如一組織能將輸入的原料轉化爲輸出的產品，主要卽靠此一系統的作用。不同目標的組織，其所需用的技術與知識當然亦有不同。

（三）社會心理次級系統：組織係由人所組成，而個人的心理與行爲，及人與人間、團體與團體間的交互行爲，均爲構成此一次級系統的要素。一個組織的內部結構、所需用的技術與知識，也會對此一系統發生影響，故不同的組織多會表現出不盡相同的社會心理狀態。

（四）目標與價值次級系統：組織既是處於社會環境之中，則須考

---

❸　張潤書著，行政學，第八八頁，三民書局，65年版。

慮對社會的貢獻，故組織不僅要達成自定的目標，而且須符合社會的需求，此種社會的需求就是價值。故組織不能完全以營利爲目的，還須對社會負有某種責任，如防止因生產而引起的公害，對社會慈善事業的捐獻等。

（五）管理次級系統：此一系統係貫串以上四個次級系統者，其主要作用是計畫、溝通與協調、管制等，以期組織的任務能順利遂行組織的目標能順利達成❹。

第四項　卡羅兩氏的組織界限與開放說

卡斯特與羅森威格，不但認爲組織本身是一個系統，而且認爲組織與外界環境之間具有界限，但此種界限是可以滲透的，因而無形中已成爲開放的組織。

一、組織具有界限　組織與外在環境之間，有着一種界限，但提出此種界限觀念的作用是便於說明組織的特性及了解組織與外在環境間的關係，在辨別封閉的組織理論與開放的組織理論時更有其重要性。就封閉的組織理論言，認爲組織的界限是剛性的，不可滲透的，故認爲組織是一個孤立的、自我封閉的系統，它與外在環境沒有任何關係，外在環境的任何變動，對組織也不會發生影響。

二、界限的滲透與開放的組織　就開放的組織理論言，組織的界限不是剛性的、是可以滲透的，它的功能只是過濾，組織自社會輸入它所需要的，而排除它所不需要的；同樣的，組織對輸入的事物經轉化後，又透過界限輸出於社會，再由社會回饋於組織系統，使保持組織與社會間的平衡❺。

---

❹　Kast and Rosenzweig, 同前書，pp. 111-113, 淡江書局，63年版。
❺　Kast and Rosenzweig, 同前書，pp. 132-135, 淡江書局，63年版。

　　三、環境系統、組織系統與開放組織的關係　在本節第二項所述之環境系統及第三項所述之組織系統，均屬系統的觀念，再加上組織的界限與開放組織的觀念，就可說明組織與社會的關係及組織與社會須保持動態的平衡的重要了。其情形如下圖所示：

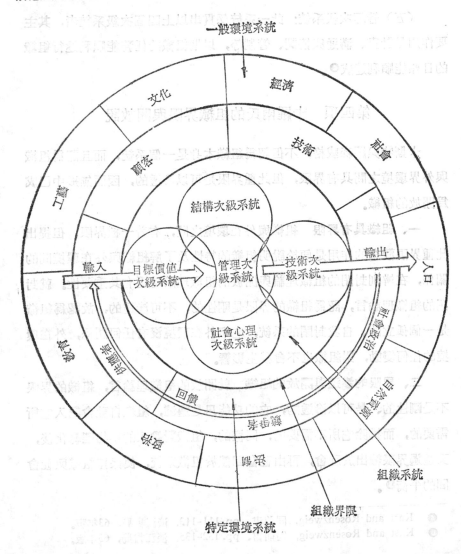

第二節　生態理論

生態學原為生物學的分支，以研究生物與環境的關係為主。將生態學的理論應用至行政管理，卻是近數十年的事，而且對行政管理的理論也發生了相當的影響。茲就生態學的意義及學者將其應用至行政管理的論點，分項敍述於後。

第一項　生態學的意義

生態學是研究各種生物相互間及其與環境間的關係之學，凡專門研究此種關係的學者，稱為生態學者。沒有一種生物是可以孤立的，在某些方面它須依賴其他的生物或無生物始能生存。研究生態學可增進對世界及其所有造物的了解，此種了解對人類的生存甚為重要，在世界的遙遠地區（或甚至外太空）的重大的變更，對我們及我們的環境均會發生影響。生態學者的目標之一是智慧地管制世界上的生物與無生物，如有些生態學者研究空氣及水污染及污染的水與空氣對生命的影響，並預測可能發生的環境問題，如建築水壩對農作物及動物生命可能發生的損害情形。

一、生態學者研究的範圍　主要包括下列兩種：

（一）能源、食物及營養的活動：如能源經由生態系統作一系列的轉變活動，即太陽的光能在植物中轉變為化學能，再轉變為食物的形態。當動物吃了植物之後又轉變為另一種化學能，當動物死亡及其遺體腐爛後，其細菌及其他細小有機體在土壤中再分解為營養，植物的根部則吸取此種營養作為植物的食物。

（二）生態的變化：自然系統是常在變化的，有者因季節而變化，

有者作若干年期內的緩慢變化。有許多每日的變化（特別如營養的變化週期）使得生態系統能保持穩定，如植物、動物及其環境間的穩定，稱為自然的平衡。另種變化稱為生態的延續，即自然中新的系統逐漸的代替舊的系統的變化。這些變化均為生態學者研究的對象。

二、生態學者研究的途徑 主要包括下列三個層次：

（一）生物羣體層次：指對某一地區在同一期間生長之同　種類的生物羣體，研究並記錄其數量、生長及進化情形。

（二）社會層次：指對在同一環境中生長的動物與植物，研究其相互依賴的關係。

（三）生態系統層次：指對各種社會與其無生物環境（如氣候、土壤、水等）間，研究其相互依賴關係。

第二項　高斯等以生態學解析行政組織

以生態學解析組織者，先有高斯（John Gaus），後有柏森斯及雷格斯（Fred W. Riggs）等人。

一、高斯 高氏是最先運用生態觀點來研究政府行政現象的人，在一九三六年曾發表「美國社會與公共行政」的專論；於一九四七年又發表「政府的生態學」，認為政府組織與行政行為必須考慮及生態環境的因素[6]。

二、柏森斯 柏氏認為組織的目的在於解決四個基本問題，即（一）為適應問題；（二）為目標達成問題；（三）為統合問題；（四）為形態維護問題。其中適應問題即為組織如何適應生態環境問題，在不同的生態環境中應有不同目標、形態的組織[7]。

[6]　張潤書著，行政學，第九二頁，三民書局，65年版。
[7]　同註[6]。

三、雷格斯　在其「行政生態學」(The Ecology of Public Administration) 一書中，設計一套能解析各種類型社會的行政模式，即鎔合的、稜柱的、繞射的模式 (Fused-Prismatic-Diffracted Model)。此一模式既可適用於未開發（農業）的社會或國家，也可適用於開發中（由農業過渡到工業）及已開發（工業）的社會或國家。雷氏的研究，是以社會的專業分工及在不同專業分工情況下的行政現象為重點，其模式形態及解析如下

（一）模式形態：

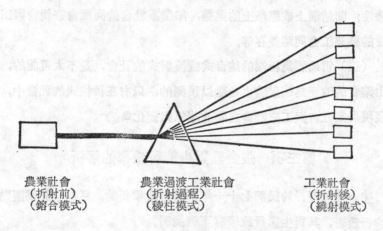

農業社會　　　　　農業過渡工業社會　　　　工業社會
（折射前）　　　　　（折射過程）　　　　　（折射後）
（鎔合模式）　　　　（稜柱模式）　　　　　（繞射模式）

（二）解析：

1. 上圖是以光譜的折射來說明，在折射前階段只是白光一道，在折射過程中是將白光分析為七種不同的折射率，在折射完成階段是折射出七種不同的光譜。

2. 折射前的階段代表農業社會，並無太多的專業分工，正如光譜在折射前只是一片白光；行政也是普化的，並不講求科學、效率。

3. 折射完成的階段代表工業社會，專業分工極為明顯正如表現七種顏色的光譜一樣；行政也是專業化的，並講求科學、效率、品質。

4. 折射過程的階段代表正由農業社會過渡到工業社會中的社會，具有三種特性。(1)異質性或異種性並存：卽在同一時間的同一社會中，呈現出不同的制度、不同的行爲規範與觀點，旣有農業社會的特徵又有工業社會的特徵，有普通平房也有高樓大廈，過陽曆年又過陰曆年，有傳統的思想也有最新的科學思想，有西裝也有長袍馬掛，有人主張多產也有人主張節育，反正新舊皆有，傳統與現代並存。(2) 形式主義：卽理論與實際的脫節，一方面有堂皇的法律制度，但事實上卻又是另外一套，也卽法律制度的拘束力不大，而人情關係仍是有頗大的影響力。(3)重疊性：卽結構上或組織上的重疊，如農業社會的同鄉會宗親會與工業社會的職業工會同時並存等。

（三）雷氏認爲極端的鎔合式或繞射式的社會，是不太可能的，同時由鎔合的改變爲繞射的也是難以預測的，只有在稜柱式的社會中，才能發現農業社會與工業社會之間的關係與變化❽ 。

第三項　張金鑑對生態行政學的解析

張金鑑教授。於民國七十一年所著行政學新論，係以生態學觀點來論述行政者，其對生態行政學有下列說明。

一、生態行政學的意義　張氏認爲生態行政學，就是政府爲謀求生存、持續與發展及達成一定使命時，由公務人員依人類生態學、文化生態學所啟示之原則，對外部環境作平衡適應，對內部資源作統一協調，就機關的功能需要，採取組織行爲完成職位任務所適用的系統知識、適當理則與有效方法。

二、生態行政學所涉及的領域　依張氏看法，欲以生態學觀點研究

---

❽　金耀基譯，行政生態學，第一四四——一五六頁，臺灣商務印書館，71年版。

行政，則其涉及的領域應包括四部分:

（一）社會生態的行政研究: 指研究行政系統對社會及自然環境的生態適應，俾能獲助力化阻力，保持與外界的均衡。主要包括 1. 自然環境的開發利用、適應及維護; 2. 行政行為的系統分析; 3. 人口爆炸壓力對行政的挑戰; 4. 社會環境與行政的互動影響及關係; 5. 團體動態與行政組織的關聯; 6. 壓力團體的活動與多元行政; 7. 經濟發展與行政性能; 8. 國際社會與國際行政。

（二）文化生態的行政研究: 指研究文化性質與形態對行政系統與行為的關係與影響。主要包括1. 文化變遷與行政適應; 2. 文化形態與比較行政; 3. 政治文化與行政模式; 4. 科學技術對行政的衝擊; 5. 風俗習尚與行政革新; 6. 價值觀念與行政演變; 7. 教育與宗教對行政的影響。

（三）心理生態的行政研究: 指研究公務人員的意識形態及心理動機與行為的現象。主要包括1. 制作決策的心理因素; 2. 互相領導關係; 3. 協調與合作; 4. 激勵管理; 5. 參與管理; 6. 人羣關係。

（四）生理生態的行政研究: 指研究如何適應公務人員的生理特性、功能與需要，並作適當的行政措施，以保持身體健康增進行政效率。主要包括1. 了解個別差異而為適切的人員選拔與任使; 2. 建立妥善的工作環境，並配合生理需要消滅疲勞; 3. 適應人員體能及耐力，規定適當工作速率以保持持久的效能; 4. 採取合理薪給制度，以維持適當生活水準; 5. 適應人員生理特性使用工具設備，以減少體力消耗; 6. 舉辦各種休閒康樂活動，以維護身心健康愉快; 7. 健全安全組織充實安全設備，以防止人員意外傷害。

三、生態行政學的研究取向　生態行政學是統合的行政學，以生態適應為要旨，以系統分析為研究途徑，其取向包括（一）由分離的研究到整體的研究; （二）由獨立的研究到互依的研究; （三）由單科的研

究到科際的研究；（四）由靜態的研究到生態的研究；（五）由定律的研究到權變的研究；（六）由法學的研究到人學的研究；（七）由效率的研究到民生的研究。

四、研究生態行政學的目的　在建立行政的新觀念，以爲行政行爲的準則。生態行政學的主要新觀念包括：

（一）整體系統的行政觀：卽行政行爲、行政組織及行政現象等，皆具有相互依賴及相互影響的關係，且爲構成整體行政系統的次級系統。故行政須作一整體看。

（二）生態適應的行政觀：卽整體的行政系統必須具有兩種功能，一爲維持的功能，在保持系統本身的團結、持續與平衡，及內部次級系統的統一與協調；二爲適應的功能，使行政系統能與其外界環境作有效的配合與適應，保持行政系統本身與環境的生態平衡。

（三）開放組織的行政觀：卽行政組織不是封閉的系統，而是開放的系統，行政組織接受社會環境的輸入，繼加以轉化，而後成爲輸出，再供應社會；社會接受輸出便會產生新情勢，新情勢又成爲新輸入，如此周而復始循環不息。

（四）異途同歸的行政觀：卽對行政系統並不嚴受因果律的限制，投入與產出之間並無嚴格的必然的因果關係，達到同一目的不必用同一手段。一果可能來自數因，一因可能產生數果。條條大路通羅馬，成功不必拘於一格。

（五）新陳代謝的行政觀：因行政系統能直接的自動的從外界環境中不斷的吸收資源以供使用，故行政系統能在新陳代謝的情況下以生生不息的維持其生存與活動。

（六）穩進發展的行政觀：宇宙間的離心力與向心力保持平衡，行政系統中的進步力量與保守力量保持平衡，若此透過新陳代謝作用，方

能保持穩進的發展。行政系統中如進步力量過大，則發展過快，將會導致行政的混亂與失序，所謂欲速則不達；若保守力量過大，則呆滯停頓，不能與時俱進而歸於失敗與淘汰❾。

第三節　權變理論

權變理論係隨系統與生態理論而來，因系統及生態構成多變，而權變乃在適應多變。權變理論有其一定的意義與架構，並可在行政管理上應用，茲分項簡述如後。

第一項　權變的意義

權變乃從權處變，隨機應變，係指解決問題的方法須隨問題及情況的不同而異。其基本觀念為:

一、問題常由因素構成

（一）每一問題常含有若干因素: 一問題之產生，必有其若干方面的原因，而此種原因均可稱為因素，若因素有所不同，則產生之問題也有不同。如人之生病，多由於身體各部軀的失調，如產生失調之部軀不同，則病情亦異，故問題與因素有密切關係。

（二）解決問題必須考慮及因素: 問題既與因素有關，則解決問題時自須考慮及因素，如構成問題之因素越多，則解決問題時須考慮之因素亦越多。管理問題之產生，往往牽涉甚廣，也即涉及因素甚多，故處理時應特別愼重。

二、因素的變化涉及問題的變化

（一）任一因素之變化可影響及問題內涵: 一個問題不僅與若干因

---

❾　張金鑑著，行政學新論，第八——二六頁，三民書局，71年版。

素有關，且若干因素中任一因素的變化，均可能影響及問題的內涵。因此雖屬同一類問題，但如其中不同的因素發生變化，或雖屬同一因素的變化，但變化的情況不同時，則問題的內涵也將有別。故問題內涵的變化極多。

（二）任一因素的變化將會影響及解決問題的方法：解決問題須先了解問題之內涵，而問題之內涵又因因素的變化而異，故對同一問題如因素發生變化之情況不同，則解決問題的方法也將有異。

三、不同的問題應用不同的解決方法

（一）因素相同的問題並不多：涉及因素相同的問題並不很多，正如病人之病況及構成病況原因完全相同者，並不多見。因此解決問題之方法屬於完全相同者，也不很多。

（二）因素變化相同的問題甚少：不僅因素相同且因素之變化及變化情況也屬相同的問題，則甚爲少見。如病況、病情嚴重程度、發生疾病之原因等完全相同之病人，甚爲少見者同。

（三）解決問題之方法常有不同：解決問題的方法，須針對問題的內涵而定，內涵完全相同的問題，始可適用完全相同的方法解決。而事實上內涵完全相同的問題並不多見，故解決問題的方法也常須不同[10]。

第二項　盧生等的權變管理理論架構

盧生 (Fred Luthens)、莫斯 (John J. Morse) 及洛希 (Jay W. Lorsch) 等人，所主張的權變管理理論，主要爲管理方策須權變運用，其目的在求更有效的達成組織目標。

一、基本架構爲假如……則　「假如」代表環境（爲自變數），「

---

[10]　傅肅良著，人事管理（二版），第五七——五八頁，三民書局，68年版.

則」代表管理（為應變數）。也就是說，假如產生某種環境，則運用某種管理方策，以有效達成組織目標。故權變管理理論架構的三個主要部分，就是環境、管理、及環境與管理間的關係，其情形也可用M＝f(E)公式表示。

　　二、環境變數　環境變數可分外在環境（包括文化、教育、政治、社會、經濟、顧客、供應者、競爭者等）與內在環境（包括組織結構、所用技術、員工心理、組織目標與價值等）兩種。外在環境均屬於組織之外，管理上難以直接控制，故為自變數；內在環境均屬於組織內部，管理上可加以適度控制，故可能為應變數但也可能為自變數。外在及內在環境變數名稱，可參見本章一節四項環境系統、組織系統與開放組織的關係圖示。

　　三、管理變數　即為適應環境情勢需要，所採取的管理方策。管理的範圍甚為廣泛，如包括行政行為、行政程序、組織管理、人事管理、財務管理、事務管理等；管理方策種類亦多，如設計組織的原則、組織的型式，可視環境情勢的需要而選用；人事管理的措施，可視人的因素、技術因素、時空因素而調整；財務的調整，可視財務收支、預算執行、戰時需財、及地方財務收支情況的需要，而設計調整的方法；其他如行政行為、行政程序方面的領導方式之靈活運用、計畫之保持彈性、增進效率技術方法之選用等，均需視當時環境及情勢而定❹。

第三項　吉勃生等的權變組織設計

　　吉勃生 (James L. Gibson) 在其所著組織 (Organizations) 一書中，曾提出組織設計須考慮及組織本身所採用之生產技術及當時之環境因素，而後再提出權變的組織設計之一般模式。

❹　龔丕邦著，現代管理學，第九八——一〇二頁，三民書局，67年版。

一、**技術與組織設計之關係**　根據伍華德(Joan Woodward) 研究，組織形態與所採用的生產技術有密切關係，如組織內部單位的區分、層次的設置、管制幅度的大小及人力結構等，均可能因所採用技術的不同而異。

（一）生產技術：主要可區分爲三種，即 1. 個別的生產技術：此爲工業革命前最爲盛行的技術，產品規格均由顧主自定，而後再按規格生產，如定做衣服、承印論文書刊等；此種生產技術之同一產品數量不大，運用人工較運用機器爲多。2. 大量的生產技術：自工業革命後機器大量發明，生產力提高，爲求成本降低，乃自行設計產品規格並大量生產，如汽車之大量生產是；此種生產技術大都利用機器操作，裝配時偶須使用人工。3. 程序的生產技術：自基本原料起，自動經過連續生產程序，產生各種標準產品，如由石油原料提煉製成各種產品，即屬其例；此種生產技術多用電腦操作並自動控制，員工只要看儀表即知運轉是否正常。

（二）生產技術對組織形態的影響：主要可由下表顯示：

受影響的範圍 ＼ 生產技術種類 受影響的情形	個別的生產技術	大量的生產技術	程序的生產技術
組織內部平均層次	3	4	6
首長對所屬的管制幅度	4	7	10
中級主管對所屬的管制幅度	23	48	15
直接勞工與間接勞工人數平均比例	9:1	4:1	1:1
生產員工與幕僚員工人數平均比例	8:1	5.5:1	2:1

（三）生產技術對組織的其他影響：主要有 1. 採用個別的與程序的生產技術之組織，其組織富有高度彈性，對員工之工作指派並不十分明確，意見溝通多以口頭爲之；而採用大量的生產技術之組織，員工的工

作指派均甚明確而固定，意見溝通多以書面文件方式行之。2.採用大量的生產技術之組織，管理人員多爲高度專門人才，基層主管之任務爲監督所屬，管理生產（如進度安排及進度管制）與監督生產（如監工）往往分開，且由不同人員擔任；採個別的生產技術之組織，管理者多爲技術企業家，管理生產與監督生產均由基層主管負責；採用程序的生產技術之組織，希望管理者爲科學企業家，管理生產與監督生產均由基層主管擔任⑫。

二、環境與組織設計之關係　依洛倫思及洛希(Lawrence and Lorsch) 的研究，環境對組織之設計有下列不同影響：

（一）環境會影響及領導方式：如某些單位的主管對員工需採工作取向的領導，而某些單位則需採人員取向的領導；有些單位員工對單位目標的關切超過對組織目標的關切，而某些單位則否。

（二）環境會影響及協調的重要性與協調方法：如在不穩定環境中的組織，其協調的重要性要比穩定環境中的組織更爲重要；且前者應透過充分的意見溝通來完成協調，進而達成組織目標。

（三）次級環境的變動率會影響及協調的需要性與難度：市場、技術經濟、科學三種次級環境，對銷售、生產、研究發展業務影響最大，當此三種次級環境的變動率愈大，則資訊愈不確定，回饋所需期間長，各次級環境的差異性大，使協調愈需要，協調愈困難。

（四）環境會影響及組織形態：究應採用官僚組織形態（傳統的組織形態）或彈性極大的組織形態，需視各單位的業務與環境的關係而定，故一個大組織內可有着不同組織形態的單位。大凡次級環境愈穩定愈可用官僚組織形態，次級環境愈不穩定愈宜用彈性極大的組織形態。官僚

---

⑫　Gibson, Ivancevich and Donnelly, *Organizations*, pp. 289-293, 馬陵出版社，66年版。

組織形態的協調可以規章達成目的，彈性極大的組織形態，其協調則應
透過人員的機動編組，及交互活動與意見溝通來達成⑬。

三、**權變設計組織的一般模式**　吉氏根據上述洛氏的發現，乃提出
權變設計組織的一般模式，主要有兩個重點：

（一）權變設計組織的基本觀念：認為組織與一個較大環境中四個
次級環境之相互間，具有依賴或影響的功能。即組織從外界環境獲得輸
入（如生產事業從外界獲得原料），經由運用知識與技術程序（如將原
料製造成產品），再向外界環境輸出（如將產品向外界銷售）。學校亦
屬如此，即向外界招收學生（輸入），經過教育（知識與技術），再回
社會服務（輸出）。政府機關亦不例外，如接受民眾的需求問題反應（輸
入），設計規劃解決各種需求問題的有效措施（知識與技術），向民眾
提供大量的高素質的服務並解決其需求問題（輸出）。醫院的收容病人
即為輸入，診斷即為知識與技術，病人康復出院即為輸出。故一個理想
的組織，就是最能適應下列四個次級環境需求的組織：

1. **輸入次級環境**：輸入可以為原料、問題、人員等，如輸入的數
量及內涵甚為穩定，則其組織可採用官僚組織形態；如輸入的數量及內
涵變化很大，則組織必須具有大的彈性方能適應。

2. **輸出次級環境**：輸出是組織的工作目標，如生產事業須予製造
的產品種類與數量及其應保有的品質，一般機關須提供的服務與品質及
其須達成的工作計畫等。輸出能否達成預定目標，受着輸入、知識與技
術的影響。組織形態自需適應輸出的要求，如輸出產品的種類、數量及
品質等變化多端，不易獲得可靠情報，及回饋所需時間甚長時，則組織
必須具有彈性；如市場穩定且回饋所需時間甚短時，則組織可較為定型。

⑬　Gibson, Ivancevich and Donnelly, 同前書，pp. 294-299, 馬陵出版社，
66版。

3. 技術次級環境: 所謂技術, 係指「員工個人運用 (或不運用)
工具或機器, 對一事物加以某種動作, 使該事物發生某種變化」, 此種
動作稱為技術。所運用之技術, 與輸入類別及輸出目標有關, 如輸入類
別及數量經常不變, 採同樣的處理程序, 生產同樣的輸出, 則可採用大
量的生產技術; 如輸入類別及數量變化大, 需應用不同的處理程序, 生
產多種不同的輸出時, 則宜採用程序的生產技術。其他事業及一般機關
亦然, 只是「技術」的含義, 應改指所應用之分析技術及需用之學識技
能而已。 通常言, 當需用之技術越是例行及經常, 則越可採定型的組
織, 每一員工的職責越可固定, 科學管理的技術 (如動時研究、工作簡
化、工時標準) 越可應用; 但如需用之技術越屬非例行或非經常性時,
則因處理程序無法作事先規定, 故組織需求彈性。

4　知識次級環境: 此環境分佈甚廣, 在輸入、技術及輸出環境中
均包括有知識環境。知識環境發展之快速或穩定, 在其他各環境中之情
形可能不同, 如輸入環境之知識環境並無變化, 而在技術環境中之知識
環境可能發展快速; 如醫院之診病知識發展快速, 但輸入仍屬一般的病
人, 輸出仍為治癒之人。管理者必須了解知識環境之發展情況, 而組織
設計又須配合知識環境的變化。

(二) 權變設計組織的要點: 吉氏認為一個負有設計組織責任者,
在設計組織時應考慮下列六點:

1. 對有效的組織結構設計, 不能以「某一最好方法」為根據, 而
應以官僚組織形態或彈性組織形態對整個組織或各個單位較為有效的觀
點來考慮。

2. 須先了解輸出、輸入、技術與知識四個次級環境的情況, 因此
四個次級環境可決定組織內各單位、各單位相互間、及各單位與其次級
環境間的關係。

3. 再分析四個次級環境間的關係，更須決定何種次級環境具有支配的力量。

4. 對每一次級環境的變動率、穩定性、回饋所需期間，應加以衡量，因這些條件是組織的結構與權力分配時的重要變數。

5. 組織內各單位的組織結構，應根據環境情況，在定型的與不定型的連續中，選定與環境相適應的組織形態。凡變動率低、較爲穩定、回饋時間短者，可用官僚組織形態（卽定型的組織）；如屬情況相反則用彈性的組織形態。

6. 設計組織內各單位的組織結構之同時，需設計統合協調的技術，卽究應以規章、計畫、或相互意見溝通方式來統合協調，需視各單位的情況而定。凡變動性愈大單位愈需意見溝通方式，愈穩定的單位愈宜用規章或計畫方式❹。

（三）官僚及彈性組織的特性：以上所述之官僚的組織，也稱傳統的或定型的組織，而彈性的組織也稱第四系統的組織(System 4)，官僚與彈性是兩個不同的極端，在此兩個極端的連續中，可有着多種不同官僚或彈性程度的組織。吉氏對官僚與彈性組織的特性，曾作下列說明：

1. 官僚組織的特性：(1) 從領導程序看，主管與屬員間並無信心與信任；屬員不能與主管自由的討論工作上問題，主管亦不向屬員徵求意見。(2) 從激勵程序看，利用恐懼與制裁來激勵，而獎勵的範圍以安定與金錢爲限；員工對組織的態度並不良好。(3) 從意見溝通程序看，資訊只向下傳遞，且易被曲解或變質，屬員對資訊亦表懷疑。(4) 從互動程序看，員工的互動是封閉的受限制的，屬員對單位目標、工作方法

❹ Gibson, Ivancevich and Donelly, 同前書，pp. 299-305, 馬陵出版社，66版。

及業務活動，很少能發生影響。(5) 從決策程序看，只有組織首長才制作決策，較為集權。(6) 從設定目標程序看，目標只由組織首長設定，不用團體參與。(7) 從管制程序看，集中管制，一有錯誤則嚴加責備。(8) 從執行目標看，各單位主管對目標的執行多表現出遲緩與被動，對組織人力資源的發展並無責任。

　　2. 彈性組織的特性：其情況多與上述相反[15]。

第四項　謝恩的組織人與管理措施說

　　謝恩 (E. H. Schein) 在其所著組織心理學 (Organizational Psychology) 一書中，曾謂組織對員工有四種不同的看法，因而在管理上也有四種不同的管理策略，故管理策略須隨員工而異。

一、惟利人與管理策略

　　(一) 將員工看作是惟利人：即認為1. 經濟誘因是刺激員工的主要誘因，員工只做那些可以使他自己得到最大經濟利益的事。2. 經濟誘因可完全由組織所控制，因此員工可由組織操縱、控制與激發。3. 員工的看法與感覺多是無理性的，必須小心防止。4. 員工本性是懶惰的，必須加以鞭策。5. 員工的目標與組織的目標相互牴觸，因此須用外力來控制員工，以求組織目標的達成。6. 員工在本質上不能自律，也不能自己控制自己。7. 員工中尚有一羣人，他們卻能自動、自發、自治，比較不為感覺所支配，只有他們才能負起組織的管理責任。

　　(二) 對惟利人的管理策略：包括1. 以金錢來收買員工的効力與服從，並以權力體系來管制員工。2. 在管理步驟上，應先訂定計畫，再設計人與事配合的組織，而後採取激勵措施，最後並加以控制。3. 當士氣

⑮　Gibson, Ivancevich and Donnelly, 同前書, p. 277, 馬陵出版社, 66版。

低落生產力降低時， 應卽作人與事的重組， 以分紅或獎金來提高生產力，對工作不力者予以懲罰。

二、社會人與管理策略

（一）將員工看作是社會人：卽認爲 1. 員工的最大動機是社會需求， 並藉着與同事的關係獲得認同感。 2. 專業分工與工作合理化的結果，使工作變得毫無意義，因而只能從工作的社會關係中去尋求工作的意義。 3. 員工對非正式團體社會關係的反應， 較對管理的反應還要強烈。4. 只有上級能滿足下級需求時，員工才會對管理有所反應。

（二）對社會人的管理策略：包括1.管理者不應只重視員工對工作的完成，而應同時重視員工的需求、內心的感覺（尤其是被接受感、歸屬感及認同感）。2. 重視員工間的各種小團體，並應以團體誘因爲重。3. 管理者不再只是計畫、組織、激發及控制，而須是上級與下屬間的橋樑；不再只是工作的推動者，而須是工作的從旁的協助者。4. 管理者的權力並非用以管人，而是用以確定各單位工作目標，而後再讓各單位自由發展。 5. 使員工在工作中獲得需求的滿足， 如此員工始會獻身於組織，忠於職守與効命。

三、自動人與管理策略

（一）將員工看作是自動人：卽認爲1.人有五種不同層次的需要，當低一層次的需要獲得適度滿足時，才會去尋求高一層次的需要。2. 員工對工作能有某種程度的獨立自主，可發展才能，富有彈性及能適應環境。3. 員工多能自動、自發、自制，外在的誘因與控制反會對員工構成威脅，引致適應不良。

（二）對自動人的管理策略：包括1. 使員工感到工作有意義及具挑戰性，並以工作來滿足自尊。2. 只交待員工應做什麼而不交待如何做。3 員工的動機是出之於自己的內心，不是靠組織去激發；員工對組織的

獻身是志願的，並會自動去達成組織目標。

四、複雜人與管理策略

（一）將員工看作是複雜人：卽認爲1.人的動機很多，重要性各有不同，且隨時隨地在變。2.員工在組織中可學得一些新動機，人在不同的組織中或在同一組織之不同單位中，其動機可能就有不同，如在正式團體中屬於落落寡歡的人，在非正式團體中可能極爲活躍及獲得滿足。3.人能否獻身於組織，決定於他的動機、組織的效能及他對組織是否感到滿足。4.人可適合於各種管理方式，至究應適用何種管理方式，須決定於人的動機、能力及工作的性質，故沒有一套管理策略是可以適用至所有的人的。

（二）對複雜人的管理策略：包括1.管理者需能了解員工能力與動機的差異，並面對差異解決問題。2.管理者須有極大的彈性，使自己的行爲能隨時作必要的改變與調整；對不同動機與需求的員工，能用不同方法來對待與處理。3.管理者須十分民主，但對某些員工又能拿出鐵腕處理；管理者的高度彈性，可適應各種不同的權力體系與人際關係⑯。

第五項　卡里索的情勢變數與權變管理模式說

卡里索 (Howard M. Carlisle) 在其所著「管理的觀念與情勢」 (Management: Concepts and Situations)一書中，曾提出情勢變數與權變管理模式的看法，其要點爲：

一、情勢變數 (Situational Variables) 卡氏將影響及管理的情勢變數，區分屬於組織外與組織內兩類，前者有經濟、政治與法律、社會文化、工藝技術等變數；後者有下列五個變數，變數相互間具有依賴與影響作用。

---

⑯　吳洋德譯，組織心理學，第六一──八二頁，協志工業叢書，66年版。

（一）目標變數：卽分析建立組織的目標何在。如爲事業組織，則經濟的目標乃屬最重要者，管理的成敗卽在衡量達成這些目標的能力。如屬政府機關，則經濟的目標乃屬次要的，而社會與政治的目標卻是最重要的。如組織的目標不同，管理當然也會有異。

（二）工作變數：員工及機器所從事的工作亦爲變數。由於各組織工作的不同，致研究與發展、生產及會計部門所從事活動亦呈現出差異，如有者須數人合作，有者可單獨處理，有者須使用機具操作，有者可用人工，有者須根據資訊方得處理，有者不須根據資訊，有者係重複性的，有者則否，同屬重複性的工作有者週期甚長，有者只須數秒鐘。再組織需用多少人、用具有何種學識經驗及技能之人，均須根據工作決定。又如組織內部單位如何區分亦須視工作而定。故工作是最重要的變數。

（三）技術變數：技術的類別與技術水準的高低，對組織內其他變數也有甚大影響。如個別的生產技術、大量的生產技術、程序的生產技術，對組織結構、領導方式、人員專長與素質、員工人數等，均會發生不同的影響。再技術的進步往往會使員工難以適應，甚至引起組織的混亂。

（四）人員變數：人員的年齡、生理、智慧、語言能力等，可能各有不同，凡此均會影響及訓練與教育上的決策。又管理工作之能順利與有效果，主要決定在員工對管理工作的心理反應，故管理者如要有效的領導所屬達成組織目標，則須對人員變數有充分的了解。

（五）結構變數：包括組織員額、單位區分、層次區分、權力分配、地區分佈、法制繁簡、非正式結構（含角色任務、意見溝通途徑、非正式組織、權力結構、互動模式）等情況。結構通常是個應變數，隨同其他變數而變動，如不同的技術需用不同的結構，對無經驗的工作者需用嚴格的結構，對重複性的工作宜用嚴格的結構等。

二、權變管理模式

（一）用人：需用多少人、及具有何種體能、思考力、數字能力、語言能力及曾受何種水準訓練的人，主要根據工作變數而定。如從事生產與從事研究發展工作的人，其應具條件則截然不同。

（二）領導：所用的領導方式亦須根據情勢變數的分析而選用。如屬非重複性的研究工作、複雜的科學化作業、曾受高度訓練的專家、分權的組織，則需用較開放的自由的領導方式；如情勢與上述相反，則需用較嚴格的領導。

（三）人與事的配合：設計組織內人與事的配合（即組織結構的詳細設計），對所有重要的變數均須先加考慮，包括組織的目標、須處理的工作、人員的特性、技術的影響、面對組織外界的情勢等，而後始能作成決定。而且此種變數對組織結構的影響程度不等，使得人與事配合的工作更趨複雜。

（四）計畫與管制：管理計畫觀念與管制技術的採用，亦須視情勢而選用。如對程序的生產作業與彈性甚大的研究發展工作，在擬訂計畫所根據的觀念與管制所採用的技術，自有甚大的不同。故並沒有一種最好的計畫與管制方法，所有的計畫與管制必須適應當時的情勢。

三、權變管理模式的優點　卡氏認為管理者對日常或簡單事務，雖可根據經驗或先例制作決定，但如變數內涵有變動或已處於新的情勢中，則須循着衡量變數、了解相互間關係、制作適合新情勢的決定的程序方法進行。此種權變管理模式具有下列四個優點：

（一）此種模式注重各種方法的選用，重要變數的考慮，及這些變數間相互關係的分析。這些變數在本質上是動態的，而且其重要性在不同的情勢也有差別，此乃對管理程序之較正確的描述。

（二）此種模式有利於管理知識的蒐集、統合與增進。以往的管理

思想過於狹窄，集中於某些原則的應用，致忽略了工作、技術等變數，使管理知識落後。

（三）權變模式對管理情勢及應用管理觀念提供了良好的方法。因為它重視變數間的本質而不重視絕對的與統一使用的原則，此一模式可訓練管理者處理情勢的差異，及使管理者了解此種差異對制作決策將發生何種影響。

（四）此一模式是評量管理行動及制作管理決定之有用的工具⑰。

第四節　系統權變行政管理的原則與優缺點

系統權變行政管理的發展，雖在傳統的與人性的行政管理之後，但並非卽爲傳統的與人性的行政管理的綜合，故也有其原則，同樣的也有其優點與缺點。

第一項　系統權變行政管理的原則

系統權變的行政管理，其基本原則可歸納爲下列三點：

一、**整體考慮**　系統理論卽屬強調此一原則者，大者從環境系統言，次者從組織系統言，再次者從組織內的次級系統言，均強調系統是由若干個具有相互依賴與相互影響的部分所構成，欲解決任何一個部分的問題，必須同時考慮及其他各個部分的情況。因此在行政管理上，對計畫的研訂需先對環境加以了解而後再作預測，根據預測結果訂定爲計畫；對決定的制作，須同時考慮及與之有相互依賴與相互影響的事項；對組織的設計，須同時顧及外在與內在的環境，並隨着環境的變動而修正組織。

---

⑰　Howard M. Carlisle, *Management, Concepts and Situations*, pp. 58-80, 淡江書局, 66年版。

二、異質並存　生態理論卽認爲在同一時間與空間內，多種性質相異的生物是可以並存的，而且此種性質相異生物相互間也產生有相互依賴的關係，如某種生物的消失也可能影響及其他生物的生存。當將此種理論應用至行政管理時，則爲異質並存，在同一時間與空間內，可存有不同的行政管理制度，在某一時間與空間行之有效的制度，如移植至其他時間與空間則不一定有效。因而產生了多種不同制度的並存現象。

三、殊途同歸　權變理論卽爲強調此一原則者，也卽解決問題的方法不止一個（卽不是只有一個最好的方法）也不止兩個（卽不是黑就是白的兩個極端），而是有許多個（卽從兩個極端用線將之連續，此一連續線可能很長，在連續上的每一點都可能成爲解決問題的方法），也卽條條大路通羅馬。在這許多個方法中究應選用何種方法，則須視當時有關的情勢變數而定。

第二項　系統權變行政管理的優點

根據前項所述原則，如應用至行政管理，將有下列優點：

一、解析組織眞相　傳統的及人性的行政管理，對組織的研究多限於組織內的事項，也卽將組織看作是封閉的，忽略了許多外在環境因素，這些外在因素的變化不但難以預測，且對組織會發生滲透作用，並對組織發生不同的影響。因此對組織的研究必須擴大範圍至組織外在的環境，及其對組織的影響情況，並根據新的情況謀求組織的修正與調整，如此才能眞正使組織健全。

二、建立適應環境的管理制度　管理制度不是孤立的，管理制度與其外在的環境（如與管理制度有關的其他制度）及制度所適用的內在環境（卽適用該制度的人、事、財、物等）間，均有密切關係。如管理制度不能與外在環境相適應，則必受外在環境的阻礙而無法實施；如不能

與內在環境相適應，則必會引起適用該制度之人的抗拒；均有碍於制度的建立。

三、**管理制度應彈性運用**　管理制度通常只是一種架構，只規定基本原則與程序，在實施時尚須作補充的規定或解析或靈活的運用。管理制度的建立雖已顧及對環境的適應，但在真正實施時，尚須考慮及當時情況，作彈性的運用。

第三項　系統權變行政管理的缺點

系統權變的行政管理，雖有前項所述的優點，但從另一角度看，也發生了下列缺點：

一、**使問題趨於複雜、難於解決**　根據系統理論，既須整體考慮，則會使欲解決的問題趨於複雜化，由於問題的複雜化，不僅研究須費更多時日，也常因牽涉範圍過廣，致管理者不敢輕易下決定，使應予解決的問題遲延不能解決，甚而更增加了問題的嚴重性。

二、**太重視適應而疏忽促進**　管理制度固需講求適應，但適應多是被動的，也卽去適應環境，遇及環境有變動時管理制度亦跟着修正以求適應。被動的好處是能求安定，但其缺點是難以革新。只講求適應的管理制度是守成有餘，但開創卻嫌不足，因此如何在講求適應的前提下，並加入促進環境的改變，使管理制度更趨理想，實值得吾人注意。

三、**增加學習訓練工作的困擾**　學習訓練的目的，在使學習者經由有計畫的學習，獲得處事的原則與方法，增進工作能力，故學習的內容除技能外多以一般原則與方法爲主。今權變理論並不強調處事的一般原則與方法，而注重個案的個別處理方法，因而對教材的準備、學習人員的學習、指導人員的敎導等，均會發生若干困擾，如不事先防範或妥作準備，將會影響及學習訓練的效果。

第二篇　行政作爲

　　行政作爲，如作最廣義的解析，凡行政機關之一切行爲，無論其爲不直接發生法律效果之單純的事實行爲，或爲發生法律效果之法律行爲，均包括在內。在本篇中所討論之行政作爲，則以法規與法治、領導、制作決定、及公共關係爲範圍，並分四章討論之。其餘則在他篇中討論。

第五章 法規與法治

法規與法治，乃強調行政管理以法規爲依據之意，並分行政法規、行政行爲、行政制裁、行政爭訟四節研討之。

第一節 行政法規

行政法規，可分法規的制訂，法規的公布與實施，法規的適用，及法規的修正與廢止，茲分項簡述如後。

第一項 法規的制訂

制訂法規，涉及範圍甚廣，對制訂之機關、作業時應注意之點、制訂程序、所用名稱、及應規定之事項等，均須予以重視。

一、制訂法規之機關 包括:

（一）法律之制定機關：法律應經立法院通過，總統公布，故立法院爲制定法律之惟一機關，行政機關及其他任何機關均無制定法律之權，均非制定法律之機關。卽使國民大會對於中央有創制權，亦僅係創制立法原則，仍須經由立法院完成立法程序；人民將來依據創制複決兩權行

使之法律所創制之法案,亦僅關於縣自治事項爲限,仍不得稱爲法律❶。

（二）規章之訂定機關: 行政機關及其他任何機關, 依其法定職權或基於法律授權, 均得訂定規章。

二、作業時應注意之點 依行政院所訂「行政機關法制作業應注意事項」之規定, 行政機關之法制作業, 應注意:

（一）準備作業: 法規案件之草擬, 應1.把握政策目標; 2.確立可行作法; 3.提列規定事項; 4.檢查現行法規。 凡有現行法規可資適用者, 不必草訂新法規; 得修訂現行法規予以規定者, 應修訂現行法規; 無現行法規可資適用或修正適用者, 方草擬新法規。

（二）草擬作業: 應把握1.構想要完整; 2.體系要分明; 3.用語要簡淺; 4.法意要明確; 5.名稱要適當。

三、制訂之程序 法律與規章之制訂程序不同:

（一）法律之制定程序: 法律之提案權, 並不以立法院之立法委員爲限, 行政院、司法院、考試院、監察院均有提出法律案之權; 行政事件之法律提案權在行政院, 至於行政院所屬任何機關, 均不得直接向立法院提出法律案。法律案向立法院提出後, 經立法院審查、討論、決議通過等程序, 是即爲立法程序。

（二）規章之訂定程序: 規章之訂定, 並未有法定程序, 除法規別有規定其訂定之程序外, 胥視機關本身職權大小及自由裁量行之, 惟有時須報經上級或其他有權機關之核准或備案; 又各機關依其法定職權或基於法律授權所訂定之規章, 應視其性質分別下達或發布, 並即送立法院。

四、法規之定名 依中央法規標準法規定:

（一）法律之定名: 法律得定名爲法、律、條例、通則。在慣例上,

---

❶　管歐著, 現代行政學, 頁四〇, 永大書局, 六十七年版。

其適用情形爲, 1.法: 屬於全國性、一般性、普通性或基本性事項之規定多適用之; 2.律: 屬於軍事性質之嚴重罪刑或戰時軍事機關特殊事項之規定多適用之; 3.條例: 屬於特別性、臨時性、地區性或補充性事項之規定多適用之; 4.通則: 屬於原則性、共通性同類事項之規定多適用之。

（二）規章之定名: 各機關發佈之命令，得依其性質稱爲規程、規則、細則、辦法、綱要、標準或準則。在慣例上，其適用情形爲, 1. 規程: 對於規定機關組織、處務準據者多適用之; 2. 規則: 對於規定應行遵守或遵辦之事項多適用之; 3. 細則: 對於法規之施行事項或補充事項多適用之; 4. 辦法: 對於規定辦理事務之方法、時限或權責者多適用之; 5. 綱要: 對於規定事件原則或要項者多適用之; 6. 標準: 對於規定一定程序、規格或條件者多適用之; 7. 準則: 對於規定作爲準據、範式或程序, 且爲若干機關所共同適用者適用之。各機關事實上所用之名稱，除上述外尚有原則、要點、注意事項、規範、方案等。

五、得規定之事項　法律與規章得以規定之事項，頗有不同:

（一）法律規定之事項: 下列事項應以法律規定（不得以規章規定），1. 憲法或法律有明文規定應以法律定之者; 2. 關於人民之權利義務者; 3. 關於國家各機關之組織者; 4. 其他重要事項之應以法律定之者（至重要事項爲何，應由有權提出法律案之機關及立法機關本於客觀之事實需要認定之）。

（二）規章規定之事項: 其範圍甚廣，如1. 法律規定之事項，得以法律爲母法，訂定子法性質的補充規章; 2. 對毋須以法律規定之事項，得由各機關本於職權之裁量，在不牴觸法律之範圍內，訂定規章。

第二項　法規的公布與實施

　　法規經制訂後，卽須公布或發布，規定施行日期與地區，及規定生效之日期與地區。

一、法規之公布與發布

　　（一）法律之公布：法律經立法院制定，須由總統公布，並須經行政院院長之副署，或行政院院長及有關部會首長之副署。法律之公布，乃所以使國人共信與共行。

　　（二）規章之發布：規章經訂定後，應視其性質分別下達或發布，對機密性之規章，通常只下達而不發布，至一般規章自應予以發布。

　　至公布或發布之方式，可刊登政府機關之公報、公告牌，或登載於新聞紙，或利用其他傳播工具（如廣播、電視）報導或播映等均屬之。

二、法規施行日期與地區

　　（一）法規之施行日期：有1. 公布日與施行日相同者，如「本法（規章）自公布（發布）日施行」；2. 公布日與施行日不同者，如「本法（規章）之施行日期另定之」。

　　（二）法規之施行地區：法規定有施行區域，或授權以命令規定施行區域者，在該區域內施行。

三、法規生效日期及地區

　　（一）法規生效之日期：通常有下列情形，卽1. 施行日與生效日不同者：法規明定自公布或發布日施行者，自公布或發布之日起算至第三日起發生效力。遇此情形，法規之公布或發布日雖與其施行日相同，但其生效日仍須自公布或發布日起算至第三日開始。2. 施行日與生效日相同者：法規特定有施行日期或以命令特定其施行日期者，自該特定日起發生效力。遇此情形，法規之施行日卽爲生效日。

　　（二）法規生效之地區：法規定有施行區域，或授權以命令規定其施行區域者，在該特定區域內發生效力；至生效日期的起算，仍照上述

規定。

第三項　法規的適用

對法規的適用，有其一般的原則。主要爲：

一、法律不溯旣往 指法律僅得適用於該法律實施以後所發生的事項，而不得溯及該法律施行以前所已發生的事項，亦須受其拘束。惟此僅爲法理上解析的標準，而非立法上的限制，若主管機關認爲某種事項有溯及旣往之必要，則可請求立法機關於法律中明文規定可溯及旣往。

二、特別法優於普通法 依中央法規標準法規定，「法規對於其他法規所規定之同一事項而爲特別之規定者，應優先適用之；其他法規修正後，仍應優先適用」，故對同一事項有兩種以上法律作不相同之規定時，在適用上應優先適用特別之法律，在特別法無規定時，始適用普通性質之法律。若特別法不止一種而發生競合情形時，則以性質最特別者爲最優先之適用；如民法、土地法、實施耕者有其田條例，對同一土地事項均有規定，但關土地所有權之使用、收益及處分，有無限制及如何限制，卻各有不同規定，故在使用上應以實施耕者有其田條例爲最優先，土地法次之，民法更次之。

三、後法優於前法 對同一事項，前後兩種法律規定不同時，則適用後施行之新法，不適用先施行之舊法；但後施行之普通法，仍不能優先前施行之特別法。

以上三原則，對命令性質之規章，在法理上亦得準用之，卽「命令不溯旣往」、「特別命令優於普通命令」、及「後令優於前令」，但此處所稱命令只限於同一機關的命令而言，若發布命令之機關不同，則上述三原則難以準用，蓋下級機關命令不得牴觸上級機關命令，同級機關之命令在法理上亦不受其他同級機關命令之拘束。

四、**法規之暫停適用** 因國家遭遇非常事故，對原定法規一時不能適用者，依中央法規標準法規定，得暫停適用其一部或全部，俟適當時機再恢復其適用。至法規之停止適用或恢復適用之程序，準用法規廢止及制訂之程序。

五、**法規之間歇適用** 有些法規係屬時斷時續的適用者，如戒嚴法及國家總動員法，雖均為施行之有效法律，但戒嚴法須在宣告戒嚴後及宣布解嚴前予以適用，解嚴後則否，若再宣告戒嚴，則又再行適用；國家總動員法，在動員令下達後復員令下達前之期間有其適用，復員令下達後則否，若再發布動員令，則又有其適用❷。

第四項 法規的修正與廢止

法規自施行後，常因客觀情勢的改變或目標的達成，而將法規加以修正或廢止。

一、法規之修正

（一）修正之原因：法規之須予修正，多係基於下列原因，即1.基於政策或事實需要，有增減原定法規內容之必要時；2.因有關法規之修正或廢止，有配合修正原定法規之必要時；3.原定法規之主管機關或執行機關有裁併或變更時；4.同一事項規定於兩個以上法規，已無分別規定之必要時。

（二）修正之機關：制訂法規之機關，亦為修訂法規之機關。

（三）修正之程序：法規之修正程序，準用法規制訂之規定。

（四）修正之形式：為免因修正少數條文而影響及同一法規中或有關法規中其他條次的全部變動，多採用下列形式，即1.修正法規廢止少數條文時，得保留所廢條文之條次，並於其下加括弧，註明「刪除」二

---

❷ 管歐著，現代行政學，頁三四——三六，永大書局，六十七年版。

字；2.修正法規增加少數條文時，得將增加之條文，列在適當條文之後，冠以前條「之一」、「之二」等條次。

二、法規之廢止

（一）廢止之原因：法規多係基於下列原因而廢止，即 1.機關裁併，原有法規無保留之必要時；2.法規規定事項已執行完畢或因特殊情勢變遷，致無繼續施行之必要時；3.原有法規因有關法規之廢止或修正，致失其依據而無單獨施行之必要時；4.同一事項已定有新法規公布施行，致原有法規已無必要時。

（二）廢止之機關：制訂法規之機關，即為廢止法規之機關。

（三）廢止之程序：廢止法規之程序，原則上準用制訂法規之程序。但1.廢止法規，得僅公布該法律或發布該規章之名稱及其施行日期；2.法規若已定有施行期間者，期滿則當然廢止，如係法律不需經立法院決議通過及總統公布之程序，而由主管機關公告之；如係規章則由原發布機關公告之。

（四）失效之日期：經廢止之法律或規章，則喪失其效力，但其失效係自公布或發布廢止之日起算至第三日開始；又法規若已定有施行期限者，期限屆滿即當然廢止，並自廢止之日失效。

（五）施行期限之延長：定有施行期限之法律或規章，期限屆滿原為當然廢止，但主管機關認為需要延長時，如為法律，應於期限屆滿一個月前送立法院審議；如為規章，應於期限屆滿一個月前，由原發布機關發布之。

（六）廢止後之例外適用：依中央法規標準法規定，「各機關受理人民聲請許可案件適用法規時，除依其性質應適用行為時之法規外，如在處理程序前，據以准許之法規有變更者，適用新法規，但舊法規有利於當事人，而新法規未廢止或禁止所聲請之事項者，適用舊法規」。故

法規雖已廢止，但遇及下列情形時仍得適用，即1.適用行爲時之法規，即在該法規廢止前所發生之事實，有時仍得適用行爲時之法規以認定之（行爲時之法規，可能即爲現已廢止之法規）；2.適用有利於當事人之舊法規，所謂舊法規，當包括已廢止的法規在內。

第二節　行　政　行　爲

本節所稱之行政行爲，乃指行政機關本於行政權所爲公的意思表示，而發生公法上效果之行爲，故本節所謂行政行爲，乃行政機關所爲公法上的法律行爲，亦即行政上的公法行爲。茲就行政行爲的種類、行政命令、行政處分、行政裁量四項，簡述如後。

第一項　行政行爲的種類

行政機關本於行政權所爲之行政行爲，從不同觀點，可作不同的分類，其中以從當事人間之法律關係所作之分類較爲重要。

一、一般的分類　包括下列四種分類：

（一）法律行爲與準法律行爲：前者以意思表示爲構成要素，後者以觀念表示爲構成要素。

（二）抽象行爲與具體行爲：前者對不特定或一般性事項爲抽象之規定，後者則對特定或個別事項之具體處置。

（三）要式行爲與不要式行爲：前者須具備一定形式，後者則不須具備一定形式。

（四）積極行爲與消極行爲：前者係變更現存之法律狀態，後者則維持原有法律狀態於不變。

二、行政行爲當事人間之法律關係所爲之分類　主要有下列三種：

（一）雙方行為：乃兩造當事人各為達到不同之目的，而互為意思表示，因其一致而始成立之行政行為，亦稱行政契約或公法上之契約行為。如國家補助某學術團體以經費，約定從事某種研究工作，而該團體亦接受此一約定的研究工作與經費。

（二）合同行為：乃多數當事人為達到其共同目的，所為平行的意思表示相結合，而成立之行政行為。如兩縣共同修築交界處之橋樑，政府與民間共同投資經營某種公營事業，均為其例。

（三）單方行為：乃僅以行政機關單方面之意思表示，即可發生公法上效果之行政行為。行政機關在單方行為之前，固應先徵詢人民的意見，並尊重其意見，或基於人民的申請而始為其行為者，但行政機關得單獨決定其行為，並不受人民意思所拘束，此乃單方行為之特質，如行政命令、行政處分，乃最常見的單方行為❸。

第二項　行政命令

行政命令，乃行政機關本於行政權之公的意思表示所為具有強制力之規定，若非行政機關之公的意思表示及無強制力之規定，均不得謂為行政命令。行政命令，乃屬狹義的行政行為中之單方行為。

一、行政命令的分類　行政機關所發布之行政命令，大致可分單純命令與法規命令兩種：

（一）單純命令：此種命令之形式，並無如法規形式之條文規定，僅係單純的對某種個別具體事件之宣告、訓飭或指示。

（二）規章命令：此種命令之形式，具有法規式之條文，並就一般事件為抽象的規定，如規程、規則、細則、辦法、綱要、標準或準則等，均為法規命令，亦即行政命令。

---

❸　管歐著，現代行政學，頁三七四——三七五，永大書局，六十七年版。

　　二、發布行政命令之根據　不論爲單純命令或規章命令，其發布之根據不外：

　　（一）基於法律之授權而發布者：此乃委任命令，又稱爲行政上之委任立法。

　　（二）基於法定職權而發布者：此乃執行命令，又稱爲行政上之職權立法。

　　（三）基於憲法之規定而發布者：如國家元首所頒布之緊急命令及爲緊急處分之命令。

　　三、將單純命令改訂爲規章命令　各機關對行政命令之發布，有逕以單純命令形式發布，有逕以規章命令形式發布，有先以單純命令形式發布而後再改以規章命令形式發布者，此種行政命令形式的改變，其原因甚多，如1.爲便於一般事件之適用而訂定者；2.爲便於非所屬機關之適用而訂定者；3.爲便於非暫時事件之適用而訂定者；4.爲便於援引（只需援引規章名稱及條次卽可）而訂定者。

第三項　行政處分

　　行政處分，乃行政機關就具體事件，爲公法上單方的意思表示，並依其意思表示內容而發生法律效果者，故行政處分亦爲狹義的行政行爲中之單方行爲。

　　一、行政處分的內容　行政處分之內容，包括極廣，舉凡關於人民權利義務之創設、變更、廢除、混合等處分，均得由行政機關依法爲之。如

　　（一）命令的處分：乃限制人之天然自由，命其爲某事或不爲某事，或免除其所命義務爲內容之行政處分。由此所生效果，均爲關於義務者，如命令一定之義務而拘束其自由，或免除其義務而恢復其自由；

通常對命以義務之行爲，稱爲下命；對免除義務之行爲，稱爲許可或免除。

（二）形成的處分：乃設定、變更或消滅權利能力、行爲能力、權利的法律關係等，各種法律上之力之處分，此乃以形成人類自然所未有之法律上之力爲其內容。如爲特定人設定新的法律上之力之處分，稱爲設權處分；對於旣成立之法律上之力加以變更之處分，稱爲變更處分；對現已存在之權利能力、權利或法律關係之全部或一部，使其永久的或暫時的消滅之處分，稱爲剝奪處分。

二、行政處分的成立　行政處分的成立，須具備一定之條件，如條件有缺，則爲行政處分之不存在，或爲有瑕疵之行政處分，而發生無效或撤銷之問題。所謂條件包括：

（一）主觀的要件：卽爲行政處分之行政機關，須具有公法上能力，所爲處分，並須屬於其權限內之事項。

（二）內容的要件：卽行政處分之內容須適法，且非不明或不能之事項。

（三）形式的要件：卽行政處分，須具有由外部足以認識其內容之表現形式，其在要式處分，並須具備一定之形式。

（四）手續的要件：行政處分之決定，有須經一定之手續者，如須先經受處分人之聲請，須呈經上級機關之核准，須先徵求有關機關之意見等。

三、行政處分的效力及其附款

（一）行政處分的效力：包括下列三種，卽1. 拘束力，卽一方面有拘束受其效果之相對人之力，另一方面有拘束機關自身之力；2. 確定力，如對人民言，指某行爲業已確定，不能以上訴或抗告手段以爲爭執之力，對機關言，謂一旦決定之事件，視爲其內容已爲最終之決定，機

關對於同一事件，不得再為審理變更之效力；3.執行力，指行政處分有須執行者，亦有不須執行者，行政處分之內容，如係命人民以某種義務時，則當其不履行義務時，有執行之必要。

（二）行政處分的附款：包括下列五種，即1.附以條件者，指行政處分之效果，繫於將來事實成否之情形，在其條件成否未定之前，行政處分之效果尚在不定之狀態，必其條件成就時，行政處分始完全發生效果或當然失其效果；2.附以期限者，如自何年何月何日起，至何年何月何日止，准許營業；3.附以負擔者，如使受行政處分之效果者，負擔特別義務之行為；4.保留撤銷權者，如在某種情況下，得將其處分撤銷；5.法律效果之一部除外者，如允許某人為醫師，而不許其對病人施行手術。

四、行政處分的無效　　無效之行政處分，謂行政處分之形式雖已存在，但因缺乏有效要件，致全然不生行政處分之效力，其情形與根本未為行政處分同，任何人不受其拘束。至行政處分成為無效之原因，不外（一）由於無權限而無效；（二）由於手續欠缺而無效；（三）由於形式欠缺而無效；（四）由於內容欠缺而無效；（五）由於意思欠缺而無效等。

五、行政處分的撤銷與廢止

（一）行政處分的得撤銷：得撤銷之行政處分，指本已有效成立之處分，因其成立時具有瑕疵，由有權機關將其撤銷，至撤銷之效果，應否溯及既往，宜視其對社會秩序及對當事人利益之影響而定，不應硬性定為自始失其效力。

（二）行政處分的廢止：指行政處分成立當時並無瑕疵，惟因事後之原因，以不讓其繼續發生效力為宜，故將其廢止者而言。由於情勢變遷原則的應用，才不至因拘執原處分之故而害及公益[4]。

---

[4]　林紀東著，行政法新論，頁二四八——二七五，自印，六十三年版。

第四項　行　政　裁　量

行政裁量，乃行政機關在其職權範圍內，本於自由自主之認識，所為適法或適當之裁量或衡量，亦卽行政機關基於法理或事理而為酌量處理之行為。

一、行政裁量的需要　任何行政處分，原均應受法規之約束，始能防止專制，保護自由；然法規條文有限，社會情勢變化無窮，欲以有限之法條，拘束無窮之事項，在勢為不可能，行政處分，尤有因事制宜，臨機應變之必要，無法使其嚴格受法規之束縛，乃不得不允許行政機關，於法規規定之範圍內，有行政裁量之權限。

二、行政裁量的分類　通常分為下列兩種：

（一）羈束裁量：卽行政事件之處理，法規已有硬性規定，須嚴格受其約束，而無其他考量之餘地者，稱為羈束裁量，亦稱法規裁量，如裁量錯誤，卽構成違法行為，亦卽違法處分，得對之提起行政訴訟。又因羈束裁量為依法執行之行為，故除法規定有附款外，不容妄加附款。

（二）自由裁量：卽行政事件之處理，法規並無明文規定，或僅規定其概要，或規定在多種形態之範圍內，任由行政機關予抉擇之行為，因而又稱便宜裁量，如裁量不當，卽係不當處理，得對之提起訴願，**但不得對之提起行政訴訟**。又因自由裁量為法規授權之行為，如行政機關認有必要，自得另加附款❺。

三、自由裁量範圍的擴大　現代社會是一錯綜複雜而又變化多端的社會，欲將一切社會現象悉置於法規之中，使均有法條可循，為事實所不可能，故現代之立法形式，多為由具體至抽象，由細密至概括，使行政機關於法規規定之範圍內，得以自由裁量，肆應自如，概括條款之發

---

❺　管歐著，現代行政學，頁三八〇，永大書局，六十七年版。

展，即爲此種趨勢之表徵。在此種趨勢之下，自由裁量之處分日多，範圍日廣❻。

第三節　行政制裁與賠償

國家對違反行政法規或行政處分者，應予以制裁；國家行使行政權致人民之財產受損害者，如別無應歸責於人民之事由時，應予以損害賠償，此乃符合法治主義之理想。茲分行政制裁的意義、行政強制、行政罰、及損害賠償與損失補償等項，簡述如後。

第一項　行政制裁的意義

行政制裁，乃國家對於違反行政法規或行政處分者所予的制裁，含有懲罰性質，故亦稱行政懲罰。其內容爲:

一、行政制裁的性質　行政制裁本身，係行政處分性質，除法律另有限制外，得爲提起訴願及行政訴訟的標的。

二、行政制裁的對象　行政制裁，原包括對行政機關的制裁、對公務人員的制裁、及對人民的制裁，惟對機關的制裁另在訴願及行政訴訟中敍述，對公務人員的制裁另在服務與懲處中敍述，故本節所述之行政制裁係以對人民之制裁而言，有時亦包括法人在內。

三、行政制裁的要件　只有國家才有行政制裁權，行政機關或其他機關係代表行使制裁權的機關。因行政制裁涉及人民之權利義務，故行使制裁權的要件，必須爲法定的機關，且具有法定的職權，由於法定的原因及依照法定的程序方得爲之，如缺少任何一要件，即將發生變更、撤銷或無效之問題，行使行政制裁之機關或人員，均將負違法失職之

❻　林紀東著，行政法新論，頁二四六，自印，六十三年版。

責，並須受行政制裁。

四、**行政制裁的種類**　對違反行政上義務而予行政制裁時，其制裁方法及罰則名稱，多在各種行政法律中就個別之行政事項，**分別規定**；如申誡、拘留、罰役、罰鍰、代執行、執行罰、停止營業、取締執業、扣留物品、解散組織等均屬之❼。

第二項　行政強制

依行政法令之規定，人民應作為而不作為，不應作為而竟作為，則行政主體不得不以強制方法，使其履行義務或實現與已履行有同一狀態者，是為行政上的強制執行。

一、行政強制執行的規定方式　通常有下列三種：

（一）法律本身特別規定其強制執行者：如違警罰法、建築法、電影檢查法等行政法規，均有明文規定違反行政上之義務時，如何予以強制執行之方法，並由主管行政機關直接執行之。

（二）法律規定移送法院強制執行者：如各種稅法、水利法、醫師法等行政法律，均規定對於違反行政上義務科以罰鍰處分時，應移送法院執行。

（三）依行政執行法強制執行者：一般行政法律，對強制執行多未特別規定，如行政機關須強制執行時，則適用行政執行法之規定。

二、強制執行的種類　依行政執行法之規定，行政機關於必要時，得採下列各種強制執行：

（一）間接強制處分：又分下列兩種，即1.代執行：依法令或本於法令之處分，負有作為義務而不為者，得由行政機關或命第三人代執行之，向義務人徵收費用。2.罰鍰：有下列情形之一者，該管行政機關得

---

❼　管歐著，現代行政學，頁三八一——三八二，永大書局，六十七年版。

處以罰鍰，即（1）依法令或本於法令之處分，負有行爲義務而不爲其行爲，非機關或第三人所能代執行者；（2）依法令或本於法令之處分，負有不行爲義務而爲之者；至於得處罰鍰之數額，則因各機關之地位高低而異。

又間接強制處分，非以書面限定期間預爲告戒，不得爲之；但代執行認爲有緊急情形者，不在此限。

（二）直接強制處分：用間接強制處分，不能強制其履行義務，或認爲緊急時，則行直接強制處分。直接強制處分又分下列四種，即1.對於人之管束：非有下列情形之一，不得爲之，即（1）瘋狂或酗酒泥醉，非管束不能救護其生命、身體之危險及預防他人生命身體之危險者；（2）意圖自殺，非管束不能救護其生命者；（3）暴行或鬥毆，非管束不能預防其傷害者；（4）其他認爲必須救護或有害公安之虞，非管束不能救護或不能預防危害者。2.對於物之扣留：軍器、凶器及其他危險物，非扣留不能預防危害時，得扣留之。3.對於物之使用或處分或限制其使用：遇有天災、事變及其他交通上、衛生上或公安上有危害情形，非使用或處分其土地、家屋、物品或限制其使用，不能達防護之目的時，得使用或處分或將其使用限制之。4.對於家宅或其他處所之侵入：對於家宅或其他處所之侵入，非有下列情形之一者，不得爲之，即（1）人民之生命、身體、財產危害迫切，非侵入不能救護者；（2）賭博或其他妨害風俗或公安之行爲，非侵入不能制止者。

第三項　行　政　罰

所稱行政罰，乃國家對於違反行政上作爲或不作爲義務者所爲之處罰。行政罰與行政強制不同，前者爲對於違反義務者過去違反義務之制裁，而後者爲促使違反義務者將來實現義務之手段。其情形如下：

一、**行使行政罰的機關**　行政罰之處罰，由行政機關行使之。其有涉及違反民法或刑法者，關於民事及刑事部分，應由法院行使其審判權；如行政事件涉及軍法案件，則由軍法機關審判，而不得由行政機關行使其處罰權。

二、**行政罰的罰則**　行政罰之罰則，種類甚多，在本節第一項中所列舉之行政制裁的種類中，除代執行及執行罰外，其餘各種亦均屬行政罰之種類，因行政事項變化多端，對違反義務者之處罰，亦須作不同的適應與運用。

三、**行政罰與刑罰的區別與關係**

（一）行政罰與刑罰的區別：行政罰，乃基於一般統治關係所爲之處罰，如對於違反警察上義務所科處的警察罰，對於違反財政上義務所科處之財政罰，對於違反文化、經濟、交通、衞生等行政上義務之處罰，亦稱秩序罰。惟行政法上常有規定違反行政上之義務，而認爲犯罪行爲，科以刑法所定刑名之罰則者，如死刑、無期徒刑、拘役、罰金等，此則爲行政刑罰，而非一般的行政罰。

（二）處罰機關的不同：行政罰由行政機關處罰之；行政刑罰，除涉及軍法案件外，均由法院適用刑法總則及刑事訴訟法所規定之程序處罰之，行政機關不得爲此種行政刑罰之處罰。

（三）得先後科處或併科：行政罰與行政刑罰，其性質旣有不同，故兩者可由不同機關先後科處，並得同時併行科處❸。

第四項　損害賠償與損失補償

國家因行使行政權作用之結果，致人民財產上遭受損害，且無應歸責於人民之事由而須由國家負損害賠償之責時，其賠償可分爲行政上之

❸　管歐著，現代行政學，頁三八四——三八六，永大書局，六十七年版。

損害賠償與損失補償。

　　一、行政上的損害賠償　依國家賠償法規定，公務員於執行職務行使公權力時，因故意或過失不法侵害人民自由或權利者，國家應負損害賠償責任；公務員怠於執行職務，致人民自由或權利遭受損害者亦同。同法又規定公有公共設施因設置或管理有欠缺，致人民生命、身體或財產受損害者，國家應負賠償責任。國家損害賠償，除依國家賠償法規定外，適用民法之規定；國家賠償法及民法以外其他法律有特別規定者，適用其他法律。國家負損害賠償責任者，應以金錢爲之，但以回復原狀爲適當者，得依請求回復損害發生前原狀。至賠償之程序，多先爲協議，如協議不成，得提起損害賠償之訴。

　　二、行政上的損失補償　係國家因行政權之行使，致對無責任之特定人，發生經濟上之特別損失，或將加以損失時，國家以補償其財產上損失所爲之金錢給付。如國家因公益上之必要，徵收私人土地時予以相當之補償，卽屬其例。損失補償之金額，除法律另有規定外，應以既生損失或將損失爲標準，給與足以補償其損失之金額，至其金額之評定方法，通常經由與當事人之協議，如協議不成，則由行政機關決定之，倘有不服決定時，可聲明異議或提起訴願請求變更。

第四節　行政爭訟

　　行政爭訟，乃關於行政上事項之爭訟，其與民事訴訟及刑事訴訟不同；旣爲行政爭訟，則人民與行政機關，均處於當事人地位，並處於爭訟之狀態；建立行政爭訟制度之目的，在矯正官署之違法或不當處理，保護人民之權利或利益，故行政爭訟亦稱行政救濟。茲分陳情、聲明異議、訴願、行政訴訟四項，分別簡述如後。

第一項 陳 情

陳情雖非法定制度，但一般人民遇有權益遭受損害，常有以各種不同方式向主管行政機關提出陳情者，如函電、書面、報刊啟事等方式，而爲申請、陳訴、抗議等。此種陳訴，雖未爲法律所規定，亦未爲法律所禁止，旣無次數限制，亦無管轄規定，並未成爲法定制度，故難發生法律上效果。茲就行政院所訂頒「行政機關處理人民陳情案件改進要點」之規定，簡述如下：

一、處理原則

（一）應合法適情公平處理：行政機關對於人民陳情案件，應本合法適情之原則，審愼處理，儘速辦結；人民爲辯寃白謗之陳情案件，受理機關應視情節，確切查證，公平處理。

（二）不得拒不受理：人民因限於學力，不能備具書面而以口頭陳情時，受理機關應予筆錄後據以處理，不得以無書面爲理由，拒絕受理；人民以報刊啟事陳情者，主管機關應本於職權，視同陳情案件，予以適當處理，不得以程序或要件不合而置諸不理。

（三）應予答復：行政機關對於人民陳情案件，除荒誕不經，無理取鬧，或顯係故意滋生是非，製造糾紛，或未具眞實姓名，得不予處理外，其餘均應就能否處理及如何處理，予以答復。

二、移送或協調

（一）移送：人民因不諳行政爭訟制度，對依法應提起訴願或訴訟之事項提出陳情，而其所陳情之事項，非收件機關之職掌時，應將其所當投之機關通知陳情人或逕移主管機關。

（二）協調處理：人民陳情案件涉及數機關職掌時，受理機關應協調有關機關妥善處理。

三、不得採取報復　處理人民陳情案件之機關或人員，不得因陳情人對其有不滿之表示，而假藉權力採取報復性之措施；如陳情人因不當之要求未遂，有挾嫌中傷、惡意攻訐、威脅恐嚇情事，該機關或人員為維護名譽安全，有採取防衛措施之必要時，應以合法正當程序方式為之。

第二項　聲　明　異　議

聲明異議，與以後兩項所述之訴願與行政訴訟，均屬法定行政救濟。

一、聲明異議　所稱聲明異議，指人民因行政處分而侵害其權利或利益時，得向原行政機關為異議之聲明，以表示不服。如對於審定商標有利害關係之人，得於公告期間內，向商標主管機關提出異議；對於專利公告中之新式樣，利害關係人得自公告之日起三個月內，向專利機關提起異議；對於海關所為罰鍰或沒入之處分，得於收到處分書後十日內，以書面向原處分海關聲明異議；均屬其例。

二、對聲明異議的處理　受理的行政機關於收到人民的異議書後，其處理方式，包括下列兩種：

（一）撤銷原處分或另為處分：原機關認為異議有理由時，應撤銷原處分，或另為其他適當的處分。

（二）維持原處分：原機關認為異議無理由時，應維持原處分。

三、通知受處分人　不論為撤銷、變更或維持原處分，均應以書面通知受處分人（即聲明異議之人）。

四、異議審定後的訴願　異議之審定，即為一種行政處分，人民如有不服，得對之依法提起訴願。

第三項 訴　　願

所稱訴願，謂人民對於中央或地方機關之行政處分，認為違法或不當，致損害其權利或利益時，請求原處分機關之上級機關，或該機關自身，審查該處分之當否，並為一定決定之爭訟。中央或地方機關對於人民依法聲請之案件，於法定期限內應作為而不作為，致損害人民之權利或利益者，視同行政處分。依訴願法規定，其要點如下：

一、得提起訴願的條件及人員

（一）得提起訴願的條件：1. 訴願係對於中央或地方機關之行政處分而提起；2. 須該處分為違法或不當，所謂違法處分，係指行政處分之違反法規者而言，若於法規並無違反，而實際上有害公益者，即屬不當處分；3. 須因該處分之結果，致人民之權利或利益受損害。

（二）得提起訴願的人：1. 須為因該處分而致權利或利益受損害之人民；既不以處分之相對人為限，又不以自然人為限，亦不以本國人為限。再行政官署，以財產主體之資格，關於財產權之爭執亦得提訴願。2. 公務員，依司法院以往解析，認為官吏與人民身分有別，其因官吏身分受行政處分者，不得援訴願法提起訴願。但自司法院釋字第一八七號「公務員依法辦理退休，請領退休金，為行使法律基於憲法規定所賦予之權利，應受保障，其向原服務機關請求核發服務年資或未領退休金證明，未獲發給者，在程序上非不得依法提起訴願或行政訴訟。」之解釋發布後，已有放寬。

二、訴願的受理機關　大致而言，不服行政機關之行政處分者，向上級機關提起訴願，如不服其決定，向再上一級機關提起再訴願；但不服省（市）政府或中央各部會之行政處分者，向原處分機關提起訴願，如不服其決定，向上級機關提起再訴願；不服中央各院之行政處分者，

向原處分機關提起訴願，並以再訴願論。

　　三、**訴願的提起**　訴願自機關之行政處分書或決定書送達之次日起，應於三十日內提起之；但因不可抗力致逾期限者，得向受理訴願機關聲明理由，請求許可。訴願為要式行為，故提起訴願，應具訴願書，載明訴願人姓名、年齡、性別、籍貫、職業、住所，原行政處分或決定之機關，訴願之事實及理由，年月日，受理訴願之機關、證據。又訴願提起後，於決定書送達前，訴願人得撤回之，訴願經撤回後，不得復提起同一之訴願。

　　四、**訴願的審理**　訴願書提出後，受理機關應先為訴願要件之審理，而為受理與否之決定；訴願認為不應受理時，應附理由以決定駁回之，但其訴願書不合法定程式者，應發還訴願人於一定期間內補正，逾期不補正者，以程序駁回；訴願因逾越法定期限決定駁回時，若原行政處分顯屬違法或不當時，原行政處分機關或其上級機關，得依職權變更或撤銷之；訴願經認為管轄不合時，應移送有管轄權之機關依法受理。訴願之決定，自收受訴願書之次日起，應於三個月內為之，必要時得予延長一次，但不得逾二個月，並通知訴願人。

　　五、**訴願的決定與執行**　訴願就書面審查決定之，必要時得為言詞辯論。訴願決定書，應載明訴願人姓名、年齡、性別、籍貫、職業、住所、主文、事實及理由，決定機關之首長署名、蓋印、年月日；並應附記如不服決定，得於決定書送達之次日起三十日內，向指明有管轄權機關提起再訴願。原行政處分之執行，除法律另有規定外，不因提起訴願而停止，但原行政處分機關或受理訴願機關，必要時得依職權或依訴願人之聲請，停止其執行。訴願之決定確定後，就其事件，有拘束各關係機關之效力。

第四項 行 政 訴 訟

　　行政訴訟，係人民因中央或地方官署之違法處分，致損害其權利，經依訴願法提起再訴願，而不服其決定，或提起再訴願逾三個月不爲決定時，向行政法院提起之訴訟。依行政訴訟法之規定，其要點如下：

　　一、得提起行政訴訟的條件及人員

　　　　（一）得提起行政訴訟的條件：1. 行政訴訟係對中央或地方官署之違法處分而提起，逾越權限或濫用權力之行政處分，以違法論；2. 須因官署之違法處分，致人民的權利受損害；3. 須經依法提起再訴願而不服其決定，或提起再訴願已逾三個月不爲決定，或延長再訴願決定期間逾二個月不爲決定時。

　　　　（二）得提起行政訴訟的人：以原提起再訴願之人爲原則，惟不服再訴願決定之人，均可提起行政訴訟，不以提起再訴願之人爲限。如於甲之土地上具有抵押權之某乙，於甲之土地被違法徵收，經甲提起再訴願，猶未撤銷原處分，如甲不再提起行政訴訟，則乙可據以提起行政訴訟。

　　二、行政訴訟的受理機關　爲隸屬於司法院之行政法院。

　　三、行政訴訟的當事人　因行政訴訟與民刑訴訟情形不盡相同，故其當事人爲（一）原告；（二）被告，即駁回訴願時之原處分機關，撤銷或變更原處分或決定時爲最後撤銷或變更之機關；（三）參加人，行政法院得命有利害關係之第三人參加訴訟，並得因第三人之請求，允許其參加。

　　四、行政訴訟的提起　行政訴訟之提起，應於再訴願決定書送達之次日起二個月內爲之；但因天災或其他不應歸責於己之事由致遲誤起訴期間者，於其原因消滅一個月內，得向行政法院聲請許可其起訴。提起

行政訴訟應以書狀為之，應載明原告或其代理人之姓名、年齡、性別、籍貫、職業、住所或居所，被告之機關，起訴之事實、理由、證據、再訴願決定及其年月日，年月日。又提起行政訴訟，在訴訟程序終結前，得附帶請求損害賠償。

　　五、行政訴訟的審理與判決　行政法院審查訴狀，認為不應提起行政訴訟或違背法定程序者，應附理由以裁定駁回之。受理行政訴訟，應將訴狀副本送達被告，並限定期間命其答辯。行政法院亦得以職權調查事實，逕為判決。行政訴訟就書狀判決之，但認為必要或依聲請人聲請，得指定日期傳喚原告、被告及參加人到庭為言詞辯論。當事人對行政法院之判決，具有法定情形之一者，得向該院提起再審之訴。

　　六、判決的效力與執行　對行政法院之裁判，不得上訴或抗告。行政法院之判決，就其事件，有拘束各關係機關之效力。行政訴訟判決之執行，由行政法院報請司法院轉有關機關執行之。

第六章　領　　導

　　當二個以上的員工，為達成共同目標而作各種活動時，即需要領導，故領導是為團體行動所不可缺少者。然則領導的意義與功能究竟如何，領導是如何決定的，領導方式有何不同及如何選用，領導對組織所發生的影響為何，這些均為吾人研究領導所須重視者。茲分節敍述如後。

第一節　領導的意義與功能

　　領導有其意義，但各學者看法不盡一致；領導力的大小，常受某種因素的影響；領導的功能，往往是多方面的，惟學者說法亦頗有差異。茲分項簡述如後。

第一項　領導的意義

　　凡研究行政或管理學者，領導均為研究項目之一，但對領導意義的解析，頗有不同。茲選擇若干頗具代表性的領導意義界說，簡述如下：
　　一、領導係指領導者透過人際交互關係，來影響團體中每一份子，

以激發其努力及達成組織目標　此爲泰雷 (George R. Terry) 所倡導，泰氏認爲領導係一種人際交互關係的運用；對團體能否發生領導作用，決定於對團體是否具有影響力及影響力的大小；領導的目的，在激發團體員工的努力，並經由努力來達成組織的目標●。

二、領導是人際間的影響力，此種影響力是在各種情勢中並經由意見溝通程序朝向組織目標的達成　此爲譚尼寶 (R. Tannenbaum) 所倡導，譚氏認爲領導本身只是一種人際間的影響力，此種影響力是在各種不同情勢中，作各種不同的意見溝通程序的運用，其目的在達成組織的目標；至影響力的大小，自將受着某種因素的影響❷。

三、領導是影響他人並爲他人創始行動　此爲霍特 (Willian Foote Whyte) 所倡導，霍氏認爲領導是對他人的影響，及爲他人創始行動，使他人在活動上有所遵循；至對他人影響力的大小，同樣將決定於某種因素❸。

四、領導是提供團體活動的指導及影響他人，以達成團體的目標的程序　此爲卡里索 (Howard M. Carlisle) 所倡導，卡氏認爲領導是一種程序，經由此種程序，一方面爲團體的活動提供指導，另方面在影響他人，運用此種程序的目的，在達成團體的目標；至所提供指導之是否正確，將依賴於主管人員學識與經驗；對他人影響力的大小，同樣的將決定於某種因素❹。

五、領導是一種相互的影響，領導的重心是制訂、溝通及保證屬員

❶　George R. Terry, *Principles of Management*, pp. 458-459, 美亞出版社，1974。
❷　Dalton E. McFarland, *Management, Principles and Practices*, p. 489, 美亞出版社，1974。
❸　同❷。
❹　Howard M. Carlisle, *Management, Concepts and Situations*, p. 468, 淡江書局，六十六年版。

能了解途徑與目標的關係 (Path-Goal relationship) 此爲韋伯 (Ross A. Webber) 所倡導,韋氏認爲屬員必須了解組織的目標, 衡量工作績效的標準, 及可能給予的制裁; 領導者必須設計一種制度, 使目標的達成可引致屬員的獎勵與需要的滿足, 如領導者不能如此, 則他將不是領導者, 不會有影響力, 亦不會有屬員❺ 。

六、領導是規劃各種技能, 以影響屬員達成特定的目標 此爲孔茲 (Harold Koontz) 等所倡導, 孔氏認爲領導是規劃與發展出各種技能, 並運用這些技能, 去影響屬員來達成組織所定的各種目標; 至影響力的大小, 除決定於所規劃與發展出的技能外, 尚有其他的因素❻ 。

以上六位學者對領導意義的說法, 雖不盡相同, 但除第三種說法外, 其餘五種說法對領導的看法, 均含有兩個重點, 卽一爲領導者對屬員的影響力, 二爲達成組織的目標。故歸納上述各種的學說, 吾人大致可說: 「領導是運用人際間的影響力以達成組織目標的技術與藝術」。至影響力的大小, 通常受制於多種因素; 而技術與藝術的範圍則甚廣, 凡法規、程序、標準、人羣關係、員工心理等, 均包括在內。

第二項 決定影響力大小的因素

領導的重點, 除達成組織目標外, 卽爲運用影響力, 而領導者對屬員行爲之影響力的大小, 則決定於某種因素。如韋伯認爲主要的因素有獎賞的權力、強制的權力、合法的權力、歸屬的權力、及專業知識的權力; 吉勃生 (James L. Gibson) 亦有同樣的看法。我國學者張潤書、姜占魁, 在其所著行政學中, 亦有類似的敍述。茲就上述可決定影響力大小的五種權力, 簡述如下:

---

❺ Ross A. Webber, *Management*, p. 176, 華泰書局, 六十五年版。
❻ Koontz and O'donnell, *Principles and Management*, p. 437, McGraw-Hill, 1959。

一、獎賞權　亦稱獎勵權，團體內成員所以願意接受領導者的影響，乃基於如接受其領導將可獲得獎勵的認識，此種認識的產生，需受領導的人具有此種信心，同時領導者所給予的獎勵能與受領導者的期望相當。

二、强制權　亦稱懲罰權，團體內成員所以願意接受領導，其另一原因為受領導的人事先了解，如不接受領導者的影響，將會受到某種程度的懲罰，為避免受到懲罰，只有接受領導者的影響。

以上獎賞權與强制權，在性質及作用上均有不同，如獎賞權可增加領導者對他人的吸引力，故影響力亦隨之增加，使領導者與受領導者之間易於養成和睦的關係，同時可激發受領導者積極、愉快、樂觀進取的精神。而强制權則不然，不但會減低領導者對他人的吸引力及削弱影響力，更會使領導者與受領導者間產生緊張的狀態，同時易使受領導者產生消極、敷衍、缺乏自動及創造的精神。

三、合法權　指基於組織法規所定、團體行為規範、社會文化背景所產生的權限，如組織內屬員接受組織首長的影響，學生接受老師的影響，子女接受父母的影響等；此種合法權限，如能出乎自然的透過人際交互關係而運用時，則其影響力更大，效果更好。

四、歸屬權　歸屬權係出乎內心對他人的敬仰而發生，如某人具有高尚的道德及許多為人所不及的優點，則該某人將為多人所敬仰，其行為將為多人所模仿，因而他對其他人可發生很大的影響力。因歸屬權所產生的影響力，其情形與因獎賞權或强制權所產生的影響力不同。因歸屬權而發生的影響力，是非常自然的、不受拘束的、無利害關係存在的。

五、專業知識權　組織內由於專業分工的結果，致使專業人員在其專業範圍內，產生了大的影響力，此即為專業知識權。尤其在專業化極為明顯的組織，各層次的領導者，如欲單憑權力來領導所屬，必將徒勞

而無功，如領導者強爲行之，則將產生合法權與專業知識權間的衝突，因而一方面削弱了合法權，另方面專業知識權亦受到壓抑，致大大影響了組織的效率。消除此種衝突弊端的方法，不外一方面各級領導人須重視專業知識權的重要性，尊重專業人員的意見，以發揮其所長；另方面領導者對所屬人員，應多用影響力而少用權力，亦卽採民主或甚致放任領導方式領導所屬，而免用獨斷式的領導方式。

第三項　領導的功能

成功的領導，領導者對所領導的團體，可發揮下列功能:

一、使團體成員獲得適度的滿足　成功的領導者，不但會使受領導者獲得物質生活上的適度滿足，而且會使成員獲得精神生活上的滿足，如一方面領導者表現出對受領導者的關懷，並協助受領導者使其需要獲得適度的滿足；二方面使團體成員相互間，建立起和諧的交互關係，每人均以團體的成員爲榮；三方面獲得團體成員對領導者忠誠的擁護。但此種團體成員的滿足，並非憑空而致，而須基於正確的領導，注意領導態度及愼用領導方法始可奏效。當團體成員獲得適度滿足後，始會提高工作情緒，增進工作效率。

二、維持組織的完整　由於業務的專業分工發展，及監督上受管制幅度的限制，故組織內部必須區分層次，及在每一層次區分單位，以利業務的處理及對所屬的管制。但因區分層次與單位的結果，各層次單位主管難免抱着本位主義，只顧本單位業務的發展，只認爲本單位的業務始屬重要，因而單位與單位間及層次與層次間，難免發生衝突與磨擦，進而影響及組織內部的安定與團結。領導者如遇及此種情勢的發展，卽須設法化解，平時更須加強各層次與單位間的意見溝通與行動協調，並實施職期調任或職位輪調制度，以增加對各單位業務的認識及業務相互

間的關聯性，進而減少單位與層次間的磨擦，以維持組織的完整與統一。

三、**指導團體達成目標**　團體必有其目標，而目標的達成須依賴於領導功能的發揮。為期達成組織目標，在領導上須注意（一）訂有妥善計畫；（二）充分的意見溝通與緊密的行動協調；（三）有效的管制考核。對於計畫，溝通與協調，管制考核，在以後另有專章敍述。

四、**保持組織對社會環境的適應**　由於社會的進步，使構成社會的各個部分，相互間關係日趨密切，交互作用日趨頻繁，相互依賴日益加強，當任何一個部分的重大變動，對其他各個部分均會發生影響，當解決某一個部分的問題時，不能只以該部分為考慮對象，而須以整個社會為考慮對象，以求問題之眞正解決，此種看法乃構成了系統理論。組織是整個社會的一個部分，與社會環境結合在一起，且與社會環境發生有規律的交互作用與相互依賴作用，但社會環境是多變的，此種多變的環境經常對組織發生影響。組織為求生存與發展，自須對多變的社會環境謀求適應，以保持組織與社會環境間之動態的平衡。至謀求適應與保持平衡的方法，主要在保持組織之高度彈性，如組織目標要能適應社會環境而調整，內部單位的區分、職掌的劃分、員額的設置等，尤須保持更多的彈性，以便隨時調整適應。此種保持組織對社會環境適應的功能，需透過有效的領導始能發揮。

第二節　有關領導的學說

有關領導的學說，包括各種領導的理論，及決定領導成敗的因素學說。茲就領導的理論，人格特質決定領導說，情勢決定領導說，功能決定領導說，及影響決定領導說，分項簡述如後。

第一項　領導的理論

學者對領導的理論甚多，如泰雷 (George R. Terry) 在其所著管理之原則 (Principles of Management) 一書中，曾舉出八種❼：

一、獨斷的理論 (Autocratic Theory)　認為領導者與其屬員間關係的特徵，是命令、強制及獨斷的行動。領導者各以工作為中心，嚴密監督所屬以保證所指派的工作能予完成，重視正式的組織結構，任用與晉升均有規定的途徑，並給予代表地位高低的職等。經常下達命令及指示，但不說明其理由或加以解析。獨斷的領導者下達命令時，常附隨以違抗命令時之制裁的宣示，此種制裁或為給予獎賞，或為給予懲處，如給予加薪或給予記過。獨斷的領導者對其所屬的強制，依賴於獎懲的權力。獨斷的領導者認為大多數的員工，在懲處制裁的氣氛中，將會使工作做得更好。

二、心理的理論 (Psychologic Theory)　認為領導者主要的職能，是在發展一種最好的激勵制度。領導者須刺激其所屬對組織目標的貢獻及滿足他們自己的個人目標。激勵的領導相當注意於屬員的品性如認可、情緒的安定、及獲致期望與需要滿足的機會。對屬員各種需要之依次滿足的方案，是對領導者的挑戰。這一領導理論甚為廣汎與一般性，用以激勵屬員的方法甚多，而其成效則決定於對個別屬員所用的方法之是否正確。沒有一個方案是為所有的領導者均可適用的。

三、社會的理論 (Sociologic Theory)　認為領導是致力於使屬員的各種活動進行順利，及調停屬員間工作上的衝突。領導者經由屬員的參與來制作決定與設定組織目標。屬員們知道應該做什麼，具有信心，及期望於他們的行為是什麼。但完成目標的努力，將影響及屬員相互間

---

❼　George R. Terry, 同前書, pp. 465-473, 美亞出版社, 1974。

的互動，有時甚致會發生若干衝突。遇及此種情況時，領導者應採取正確的措施，運用其領導的影響力，使得屬員相互間恢復和諧與合作。

四、支持的理論 (Supportive Theory)　認為對屬員工作上的支持，將獲致最好的領導與屬員的最好工作績效。因此，領導者應開創良好的工作環境，以增進屬員才能的最佳利用，與他人的合作及發展屬員自己的技能與能力。鼓勵屬員提供改進工作，改善工作條件的新建議。領導者只作一般管理性的監督，並鼓勵屬員在處理工作細節時運用其創造力，領導者制作決定時，應考慮及屬員的意見與建議。有人將支持的理論稱為參與的理論，亦有人稱為民主的領導理論，因為領導者經常鼓勵屬員參與制作決定；同時在支持的理論中，領導者認為屬員都是平等的，並尊重屬員的知識與意見。擁護支持的理論者，主張應幫助屬員尊重屬員的人性尊嚴與權利，使屬員成為一個合作的、有生產力的及滿意的職員。反對支持的理論者，認為屬員團體對制作決定的影響力，將引致混亂、浪費時間、及使決定缺乏力量。

五、放任的理論 (Laissez-Faire Theory)　認為領導者應給予屬員決定各種活動之完全的自由，領導者不須參與或極少參與，此種理論與獨斷的理論剛好相反。領導者只自願的或應屬員要求提供各種資料，但不參與工作的討論，故領導者是不參與的。在意見溝通時，領導者只是傳達意見，對屬員的各種活動，除遇到徵詢其意見外極少作評論。在放任的領導下，團體中會產生非正式的領導者，並形成非正式的組織，成員寧願從非正式組織中尋求參與與指導。通常言，屬員需要獲得幫助，但在放任的領導理論下很難獲得明確的指示。對放任的理論亦發生了一個理論上的問題，即如所有的工作均由屬員處理，則領導者做什麼，且屬員由於學識與經驗的不足，又如何能作適當的建議與決定，尤其是技術方面的建議與決定。

六、**個人行爲的理論** (Personal-Behavior Theory) 認爲領導是領導者個人行爲的表現，並認爲在面臨不同的情勢時領導者會表現出不同的行爲，故領導是有彈性的，處理各種不同的問題時，領導者須採取他認爲最適當的行動。由於此一觀點，乃發展出領導延續 (Leadership Continuum) 的觀點，即領導者的行動與所運用的權力，與屬員的制作決定的自由與參與有關聯，**換言之**，領導者的行動權力愈大時則屬員的自由與參與愈小。由此可知領導方式可有多種，究應運用何種方式領導屬員，依賴於領導者對情勢、自己的能力、對決定的期望、及自己所期望的管制量大小而選用。故領導者須具有彈性，以適應一個領導者所遇及的各種問題。

七、**特質的理論** (Trait Theory) 認爲領導是依賴於領導者之具有某種特質，在研究過程中，常先選出若干在領導上有傑出成就的領導者，再分析與歸納其共同性的人格特質，並列爲成功的領導所需具備的特質清單，但在檢討時，常發現有失敗的領導者而具有該種特質者，**亦**有未具該種特質而獲得領導的成功者。

八、**情勢的理論** (Situational Theory) 認爲領導必須具有充分的彈性，俾能適應各種不同的情勢，故領導是多向的。此種理論認爲領導是由三種因素所混合而成者，即領導者，受領導者、及情勢，並以情勢因素最爲重要，因爲情勢包括的變數最多。

以上八種有關領導的理論，有者已被進一步發展出更具體的領導方式（在下節中討論），有者已被認爲是引致領導成敗的決定因素（在本節第二至第五項中敍述）。

第二項　人格特質決定領導說

認爲領導者的人格特質，是決定領導成敗的因素。然則一個成功的

領導者究應具備何種人格特質，則各學者說法不盡一致。

一、戴氏的四種人格特質說　戴維斯 (Keith Davis) 認為成功的領導者，應具有下列四種人格特質，卽（一）智力：領導者的智力應比其部屬智力為高。（二）社會成熟與社會廣度：領導者應有較穩定和成熟的情緒，同時有廣度的興趣與活動，具有健全的自我觀念。（三）內在的動機與趣力：優越的領導者，其活動多依據於內滋的動機為主。（四）正確的人羣關係與態度：成功的領導者，能重視部屬的價值與尊嚴，對成員的問題均有充分的考慮❽。

二、斯氏的七種人格特質說　斯杜地 (R. M. Stogdill) 認為成功的領導者，應有（一）出眾的身材面貌。（二）智力。（三）自信心。（四）交際能力。（五）意志力。（六）管理能力。（七）活潑精神。

三、泰氏的十種人格特質說　泰德 (O. Tead) 認為優越的領導者，應具有（一）體質能力。（二）有目的與方向。（三）熱忱。（四）友善態度。（五）正直或廉潔。（六）技術的精神。（七）果斷。（八）領導技能。（九）智慧。（十）忠實❾。

四、泰氏的十種人格特質說　泰雷 (George R. Terry) 認為優異的領導者，應具有（一）智力。（二）發動力。（三）熱忱。（四）情緒的成熟。（五）說服力。（六）溝通技術。（七）自信心。（八）觀察力。（九）創造力。（十）社會參與❿。

五、張氏的人格特質說　張潤書教授在其所著行政學一書中，認為一個成功的領導者所應具備的條件，在（一）屬於學識與資質方面：包括智力、學識、自信、表達能力。（二）屬於道德修養方面：應注重學識的淵博和道德的修養。（三）屬於性格和體格方面：包括創造力、人緣好、社交性、判斷力、積極性、堅決的意志、幽默感、協調性、活

❽　傅肅良著，人事心理學，第四五三——四五四頁，三民書局，七十年版。
❾　張潤書著，行政學，第五〇五頁，三民書局，六十五年版。
❿　George R. Terry, 同前書，pp. 470-472, 美亞出版社，1974。

力、運動能力、身高、儀表⑪。

以上各學者，對成功的領導者所應具的人格特質說法頗不一致，惟大致而言，領導者的成功，應具有與領導部門有關的專業學識、高的智力、穩定的情緒、健全的體格、良好的人際關係。凡具有此種條件者，則其成功的機會大。

第三項　情勢決定領導說

此種學說的重點，認爲領導須適應情勢，因爲情勢包括有若干變數，故何種情勢就須用何種領導。其情形爲:

一、**領導須適應情勢**　學者巴納特 (C. I. Barnard) 及李彼 (R. Lippitt) 等，均認爲領導的成敗，係由情勢所決定，如某人在甲機關內可以發生領導作用，堪稱爲領導者，但如將之調至情勢不同的乙機關，卽使賦予同等的地位與職權，不一定就能發揮同樣的領導作用，如獨斷的領導者，在民主的團體就無法發揮領導作用，反之亦然⑫。

二、**領導須考慮若干變數**　學者費雷 (Filley) 及敖斯 (House) 認爲影響領導成敗的有若干變數，此種變數中之重要者，有領導者就任前該組織的情況，前任領導者與現任領導者的年齡及兩者經驗的差異，組織本身所處的環境，前後兩任領導者對運用組織及推動工作要求的情形，領導者對所領導組織所造成的心理氣氛，領導本身的工作，受領導的人數，成員合作情況，成員的期待，成員的人格特質，決策時所需時間的長短等⑬。

三、**何種情勢就須用何種領導**　領導的成敗既決定於情勢，而情勢又是由若干變數所構成，故情勢是多變的，何種情勢就需要用何種領

---

⑪　張潤書著，行政學，第五一一——五一二頁，三民書局，六十五年版。
⑫　傅肅良著，人事心理學，第四五四——四五五頁，三民書局，七十年版。
⑬　Richard M. Hodgetts, *Management, Theory Process and Practice*, p. 343, 中央圖書出版社, 1975。

導，不同的情勢就需要不同的領導。同一個領導者，除非他能在不同的情勢中運用不同的領導，否則在甲情勢中能領導成功時，並不保證在乙情勢中也能獲得成功的領導。

第四項　功能決定領導說

此種學說的要點是專家應領導專業，專家的專業知識決定着領導的成敗，而通才只是協調各專家的領導而已。其情形爲：

一、專家領導專業　在專業分工的組織，每一員工所從事的工作皆係專業的工作，成員在運用專業知識所從事的專業工作上，具有無上的權威，能發揮很大的影響力，從而能發生領導作用。但一旦離開運用專業知識所從事的專業，對其他專業就一無所知或了解不深，即不會發生影響力，因而亦不可能發生領導的作用。

二、專業知識決定領導　知識就是權力，正是此一學說的寫照；專才專業，即是此種學說在人事行政上的應用；專業分工，亦是此種學說在組織設計上的運用。

三、通才只是協調各專家的領導　根據此一學說，一個組織的領導權並非集中在一人或少數人之手，而是普遍的散佈在組織的各種專家的手中。組織內的各級主管人員，名義上雖是領導者，事實上只是協調分散的領導權而已，使各專家各別在其專業範圍能發揮適當的效用，以達成組織的目標，避免各專家各自爲政，導致組織的分解[14]。

第五項　影響決定領導說

此一學說，認爲領導就是影響，影響力的大小決定着領導的強弱，同時影響力的大小與權力地區並無必然關係。其情形爲：

一、領導就是影響　領導，乃由團體人員在交互行爲的過程中所產

---

[14]　傅肅良著，人事心理學，第四五五頁，三民書局，七十年版。

生，領導並非組織層次體系中的正式權力，而是一種影響力，凡具有影響力的人，就是組織中的眞正領導者。

二、影響力的大小決定着領導的强弱　團體內人與人的相處，彼此間因交互行爲與交互影響的關係，就發生相互的影響力，因而人人可影響他人，同時亦接受他人的影響，但此種交互的影響力大小並不完全相等，有的人可發生較大的影響力，有的人只能發生較小的影響力。影響力較大的人就是團體中的領導人，影響力較小的人就是團體中的受領導者。

三、影響力與權力地位並無必然關係　傅連奇(John R. P. French)與雷芬 (Bertram Raven) 曾極力主張此一觀點，認爲在組織中居於權力地位的人，不一定就會發生眞正的影響力，眞正能發生影響力的人，不一定就是居於權力地位的人，此種具有影響力的人，不但可領導他人，而且他人亦會心悅誠服的接受其領導⑮。

第三節　領導方式的區分與選用

領導者就領導理論的了解，對決定領導成敗之因素的考慮，實際上在領導所屬時之作法，稱爲領導方式。從不同的觀點，領導方式可作不同的區分，主管人員領導所屬所用的領導方式，應根據情勢並就有關因素的考慮後，作適當的選用。茲就按管制寬嚴及按成員與任務區分領導方式，及對各種領導方式的選用等，分項敍述之。

第一項　按管制寬嚴區分領導方式

從領導者對其所屬管制程度的寬嚴，亦卽領導者運用權力的大小或受領導者可自由行動的範圍的大小，可將領導方式作多種不同的區分。

⑮　傅肅良著，人事心理學，第四五六頁，三民書局，七十年版。

一、將領導方式連續區分為七種　如學者譚尼寶 (R. Tannebaum) 及舒米脫 (W. H. Schmidt)，曾就主管對所屬從極嚴格的管制到最寬鬆的管制之兩個極端間，區分為七種不同管制程度的領導方式。其情況如下圖所示[16]：

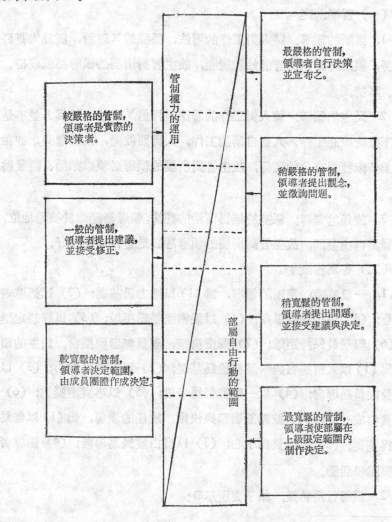

❶⑥　George R. Terry, 同前書，p. 469，美亞出版社，1974。

二、對領導方式區分為三種 一般學者，就主管對所屬管制的寬嚴，將領導方式區分為獨斷的領導、民主的領導、放任的領導三種。此三種領導方式的區分，各有其哲學基礎、各別特徵、各別對行為的影響、及各別利弊。其情形如下：

(一) 哲學基礎

1. 獨斷的領導：將人對工作的看法，係採信X理論，認為人是好逸惡勞，須用外力強加管制始能就範，故主管對所屬的領導必須嚴格、獨斷、專制。

2. 民主的領導：將人對工作的看法，採信Y理論，認為人並不是天生下來就厭惡工作，人會自動的工作，人需要鼓勵，人的聰明才智在工作上多未獲得充分的發揮，故主管對所屬的領導必須以激勵、誘發為原則。

3. 放任的領導：係基於無為而治的想法，領導者應處於被動地位，任由屬員自由發展，故主管對所屬的領導應該是管得越少越好。

(二) 各別特徵

1. 一般特徵：獨斷的領導，為 (1) 以權力為基礎；(2) 以領導者為中心；(3) 以任務為導向；(4) 以嚴密監督為手段；(5) 以好惡定獎懲；(6) 與屬員保持距離；(7) 獨攬決策，屬員無參與機會。民主的領導，為 (1) 以人格感召與學識經驗為基礎；(2) 以羣體為中心；(3) 以目標及成員為導向；(4) 以一般監督為手段；(5) 以事實定獎懲；(6) 與屬員打成一片；(7) 鼓勵部屬參與決策。放任的領導，為 (1) 以無為而治為基礎；(2) 以成員為中心；(3) 以自由發展為導向；(4) 領導者不干與團體活動。

2. 領導行為特徵：如下表所示⑰：

⑰ 張潤書著，行政學，第五二一頁，三民書局，六十五年版。

領導行為	獨　斷　的　領　導	民　主　的　領　導	放　任　的　領　導
制訂決策	(1) 首長一人獨享 (2) 不允許屬員參與決策	(1) 與部屬分享決策權，部屬有充分參與意見機會 (2) 決策係由多數人意見所形成	(1) 首長放棄決策權 (2) 由所屬自訂處事原則、標準
對部屬指導	以命令方式強迫部屬接受領導者意見	(1) 以會議討論方法提供指導 (2) 對部屬所提問題只作提示性意見，以啓發部屬思考	(1) 不主動指導所屬 (2) 部屬有請示時，略提參考資料
修正決策	對領導者所訂決策，不許部屬有反應意見，更不許修改，錯就錯到底	(1) 部屬如認爲決策有窒碍難行或錯誤，可提出改進建議 (2) 上級允許原訂政策的修正	決策由部屬制訂，故部屬亦可隨意修正
執行結果	有功首長獨享，有過部屬承當	有功大家分享，有過先自責，再追查責任	不過問所屬的功過
對部屬獎懲	根據首長對所屬的主觀好惡，任定獎懲	根據事實作公正而客觀的獎懲，以收激勸及阻嚇效果	少處理所屬的獎懲
與部屬關係	極爲疏遠，領導者很少參加團體活動，偶而以特別身份出現，使人可望而不可及	非常密切，經常參加團體活動，不以特別身份出現	極爲疏遠，無長官、部屬及同事的情感

(三) 各別對行爲的影響：

1. 在獨斷的領導下：成員行爲缺乏自動，易失去自己個性，只知

奉命行事，做事無主張，依賴性大；主管要求成員絕對服從，致引起成員消極、自卑、甚或不滿與反抗；主管喜歡以自己的想法代替成員的想法，並以命令貫徹自己主張，因而抹殺了成員的願望，構成對成員行爲的障礙；主管重視權位而不重視責任，與成員保持距離。

2. 在民主的領導下：主管以協調立場促進成員團結，並鼓勵成員主動推行工作，成員個性得以發揚；領導以團體爲中心，使成員發揮團隊精神；透過討論與協調處理團體事務，成員的需要與願望，獲得充分的考慮；主管不重視權位而重視領導功能與責任，與成員的交互行爲關係極爲密切。

3. 在放任的領導下：成員對主管無依賴心，組織鬆懈；主管不干與成員行爲，缺乏領導與協調，致各自爲政，缺乏團隊精神；成員雖會感到滿意，但團體目標無法達成；主管既不重視權力，亦不重視責任，與成員少有交往。

(四) 各別利弊：根據卡里索 (H. M. Carlisle) 的分析，此三種領導方式的各別利弊爲：

1. 獨斷的領導：其利爲(1)領導者的才能可獲得充分的利用；(2)可引致集中的管制與協調（因爲所有指示均自同一來源）；(3)可引致更協和的政策與指示（因爲所有決定均來自同一人）；(4)能快速的制作決定（因爲不須與他人協商）；(5)獨斷的領導是典型的強有力的領導，對克服重大障礙，發動變革，或處理危機時，甚爲有用。

其弊多爲行爲方面者，如 (1) 由於限制過嚴，致成員難以發揮潛能；(2) 由於管制過嚴，使成員士氣低落，成員亦缺乏對工作的成就感（對完全奉命行事的工作無成就感）；(3) 使成員產生疏離感，並因而產生敵對、報復、代罪羔羊的心理與行爲；(4) 單方的意見溝通（成員只接受命令而不能表達意見），會使成員引致誤解或未有獲知；(5) 獨斷

的領導少有彈性亦很難改變，如有改變時成員亦會懷疑其動機，因而仍會表現出服從的姿態。

2. 民主的領導：其利爲 (1) 成員有獨立處理事務及經由參與提供奉獻的自由，此乃極具鼓勵性者；同時參與可滿足心理的需要；(2) 團體的知識與潛能可獲得充分的運用，因而可獲得更好的具有創造性的決定；(3) 成員有了參與對組織會有更多的貢獻，進而增加對組織的凝結力；(4) 與民主的社會更能和諧相處，對個人的權利與尊嚴可獲得更多的重視；(5) 由於雙向溝通，可增進成員對組織的了解，並擴大眼界表示出對整個組織的關切；(6) 參與亦是培養管理人才的重要方法；(7) 當全體成員均關切組織時，則對組織會更信任，由成員全體所合力訂定的政策與行動，會產生更大的忍受力與彈性。

其弊爲 (1) 經由充分的溝通與參與，往往耗費時日，致對急迫的制作決定，將無法參與；(2) 由於多數人參與決定，致所獲得的結論往往是妥協性的，降低原有建議的效果；(3) 由於上列兩種缺點，對革新及有遠見的領導者會發生壓制作用；(4) 由於參與而使責任分散，可能引致無人負責與採取行動；(5) 參與與個人的驅力本性頗有違背，參與的成員如學識相差甚遠，則會受少數人所壟斷，失去參與的眞意。

3. 放任的領導：其利爲 (1) 對某種成員確能發揮最大的激勵作用；(2) 對成員的潛能可獲得最大的發揮；(3) 使組織更有彈性與適應性。

其弊爲 (1) 由於缺乏集中的協調與統合，易使組織趨於混亂；(2) 過於重視個人的自由活動，將會使個人的目標比組織的目標更爲重要；(3) 缺少集中的管制，會引致業務的失去控制[18]。

---

[18] Howard M. Carlisle, 同前書，pp. 477-478, 淡江書局，六十六年版。

第二項　按成員或任務區分領導方式

以成員或任務區分的領導方式，係研究主管領導所屬，究應以成員（或人際關係）或任務（或工作）為中心，抑需兼顧兩者，及其各別特徵為何者。

一、以成員為中心的領導方式　此種領導方式，係領導者重視成員的個人問題、家庭問題，注意成員的健康、情緒與態度，鼓勵成員參與管理的決策，並儘量設法解決成員執行工作時所遇及的困難與障礙。主管對成員採一般性的監督，成員在權責範圍內可自我發展，容易獲得滿足感。

二、以任務為中心的領導方式　此種領導方式，係強調任務（或工作、生產）的重要，一切以效率為先，對成員採嚴密的監督，視成員為達成組織目標的工具，成員須聽命上級，對工作無自主權。

由於上述兩種領導方式均有所偏，因而又有倡導兼顧成員與任務兩者的領導方式。所謂兼顧，係指主管對所屬的領導須從成員與任務兩向考慮，對每一向在領導時又可作寬嚴不同的區分，因而乃構成縱橫兩向的領導方式區分圖。

三、縱橫兩向四分的領導方式　為美國俄亥俄州立大學於一九四五年從事領導的研究時所用者。一為建立結構的方向，卽決定領導者與成員的關係，如建立組織型態、溝通途徑及程序方法；另一為考慮關係方向，卽領導者與成員間的友誼、互信、敬重與熱情的關係。每一向各分為兩個程度，相互交錯結果，則成為四分的領導方式如下圖，其各種領導方式的特徵為：

（一）高度結構低度關係的領導方式：領導者對工作方面表示出高度關心，並計畫業務及溝通意見，以期任務能如期完成。

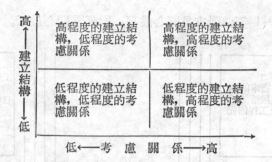

高

建立結構

低

| 高程度的建立結構，低程度的考慮關係 | 高程度的建立結構，高程度的考慮關係 |
| 低程度的建立結構，低程度的考慮關係 | 低程度的建立結構，高程度的考慮關係 |

低←──考 慮 關 係──→高

　　（二）低度結構高度關係的領導方式：領導者鼓勵屬員間的相互合作，並在相互尊重與信任的氣氛下工作。

　　（三）高度結構高度關係的領導方式：領導者對任務的完成與成員的願望，均表示出同樣的關切。

　　（四）低度結構低度關係的領導方式：領導者對任務的完成與成員的願望，均不甚關心⑲。

　　四、縱橫兩向八十一分的領導方式　為白雷克（Robert R. Blake）及毛頓（Jane S. Mouton）所倡導。將成員與任務兩向，各區分為九個程度，縱橫交錯結果區分為八十一種領導方式，惟其中甚為常見者為1-1、9-1、5-5、1-9、9-9 五種，其情形如下圖所示⑳：

　　該五種常見的領導方式的特徵為：

　　（一）1-1 型：對成員與任務的關心均最低。領導者多為失敗主義者，只設法保持自己的職位，對組織的任務只作最低度的努力，在監督系統中只做傳遞工作，將上級意見原封不動的轉送下級，就算了事。除非為防衛自己，不輕易批評別人，盡量遠離上司，放任部屬，處處逃避責任。

⑲　Richard M. Hodgetts, 同前書, pp. 350-357, 中央圖書出版社, 1975。
⑳　Richard M. Hodgetts, 同前書, p. 352, 中央圖書出版社, 1975。

（二）9-1 型：對成員關心最高，對任務關心最低。領導者認爲成

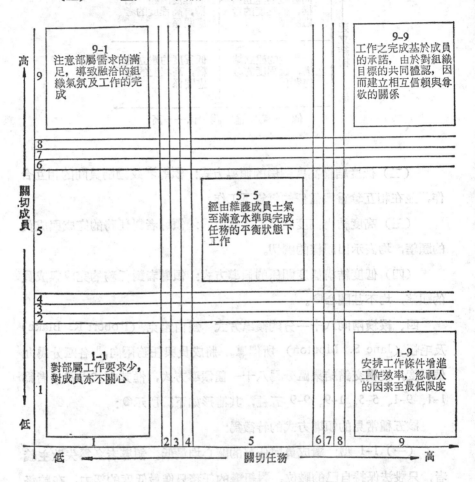

員是最重要的，使成員的需求獲得滿足，乃是領導者的主要責任，對成員的任務要求不宜多不宜高，以免成員無法接受。

（三）5-5 型：對成員的關心與對任務的要求，二者兼顧，但以達到適度爲限。領導者認爲完成任務與滿足成員的需求，常不能一致，因而須經妥協，以差不多主義解決問題。領導者一方面須考慮及成員，另

方面須考慮及工作，設法求取二者間的平衡。

（四）1-9 型：對成員的關心最低，對任務的關心最高。為提高最大的生產力，寧可降低成員的需求，領導者的主要責任，在於計畫工作，指揮成員工作，並對成員工作予以嚴格的管制，要求成員絕對的服從。

（五）9-9 型：對成員與任務，均表現出最高的關心。領導者認為滿足成員需求與完成組織任務二者間，並不抵觸，並鼓勵成員參與管理，貢獻心力，在工作上獲得更多的成就與滿足[21]。

第三項　獨斷、民主、放任領導方式的選用

領導方式雖有多種，但沒有一種領導方式是絕對有效的，也沒有一種領導方式是在任何情況下均可適用的，因此領導者對領導方式必須作適當的選擇。在選擇時，當然先要基於某些因素的考慮而後始作決定。

對獨斷的、民主的、放任的三種領導方式的選用，須就下列各因素的考慮而定，並須機動調整。

一、主管人員的特性

（一）具有下列特性的主管人員，對屬員可選用獨斷的領導方式：即1. 對工作具有充分信心者；2. 工作知識技能較屬員為優者。

但主管人員不可基於下列原因而選用獨斷的領導方式，即1. 恐懼屬員工作將會失敗者；2. 利用個人與繳統治他人者；3. 喜歡自己控制一切者。

（二）具有下列特性的主管人員，對屬員可選用民主的領導方式：即1. 真正重視屬員之處事才能者；2. 信任團體人員之思考能力者。

---

[21]　李序增著，工業心理學，第二六一——二六二頁，大中國圖書公司，六十七年版。

　　但主管人員不可基於下列原因而選用民主的領導方式，即1. 對負責甚為猶豫想藉會議而減輕自己責任者；2. 不願開罪他人而借用團體名義處理事務者。

　　（三）具有下列特性的主管人員，對屬員可選用放任的領導方式：即1. 認為屬員學識經驗豐富且能對事負責者；2. 自己善於協調且能有效的提供資料者。

　　但主管人員不可基於下列原因而選用放任的領導方式，即1. 不願多管事者；2. 對事不肯負責者；3. 自己對工作毫無主張者。

二、屬員的特性

　　（一）對具有下列特性的屬員，宜選用獨斷的領導方式，即1. 具有獨斷權威感者；2. 向主管採取敵視態度者；3. 依賴甚大或能力甚差者；4. 年齡較輕者。

　　（二）對具有下列特性的屬員，宜選用民主的領導方式：即1. 年齡較大者；2. 學識經驗優異且工作熟練者；3. 平和而不願管制他人者；4. 極願合作者；5. 喜於羣居且團體觀念濃厚者。

　　（三）對具有下列特性的屬員，宜選用放任的領導方式：即1. 學識經驗優異且工作熟練者；2. 自由氣氛較為濃厚者；3. 抱個人主義者；4. 傾向孤獨及遁世主義者。

三、工作的情勢

　　（一）遇及下列情勢的工作，宜選用獨斷的領導方式：即1. 遇及情勢危急時；2. 必須於短期內完成工作時；3. 處事原則、方法、程序已有嚴格規定，處理不能有違時；4. 組織內部發生裂痕，經用民主領導方式仍無法彌補時；5. 須運用尊嚴恢復屬員之信心時。

　　（二）遇及下列情勢的工作，宜選用民主的領導方式：即1. 工作原則、方法、程序尚有商討餘地時；2. 須增加屬員對工作的興趣時；3. 須

增加屬員對全盤工作的了解時。

（三）遇及下列情勢的工作，宜選用放任的領導方式：卽1. 對工作原則、方法、程序尚須從長計議時；2. 須研討全盤性的計畫時；3. 須考慮某種內容複雜的問題時。

四、團體的態度

（一）團體對主管人員採敵對態度時：宜1. 將原有領導方式改爲獨斷的領導方式，以適應此種態度的需要；或2. 在原有領導方式下，採取某種措施以改善團體態度，使適合原有領導方式的要求。

（二）團體對主管人員採散漫疏懶態度時：1. 宜改用獨斷的領導方式以適應改善態度的需要；或2. 在原有領導方式中，採取適當措施來培養團體態度，使適合原有領導方式的要求。

（三）團體對主管人員及業務具有高度熱忱時：主管對所屬的領導，應逐步放寬而不應加嚴，卽應由獨斷的放寬爲民主的，由民主的放寬爲放任的領導方式。

除以上四個因素外，有的學者如雷茲（H. J. Reitz)，尚舉出其他須予考慮的因素，如組織的政策與氣候，上級人員所用的領導方式，同事所用的領導方式，屬員的反應等❷。

五、考慮因素須注意順序　對四個因素的順序爲

（一）先根據主管人員的特性，選用對屬員的領導方式。

（二）如所選用的領導方式不適合某屬員的特性時，對該屬員的領導宜改用適合於該屬員特性的領導方式。

（三）如所選用或改用的領導方式，與工作的當時情勢不適合時，對該工作的完成，宜改用適合於該工作當時情勢的領導方式。

---

❷　H. Joseph Reitz, *Behavior in Organizations*, pp. 518-521, 華泰書局，六十六年版。

（四）如根據主管人員特性所選用的領導方式，與團體態度不適合時，宜運用原有領導方式來改善團體態度，或改用適合團體態度的領導方式。

六、領導方式的機動調整　選用領導方式時須考慮的四個因素，其實質並非永遠不變，而是經常在變。因此對經選用的領導方式，遇及因素實質有變更時，應即調整原有的領導方式。其情形如：

（一）基於主管人員特性的改變而調整領導方式：如1.主管人員希望對自己所處理工作能有機會更加熟悉時，應考慮對所屬的領導須否加嚴；2.主管人員欲培育得力助手時，對助手的領導應考慮放寬；3.主管人員認為屬員工作不夠理想或未達應有水準時，應考慮對屬員的領導須否加嚴。

（二）基於屬員特性的改變而調整領導方式：如1.新進屬員於工作指派後工作進行情況甚為滿意時，應考慮須否將原有的管制放寬；2.對某屬員工作用民主領導未有成功時，應考慮須否改用較嚴格的領導；3.由於屬員年齡增高學識經驗更有增進，應考慮須否將管制放寬。

（三）基於工作情勢的變更而調整領導方式：如1.辦公地點由集中而分散，應考慮須否改用更寬的領導；2.屬員心理受外界不安因素所困擾時，應考慮須否將管制加嚴；3.機構的壓力對所領導單位業務之進行構成威脅時，應考慮須否將管制更加強。

（四）基於團體態度的改變而調整領導方式：如1.本單位新進人員增加時，應考慮須否將領導加嚴；2.本單位係屬新成立之單位時，在領導上應考慮須否加嚴；3.本單位工作成績受上級獎勵時，應考慮須否將管制放寬。

第四項　成員或任務領導方式的選用

學者對以成員或任務取向（或為中心）的領導方式的選用，提有不甚相同的看法。茲舉三種如下

一、費氏對領導方式選用的看法　此為費德勒 (Fred E. Fiedler) 所倡導，其要點為:

（一）選用領導方式須考慮三個因素: 即1. 主管與成員間的關係: 指主管人員在屬員心目中被接受的程度，可分良好與不良兩種; 2. 工作結構: 指屬員工作的屬性程度，如例行的、明確的工作，含混的、不明確的工作，可分為有結構與無結構兩種; 3. 職位權力: 指賦予主管職位的法定權力，可分強與弱兩種。

（二）在三個因素之不同情勢中較為有效的領導方式: 如下表所示:

較為有效的領導方式	工作取向的	工作取向的	工作取向的	成員取向的	成員取向的	成員取向的	工作取向的	工作取向的
職位權力	強	弱	強	弱	強	弱	強	弱
工作結構	有 結 構		無 結 構		有 結 構		無 結 構	
主管與成員的關係	良　好				不　良			

（三）根據情勢選用領導方式及根據領導方式改變情勢: 即1. 根據情勢選用領導方式: 如情勢為關係良好、無結構、權力弱時，宜用成員取向的領導方式; 2. 適用原有領導方式改變情勢: 如上例原用工作取向的領導方式時，則應增加權力，使情勢與原有領導方式相配合㉓。

二、雷氏對領導方式選用的看法　此為雷丁 (William Reddin) 等

㉓　Hicks and Gullett, *The Management of Organizations* pp. 459-461, 竹一出版社，六十六年版。

所主張，其要點爲：

（一）先提出兩向的基本領導方式： 一向爲關切成員， 稱爲關係向；另一向爲關切任務，稱爲工作向；並由關係與工作兩個向及其程度高低，構成四種基本的領導方式如下表：

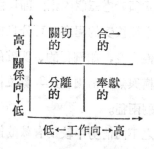

以上所稱1.分離的領導方式：指低程度的關係低程度的工作，將形成關係與工作的分離；2.奉獻的領導方式：指低程度的關係高程度的工作；使成員奉獻於工作；3.關切的領導方式：指高程度的關係低程度的工作，使主管與成員間保持有良好的關係；4.合一的領導方式：指高程度的關係高程度的工作，使關係與工作兩者融合爲一。

（二）再加上有效性一向成爲三向的領導方式：所稱有效性，指主管能發揮出其職位功能的程度。有效性係有賴於當時的情勢，某種領導方式可適合於某種情勢，但其他領導方式則不一定適合；有些領導方式應用時較爲有效，有些則有效性較差。其情形如下圖所示：

（三）三方領導方式的選用：下圖中間的大方塊，係表示四種基本的領導方式，如主管所應用的領導方式適合於當時的情勢，則如選用右邊大方塊中相當的領導方式時，其效果將更大，如原用「合一的」領導方式很能適應當時情勢，則選用「管理者」領導方式時，效果將更大；如發現「合一的」領導並不適合，則可選用左邊大方塊中「協調者」的

領導方式，以資適應㉔。

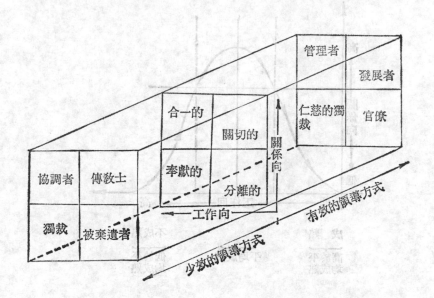

三、赫氏的生命循環 (Life Circle) 領導方式　此爲赫賽 (Pau Hersey & Kenneth H. Blanchard) 等所倡導，其要點爲：

（一）成員的成熟度：成員在不斷的發展，由不成熟發展到成熟，並可區分爲三個階段，卽不成熟（低於平均的成熟）、平均的成熟、成熟（高於平均的成熟）。

（二）根據成熟度選用領導方式：卽1.對不成熟的成員，選用高程度的工作管制，可能最有效；2.對平均成熟的成員，選用高程度的關係向，較爲合適；3.對成熟的成員，選用低程度的工作管制，最有效果。其情形如下圖所示：

（三）對成員的領導方式應隨成熟度的改變而調整㉕。

㉔　Richard M. Hodgetts, 同前書, pp. 355-357, 中央圖書出版社, 1975.
㉕　Richard M. Hodgetts, 同前書, p. 358, 中央圖書出版社, 1975.

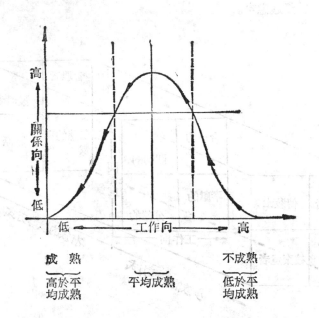

第四節　領導對組織的影響

各種領導方式，不僅可影響及主管人員及所屬人員的行為（在前節中已有敍述），且可影響及組織的結構及工作效率。茲分項簡述如後。

第一項　對組織結構的影響

組織的結構，自層次及單位區分觀點言，大致有長塔型、金字塔型、扁塔型三種。此三種型式與獨斷、民主、放任領導方式有關。

一、長塔型與獨斷的領導方式　長塔型組織結構的特色，是組織內部層次多，每一層次各單位的管制幅度小，其情形如下圖所示。

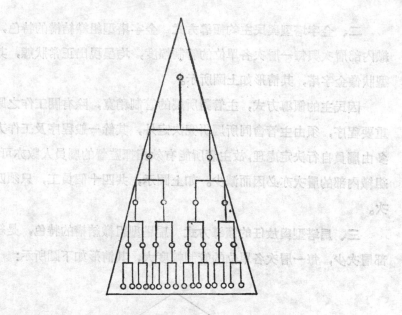

　　因獨斷的領導方式，主管對所屬的管制極爲嚴格，有關工作原則、方法、程序等均須由主管人員決定，屬員處事均須依主管的指示辦理，故主管所能有效指揮監督的屬員人數必須減少，組織內的層次亦必因而增加。如上圖所示，共三十一個員工，卻有五個層次。

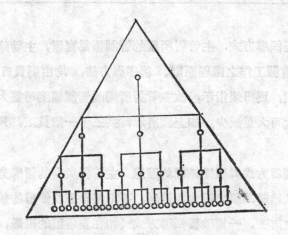

二、金字塔型與民主的領導方式　金字塔型組織結構的特色，是組織內部層次與每一層次各單位的管制幅度，均呈現出正常狀態，其組織型狀像金字塔，其情形如上圖所示。

因民主的領導方式，主管對所屬的管制稍寬，除有關工作之原則、重要程序，須由主管會同所屬研究決定外，其餘一般程序及工作方法，多由屬員自行決定處理，故主管所能有效指揮監督的屬員人數亦可增加，組織內部的層次亦必因而減少。如上圖示，共四十個員工，只須四個層次。

三、扁塔型與放任的領導方式　扁塔型組織結構的特色，是組織內部層次少，每一層次各單位的管制幅度大，其情形如下圖所示:

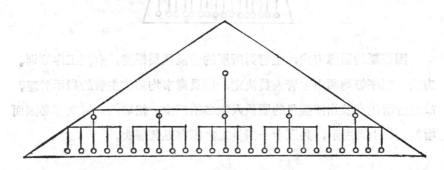

因放任領導方式，主管對所屬的管制極為寬鬆，主管除提供必要的資料外，有關工作之處理原則、程序與方法，均由屬員自行決定，主管既不參與，更毋須指示，故主管對所屬的管制幅度可很大，因而組織內部的層次可大量減少。如上圖所示，共三十一個員工，只須設三個層次。

四、領導方式與組織結構的適應　主管對所屬的領導方式與其所在單位的組織結構，須求配合與適應，否則將影響及領導的效果。至求其配合適應之方法，一為改變領導方式（如在扁塔型的組織，將原用的民

主領導方式改爲放任的領導方式），二爲改變組織結構（如在獨斷領導方式下將原金字塔型的組織結構，改變爲長塔型的組織結構）。

五、領導方式的改變與組織結構的調整　主管人員對所屬的領導方式，常須因情勢的改變而改變。如情勢的改變是暫時性的，或情勢的改變只限某一或某數個員工，則原有的組織結構或可維持不變；如情勢的改變是長期性的，或情勢的改變涉及多數的員工時，爲期維護領導的效果，則原有的組織結構應配合調整以求適應。如某部門所進用者均爲新人，由於學識經驗不夠，乃採獨斷的領導方式及長塔型的組織結構，過了二年後，員工的學識及經驗均已充分具備，乃改爲民主的領導方式，此時原有的組織結構亦宜調整爲金字塔型，減少層次，增加管制幅度。

第二項　對工作效率的影響

領導方式既有不同的區分（以管制寬嚴區分及以成員或任務爲中心區分），每種區分又可細分爲若干種不同的領導方式，則各種領導方式對工作效率究竟有何影響，研究此一問題的學者甚多，大致的結論是民主的領導方式及以成員爲中心的領導方式，其工作效率較其他領導方式爲高。茲舉數例說明如下[26]。

一、鮑氏研究的發現　根據鮑斯（S. L. Bose）研究結果，發現採用以任務爲中心的領導方式的七個團體，其工作效率的高低爲一比六，亦卽工作效率高的團體只有一個，而工作效率低的團體卻有六個。採用以成員爲中心的領導方式的十個團體，其工作效率的高低爲七比三，亦卽工作效率高的團體有七個，而工作效率低的團體只有三個。

二、凱氏研究的發現　根據凱茲（D. Katz）研究結果，在嚴密監

[26]　姜占魁著，行政學，第四一五——四一七頁，五南圖書出版公司，七十一年版。

督下（相當於獨斷的領導方式）下，工作效率之高低爲一比九，亦卽在十個團體中，僅有一個團體的工作效率高，其餘九個團體的工作效率均低。在一般的監督下（相當於民主的領導方式），在十二個團體中，工作效率高的有八個，工作效率低的只有四個。

三、凱氏研究的發現　根據凱恩（R. L. Kahn）研究結果，發現採以任務爲中心領導方式的領導者，所給予部屬的權力壓力大；採以成員爲中心領導方式的領導者，給予部屬的權力壓力小；而權力壓力的大小直接影響到工作效率的高低，其情形爲（一）感受上級權力之壓力最大者，其工作效率之高低爲一比九；（二）感受上級權力之壓力適度者，其工作效率之高低爲六比五；（三）感受上級權力之壓力甚少者，其工作效率之高低爲九比一。換言之，感受上級權力之壓力愈大者，其工作效率愈低。

四、梅氏研究的發現　根據梅恩（F. C. Mann）研究結果，發現凡主管經常對部屬採取懲罰措施者（與以任務爲中心的領導相當），部屬的工作效率高者佔31%；凡主管不願採取懲罰措施，而多採取協助的態度，幫助部屬改善環境，藉以減少犯錯機會者（與以成員爲中心的領導相當），部屬的工作效率高者佔80%[27]。

五、其他研究的發現　部屬處理工作時是否具有充分的自由，是否與領導者經常保持接觸，與工作效率亦有關係。大致而言，部屬的自由範圍愈小，與領導者接觸機會愈多時（此種接觸只是聽令），則工作效率愈低；凡部屬的自由範圍愈大，而與領導者的接觸機會愈多（此種接觸是參與）時，則工作效率亦愈高。

---

[27]　姜占魁著，行政學，第四五一頁，五南圖書出版公司，七十一年版。

第七章 制作決定

在推動行政管理工作過程中，經常須制作決定。所謂決定有其意義，決定依其性質可作不同的區分；制作決定時常受某種因素的影響；制作決定有其不同的方法；制作理性的決定，有其大致的步驟；制作決定常涉及參與。茲分節討論之。

第一節 制作決定的意義與區分

在本節中，按制作決定的意義，個人決定與團體決定，非計量決定與計量決定，分項簡述如後。

第一項 制作決定的意義

依韋氏大字典的解析，制作決定是個人在意識上對某種意見或某種行動途徑下了決定。又依卡里索 (H. M. Carlisle) 的說法，認爲制作決定是一種程序，它並不只是單對行動的途徑的作一決定，它尚包括提供備選的方案，搜集資料以評量各種備選方案的價值及各種可能發生的

事件，自開始時的認定問題，直至該問題獲得有效的解決❶。根據卡氏對制作決定的定義，吾人可解析如下：

一、制作決定是一種程序　制作決定是下決定的一種程序，如對某種意見在意識上下了決定，或對應行採取的行動途徑在意識上下了決定。但此種決定是經由一定的程序而下的，並不是直覺隨意下的。

二、制作決定自認定問題開始　制作決定是對解決問題的方法、途徑或技術等下決定。因此在下決定之前，須先認定問題的所在，如問題尚未認定，則無法提出解決問題的方法、途徑或技術，更無法對方法、途徑或技術下決定了，因此制作決定是從認定問題開始。

三、解決問題應提若干備選方案　當問題認定後，則應提出解決問題的方案。但解決問題的方案往往不只一個，因此對解決問題方案的提供，應提若干個備選方案，尤其幕僚人員作業時更應如此，以備有決定權者下決定時，可從各備選方案中選擇最有利的方案制作決定。

四、搜集有關資料以備評量備選方案之用　所提之各種備選方案，究以何者最為有利，必須經過客觀的評量，而評量又必須有所根據，因此須先搜集有關資料，以備評量備選方案之用。

五、評量各備選方案的價值及可能發生的事件　運用各種資料評量備選方案時，須對各備選方案逐一加以分析，比較其利弊，及預測採用各備選方案後可能發生的各種事件。對各備選方案的利弊及各別可能發生的事件，均作詳細的分析與比較，而後再選定比較最有利的方案實施。

六、直至問題的解決　制作決定的目的，在解決行政管理上所遇及的問題，故制作決定的最後程序，為使問題獲得真正的解決。

---

❶ Howard M. Carlisle, *Management, Concepts and Situations*, p. 121, 淡江書局，一九七七。

　由上觀之，制作決定不只是單純的下一決定，而是經過一定程序後很慎重的作下決定。當問題越重大時，對制作決定越需要如此。

第二項　個人決定與團體決定

　制作決定有由個人決定者，有由團體決定者，其情形頗有不同。

　一、個人決定　指下達決定者為個人而非團體，遇及下列情況時，常由個人下達決定：

　（一）規模小及業務單純的組織常由個人下達決定：因組織的規模亽用人不多，再加業務單純，該組織之主管或創始人，對該組織之大小事項，在能力上足可單獨下達決定，因而亦不致發生困難。

　（二）採獨斷領導方式的組織常由個人下達決定：獨斷領導的特徵，就是領導者決定一切，屬員只要依指示行事即可，因此在採獨斷的領導方式之組織，凡重要的決定均由首長下達，採獨斷的領導方式的部門，各種決定均由單位主管下達。

　（三）遇及緊急情況時常由個人下達決定：如遇及緊急情況時，權力往往是會趨向集中於個人，俾加強領導力，同時為了爭取時機，對問題的處理亦不宜由多人參與或討論。故在緊急情況時期，有關的決定往往由個人下達。

　（四）對機密事項常由個人下達決定：機密事項必須保密，為保密必須減少參與人員，因而對其決定往往由個人下達。

　當個人下達決定時，在程序上不一定會依常例進行，故對下達決定的時間，往往較為快速。

　二、團體決定　指作成決定者為團體（二人以上即可稱為團體）而非個人，或經由團體的討論作成結論或決議，再以組織首長名義下達，遇及下列情況時，常由團體討論後作成決定：

（一）須處理之問題極為複雜時常由團體討論決定：由於問題的複雜，往往非由一人所能全部了解，而須經由多人的研究與討論，再根據各人的意見作成各方兼顧各人均能接受的結論或決定。通常委員會的設置，多因此而來。

（二）採民主的領導方式時常由團體討論決定：民主的領導方式特徵，主要在鼓勵屬員參與制作決定，以滿足屬員的心理需要（使屬員感到他是重要的，單位是需要他的，他的學識經驗是受到重視的），故組織首長或單位主管在制作決定前，多將問題提出與屬員共同討論，或對各種備選的方案，聽取屬員的意見，而後再由首長或主管從中選定一種方案實施。

（三）為取得他人的支持常由團體討論決定：問題的解決或方案的實施，如牽涉範圍甚廣且須他人積極支持方可有成時，亦多透過有關方面代表的共同討論，並盡量接受各方的意見而作成決定，以期在實施時可取得他人的支持，並使實施更為順利。

（四）為訓練培育人才常由團體討論決定：訓練培育人才的最好方法，就是使其參與各種決定的制作。因此主管人員欲訓練培育某屬員為自己的助手或準備將來接替自己的職務時,應鼓勵並讓其參與制作決定,增進其學識經驗及領導能力❷。

惟所謂團體制作決定，其程度上有兩個層次，即一為真正的由團體決定者，如委員會的各委員，以平等的地位參加討論，並由多數表決作成決議即屬其例，雖其中各委員的影響力大小不同，但地位相同表決是一人一票，毫無差別。另一為只是共同參與而最後決定權仍操在組織首長或單位主管之手者，此處的參與包括資料搜集的參與，提出備案的參

---

❷　George R. Terry, *Principles of Management*, pp. 129-132, 美亞出版社, 一九七四。

與，及對備案及其可能發生事件之分析比較討論的參與，經分析比較討論後，究應採用何案的決定，仍操在主管之手（當然主管亦可照討論的意見決定）。

第三項　非計量決定與計量決定

從制作決定的基礎考慮，可將制作決定區分為非計量的決定與計量的決定兩種。

一、非計量的決定　係根據制作決定人的直覺、經驗、經予考慮的意見及有關事實，直接作成成果 (End Results) 的決定。非計量的決

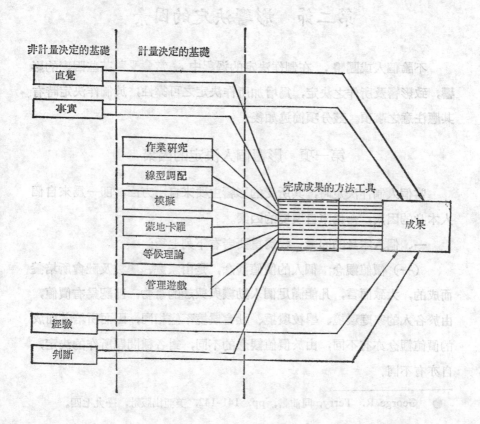

定被應尼的機會最多，亦最爲一般人所熟悉。此種制作決定的方法，往往較爲主觀，依賴於制作決定人的智慧、經驗、判斷等關係最大。

二、計量的決定 在計量的決定中，對成果大都已有明示，惟用何種方法來達到成果，則需用計量的方法來作詳細分析比較後，再選定一種方法使用，以達到所預期的成果。換言之，計量的決定注重在達成預期成果之方法或工具的決定。此種方法自較非計量的方法爲客觀確實。

三、非計量的與計量的決定之比較 此兩種決定所根據的基礎，及其成果與達成成果的方法工具之關係，如上圖所示❸。

第二節　影響決定的因素

不論個人或團體，在制作決定的過程中，常會受着某些因素的影響，致影響及所作之決定，爲增加所作決定之可靠性，於制作決定時有其應注意之事項。茲分項簡述如後。

第一項　影響個人決定的因素

當個人制作決定時，其所受的影響主要來自兩方面，卽一爲來自個人本身的因素，一爲來自環境的因素。

一、個人本身的因素 較爲重要者有下列七種:

（一）價值觀念: 個人的價值觀念，是由家庭、學校及社會所培養而成的，大致而言，凡能滿足個人動機與興趣的事物，卽認爲有價值，由於各人的家庭環境、學校環境、社會環境不盡相同，因而所培養而成的價值觀念亦有不同，由於價值觀念的不同，對各種問題所作的決定，自亦有不同。

---

❸　George R. Terry, 同前書, pp. 141-142, 美亞出版社, 一九七四。

（二）理念趨向與證驗趨向：理念由信念所形成，理念往往根植於個人人格之中，對個人行為發生有莫大的影響力，因而凡屬理念趨向的人，對各種問題的處理，往往根據理念遽作決定，故所作的決定常是不客觀的。證驗係指事實的證驗，一個證驗趨向的人，是實事求是的，在未有事實證據或未經證驗前，是不會作先入為主的決定的，因而對各種問題的處理，會以純客觀的態度，蒐集資料並作分析比較後，再制作決定，故所作的決定常是客觀的。

（三）心胸開朗與心胸閉塞：心胸開朗是指處事並無成見，雖然對成果或目標會有堅持，但對達成成果的方法工具決無成見，換言之抱有殊途同歸的信念，因而在制作決定時很願意接受他人的意見。而心胸閉塞是指自我封閉，自以為是，不願輕易接受他人意見，因而對處理各種問題所作的決定，亦常為成見所宥。

（四）態度與情緒：態度係指個人對人及事物所持有之協調的、有組織的、有意義的，含有思想的、情感的、行動傾向的內在心理反應；由於各人的態度不盡相同，因而對同樣的人及事物，其心理反應亦有差異，故對同樣的問題處理時所作的決定，亦常因對該問題之態度的不同而異。情緒係指個人受到某種刺激後，所產生的一種激動狀態；由於各人對同一刺激所產生的激動狀態不一，故在人格上表現出有急躁、憂鬱、冷靜、樂觀之不同，因而對同樣問題所作之決定亦有差異。

（五）能力的差異：所稱能力，包括智力、性向與成就，由於各人之遺傳、成熟、教育、環境等之不同，致在智力、性向及成就上亦發生差異，因而對處理各問題所作之決定，亦有着差異。

（六）認知的差異：各人對人對事物的了解程度亦有不同，有者了解極為徹底，有者只了解其大概，更有者全然不知；同時對人對事物所了解的部分，亦常因各人的興趣而不同，對自己感到興趣部分往往了解

較爲詳盡，對自己不感到興趣部分往往予以有意的忽略。由於各人對同一人及事物的認知不盡相同，致爲解決問題所作之決定，亦常有不同。

（七）目標的差異：各組織的員工，雖同爲參與組織的工作，但其動機與目標卻常有不同，如參與組織之動機與目標，有者爲賺取待遇，有者爲學以致用，有者爲謀求自我發展，有者爲獲取高位及權力。由於動機與目標不同，致對同樣問題之處理與解決上，所作之決定亦有差別。

二、環境的因素　對制作決定發生影響力的環境因素，又有組織內的環境與組織外的環境之分，其情形爲：

（一）組織內的環境：對制作決定能發生較大影響力者有：

1. 所屬工作團體：制作決定者與交互行爲較爲密切之其他員工間，無形中成爲一個工作團體，此種工作團體有其價值體系與行爲規範，制作決定者如欲維持自己在工作團體中的聲望與地位，他必須順從工作團體的價值觀與行爲規範。換言之，凡與工作團體價值體系或行爲規範相抵觸的態度與行爲，制作決定者必須予以放棄，因此工作團體可影響及個人的制作決定。

2. 地位的差異：制作決定者在組織內的地位高低與權力大小，亦是影響及制作決定的重要因素。因所制作的決定，不能超出其既有的權力；又地位低的制作決定者，其所作之決定須受上級主管所作決定的約束。故地位愈高權力愈大時，制作決定時所受限制愈小，愈可隨制作決定者的意旨制作決定；地位愈低權力愈小時，制作決定時所受限制愈大，愈不能隨制作決定者的意旨制作決定。

3. 角色的衝突：員工是扮演着多種角色的，在組織內他扮演着所任職務的角色，但員工在家庭裏又扮演着一個與組織內完全不同的角色，再如員工同時又擔任着某種社會團體的主要負責人時，則又扮演着另一

角色。每一角色均有其應有的角色行為，但這多種角色的角色行為並不一定是一致的，而是常有衝突的，由角色行為間的衝突，就難免對制作決定的角色的行為，發生了若干影響④。

（二）組織外的環境因素：吉勃生（G. L. Gibson）等，在其組織（Organizations）一書中，對影響及個人制作決定之組織外環境因素，曾提出下列八個：

1. 經濟條件：可影響及組織生產及服務的需求，材料的費用，及獲得此種材料的機會。

2. 技術的變更：由於技術的重大改變，制作決定者必須改變原有決定或制作新的決定，以改進生產技術、程序與方法，或增加新產品提供新品質的服務，以求適應。

3. 政治、法規的改變：一個國家政治及法規的重大改變，自將影響及各組織的各種原有措施，因此制作決定者必須改變原有措施，以符合新政治環境及新法規的需求。

4. 文化與社會的改變：價值的觀念常隨着文化與社會的改變而調整，因此制作決定者必須隨時注意此種文化與社會的變遷，同時於制作決定時應作為重要參考，如男女平等的提倡，於制作人事管理方面的決定時，可能就須作若干的改變與修正。

5. 社會上的競爭：如各組織對資源購置的競爭及對顧客的競爭，當競爭愈激烈時，愈會影響及主管人員對決定的制作。如原以最低價購置資源者，遇及競爭激烈時，不得不作提高購價的決定；對顧客的競爭，不得不作降低售價的決定。

6. 資源的盈缺：辦學需有學生，生產需有原料，醫院需要經費與

④　姜占魁著，行政學，第二六五——二八二頁，五南圖書出版公司，七一年版。

人才，事業需要資金與管理才能，凡此種資源的盈缺，均會影響及組織
首長所作的各種決定。

 7. 顧客的意見：顧客的意見對決定的制作，亦常發生有重大的影
響，因不論政府機關、事業機構或學校，民眾對施政得失的意見，顧客
對產品優劣的批評，學生及家長對校風的評論等，制作決定者對之不得
不作適度的接受，因而影響了其所作的決定❺。

第二項　影響團體決定的因素

 凡以團體決定方式制作決定時，同樣的亦受着某些因素的影響，除
前項所述之組織外的環境因素，對團體決定亦將同樣的發生影響外，茲
就有關團體本身的影響團體決定的因素，說明如下：

 一、團體本身的開放或閉塞　所謂團體的開放，指參與團體討論與
制作決定的成員來源是開放的，有本組織的人員亦有其他組織的人員，
甚至尚有學者專家在內，因成員並非來自同一權威結構，自然不受權威
結構的限制，故討論問題及制作決定時能暢所欲言，從而可收集思廣益
的效果，所作成的決定亦必更為健全。所謂團體的閉塞，指參與團體討
論與制作決定的成員均屬本組織人員，且地位比主持人為低，於討論
時，每唯唯諾諾，不能暢所欲言，致所作成的決定，本質上仍屬主持人
個人的意思。因此，如屬閉塞的團體，事實上很難作出真正屬於團體的
決定。

 二、團體是否具有協同一致性　大致而言，協同一致性高的團體，
是具有強有力的價值體系與行為規範的團體，協同一致性低的團體，指
價值觀念分歧行為規範約束力極弱的團體，至協同一致性的團體能否制

❺ Gibson, Ivancevich and Donnelly, *Organizations*, pp. 354-356, 馬陵
出版社，六六年版。

作很健全的決定，則需視協同一致程度的高低，及團體成員心胸是開朗或閉塞而定。如（一）團體的協同一致性程度高，而團體成員又屬心胸閉塞時，則因團體對成員的約束力大，而成員又不能以開朗心胸討論問題，故難作健全的決定；（二）團體的協同一致性程度低，而成員又屬心胸閉塞時，則因價值觀念彼此的不一致，團體約束力又弱，將永遠無法作出健全的決定；（三）如成員的心胸開朗，且團體的協同一致性亦不偏高或偏低（屬於適中）時，則成員意見既不會過於紛歧，亦不會受團體太多的約束，同時成員可自由發表意見，並能理性的接受他人意見，因而多可作出健全的決定。

　　三、團體內意見溝通是否順暢　團體成員間的意見溝通是否順暢，亦為影響制作決定的因素。如意見溝通極為順暢，則成員相互間可增進瞭解，在制作決定前有充分的討論機會，因而亦可作成健全的決定。如意見溝通受着多種阻碍（如溝通途徑及程序均受有嚴格限制），則成員意見難獲相互的了解，對問題的處理亦難作充分的討論，自難作出健全的決定。

　　四、個人目標與團體目標是否融合　成員個人各有其個人的目標，如尋求較高的薪給、較好的工作，較有權力的職位；成員的團體亦有其團體的目標，如增加對組織的影響力，形成團體的價值體系與行為規範；如個人目標與團體目標能予融合，則團體目標的達成就是個人目標的實現，該團體自會作出健全的決定。如個人目標與團體目標相牴觸，則個人所孜孜追求者為其個人的目標，使團體的意見趨於紛歧，或因成員對團體莫不關心，致根本無法集思廣益，因而亦難制作有效的決定❻。

---

❻　姜占魁著，行政學，第二七六——二八二頁，五南圖書出版公司，七一年版。

第三項 制作決定應行注意事項

不論爲個人決定或團體決定，一方面，在制作決定時均受着某些因素的影響，另一方面又須將決定付諸實施，故制作決定必須愼重其事。泰雷 (G. R. Terry) 在其所著管理原則一書中，曾提出制作決定應行注意之事項如下：

一、使每一決定均有助於組織目標的達成 各組織的目標應使制作決定者深切了解，必要時並用書面說明，如此不僅可簡化制作決定的工作，對所作決定的實施亦有幫助。

二、制作決定時要運用創造力 提供前所未有的新意見，或將某些意見作重新的組合，對制作決定頗有助益。對提出備選方案及採取行動的途徑時，使用想像力與革新力往往是最能發生效果的。

三、制作決定只是智力的行動，必須將之轉變爲具體的行動 制作決定的困難，不在須待決定的問題之多或時間的不夠，而在運用智力時各種障碍的排除及使智力的行動轉變爲具體的行動，換言之，所作成的決定必須付諸實施。

四、一個決定可能連帶着一聯串的改變 組織內各種業務間均有密切的關聯，因而對某業務所作的一個決定可能會引致其他業務的隨着改變。因此在制作決定之前，應考慮（一）如作成此一決定會否發生其他問題；（二）所發生問題的嚴重性如何；（三）此一決定可否加以修正，以減少可能發生的問題或降低問題的嚴重性；（四）減少此種可能錯誤需經費若干及是否值得；（五）此一決定的眞正效果要到何時始能評估（即何時須考慮此一決定的修正或取消）。

五、對已實施的決定保持穩定 過多的制作新決定或改變原決定，將會引起混亂；當新的事實或趨向出現有制作新決定的必要時，自應制

作新的決定，但即使如此，在新的決定未有作成及實施前，原有的作業不應隨意停止。不要採用不完整的決定或經常作成只是看起來比較爲好的修正性的新決定。

六、以試行方法決定新決定的可行性　當作成新決定後，在正式實施前宜予以試行，以便在試行中發現缺點與改進後再予實施。或將一個決定分爲若干段落，俟前一段落的決定實施獲有效果後或發現缺點作改進後，再作後一段落的決定與實施。此種方法可避免因決定發生錯誤所受之重大損失。

七、用充分的時間作成決定　決定不宜在匆促之間作成，雖然情勢會在快速的改變，但並不表示決定亦應快速的作成。在作成決定前，對有關的資料須加搜集與分析，對可能發生的問題亦須加以考慮。但制作決定前之考慮亦不宜過多，過多的考慮往往使得執行過少。

八、制作決定——不要拖延　最壞的決定就是對應作的決定拖延不作決定；不必要的延誤決定將使制作決定權轉移至他人，因此應抓住制作決定的時機。

九、對每一決定應作追踪考核　制作決定不僅要使所作的決定予以實施，還須考核實施的成果；如發現所作決定上有缺陷應即予改正，對有缺陷的決定如不予改正，則制作決定者將繼續的被錯下去，同時亦可能引致在其他的決定上亦發生同樣的錯誤。

十、所作決定不會使每一個人均感到滿意　大多數的決定，均無法使每一個與之有關的人所滿意，總有少數人認爲該決定應作如何的修正；一旦決定作成後，接着的工作是解析爲何要如此作決定的原因，及贏取團體成員的支持與合作❼。

---

❼　George R. Terry, 同前書, pp. 133-136。

第三節　制作決定的方法

決定的制作，不論爲個人或團體，均有其方法。茲就非計量決定方法、計量決定方法的模式，及特種計量決定方法舉例，分項簡述如後。

第一項　非計量決定方法

非計量的制作決定方法，主要有下列四種:

一、直覺的決定　根據直覺制作決定，卽是運用制作決定者的預感或內心的感覺來制作決定；直覺的制作決定者，很可能受着他的過去學識、訓練及背景之無意識的影響，根據直覺制作決定的理由，只是「我感到這樣決定是對的」而已。以直覺制作決定並無一定的模式，對每個問題都是單獨的分別的處理與決定。直覺的制作決定者，常是個實踐主義者，行動迅速，觀察與問題有關的各種情勢，對困難的問題作獨一方法的解決；直覺的制作決定者主要依賴於天才，依賴於個人對情勢的感覺，並作成合於現實主義的行動；他具有把握機會的才能，並能作成重要的決定，但他可能並不眞正完全了解如何及爲何要作此種行動。

根據直覺作成決定，其優點爲（一）可縮短制作決定所需的時間；（二）對影響並不廣泛的問題，用直覺作決定甚爲可行；（三）制作決定的能力得到充分的利用。但其缺點爲（一）所作的決定可能是不適當的；（二）無法用具體的事證來辯證制作決定的根據；（三）制作決定時需用的其他基礎，會因此而更受到忽視。

二、根據事實的決定　事實在制作決定時常被受到重視，根據事實所作的決定，有其堅實的基礎，因而所作的決定亦較爲健全，而且根據事實所作的決定，在感覺上亦認爲較易實行。由於電腦的發明，計算能

力大爲增加，因而根據事實制作決定亦更爲流行。但運用事實制作決定亦不是完全可行的，因爲搜集事實需要經費，使工作複雜化，或須時過長，搜集全部的事實作根據雖屬理想但很少能成功，因此主管人員常被迫在不够完整的事實上作成決定，而且所搜集的事實資料，尚須加以整理分析與歸納，故處理事實資料，亦增加了制作決定者的困難。因此，事實很少被單獨作爲制作決定的基礎，解析事實與應用事實時，尚須運用想像力、經驗與信心。雖然如此，事實仍不失爲制作決定時的重要基礎。

　　三、根據經驗的決定　在制作決定時，通常須參考過去的案例，或徵求曾遭遇及類似問題而能作妥善處理之他人的意見，故經驗可作爲制作決定的指導，有助於在何種情況下應作如何處理的了解，並可因此而發展分析問題與案例的能力。但過於重視經驗，將使制作決定趨於保守，在社會變化快速的今天，過去成功的經驗並不能保證以後亦可成功，但亦不表示過去失敗的經驗在今後必須完全不予援用。故一個制作決定者，應該運用他的經驗，但不能盲目的受過去經驗的約束，以免延誤了應有的進步。

　　四、根據判斷的決定　有許多管理者，係根據判斷制作決定，此種方法的特徵是在制作決定時，亦運用部分邏輯的方法，如先作暫時的決定，再搜集資料求證等。根據判斷制作決定，如管理者能對團體多加重視，亦會得到普遍的接受。

第二項　計量決定方法的模式

　　當對一問題制作決定時，爲期利用各種數學分析工具，以求一最佳答案，則須將與待決問題有關的因素予以簡化與抽象化，藉由數學符號表現出此等因素及其相互間的關係，這種數學方程式（單獨一個或多個）

構成一般所稱的模式。此種模式可代表一個實際問題，並可假設各種情況加以演算，以測驗可能導致的各種影響與後果，從此模式所得的知識，要比憑經驗或判斷所獲得者爲精密與客觀，管理科學家的主要任務，就在提供此種模式，與根據模式作成決定。制作決定模式的基本結構及三種狀況如下：

一、制作決定模式的基本結構 基本結構包括三類因素，卽 $Oij=f$ (Ai, Nj)，其中 Oij 代表在 i 方案 (Ai) 及 j 自然狀況 (Nj) 下之結果。如某廠商欲將其產品提高單價5％ (Ai)，如競爭者也提高5％(Nj)，則該廠商所獲利潤依計算將爲某數值 (Oij)，但如競爭者並不隨同提高價格，則該廠商所獲利潤將有不同。由此可知，制作決定者所考慮的各種方案，究將導致何種結果，受外界不可控制的自然因素影響至大，因此對自然因素須給予特別注意。

二、對自然因素的三種假設 制作決定時，對自然因素可有下列三種假設：

（一）自然因素極爲確定狀況下之制作決定：在確定狀況下，根據模式，制作決定者可了解所有可能的解決方案及每一方案所可獲得的結果。此種情況甚爲少見。

（二）自然因素具有風險狀況下之制作決定：自然因素多少帶有風險，因而在制作決定時，須進行研究並運用經驗及判斷，視其發生機率，而作成決定。

（三）自然因素在不確定狀況下之制作決定：當制作決定者對可能發生的自然狀況，無法賦予發生機率時，對決定之制作有四種不同準則：

1. 樂觀準則或「最大報償」準則：卽制作決定者採樂觀的看法，只比較各方案在各種可能狀況下之最大報償值，然後選擇其中又屬最大

者，作成決定。

2. 悲觀準則或「最小報償」準則：即制作決定者採悲觀的看法，只比較各方案在各種可能狀況下之最低報償值，然後選擇最低報償值爲最大的方案，作成決定。

3. 最小的「最大遺憾」準則：所謂遺憾，指在特定的自然狀況下所選擇的方案，並非當時最佳方案，則所損失的報償值（或最佳方案與所選方案二者報償值之差）稱爲遺憾值，在最小的最大遺憾值準則下，選定方案作成決定。

4. 賴普勒斯（Laplace）準則：即制作決定者對不能確定各種自然狀況之發生機率時，對每種狀況的發生視爲均有同等的機會（如共四種自然狀況，則其發生機率各爲25%），依此再計算各種方案的期待報償值，再選報償值最大的方案作成決定[8]。

第三項　計量決定方法舉例

計量的決定方法甚多，茲舉作業研究、等候理論、蒙地卡羅及線性調配四種如下：

一、作業研究(Operation Research)　應用此種方法制作決定時，在步驟上是（一）簡要說明問題的性質；（二）搜集有關的資料；（三）設計數學的模式；（四）將資料代入模式，並計算在各種情況下所產生的結果；（五）選定可獲實益最大的行動方案；（六）追踪考核模式的有效性。最適宜用作業研究方法的，是涉及重現的制作決定，及涉及時間、費用及獲取最大利潤的問題。對存貨控制的問題，作業研究可決定爲滿足生產需要所應有的最低存量，及何時對何種原料應行定貨，及如何處理存貨方最爲有利等。在船舶運輸方面，可用以決定如何減少停滯

---

[8]　許士軍著，管理學，第一八三——一八八頁，東華書局，七一年版。

至最低度，減少運輸費用至最低度等問題。應用作業研究，對每一重要變數、機率、及每一決定所發生的結果，在所作決定之實施前均可先予了解。作業研究雖有這些優點，但應用此種方法時所需搜集的資料可能極為繁多，將此種資料間的關係設計成數學模式更為困難與費時，如利用電腦可使作業研究工作進行較為順利[9]。

二、等候理論 (Queuing Theory) 等候理論適用於等候線情況 (Waiting Line Situations) 的問題之決定。如當幾個單位須利用當地的計算機，但由於等候，致使機器操作遲延增加事業的成本負擔，及減低或消除等候線所花費的成本，凡此均屬一種損失，因此如何平衡瓶頸的成本與機器閒置的成本，就須用等候理論來謀求解決。此種問題的發生，或由於需多供少或設備過少，致使等候時間過長；或由於需少供多或設備太多，致使設備閒置無用。他如汽車站設置問題，公路收費卡問題，售票窗口設置多少問題等，均可用等候理論，制作出最適宜的設備數目或最適宜的達成率的決定[10]。

三、蒙地卡羅(Monte Carlo) 適用於特定間隔時間內之某些事象的預測時間或頻數的問題之制作決定。為了預測時間或頻數，通常須知道事象發生的機率。只知道事象的機率，並不能斷定在特定的間隔時間內事象將會發生的次數。此種方法是假定事象將會發生的特定間隔為「隨機方式」，因此可利用亂數表 (Tables of Random Number) 來估計特定時間內事象發生的頻數。如吾人知道某百貨公司牙刷的預期平均銷售量，但不知未來數週的銷售量將如何改變，此一問題可用蒙地卡羅方法求得答案[11]。

四、線性調配(Linear Programming) 線性調配是直線方程式(

---

[9] George R. Terry, 同前書, pp. 148-149。

[10] 龔平邦著, 現代管理學, 第二三九——二四〇頁, 三民書局, 六七年版。

[11] 龔平邦著, 現代管理學, 第二四〇——二四一頁。

一次方程式）的意義，亦卽沒有一個自變數有大於一的指數，線性調配
所代表的圖形爲直線。當一個問題有多種解答，或管理者可作成數種可
能的決定，而待決的問題又受到某些條件的限制時，線性調配的方法可
幫助管理者選擇作成一個最好的決定。線性調配方法的應用，須（一）
有一個目的（如使數量、利潤、成本等最爲有利）並可用直線函數表
示；（二）在獲得這項目的之範圍及總數上要受到某些限制，而這些限
制須能用等式或不等式表示。線性調配的方法有多種，如單純法、指數
法、不等式法、運輸法、及比例分析法等⑫。

第四節　制作理性決定的一般步驟

制作決定，不論爲個人決定或團體決定，爲非計量決定或計量決
定，欲求正確有效，在制作決定之過程中，宜循著應有步驟進行，此爲
一般學者所公認。至決定之過程究應分爲多少個步驟，則學者看法不盡
一致，有者主張分五個步驟，有者主張分七個步驟⑬，有者主張分九個
步驟⑭，主要須視問題之複雜性而定。茲參考陳定國敎授在其所著企業
管理一書中所敍述的步驟，分爲五個步驟，分項簡述如後。

第一項　認定問題的所在

欲以制作決定來解決問題，必須先認定問題的所在。認定問題宜注
意:

一、以診斷找出問題　所謂問題，亦可說是「期望」與「實際」間
之眞正「差距」或「缺口」所在位置。診斷的開始是尋找原來認爲「正

---

⑫　龔平邦著，現代管理學，第二四一頁。
⑬　Gibson, Ivancevich and Donnelly, 同前書, p. 345。
⑭　Howard M. Carlisle, 同前書, p. 121。

常」（卽「期望」）的情況爲何，如一個健康正常的人，其體溫、呼吸、脈跳、血壓情況如何，爲期對「正常」情況的認定有所依據，各組織宜先訂定標準，以爲認定是否正常的依據。接着再診斷「現狀」（卽「實際」）爲何，此種「正常」與「現狀」（卽「期望」與「實際」）間的差距或缺口，卽爲問題的所在。

二、尋找問題的原因 問題的產生必有其原因，但對眞正原因的尋找並非易事，如所找出的只是副因而非主因，或只是下游的果而非上游的因，均無法發現發生問題的眞正原因。故對原因的找尋應注意在發生問題的主要障碍，同時要從表面找到裏面。當假定的原因找出後，應再找尋可以否定該原因之證據，如無法推反該假定的原因時，該假定的原因卽是眞正的原因。

第二項　澄清解決問題的目標

找出問題的眞正原因之後，在提供備案解決問題之前，需澄清解決問題的目標，因爲目標不同手段必異，故在採取手段之前應澄清目標，以免迷途不返，浪費人力、時間與經費。在澄清目標時應注意：

一、目標與手段不同 各組織的目標，除組織有組織的總目標外，各層次及各單位亦有其分目標，且上下層次間的目標，具有目標與手段的關係，亦卽下一層次的目標往往是達成上一層次目標的手段，成爲一種「目標——手段」鏈。其情形如下圖所示：

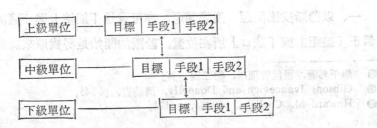

二、**不要將手段當作目標**　目標是較爲固定的，較爲長期的，而手段只是達到目標的方法，故手段是可變的，是短期的，若手段當作目標，則不但眞正的目標未能達成，且會增加許多不必要的困擾。如青年人熱衷出國留學，常把留學（手段）作爲目標，只要出國就行，而把眞正的目標（學習新知奉獻國家或學習謀生技術留美工作）卻置諸腦後，致一出了國才知困難重重，不知如何是好。

三、**認定解決問題的目標**　如原定的期望（或正常的標準）認爲尚屬理想，則解決問題的目標應爲恢復原定的期望狀態（卽將「實際」恢復爲「期望」）；如認爲原定的期望，由於情勢的轉變已不適於當前的需要，則宜以修正後的期望作爲目標，如此不只是恢復而是作進一步的改進。

第三項　提出各種決定的預備案

當解決問題的目標澄清後，接着爲提出制作各種決定的預備案，此亦爲制作決定的最困難步驟。因爲達成目標的方法是多種的，故解決問題（卽達成目標）的決定可以有多種，每種決定均可作成預備案，故宜提出各種決定的預備案。提預備案時宜注意:

一、**運用專業知識**　專業知識爲制作決定所必需的條件之一，需用的專業知識自應視問題的性質而異，凡專業知識愈豐富者，所提出的各種預備案愈能切合實際，其可行性愈高；如缺乏所需的專業知識，則所提預備案多屬外行，隔靴搔癢，可行性低，卽使實行亦難以解決問題。

二、**運用思維**　思維指爲求解決問題，居於問題情境與實際行動之間的一種心理活動的歷程。思維有下列各種:

（一）聯想思維: 是在無控制、無固定目標的情形下進行的一種思維方法，如幻想或白日夢，此乃一種不切實際的思維，不但不能解決問

題，有時甚致會產生心理的失常。

(二) 導向思維：指遇及問題時，能面對現實，朝着一定目標，找出解決問題方法的思維，故導向思維是受控制的，有方向及目標的。導向思維亦是合理的思維，能合乎邏輯，運用演繹歸納方法，尋求問題之解決。

(三) 創造思維：指較導向思維更高一層的思維，在思維過程中，個人改變既有經驗，尋求新的關係或新的答案，創造思維係超乎普通邏輯推理範圍之外，超乎既有經驗之上，舉凡科學家的發明、文學藝術家的創作等，多屬創造思維的結果。個人的創造思維，可透過下列方法的運用而發展：

1. 腦力激盪法：以十人左右為一組，利用集體思考方式，促使各成員對每一問題的意見互相激盪，引發連鎖反應，藉以導出創造性的思維。

2. 屬性列舉法：先列舉出事物的各種屬性（包括名詞、形容詞及動詞方面的各種屬性），次列舉出各種屬性的現有缺點，再舉出應如何改進之點，以便改進。

3. 強力組合法：將本不相干的事物結合在一起（如鉛筆與橡皮結合），以產生新產品，而利顧客使用。

4. 型態分析法：先列舉出有關此一問題的獨立因素（如推銷商品的獨立因素有推銷員、推銷地點、推銷時機、推銷技術、顧客等），次列出每一因素中之可變因素（如顧客因素可為學生、家庭主婦、農民等），再將各種因素作不同組合，即可產生許多新的觀念。

至創造思維的產生，通常經過下列四個過程：

1. 準備期：指準備與所創造事物有關的知識，創造並非無中生有，而是先了解處理同類問題之前人累積經驗，然後才能從舊問題中發現新

問題，從舊關係中發現新關係，從舊經驗中發現新啟示。

2. 醞釀期：當對問題經苦思仍無法獲得解決時，思維者常把問題暫時擱置，此時該問題在意識中雖已停止思維，但可能轉變為潛意識的思維歷程，此即醞釀期。

3. 豁朗期：經醞釀後，思維者對該問題的解決，可能會豁然貫通，獲得靈感，湧出解決問題的線索與輪廓。

4. 驗證期：從豁朗期中所得靈感及構思，尚須加以驗證，也許應加以必要的修正，始能創造出完美的思維。

三、排除心理障碍　下列的心理作用，常阻碍着對問題的解決，此種障碍應予排除：

（一）習慣定向：在個人經驗中，如多次用同樣的方法解決了類似的許多問題，將使個人以後再遇及類似問題時，會習慣的的運用以前用過的方法來解決問題，在解決問題的方法上不會再去多作嘗試、改進，此即習慣定向。以習慣定向解決簡單而真正類似的問題時，自屬可行而有效，但遇及複雜且並不真正類似的問題時，不但無效果，且約束着個人的思維，使個人思維僵化而不能靈活運用及隨機應變，故應予適度的避免。

（二）功能執着：當遇及問題時，吾人常須利用問題情境中現有資料與工具作為輔助，以求問題的解決。但各種工具與資料通常有其較為固定的用途（如一把鑰匙開一個房門），個人在思維歷程中，對各種資料及工具的功能常執着在原有的用途上，因而僵化了各種資料與工具的功能，致影響資料與工具對新用途的思維。

（三）其他：如邏輯推理發生錯誤，自我中心觀念的作祟，不承認尚有其他觀點的存在等，均會影響及問題之解決。

至排除心理障碍的方法，不外真正的了解問題，發揮資料及工具的

新功能，愼用邏輯推理及保持客觀態度等。

四、預備案應有多個 達成目標的方法通常是有多種的，因此解決問題的預備案亦應提供多個，在理論上當預備案愈多時，愈能從中選出最好的方案。惟預備案過多時，則在選擇時將費更多的人力與時間，適宜的數量應在三個至五個之間，如超過五個時，應由提供人先行斟酌後刪減為五個。但亦不可隨意增加毫無價值的備案，以湊足三個之數作為陪稱。

五、各預備案內容應求完整具有價值與可行 所提之各預備案，其內容應求完整，如包括所能達成的目標，所用的方法，可能發生的利弊得失等，應有具體的說明，以便比較分析時有所依據。再各預備案應均有其價值，只其價值之大小或價值之着眼點有所不同而已，如將毫無價值的或根本不可能實行的方案亦作為備案，則將失去提供備案之用意。

第四項 分析各種預備案的優劣

當解決問題之各種預備案提出後,應卽分析比較其優劣以決定取捨,分析時應注意:

一、作理智的分析比較 對各預備案的分析比較，必須保持理智，作客觀的分析比較，因此應分辨理智與感情選擇的分野，眞正了解問題的所在及預備案的內容，並作審愼的處理。

二、預計可能發生的影響及後果 每一預備案如予採用，均可能發生若干影響與後果，因此對各預備案如予採用可能發生的影響與後果，必須詳作預計與比較。在預計與比較時，並宜先列出重要相關因素，計算成本效益後果，並權衡其他後果。

三、重視差異之處並儘量以金錢表示 各預備案經分析比較後，自會發現有差異之處，此乃決定取捨時之主要根據。但差異之處如只用文

字表示，可能不易作明確的區別，因而宜儘量用金錢數字來表明其差異之處，如此將更有助於取捨的選擇。

第五項　選定最理想的方案

經就各預備案分析比較結果，卽可選定最理想的方案，惟在作成選定時尚須注意：

一、**並從政策觀點考慮**　如所制作之決定，並非重要的決定，涉及範圍不廣，影響及後果不大，自可純粹從行政管理觀點選定最理想的方案卽可，但如此項決定極爲重要，牽涉範圍廣，影響及後果亦大時，則尚須從政策觀點倂予考慮，亦卽尚須顧及下列各種情況：

(一) 須能配合環境：組織與其環境極爲密切，且發生有交互作用及相互影響關係，因而對重大的決定，須考慮及環境，亦卽須與環境相配合，以免遭受環境的壓力，使所作的決定難以實現。

(二) 保持組織的安定與發展：任何組織須先求安定，而後再求發展，如組織不能保持安定與獲得發展，則將無法生存。因此在制作重大的決定時，須有利於組織的安定與發展，如不此之圖，很可能組織會因此一決定而影響其生存。

(三) 顧及員工的權益：組織內原有員工既得的權益，不宜隨意被剝奪，否則必將影響及工作情緒，進而降低工作效率，甚或引起員工抗拒，導致組織根本的動搖。故在考慮作成決定時，尚須顧及員工的權益。

二、**採取行動**　對各種預備案經過分析比較選定後，應卽採取行動。至行動的採取約有兩種情形：

(一) 納入計畫實施：如所作之重大決定，需從下一年度起全面實施時，則應列入下一年度的計畫，以期按計畫實施。

　　（二）卽行實施：如所作之決定，係就現有情況之改進，與原定計畫並無影響，卽宜立卽付諸實施，以期早日獲得改進。

　　三、追蹤與檢討　當制成決定並付諸實施後，原有目標是否已達成，尙有加以追蹤檢討的必要。至追蹤檢討的期間，應視實施範圍之大小及目標之是否易於達成而定，如實施範圍廣目標之達成亦須長時間者，則宜於實施後六個月或一年後，再作追蹤檢討；否則，雖只經數月亦可卽進行追蹤檢討。如經檢討尙發現有缺陷時，則須再作決定予以改進，以期目標之確切達成。

第五節　制作決定的參與

　　制作決定本屬主管之職權，但主管爲期集思廣益，激勵所屬工作情緒，亦有鼓勵所屬參與有關問題的研討，並儘量尊重其意見而作成易於取得所屬支持之決定者。再對涉及人民權益事項之處理，亦有採行政聽證之措施，以期作成更公平之決定者。此二者雖非制作決定之本身，但與制作決定具有密切關係，特分參與制作決定的事項，參與制作決定的方法，參與制作決定的條件與益處，及行政聽證四項，簡述如後。

第一項　參與制作決定的事項

　　員工得參與制作決定的事項，其範圍需要適度，以免有名無實或影響主管的職權。通常言，下列事項宜予包括：

　　一、與工作條件有關的事項　所稱工作條件，包括工作時間、假期、休假日期、加班時間、工作環境設施、薪給、保險、退休、撫邱等，有關工作條件的措施，宜給予員工或其代表充分參與意見機會，並鼓勵其提供改進建議及儘可能予以接納。

二、與工作效率有關的事項　如工作標準之擬訂,獎金制度的建立,工作方法及技術的改進, 訓練項目及人員的決定, 優秀員工的表揚等。均與工作效率有密切關係, 員工對之亦最為關切, 應鼓勵員工參與意見, 如經採納並予實施, 定會取得員工的有力支持。

三、與逐行任務有關的事項　各組織任務的逐行,多由各員工分別負責,因此員工對任務的了解甚為深刻,對逐行任務的原則、程序、方法與技術, 亦頗多認識。 如鼓勵員工參與, 使提供有關逐行任務的原則、程序、方法與技術, 俾作主管制作決定之重要參據, 則可增加員工對工作的責任心與成就感。

四、與工作保障有關的事項　欲使員工安心工作,除應有之工作條件外, 尚須有適度的工作保障, 如非有正當理由不得將員工免職或降調,如員工被控須予懲處時須先給予申辯機會,員工受懲處後如有不服可提出申訴等。此種規定對培養員工敬業精神極有幫助。

第二項　參與制作決定的方法

一般組織用以參與制作決定的方法有:

一、參加福利委員會　各組織多有員工福利委員會的設置, 其主要任務為舉辦員工之福利, 除委員會之主任委員由組織首長指派, 及部分委員由有關單位(如主計、人事、事務)主管擔任外, 其餘委員則多由員工遴選、當選為委員之員工, 則有充分代表員工參與制作決定之權。

二、成立諮詢或顧問委員會　業務繁複的組織, 常設有諮詢或顧問委員會, 對特定問題提供意見, 委員除聘請外界學者專家擔任外, 亦可遴派學識經驗豐富的員工擔任, 被遴派的員工, 對特定問題即有充分的參與權。

三、舉行會報或會議　管理者為研討問題,常有會報或會議之舉行,

參加人員除有關主管外，尚可指定有關員工參加，被指定參加的員工，則有了參與意見的機會。

四、舉行座談會及交誼會　座談會及交誼會，乃非正式會議，參加員工人數較多，且多可自由參加，得參與意見的範圍亦更爲廣泛。因而得參與意見的機會亦更多。

五、運用民主領導方式　主管爲期所屬能有充分的參與意見機會，宜儘量選用民主領導方式，以增加相互間交談機會，強化主管與員工間的人際關係，增加屬員對組織的貢獻。

六、勞資會議的舉行　如係生產事業，更可依法設立勞資會議或與之相類似的會議，由僱主及勞工雙方以同數額的代表所組成，會議得以討論之事項法有明定，使勞方員工獲得了堅強的參與制作決定權。

第三項　參與制作決定的條件與益處

員工的參與制作決定，爲期獲有效果，需具有一定的條件；如眞正的參與制作決定，確能收到許多益處。

一、有效參與制作決定的條件

（一）員工須能眞正參與：卽使員工心理上的眞正介入，員工對參與能夠重視，並經由參與提供有價值的建議。

（二）討論事項須與員工有關：如員工的工作條件、員工的工作效率、員工工作的產量與品質，員工的工作目標、及員工的發展前途等，員工對之多能發生興趣及表現出關切，參與時會提供意見。

（三）員工須具有參與事項的學識經驗：具有學識經驗時，在討論中能言之有物，所提建議亦較有價值，因而能眞正收到參與效果。

（四）參與須有充分時間：如時間過於迫促，員工將無機會發表意見，將使參與流爲形式。

（五）使參與員工具有安全感：行使參與討論重大問題時，須使員工有安全感，若此始會知無不言言無不盡；管理者對提供不同意見或不為管理者所歡迎意見的員工，決不可對其採取不利措施或處罰，否則員工因有所顧忌，將不會再提供意見。

（六）其他：如員工因參與獲知的秘密應保守機密，廣開溝通途徑與運用各種溝通關係，參與價值須超過因參與所化費的人力、時間與經費，及不可因參與而削弱主管的職權等，亦須同樣注意。

二、有效參與制作決定的益處

（一）使更能集思廣益所作決定更為明智：員工參與制作決定後，使管理者在制作決定過程中更能集思廣益，所作之決定更為明智、有效與可行。

（二）增加工作產量提高工作素質：員工參與制作決定後，使其潛能得以充分發揮，工作上獲得更好的績效，不但提高了工作品質，更增加了工作產量。

（三）增加員工的責任心與成就感：使員工感到自己對制作決定亦有責任，進而對工作增加了責任感，使員工感到與管理者是榮辱與共，組織有了前途，員工與管理者可共享成就感。

（四）改善主管與所屬員工間的人際關係：員工參與制作決定後，可使主管與所屬員工間的人際關係獲得加強與改善，不僅使員工更能了解管理工作，且更能支持有自己意見在內的決定，因而亦可減少員工對管理的抱怨與不滿。

（五）增加員工對組織的了解及減少抗拒心理：參與制作決定的結果，員工對組織的政策、管理與環境，可獲得更多的認識，前因不了解政策、管理與環境所引起之對組織的抗拒心理，將可消失。

（六）有效發展員工管理才能：管理才能，須在參與管理工作中去

訓練與培養，使員工參與制作決定，正是訓練及培養員工管理才能的好機會。

第四項 行政聽證

所謂行政聽證，指行政機關處理行政事件時，經由利害關係人陳述意見，予以參擇採證。其情形與組織內員工參與制作決定略有不同。其情形為：

一、**行政聽證的範圍** 因行政事項繁多，並非均適宜於聽證，故其實施聽證之範圍，應以與人民有利害關係之事項為限，如行政法律草案之擬訂，行政規章之訂定，行政處分之實施等事項，至於有關國防軍事外交等國家機密之行政事項，自以不舉行聽證為宜。

二、**現行行政聽證之規定** 現行行政法規有類似聽證之規定者有：

（一） 如勞資爭議處理法第十四條第二項規定：「前項調解委員調查時，得通知雙方當事人或有關人員到會說明，或提出書面說明。」

（二） 如行政院頒行之行政機關處理人民陳情案件改進要點，曾規定：「人民對政府政策或行政措施有欠明瞭而提出陳情時，受理機關應為適切闡釋或處理，並得視需要約請陳情人面談或舉行聽證」。

（三）上述改進要點又規定：「人民為自身權益，請求制定或廢止法規時，受理機關為蒐集資料交換意見，得約請陳情人及其他利害關係人面談或舉行聽證」。

（四）其他：尚有法規並未明文規定，而主管機關認有需要而舉行聽證，以增加對人民意見的了解，並作為處理問題之重要參考者。

三、**行政聽證的功能** 舉行行政聽證，對增加民意之參與，發現事實之真相，維護人民之權益，及促進行政之進步，應可發揮其功能⑮。

---

⑮ 管歐著，現代行政學，第四一七──四一八頁，永大書局，六七年版。

第八章 公共關係

公共關係，係指組織與民眾間的關係，一方面組織透過傳播使民眾充分了解組織的施政，然後取得民眾對組織的支持；另一方面民眾的反應及意見，組織亦須深加了解，以為訂定及改進組織施政的依據；故公共關係是組織與民眾間的雙向的意見交流。茲就公共關係的意義、範圍與目的，推行公共關係的方法，加強新聞聯繫，及了解大眾傳播心理四部分，分節敍述如後。

第一節 公共關係的意義、範圍與目的

公共關係有其大概的意義，亦有其大致的範圍，並有其目的，茲分項簡述之。

第一項 公共關係的意義

學者對公共關係意義的闡述頗不一致。茲錄述數種並綜合說明如下:

一、學者對公共關係意義的說明

（一）美國康菲爾的說明：康菲爾氏 (B. R. Confield) 認爲「公共關係是一種管理哲學，在所有決策及行動上，卻以公眾利益爲前提，此項原則應釐定於政策中，向社會大眾闡揚，以獲得諒解與信任」。故公共關係是以公眾利益爲前提，以諒解信任爲目標，以配合協調爲手段，以服務羣眾爲方針，以組織發展爲目的[1]。

（二）張金鑑教授的說明：張氏認爲「公共關係是政府去了解人民對政府的期望，並向之解析政府已經或在如何的滿足其期望，並保證過去的錯誤或失敗不再發生，及告知大眾政府將來要爲人民解決所要解決的各種問題」。由於這種說明與報導，期能以博得人民對政府的同情和支持[2]。

（三）推行公共關係的基本觀念：在四十七年行政院發佈之各級行政機關及公營事業推進公共關係方案中，曾提出四點推行公共關係的基本觀念，卽 1. 公共關係爲民主政制的新延伸，故推行公共關係爲一強化民主設施之制度；2. 公共關係是科學管理的新制度，故公共關係應在發揮行政之最高效能，爲人民作最大的服務；3. 謀求對內關係之公道和協，爲建立良好公共關係之起點；4. 積極促進事業的進步與發展，爲推行公共關係之鵠的。

二、對公共關係意義的綜合說明　根據以上說明，吾人可謂公共關係是一種民主的管理的哲學，透過對民眾的宣導以增進民眾對組織施政的了解，及蒐集分析輿論與民眾意見以爲訂定及改進組織施政的依據，進而發揮高的效率，來達成組織的進步與發展及民眾需要與願望的滿足。

第二項　公共關係的範圍

---

[1]　王德馨著，現代工商管理，第三四九頁，中興大學企管系，七一年版。
[2]　張金鑑著，行政學典範，第三四五頁，中國行政學會，六四年版。

公共關係的範圍，從學理上與實務上看頗有不同。

一、從學理上看　可將公共與關係分開解析，公共是指須作公共關係的對象，而關係是指須作公共關係的內容。

　　（一）公共關係的對象：包括1. 組織本身；2. 一般公眾；3. 利益團體；4. 特殊民眾（如醫院病人，學校學生，旅客、遊客等）。

　　（二）公共關係的內容：包括1. 公眾所關心的施政方針與計畫；2. 公眾所關心的實施施政方針與計畫的程序與方法；3. 公眾所關心的行政人員的工作效率與服務精神；4. 公眾所關心的行政人員的友好的、同情的、輔助的態度；5. 公眾所關心的組織對公眾意見的重視❸。

二、從實務上看：在行政院所發佈之推行公共關係方案中，曾列出下列五項工作為其範圍：

　　（一）增進同事同業關係，以提高服務情緒，加強工作效能。

　　（二）闡揚施政或事業決策、工作成果，以增進公眾了解，樹立組織信譽。

　　（三）調查輿論，尋求公眾對政府施政或事業決策之意見，並隨時研究改進。

　　（四）加強真實報導，接受批評，本相互信任之真誠態度，博取了解贊助，以培養良好的新聞界關係。

　　（五）加強與民意機關暨其他機關團體之聯繫。

第三項　公共關係的目的

在行政院發佈之推行公共關係方案中，曾揭示五點作為推行公共關係的目的；吾人對公共關係的目的亦可作適當的歸納。其情形如下：

一、推行公共關係方案所揭示的目的

---

❸　張金鑑著，行政學典範，第三四五——三四六頁。

（一）闡析政府或事業之各種新設施、新規定、新改革，以博取國民、立法機構及社會團體之贊助與支持。

（二）使國民了解政府機構之功能。

（三）使國民了解從政府方面所獲得之服務及利益，從而能積極參加政府號召，擴大政府施政成果。

（四）使國民有適當途徑將其意見直接傳達予政府，而毋庸假藉中間人之輾轉傳遞。

（五）培養良好企業道德，加強服務精神，積極爲大眾的利益服務。

二、公共關係的目的　參照上述，吾人可歸納爲下列三點：

（一）使公眾了解組織的施政與決策：卽促使一般公眾、利益團體、特殊民眾，了解政府的施政及實施政策的程序與方法；了解事業的決策，及實施決策的程序與方法。

（二）使組織了解公眾的意見與願望：卽使政府及事業，了解一般公眾、利益團體、特殊民眾，對政府或事業在施政與決策及程序與方法方面利弊得失的意見。

（三）建立組織與公眾間的良好關係：卽公眾對政府與事業的施政與決策均能積極支持，程序與方法均能澈底了解；政府與事業均能重視公眾的意見，並以高的效率良好的服務態度，來實現公眾的需要與願望。

第二節　推行公共關係的原則與方法

推行公共關係的手法甚多，應視需要選用或併用，除加強新聞聯繫及了解大眾傳播心理，分別在第三、第四節中敍述外，茲分一般的原

則，一般的方法，對外及對內關係三項，簡述如後。

第一項　一般的原則

推行公共關係，爲期有效應注意下列原則：

一、訂定實施計畫　即應用科學方法，從人、事、時、地、物、財各方面，分析研究在組織與公眾間，應建立之公共關係，並訂定其實施計畫。

二、尊重民意博取支持　即舉辦輿論調查或民意測驗，就其結果加以分析研究，以鑑定多數人之見解，作爲改進施政或決策之重要根據，務期政府或事業之政策、業務、計畫、人事，皆能配合社會需要及輿論反響，以博取多數人之贊助與支持。

三、向公衆解析事態　組織不僅要把有關的事實、資料及事件，傳播於公眾，並應作切實的解析與分析，加以合理的說明，以增進公眾對事態的了解與進而取得其支持。

四、與團體諮商　組織的施政與決策，常與有關團體有着密切關係，爲取得其支持自須與之諮商，如人民團體、職業團體、學術團體、利益團體等，均爲諮商的對象。至諮商的方法，包括1.與團體負責人舉行會議、保持接觸、溝通意見，解決問題；2.組織在擬訂政策及計畫期間，邀請有關團體代表會商或提供資料，作制訂政策與計畫之參考；3.設置顧問或諮詢委員會，聘請有關學者專家爲委員，以期隨時徵詢意見備供決策之參考。

五、與民衆接觸　凡屬與個別民眾有關的問題，可透過與該民眾的接觸而獲得解決，增進公共關係；如對一般性的問題須了解民意，除舉辦民意調查外，亦可透過與民眾的接觸，從中了解一般民眾對該一般性問題的意見。

第二項　一般的方法

推行公共關係的方法，有屬有形的方法、有屬無形的方法、及廣告等。

一、有形的方法

（一）組織內所用的方法：各組織對內部員工可採用下列方法加強公共關係，1. 編印刊物專供員工閱讀，其內容以報導組織業務概況及員工動態與活動為主，以增進員工對組織的了解；2. 舉辦康樂活動，除員工參加外，並鼓勵眷屬參加，以加強情感交流；3. 設置意見箱，鼓勵員工提供各種應興應革的建議。

（二）組織外所用的方法：各組織對外界公眾可採用下列方法加強公共關係，1. 舉行展覽會，將組織的施政績效及產品成果公開展覽，增進公眾對組織的了解，2. 在節日開放參觀，使公眾從實地參觀，獲致對組織的深刻印象，及消除因不了解實情而引起的疑問；3. 在電臺舉行座談，並在座談中詳細介紹組織實況，以期透過媒介使大眾對組織獲得良好的印象；4. 舉辦民意調查，以了解民眾對施政及決策的真正反應意見，俾作修訂政策與計畫的依據。

二、無形的方法　如對電話的應答保持禮貌，對顧客表現出良好的服務態度等，均為無形的方法，對加強公共關係具有與有形的方法同樣的效果。

三、廣告的運用　廣告為向大眾傳達意見最有效的方法，故廣告具有推銷產品與傳播政見之雙重功效，亦為組織與公眾互相溝通意見的橋樑。但運用廣告需求適度，過多與不足均非所宜，因過多則浪費資金，過少則影響傳播效果。廣告的目的須與組織目標相配合，廣告的公眾對象須視廣告內容而定，廣告的地域性須視公眾對象的分佈地區而選擇。

運用廣告，須先引起公眾對象的注意，進而使公眾對象感到興趣，再使公眾對象造成印象；為期達到此三點要求，則首須注意廣告的地位、大小、取材與彩色等，次須注意迎合公眾對象的心理，再次注意文字的修飾，以產生共鳴作用❹。

第三項　對外及對內關係

依行政院所發佈之推行公共關係方案，除總則及對新聞界關係外，尚有對外關係與對內關係之規定。

一、對外關係　主要包括下列四種：

（一）舉辦座談會等，以增進各界對本組織施政及業務之認識，並聽取其改進意見。

（二）對各界之批評、建議、詢問、申請以及其他書面通訊，應迅加分析研究，隨時依法為必要解答及改正。

（三）改善服務態度，加強便民措施。

（四）加強與民意機關之聯繫，報告業務實況與計畫，利用法案審查會說明組織發展業務意見。

二、對內關係　主要包括下列四種：

（一）各組織內部單位，應適時舉行工作座談會，檢討業務得失，溝通上下意見，以為促進對內關係之基礎。

（二）了解員工態度與情緒，藉以謀求改進業務方案，改善工作條件，進而促進員工關係之和諧。

（三）鼓勵並接納員工改善業務之建議，獎助研究發展，改善福利措施，協助團體活動，溝通同事情感，以提高員工之工作情緒。

（四）辦理公共關係卡片登記，列為交待事項，以促進公共關係之

---

❹　王德馨著，現代工商管理，第三五一——三五二頁。

制度化。

第三節　加強新聞聯繫

新聞是大眾傳播事業之一，具有高度的大眾性與社會性，通常以語言、文字、畫面、圖片為工具，使公眾增加了解與愛好，如屬大眾性讀物，因擁有廣大讀者，致在社會上具有強大的號召力，對公眾可發生巨大的影響力，故組織必須加強新聞聯繫。茲分建立發言人制度，加強新聞發佈，加強聯繫，輿論的處理等四項，簡述如後。

第一項　建立發言人制度

行政院為期所屬各部會處局署，能切實加強新聞聯繫，特規定各部會處局署應建立發言人制度。其要點為：

一、**發言人的設置**　行政院各部會處局署，除已建立發言人制度並且有實際工作績效者外，均應指定高職位而足以代表發言的官員一人為發言人，並配置必要的佐理人員，辦理新聞聯繫及公共關係工作。

二、**發言人的職責**　發言人應隨時主動闡揚政策與施政，同時探求民意與蒐集輿論，以供首長決策的參考。即發言人一方面要使民眾了解政府在做些什麼，為什麼這樣做；另方面也要了解民眾希望政府做些什麼，如何去做；使政府與民眾之間，意見雙向溝通流暢。

三、**執行職務的態度**　發言人執行職務時，經常與記者及民眾接觸，故必須充分了解國家的政策，本機關的重要業務，以及輿論的動向，還要有具備誠懇親切的態度，與足夠的表達語言能力，以期圓滿達成任務。

四、**與大眾傳播切取聯繫**　發言人為執行職務，經常須與各種大眾

傳播媒體切取聯繫，必要時可洽請新聞局隨時給予協助。

　　五、發布新聞　有關院長在院會指示事項及院會通過各單位所提請討論之提案，其與社會大眾有切身關係，須卽發布新聞者，應由新聞局會同各主管機關發言人依照行政院各部會處局署加強新聞發佈工作要點辦理。

　　六、增進聯繫　新聞局爲新聞傳播界舉辦各種集會活動，將盡可能邀請有關機關發言人參加，以增進聯繫，溝通觀念，加強傳播。

　　七、舉辦專業講習　新聞局對各機關發言人的佐理人員，將統籌辦理短期專業講習，以增進其工作效能。

　　八、發言人動態　各機關發言人名單，由新聞局彙報行政院核備，發言人變更時亦同。

第二項　加強新聞發佈

　　行政院爲增進政府與民眾溝通，促進國家團結和諧，曾要求所屬各部會處局署發言人，應加強新聞發佈工作，對大眾傳播界提供積極性資料，使民眾了解各有關部會處局署爲民服務之政績，並對足以影響國家利益、政府信譽及民眾權益之施政，均應爭取時效，解析誤會、澄清視聽，以協助新聞傳播媒介發揮積極宣導功能。並特別規定下列三點：

　　一、加強新聞預判　各部會處局署發言人，應就與本機關業務直接或間接關連之每日新聞報導，進行分析，凡足以影響國家利益、政府信譽及社會安寧秩序之報導，不論其報導確實與否，均應研判其可能之發展及影響，並研擬對策，陳報首長核定後，聯繫有關單位或協調新聞局共同處理。

　　二、新聞發佈工作之區分

　　（一）中央政府之新聞發佈：

1. 由新聞局直接發佈者：下列新聞由新聞局直接發佈，即①行政院會議及其他重要措施之消息；②總統、副總統、院長之重要文告、聲明、講詞及行止。

2. 得由新聞局代爲發佈者：下列新聞得由新聞局代爲發佈，即①外交部所發佈之外交文告、聲明、消息；②行政院所屬各部會處局署就主管業務派員赴國外參加國際性會議之活動消息；③行政院所屬各部會處局署之重要政策性措施或有關國際宣傳價值之消息；④行政院所屬各部會處局署對國外商洽公務及與各國駐華使領館、顧問團、經濟合作機構交涉、接洽之消息；⑤暴露共匪之重要陰謀罪行有引起國際注意價值之消息。

3. 由各部會處局署自行發佈者：其他新聞由各部會處局署自行發佈，並以新聞稿副本兩份送新聞局。

（二）地方政府之新聞發佈：地方政府之重要新聞，得準用上述規定由省市新聞處發佈，一般新聞由各機關自行發佈，並以副本送省市新聞處。

三、加强重要施政新聞之發佈　各部會處局署對下列新聞，爲爭取時效應透過發言人以每日與新聞傳播界記者晤面，舉行定期或不定期記者會，舉行新聞傳播界背景座談會等方式辦理，必要時並應邀請首長主持，以利加强報導：

（一）各部會處局署重要之施政措施、計畫與方案及其執行成果，而與民眾之權利義務息息相關者。

（二）各部會處局署務會議及其他重要會議之決議與報告事項，有闡揚政府政策與政績之功效，而不涉及機密者。

（三）部會處局署首長、副首長之重要公務活動、言論及有關指示事項。

（四）各部會處局署對立法院之施政報告及答詢事項。

（五）輿論反應與民眾質疑之解析與答詢事項。

第三項　加強聯繫

　　行政院為加強各部會處局署相互間聯繫，特規定下列各要點，要求所屬遵守：

一、加強與其他部會處局署及新聞局之聯繫方面

　　（一）凡新聞發布之內容，可能涉及其他部會處局署業務或權責者，發言人或聯繫人員應先與相關單位之發言人取得聯繫協調，俾齊一步調，以免造成新聞報導之混亂，影響視聽，必要時得洽請新聞局進行協調，統一處理有關新聞之發佈事項。

　　（二）重大突發事件，足以影響社會整體利益者，為使社會有正確之了解，避免產生疑慮，消除不實傳聞，各部會處局署得視需要，主動提供資料，由新聞局統籌處理。但如事件之影響僅部會處局署本身之業務時，仍由各部會處局署自行協調處理或酌情隨時發佈新聞。

　　（三）新聞局基於推動政令宣導之需要，得主動協調有關新聞發布事宜，為此向有關部會處局署要求提供資料供應時，各部會處局署應全力支援配合，以期順利達成宣導使命。

　　（四）有關行政院院會及其他重要會議之決議事項，院長、副院長指示事項及院長、副院長重要公務活動與言論等，經核定後由新聞局統一處理發布。

二、對各機構業務聯繫及資料交換方面

　　（一）各級新聞主管機關與各機構之間，應加強新聞及輿論反映資料之交換，以供業務改進之參考。

　　（二）各機構之出版品應依其性質，擇其相關機構相互交換。

（三）各機構主辦國際性會議、派員出國或爲適應業務需要，其他機構應充分供應所需資料。

（四）各級新聞主管機關應於財力、人力許可時，建立資料中心，使成爲資料蒐集、研究、分析、交換、供應之樞紐。

三、傳播工具之相互配合運用方面

（一）各機構所持有之傳播工具（包括支用公款、直接經營或委託辦理之廣播節目、電視節目、電影、錄音帶、發音片、報刊、叢書等），應依下列相互配合運用，卽1.新聞局爲實施全國性政令政績宣傳計畫，於洽商各主管機關同意後，得運用中央地方之傳播工具；2.省市政府新聞處爲實施一般性之政令政績宣傳計畫，有運用中央政府主管機構傳播工具之必要時，得透過新聞局洽商之；其爲實施地方性政令政績宣傳計畫，於洽商該省市政府主管機構同意後，得運用地方機構之傳播工具。

（二）行政院或省市政府所屬各級機構，對於上述之洽商，如無正當理由不得拒絕、推諉或遲延。

（三）新聞局應調查登記各級機構之傳播工具，其爲省市政府之所屬機構者，交由各該省市政府之新聞處辦理之。

（四）省市政府，得比照訂定各該省市政府及所轄縣市政府各級機構傳播工具配合運用辦法，以增進地方政令政績宣導效力。

四、加強新聞工作人員聯繫方面

規定各機構新聞聯繫工作人員，並由新聞局負責協調，加強下列各種聯繫工作：

（一）各機構新聞聯繫人員及重要佐理人員姓名地址等，應塡送行政院新聞局，嗣後如有變更，應隨時通知更改。

（二）各機構新聞聯繫人員，應隨時與新聞局保持密切聯繫，遇事並盡量以電話聯繫，俾便爭取時效。

（三）新聞局應將各機構新聞聯繫人員動態隨時通知各機構，俾增

進相互間聯繫。

（四）新聞局得依各機構特性，將各機構新聞聯繫人員分組，並以協調方式促使各分組加強聯繫活動。

（五）新聞局得邀請各機構新聞聯繫人員，舉行定期或不定期性座談會，就有關問題交換改進意見。

<h2 style="text-align:center">第四項　輿論的處理</h2>

新聞主管機關，為廣泛了解國內輿論對政府各項措施之建議批評，並作有效的運用與適當的處理，藉以增進各項重大行政措施之效率起見，特訂定國內輿論處理要點如下：

一、國內輿論的蒐集　國內輿論蒐集範圍，應包括報章雜誌對政府各項施政之報導、社論、短評、專欄論述、新聞報導及讀者投書，以及電視之新聞評論等內容，以不重複無遺漏，力求週延為原則。

二、剪報陳閱　新聞局應就國內報紙及具有代表性雜誌所載涉及政策性及影響重大之報導與評論，每日上午十時前剪送提陳院長參閱，同時影印送行政院秘書處一份，必要時得註明簡要研析意見。

三、對輿論的處理　各機關應密切注意輿論對本機關之重要批評與建議，隨時提報首長，並作深入之研析、迅速負責之反應與明快的處理，並切實掌握時效，儘速將研析與處理結果報院備查。

四、建立輿論處理體系　各機關應建立有效之輿論處理體系，必要時行政院新聞局得會同行政院秘書處作不定期訪問，藉以了解此項工作實況。

<h2 style="text-align:center">第四節　了解大眾傳播心理</h2>

新聞及其他傳播工具的運用，對大眾能否發生預期的效果，受心理因素的影響最大，因此了解大眾傳播心理，乃為推行公共關係所不可缺者。茲分認識閱聽人，閱聽人對所見所聞的理解，傳播媒介的分析，影響傳播效果的因素四項，簡述如後。

第一項　認識閱聽人

閱聽人是閱讀傳播的文字圖案及聽取傳播聲音的人，亦卽是接受大眾傳播的人，這與面對面的意見溝通有所不同。為期大眾傳播發生效果，首須認識閱聽人。

所謂認識閱聽人，也就是了解一個人對於什麼樣的東西才會注意，對於什麼事物才會感到興趣。通常言，吾人平日所見所聞的訊息何止千百，但對其中許多都是視而不見聽而不聞的，只有少數的訊息，才會引起注意與興趣。根據心理學家的研究，能引人注意與興趣的訊息，大都因其具有某種特性。

一、能引人注意的訊息之特性　包括下列三種:

(一) 易得性 (Availability): 引起閱聽人注意的先決條件，是該種訊息必須使人「俯拾卽得」，不必煩勞閱聽人化費很大功夫去搜尋。換言之，閱聽人多是被動的，假如一切其他條件相同，閱聽人願意選擇聲音清楚畫面清晰的電視節目，不願選擇聲音低弱及畫面模糊的電視節目; 很會注意到停車前的廣告牌，不會注意行車時路旁的廣告牌。

(二) 對比性 (Contrast): 閱聽人對那些與環境中其他部分形成對比的訊息，易於引起注意，如一片靜寂中的一聲巨響，一片喧嘩中的突然靜寂，一片漆黑中的一絲亮光，一羣中國人中的碧眼黃髮人，萬綠叢中的一點紅，均易引起閱聽人的注意。

(三) 獎賞與處罰: 人多喜歡獎賞逃避懲罰，閱聽人如從某一訊息

中可得到獎賞，或從某一訊息中會受到懲罰，將會注意該某種訊息。換言之，閱聽人的感覺器官，對於暗示有利於他的需求、動機、利益、地位、興趣的訊息，甚爲敏銳；對於那些可能威脅其基本慾求的訊息，亦會特別警惕；故甜美的諾言與聳人聽聞的危言已成爲商業與政治宣傳家常用的法寶❺。

二、能引人興趣的訊息之特性　閱聽人對訊息引起注意後，能否引起他了解或讀、聽、看此一訊息的興趣，主要關鍵在於此一訊息能否滿足閱聽人當時的需要。如柏勒遜氏 (Bernard Berelson) 曾對報紙讀者的需要，歸納爲下列八種：

(一) 需要明瞭公眾事件的消息與解析：很多讀者把報紙看作是公眾事件消息與解析的來源，他們不但要讀報，而且要評論報載言論與文章。

(二) 需要從報上尋求日常生活的指導：多數讀者亦把報紙的訊息作爲安排日常生活的參考，如從電視節目、電影廣告、商業股市行情、氣候預告等訊息，安排當天的生活及決定須否購買物品或股票等行動。

(三) 需要消遣：有些人將讀報作爲消遣，並可暫時逃避現實生活上的煩惱，使心理鬆弛。

(四) 需要社會聲望：從報紙獲悉的訊息，作爲與友人交談的材料，以顯示自己見識的淵博。

(五) 需要與聞人的替代式接觸：當讀者從報上多次的閱讀有關聞人的報導後，對聞人的生活言行已甚爲熟悉，成爲讀者的朋友，讀者亦可透過新聞與聞人作間接的交往。

(六) 認爲讀報總是好事：不少讀者認爲讀報可以增加知識，讀報總比閒着好，讀報可使心理獲得適度的滿足。

---

❺　徐佳士著，大眾傳播理論，第五八頁，臺北市記者公會，六八年版。

（七）需要安全感: 有的讀者認為讀報可知道各種情況，不會迷失自己，不會與世界隔絕，因而增加了安全感。

（八）需要填補空虛感: 養成讀報的習慣，並在某一固定時間內讀報，可解除心理的空虛，可消除心理的無聊，使生活更充實更有意義❻。

第二項　閱聽人對所見所聞的理解

當一種訊息引起閱聽人的注意與興趣後，閱聽人對該種訊息又真正能理解到什麼呢，這是在本項所要研究的。心理學者認為閱聽人對所見所聞的理解，受着下列兩類因素的影響:

一、**一類是結構因素**(Structural factors)　所謂結構因素，係指那些屬於肉體刺激的因素，這種刺激在人的神經系統中所引起的是純神經的反應。這類因素主要地影響一個人的感覺器官，能够決定一個人感覺上的事物的外貌。

二、**一類是功能因素** (Functional Factors)　所謂功能因素，主要是那些基於個人的需求、情緒、過去的經驗與記憶的因素，這已脫離了純粹刺激感覺器官的範圍。如學者克瑞奇 (David Krech) 與克勒奇菲 (Richard Crutchfield) 對於人對事物的理解，曾提出下列四種假設❼:

（一）人在理解事物時，通常總是會把事物組織起來，並賦給意義的: 卽任何事物進入吾人的認識領域後，不會只是一片雜亂無章不相關聯的印象和感觸，而吾人會把它們組織起來，並給予它們以意義，而且吾人有時不會等待弄清楚事物前，就會立卽加以組織與賦予意義。吾人不只是在理解事物時會加以組織及賦予意義，在理解事件與觀念時也是

---

❻　徐佳士著，大眾傳播理論，第六三——六五頁。
❼　徐佳士著，大眾傳播理論，第七九頁。

如此。

（二）人在理解事物時，是會加以選擇的：即吾人不會去理解他所遭遇的一切事物，也不會對每一項向他感覺器官發出的刺激，加以同等的重視，他只會選擇其中若干刺激，作為主要的資料來加以組織與給予意義，其他的刺激或者全被忽略，或者只作次要的材料處理，故吾人對事物的理解而得到的意義，乃受着選擇的影響的。然則吾人選擇時又是根據何種標準呢？心理學家認為吾人對理解事物或訊息的選擇，係以下列三個標準為根據：

1. 需求：如有的顧客從菜單上選用冷飲，有的則選用客飯，乃因前者口喝後者飢餓之需要不同所致。需求不但影響人在理解時選擇的對象，而且會影響及他對所理解事物所賦予的意義，如貧窮家庭的子女對硬幣大小的判斷，常較富裕家庭的子女的判斷為大。

2. 精神狀態：精神狀態可以影響理解，在日常生活中甚為常見。如平時對遇見路人的穿着多不注意，但如自己須定做衣服時，則對遇見路人的服裝會特別注意，不但注意其形式，並會注意及服裝的細節，以便加以比較，於定製時作為參考。

3. 情緒：個人當時情緒的愉快或傷感，亦會影響及對理解的選擇，如看到擔架上的傷兵時，若情緒愉快，會感到傷兵受着好的照料，很快就會復原；若情緒傷感，會感到傷得厲害，可能活不了啦。

4. 其他：如經驗、信念、理想、道德、文化背景等，亦會影響及對理解的選擇。

（三）人在理解「部分」時，不會拋棄「全體」：宇宙間的萬物，都被安排在有相互關係的結構中，而結構是層次分明、上下有序的，故人在理解的領域中，沒有任何一部分是完全獨立的，每一項理解均與其他的理解發生關係。如下圖甲乙所示，在甲圖中，吾人感到 AOC、BOC、

AOB 三個角都是鈍角（卽大於90度）；但在乙圖，在與甲圖相同的三條線之外再加上六條線，表現出一立體正方形，此時吾人感到 AOC、AOB、BOC 三個角都變成直角了。這是因爲在乙圖中看三個角（部分）時，未有拋棄立體正方形（全體）的緣故。

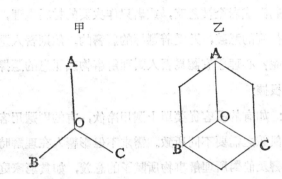

甲　　　　乙

有時吾人無法了解別人對某一事件的看法或解析，常是因爲吾人未能知道他心中的「全體」所致；同樣的，我們無法說服一個人採取與我們相同的看法，亦可能是因爲我們沒有設法使他了解我們心中的「全體」。因爲對同樣的事物，如對與該事物有關的「全體」觀念不一致，則很難獲得相同的理解了。

（四）在空間或時間上相近、或相似的事物，將被看成同一「全體」中的「部分」：人爲什麼把某些理解與其他理解組織在一起成爲一個全體，主要受着「相近」與「相似」的影響。此種相近與相似的原則，不僅影響在畫面上所顯示之結構的理解，而且亦影響及心理所感受的理解。至兩個事物看起來是否相近或相似，則又須視個人的需求、精神狀態、情緒、經驗等而定。

第三項　傳播媒介的分析

大衆傳播媒介種類甚多，其性質各有不同，且各有其優缺點，因此

在作大眾傳播時，　爲期收到效果，　對傳播媒介的選擇與其運用須加注意。茲就傳播媒介的性質及其優點分析如下。

一、各種傳播媒介的性質　可就下列五種觀點觀察：

（一）從傳播媒介的空間與時間觀察：　印刷品、　靜態圖片、　美術品，均爲佔有空間的媒介；無線電廣播與電話交談，均爲佔有時間的媒介；面對面交談、電影、電視等，則爲兼有時空性質的媒介。人對時、空因素所構成的訊息，都有把它們組織起來的驚人能力，如將眼睛所看到的一組訊息把它組織起來看，將用耳所聽到的一組訊息把它組織起來聽。就此種能力言，眼睛的能力似高於耳朵，因爲眼睛所能處理的訊息要比耳朵多，眼睛將單字組合起來的能力似乎比耳朵強。再用眼看時多可自定速度，對需要查考的資料可回頭再看一遍；而聽則是被動的，聽人演說時不能控制傳播人的速度，只有在當面交談時，才可要求對方說慢一點或再說一遍。

因此，空間媒介（即用眼看者）因其效果較好，宜於傳播較艱深的觀念，較瑣細的情報，較嚴謹的資料；時間媒介（即用耳聽者）因其效果較差，宜於傳播刻板記憶的簡單材料；時、空兼具的媒介（即同時可用眼看及耳聽者），則兼具時間媒介與空間媒介的優點。有人長於用眼接受傳播，有人長於用耳接受傳播，大致而言是後天所形成的，而非感覺器官的天生機能上就有此區別所致。

（二）從傳播媒介參與程度的深淺觀察：　傳播媒介也可按閱聽人被容許參預的程度來區分等級，如按容許閱聽人參預程度的深淺將各種傳播媒介作自上而下的排列時，則其情形將爲親自交談，團體討論，非正式的集會，電話，正式集會，有聲電影，電視，無線電，電報，私人信函，通函，報紙，海報，雜誌，書籍。

當閱聽人的參預程度較高時,閱聽人可創造出他已參加在內的感覺,

因而產生團體意識，形成相互影響及共同制作決定的模式，並因此而大量的回饋；故凡須協調歧異者，以採參預程度較高的傳播媒介較爲有效。至參預程度較低的媒介，則可用以傳佈一般的資料與訊息之用。

（三）從傳播媒介之適時性觀察：電視與無線電能隨時傳播所發生的事件，故適時性最高，報紙次之，雜誌、電影、書籍又次之。發佈新聞，自以運用適時性最高的傳播媒介爲宜，適時性較低的媒介，可用於教育；至適時性屬於中間的傳播媒介，則可用於協調及硏訂政策時運用。

（四）從傳播媒介之恒久性觀察：恒久性最大者爲書籍，其次爲影片、雜誌、報紙則恒久性甚小，無線電及電視則恒久更小。恒久性較大的傳播媒介，大致可用以傳播較基本與組織嚴密的知識與觀念，恒久性較小的傳播媒介，可用以報導新聞與勸服閱聽人。

（五）從傳播媒介之威望觀察：大致而言，各種傳播媒介的威望並不相等，但何種傳播媒介爲大何種爲小，可能因文化之不同而異，就我國而言，凡出於政府機關的文件及學者的言論與著作的傳播媒介，其威望甚高，出於宣傳廣告者，其威望甚低。再在同一類的傳播媒介中，其歷史的久暫可能亦會影響及威望的高低，如歷史悠久者，大都被認爲較具威望。

二、傳播媒介的優點分析　茲就三類傳播媒介的優點分析如下：

（一）印刷媒介：包括報紙、雜誌及書籍等，其優點大致有：

1. 讀者能自行控制暴露：如電視電影等媒介，常把閱聽人置於被動地位，用一定速率向他們呈現傳播內容；而印刷媒介卻使讀者居於主動地位，讀者可依據自己能力與興趣來調節閱讀速率，不會因被別人控制速率而感到厭倦。

2. 可重複暴露：印刷媒介可由讀者重複閱讀，以增加記憶或重新

研究其內容或作甜蜜的回憶，而電視電影則多以看一次為限。故印刷媒介可比其他媒介獲得重複暴露的累積效果。

3. 可充分處理主題：印刷品可刊載充分的資料，達到所希望的詳細的程度，其他媒介大都受着時間的限制，不能太長太詳盡。故在討論複雜問題時或須作詳細解析時，通常多以印刷媒介為之。

4. 能適合特殊興趣：一般的媒介為維持最廣大的閱聽人，其內容均較為普遍化，特殊性的材料甚少出現；而印刷媒介尤其是書籍及專門化的雜誌，所處理的材料既可極為專門亦可極為特殊，還可傳達及改變社會上少數人的意見。

5. 威望可能較高：在我國文化背景下，書籍具有較高的威望，但因並非具有教育程度者所常用，故其傳播效果並不很大。

（二）聲音與圖像媒介：如無線電、電視、電影等，其優點為：

1. 無線電的媒介：其優點有①無線電能達到印刷、電視電影等媒介通常不能達到的閱聽人；②無線電的聽眾大致文化水準較低，比較容易受傳播人影響；③無線電媒介比印刷媒介更接近於面對面的傳播，故閱聽人具有參預感；④在報導新聞時速度快。

2. 電視、電影的媒介：其優點有①電視電影更接近於面對面的傳播，使閱聽人更具參預感；②電視電影使兒童易於接受；③電視電影媒介中的圖像，使閱聽人不易遺忘；④電視電影可運用動人鏡頭，增加閱聽人的印象及發生某種情緒反應；⑤電視電影可使閱聽的家庭，發生團體規範作用進而對家庭成員增加影響力。

（三）面對面的交談：是被認為最有效的傳播媒介，直接與立即的回饋，人與人的親身相處，均有助於媒介效果的增強。拉查斯斐（Lazarsfield）等學者，認為面對面交談有下列五個優點，即1. 在比較隨便的情況下交談，閱聽人不會像在面臨大眾媒介時那樣對其內容加以選擇；

2. 遭遇抵抗時有隨機應付的彈性; 3. 對於順從可立卽加以獎賞, 對於不順從者可立卽加以處罰; 4. 可由閱聽人所信賴或喜愛的人來交談; 5. 有時不必先行說服就可達到目的⑧ 。

第四項　影響傳播效果的因素

傳播的效果, 常受着某些因素的影響, 而影響效果的因素, 又可歸納爲傳播外的因素與傳播本身的因素兩類。其情形如下:

一、傳播外的因素　包括下列四個:

（一）預存立場 (Predesposition)：指個人在暴露於傳播之前, 卽已有的意見、興趣、經驗、精神狀態等之總和。個人的預存立場對大眾傳播媒介對此人可能發生的效果, 有極大的影響。當個人暴露於傳播媒介時, 傾向於注意那些與他原有態度與興趣相符的事物, 有意無意的避開那些與他原有立場相反的事物, 假如未能避開, 則會對此種事物作歪曲的解析, 以期符合自己原有的立場, 或者很快的使其忘記了這類事物。故閱聽人在傳播媒介上是作選擇性的暴露（卽依據自己興趣來選擇看什麼及聽什麼）, 選擇性的理解（卽根據自己的需求、情緒、精神狀態、經驗等來看事物）, 及選擇性的記憶（卽將與自己立場相符部分的事物予以記憶）的。

（二）團體與團體規範: 人不能離開團體而生活, 人同時亦屬於許多不同的團體, 在團體內扮演某種角色, 由於人無法擺脫團體, 故其行爲方式亦受着團體內所扮角色的影響, 對傳播媒介的行爲亦是如此。團體規範常約束着個人應暴露在何種傳播媒介之下, 對媒介應作何種反應, 因此在團體的影響下, 影響了傳播媒介對閱聽人的效果。再個人越是重視他與團體的關係時, 越會抗拒那些促使他改變團體立場的傳播媒介;

---

⑧　徐佳士著, 大眾傳播理論, 第一一五頁。

團體規範越是明確，團體成員對不利於團體的傳播媒介之抗拒亦越大。又團體之各成員間有着現存的傳播網，時常傳送對團體有利的資料，因而更可加強原有的態度。

（三）人的親身影響：大致而言，親身的接觸似較大眾媒介有較大的影響力，尤其由具有權威者之親身的接觸，其影響力則更大，大眾傳播透過此種人物親身的影響，會在決策過程中產生了左右的力量。

（四）個人人格：學者研究發現，不論傳播所勸說的題目為何，用什麼方式傳播，閱聽人中總有些人易於聽從有些人則否，其原因多為受個人人格的影響所致。詹尼斯 (Irving L. Janis) 曾將影響傳播效果的個人人格歸納為下列五種，即 1. 在日常生活中對他人公然表現敵意的人，比較不易受任何勸說的影響；2. 具有「社會退卻」傾向的人，比較不易受任何勸說的影響；3. 具有豐富的想像力，對符號所表現的事物能衷心反應的人，比想像力較弱者易於被人勸服；4. 自我評價甚低的人，比他人較易聽從任何形式的勸說；5. 外向 (Outer-Directed) 的人比內向 (Inner-Directed) 的人易被說服❾。

二、傳播本身的因素　包括下列四個：

（一）傳播來源：閱聽人對傳播來源所懷的印象，可能會影響傳播本身的勸說能力；在閱聽人心目中佔有崇高地位的來源，會加強傳播的勸說效果；為閱聽人看不起的來源，會使傳播的勸說效果減低；又專門性的來源，對特殊閱聽人具有更高的勸說效果。

（二）傳播媒介：大眾傳播媒介本身，即具有說服力；當一個問題或人物在人們口頭上交談時，比較不會受到重視，但如變成了大眾傳播媒介上的問題時，則會受到更多的重視；不但如此，一個人物或機構或一件事情，如果受到大眾媒介的注意，則該人物或機構或事件的社會地

---

❾　徐佳士著，大眾傳播理論，第一四三頁。

位就會因此而提高。故大眾媒介，不但本身具有相當的威望，且會授與其他人或事物以威望，當威望愈高時，其說服的效果往往就愈大。

（三）傳播內容：研究發現，在改變閱聽人意見方面，正反兩面的傳播對教育程度較高者較為有效；片面的傳播對教育程度較低者較為有效；對原已贊成傳播所支持意見的人，偏面的傳播又比正反兩面的傳播較為有效。傳播內容的明確與含蓄亦會影響及傳播效果，即明白確切下結論的傳播，可能比那要閱聽人自己去作結論的傳播，較有說服力量；傳播所建議採取的行動，如說得越是明確，較易說服閱聽人採取是項行動。語言的嚴厲與溫和，亦與傳播效果有關，如對勸說性的傳播採威脅方式，威脅越大則效果越差；當閱聽人的恐懼被過分激起時，他就可能退縮，而不再去正視傳播的勸說；但如威脅就在眼前且非常確實，而傳播能指出一條生路時，其傳播效果則很大。重複的傳播如係純粹鸚鵡式的重述，會使閱聽人感到煩噪；但如重複中有變化，則可增加傳播的效果。提出論點的先後與傳播效果的關係，根據研究發現與滿足需求有關的傳播內容，以先激起需求之後提出較為有效；對具有強烈求知慾的人，對論點提出的先後無甚關係；傳播內容為閱聽人所同情者，以先提出的論點較為有效；關於閱聽人所不熟悉的問題，以先提出的論點較為有效。

（四）意見氣氛：一項傳播之能否對閱聽人發生效果，與當時一般意見環境或氣氛亦有關係。大致而言，凡與當時盛行的意見氣氛相符的傳播，將比反映少數派觀點的傳播較為有效；閱聽人除事先具有成見外，常有從眾的趨勢。

第三篇 行政程序

先總統蔣公，早於民國廿九年十二月在重慶中央訓練團講行政的道理時，就特別提示行政三聯制大綱。 蔣公認為行政的道理千頭萬緒，但最重要的就是要實行行政三聯制，卽是計畫、執行、考核三聯制；這行政三聯制，本來分為計畫、執行、考核三部分，但在意義上是有其相互之關係的，尤其是三者聯繫上整個的作用極其重要。

蔣公又認為在實行三聯制的行政中，在計畫之先，應先看看以前執行考核的結果，因時、地、人、物、事而設計；在執行的時候，也要忠實去實現計畫，不可自作聰明，左右刪改；在執行當中或執行之後，要嚴密考核，不許那一部分有著官僚主義祇知應付的毛病，然後又將執行和考核的結果為下次擬訂計畫作參考。如此循環不斷，一貫連串下去，方可收行政三聯制的實效。

茲根據 蔣公所提示行政三聯制的精神，特列行政程序之一篇，並參考近年來各學者就行政程序的一般看法，就計畫、溝通與協調、管制考核、工作檢討與研究發展四部分，分章討論之。

第九章 計　　畫

　　計畫乃行政程序的開始，計畫有其意義，計畫依其內涵之不同可區分為若干種，訂定計畫有其應行遵守的程序，為期計畫能切實可行並行之有效，有其應行注意之處。茲按計畫的意義、特性與層面，計畫的種類，擬訂計畫的程序，對計畫應有的認識之順序，分節敍述如後。

第一節　計畫的意義、特性與層面

　　計畫有其大概的意義，具有某些特性，並有不同的層面，茲分項簡述如後。

第一項　計畫的意義

　　各學者對計畫的意義，看法不盡一致，茲列舉數則並綜合說明之。

一、學者對計畫意義的界說

　　(一) 阿柯夫 (Russel L. Ackoff)：在其所著「計畫概念」(A Concept of Corporate Planning) 一書中，曾對計畫下個最簡單的

定義，卽計畫是預先的制作決定❹。

（二）泰雷 (George R. Terry)：在其所著「管理原則」 (The Principles of Management) 一書中，曾謂計畫是爲達成預期的成果，就有關事實與運用假想，設計將來的各種活動❷。

（三）第斯勒 (Gary Dessler)：在其所著「組織與管理」 (Organization and Management) 一書中，曾謂計畫通常被認爲是一種正式的程序，在此程序中設定有具體的目標及規定達成此種目標的詳細方法❸。

（四）史塔納 (Steiner)：在其所著「高層管理計畫」(Top Management Planning) 一書中，曾謂計畫是一種程序，先從設立目標開始，訂定達成目標的策略、政策及方法，設置組織以實施各種決定，及對工作執行與回饋之審核以引進新的計畫循環❹。

（五）卡斯特與羅森威格 (Kast & Rosenzweig)：在其所著「組織與管理」(Organization and Management) 一書中，曾謂綜合的計畫是一完整的活動，經由此一活動依照所定目標來尋求組織的最大效能❺。

（六）馬克法蘭 (Dalton E. MacFarland)：在其所著「管理」(Management) 一書中，曾謂計畫是思想與溝通的組合，集中於資源運用的配合與變更，在計畫中首長須考慮將來應行達成的目標及如何減少達成目標的阻力，並須設計達成目標及改變現行政策實務與目標應行採

❶ Dalton E. MacFarland, *Management, Principles and Practices,* p. 316, 華美出版社, 1974。
❷ George E. Terry, *Principles of Management,* p. 192, 美亞出版社, 1974。
❸ Gary Dessler, *Organization and Management,* p. 335, 華泰書局, 六十六年版。
❹ 同❸。
❺ Kast and Rosenzweig, *Organization and Management, A Systems Approach,* p. 437, 淡江書局, 六十三年版。

取的行動與方案❻。

（七）張金鑑教授：在其所著行政學典範一書中，曾謂計畫是一個機關於事先決定應作何事及如何去作❼。

二、綜合說明　上述七位學者對計畫的意義界說，大致有其相同之處，卽（一）計畫是一種預先的決定；（二）計畫中包括有設定目標及達成目標所應採取之各種行動。由此可知，所謂計畫應指「設立將來應行達成的目標，及預先決定達成此種目標應行採取之各種行動，包括組織資源的有效運用，政策、程序、方法的規定等。」

第二項　計畫的特性

各組織所訂定之計畫，不論計畫層面的高低，內容的繁簡，所欲達成目標的大小，計畫期程的遠近，大致均有着相類似的四個特性。

一、未來性　計畫是設定將來的目標及達成目標應行採取的行動，故計畫是規劃將來，並不是檢討過去，計畫是對將來的行動與目標預先制作決定，而不是對現行的各種規定予以檢討與改進。此種計畫的未來性，越是高層的機關及首長，其未來的時間距離應愈遠，如設定今後五年應行達到的目標，至達成目標的各種行動則可視需要作必要的修正。

二、程序性　計畫是一套完整的程序，自設定目標開始，再設計為達成目標所應採取的手段，此種手段的範圍極廣，自政策起至辦事的步驟、方法、技術、人力、經費的運用，時程及地點的按排，績效的考核等，均包括在內。

三、哲學性　此處所稱哲學是指處事的態度，計畫欲求其切實可行及行之有效，則擬訂計畫與執行計畫的人，必須具有某種態度。如在擬

❻　Dalton E. MacFarland, 同前書, p. 316。
❼　張金鑑著, 行政學典範, 頁二九七, 中國行政學會, 六十四年版。

訂計畫前應先蒐集有關資料，再作審慎的思考與判斷，而後基於組織及員工的利益，配合當時的環境，預定將來應行達成的目標；而後再就達成目標的手段作審慎的思考，並提出備案，再就備案中選定最有效的一種，作爲設計具體行動的依據；執行計畫者更應切實按計畫規定項目、進度、成果的要求進行，如遇及客觀情勢有變動，至原定計畫內容有修訂必要時，應卽與原訂計畫人員協商，必要時並修正原定計畫以利執行；擔任計畫執行之管制考核者，更應持公正立場對進度及成果作嚴密的管制與考核，如發現缺失應卽通知執行人員改正，必要時並協助執行人員改正，以確保計畫之如期完成，計畫中所設定的目標得以達成。

　　四、結構性　計畫不是孤立的，一個計畫往往與組織內其他計畫之間發生有層次結構、配合結構、程序結構等關係。如層次不同的計畫，相互間卽具有層次結構，此時低層次計畫的目標不得與高層次計畫的目標相抵觸，低層次計畫的範圍亦應涵蓋在高層次計畫範圍之內。如層次相等的各種計畫，相互間常具有配合結構，同層次計畫的目標必須相互配合，如生產計畫與銷售計畫的配合，人力計畫與業務計畫的配合等。又各計畫相互間可能存有程序結構關係者，如採購計畫、生產計畫、銷售計畫，在程序上有先後之分，在進度上必須密切配合，否則將影響及後續計畫的執行與目標的達成，如原料未有採購則無法生產，產品未有出廠則無法銷售等❽。

第三項　計畫的層面

　　組織內各種計畫，可從不同的層面來區分與訂定。

　　一、從主題層面區分訂定　主題層面亦卽功能或業務性質層面，一組織所需設定的目標與所需處理的業務，依其主題或性質，可區分爲許

---

❾　陳定國著，企業管理，頁三四五——三五一，三民書局，七十年版。

多個的計畫。如以一般事業機構的計畫言，依主題可分訂爲採購計畫、生產計畫、營業計畫、擴充修護計畫、人力發展計畫、財務計畫、管理革新計畫、研究發展計畫等，每種計畫均有其明確的主題或特性。這些計畫相互間，具有配合結構及程序結構關係。

二、從組織層次層面區分訂定　一個組織的內部，常區分爲若干層次，如首長層次、處長層次、科長層次等，較低層次的業務及人員，受較高層次的管轄與監督，因此計畫亦可按組織內部層次來區分與訂定，如組織首長訂有總計畫，而各處處長則在總計畫下就所主管業務訂定分計畫，各科長則在各處的分計畫下就所主管業務訂定再分計畫。按層次訂定計畫時，各計畫間的層次結構極爲明顯。

三、從時間層面區分訂定　從時間觀點看，組織的目標有爲長期間後方能達成者，有爲二至四年內達成者，有在年內卽須達成者，更有爲永遠不變者，從此一達成目標所需期間的長短，吾人可將組織的計畫區分長程計畫、中程計畫、短程計畫、及永久計畫四種。長程計畫因其期間長，對將來情勢難作確實的預判，故計畫內容宜簡；中程計畫，對將來情勢尙難作準確的預判，故其內容宜詳簡適度；短程計畫因其期間短，對將來情勢可作較準確的預判，且卽須加以執行者，故其內容宜詳。

四、從態勢層面區分訂定　一個組織的計畫，有者係屬正常穩定的計畫，有者係屬特定應變的計畫，從此一觀點可將計畫區分爲靜態的計畫與動態的計畫。靜態的計畫是適用於平時，計畫內容較爲靜態，如有關法規的計畫，行政管理的計畫等；動態的計畫是爲適應特種情勢的需要而訂定者，計畫內容具有大的彈性，在彈性範圍內可由執行計畫人視情勢的變動而隨時作動態的執行。

五、從其他特性區分訂定　組織內各種計畫，除依上述四種層面可

作不同的區分與訂定外，尚可根據其他的特性來區分訂定。此種其他的特性甚爲廣泛如：

　　（一）從計畫過程及內容的繁簡,可區分複雜的計畫及簡單的計畫。

　　（二）從計畫涵蓋面的大小，可區分整體性計畫及局部性計畫。

　　（三）從計畫的可否計量，可區分數量性計畫及非數量性計畫。

　　（四）從計畫的主從，可區分主要計畫及次要計畫。

　　（五）從計畫的守密性，可區分秘密計畫及公開計畫。

　　（六）從計畫的是否用文字，可區分成文計畫及非成文計畫。

　　（七）從計畫的形式，可區分正式計畫及非正式計畫。

　　（八）從執行的難易，可區分執行困難的計畫及易於執行的計畫。

　　（九）從計畫的理性度，可區分理智的計畫及非理智的計畫。

　　（十）從計畫有無彈性，可區分彈性計畫及無彈性計畫。

（十一）從計畫之是否經濟，可區分經濟的計畫及浪費的計畫❾。

第二節　計畫的種類

　　計畫在理論上雖可作各種不同的區分，但實用上，在政府機關則以施政計畫、工作計畫爲多，在事業機構則以策略性計畫、長期及中期計畫、作業計畫爲多。茲就施政計畫與策略性計畫、長期計畫與中期計畫、工作計畫與作業計畫，及三類計畫的比較，分項簡述如後。

第一項　施政計畫與策略性計畫

　　施政計畫與策略性計畫，均屬高層次的計畫，故其內容係以重大的政策爲主，在期程上亦往往較爲長遠。

---

❾　陳定國著，企業管理，頁三五七——三七二。

一、施政計畫　係高層次政府機關，爲揭示其施政政策，以原則性的簡要文字，顯示其施政目標與方向者，在期程上有者爲短期卽可完成，有者須經若干年始能達成。如我國行政、立法、司法、考試、監察五院，多有施政計畫的訂定，尤其行政院因須向立法院負責，故尚須定期向立法院提出施政報告，凡此形式或有不同，但均屬施政計畫性質。

如考試院每年均定有年度施政計畫綱要，其七十二年度施政計畫綱要中，則有如下的規定：「本院依據憲法所賦予之職權，並爲適應當前國家之需要，爰訂定七十二年度施政計畫綱要，據以策劃實施，其要項爲：(一)配合考試任用政策，改進考選有關技術；(二)研究改進人事制度，檢討修訂考銓法規；(三)加強輔導進修訓練，提高公務人員素質；(四)積極辦理公務人員退休，增進保險退撫實益」。並列舉考選行政之重要工作十九項，銓敍行政之重要工作十七項，及綜合行政之重要工作八項。

因施政計畫多爲五院所定者，各院之所屬機關則分別根據施政計畫中之重要事項，各就其所管轄範圍，分別訂定工作計畫並列入年度預算，以憑按工作計畫實施。

二、策略性計畫　多爲事業機構所用者。事業機構爲求生存與發展，必須具有長遠的目標及預定達成目標的政策，以期訂定長期或中期或作業計畫時有所依據。茲以史塔納 (George A. Steiner) 對策略性計畫的看法爲例，簡說如下：

(一)策略性計畫：指決定組織之重大目標及取得、運用與處理資源之政策與策略的程序。策略性計畫提示出長期的努力方向，並根據三種基礎而形成，卽1.組織的社會經濟的目的；2.高層管理者的價值觀與哲學觀；3.組織在環境中的強點與弱點；此三種基礎具有相互依賴性，其情形如下圖所示：

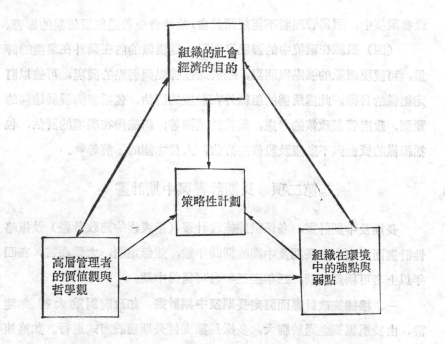

　　（二）組織的社會經濟的目的：越來越多的事業，開始評估與重評
估其生存的目的，如美國鐵路運輸原來的目的在運輸客人，故設備需要
舒適，而現今的目的在輸送貨物，故車廂需寬大，此卽由於事業生存的
社會經濟的目的已有改變，其經營政策自亦須隨着改變。除非組織能確
定其社會經濟的目的，及遇及情勢改變時能調整其社會經濟的目的，則
對其基本的任務將難作明白的了解，在擬訂策略性計畫時亦將發生困難。

　　（三）高層管理者的價值觀與哲學觀：近年來「社會責任」受到極
大的重視，如任用機會的均等、對生態環境的重視等，其中有些雖爲政
府法律的規定，但亦有爲事業高層管理者的價值觀與哲學觀所引致者。
每一管理者均會帶一套價值觀到他的工作處所，同時每一代的人亦常有
其不同的價值觀，據研究發現在1969年及1980年，對價值觀有着相當的
改變，這些價值觀的改變將會融入將來的管理者之哲學觀及組織所在的

社會環境中，因爲管理者不能離開社會，故他會受着這些價值觀的影響。

（四）組織在環境中的強點與弱點：從組織的內在與外在環境的評量，可發現組織的強點與弱點，甚於此種強點與弱點的發現，可據以訂定組織的目標。此處所稱的組織外在環境的評估，包括經濟發展趨向的預測，政府管制政策的考慮，銷售的預測等；組織內在環境的評估，包括組織的資金與不動產及設備的評估，人員才能的了解等❿。

第二項　長期計畫與中期計畫

長期及中期計畫，多係根據施政計畫（指遠程的施政計畫）及策略性計畫而擬定，至長期及中期的期間年數，並無定制，大致而言，在四年以上者可稱爲長期，二年至三年者可稱爲中期。

一、根據施政計畫而訂定長期及中期計畫　如政府對重大經濟建設，由於所需資金過於龐大，多採長期支付長期建設方式進行。如高速公路經由七年而完成，桃園中正國際機場經由四年而完成，均屬長期計畫的實例。又如政府之地方基層建設，由縣市政府查明應行建設之項目，除自行籌款外並由中央按年補助若干，於二至三年內完成，此乃中程計畫的實例。

二、根據策略性計畫而訂定長期及中期計畫　事業機構的長期及中期計畫，多係依據策略性計畫而訂定，有時中期計畫更係依長期計畫而擬訂，使策略性、長期、中期計畫成爲一貫的計畫。其情形如下例❶：

❿　Richard M. Hodgetts, *Management, Theory Process and Practice,* pp. 130–138, 中央圖書出版社, 1975。
❶　Richard M. Hodgetts, 同前書, p. 140。

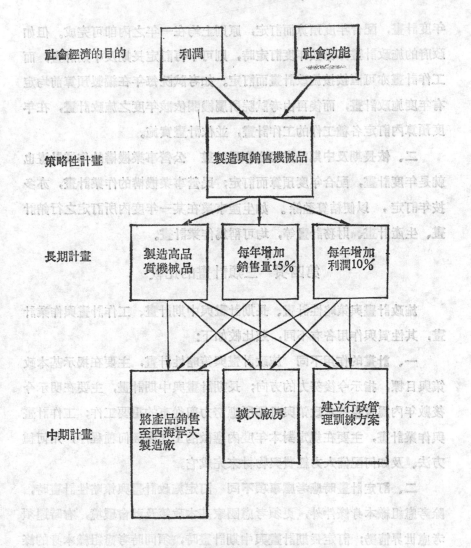

社會經濟的目的　利潤　　　社會功能

策略性計畫　　製造與銷售機械品

長期計畫　　製造高品質機械品　　每年增加銷售量15%　　每年增加利潤10%

中期計畫　　將產品銷售至西海岸大製造廠　　擴大廠房　　建立行政管理訓練方案

第三項　工作計畫與作業計畫

工作計畫與作業計畫，多係根據長期、中期計畫所訂定，亦有稱爲短期計畫者，其期間通常不超過一年。

一、依長期及中期計畫訂定工作計畫　政府機關的工作計畫也就是

年度計畫，配合年度預算而訂定，原則上均在一年之內卽可完成。但如
政府的施政計畫亦係按年度訂定時，則可不再訂定長期及中期計畫，而
工作計畫亦可直接按施政計畫而訂定。如考試院每年在編製預算前均定
有年度施政計畫，而後再由考試院所屬機關依該年度之施政計畫，在年
度預算內訂定各種工作的工作計畫，並依計畫實施。

二、**依長期及中期計畫訂定作業計畫** 公營事業機構的作業計畫也
就是年度計畫，配合年度預算而訂定；民營事業機構的作業計畫，亦多
按年訂定，以便結算盈餘。如生產事業在某一年度內所訂定之行銷計
畫、生產計畫、財務計畫等，均可稱爲作業計畫。

第四項　三類計畫的比較

施政計畫與策略性計畫、長期計畫與中期計畫、工作計畫與作業計
畫，其性質與作用各有不同，茲比較如下：

一、**計畫的作用不同** 施政計畫與策略性計畫，主要在揭示基本政
策與目標，指示今後努力的方向；長期計畫與中期計畫，主要在明示今
後數年內爲實現基本政策與目標所應努力與從事的重要工作；工作計畫
與作業計畫，主要在規定對本年度內應做的工作應經何種程序，用何種
方法、及如何配備人力經費與物材來完成它。

二、**訂定計畫時應考慮事項不同** 訂定施政計畫與策略性計畫時，
除考慮組織本身條件外，更須考慮國家基本政策及社會環境，有時還須
考慮世界情勢；訂定長期計畫與中期計畫時，須同時考慮組織本身的條
件與社會的環境；訂定工作計畫及作業計畫時，主要在考慮組織本身的
條件。

三、**計畫內容的詳簡不同** 施政計畫與策略性計畫，內容均極爲簡
單，只要能揭示基本政策與目標爲已足；長期計畫與中期計畫，內容應

略爲具體，以期了解組織在今後數年內應努力者爲何事；工作計畫與作業計畫，內容更應具體確實詳盡，不僅明示應做何事，更須規定如何做、何時做、何人做、何地做、用多少經費做等。

四、計畫所跨列期程不同　大致而言，施政計畫與策略性計畫，是指明五年內所需實施之政策與所努力之目標者；長期計畫與中期計畫，是明示今後二至四年內應從事之工作與應達成之目標者；工作計畫與作業計畫，是規定一年內所應做的工作。但施政計畫亦有按年訂定者，應爲例外。

五、計畫的穩定性不同　施政計畫與策略性計畫，因所跨列期程長遠，而國內外情勢及社會環境又經常有變動，而此種情勢與環境的變動，自會影響及施政方向與策略目標，因此此種計畫的穩定性甚小；長期計畫與中期計畫，因一方面所跨列期程甚長，受情勢及環境變動的影響甚大，另一方面其內容又較具體，故須修正計畫的可能性不小，因而計畫的穩定性不大；工作計畫與作業計畫，所跨列期程甚短，受情勢及環境變動的影響亦小，故計畫的穩定性最大。

六、訂定計畫的人員不同　施政計畫與策略性計畫，多由高層管理者研究訂定；長期計畫與中期計畫，多由中級主管人員洽商高層管理者後訂定；工作計畫及作業計畫，多由中級主管人員會同基層主管人員訂定。

七、各種計畫的聯貫性　施政計畫與策略性計畫、長期計畫與中期計畫、工作計畫與作業計畫，從不同觀點均可顯示出其各別的差異，但各層次間必須一貫相聯，當某一層次的計畫有重大修正時，對其他層次的計畫須否作配合的修正，應即加以檢討，必要時並作配合的修正。

第三節　擬訂計畫的程序

為期計畫之切實可行與行之有效，於擬訂計畫時通常有其一定的程序，惟各個程序的重要性，則因計畫的性質而有不同，如擬訂施政計畫與策略性計畫，須特別重視組織外在環境的考慮，擬訂工作計畫與作業計畫，須特別重視設計達成目標所應處理之各種工作。茲分了解組織外在環境、了解組織內在環境、設定計畫目標、設計達成目標所應處理的工作等四項，簡述如後。

第一項　了解組織外在環境

在設定組織目標及訂定計畫之前，多須先了解組織的外在環境，在訂定施政計畫與策略性計畫時，更是如此。所謂外在環境，範圍極為廣泛，對訂定計畫能發生重大影響者，有下列四種：

一、經濟環境　在訂定計畫時所應考慮的經濟環境，在政府機關與事業機構不盡相同。對政府機關而言，應以經濟發展的目標為主，如國民生活水準的提高，國民所得的增加，經濟建設的推動，物價及貨幣值的穩定等，凡對此類目標可能發生影響作用的經濟環境，不論為國內性的或國際性的，均須愼加考慮，而後預定可能達到的目標，再據以訂定計畫。對事業機構而言，有關經濟環境中須予考慮者，多為生產資源市場及成品銷售市場，如金融市場、勞力市場、廠房與設備、原料市場、土地與自然資源等，均屬生產資源市場；銷售市場的預測、新產品及改良產品的預測等，均屬成品銷售市場。此種市場情況的趨勢，為訂定計畫所必須加以重視者。

二、政治環境　在訂定計畫時所應考慮的政治環境，在政府機關與

事業機構亦不儘相同。以政府機關而言，多着重在政府的體制、憲法的規定、民意的反映、及國際政治形勢的轉變等，凡此均為決定政府施政的依據。以事業機構而言，多着重在政府對事業的管制規定，政府向民間事業的購貨情況，與事業有關的各種稅制，及政府所施行的各種政策可能對事業發生的影響等，均須慎加考慮後，始能配合政治環境訂定計畫。

三、**技術環境** 政府機關對技術環境的考慮，重心在於如何利用科技來發展經濟、增加生產、提高行政效率，因而如何引進科技並使科技在國內生根發芽滋長，乃政府訂定計畫時應予注意者。事業機構對技術環境的考慮，乃在如何購置科技設備來提高產量與品質，如何採用科技來增進工作效率。尤以電腦發明後，電腦及自動化機器的設置與應用，更成為行政管理革新的要務。

四、**社會環境** 社會環境包括範圍極廣，政府機關所重視者，在改善社會風氣、增進社會福利、解決社會問題、謀求社會的安和樂利，因此人口膨脹、環境污染、城市青少年問題、社會治安等，均為政府需要訂定計畫妥加解決的問題。事業機構所重視者，為如何善盡社會責任，謀求事業與當地社會的和諧，因而增加當地人民就業機會，捐款舉辦社會福利及救濟，防止環境污染等，均為事業機構對社會應盡的責任，並透過計畫的訂定與實施來履行此種責任。

第二項　了解組織內在環境

各組織訂定計畫，除須考慮組織的外在環境外，尚須考慮組織內在環境，外在環境多為組織所不能控制者，而內在環境多為組織所能控制，因此外在環境的影響力可能比內在環境為大。雖然如此，組織對內在環境的控制，仍有其限度，因此在訂定計畫時仍須妥加考慮，尤以下

列各種環境更應考慮:

一、員工知能 包括員工的人數，員工所具學識、知識、經驗、術與能力。事是由人來做的，故員工知能爲首須考慮的內在環境，如現有人力對所定計畫能否負擔，現有員工的學識、知識、經驗、技術與能力，對所定計畫的執行能否勝任等，應加考慮。如人力不敷或學識、知識、經驗、技術及能力尚嫌不足，則雖有妥善的計畫，亦只是計畫而已，無法實現。

二、經費預算 實施計畫，必須動用經費，故一般組織的計畫均須列入預算並與預算相配合，對未列入預算及無經費支援（包括用人費支援）的計畫，根本無實施的可能。因此在確定計畫之前，必須籌有經費預算，如預算無法籌措或經費不足，只有修訂計畫以牽就經費預算。

三、物材設備 包括實施計畫時所必須使用的各種物材與機器設備。物材及機器設備之有無，及能否適應計畫之需要，均足影響及計畫的成敗，尤其在講求科技發展的今日，物材及機器設備之重要性更爲增加，故於擬訂計畫時，對物材設備亦須加以考慮。

四、許可的時間 許可的時間，亦爲訂定計畫時所應考慮的條件。通常言，如一個龐大的計畫因人力或經費不足時，可以延長期間方式，分兩年或三年完成，如此可減輕人力與經費的負擔。但如許可的時間甚爲有限，須於一年或數月內完成計畫時，則必須投入較多的人力與經費方克有成。因此許可的時間長短，亦應愼加考慮。

五、法規政策 組織有其應行遵守的法規，施政有其基本的政策，法規與政策在可能範圍內應保持穩定，以期組織的安定。因此在訂定計畫時，對此種法規政策亦須加以考慮，換言之，計畫內涵不宜與此種法規政策抵觸，以免將計畫付諸實施發生困擾，如因此而改變法規政策，又可能引起組織的動搖，員工心理的不安，均非所宜。

第三項 設定計畫目標

當對組織的外在環境與內在環境均經愼作考慮後,方開始擬訂計畫,而擬訂計畫的第一步卽爲設定目標。設定目標應行注意之點甚多,茲就目標的性質與價值、目標的可行性、目標的種類、目標的調和,說明如下[12]。

一、目標的性質與價值

（一）目標的性質: 目標是計畫的標的, 是計畫所欲達到的成果。設定目標後, 才能進一步設計達成目標的程序、方法與作業, 故計畫內所規定的作業、程序與方法, 只是達成目標的手段而已, 因爲作業、程序與方法只是手段, 故其內容是可變的, 如發現有更簡單有效的作業、程序與方法, 可同樣達到所設定的目標時, 則原設計的作業、程序與方法卽可予以改變。

（二）目標的價值: 目標的是否正確, 可影響組織的生存與發展, 可決定組織的結構與職掌, 因此組織的目標必須由高層管理者, 基於有利組織生存與發展觀點, 經過審愼的考慮後決定。

二、目標的可行性

目標雖設定得極爲理想, 如其可行性不高, 則少有實現的可能; 如其根本不可行, 則等於未有設定目標。因此爲期目標可行及行之有效, 必須注意及目標的可行性, 亦卽在設定目標時, 必須先考慮當時的外在環境是否許可設定此一目標, 如外在環境係屬許可時, 則再考慮內在環境是否有此能力來達成此一目標, 如內在環境亦有達成目標的能力時, 方爲可行的目標。如所設定的目標爲外在環境所不許可時, 則根本不能設定; 如所設定的目標爲內在環境能力所不能達成

[12] Justin G. Longenecker, *Principles of Management and Organizational Behavior*, pp. 71-83, 美亞出版社, 一九七四。

時，則應修正目標（縮小範圍、減少數量、降低程度），直至內在環境能力可以達成時止。

三、目標的種類 各組織所設定目標的類別，與組織成立的目的有密切關係，主要包括：

（一）服務性目標：政府機關及服務性的事業，其所設定的目標多屬服務性的，如政府機關之實施地方自治、提高人民生活水準、實施國民義務敎育等目標；服務性事業機構之普及給水率、擴展鄉村用電、戶戶有電話運動等目標，均屬服務性的目標。

（二）社會性目標：政府機關所設定之目標中，亦有屬於社會性者，如社會福利的增進，社會保險的實施，社會風氣的改良等卽爲其例。

（三）營利性目標：此爲一般事業機構所設定者，如生產目標、銷售目標、盈餘目標等均屬之。

（四）員工目標：不論爲政府機關或事業機構，除服務性、社會性、營利性目標外，尙有爲組織員工而設定的目標，如人事管理方面有關員工薪給、員工福利、員工升遷、員工訓練培育的各種措施，多爲達成員工目標而採取者。

四、目標的調和 一個組織所設定的目標，可能有多個，且類別亦有不同，但各目標之間必須相調和而不能衝突，各目標必須與組織的目的相一致，如此目標越多，越有助於組織的生存與發展。

第四項　設計達成目標所應處理的工作

如何來達成目標，乃是目標設定後應卽研究與設計的工作。大致而言，尤其對工作計畫與作業計畫，設計達成目標所應處理之工作時，應注意下列五點：

一、決定做什麼 卽爲達成目標所必須做的有那些工作。於設計時，

應將必須做的工作項目，一一予以列舉，不得遺漏。當然在決定應做的工作項目時，應卽作一番檢討，能夠減少工作項目時應儘量減少，以眞正爲達成目標所必須者爲限。

　　二、決定何處做　當必須做的工作項目確定後，應卽設計各該工作項目的處理地點，如何種工作項目在某辦公室處理，何種工作項目在廠房處理，何種工作項目須在市場洽商購置等。在設計各工作項目的處理地點時，如能在同一地點或鄰近地點處理，將有助於工作效率的增進。

　　三、決定何時做　卽對必須做的各工作項目，分別規定其進度，包括何時起做何時完成。對工作項目進度的設定極爲重要，凡有關聯的工作項目，其起迄期間必須作密切的配合，以免因提前完成而等候，或因延後完成而影響及其他工作項目的開始。對必須處理的工作項目爲數甚多，且在時間配合情況又極爲錯綜複雜時，宜用網狀管制圖（計畫評核術）方法來規定與管制。

　　四、決定何人做　卽分別指定對各工作項目應行負責之人。一個人可處理若干個工作項目，一個項目亦可分由若干人處理，須視工作項目內容的繁簡，員工的學識經驗與技能，及顧及員工的興趣與工作情緒等因素來決定，但如能酌予減少參與同一工作項目的人數，將有利於工作效率的提高。

　　五、決定如何做　卽用何種方法來處理工作項目。處理工作項目的方法，可爲人工的亦可爲半自動機具的或全自動機具的。通常言，如能以機具代替人工，從長遠看是可增進效率的，但如工作數量少，購置機具經費爲數極大，則以機具代替人工可能引致浪費，殊不值得。

　　六、決定經費的配合　處理各工作項目的經費，應作預估，並按所需數額編列，其動用須根據進度逐次支付，以期不透支不延付。

第四節 對計畫應有的認識

計畫雖已按擬訂計畫的程序而訂定，但不一定即可保證是完善的可行的且一定能完成的計畫，因爲計畫並不是萬靈丹。茲就計畫的利弊，計畫並不是成功的保證，計畫所遇及的障碍，有效計畫應具的條件等，分項簡述如後。

第一項 計畫的利弊

依照泰雷 (George R. Terry) 的看法，訂定計畫固有其優點，但亦有缺點。其情形爲[13]：

一、計畫之利 主要有下列八點：

（一）使各種活動有目的有秩序：使員工所有的努力，都是朝向期望的成果而進行，並使所有的努力有秩序而不零亂；浪費的無目的的工作會減少至最低度，重視工作的成果，計畫使得行動與成果之間有着明顯的區別。

（二）指出將來演變的情況：計畫可幫助了解將來各種演變的可能性，使管理者不會讓工作任其自然發展，經由計畫可使管理者更能了解目標的重要，與使目標能予有效的達成。

（三）可答覆「如果……將會發生……」的問題：此種答覆可使管理者了解在複雜的變數中應採取何種行動。此類問題，如採用自動生產對我們的員工將會發生什麼影響，如只接受五十元以上的訂單對我們的銷售將會發生什麼結果，如果我們購買公債對預算將會發生什麼影響等。對此種問題的答覆可建立模式，並運用電腦處理。

---

[13] George E. Terry, 同前書, pp. 196-200.

（四）提供管制的基礎：與計畫同樣重要的就是管制，經由管制可使計畫的目標能予達成。如計畫中規定各項工作的起迄進度，規定對工作應行達到的標準，預定最大限度的經費開支等，均可作為管制工作的基礎。

（五）對成功有鼓勵作用：將達成目標的思想作成畫面，並使員工以計畫為指導朝向成功而努力。指出所期望的成果及如何達成此種成果是良好管理所必須者，有了計畫就可減少無目的的活動，避免工作的重複，及消除與目標無關的行動。

（六）迫使從整體看：從組織的整體看，可使管理者更了解組織內各種業務間的相關性及管理行動的基礎，可減少孤立與混淆。經由計畫，更可增進對組織各種問題及發展潛力的了解。

（七）可增進與平衡各種設施的用途：計畫可使組織的各種設施獲得最大的利用，在利用時間上可作最適當的安排，不使發生擁擠或空閒現象。

（八）使管理者更有地位：適當的計畫，可使管理者增加信心及對所屬表現出積極的領導，可使管理者有效處理事務而不讓業務衰退及作無效的努力。有些管理者認為計畫可使將來的問題作事先的考慮並提出解決問題的方法。

二、計畫之弊　計畫的缺點及在應用上的限制，主要有下列七點：

（一）計畫須以正確的資料與將來的事實為前提：計畫係以資料及將來的事實為基礎而擬訂，因此資料與將來事實預測的正確性可影響及計畫的妥當性。但沒有一個管理者對將來的事實能作完整的正確的預測，如計畫所根據的預測的事實在以後有重大變更時，則計畫的價值將因而喪失。故計畫在執行過程中隨時須視當時情勢予以評量與檢討，凡根據不可靠的預測所作的計畫都是有問題的。

（二）計畫的化費太多：有人認為計畫所化費的往往超過計畫的貢獻，因此經費寧可化在實體工作的處理上。一般言之，計畫的化費可能甚高，但計畫確有其存在的價值，且計畫活動的數量與範圍，須視個別計畫的情況而定。

（三）計畫有心理的障碍：通常的心理障碍是人多關切現今而少關切將來，因為現今的較符合願望並具有確定性，而將來意義着變更及對新情勢的適應。有些人感到如計畫是採低姿勢的，則會發生將來的變更與可能的危險或減低計畫的重要性，他們認為計畫將加速變更與不安定。

（四）計畫會抑止創始力：有人認為計畫將迫使管理者嚴格的按計畫行事，此種嚴格性會增加管理工作的困難，在名義上計畫是協助管理者達成目標，而事實上卻阻碍了目標的達成。此種看法雖不無道理，但只要使計畫保持適度的彈性，在執行過程中並作彈性的運用，則可避免此種滋弊。但有些計畫必須作嚴密的設計，如醫生對重大手術的計畫。

（五）計畫會延誤了行動：緊急或突發事件的處理，需在當場立作決定，不可經由訂定計畫後再按計畫執行。但在一般情況下，大致的計畫是有必要的，以免減少浪費的活動。再如採取行動時，如對行動的目的與成果如何，如何利用有效的設施達成任務，及對所採行動可能發生的後果等，事先不作任何的考慮，將是魯莽的。

（六）過分的作計畫：有人批評計畫者常會過分的作計畫，如準備過於詳盡的報告與指示，不使有任何的冒險性，化費過多的經費去搜集資料，並將所有資料納入計畫之中，並不斷的追蹤計畫的執行與成果，不使管理者有自行斟酌運用的餘地。

（七）計畫的實際價值仍屬有限：有人認為計畫過於理論，而其他方法卻較為實際。他們相信有效的成果是在隨機應變情況下獲得的，如此機會主義才能獲得最大的運用。但他們亦知道有些計畫的成果，可經

由切實的遵循計畫行事而達成。

第二項　計畫並不是成功的保證

計畫雖好，並不一定即可保證其成功，因為其中尚有許多因素，會影響到計畫的完成。如荷奇次 (Richard M. Hodgetts) 即指出下列四個因素會影響及計畫的成功[14]。

一、所搜集的資料有錯誤　計畫多是根據所搜集的資料，再加上對將來的預測而擬定的，如所搜集的資料有錯誤，則根據錯誤的資料所作成的預測，亦必發生錯誤，因而對將來應行採取的行動的設計，亦因此而發生偏差，致計畫難以如期完成，原定目標亦將無法達成。

二、經濟情況的轉變　經濟情況有景氣與不景氣之別，根據經濟景氣的預測所作成的計畫，在執行時遇及經濟情況不景氣時，原有計畫的執行勢必發生困難。其他如政治環境的變更，社會環境的轉變等，亦會影響及計畫的執行與原定目標的達成。

三、經費的困難　計畫與經費原是相互配合的，有關計畫的各項工作均有經費的支援。但如臨時遇及某種事件，致須增加經費之支出，或因物漲價幣制貶值等，致原有經費預算不足以支應時，除修改原定目標外，亦將發生計畫執行困難，原定目標難以實現的事實。

四、缺乏溝通與協調　各組織的計畫，不但計畫與計畫之目標間應調和配合，在各計畫執行過程中，更須密切的溝通與協調，以期步驟的一致。即以同一計畫而言，各種工作的處理過程中，亦須有密切的溝通與協調，以期步驟的一致，時間的配合，不致在行動上發生重複或抵觸，時間上發生過早或延誤。

---

[14]　Richard M. Hodgetts, 同前書, pp. 151-152。

第三項　計畫所遇及的障碍

有效的計畫才有成功的可能，但一個計畫的有效性，卻常因受着某些障碍而降低。除前項（第二項）所述之四種因素亦爲構成計畫障碍的原因外，尚有下列各種障碍[15]：

一、計畫專家的障碍　包括（一）擬訂計畫多由專家爲之，但專家多有知偏不知全的趨向，致在計畫中亦表現出偏向，故專家不宜主持整體的計畫。（二）專家自恃甚高，常固執己見，不易與人相處，致在協調工作上發生困難。（三）專家常用專門術語，一般人難以了解，致增加溝通上的困難。

二、計畫機構的障碍　包括（一）幕僚機構的障碍，計畫多由幕僚機構設計，但幕僚人員與業務人員間，由於背景不同，易於發生衝突，致對計畫的擬訂與執行間常發生不必要的爭論；再幕僚人員常缺乏實際工作經驗，所定計畫常過於理論化，流於空泛，致增加業務人員的批評與執行的困難。（二）委員會的障碍，如計畫由委員會擬訂時，則工作效率將會降低，計畫中如發生問題時難以認定責任的歸屬，所作成的計畫，亦只是各委員意見的拼湊，缺少明確的體系與一貫的思考，因而降低了計畫的素質。

三、時間的障碍　就計畫的用意言，是在制作將來應行採取的行動，且將來的期間愈長時，則計畫的價值愈大。但由於期間愈長，則預測的工作愈困難，預測的可靠性愈低，所作成的計畫可用性愈差。欲求預測正確，所訂計畫切實可行，則期間須愈短，但在計畫的價值言，愈是短期的計畫其價值又將愈低。故從期間的障碍言，要訂定價值大而又切實可行的計畫，是極爲困難的。

---

[15]　張潤書著，行政學，頁五七八，三民書局，六十五年版。

四、其他因素的障碍　如（一）法規的限制；（二）技術學識經驗的不足；（三）人類的惰性；（四）習俗與信仰；（五）自私心；（六）不合理的建議；（七）部屬的抗拒；（八）偶發事件；（九）障碍因素的隱藏性與易變性等；均會影響及計畫的有效性。

第四項　有效計畫應具的條件

保持計畫的有效性，必須注意若干原則，而這些原則在擬定計畫時即須加以重視與遵守。但對應行遵守的原則為何，各學者說法不盡一致。茲參照馬克法蘭（Dalton E. MacFarland）[16]與張金鑑教授看法[17]，歸納及補充如下：

一、所定目標要簡明　計畫的內涵是以如何達成目標之程序方法技術為主要內容，如設定之目標極為簡明，則可具體設計出達成目標應做的工作項目，及其處理的地點、時間、人員、經費與方法；如設定之目標甚為空泛或含糊，則將無法設計達成目標的程序與方法，因而已失去了計畫的意義。

二、計畫應求簡單化　過於複雜詳細的計畫，不但在擬訂時會化費過多的時間與費用，對執行計畫者而言亦會感到所受拘束過大。同時過於詳細具體的計畫，遇及情勢稍有變動時，原有計畫即無法配合而須作適度的修正，因而亦會增加了須經常修正計畫的困擾。

三、計畫內宜包括用以考評管理者實施計畫之行為的指導與標準　計畫自訂定後，即須由管理者實施，為期能按計畫行事，對管理者實施計畫的行為是否合乎要求，應加以考評。同時為期考評客觀確實，有關考評的指導與標準，亦宜包括在計畫之內，以期考評有所依據。

---

[16]　Dalton E. MacFarland, 同前書，p. 333。
[17]　張潤書著，行政學，頁二九八——二九九。

四、具體 計畫內容要具體確實，最好能儘量以數字表示，不可含混籠統或不着邊際。

五、平易可行 計畫要平易可行，不可陳義過高或紙上談兵，而應在組織現有的人力、經費、設施等條件足可勝任的情況下，來訂定計畫的內涵，以期獲得成果。

六、內容完整 凡計畫應行包括的事項，均應包括在內，不可有所遺漏，如為達成計畫目標所應處理者為何種工作，各種工作在何處理，由何人處理，於何時處理，經費若干，及應用何種方法處理等，最好均能有所說明。

七、前後一貫 計畫的內容雖多，但必須相互配合與貫通，既不可支離破碎，亦不可衝突矛盾。各種計畫的相互間，不僅在層次上應相互呼應，更須相互啣接。

八、能予適應 計畫乃預先決定將來應行採取的行動，因其為預先決定，其可靠性自無法完全正確，因而在計畫執行過程中，如發生訂計畫時未曾考慮到的情況時，必須對此種情況能予適應而免計畫執行的中斷。謀求適應之法，或為使計畫本身略具彈性或為事先做成若干備案，以便管理者的彈性執行或選擇最佳的備案實施。

第十章　溝通與協調

當計畫訂定後，在實施時須注意及意見的溝通與行動的協調，以期計畫能順利的實施。茲就溝通的意義、種類與程序，溝通的障礙與其克服，協調的意義、程序與原則，會議等，分節敍述之。

第一節　溝通的意義、種類與程序

溝通有其一定的意義，溝通有其不同種類的形態，在程序上，溝通有其不同的途徑‧不同的關係，須經若干歷程，並須經由媒介。茲分項簡述如後。

第一項　溝通的意義

溝通，係指兩人以上相互間，經由溝通歷程，交換資料、觀點、意見或情感，以獲得共同的了解、信任與行動。故溝通與第八章所述之公共關係不盡相同。茲簡說如下：

一、**溝通是兩人以上相互間的溝通意見**　溝通必須為兩人或兩人以上的溝通意見，如為單獨一人，則不發生意見溝通問題。再意見溝通必

須是相互的、多向的、而非只是單向的，如兩人的面對面交談爲意見溝通，老師（一人）與學生（多人）相互間的討論問題亦爲意見溝通，若干人在一起相互談論某一問題，亦屬意見溝通。

二、溝通須經由溝通歷程　兩人以上的意見溝通，須爲經由溝通歷程而進行（溝通歷程見本節第五項）。

三、溝通意見的內容包括資料、觀點、意見或情感　意見溝通的內涵極爲廣泛，包括各種資料的交換，各種觀點的交換，各種意見的談論，甚至不同情感的交流與表達。

四、溝通意見的目的在求獲致共同的了解信任與行動　兩人以上的意見溝通，其目的在求對所交換的資料、意見、觀點或情感的相互了解，進而產生相互的信任，最終達到行動上的相互配合。雖然有時意見溝通並不一定能達到目的，此種未能達到目的的意見溝通，嚴格的說意見既未溝通，就不能稱爲意見溝通，必須眞正能達到相互了解、相互信任與行動相互配合的目的時，才可稱爲意見溝通。

第二項　溝通的形態

各組織員工相互間溝通意見的形態，根據海爾（Mason Haire）的研究，認爲可區分爲下列六種[1]：

一、連串式的溝通形態　卽組織各員工的溝通，排成一條直線，每人僅與上下或左右兩邊的員工間發生直接意見溝通關係。如受嚴格指揮監督系統限制的組織，員工只能與直接主管及直接屬員溝通意見，生產線上的員工只能與左右兩旁的員工溝通意見。

二、放射式的溝通形態　卽以一個員工爲中心，稱爲放射焦點，該

---

[1]　姜占魁著，行政學，頁一三八——一三九，五南圖書出版社，七十一年版。

員工與其他員工均可發生意見溝通關係，而其他員工相互間則無意見溝通關係的存在。如採用獨斷領導方式的單位主管與其屬員間的意見溝通，即屬此種形態。

三、循環式的溝通形態　即組織內每一員工均有同等的機會，與其他員工間發生意見溝通，此乃組織員工溝通最大的溝通形態。採用民主或放任領導方式的單位，大致屬於此種形態的溝通。

四、放射連串式的溝通形態　此乃放射式與連串式溝通形態的結合，即組織內某一員工可與其他員工發生意見溝通，但其他員工相互間則只有連串式的意見溝通。

五、放射循環式的溝通形態　此乃放射式與循環式溝通形態的結合，即組織內某一員工可與其他員工發生意見溝通，但其他員工相互間又形成一循環式的意見溝通。

六、連串放射連串式的溝通形態　此乃由兩種連串式與一種放射式的溝通形態所聯結而成。

以上六種溝通形態，亦可用圖形表示如下。

連串式溝通形態　　　　　　　　放射式溝通形態

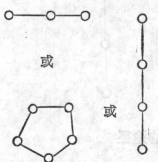

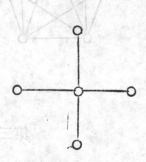

循環式溝通形態　　　　　　放射連串式溝通形態

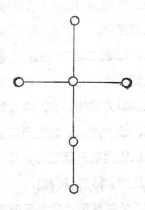

放射循環式溝通形態　　　　連串放射連串式溝通形態

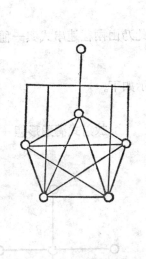
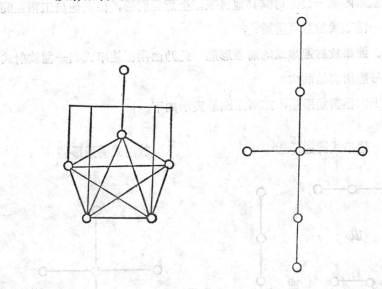

第三項　溝通的途徑

在組織內員工相互間溝通時，爲配合正式組織之指揮監督關係，所用的溝通途徑主要有下列五種：

一、**各級主管人員間的溝通**　各級主管，包括組織首長、副首長及各級內部單位的主管與副主管，可透過主管會報方式進行溝通，並由首長主持。各級主管人員間的溝通，對組織內部溝通言至爲重要，因各級單位須推動何種業務，業務上有些什麼問題，爲解決問題須取得何種單位之何種支持，均以主管人員最爲了解，如能透過主管會報溝通，當可發揮較大效果。再首長對各級單位有所指示時，或各級主管對上級主管有所陳述時，亦以透過主管會報進行最爲有效。此種溝通途徑對規模愈大的組織，愈爲重要。

二、**下行溝通**　此係組織內之上級主管，透過組織內部層次的區分，將意見逐級向下發送之溝通途徑。爲期有效應：

（一）重視下行溝通的作用：下行溝通有助於組織既定目標的執行與達成，使各級主管對所屬工作給予正確的指導，使各級員工了解組織對他的期望是什麼，可增加上下級員工間的相互了解與合作。

（二）注意下行溝通的技術：上級須了解下級的情況，如了解下級員工的知識程度、願望、情緒與個人問題等，以決定須予溝通的意念、媒介及時機等。主動的與所屬員工溝通，以增加員工對主管及組織的了解，主管對所屬的溝通，不應視爲一種可用或可不用的權利，而應將之視爲一種應盡的義務。下行溝通的同時，應多給員工表達意見的機會，並儘可能接受屬員的意見，修正原有的意念，使員工具有參與感，設法獲得員工的信任，以增加所屬員工對溝通內容的接受與了解，及根據了解採取行動。對內容較爲複雜、重要的意念，在下行溝通前應有充分的準備及完善的計畫，而後按計畫進行溝通，以增加效果。

三、**上行溝通**　此係組織內之下級員工，透過組織內部層次的區分，將意念逐級向上發送之溝通途徑。爲期有效應：

（一）重視上行溝通的作用：上行溝通可提供屬員充分參與的機

會，屬員對組織如有任何意見，均可透過上行溝通途徑提出，並可查察屬員對上級的指示是否確已了解與採取行動。如屬員在工作上的表現已能符合組織的要求，則表示已眞正了解上級的意念，並可使員工對組織提供更多的貢獻，進而獲得心理及社會需求的滿足。

（二）注意上行溝通的技術：上級須眞正表現出意見公開的誠意，並鼓勵所屬員工向上級提供意見，如意見箱的設置，各種座談會的舉行等；對員工意見表示出眞正的重視，並儘可能的接納，同時舉辦意見調查及建立獎勵建議制度等。

四、平行溝通　此係組織內之主管或員工，與其他無監督關係之單位主管或員工間之溝通途徑。爲期有效應：

（一）重視平行溝通的作用：彌補下行或上行溝通時須按層次進行的缺點，宜縮短溝通途徑以節省溝通時所須經過的手續與時間，如此並有助於團隊精神的培養與發揮，進而增進各單位員工的友誼及滿足社會需求的願望。

（二）注意平行溝通的技術：主管人員應鼓勵所屬員工多採用平行溝通，以增進工作效率。主管人員對所屬員工應授予適當權限，以期作平行溝通時能獲得結論。舉辦各單位員工間的業務座談會、聚餐會、交誼會等，以增加平行溝通的機會。在組織內多採用工作小組或臨時任務編組等方式，指定有關單位員工參加，以期一方面提高工作效率，另方面增加平行溝通的機會。

五、業務與幕僚人員的溝通　由於組織的趨於龐大，內部組織除業務單位外，尚有幕僚單位，因此兩種單位的性質不同，致權責亦有差異，因而相互間的溝通亦日趨需要。爲期有效應：

（一）重視業務與幕僚溝通的作用：業務與幕僚人員的溝通，可增加兩者間的相互了解。根據經驗，業務與幕僚人員由於地位、性質、權

責的不同，對業務及問題看法往往有出入，最明顯者爲業務人員多認幕僚人員缺乏經驗、好高鶩遠，對業務缺乏了解，所提建議不切實際，侵犯業務單位權責等；而幕僚人員又多認業務人員過於保守、缺乏理想，無進取心等；此種誤會須多運用相互間的溝通來消減。業務與幕僚單位如有充分的溝通，可分擔組織首長的責任，使首長有較多時間去考慮組織上更重要的問題；組織首長只須制定決策，只要作「可」或「不可」的決定，至於業務與管理的配合、方案的細節、執行的程序等，均可經由業務與幕僚的協調而解決，不須再由首長操心。

　　(二) 注意業務幕僚溝通的技術：維護業務單位之權力關係，避免幕僚對業務單位行使命令權；使幕僚人員了解，幕僚對業務單位的影響力基礎，是意見的素質與價值而非權力，是出售服務而非強迫配銷。組織首長對幕僚單位只能賦予職能的權力，亦卽幕僚只能在其參贊的專業範圍內，對業務單位給予技術指導的權力，而非決定業務單位應該做什麼的權力。再就業務單位言，業務單位應了解幕僚人員具有爲業務人員所不易具備的專業知識與技術，他們隨時在等候爲業務單位服務的機會，他們只是業務單位的助手，他們可對業務單位提供有力的支援，一個聰明的業務單位主管，才會有效的運用幕僚。業務單位與幕僚單位間的職權，應作較爲明確的劃分，以便雙方各守分際，又不侵犯到另一方的職權。

第四項　溝通的關係

　　從溝通意義、溝通形態及溝通途徑的了解，可知組織內的溝通關係極爲複雜。溝通關係可從五種不同的觀點來區分與敍述。

　　一、從有無溝通中心觀點，可區分爲有溝通中心的溝通關係與無溝通中心的溝通關係

(一) 有溝通中心的溝通關係: 卽一個組織或一個單位的員工, 在溝通意見時須透過某一員工, 此人卽爲溝通中心的所在, 組織或單位內的資料此人最爲了解, 此人對其他員工的影響力亦最大, 此人往往就是該組織或單位的主管。具有此種溝通關係的組織或單位, 其溝通速度快, 溝通的正確性高, 組織形態穩定, 領導關係明確, 但整個組織或單位員工的士氣卻甚爲低落。

(二) 無溝通中心的溝通關係: 卽一個組織或一個單位的員工, 在溝通意見時並無溝通中心的存在, 任一員工可與任何其他員工溝通。具有此種溝通關係的組織或單位, 其溝通速度慢, 溝通意見的正確性低, 組織形態不穩定, 領導關係不明確, 但員工的士氣卻高。

二、從溝通方向多少的觀點, 可區分爲單向的溝通關係與雙向的溝通關係

(一) 單向的溝通關係: 指員工在溝通時, 一方只是發送訊息, 另一方只是收受訊息, 收受訊息的一方不再向發送訊息的一方發送訊息, 如主管人員只向所屬發出書面指示, 要求所屬按指示行動, 不許所屬對指示有所陳述或提出不同意見。單向溝通關係的優點, 爲溝通快速, 發送訊息的一方不會受到接受一方的批評或挑戰, 能維護主管的尊嚴; 但其缺點爲溝通的意見不一定正確, 接受者對溝通意見無法辨別是非, 致常發生挫折與抗拒的心理。

(二) 雙向的溝通關係: 指員工在溝通時, 發送與接受訊息的雙方可相互的發送訊息與接受訊息, 亦卽發送的一方於發送訊息後一定要聽取接受訊息一方對訊息的回饋意見, 此種發送與回饋可能會繼續進行多次, 直至雙方獲致共同的了解而後已。雙向溝通關係的優點, 爲對溝通意見可獲得較正確的了解, 接受者對所溝通的意見有辨別是非的機會, 致增加接受者的參與感, 透過溝通可建立起雙方間的情感; 但其缺點爲

發送訊息的一方易受到接受一方的批評，致溝通時常受到干擾，溝通的速度慢，有時會影響及主管的威信。

三、從溝通與組織關係的觀點，可區分爲正式的溝通關係與非正式的溝通關係

（一）正式的溝通關係：如前項所述之下行溝通、上行溝通、業務與幕僚溝通，均屬正式的溝通關係。正式溝通關係的優點，爲溝通的效果及約束力較大，故凡較爲重要的訊息及採用書面方式的溝通，多循正式溝通關係進行；但其缺點爲溝通速度較慢，接受的一方對溝通意見參與的機會亦較少。

（二）非正式的溝通關係：卽員工意見溝通的途徑，不受組織內層級及監督關係的約束，可由員工任意的選擇溝通途徑進行，如員工利用平時的各種集會，就有關問題向有關人員直接溝通意見。非正式溝通關係之優點，爲溝通速度快，且多爲直接的溝通，可減輕正式溝通的負荷，有些不便經由正式溝通途徑的訊息，可利用此種溝通關係進行溝通；但其缺點爲溝通的意見常被歪曲，各種謠言的傳播者，常利用此種溝通關係傳播各種不利於組織的謠言。

四、從溝通須否經過第三者的觀點，可區分爲直接溝通關係與間接溝通關係

（一）直接溝通關係：直接溝通，係由發送者與接受者雙方直接的溝通，而不假手第三者的傳達，如面對面的交談，用電話直接聯繫等。直接溝通的優點，爲雙方可獲得正確的溝通，有獲得充分交換意見的機會，溝通速度亦較快速；但其缺點爲應用直接溝通的機會並不多，往往受時間、地點等限制，使發送者與接受者間，難於應用此種溝通關係。

（二）間接溝通關係：間接溝通，係發送者將意念發出後，須經一個或數個第三者的傳遞，始能達到接受者。間接溝通的優點，爲應用時

可不受時間地點等之限制，故應用機會較多；但其缺點為浪費傳遞的人力與時間，及不易獲得正確的溝通。

五、從有無一定形態的觀點，可區分為定形的溝通關係與不定形的溝通關係

（一）定形的溝通關係：指參加溝通的員工有其一定的範圍，溝通的關係亦有一定的形態，且為外界人士所了解，如同一單位的員工，以開會方式相互的作意見溝通。

（二）不定形的溝通關係：指參加溝通的員工其範圍並不固定，溝通時亦無一定的形態，且不易用觀察方法看出。如欲了解此種溝通關係之情況，通常可用莫雷諾 (J. L. Moreno) 所創的社會關係測量法測量，使用時可設計一些問題（如喜歡誰，討厭誰，願與誰一起工作等），要求各員工答覆，從答案中去了解員工對何人採取「接受」或「拒絕」的態度，再描出社會關係圖，據以推斷員工相互間的情感關係，及何一員工佔團體中的中心位置，何一員工在團體中居於孤獨狀態。其情形如下圖所示[2]：

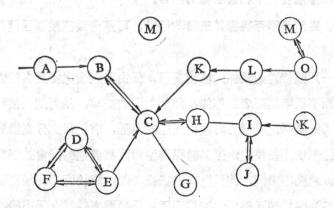

———→ 代表單方接受　⇐＝⇒ 代表相互接受

---

[2]　陳庚金著，人羣關係與管理，頁一四一，五南圖書出版社，六十八年版。

從上列社會關係圖中，可知C的社會關係最好，無形中成爲團體的領導者，處於團體的中心位置。M是個孤獨者。DEF無形中成爲一個小團體。在團體中處於中心位置且關係良好者，在團體內易發生影響力，較易受人喜歡，在團體中亦較能獲得滿足，對團體行爲規範亦會採支持態度。團體中的孤獨者，易因受到其他成員的冷漠而引發出某些不爲團體所歡迎的行爲。

第五項　溝通的歷程

溝通，就是要將訊息帶給對方。但吾人須知，溝通不只是機械的或物理的訊息傳遞，亦是發訊與受訊者間，具有個別的情緒、認知、態度等心理特性，故溝通是物理的心理的刺激與反應的互動。溝通不只是一種邏輯的傳達，亦是一種理性與感情的混合交流。基於此種了解，意見溝通的歷程，應包括下列七個[❸]：

一、**發送者意念的形成**　發送訊息的一方，首須決定者爲發送何種訊息，亦卽決定發送訊息的內容，訊息內容愈爲簡明，則意見溝通的效果愈大。至意念的形成，則憑發訊者的人格、學識、經驗、能力及目的等而定。

二、**選擇發送意念的媒介**　媒介的選擇，影響發送效果很大，因而須作愼重的選擇。於選擇媒介時應注意：

（一）接受意念之人的知識程度：如爲文盲則不能用文字作爲發送媒介，如爲聾子則不可用語言聲音作爲發送媒介。

（二）接受意念之人的人數：如係兩人面對面發送意念，則可面談媒介，如接受意念者爲大批羣眾，則宜用文字或透過大眾傳播作爲媒介。

---

❸　傅蕭良著，人事心理學，頁四一八——四二〇，三民書局，七十年版。

（三）所發送意念的性質：如意念爲暫時性且無關緊要者，可用語言爲媒介；如意念爲長久性且屬重要事項時，宜用文字媒介。

三、**將意念轉化爲符號**　當發送之媒介選定後，卽須根據媒介將意念轉化爲一連串的符號，以便透過媒介來發送。如將意念轉化爲語言或文字或各種姿態。

四、**決定發送的途徑與時間**　意念的發送效果，與發送的途徑及時間亦有關係。如將意念當面向接受者發送，或將意念先向某甲發送，再由某甲轉向接受者發送。一般言之，直接發送的效果較間接發送的效果大，但遇及某種意念不宜向接受者直接發送時，自可採用間接發送方式。至發送時間，更須作適當的選擇，如遇及接受者心情不均衡時，向之發送意念的效果決不會理想。

五、**接受者引起注意並收受意念**　將意念發送後須有接受意念之人，否則將失去發送意念的作用。接受意念之人，先爲引起注意，接着爲收受意念，接受意念者可爲一人亦可爲多數人。

六、**接受者對意念的了解**　接受者收到所發送的意念後，對此意念須作一番了解的過程，經由了解的結果，其情形爲：

（一）完全了解發送者所發送的意念，並認爲合理正確，因而眞正的接受了此一意念。

（二）只部分了解發送者所發送的意念，並認爲合理正確，因而眞正的接受了此一部分的意念。

（三）雖了解發送者所發送的意念，但認爲並不或並不完全合理正確，因而拒絕或只接受了一部分意念拒絕了另一部分意念。

當接受者對意念的了解屬於前述第（三）種情形時，接受者對所拒絕部分的意念，可能會轉化爲另一種自己的意念，再向原發送者發送。此時原來的發送者變爲接受者，原有的接受者變爲發送者，經由此種相

互發送與接受的結果，最後取得意念的一致。

七、接受者採取配合行動　意見溝通的目的在採取某種行動，如接受者未有採取行動時，仍不得認為意見已經溝通。至所採取的行動，自有積極的作為與消極的不作為之分，如經意見溝通後，接受者採取某種積極措施，支援發送者的行動以擴大工作效果；或接受者採取消極的默許，不再反對發送者的某種行動。

以上七個歷程，可圖示如下：

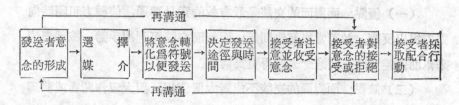

第六項　溝通的媒介

溝通時所用的媒介雖有多種，但應用機會最多的還是書面的文字與口頭的語言兩種，此兩種媒介各有優缺點，為發揮其優點減少其缺點，應作適當的選用❹。

一、書面媒介　係指應用文字圖畫等來溝通意見，書面媒介的形式有多種，如摘要、報告、佈告、公文、手册、報章雜誌等，均包括在內。書面媒介的優缺點為：

（一）優點：書面文件可永久保存；可拿出再次的閱讀或研究俾作深入了解；書面文字的結構較為嚴謹，不若語言之隨口而出；書面媒介有利於向大衆的傳播；書面亦宜用作瑣碎詳細訊息傳遞的媒介，用以補充語言媒介的不足；書面媒介較語言媒介為正式。

❹　Richard M. Hodgetts, *Management, Theory Process and Practice,* pp. 294-295, 中央圖書出版社, 1975。

（二）缺點：書面媒介不易保持訊息之合時，難隨情勢之變化而隨時修正，如工作說明書、工作手冊等則常有此種困擾；有時書面媒介內容過多過長，主管人員不願詳細閱讀，因此當屬員提出一大篇書面報告時，主管人員會要求屬員只要作十分鐘的口頭報告卽可。

二、語言媒介 係用聲調語言來溝通意見，語言媒介的方式亦有多種，如面談、電話、廣播、演講、開會等，均包括在內。語言媒介的優缺點爲：

（一）優點：面對面的交談是最有效的意見溝通，使雙方可隨時向對方提出反應，並可當場解決問題；面對面交談可利用手勢、臉部表情來幫助傳達意念，使意念表達得更爲清楚。

（二）缺點：面對面的交談不能對大眾使用；對大眾作開會或演講時，不易立刻獲得回饋，如聽眾對意念有不了解時，只得等候會後研究或請敎。

三、書面與語言媒介的選用與並用 此兩種媒介旣各有其優缺點，則使用時須作適當的選擇，於必要時並可二者同時並用。其情形爲：

（一）選用書面媒介：合於下列情形之一者，宜用書面媒介，卽1.須將意念轉送至另一地區時；2.當屬員不易了解或易於忘記時；3.當涉及詳細項目及數字時；4.意念極爲重要且須屬員嚴格遵守時；5.可用公告代替口頭之說明時；6.根據上級的書面指示轉知所屬時。

（二）選用語言媒介：合於下列情形之一者，宜用語言媒介，卽1.補充書面指示之不足時；2.回答屬員口頭所提之問題時；3.告知極瑣碎之事項時；4.給予屬員以協助時；5.在緊急情況中時；6.鼓勵屬員之工作興趣時。

第二節　溝通的障礙與其克服

當吾人須作意見溝通時，固可選擇適當的溝通途徑、運用適當的**溝通關係**，選用適當的溝通媒介，但仍會發生溝通上心理及其他的障礙，因而須設法加以克服，以期提高溝通的有效性。除參閱第八章第四節了解大眾傳播心理之敍述外，茲分心理的障礙，其他的障礙，心理障礙的克服，及其他障礙的克服等四項，簡述如後。

第一項　心理的障碍

在意見溝通時，因心理上的原因而引起障礙者甚為常見。茲舉較為重要的心理障礙如下：

一、因知覺差異而引起障礙　依心理學的說法，知覺是經由心理歷程，對感覺所得事物的了解，但各人的知覺常具有差異，而構成知覺差異的原因，主要為各人的學習與經驗，對事物注意的程度，個人的動機與性向，價值觀念，人格特徵，及社會暗示等。由於各人知覺的差異，致對同樣的事物（尤其是較為抽象的事物）的了解上亦發生了差異。發送者對意念的了解與接受者對同一意念的了解，由於知覺的差異，可能有所不同，因此在意見溝通上發生了障礙。如對同樣的語言有着不同的了解，對同樣的文字有着不同的解析，對同樣的圖案有着不同的看法，對同樣的問題有着價值不同的判斷等，均屬其例。

二、因地位不同而引起障礙　如意見溝通的發送者與接受者的地位相差懸殊，則發送者為顧及自己地位與尊嚴，於發送時只作極為簡要的指示，因而常語焉不詳；而接受者則又會心情緊張，影響聽的能力，對不明瞭之處亦不敢多問或有所陳述，致無法真正了解發送者的意念，因

而發生了溝通上的障礙。

　　三、因知識水準不等而引起障礙　如發送者與接受者的知識水準相差甚遠，則又會增加溝通的困難。如對某一問題，發送者認為很簡單，只要稍作提示即可了解，而接受者卻認為該問題甚為複雜，如對之未有詳盡說明則根本無法了解；再知識水準的高低亦會影響及對問題的看法，致在溝通上遇及了障礙。

　　四、上行溝通時易發生的障礙　當員工向上級發送意念時，員工多會採取保留態度，不會把事實眞相完完全全向上級發送，以免增添上級主管的麻煩，因而主管對情況亦無法眞正了解。再員工須向組織首長發送意念時，通常須經各級主管的核轉，而每一級主管對員工所發送的意念，基於自己的觀點均會作若干的過濾與修正，因此到達組織首長時，原有的意念已有了若干的改變，致影響及溝通的正確性。

　　五、下行溝通時易發生的障礙　當組織首長須向員工發送意念時，組織首長為顧及安全及控制因素，多不願作詳盡的敍述，同時亦認為無作詳盡發送的必要，致員工無法眞正了解其意願。再各級主管遞傳上級的意念時，亦常會酌加自己的補充意見，越傳遞至基層時，則所加的補充意見越多，變更組織首長意念的可能性越大，因而發生溝通障礙。

　　六、抗拒心理引起的障礙　人多安於現狀，不太願接受現狀的改變，因為改變現狀後，須對新的情況作重新的適應，改變現狀後對原有的權益可能發生影響。因此當一種革新或改進措施推行時，在意見溝通期間常會發現員工具有抗拒變革的心理，由於抗拒心理的存在，致使溝通發生困難。

　　七、其他心理因素所引起的障礙　此種障礙可能是最嚴重者。由於員工在態度、觀念、思想、情緒、處理問題的方法等，具有個別的差異，致溝通時發生嚴重的障礙，如直接溝通時所發生的爭辯，間接溝通

時對意念的變質等，均屬明顯而常見的實例。

第二項　其他的障碍

意見溝通的發生障碍，除心理因素外，尚有其他因溝通途徑、溝通關係、溝通媒介等原因所引起的障碍。其中較爲重要者有如下列：

一、因選用溝通途徑不當而引起的障碍　溝通途徑主要有各級主管間溝通、下行溝通、上行溝通、平行溝通、業務與幕僚溝通等多種，因各種溝通途徑均有其作用，溝通時如選用不當，自將引起溝通障碍。如對極爲重要且須永久保存的事項，選用平行溝通途徑，不易使接受者引起重視，甚或影響及所採取的行動；如對其他單位作緊急事項的陳述時，採上行及下行溝通途徑，而不採平行溝通途徑，致大大影響及溝通的效率。

二、因運用溝通關係不當而引起障碍　組織內的溝通關係，從不同觀點可作各種不同的區分，而每種溝通關係各有其優點與缺點，如運用溝通關係不當，則會發生溝通上的缺陷。如對重要事項運用非正式的溝通關係；對知識水準高責任心強的接受者，運用單向的溝通關係；對須講求高效率的單位運用無溝通中心的溝通關係；對內容繁複的意念運用間接的溝通關係等。凡此均屬溝通關係的運用不當，將會影響溝通效果。

三、因選用溝通媒介不當而引起障碍　如對內容極爲繁複的意念，選用語言爲溝通媒介，致發送者不易說清楚，而接受者無法完全接受與了解；對內容極爲簡易的意念，用文字或圖表爲溝通媒介，則又屬浪費時間與物力；又如選用語言爲溝通媒介時，發送者口齒不清或用語模稜兩可，用電話時電話有噪音聽不清楚，所用文字不通順或有別字致生誤解等，均會發生溝通上的障碍。

四、因組織不合理而引起障碍　如組織內部層次過多，由最高層次

將意念發送至最低層次時，不僅影響溝通速度，且會影響溝通內容的變質。泰雷（George R. Terry）曾舉出實例，公司董事會（發送者）的意念（100％），傳至總經理時，只保存原有意念的90％，再傳至副總經理時只保留67％，傳至部經理時只保留50％，至課長時只有30％，至員工時只有20％了❺。再如組織內部區分單位過多，致須增加平行溝通的頻次，亦會影響上行下行溝通的效果。

五、因意念過於繁複或數量過於龐大而引起障礙　意見溝通中之接受者，對意念的接受有其一定的限度，如發送的意念超過此種限度，則會發生困難；又如發送的意念數量過於龐大，接受者亦將難以接受而發生障礙。

六、訊息本身的權威性亦會引起困擾　所發送或接受的訊息本身之有無權威性，亦會影響及障礙的發生。大致而言，所發送訊息本身越具有權威性時，易為接受者所接受；如訊息本身並不具權威性，即使訊息本身極具可靠性，亦易引起接受者的懷疑，甚或引起抗拒，致發生溝通障礙。

第三項　心理障礙的克服

溝通時的心理障礙，還需用心理來克服。茲對前第一項所述心理障礙的排除，簡說如下：

一、了解接受者的背景　此處所指背景，係指影響及個人知覺的背景而言，如學習與經驗、對事物注意的程度、個人的動機與性向、價值觀念、人格特徵等，對接受者背景的增加了解，可減少發送者與接受者對溝通意念之知覺的差異度，由於知覺差異度的降低，將有利於意念的

---

❺　George E. Terry, *Principles of Management*, p. 177, 美亞出版社，1974。

溝通。

二、**使接受者對溝通引起注意與興趣並鼓勵其行動**　溝通意見的目的，是要接受者接受意念並按意念採取行動，但要使接受者接受與採取行動，須先使接受者對溝通的意念引起注意（如發送者先強調此一意念的重要性），再引起對意念的興趣（如發送者說明此一意念與接受者具有切身關係），再鼓勵接受者按意念採取行動（如發送者宣布，凡採取行動且績效良好者將給予獎勵）。若此接受者不但不會抗拒意念的接受，更會樂意去接受與實現意念。

三、**雙方表現出坦誠與友善的態度**　當發送者與接受者溝通時，尤其是地位高低相差懸殊的發送者與接受者間，應表現出坦誠與友善的態度，地位高的一方不宜為表示尊嚴而草草溝通，地位低的一方亦不應與對方保持距離而不作反應，只要雙方均能表現出坦誠而友善的態度，對意念作充分的溝通，應可克服因地位不同或上行溝通時所發生的障礙。

四、**保持客觀並尊重對方意見**　因知識水準不等及下行溝通時所發生的障礙，多由於未能保持客觀及尊重對方意見所引起，因此常自以為是，用自己的主觀看法去任意修正別人的意見，不但使原有的意念變質，且亦會引起對方的心理抗拒，採取心理防衛，以致雙方堅持互不相讓，形成僵局。

以上所述四點，雖有助於心理障礙的克服，但其效果也許不會理想。因此在溝通時，尤其直接面對面以語言作溝通時，對發送與接受的任務盡量選擇知覺、背景相似，地位、知識水準相當者擔任時，將可更為有效。如確無知覺、背景、地位、知識水準相當者時，則選用文字的溝通媒介，其效果也許會較語言媒介為好。

第四項　其他障礙的克服

溝通時因選用溝通途徑、媒介或運用溝通關係不當等原因所引起的障礙的克服，亦須從改進選用溝通途徑、媒介、與運用溝通關係等方面着手。其情形爲:

一、意念要簡明有限量 發送者與接受者間須予溝通的意念，要簡而明，卽須簡與明兼顧，不可爲求簡而不明，或爲求明而不簡，數量亦不可過多。簡明而有限量的意念，不但便於發送，更有利於接受。

二、愼選溝通途徑與愼用溝通關係 溝通途徑雖多，但各有其特性，自須視意念的內容、重要性、時間性、及發送者與接受者的情況，選最有效的溝通途徑溝通。 溝通關係亦有各種不同的區分，且各有其優缺點，同樣須視意念的內容、重要性、及發送者與接受者的情況，運用最能發揮其優點的溝通關係。良以工欲善其事必先利其器，溝通途徑與溝通關係均屬溝通時用以傳遞意念的工具，如能選用最有利於當時當地情勢的溝通工具來溝通意念，自會增加溝通的效果。

三、一次不成再次溝通 意念的溝通，往往不是一次就可順利完成的，如因一次溝通不成就予放棄，則成事機會不大。因此發送意念的一方，不應一次溝通不成就氣餒，而應找適當機會作再次或三次四次的繼續溝通，溝通次數愈多愈會增加成功的機會。

四、將溝通視爲員工的權利與責任 就主管人員言，將主管事項主動告知所屬並鼓勵及接受所屬提供意見，此乃主管的責任，員工向主管提供意見是員工的權利。此種權利與責任觀念的建立，當有助於意見溝通的充分利用。

五、愼用語言及書面溝通媒介 以語言及書面作溝通媒介時，爲期減少障礙宜注意下列各點:

（一）儘量避免可能引起對方抗拒的語言及文字: 如多用陳述性言談及文句，將使用言談及文句動機單純化，使言談及文句略帶感情，表

現出爲對方着想，表現出態度的謙虛；儘量少用評論性的言談及文句，不要控制對方的意向，不可言詞閃爍不定。

（二）使用意義明確的語言及文字：溝通時須用意義較爲明確的語言及文字，以免接受者引起誤會。

（三）儘量少用專門名詞及術語：各種行業各有其專門名詞及術語，此種詞語卻爲其他行業人員所不易了解，因此與其他行業人員溝通時，應儘量避免。

（四）利用圖表與舉例以增加對方對意念的了解：圖表可使人看了一目瞭然，舉例可使人對意念有更深切的了解，此種圖表與舉例對溝通幫助甚大，宜儘量配合使用。

（五）引用權威性資料：具有權威性的資料，如政府公報所載的資料，學術界有崇高地位學者的看法等，均具有權威性，在意見溝通時如能加以引用，當可增加溝通效果。

（六）用短句代替長句：長而複雜的句子，不易爲人所了解，宜避免使用，寧可用數句短句來代替一句長句。

（七）非必要的形容詞宜少用：形容詞本身就是抽象的，對同一形容詞各人的評價常有不同，如溝通時多用形容詞，則接受者對溝通的意念將會模糊，或會作不同的解析。

（八）表達意念應注意邏輯順序：對事實的陳述，應注意時間先後並指出地點及有關人物的姓名名稱；對事理的分析，應注意原因與結果的分析與說明；對問題的提出，應敍述所發生的問題，發生問題的原因，如問題不予解決將來可能發生的後果，及解決問題的方法。對意念敍述的邏輯化，將會增加接受者的了解與接受性。

（九）儘量用直接的敍述代替間接的敍述：直接的敍述可使語句簡化，易於了解。間接的敍述，不僅會使語句複雜化，且常用第三人稱來

代替第一人稱，易使接受者發生錯覺。

六、培養聽的耐性　即注意（一）少講話，多保持沈默，如自己過於喜歡講話，將阻礙他人發言機會；（二）使講話的他人感到舒適，而沒有拘謹不安之感覺；（三）表現出聽的願望，不要表示出冷淡與不耐；（四）排除各種可能影響及視聽效果的事物，如噪音、行人出入、悶熱、酷冷等；（五）聽取意見時，須表現出同情心，設身處地爲他人着想，去了解他人的觀點，切忌主觀的事先論斷；（六）聽取意見時，最重要的是他人意見的聽取，而非對他人意見作評論；（七）不到適當時機，少挿嘴，不要打斷他人發言；（八）聽取意見時，即使遇有攻擊自己的言辭，應保持冷靜的態度，不可發脾氣；（九）不與他人辯論，如自己辯論輸了會產生挫折感，如自己辯論贏了，亦會引起他人對自己的不服氣；（十）以請教態度提出問題，可從他人的答覆中擴增自己的學識經驗，並增進對他人的了解。

七、注意面談的細節　即（一）安排適當的面談地點，如擺設樸素、潔淨、舒適、無閒雜干擾；（二）開始交談時，可略談些家常話，以免除對方的心情緊張，接着再以誠懇的態度交談；（三）在面談進行中，應保持氣氛的輕鬆、和諧；（四）面談要有充裕的時間，使對方可充分表達意見，匆匆的舉行面談，往往不會有結果；（五）面談進行中，應把握主題，不使話題越扯越遠，並隨時提醒對方，使話題拉回主題上；㈥面談結束時，應自然有禮，使對方留下好印象。

第三節　協調的意義、程序與原則

意見溝通後通常即須採取行動，而行動則須協調。協調有其意義，協調可採不同的途徑，協調有其大致的程序，爲求協調有效並須注意若

干原則。茲分項簡述如後。

第一項　協調的意義

協調的意義，各學者的看法不盡相同，茲舉數例如下並綜合說明之。

一、學者對協調的看法　茲舉三位學者說法如下：

（一）張金鑑教授：認爲協調就是使各組織的各單位間、各職員間，能以分工合作的協同一致的整齊步伐，達成共同使命[6]。

（二）龔平邦教授：認爲協調是在實施工作中的各項努力的完滿契合，以便成功的達成目標，要使一個組織中的各種努力，達到最適宜的配合，就必須全體成員朝著同一目標進行，故協調爲整體中每一個體密切揉合在一起，使每一個體對整體的關係，達到最大的協調效果，這樣組織中的綜合效果必定大於整體的成效[7]。

（三）馬克法蘭 (Dalton E. MacFarland)：認爲協調是一種程序，經由此種程序管理者規劃所屬員工之統合的與有順序的團體努力與獲得行動的一致，以追求共同的目標。馬氏並作下列五點補充解析[8]：

1. 協調是管理者的責任，亦是領導責任之一。協調往往被與合作混爲一談，事實上是完全不同的。員工在組織內雖可相互合作，但不能協調自己。合作雖有助於協調，如缺少合作將使協調成爲不可能，但只是合作並不即會產生協調。

2. 協調是一種程序，協調通常有着不同程度的存在。

3. 協調是需將團體的努力加以安排，協調是應用至團體的努力，

---

[6]　張金鑑著，行政學典範，頁三三五，中國行政學會，六十四年版。

[7]　龔平邦著，現代管理學，頁三〇七，三民書局，六十七年版。

[8]　Dalton E, MacFarland, *Management, Principles and Practices*, pp. 387-388, 美亞出版社，1974。

而非應用至個人的努力。當一羣員工須共同工作時，則統合性與有順序
將成爲重要的條件，經由協調產生一致的行動是提高組織效率的重要因
素。

4. 協調問題的重心是如何獲得一致的行動。所謂一致的行動是領
導者及時安排個別員工的努力，使融合成爲生產行動的一股和諧的主流，
此種一致的行動在只有個別員工合作的場合是不會出現的。組織須一致
行動的要求，使得領導成爲必需，一個成功的領導者，就是會替協調提
供一致行動的中心。

5. 協調的目的是達到共同目標，參加追求共同目標的員工，須了
解一致行動的意義。

二、綜合的說明　由上述三位學者對協調所賦予的意義，吾人可知
協調與合作不同，協調是一種程序，協調的目的是追求一個團體的共同
的目標，而共同目標的達成，則有賴於領導者透過協調程序，將團體內
個別員工的努力，加以適當的安排後使成爲團體一致的行動。

第二項　協調的途徑

當主管人員協調所屬員工的努力時，所採用的途徑主要有下列三
種:

一、單位內部協調　如所需達成的計畫目標，純屬同一單位的權責
時，則在計畫執行過程中的協調，可由主管單位的主管主持，協調單位
內各有關員工，使他們個別員工的工作，能得到適時的安排及密切的配
合，使各個別員工的努力成爲團體一致的行動，以確保計畫目標的達
成。

二、組織內部各單位間協調　如所需達成的計畫目標，係屬同一組
織內各單位的權責時，則在計畫執行過程中的協調，應由組織的首長或

副首長或幕僚長主持，協調各有關單位主管（或及其有關所屬員工），使他們個別單位（或及其有關員工）的工作，能得到適時的安排及密切的配合，使各單位（或及員工）的努力成爲組織一致的行動，以利計畫目標的實現。

三、有關組織間協調　一個內容複雜、涉及範圍甚廣的計畫，往往不是某一個組織所能全權處理，常會牽及若干組織的權責，在此種計畫執行過程中的協調，應由各該有關組織的上級組織或由主辦組織的首長或副首長主持，協調各有關組織的行動，使能獲致適時的安排與密切的配合，進而確保計畫的如期完成。

第三項　協調的程序

當主管人員主持協調時，所需經過的程序通常爲:

一、準備資料　如計畫極爲完善，各有關員工或單位或組織均能按計畫進行時，則通常不須協調，故協調之需要，往往在於計畫執行過程中發生了問題，對計畫的執行發生了障礙而起。因此在準備資料時，首須認定須予協調解決的問題，並分析引起問題的原因，研究問題癥結的所在，提出解決問題之各種可能的方法，以供協調時之研討。

二、慎爲協調　協調方法，除採用書面方式協調外，多以協調會方式進行（詳見第四節會議）。在協調時，可先對所準備之資料，分送有關人員研閱，而後徵詢有關人員之書面或口頭意見，經過多次的溝通意見，以找尋最爲妥善的結論。所謂最爲妥善，在此處應指使計畫能順利進行，使原計畫的變動最少，增加人力、經費的開支最少，及最能發揮一致行動而言。

三、採取行動　協調的目的是在採取行動以達成團體的共同目標，故一俟協調獲得結論，則有關員工、單位或組織應即分別依結論採取行

動，並求密切的配合，使各有關員工、單位或組織的個別努力，結合爲
一致的行動。

第四項　協調的原則

爲期協調工作能獲致效果，在協調時宜注意下列原則:

一、**鼓勵員工間直接協調**　協調本爲主管人員的責任，但待協調的
問題有大有小，有重要與不甚重要之分，對重要的大問題，自須由主管
人員主持協調，但對不甚重要的小問題，則可讓由員工間直接協調，以
期提高效率。經由員工直接協調獲致結論時，可卽按結論採取行動，如
認爲主管人員須了解此種協調之經過時，可將協調結論同時報告主管知
悉。

二、**對參與協調者應授予適當權限**　如以會商方式協調，且受邀指
派代表參加協調時，則組織首長或單位主管指派代表時，應同時授予該
代表以適當的權限，以期該代表可眞正代表組織或單位對待協調的問題
發言，於獲致結論時可眞正代表組織或單位表明「可予接受」或「難於
接受」，如此方可提高協調的效率。如所指派的代表，並無眞正代表組
織或單位參與協調的適當權限，那只是傳聲筒而已，對所獲得的結論亦
不敢置可否，而須帶回請示後作決定，如此將使協調失去意義。當經協
調獲致的結論，被指派代表者應以書面或口頭報告主管知悉。

三、**對經協調獲致的結論應儘量予以支持**　組織首長或單位主管，
對自己所指派代表參加協調後所獲致的結論，應儘量予以支持，以增強
協調的效果，除非獲致的結論係屬違法或與當前政策有所牴觸，否則不
應予以否決。如各組織首長或單位主管對所獲致的結論，可予輕易的否
決，則等於沒有協調，將有碍於計畫的執行。

四、**儘量早期協調**　協調宜早期的進行，其原因有二，一爲如早期

進行，可使參加協調者有充分時間研究討論與提供建議，並可獲致較爲完滿的結論。二爲如協調時間過於迫促，不僅參加協調者對問題難作審愼的研究與討論，難獲較爲完善的結論，而且更易發生由主持協調者操縱一切的流弊，如主持協調者對解決問題的方法早已作成決定，所謂協調只是對早已作成的決定對參加協調者作一宣布而已，果眞如此，則會引起參加協調者的反感，因而影響了協調結論的實行。

五、協調時須同時考慮及與之有關的其他問題　協調固是解決某一特定問題，但一個問題的解決如有不愼，往往會引發其他的問題，果如此則解決一個問題又產生若干個其他問題，極爲不智。因此當協調解決問題時，不要只把眼光放在該一問題上，而應將眼光放大到其他可能發生的問題上，從各種可能解決問題的方法中，選擇不會引起其他更多或更嚴重問題的解決方法作成結論，才能發揮協調的效果。

第四節　會　議

不論協調是採取何種途徑，協調時所最常用的方式就是舉行會議，亦卽協調會。舉行會議有其需要，會議有其性質與不同的種類，舉行會議固有其優點亦可能有其缺點，爲期會議成功有其應具的條件。茲分項簡述如後。

第一項　會議的需要

各組織之需要舉行會議，其原因不外：

一、業務的日趨複雜　各組織的業務，不但量在不斷增加，其業務本身亦在日趨複雜，對複雜業務的處理，非倚賴於有關人員之共同研討不可，故業務愈是複雜的組織，所舉行的會議亦愈多。

二、**分工的日趨精細** 分工愈精細，工作愈趨專門化，愈須由專家來處理，但專家的所見往往不能顧及全體而有所偏，因此如何統合各專家的意見，使各專家的工作能作密切的配合，使組織的目標能順利的達成，又非依賴於會議商討不可。

三、**業務牽涉範圍廣** 現代的政府或事業機構，其組織均屬日趨龐大，不但機構的設置增加，且各組織的職掌區分亦走向分工。因此組織推動業務時或須處理某種問題時，往往會牽涉到數個組織的職權，如何使業務能推行順利，則與此有關的各組織間，非加強協調不可，因而舉行會議又成爲不可避免的事。

四、**取得支持與合作** 一個組織推動業務，因涉及其他組織的職權，故非取得其他組織的支持與合作不可，而取得其他組織支持與合作的方法，就是透過舉行會議，在會中說明有關的情況，並請其他組織提供建議，同時盡可能的採納其他組織的建議而作成結論。此種結論因包括有其他組織的意見在內，將可取得其他組織的支持。

五、**求得行動的配合** 當會議獲得結論後即須付諸行動，而各有關組織行動的如何安排，在時間上如何配合等，可能尚須再次或三次的舉行會議。故爲求得各組織間行動的配合與一致，亦須舉行會議。

第二項　會議的性質與種類

各組織爲協調行動及其他需要所舉行的會議，其性質與種類區分如下:

一、**會議的性質** 會議是二人以上對特定主題，作面對面的、平等地位的溝通意見，以期達成決議並採取行動。

(一) 會議是二人以上對特定主題的溝通意見: 通常所謂會議，參加人員均在二人以上，並對特定的主題，相互作意見的溝通，如無一定

的主題則不能稱爲會議。

（二）參加會議人員是面對面的平等地位的溝通意見：會議通常在一定的地點於一定的時間內召開，參加會議人員相互間可面對面的溝通意見，在發言的地位上是平等的，發言機會亦是均等的，如口頭意見因時間關係不及發表時，仍可用書面提出。會議中所提意見的重要性，應決定於所提意見的價值，而非提供意見之人的地位。

（三）召開會議之目的在獲得結論並採取行動：會議的目的在經由討論，對主題的處理政策、原則與辦法，能獲得一致的決議，並依決議來採取行動。如雖有會議但未作詳盡討論，或雖有詳盡討論但未作成決議，或雖有作成決議但未有採取行動，則所謂會而不議，議而不決，決而不行，均不得謂爲成功的會議。

二、會議的種類　平常所舉行的會議，依其主要目的的不同，可區分爲下列八種（其中（六）（七）（八）三種，嚴格講不能稱爲會議）：

（一）制訂決策的會議：主要任務在訂定決策，決策制定後作爲有關部門採取行動的依據。

（二）非政策性的討論會：主要任務爲根據既定決策，研討實施決策的原則、程序與方法，呈報有權機關核准後辦理。

（三）解決特定問題的會議：主要任務爲對特定的問題，經由討論提出解決問題的辦法，呈報有權者核定後辦理。

（四）學術研究會議：主要任務爲對所指定的主題，提出學術性的研究意見，送有權機關參考或採擇。

（五）顧問或諮詢性會議：主要任務爲對有關單位要求提供意見的主題，提出建議，以供有關單位參考或採擇。

（六）交換意見的會議：主要任務爲對某一主題，由參加者相互交換意見，既不作成建議亦不作成決議，只是增加了解各參加人員對此一

主題的看法而已。

（七）說明性會議：通常爲參加會議的成員，對某一主題的情勢甚爲關切，特邀請專家或主管人員到會說明情況，以增進對主題情勢的了解。

（八）聯誼性的會議：主要作用爲增加會議成員間的相互認識，聯絡成員間情感而已。

第三項　會議的優缺點

以會議的方式來處理問題，各有其優點與缺點。

一、會議的優點　主要有下列八點：

（一）能集思廣益：對問題的處理，能集合多數人的智慧，作最明智的判斷與決定。

（二）避免過於集權：能避免將權力過於集中至某一個單位或某一個人。

（三）便於有關單位間的協調：使有關單位或利益團體，均能派代表參加會議，將有利於各有關單位的業務與權責及各利益團體的利益之協調，使不發生衝突或脫節。

（四）使處事權限可在適當階層結合：處理事務的權限，透過會議可在各參加會議代表的階層結合，不須再集中至組織首長的階層。

（五）可用以暫行擱置行動：對某種重要而又無法快速作成決定的問題，可組織委員會研究，以免無故耽擱而遭受物議。

（六）鼓勵創造新觀念：參加會議人員，常會基於他人的意見而激盪創造出更好更新的觀念，可使問題處理得更好。

（七）擴大視野改變成員態度：個人的態度，常會受着其他與會人員的意見而改變，同時透過會議可使各與會人員對問題的看法趨於一致。

（八）便於行動的協調：各單位代表在會議中所作成的決議，自有遵守的義務，對應行採取的行動，各別按決議進行，對各單位間行動的協調大有助益。

二、會議的缺點　主要亦有下列八點：

（一）耗費人力時間與經費：會議須集合多數人在一起討論問題，故耗費人力時間及經費甚爲可觀。

（二）所得結論並不一定就是好決議：所謂決議，須在各參加人員各種不同意見的共同基礎上作成，否則無法取得出席人員的一致同意。此種在共同基礎上所作成的決議，其範圍往往不够完整，亦不一定合理。

（三）易被少數人操縱：參加會議之人員，如有少數人喜歡發言或有少數人的地位或聲望較爲突出者，則所謂會議並非人人地位平等、發言機會均等的溝通，而多爲此少數人所壟斷，所謂一致的決議，亦只是此少數人的意見而已。

（四）易作成超出權限的決議：會議均有其權限範圍，但經由會議所作的決議，因受着會場氣氛、情緒的影響，往往有超出權限者，致雖有決議但多決而不能行。

（五）責任不明：由會議所作的決議，名義上爲共同決議共同負責，但如決議發生偏差須追究責任時，則又相互推諉，責任不明，事實上無一人可眞正的負責。

（六）易於感情用事：會議的決議，易受着懂得羣眾心理的雄辯家或煽動家所利用，作成並不客觀與理智的決議。

（七）使主管推卸責任：當主管遇及困擾的問題時，往往不自加思考處理，而一味送由會議討論決定，以減少自己的麻煩。

（八）常流於會而不議或議而不決：有的主管將會議作爲籠絡部分

有力人士的工具，有的成員將會議作爲聯絡感情的場所，在開會時只談些不着邊際或與問題無關的話，致使會而不議；卽使有所討論，亦因意見難於一致而不作結論，留待下一次再繼續討論。

第四項　成功的會議的條件

主持一個成功的會議，必須具備三種條件，卽充分的準備，有效的主持，及獲致結論。

一、充分的準備　包括（一）準備會議資料：如列舉會議討論要點，準備應用的資料與表格等。（二）發送開會通知：告知開會之時間地點，說明舉行會議之目的，提出對參加會議人員之希望，會議進行的期間等。（三）了解參加與會人員之情況：如何人好於發言，何人具有何種專長，在組織中任何種職務，將好於發言與不喜發言人員座位間隔相排，請好於發言人員擔任記錄等。（四）準備會議室：光線充足，空氣流通，無噪雜聲音，空間須能足够容納與會人員，會議桌椅高度適當，各與會人員均能看見主持人及會議所用的各種圖表，分配適當之烟灰盒、發言條、鉛筆、茶水、衣帽架等。（五）準備討論計畫：先準備討論問題之簡要介紹，將大問題分析爲若干小問題，預定對每個小問題在會議中須蒐集的資料，預擬應行發問的問題，準備討論時間的分配等。

二、有效的主持　包括（一）討論前：對各與會人員作簡要介紹，以期能相互認識，說明在會議中應行遵守的事項，提出問題及限定問題。（二）發問問題：可向全體與會人員發問或向某一特定人員發問，並注意所用名詞必須有其明確的意義；發問之問題範圍不可過大，否則不易答覆，但亦不能過小，否則答覆過於容易；不發問用「是」或「否」卽可答覆的問題；發問問題的措辭，不可帶有輕視與會人員之意；發問

問題時，須避免使用應提出如何答覆之暗示；在同一時間內只能讓一人發言。（三）討論問題：儘量按原擬問題的順序進行討論，在第一個問題沒有得到結論前不進行第二個問題的討論；與會人員所提意見不論是否可行，均應先予記錄，以便前後參證；討論之範圍必須擴及問題之全部要點，不能有所遺漏；應使各與會人員均有發表意見之機會；對問題不應只作片面之討論，而應鼓勵與會人員提出反面之意見，以便反覆研究；在討論進行中，應注意討論內容的趨向，如發現有討論離題之趨向時，應即作適當的糾正；如所提意見與現討論問題無關而與下一問題有關時，應請其於討論下一問題時再行提出；當與會人員向主持人提出問題時，應儘量避免自己作答，而轉請其他與會人員作答；對將不能獲致結果之討論，不要延長時間。（四）控制討論與控制會場：按會議規則規定控制討論與控制會場。

三、獲致結論：在會議結束前，應即根據各與會人員之意見作成結論，會議之結論，須為與會人員之共同願意接受。

第十一章　管制考核

　　計畫的執行，除溝通協調外尚須加以管制考核，以確保計畫之如期完成。茲就管制考核的意義與種類，管制考核的程序，管制考核的特種技術，及管制考核的障礙與改進，分節敍述之。

第一節　管制考核的意義與種類

　　管制考核有其大概的意義，管制考核的種類可依其對象之不同，區分為進度、數量、品質、成本的管制考核四種。茲分項簡述如後。

第一項　管制考核的意義

　　依照泰雷 (George R. Terry) 的說法，認為管制考核是考評工作的執行，及必要時採取改正措施，以期工作能按計畫進行；管制考核的作用是積極性的，卽使在預定期間內達成目標或增加生產利益；管制考核不應視為是消極性的，卽不使發生績效❶。

---

❶　George E. Terry, *Principles of Management*, pp. 535-536, 美亞出版社, 1974。

通俗的講，管制就是運用現代管理的方法，預先訂定一個標準，並鼓勵其達成目標；考核就是對一件工作考查其經過始末，指出其正誤評論其優劣，並估定其具體績效[2]。由上說明，吾人可知管制考核的意義應爲：

一、管制考核是結合管制與考核而成　管制與考核兩者必須相結合，如只有管制而無考核，將失去管制意義；如只有考核而無管制，則考核無所依據。

二、管制是定標準考核是評績效　管制是預先訂定一套標準，如進度標準、數量標準、品質標準、成本標準等，以爲考核之依據；考核是就工作執行的現況與預定的標準相比較，以評定其績效的優劣，如發現有缺點，必要時並採取改正措施，協助改進。

三、管制考核是積極性的而非消極性的　管制考核的作用，是促使計畫的如期完成，而非抑制計畫的完成；是發現缺點與改正缺點，而非只吹毛求疵；是達成計畫目標的助力，而非實現計畫的阻力。

四、管制考核的基礎是計畫　管制考核是對計畫執行的管制考核，因此管制考核須以計畫爲前提，如無計畫則無管制考核的可言。

第二項　進度管制考核

管制考核依其對象之不同，可分爲進度管制考核，數量管制考核，品質管制考核，成本管制考核等四種，當然對同一計畫亦可以同時並用兩種以上的管制考核。

進度管制考核是以進度爲管制考核的對象，茲說明如下[3]：

一、進度的意義　進度就是進行的程度，進行就有「時間」觀念，

---

[2]　邢祖援著，現代管制考核制度，頁三——五，行政院研考會，六十四年版。
[3]　邢祖援著，現代管制考核制度，頁六八——七〇。

程度就有「計量」觀念，故進度亦可說是一件工作的進程與量度。

　　二、訂定進度的重要性　對一件工作，如能預先編訂分期執行的進度，不僅有助於未來工作的執行，更可作為自我管制的依據，如未有預定進度、全靠個人的主觀因人行事，自有礙於計畫的完成。

　　三、訂定進度的可行性　對可以量計的工作，訂定進度自屬可行，卽使比較抽象的行政管理工作，如將其進度視為一種預定完成階段的劃分，而不用數學觀念來衡量，則亦可大致訂出其進度。

　　四、訂定進度的原則與步驟　主要包括下列九個：

　　（一）將工作計畫的目標與內容具體化：必要時將主要的工作內容詳細釐訂分項計畫，或分項工作的子目。

　　（二）就分項工作排列出先後的順序：有些工作必須同時進行，有些工作必須等另一工作完成才能進行。

　　（三）將依序排列的工作與時間因素相配合：卽那些工作必須及可能在何時完成。

　　（四）配合預算：如與預算有關的工作，應同時將這一計畫的總預算分配到每一分項計畫或分項工作的子目上，或按季月分配預算。

　　（五）規定分工的責任與人員：對比較複雜或由若干單位人員會同辦理的工作，並註明其分工的責任與人員。

　　（六）概定工作的比重：為便於了解預定和執行進度的差異，視業務的性質概定其工作的比重（卽百分比），或用其他方法表示。

　　（七）商定進度：進度應由業務承辦人員與主管及管制考核人員商訂，如共同認為合理，卽可作為預定進度的依據。

　　（八）釐訂進度的精密程度：須視工作性質而定，工作目標愈具體，進度的精密度愈高；工作目標愈抽象，進度的精密度愈低。

　　（九）厘訂進度的方法：計有百分比法，階段法，百分比與階段混

合使用法，各種圖解厘訂進度法，各種運用時限簡單的進度表示法等；應視工作的性質及管理上的需要，分別選用或併同。

第三項　數量管制考核

數量管制考核，是以數量為管制考核的對象。茲說明如下：

一、數量的意義　數量係指以一定的單位可計算其數量者，如以件為單位，共五十件；以斤為單位，共一百斤；以時為單位，計八十小時；以百分比為單位，達到85％等。

二、數量的重要性　凡屬生產的或銷售的計畫，其計畫目標在生產或銷售某一定單位之某一定數量，其計畫之成敗亦決定於預定生產或銷售數量的能否達成；再如資金是否足夠，員額是否夠用，公文數量是否過多等，亦均以數量作為制作決定的依據，故數量有其重要性。

三、訂定數量的可行性　以預定的與完成的數量為管制考核的對象，當然有其可行性，惟其適用範圍常受着某些限制，如行政管理性工作、研究發展性工作、以講求素質為主的工作等，並不適宜訂定數量標準作為管制考核依據，有時甚至會發生流弊（如過於重視數量而疏忽了素質）。至生產性的或銷售性的工作，以數量為管制考核對象，自屬可行。

四、訂定數量的原則與步驟　主要包括下列六個：

（一）計畫目標之是否具體與是否為數量：當目標極為具體或目標係以數量表示的計畫，多可考慮訂定數量為管制考核的依據；如目標極為抽象或目標未以數量表示的計畫，應再視其分項計畫或分項工作的性質，而定是否訂定數量。

（二）分項計畫或分項工作的性質：如分項計畫或分項工作，在計畫中原已訂有數量時，自可以數量為管制考核依據；如分計畫或分項工

作未訂有數量，但工作程序方法極爲固定，有明確單位並可計量時，仍可以數量爲管制考核的依據；如分項計畫或分項工作旣未定有數量，且亦難作數量之計算時，則不宜以數量爲管制考核之依據。

（三）訂定數量標準：應根據動作時間研究或統計資料，擬定完成一個單位工作所需的人力時間，作爲安排在何期間應完成何種數量工作的依據。

（四）訂定完成某種數量工作的進度：如在第一個月底應完成某種工作五十件，在第二個月底應完成某種工作一百二十件等，以爲管制考核的依據。

（五）防止重量不重質情況的發生：如工作的品質亦須同樣的講求，而在管制考核上只以數量爲依據時，易發生粗製濫造降低品質的弊端，因此在管制考核時，須同時注意品質水準的維護。

（六）常用的方法：根據數量以爲管制考核依據的常用方法，有生產管制、銷售管制、存量管制等。

第四項　品質管制考核

品質管制考核，是以品質爲管制考核的對象。茲說明如下：

一、品質的意義　品質係指對工作在素質上應行達到的要求，如外表要如何美觀，內容要如何正確與適合，在應用時其有效性極高等。

二、品質的重要性　凡屬研究性設計性服務性的計畫，對品質的重視往往超過了數量。如研究專題獲得結論，所重視者爲結論的正確性可行性與有效性，而不在結論數量的多少；如服務性的工作，其重點在接受服務者對服務工作感到滿意的程度，而非服務次數的多寡。故對有些計畫及工作而言，對品質水準的維護與提高是極其重要的。

三、訂定品質的可行性　雖然訂定品質的標準，較訂定數量標準爲

困難、爲抽象，以品質爲管制考核依據時比以數量爲依據者，在處理上亦較不易客觀確實，但因某些計畫與工作是須重質而不重量的，因此仍有訂定品質爲管制依據的必要，所訂的品質標準雖較爲抽象，但總比不予訂定標準而讓由工作人員自行作主觀認定時爲好。

四、訂定品質標準的原則與步驟　主要包括下列五個:

（一）計畫目標之是否具體與是否爲數量: 大致而言，計畫目標越是抽象與未表明數量時，可考慮以品質訂定標準作爲管制考核的依據。

（二）分項計畫或分項工作之是否重質: 不論計畫目標爲具體或抽象，爲計量或不計量，如計畫中的分項計畫或分項工作係以講求品質爲主時，對該分項計畫或分項工作，宜訂定品質標準。

（三）訂定品質的標準: 訂定品質的方法，須視工作性質而定，有者應從形式的美觀，有者應從範圍的完整，有者須從可用性的高低，更有者須從準確度的高低等，來訂定較爲可行的品質的衡量標準。如對某些工作，須品質與數量同時並重者，則品質標準不宜過高，以免降低了數量的標準。

（四）區分計畫進行的階段: 對難以計量的工作，不易計算含有數量性質的進度時，可將計畫的進行區分爲若干階段，就其每一階段的進行情況，以品質爲依據予以管制考核，以期計畫之如期完成。

（五）品質管制考核的方法: 對品質的管制考核，可以下列方法進行，卽1.視察的方法: 由管理者經由視察來認定工作成果或各階段的工作之是否合乎品質的要求; 2.樣品試驗統計的方法: 對工作成果或各階段工作的半成果，根據抽樣技術，任選若干樣品予以試驗，就樣品試驗所得的品質以推斷全部工作的品質。

第五項　成本管制考核

成本管制考核，係以成本為管制考核的對象。茲說明如下：

一、成本的意義 成本係指為產出而作的投入，包括人力、時間、經費、物料等，有了投入始有產出。

二、成本的重要性 尤其是事業機構，其生產及營運均須講求成本。事業的利潤是售價減除成本之結果，而產品價格又不是某一企業所可自行決定，於是事業如欲獲得利益或獲取更大利益，祇有從減低成本着手，因而成本的管制考核就有其重要性。

三、訂定成本的可行性 各事業對成本的了解，主要是根據各種有關成本的資料，而成本資料又是用報表表達，用分析解析，故成本報表與其分析，可作訂定成本標準的依據。至於行政管理性工作，對其成本標準的訂定，則較為困難與不正確。

四、訂定成本標準的原則與步驟 主要是包括下列六個：

（一）帳戶分類應適應組織特性：在會計處理程序中，帳戶分類須能適應組織特性，以便各項成本可按各部門應負之責任分別處理。

（二）成本帳戶應予細分：成本帳戶在總分類原則下，更應按組織中之個別責任詳細劃分，俾能顯示各項成本支出之性質。

（三）訂定預期目標：利用標準、預算及折減等方式訂定預期目標，並須經常及時依照執行。

（四）實際成本應予細分：實際成本與標準或預算數字間的差異，亦須按照各個責任明細劃分，並應詳加解析，以便確定此一差異的責任。

（五）編造成本報表：各種成本報表，應由負責人經常編造，並送負責管制考核各該成本發生之人員，俾於執行管制考核時有所依據。

（六）成本管制考核的方法：如實績管制（指就某一業務實際績效加以衡量，從而決定該項業務是不是應該繼續維持或予擴張或緊縮），

預算管制（指整個財務的管制），標準管制（指採用成本標準數字管制實際成本發生）等❹。

第二節　管制考核的程序

實施管制考核，在程序上通常是先訂定績效標準，再就實有績效與標準比較，而後採取改進行動以矯正偏差❺。茲分項簡述如後。

第一項　訂定績效標準

管制考核的第一程序，卽是訂定績效標準，所謂績效標準，就是進度標準、數量標準、品質標準、及成本標準。對某一計畫或某一工作，對其績效的衡量究應採用何種標準或並用那數種標準，則應視計畫或工作的性質及當時管理的需要而定。茲說明如下：

一、訂定績效標準的益處

（一）作為衡量產品、程序及活動的依據：績效標準的目的，在於說明與辨認各種產品、程序與活動，如未訂有一定的標準，就無從說明，在辨認時亦無依據可循。

（二）有助於各別事物的比較與衡量：如經由動作與時間研究，訂定每一員工的工作量標準後，卽可用以衡量現有員額編制之過寬或過嚴。

（三）維持產品及服務之水準：有了數量與品質的標準，可隨時衡量現行產品的數量或品質及服務的品質，是否合於標準，以保持產品及服務於一定水準之上。

---

❹ 王德馨著，現代工商管理，頁一三九——一四三，中興大學企管系，七十一年版。

❺ 龔平邦著，現代管現學，頁三八〇——三八六，三民書局，六十七年版。

（四）有助於爭論的解決：如被考核人對考核人的考核結果，因有所不滿而提出申訴時，則考核人與被考核人間將引起爭辯，如考核係根據既定標準辦理，則該標準將有助於考核爭論的解決。

二、訂定績效標準的範圍　何種計畫及何種工作應訂定績效標準，可由管理當局視需要及訂定標準的可行性而定。一般而言，事業機構應訂定標準的範圍，宜較政府機關的範圍爲廣。

三、訂定績效標準的方法　不論爲進度標準或數量、品質、成本標準，其訂定方法大致有下列三種，可視情形選用：

（一）統計方法：卽藉過去經驗的分析，以建立績效標準，在訂定時如能與其他有關資料合併考慮，將更可增加其有效性。

（二）評估方法：卽依管理者的經驗與判斷進行評估，凡難作精確估計或作精確估計需時過久時，則用評估方法。

（三）科學方法：卽應用科學方法，在客觀的基礎上設立標準，如時間標準、工作量標準等，可用此種方法。

第二項　將實有績效與標準比較

管制考核的第二個程序，就是將計畫執行過程中所產生的實有績效，與旣定的績效標準相比較，以認定其高於或等於或低於旣定的標準，進而確定實有績效的優劣。爲期能眞正發生比較作用，應注意之事項爲：

一、及時提供有關實有績效的資料　比較的依據是實有績效與績效標準，因此有關實有績效的資料能否及時提供，則會影響及比較的作用。如實有績效的資料提供過遲，則在比較時如發現有缺點，已無法作及時改正，致使管制考核的功能難以完全發揮。

二、比較時應注意及可衡量性　卽實有績效應與原定標準可以眞正比較衡量，如實有績效是計量的而原定標準是計質的，則二者間無從比

較衡量；又如實有績效與原定標準雖都是計量的，但單位不同，則二者仍無從比較衡量；再如實有績效是按月計而原定標準是按日計，亦須作適當調整後才能相互比較衡量。

三、實有績效資料須有可靠性　當實有績效資料與既定標準相比較時，實有績效的資料必須具有可靠性，否則二者雖可比較，但所得結果仍屬不正確，如據以評定績效的優劣亦有所不公。

第三項　採取改進行動

管制考核的第三個程序，就是對比較後所發現的缺點，採取改進行動，以矯正偏差。如實有績效達到績效標準時，則可免除此一程序。爲期眞正發揮管制考核效果，採取改進行動時宜注意：

一、認定缺點所在　當實有績效與既定標準相比較後，當可發現某部分的績效超過既定標準，某部分達到標準，某部分低於標準，對低於既定標準部分的實有績效，卽爲缺點之所在。此種缺點須予明確的認定，並須了解其差距究竟有多大，當缺點愈多且差距愈大時，表示所發現的問題愈嚴重。

二、發掘產生缺點的原因　在比較後所發現的缺點，其產生的原因可能是單純的一個，也可能是數個，其原因可能是員工的工作不力，或人員與經費的不足，或爲其他管理上的缺陷，或爲處事的程序、技術、方法的不當，或爲既定的標準過高等。發掘產生缺點的原因甚爲困難，因此必須由管理者與擔任工作的員工共同檢討，必要時並請管理專家提供意見，以期所發掘的原因是眞正的，而非只是表面的。

三、針對原因採取改進措施　由於原因的單純或複雜，涉及範圍的小或大，致爲改進所應採取的措施，亦可能單純或複雜，範圍可能小或大，有時甚至會涉及組織的重新改組，計畫目標的重新訂定，處理程

序、技術、方法的改變，人員編制的調整，人員的進修訓練等。

四、再作追蹤考核　當缺點的改進措施採取後，該改進措施是否有效，原有缺點是否確已獲得改進，尚須在相當期間內，採取追蹤的考核，以確定改進措施的有效性。如經相當期間的追蹤考核，發現原有缺點確已得到改進，則表示所採取的改進措施已發生改進的效果。

第三節　管制考核的特種技術

管制考核雖可根據前節所述，分訂定績效標準、將實有績效與標準比較、及採取改進行動三個程序進行，但此乃一般性的作法，適用於一般性計畫或工作的管制考核。為期管制考核能發揮更大效果，管理科學家已發展出多種對特殊的計畫或工作所適用之特殊的管制考核技術，特舉四種分項簡述如後。

第一項　計畫評核術

計畫評核術 (Program Evaluation and Review Technique)，簡稱 PERT，為美國海軍所發展出，並於一九五八年應用至北極星武器系統的規劃與管制，此種技術對複雜計畫進度的管制，被證明極為有效。其情形如下[6]：

一、**PEPT 的製作**　PERT 是一種網狀圖，內中包括事件與時間兩類因素，其製作程序為：

（一）先認定完成計畫所應處理的事件 (Events) 與活動：事件是一種時間點，代表一種活動的開始或終止，在網狀圖中通常用小圓圈表

[6]　Richard M. Hodgetts, *Management, Theory Process and Practice,* pp. 205-207, 中央圖書出版社，1975。

示；活動是完成特定目的所需要的作業，在網狀圖中通常用箭頭表示。

（二）再認定各事件間的關係：如某事件須於另一事件或另二事件完成後方能開始，某事件須與另一事件或另二事件同時進行等，其情形如下例所示：

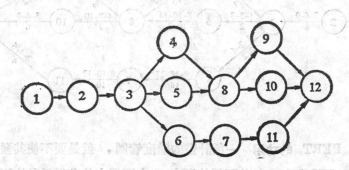

上為建房子的例，圖中之①為開始建房子；②為打基礎；③為建立結構；④為建天花板；⑤為裝屋頂；⑥為砌磚牆；⑦為完成房子上半部的外型；⑧為裝設內部電線；⑨為裝置電熱器具；⑩為裝置廚房電器用具；⑪為裝門及櫥櫃；⑫房子建造完成。

（三）再預估各種活動所需的時間：預估時通常採三種估計方法，即一為樂觀的 (Optimistic) 估計（卽進行順利時所需的時間），二為最可能的 (Most likely) 估計（卽最可能的所需時間），三為悲觀的 (Pessimistic) 估計（卽進行不順利時所需的時間）。而後依下列公式計算出所希望的 (Expected) 時間：$t_E = \dfrac{t_o + 4t_m + t_p}{6}$。如就前例再將時間因素加入後，其情形如下例：

（四）再計算各種不同途徑之所希望的總時間：下例由①至⑫各種活動進行的途徑只有三條，卽一為①②③④⑨⑫，其所希望的時間共為五六；二為①②③⑤⑧⑩⑫，其所希望的時間共為四一‧三；三為①②③⑥⑦⑪⑫，其所希望的時間共為五〇‧二。以上以第一途徑的時間

爲最長，此乃所謂要徑 (Critical Path)。

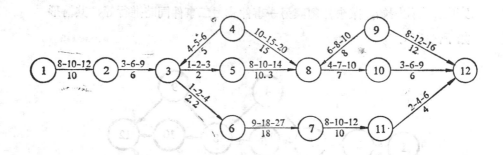

二、PERT 的功用　一種計畫的進度管制，就是要不使其發生延誤，有了 PERT 卽可知其要徑的所在，在要徑上的各種活動決不能延誤，如有所延誤卽會影響及計畫的如期完成，至其他非屬要徑的途徑，則雖有延誤，亦不一定卽會影響及計畫的如期完成。故計畫的主持人應經常注意要徑上的各種活動，不使其發生遲延，如有發生遲延之可能時，應卽抽調非屬要徑上的人力與經費，來支援要徑上活動的進行，以確保計畫的如期完成。

第二項　均衡分析法

均衡分析法 (Break-Even Analysis)，多適用於有關成本與利潤的分析。其情形如下：

一、假定已知的事項　當規劃利潤時，須先假定有三種事項爲已知，卽（一）總收入＝單價×銷量；（二）總成本＝固定成本＋（變動成本×銷量）；（三）利潤＝總收入－總成本[7]。

二、求出均衡點　根據上述三個已知的假定，卽可用數學方法或圖

[7]　許士軍著，管理學，頁一六五——一六六，東華書局，七十一年版。

解方法求出均衡點 (Break-Even Point)。所謂均衡點，指當銷量等於此點時，總收入等於總成本；銷量低於此點時，將發生虧損；銷量超過此點時，將發生盈餘。茲舉例如下：

（一）應用數學方法：假定某產品之固定生產成本爲二五、〇〇〇元，變動成本爲每單位〇・七元，每單位預定售價爲一・二元，則根據：固定成本÷（單價－變動成本）＝25,000÷(1.2－0.7)＝25,000÷0.5＝50,000單位，此時總收入及總成本均爲六〇、〇〇〇元，亦卽如銷售量達到五〇、〇〇〇單位時，方不致虧本，如超過五〇、〇〇〇單位卽可有盈餘。

（二）應用圖表方法：固定成本爲二五、〇〇〇元，在縱軸二格半處畫橫線代表；每單位預售價爲一・二元，在橫軸與縱軸上以十與十二比例的斜度劃線，代表總收入；每單位的變動成本爲〇・七元，在橫軸

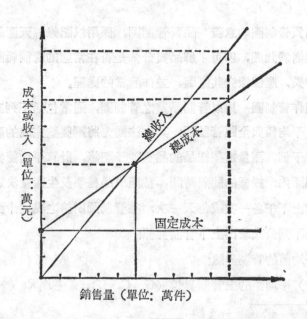

銷售量（單位：萬件）

與縱軸上以十與七比例的斜度劃線，代表總成本；此兩線的交錯點處，其橫軸爲五〇，卽銷量爲五〇、〇〇〇單位；縱軸爲六〇，卽總收入爲六〇、〇〇〇元。

三、均衡分析法應用的限制 此種方法係基於成本結構及價格均不變動，及成本與收入均隨數量呈直線關係改變的假定而設計，故只能用於短期的規劃，如適用於長期的規劃，則因成本結構及價格的可能變動，及由於數量的增加要求折扣，及固定成本可能因銷售量的擴大而增加，變動成本可能因銷售量增大而減少等原因，均與原有假定有出入，故在應用時將發生困難。

第三項 管 制 圖 法

管制圖法 (Control Chart Method)，多用於品質的管制，其情形爲❽：

一、品質管制圖的意義 品質管制圖，係用以記錄每天產品之品質分佈，管理者看此圖，卽可了解品質分佈是否在常態的管制範圍之內，如發現有變異，應卽探究其原因，並作適當的處理。

二、製作管制圖 用以管制品質之管制圖，通常包括下列二種：

（一）平均值與全距管制圖：其作法爲先將剛製造完成的產品中，任意抽樣若干個，測量這些樣品的品質並予記錄，計算平均值與全距，再記入管制圖內；採樣的間隔時間，按照成品種類及生產量決定，如每小時一次或上下午各一次或每天一次；在管制圖所繪之點達十至二十點後，卽可依下列公式求出上下管制界線：

1. 平均值的管制界線：

（1）平均值的上管制界線 (U. C. L)＝$X+A_2R$

---

❽ 王德馨著，同前書，頁一七四——一七六。

(2) 平均值的下管制界線 (L. C. L) $= X - A_2 R$

以上 X 指已經所得 $\bar{X}$ 的平均值，A_2 爲係數，每次抽樣 5

個時，$A_2 = 0.557$，R 指已經所得樣品的全距平均值。

2. 全距的管制界線：

(1) 全距的上管制界線 (U. C. L) $= D_4 R$

(2) 全距的下管制界線 (L. C. L) $= D_3 R$

以上係數 D_4, D_3，如抽樣爲 5 個時，D_4 爲 2.114，D_3 爲 0。

(二) 不良率管制圖與缺點管制圖：對成品經檢查結果可區分爲良品及不良品，或合格品及不合格品時，可依下列公式算出管制界線：

1. 不良率管制界線：不良率管制界線 $= P \pm 3 \dfrac{\sqrt{P(1-P)}}{N}$，$P$ 代表最近檢驗之10至20批中，抽驗數與其不良品之比例；N 爲檢驗時從每批中抽樣數。

不良率管制圖，應用至全面管制品質時較爲方便，但每次檢驗時之抽樣數應增多，如百至千個。

2. 缺點數管制界線：缺點數管制界線 $= C \pm 3\sqrt{C}$，C 代表最近 10 至 20批檢查時，每種產品之平均缺點數。

三、管制圖的功用　主要包括下列四點：

(一) 作爲品質管制的基礎：管理者對產品的管制，可以管制圖爲基礎，認定生產工作是否正常，及認定其產品的不良率及缺點數的情形，作爲檢討改進的依據。

(二) 作爲改進產品品質的依據：生產部門，可以管制圖爲基礎，來決定產品需否照常生產或須加某些方面的改進，以符合產品的品質。

(三) 作爲產品品質介紹的依據：營業部門推銷產品時，對產品品質的介紹可以管制結果爲依據來設計，如不良率或缺點數等於零時，更

可擴大此種優點的宣傳。

（四）作爲研究發展部門的研究改進依據：如產品不良率甚高或缺點數甚多，則研究發展部門更應研究製造過程技術方法的改進建議，提供製造部門試用，以達到改進產品品質的目的。

第四項　存量管制法

存量管制法 (Inventory Control)，應用於物品存量的管制，極爲有效，因物品存量過多，等於增加呆料，使資金難作靈活運用，如物品存量過少，又將影響生產與業務，爲避免此種困擾，乃發展出存量管制法。其要點爲設立各種物品之最高存量與最低存量兩種標準，以爲防止缺失之界限，並爲維持此兩種界限再設定請購點與請購量兩項輔助標準。其情形爲❾：

一、最低存量　爲一種物品在某一特定期間內（如一年或一月）最少之存量界限；最低存量可分兩種，卽一爲理想最低存量，當物品存量降至此界限時，必須立卽請購補充，否則卽將存量不足，影響工作；一爲實際最低存量，亦可稱安全存量，係爲防備物品在補充或耗用方面發生意外時作應急之用。

二、最高存量　爲一種物品在某一特定期間內最多之存量界限，如存量超過此一界限，則屬浪費。

三、請購點　當一種物品由於耗用而日漸短少至某一特定數量時，必須辦理請購補充。否則，由於購運時日之延誤，在補充物品尚未到達前，存量已降至安全存量以下，隨時有影響及工作的危險，故請購點，亦卽爲理想最低存量之界限。

四、請購量　一種物品的存量耗用至請購點時，究應購置補充若干

❾　王德馨著，同前書，頁二五四──二五八。

方為最合經濟原則，並使補充物品到達後，物品存量不致超過最高存量界限，亦不會少至在不合理的短期內作第二次購置時，其一次應購置數量稱為請購量。

五、相互關係與計算公式 以上四種標準之相互關係及其計算方法，可用下圖及計算公式表示，至其他內在及外在環境因素尚未考慮在內，因此根據此種公式計算結果，必要時尚須配合內在及外在環境因素作適當的調整。

（一）圖示

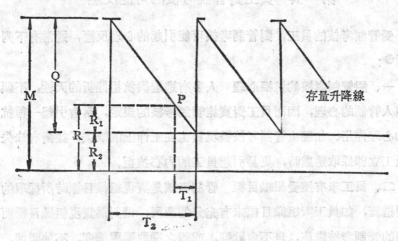

存量升降線

（二）計算公式

$M = (ST_2) + R_2$ $\qquad$ M＝最高存量， S＝每日耗量，

$Q = ST_2$ $\qquad$ T_2＝年度或生產週期日數， R_2＝實際最低存量（安全存量），

$R = P$ $\qquad$ Q＝請購量， R＝最低存量， P＝請購點，

$R = R_1 + R_2$ $\qquad$ R_1＝理想最低存量， T_1＝購運日數，

$R_1 = ST_1$

第四節　管制考核的障礙與改進

管制考核雖訂有標準，並依工作之實績與既定標準相比較，以定其優劣及給予適當的獎懲，但在管制考核的進行中，亦常會發生若干障碍及問題，亟需謀求改進者。茲分員工對管制考核的可能反應，管制考核上可能發生的問題，及管制考核的改進三項，簡述於後。

第一項　員工對管制考核的可能反應

受管制考核的員工，對管制考核可能引起的心理反應，通常有下列各種[10]：

一、對管制考核的抗拒心理　人多有逃避與抗拒挫折的天性，不願受他人管制的心理，因而員工對實施管制考核的規定，常會引起一種抗拒的心理作用。如經由管制考核發現員工在工作上的缺失，並對有缺失的員工立即採取懲處時，更易引起員工的內心抗拒。

二、員工未有接受組織目標　管制考核是實現組織目標時所採取的重要措施，如員工對組織目標未有充分的認同，則對為實現組織目標而採用的管制考核措施，自不會歡迎，或對之採取漠視態度，不加聞問，對管制考核上的各種要求，亦不會重視及盡力去達成。

三、認為管制考核的標準與組織目標無關　員工未能認同組織的目標時，對管制考核固然不會重視，即使員工對組織目標有所認同，但如認為管制考核的標準與組織目標無關時，同樣的會對管制考核不予重視，對管制考核的要求仍不會加以重視。

四、目光的短視　由於員工目光的短視，更使管制考核難以有效的

---

[10]　Ross A. Webber, *Management*, pp. 336-340, 華泰書局，1976。

實施，甚或發生反作用。如員工只注意本單位的目標而忽視組織的目標，只顧到當前的利益而忽視長期的利益，致發生為炫耀本單位的績效而作過分的增產，為求數量的增加而降低了品質，為求達成標準所定的要求而製造假記錄，為求目前獲得較多的獎金致產量激增而發生滯銷等。故員工目光短視所引起的後遺症，是多方面的。

五、影響團體士氣　根據所定標準管制考核結果，對績效優異者固可獲得獎勵，但對具有缺失的員工，即使未予懲處，對其心理仍不無影響。由於對標準或管制考核措施的不滿，更會引伸至對績優員工的不滿，如產生有此種心理，則會使原有的員工團體分裂，原有員工間的和諧氣氛轉為衝突，致影響了員工的團體士氣。

第二項　管制考核上可能發生的問題

管制考核，除可能發生的員工心理反應外，在管理上亦可能發生若干問題：

一、標準的過高與過低問題　作為考核實有工作績效優劣之根據的標準，是否過高或過低，將會引起困擾與問題。如標準定得過高，則員工雖已盡力但仍有多數員工未能達到標準要求，不僅增加員工的挫折感，更會使員工感到達成標準已屬無望，從而放棄了去達成標準的努力。再如標準定得過低，則員工人人在不須努力的情況下亦能達成標準，對達成標準已不再是榮譽之事，對達成標準的獎勵亦是人人有份，已不再有激勵作用，對組織而言，管制考核的實施，亦將無助於效率的增進與品質的改進。

二、與領導方式的協調　如主管對所屬所採取的領導方式，為獨斷的領導方式或以工作為中心的領導方式，則管制考核措施的採取，與領導能予配合，在運用上將不致發生問題。如主管所採取的是民主的或放

任的領導方式或以成員爲中心的領導方式，則對管制考核的實施頗難適
應；遇此情形最易發生的後果，是員工對管制考核措施不能適應，甚或
引起反對之聲；如爲配合管制考核措施而改變原有的領導方式，則又會
使員工對新改變的領導方式不能適應。

　　三、主管對管制考核的反應過快　　如在考核的標準中，規定有員工
應行遵守的行爲與工作量的標準，如員工在偶而情勢下，偶而表現出不
當的行爲或工作量未有達到標準，管理者對此種偶發事件作爲常態事件，
乃不分析其原因，卽對員工予以當面糾正或懲處，此種現象最易引起員
工的不滿，亟應加以防止。從管制考核言，發現員工的績效未能達到要
求時，自須適時採取改正的措施，但管理者對改正措施的反應過快，尤
其將偶發事件作爲常態事件而立卽採取改正行動時，對管制考核是極其
不智的。

　　四、管制考核的成本　　實施管制考核，自會增加了若干成本，而此
處所謂成本，係指除擔任管制考核工作所需的人力、經費外，尚包括因
管制考核而帶來的工作上的時間延誤、員工對管制考核所產生的不良反
應，及在管理上所引起的問題等的反功能在內。如因管制考核所引致增
加的成本，尚超過了因管制考核所得的實益時，則應否管制考核就值得
檢討了。故管制考核並不是絕對的，只是在所化費的成本低於所得到的
實益時，方可推行。

第三項　管制考核的改進

　　爲期管制考核不致引起員工的不良心理反應，不會引發管理上的其
他問題，應注意下列各點⑪：

⑪　Justin G. Longenecker, *Principles of Management and Organiza-
tional Behavior*, pp. 524-533, 美亞出版社, 1974。

一、**管制要適度**　主管對所屬的管制考核，如屬過寬，不僅所屬在工作中難以獲得經驗，且將養成所屬散漫的心理，影響工作效率；如管制考核過嚴，不但會引起所屬的反感與抗拒心理，更會養成所屬的依賴心，阻止創新的動機，阻碍了工作的創新。如主管人員對管制考核究應稍嚴或稍寬發生猶豫時，則寧可採取稍寬的管制考核。

二、**增加員工對組織目標及管制考核的認識**　組織的目標必須透過教育與傳播，使員工獲得充分的認識，組織的目標應高於單位的目的，不得為達成單位目標而妨碍了組織的目標；組織的目標是長遠的，單位的目標是較短期的，不得因實現短期的目標而阻碍了長期的目標。**管制考核是實現目標的手段，管制考核本身並不是目的，因此亦不得因管制考核而影響及目標的達成，如管制考核與目標發生衝突時，毫無疑問的需要放棄的應不是目標而是管制考核的措施。再管制考核是協助所屬使工作做得更好，使所屬能了解主管對他們的希望是什麼，如此可使所屬易於接受管制考核的措施。**

三、**重視所屬的人格與意見**　所屬與主管同樣是人，各有其自尊心與人格，相互間均應予以尊重；又主管在管制考核期間，應重視所屬的意見，尤其是對管制考核的意見，必要時並根據所屬意見，對原有的管制考核作適度的改進。

四、**選用領導的方式**　主管對所屬的領導方式，必須根據情勢的需要，作適當的選用，尤其要視所屬的學識、經驗、責任心、職務的高低、權力的大小、工作本身的專業性與重要性、及時間的迫切性等因素的考慮，而靈活的選用，如此始可一方面減少員工對管制考核的不良反應，二方面可不影響及業務的推進與績效的獲致。

五、**活用管制考核的方法**　主管對所屬的管制考核，除規定標準憑作比較實有績效以定優劣的方法外，尚有應用工作指派表檢查所屬的工

作指派；應用工作進程表，檢查工作程序方法；應用組織系統表，檢查權責；規定定期提出報告，檢查工作進度；實地視察，檢查工作實況；應用記事簿，檢查工作項目；利用績效預算，檢查工作績效等方法，亦可視需要而選用。

六、愼訂管制考核標準　管制考核的標準，在訂定時必須愼重，卽一方面不使所定標準過高或過低，而應以一個學識經驗中等水準的人，在正常的努力下將可達到的水準爲標準而訂定，以期學識經驗優異之努力工作者，能超過標準，學識經驗中等之努力工作者能予達到標準；二方面須由主管會商所屬後再行訂定，或由所屬訂定經主管同意後使用，以期增加所屬對標準的了解，及可使所屬支持與維護標準。

七、簡化管制考核程序　管制考核程序的繁簡，亦是使所屬產生心理反應的原因之一，因此對管制考核程序應盡量予以簡化，不使所屬因推行管制考核而增加其工作的繁複，管制考核對所屬的工作不會引起干擾作用。如此，將有利於管制考核的推行。

八、採重點的管制考核　對所屬的工作，固然可採全面的管制考核，卽對所屬的每一項工作，每一個程序，每一種方法，均加以全面的管制考核，但此種全面的考核最易引起所屬的反感，最能表現出管理者對所屬工作的不信任，自非所宜。而重點的管制考核，可對所屬的工作選其重要工作項目中之重要程序予以考核，如此旣可減少管制考核的人力、經費與時間，又可減少對所屬的干擾，而且亦不會降低管制考核的效用。

九、採用目標管理　管理當局對高級主管任務的管制考核，如能採目標管理的方式，將較一般的管制考核爲有效。管理當局只規定應行達成的目標，至如何達成目標則全由各級主管人員自行決定；管理當局只問所定目標有無達成，而不過問如何去達成。故目標管理的推行，亦可消除一些管制考核所引起的困擾。

十、注意回饋　管制考核不應只是單向的，不應只有管制與考核，而應同時重視所屬對管制考核的回饋，注意眞正的效果。如經由回饋證明管制考核有問題或甚至得不償失時，則須將原有管制考核措施作澈底的檢討與改進。

第十二章　工作檢討與研究發展

行政的第四個程序，卽爲工作檢討與研究發展，就計畫執行之結果加以檢討，以發現缺失作爲今後改進的參考。並進一步對各種業務謀求積極的研究發展，俾獲得更好更高的績效，以期行政能日新又新。茲按工作檢討，研究發展的意義、目標、計畫與領導，研究發展的實施，專案研究，分節敍述如後。

第一節　工作檢討

不論計畫是如何的精密正確,不論溝通與協調工作做得如何的完滿,及不論管制考核工作做得如何確實，於計畫執行完成後，對工作仍須加以檢討，並發現得失，以爲今後的參考。茲分工作檢討的需要與時機，工作檢討的範圍與態度，工作檢討的方式，檢討意見的處理四項，簡述如後。

第一項　工作檢討的需要與時機

計畫執行完畢後的舉行工作檢討，有其需要性；工作檢討並須注意

其時機。

一、工作檢討的需要性

（一）計畫本身的缺失：計畫是預先決定將來應行採取的行動，故計畫的內容是屬於預測性的。對將來的預測雖有其可靠性，但尚難做到百分之百的準確，因此計畫本身的發生缺失是無法避免的。計畫本身既存有缺失，則執行之結果亦難免發生缺失，然則缺失究竟在那裏，則須經由檢討來發現。

（二）計畫執行過程中情勢的變動：情勢亦卽社會的環境是在逐漸的不斷的改變的，由於情勢的改變，使得計畫的內容與情勢的改變難作適當的配合，因而引致計畫執行的困難與偏差，此種困難與偏差亦須詳加檢討，以期發現眞正的原因，俾作爲今後訂定計畫的參考。

（三）計畫執行中人爲因素所發生的偏差：在計畫執行過程中，參與的員工爲數甚多，意見的溝通與行動的協調甚爲頻繁，而此種溝通與協調常因人爲因素而發生若干偏差，如觀念與意見未獲完全溝通而發生差異，行動配合上未能配合致發生各種活動間的重複、脫節、與衝突，因而影響了計畫的績效，故檢討乃有其必要。

（四）管制考核上發生不良的後果：如主管對所屬管制考核的過嚴或過寬，考核標準之訂得過高或過低等，均會影響及員工的工作情緒與團體士氣，甚至引起管理上的問題，因而更會影響及計畫目標的達成。爲期今後的管制考核有所改進，自有加以檢討的必要。

二、檢討的時機

（一）在工作告一段落時檢討：一個計畫的執行，往往可分爲數個段落，當完成每一段落的工作時，卽可舉行檢討，以期所發現的缺失，在執行下一段落時謀求改進。

（二）計畫執行完成時檢討：當一個計畫執行完畢時舉行檢討，可

包括計畫執行的整個過程在內， 因而檢討內容亦較多， 所需時間亦較長，但收穫亦較多，尤其是一個龐大的計畫或工程，於完成時檢討甚為適宜。

（三）在年度終了時檢討： 一般組織多有年度工作檢討會的舉行，將一個年度的工作執行情形，加以檢討，從檢討中所獲的得失，作為計畫及執行下一年度工作時之加強與改進的依據。

（四）按需要隨時舉行檢討： 有些計畫，由於其重要與複雜，可能不宜於工作告一段落、 或計畫執行完畢、 或等待至年度終了時始行檢討，而有於其發生重大問題時隨卽進行檢討為宜者，自可不定期的舉行檢討。

以上四種舉行檢討的時機，可隨需要作不同的選用或同時並用，或按計畫之性質分別選用，均無不可。如對特別重要計畫之執行，可視需要隨時檢討，對較重要的計畫可採告一段落或執行完成時檢討，並均在年度終了時再舉行檢討，至一般性計畫併在年度終了時檢討卽可。

第二項　工作檢討的範圍與態度

舉行檢討時，其檢討的範圍與檢討的時機有關，至檢討的態度，為期發揮檢討的效果，更值得重視。

一、工作檢討的範圍　需視檢討的時機而定：

（一）工作告一段落時檢討的範圍： 如對某一計畫的執行工作，可分為若干段落，每告一段落卽舉行檢討時，工作檢討的範圍自只限於該段落的工作而不及其他，如該段落工作進行是否順利，經費配合是否適當，人力的配置是否有效，如遇及困難時則研究其發生困難的原因，及以後應如何改進與注意等為範圍。

（二）計畫執行完成時檢討的範圍： 當對某一計畫執行完成再舉行

檢討時，其範圍自應包括該計畫執行的全程，並注重其執行之是否順利，經費人力的調配，及困難的所在與原因等，作爲以後改進的依據。

（三）按需要隨時舉行檢討的範圍：所謂遇及需要時，通常是遇及計畫執行的困難並亟須予解決之時所舉行的檢討，此種檢討的範圍，自以如何解決所遇及的困難爲主，至其餘的檢討，則可併入前述兩種檢討中辦理。

（四）按年度舉行檢討的範圍：一般組織均有舉行年度工作檢討會的規定，其檢討的範圍較爲廣泛，自不限於某一或某數個計畫的檢討。如依某院工作檢討會議規則的規定，其檢討的範圍則包括1.總統特交事項之遵辦情形；2.本院上年度施政綱要及院會決議重要事項之執行情形；3.本院所屬各部依據職掌所執行之各項施政情形；4.本院及所屬各部行政管理事項。

二、工作檢討的態度　不論在何種時機舉行檢討，不論其檢討的範圍如何，檢討的態度應包括：

（一）坦誠：卽坦白與誠懇，所謂坦白卽就事論事，不涉及人事恩怨，不是只報喜不報憂，若此才能眞正發現優點與缺點。所謂誠懇卽誠實懇切，不虛僞作假，不文過飾非，言之有物，出於至誠，若此才能眞正發揮檢討的功能。

（二）深入：工作上的問題，往往不是表面所能看到的，而是隱藏在背後，因此在檢討時必須深入根究，若只對書面報告作草率過目，往往是不會有結果的，必須就報告的內容作深一層的發掘與探究。

（三）要有改進與革新的前瞻：檢討不是維持現狀，而是要經由檢討提出改進與革新的前瞻，透過檢討時缺失的發現，除改進其缺失外尚需指出今後革新的方向，並朝著革新的方向一步一步的努力。如此，行政才能進步再進步，日新又新。

（四）發掘優缺點：經由檢討，須發掘執行上的優點與缺點，未能發掘優點與缺點的檢討，或只提出若干空洞的優點而無缺點的檢討，大都是表示檢討的不夠認眞，而非眞正的無優缺點或只有優點而無缺點。

（五）針對缺點提出改進的意見：如經由檢討只發現缺點而未提出改進缺點的意見，則等於未有發現缺點。故於缺點發現後，必須針對缺點提出應如何改進的意見，甚或提出今後應如何作更進一步的革新意見。

第三項　工作檢討的方式

舉行工作檢討的方式，如係對告一段落工作的檢討、完成計畫的檢討、或按需要隨時舉行的檢討，可以正式舉行工作檢討會或非正式的舉行檢討；如係按年度所舉行的檢討，則多以正式工作檢討會方式進行。

一、非正式的檢討　並無會議的形式，亦無固定的會議日程，只是由主持人所想到的若干問題，約集有關工作人員大家在一起研究討論解決問題的方法，待獲有結論，卽由主持人或由其交待有關人員按照結論辦理。

二、正式的檢討　卽以正式檢討會的方式來舉行檢討者，此種檢討之最具代表性的卽是年度的工作檢討會。其一般情形爲：

（一）訂定工作檢討會辦法或會議規則。

（二）規定出席會議的人員職銜及人數，並訂定議事日程。

（三）規定應行提出的工作執行情形及成果的報告。

（四）對工作執行情形及成果的檢討。

（五）討論主席或出席人員的提案，並按提案之重要性區分爲中心議案及一般議案，中心議案多屬政策性者，希望有充分時間的討論；一般議案則以事務性爲主。

（六）對經討論之議案作成決議，此種決議只是一種建議性質，仍

需送由權力機關作最後的決定。至作成決議之方式，不外下列數種，即 1. 送請有關機關辦理；2. 送請有關機關研究辦理；3. 送請有關機關參酌辦理；4. 保留。從決議的期待心理而言，第 1. 種決議的期待心理最強，第 3 種決議的期待心理最弱。

第四項　檢討意見的處理

工作檢討會並不是一個權力機關，而只是一個檢討的與提供建議的會議而已，因此檢討會所獲得的結論或決議，真正付諸實施時，尚須透過權力機關的認可或決議。權力機關對檢討意見的處理方式，有下列各種：

一、對正式檢討會建議的處理

（一）採納檢討會建議：即認為檢討會議意見為合理可行，由權力機關通過或核定後依照執行，或交有關機關或單位依照執行。如檢討會意見只是原則性的意見時，則尚須由主管單位依據所提原則，擬具具體辦法後依照實施。如檢討會的建議只是研究辦理或參酌辦理，則由主管單位研究或參酌。

（二）修正檢討會建議：即認為檢討會建議中，有一部分係屬合理可行，而另一部分認為尚難採納而須予以修正時，則權力機關自可修正檢討會的建議，並於通過或核定後依照辦理，或送由有關機關或單位辦理。如檢討會的建議係屬研究辦理或參酌辦理時，權力機關大致不會再作修正。

（三）拒絕檢討會建議：即認為檢討會的建議為不可行，則權力機關可予拒絕，不作處理。權力機關處理此種建議案時，通常採較為和緩的語氣，如存供參考，留待適當時機再行研究等，以顧及檢討會的面子。

　　二、對非正式檢討意見的處理　非正式的檢討，通常由與該檢討業務有關的主管或首長主持，在檢討中所獲得的結論自爲該主管或首長所同意，因此該主管或首長卽可根據其權力付之實施，或由該主管或首長於簽報上級主管同意後卽可實施，反而更爲快速與有效。

第二節　研究發展的意義、目標、計畫與領導

　　爲恢宏行政發展，加速行政革新，擴大爲民服務，自有推動各組織研究發展工作的必要。茲分研究發展的意義與原則，目標與期程，研究發展的計畫，及研究發展人員的領導等四項，簡述如後。

第一項　意義與原則

　　行政院研究發展考核委員會，前曾訂有研究發展綱領一種，對研究發展的意義與原則，界說如下：

　　一、研究發展的意義

　　（一）研究的意義：研究係由科學之理論、方法與程序，求得特定事物或事件之有關因素及其相互關係之客觀知識。對此研究的界說中，特別強調須運用科學之理論、方法與程序進行研究，研究的對象是特定事物或事件，研究的作用在求得客觀的知識，而此種知識是限於與該特定事物或事件之有關因素及其相互關係者。因此研究是認知的。

　　（二）發展：發展係將研究所得之科學知識，實際加以應用，以解決具體問題。對此發展的界說中，特別強調將研究所得的知識，實際加以應用，以期解決行政上的各種具體問題，因此發展不是理論的，而是實用的。

　　由上可知，研究在求得知識，發展在應用知識解決問題，因此研究

發展不是空洞的名詞，而是有具體內容的用語，負責研究發展的工作人員，應感到研究發展任務的重要，不要把研究發展作爲空洞無物用以安插閒人的藉口。

　　二、研究發展的原則　包括下列三個：

　　（一）科學主動的原則：卽發揮科學精神，實事求是，主動從事客觀分析與研究。此乃有關研究方法的原則，研究時須運用科學方法，並主動進行，以竟事功。

　　（二）學術合作的原則：卽擴大與學術界合作研究，使行政實務與學術理論相結合。因爲研究發展工作，只憑與業務有關人員獨立從事，勢難獲得良好的效果，故必須與學術界合作。再員工自行研究發展時，對實務方面固可獲得較好的績效，但因缺乏理論的觀念，難作理論的架構與體系，致研究發展的成果亦多屬枝節的片斷的，而難作整體的有體系的及有理論根據的研究發展；而學術界的研究則又往往偏於理論化，內容空洞，在實務上難以應用。因此研究發展工作，旣不能由員工獨自進行，亦不宜由學術界獨自進行，必須雙方合作，使行政實務與理論相結合，始能發揮良好效果，故有此一原則的規定。

　　（三）協調聯繫的原則：加強與各級政府研究發展機關之協調聯繫，俾達成分工合作相互配合之效果。研究發展工作範圍廣泛，任務艱巨，如只憑機關的員工或只結合學術界，有時會仍感心有餘而力不足，故必須與各級政府的研究發展機關加強協調聯繫，以便分工合作相互配合，進而發揮研究發展的效果。

第二項　目標與期程

　　各組織推行研究發展的目標，通常有防衞性的與進取性的不同；研究發展的期程，亦有長期、中期、短期之分。茲說明如下：

一、研究發展的目標

（一）防衞性的目標：卽各組織之推行研究發展，目標在保持組織的安定，不因外在環境或內在環境的變動而遭受萎縮或淘汰。基於此種目標的研究發展，其主要任務在對本組織所遇及的問題，加以研究與解決，以期本組織的生存，不使受到嚴重不良的影響。

（二）進取性的目標：卽各組織的推行研究發展，目標不在保持組織的穩定，而在求組織的成長與發展。基於此種目標的研究發展，是積極性的，不但謀求現存問題的解決，更求改進與創新，使本組織的業務更趨發展，範圍更趨擴大，對社會提供更多的奉獻[1]。

二、研究發展的期程

（一）長期的研究發展：卽研究的問題極爲複雜而重要，其研究結果的實現通常須在四、五年以後之研究發展工作屬之。如以事業機構而言，所謂長期的研究發展，係指其經由研究發展而完成的新產品或新技術，須在四、五年後方可問世者之意。

（二）中期的研究發展：卽研究的問題甚爲複雜而重要，其研究結果的實現通常須在二至三年之間者屬之。如以事業機構而言，所謂中期研究發展，應指其經由研究發展而完成的新產品或新技術，須在今後二至三年方可問世之意。

（三）短期的研究發展：指研究發展的問題甚爲簡單，大致在一年或數月期間卽可獲致結果；或在一年或數月內卽可生產新產品或新技術者而言。

第三項　研究發展的計畫

研究發展工作有其與一般業務不相同的特性，因此在擬定研究發展

---

[1]　陳定國著，企業管理，頁七八七，三民書局，七十年版。

計畫時亦有其應行注意之點❷。

一、研究發展的特性

（一）是組織更新的原動力：組織是一個有機體，在業務上須不斷的更新，而研究發展就是促使業務更新的原動力，其情形與一般業務之依規定或依序處理者不同。每當組織的業務與業務間競爭愈為激烈時，則研究發展愈有其需要性。

（二）研究發展不能重複：一般業務的處理均屬重複性的，凡數量愈為龐大的業務其重複性愈大，但研究發展則不然，研究發展須不斷的創新，因此其工作是不能重複的。當經由研究發展而產生新的產品或技術時，則交由生產或技術部門去生產與應用，此時已成為一般性的業務，故又呈現出重複性，但在研究發展過程中是繼續不斷創新而非屬重複性的。

（三）效率難以度量：研究發展工作因為是創新性的，故帶有冒險性，有時雖化費不少人力、財力與時間，也許會一無所獲；有時雖已發展出新的產品與技術，但在推廣階段發生了問題。故研究發展的成本很難作精確的估計，其成效亦不易明確的認定，因而效率亦就難以衡量。

二、擬定研究發展計畫應注意之點

研究發展工作既有其特性，因而擬定研究發展計畫時應注意：

（一）研究發展計畫的目標必須連貫：各機關的研究發展計畫甚多，但各計畫在目標上必須連貫，不能重複更不能相互牴觸；且各研究發展計畫的總目標，應該是求組織及業務之繼續不斷的成長與發展。

（二）研究發展計畫必須具有高度彈性：研究發展是一種對將來未知事實的探索，而將來未知事實是在逐漸被人發現的，如某一未知的事實已被某機關的研究發展所發現，則本機關已不需再探索該一未知的事

---

❷　陳定國著，同前書，頁七八九——七九〇。

實。由於各組織均在不斷的研究發展，未知的事實不斷的被人所發現，因而一個機關的研究發展計畫須作不斷的調整，故須具有高度彈性。

（三）研究發展的經費須具彈性：由於研究發展計畫變更的可能性甚大，爲適應此種計畫的變更，其經費自亦須作調整，故經費預算亦須保持大的彈性。

第四項　研究發展人員的領導

擔任研究發展的人員，應具有特定的條件，對研究發展人員的領導，亦與一般的領導方式不同[❸]。

一、研究發展人員的條件　爲期研究發展工作獲有成果，擔任研究發展之人員，最好能具有下列條件:

（一）組合觀念的能力：卽對累積大量表面上看來似乎不相關的觀念，能作出有意義的組合，提供出一種新的理念。

（二）善用觀念的能力：卽能善用爲後知後覺者棄如糞土的觀念或事物。

（三）理性的邏輯的想法：卽爲人積極、好幻想，在本質上具有理性的、合邏輯的想法，但在別人看來卻變成近乎荒謬。

（四）有想像力：有豐富的想像力，且常會用與傳統不同的方式來思考。

（五）看法直覺與深入：卽對事物的看法，比較直覺及比較深入，並傾向於對現有事實，建立另一種新的解析模式。

（六）四海爲家的思想：卽帶有比較濃厚的四海爲家的思想，比較重視職業體認，而不太理會誰會用他。

二、對研究發展人員的領導　由於研究發展人員多具有特定的個

❸　陳定國著，同前書，頁八一五——八一六。

性，因而領導者領導研究發展人員時，應注意：

（一）領導方式可視研究發展階段而不同：大致而言，在研究發展的開始階段，對研究發展人員宜採放任的領導，以期他們能自由的運用其思考，而不受任何的干擾；當研究發展逐漸進至模式試驗或生產階段時，則有關程序性的管制應予逐漸加強。

（二）採目標管理的考核：對研究發展人員的考核，應只問達成的目標而不問達成目標所用的程序、方法與技術。如此在研究發展過程中，研究發展人員始有充分的權力，來決定應做什麼，如何做，何時做，何地做。

（三）需要有力的激勵：研究發展人員與一般行政管理人員不同，多屬於隱居研究或實驗室工作的默默工作者，與多彩多姿的外界接觸機會比較多的工作者不同，因而亦不易獲得工作外的滿足，故需要有力的激勵措施，以維持高度的持續的士氣。

（四）簡化繁瑣的行政手續：研究發展人員多不熟諳行政手續，亦厭煩於一般行政手續，因此研究發展有關的各種行政手續應盡量予以簡化，不使增加他們的困擾。

第三節　研究發展的實施

行政院爲期研究發展工作能予切實實施，乃訂定各級行政機關研究發展實施辦法，對研究發展的工作範圍與項目、研究方式、研究報告的處理及研究的獎勵等，均有更詳細的規定，茲依該實施辦法之所定，分項簡述如後。

第一項　工作範圍與項目

　　行政院對所屬各機關之研究發展工作，其範圍與選定研究發展項目之程序如下：

一、研究發展工作的範圍

　　（一）本機關施政方針或業務（工作）方針之研擬事項：大致而言，施政方針或業務（工作）方針，內容較爲廣泛，期間較爲長遠，層次較高。

　　（二）本機關施政計畫或業務（工作）計畫之編擬事項：施政計畫或業務（工作）計畫，係根據施政方針或業務（工作）方針而規劃，故其內容較爲具體，期程較短，層次亦較低。

　　（三）促進業務革新及發展事項：凡對革新業務或發展業務有所助益之各種問題與措施的研究，均包括在內。

　　（四）改進行政管理及提高行政效率事項：行政管理通常包括行政行爲、行政程序、組織管理、人事管理、財務管理、事務管理等；至行政效率則包括能減少輸入及擴大產出之各種措施與方法技術在內。

　　（五）有關民意及國情之調查與分析事項：民主國家必須尊重民意，因而須作民意調查以了解民意趨向，作爲施政之參據；國家的經濟發展必須作整體的規劃，因此國情調查所得資料，可作爲計畫經濟發展的重要參考。

　　（六）有關資訊系統之規劃與協調事項：資訊爲實施管理現代化的基礎，各機關之資訊設施，不使其發生重複及浪費，乃有研究其規劃與協調的必要。

　　（七）有關推動諮詢制度事項：爲期各機關業務能不斷改進革新，自需集中專家學者的心力，借重其學識技術，從事有關問題的研究與提供建議，備供機關首長參擇。

　　（八）有關爲民服務事項：當今的行政是服務的行政，因此如何加

強爲民服務，如何提高服務的效率與品質，自有加以研究的必要。

（九）本機關組織調整之研究事項：機關的組織，必須配合業務的發展與變動而調整，至如何配合調整則有待於深入的研究。

（十）本機關出國人員報告之審查與處理事項：出國人員之報告，值得吾人重視，報告中所提之建議更須審愼考慮，如確有價值者應予採納，俾有所改進。

（十一）其他研究事項。

二、研究發展項目之擬定　因研究發展的工作範圍甚廣，故各機關各年的研究發展項目，必須就前述範圍內，斟酌本機關的需要而擬定。其擬定的程序爲：

（一）協調：各機關主管研考業務單位應於年度開始前，協調其他單位，配合施政計畫，提出下年度研究發展項目，報經本機關首長核定。

（二）協調時須注意事項：除上級機關交辦者，下級機關陳報者，其他機關合作、委託或洽請研究者外，其由本機關自行選定項目時，應參考下列來源而定，卽1.有關促進機關目標之達成者；2.主管業務需要改進者；3.輿論反映及人民陳情者；4.年度考成及業務檢查所發現者；5.機關人員自行研提者。

第二項　研究方式

當研究發展的項目決定後，應卽選擇研究方式，提出研究計畫，進行研究及提出研究報告。

一、選擇研究方式　研究方式有下列四種，視研究發展項目內容的複雜性、專門性、涉及職權的範圍、所需時間、及研究所需的專門知能條件，本機關人員能否具備等，就可行方式中選用之：

（一）本機關人員自行研究：凡研究發展項目內容較為簡單，不涉及其他機關的職權，所需專門知能條件本機關人員能够具備，所需時間亦不致影響本機關研究人員之業務時，可選此種方式研究。

（二）與有關機關人員共同研究：所選定之研究發展項目，如涉及兩個機關以上之權責，非本機關所能單獨進行者，應會同有關機關共同研究，或報由上級機關指定機關專案研究。

（三）與專家或學術機構合作研究：如研究發展項目內容複雜，極為專門，研究所需專門知能條件非本機關人員所能完全具備時，可選用此種方式進行研究。

（四）委託專家或學術機構專題研究：如研究發展項目內容極為複雜，極為專門，研究所需專門知能條件非本機關人員所能具備，且為期保持客觀起見，可採此種方式研究。

二、提出研究計畫表　根據所決定的研究發展項目及研究方式，提出本機關年度研究計畫表，其內容包括下列各項：

（一）研究項目及研究目標。

（二）研究單位及人員：包括研究單位、主持人及參與工作人員。

（三）研究時間：擬定自何月何日起至何月何日止。

（四）研究步驟：指實施研究計畫之步驟，如1.研究小組之籌設；2.問題之發掘；3.研究設計；4.資料之蒐集與分析；5.解決方案之研擬；6.研究報告之提出。

（五）預定進度：指預定實施研究計畫之時間進度。

（六）研究經費：指研究所需經費之名稱及金額。

三、進行研究　研究發展項目、研究方式與研究計畫均經決定後，卽可進行研究，所需經費在本機關相關業務經費或研考經費項下支應。各機關主管研考業務單位得視需要，每年向本機關及所屬機關之負責研

究單位，定期分別查證進度。行政院研考會應於每年十二月派員分別抽查各部會處局署及省市政府研究發展工作進行情形。各項研究發展項目之研究，應按進度如期完成。

四、提出研究報告及研究報告摘要表　所提之研究報告摘要表，應包括（一）研究項目；（二）研究單位及人員；（三）研究起迄時間；（四）報告內容摘要，其中又包括下列三部分，即1. 研究內容重點；2. 主要發現或結論；3. 建議事項。

第三項　研究報告的處理與獎勵

研究發展的研究報告與其摘要表提出後，應即作處理，並視情形核予適當的獎勵。

一、報告的處理

（一）由研考單位審查：所提出之研究報告及建議，應先由各機關主管研考業務單位予以分析，加具審查意見，整理為研究報告建議事項處理表，報請機關首長核示。

（二）邀請或委託專家學者審查：對於重大問題或涉及兩個機關以上共同業務或專門技術性之研究報告，得由各機關主管研考業務單位邀集有關人員或學者專家開會審查，或委託學術機構或專家學者代為審查。

以上審查結果，應提出建議事項處理表，其內容包括1. 研究項目；2. 研究單位及人員；3. 審查人；4. 送審日期及審竣日期；5. 建議事項（就研究人所提建議意見摘要填列）；6. 審查及處理意見（就建議事項評議其可行性，並詳列其處理辦法）；7. 獎勵擬議（按研究價值擬提獎勵意見）。

（三）處理方式與選用：對研究發展報告所提建議，應視其可行性就下列三種處理方式中選用之：

1. 報請機關首長核定實施: 認為建議有價值，且屬本機關權責事項時，建議機關首長即予實施。

2. 報請上級機關核採: 認為建議甚有價值，但非屬本機關權責範圍時，報請上級機關查核酌採。

3. 函送有關機關參考: 認為建議尚有價值，但非屬本機關權責範圍時，送請與建議內容有關的機關參考。

二、研究發展的獎勵

（一）獎勵事由: 各機關人員從事研究發展工作，有下列情形之一者得予以獎勵:

1. 對於政治革新研提新方案或新制度，具重大價值者。

2. 對於機關業務研提具體改進辦法，具有效益者。

3. 對於行政措施研提改進方法，能獲致便民效果者。

4. 對於行政管理制度及管制方法研提改善方案，能增進辦事效能者。

5. 對於機關組織或法令規章研提調整修正意見，實施後能收精簡效果者。

6. 對於機關業務或行政管理提出著作，具有特殊學術價值者。

7. 對於本機關研究發展工作之推動，有顯著成效者。

8. 其他研究發明，有益於機關業務及行政革新者。

（二）由本機關核獎: 各機關對於研究發展報告或意見，經核定實施後，符合前述獎勵事由規定情形之一者，可檢同有關文件，在年度結束前彙報機關首長核獎。其程序為:

1. 申請: 申請獎勵者，應填具申請書檢同有關文件，於年度結束前送交本機關主管研考業務單位彙辦。

2. 評審: 各機關對申請獎勵案件，得由各機關首長遴聘適當人員

或學者專家評審之，對評審人得酌送評審費，評審費標準由各機關自行訂定。評審人員對申請獎勵之案件，應評定其等次報請機關首長核定。

（三）給獎：經機關首長核定之獎勵案件，應依有關規定分別予以獎勵，其獎勵種類，包括1. 嘉獎、記功、記大功或發給獎金（獎勵經費由各機關研究發展經費或其他適當科目下支應）；2. 調職升務、保送進修或公開表揚；3. 對具有特殊價值之研究著作予以資助出版；4. 列爲個人「學識才能」考績項目之依據。

（四）由研考會綜合評獎：行政院所屬各部會處局署，應將特優之研究報告，按機關年度研究計畫項目在一百項以下者選一至三篇，在一百零一項以上者選四至六篇，附提要表逕送行政院研考會參加綜合評獎，擇優公開表揚。

第四節　專案研究

專案研究，多係以委託方式，委託學者專家研究某種專門性問題，因係委託關係，故雙方須訂定專案研究之協議合同，其情形與由機關人員自行研究或與其他機關或與專家學者共同研究者頗有不同。茲分作業過程，研究計畫，研究報告三項，簡述如後。

第一項　作業過程

委託專家學者作專案研究之過程，包括下列三個：

一、提出專案研究計畫　受委託學者專家，在訂立協議合同之前，應由研究主持人（即學者專家）提出書面研究計畫，送委託機關。

二、訂立協議合同　研究計畫經委託機關同意後，即可雙方訂立協議合同，其主要內容如下：

（一）甲乙方：甲方爲委託機關，乙方爲受委託之學者專家。

（二）標明研究題目及研究期間。

（三）言明研究補助費金額，撥款期次及期間。

（四）提出專案研究報告的份數，並訂明甲方得提出各項審查意見，交付乙方作必要的修正。

（五）乙方應於研究期間提出專案研究報告，如逾限一個月未能提出，除有特殊之原因經甲方同意延期者外，應卽將所收受之研究計畫全數研究補助費，悉數送還甲方。

訂立協議合同後，委託機關得邀請研究主持人舉行座談會，商討各項專案研究時可能遭遇之問題，及是否需要委託機關協助等事項。

三、提出期中報告 學者專家研究已過中期後，研究主持人應就現有資料，向委託機關提出簡要的期中報告，其內容包括下列各點，卽（一）研究過程與方法；（二）研究發現；（三）具體建議，並包括基本性與漸進性的建議，及立卽可行的措施。

第二項　研究計畫

因委託學者專家的專案研究，問題較爲重要，且費用甚多，因此對研究計畫的要求甚爲嚴格。一般要求的研究計畫格式與內容如下：

一、研究主旨 包括主題、緣起與目的。所謂主題就是所研究的問題，並可再區分爲若干子題；緣起卽爲什麼須研究此一問題的原因；目的卽希望經由研究使問題獲得解決。

二、問題之背景 問題之發生均有其背景，亦卽在何種現狀的基礎上發生了問題，此種問題的嚴重性，及如不予適當的解決時又將發生何種不良的後果。

三、研究過程與方法 包括：

（一）基本理論與假設：研究時所根據的理論，及所設立的假設，而後再就所設定之假設來求證。

（二）運用資料之範圍與種類：即研究時所須運用的資料名稱、種類、範圍、及其來源等。

（三）蒐集資料之程序與方法：所需資料經由何種程序與方法來獲得，如遇及困難時將如何解決等。

四、研究之進度及每一階段預期完成之項目　研究計畫進行的進度，並將進度的全程區分為若干階段，及在每一階段中預期可予完成的研究項目。

五、本研究預期之發現及效果　即在研究完成時，預期可發現發生問題的原因與事實，及此一研究專題獲得解決後，預期可得到的效果。

六、研究補助費之分配　即專案計畫的全部經費擬作如何分配，如蒐集資料費、研究費、旅運費、撰寫報告費、印刷費等各若干。

七、研究人員的組成與分工　除研究主持人外，擔任實際研究工作者多少人，此些人所組成的小組將作如何分工，各別負責何種工作等。

八、研究過程中須由委託機關行政支援之項目　如由委託機關出面蒐集何種資料，辦公處所的提供，訪問單位的接洽與訪問日程的安排等。

以上係屬一般專案研究計畫的格式與應包括的內容，至特定問題個案分析研究計畫的格式與內容，自可根據需要再作調整。

第三項　研究報告

動用經費作專案研究，最重要者為提出研究報告與提要，為維護研究報告之水準，對專案研究及個案分析研究報告與提要之格式與內容，自更有加以適當規定的必要。

一、研究報告的格式與內容

（一）學者專家研究報告：應包括七個部分，即1.研究主旨（或對象），並包括緣起、動機、目的；2.問題之背景與現況；3.研究過程與方法（包括基本理論與假設，資料運用之範圍與種類）；4.主要之結論與發現（包括須進一步研究之問題與範圍）；5.針對結論與發現，提出基本性及漸進性建議，及立卽可行的措施；6.附註，及參考書籍、論文、官書及其他文件之目錄；7.索引。

（二）特定問題個案分析報告：應包括下列七個部分，卽1.問題背景、緣起及性質；2.現狀檢討及有關因素（包括因素間之相互關係）；3.可採行之各種方案及每一方案可能產生之後果；4.比較分析後作者之抉擇及建議；5.爲了解有關特定個案需要進一步探討之問題；6.個案分析有關的參考書目及資料；7.索引。

二、**提要格式與內容** 學者專家研究報告之前，應附提要，並包括下列三部分，字數以不超過一千五百字爲原則，（一）主要研究方法及途徑；（二）主要發現或結論；（三）建議事項，包括基本性及漸進性之建議，及立卽可行之措施。提要中亦得輔以摘要表，分上、中、下三欄，分別簡述發現問題，改進建議，及備註。

第四篇　組織管理

　　從廣義言，組織管理是爲達成目標，對人、事、時、物、財，作有效的配合；從狹義言，組織管理是爲達成目標，將人與事作有效的配合；本篇所稱的組織管理，係採狹義說，故組織管理只是達成目標的手段而非一種目的，組織形態是可變的，不但遇及目標有變更時組織形態可予變更，即使目標未變但爲更有效達成目標認有改變組織形態之必要時，亦可予以改變。

　　在本篇中須予討論的問題，包括組織的成長、更新、效能、與設計原則，設計組織的程序與組織的型式，組織的分類，及組織內員工的行爲。茲分四章討論之。

第十三章 組織的成長、更新、效能與設計原則

　　組織的成長，包括產生、成長與停滯；已趨停滯的組織，須予以更新；組織為達成其目標，須使其發揮效能；組織的設置，須根據某些原則來設計。茲按組織的產生、成長與停滯，組織的更新，組織的效能，及設計組織的原則，分節敍述之。

第一節　組織的產生、成長與停滯

　　組織並不是機械的，而是生態的有機體，因此有其產生、成長，及成長至某一階段後的停滯，當發生停滯現象時，就會老化、衰退甚或消失❶。茲分項簡述如後。

第一項　組織的產生

　　組織的產生，其方式因組織性質的不同而異。大致言之，可歸納為

---

❶　Hicks and Gullett, *The Management of Organizations*, pp. 564-565, 竹一出版社，六十六年版。

下列四種❷：

一、經超人權力的世俗化或慣例化結果而產生　從人類演變的歷史看，當社會演變到某一階段時，舊的倫理體系、行為規範及社會關係，遭到破壞，而新的倫理體系、行為規範及社會關係又未建立期間，會使人類生活失去憑依，社會秩序也會陷入困境。此時人類中的先知先覺分子登高一呼，則羣體響應追隨，便產生了新的社會運動。但社會運動本身並無組織又欠紀律，因而運動的領導者為期運動能延續起見，須將其運動設立有形的組織、規定行為標準，以約束紀律與行為。此種組織化的結果，使超人權力成為世俗化與慣例化，於是有形的組織體系乃告產生。以此種方式產生的組織，大都為政治性的組織，其目的在恢復社會秩序及維持社會秩序。

二、利益相同的人為了利用團體力量以增進個人利益乃結集而成組織　人的行為目的，也可說是為了爭取某種利益，但在追求利益的過程中，個人力量究屬有限，常感人單勢孤力不從心，乃自然的會結集利益相同的人組成團體，並透過團體的力量來追求個人的利益。如工會、商會、學會等的產生均屬其例。

三、由組織的分化而產生的組織　社會是不斷進化的，各組織的業務也是日趨繁複的，業務的繁複即會走向專業的分化，由於專業的分化則必須設立新的專業組織來負責。如政府中央部會中的某一司或處，由於業務的增加與專業化的結果，使該單位更趨重要，不僅增加其人員與經費，且將其從原有組織中脫離而成為較具獨立性的機關（如改稱為署或局），此乃屬常見的現象，也是產生組織方式之一。

四、結集理想相同的人而成為組織　人除顧及自我利益外，也會顧

❷　姜占魁著，行政學，頁一五六——一五八，五南圖書出版社，七十一年版。

及全人類或一個國家或一個社會的整體利益，凡具有顧及整體利益理想的人，爲期實現理想及爭取大多數人的支持，也會組成團體，再透過團體力量來謀求整體利益的實現。

於此須再說明者，組織的產生不論是爲了實現自我利益或整體利益，也不論是爲了超人權力的世俗化或爲了推行特別重要的業務，均爲一種理想的實現，因而參與新成立組織的人員，也必是較爲積極與進取，此從新成立組織的氣氛及員工的辦事精神卽可看出。

第二項 組織的成長

組織產生後就需成長，但其能否獲得成長則取決於某種條件的是否具備，至成長的方式則有其一般的模式❸。

一、決定新組織能否獲得成長的條件 大致而言，下列四個條件是決定新產生的組織能否獲得成長的因素，（一）組織的體積：新組織的體積（Size），必須達到足以維持獨立成長的要求，如新產生的組織體積過小，將難以成長。（二）組織的價值：新組織的存在價值與重要性，必須得到客觀環境的認可，也卽它需在追求社會總目標中扮演一個角色。（三）組織的職權：新組織的存在，不會影響或損害及其他組織的存在或地位，也卽它的任務與職權不能侵犯到其他已存在組織的任務與職權，否則使任務職權重疊或衝突。（四）組織的環境：新組織必須與客觀環境建立起良好而穩固的關係，也卽對客觀環境的適應。

二、新組織成長的方式 一個具有上述四個條件的新組織，卽可獲得成長，而成長的速度則需視新組織員工的努力而定。至成長的方式則多循下列模式，（一）先求體積的擴大：包括組織內部單位及層次的增加、員額及經費的增加，以樹立新的形象、充實推動業務的必備條件。

---

❸ 姜占魁著，行政學，頁一六二——一六四。

（二）再求職權的擴張：除新組織原定的職權予以切實的積極的推動外，並尋求新的職權及擴大業務範圍，甚至已達到非組織本身所能負擔時，也不肯罷休，無形中對其他組織構成一種潛在的威脅。（三）力求表現績效：如加強宣傳工作以促使社會對組織的了解與重視，同時增加員工升遷機會，使員工因此而獲得鼓舞，並期其提供更多的奉獻。以上三種成長方式不但為新組織所常用，即使是原有的組織，當新的首長到任時也有常加以運用者。

第三項　組織的停滯

　　新組織在成長的過程中，多少會遭遇一些阻力或障碍，此種阻力與障碍先會使組織的成長速度減慢，繼而使成長趨於停滯狀態，停滯組織的氣氛與成長中者也有不同❹。

　　一、使成長趨於停滯的原因　主要有（一）職權上與其他組織發生衝突：新組織力求擴張職權結果，難免侵犯了其他原有組織的職權，致使二者間發生衝突，乃使原有的助力變成了阻力，自將影響及新組織的成長。（二）新組織的內部協調發生困難：一個快速成長的組織，其內部單位與單位之間，多只顧自己單位業務的擴張，由於各別擴張結果，使得各單位業務間的衝突、重複、脫節現狀也應運而生，協調工作也因而發生困難，為期克服困難，首長及各級主管必須化費較多心力於協調工作上，因而影響了成長。（三）員工的心態引起改變：新組織在成長期間，由於業務的擴張使員工不斷增加，後來增加的員工其心態通常與新成立時到職員工心態有所不同，如處事態度不够先前員工的積極，理想抱負不及先前員工的堅強；換言之，員工的平均進取心已有降低，因而引致成長的停滯。

---

❹　姜占魁著，行政學，頁一六四——一六六。

二、成長停滯後的影響　由於成長的停滯，對組織及員工所帶來的影響，有（一）員工升遷機會減少：由於編制缺額被慢慢用足，組織形態及業務的趨於穩定，使員工的升遷機會逐漸減少，原有因增加升遷機會而激發出的工作情緒逐漸收斂，久而久之甚而會引起部分員工的不滿。（二）社會對組織的觀感漸有改變：在成長期間的朝氣與衝勁，因逐漸減少的結果，工作績效也不及成長期間的輝煌，社會對組織的期望也逐漸被打了折扣，因而組織在社會的形象也多少會遭受一些損害。（三）組織作風由開創到保守：在成長期間所表現出的開創作風，由於遭遇阻力使成長趨於停滯結果，為保持組織的原有地位與成果，在作風上乃逐漸的趨於保守。

第二節　組織的更新

組織之長期的趨於停滯，卽會影響及組織的生存，因而管理者必須使組織有所更新，至更新的方法，大致有以人為中心的方法、以組織結構為中心的方法、及以技術為中心的方法等三種，在使用各種方法時，並有其應行注意之點。茲分項簡述於後。

第一項　以人為中心的組織更新

韋勃 (Ross A. Webber) 在其組織管理(Management, Basic Elements of Managing Organizations) 一書中，曾謂以人為中心的組織更新，係從改變員工的態度着手，其程序為❺：

一、使員工對現狀感到不滿　對現狀感到不滿的方法有消極的與積極的之分，消極的方法是管理者等候員工自己感到現狀的不滿，進而感

❺　Ross A. Webber, *Management*, pp. 672-675, 華泰書局, 1976。

到有更新的必要，其優點為更新措施易取得員工的支持，缺點為需費較長的等待期間；積極的方法是管理者提出比現狀更好的計畫，以取得員工的信任及感到有更新的需要，其優點為可爭取時間提前採取措施，缺點為使員工感到他們是被動的，如更新的績效不夠理想，則管理者會受到責備。

二、使現狀予以解凍（Unfreezing）　所謂解凍現狀，指管理者取銷對舊有態度的支持，輸入新的價值觀念，輕視反對更新的威脅，及增加對更新的支援。

三、改變態度與行為　管理者提出備供員工認同或學習的模式，如同時能採取適當的訓練措施，使員工對模式的認同與學習能予內化，則對態度的改變將更為順利與強化。

四、將改變後的態度與行為予以凍結　一俟改變態度的程序或訓練完成，管理者即將此種認同的或學習的新態度與行為予以凍結，同時對能繼續保持新態度與行為的員工，並給予支持與獎勵。

第二項　以組織結構為中心的組織更新

以組織結構為中心的組織更新，其程序為❻：

一、交付任務　對更新組織結構的任務，宜交由某個人或組成工作小組或委員會負責，並賦予充分權力，以便進行研究及取得有關人員的合作。

二、分析組織結構　為了解現有組織的缺陷，需先分析現有的組織結構。分析時，一方面可參考現行的組織系統表及組織職掌手冊；一方面宜與各單位人員詳談，以了解缺失及其對更新的看法。

❻　傅肅良著，人事管理（二版），頁一○○——一○二，三民書局，六十八年版。

三、建立理想的組織結構模式 社會科學家常提供模式，以為檢討及衡量現有組織的依據，準備模式時不妨以理想為目標，並以此種模式為準，來比較及檢討現有組織。

四、修正現有組織結構 就現有組織與理想的組織結構模式比較及檢討結果，應提出修正的組織結構。惟一個組織的更新，由於財力及人力的限制可能需相當時間，如等待原有人員退休或對原有人員作有計畫的訓練與發展，始能逐步走向理想的組織結構。

五、將修正的組織結構付諸實施 此時管理者須注意者，（一）不宜操之過急：組織結構如係是大幅度的改變，因涉及多數員工及影響及許多工作的效率，必須慎重從事，不可操之過急。（二）逐步進行：如改變的幅度大則宜逐步進行，如遇有不滿的激烈情緒，則宜快速進行以免因時間拖延而引起更多的困擾。（三）多作說服：使員工接受新的組織結構並非易事，因而管理者尚須多作說服工作，即使無法消除員工對改變組織的疑慮，亦應設法將疑慮降至最低度。（四）使員工參與：在研擬組織結構的改變時，應盡量使員工參與意見及採納其意見，並與涉及組織改變之利害關係的員工多作意見溝通，使真正了解更新組織的好處及減少因誤會而生的阻力。（五）協助員工改變：協助員工改變其態度與行為，以期組織獲得真正的更新。

第三項　以技術為中心的組織更新

希克斯（Herbert G. Hicks）在其所著組織管理（The Management of Organizations）一書中，曾提出以技術為中心更新組織的構想[7]。

一、技術的含義 技術指特種的生產、程序、原則、方案、政策及未充分成熟或發展的員工在內，一個組織對技術的需求均呈現出一種典

---

[7]　Hicks and Gullett, 同前書, pp. 564-566。

型的生命曲線，卽分爲引進階段、成長階段、成熟階段、衰退階段。其
情形如下圖所示：

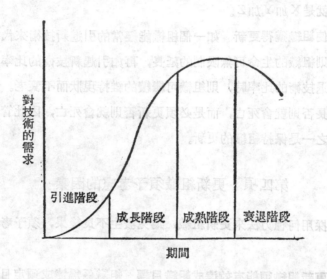

二、**技術更新的模式**　下圖表示一個組織的產出，係來自同時運用

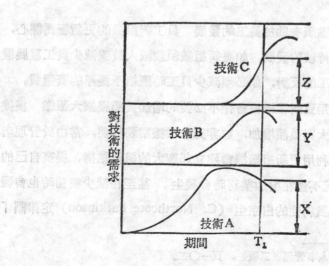

數種技術的結果，此數種技術各在不同的階段。如表中 T_1 表示某特定期間，組織的成就是來自技術A的X、技術B的Y、及技術C的Z，組織的總成就是X加Y加Z。

三、使組織獲得更新 如一個組織能經常的引進新技術來代替衰退的技術，則組織的生命可無限制的延長，再如引起新技術的比率等於被代替的衰退技術的比率時，則組織可繼續的維持現狀而不衰老。組織並非必須成長否則就會死亡，而是必須更新否則就會死亡，因此管理者的主要責任之一是保持組織的更新。

第四項　更新組織須予考慮的因素

不論採用何種方法來更新組織，為免發生不良後果，須予考慮的因素有[9]：

一、更新組織須能有效達成組織目標 組織係為達成預定目標而設計者，考慮更新組織時，首須考慮的就是要有助於組織效率的增進、目標的達成。

二、更新組織須有助於員工的發展 員工對組織的更新極為關心，希望在組織內能持續的發展。如更新組織須裁減人員或減少員工發展機會，將會引起員工的反對，如必須減少員工時應給予優厚的資遣費。

三、提防利用更新組織機會作不必要的增加員額與擴大組織 根據經驗，組織的擴大與員額增加，並非完全根據業務需要，常由於管理者的私心及利益，利用更新組織機會建立起龐大的組織結構，提高自己的地位，此種情況不僅在增加業務時會發生，甚至在減少業務時也會發生。有名而帶有諷刺性的白京生 (C. Northcote Parkinson) 定律謂「

---

[9] 傅肅良著，人事管理（二版），頁一〇二。

增加工作的目的在消磨空閒的時間」，因此越是空閒的人越會想出許多不必要的工作，此種說法雖非眞理，但卻爲一般人所最易犯的毛病，而應愼爲防止。

四、更新組織須使人際關係感到滿意　組織內員工均有其密切的人際關係，遇及更新組織時很可能會影響及原有的人際關係，致使員工感到不滿。此種原有的人際關係宜盡量予以維持，以取得員工的信任與支持。

五、樹立更新組織的理想條件　包括1. 公開：管理者需面對事實、獲取員工坦誠的回饋意見，並注視外界情況的變動，以利組織的更新。2. 誠實：管理者對更新組織應與員工開誠佈公的相處與溝通意見，接受批評。3. 相互尊重：管理者不要認爲每一員工都是反對更新組織的，否則就會用強迫員工接受的方法來更新組織；只要更新組織是有必要且更新得合理，員工是會支持的，此種想法可促使管理者走向合理的更新途徑。4. 鼓起勇氣提供奉獻：鼓勵員工拿出勇氣來接受新技術、新社會關係與新行爲規範，增加員工對組織目標的奉獻及實現自己的願望。

六、理想的更新組織的程序　韋氏認爲理想的程序應包括下列八個[9]，（一）產生或製造壓力（尤其是對高級主管），使多數員工感受此種壓力及對現有行爲與業務情況的不滿意。（二）由受尊重的與有影響力的高級主管來主持更新組織工作。（三）在主持人指導之下，坦誠檢討現有的及過去的政策、實務，以認定其缺失及對將來的影響。（四）各級主管應密切的參與更新組織的工作。（五）在提出如何更新組織建議前，主辦人員應與各層次人員發掘及分析現存問題。（六）提供的更新組織意見不要受現有實務的約束。（七）將更新組織意見先在小單位內試驗，以認定有無缺失及應如何修正。（八）經在小單位內試驗成功

---

[9]　Ross A. Webber, 同前書, pp. 700-701。

後，卽會製造出更新組織的氣氛以利隨後的擴大推行。

第三節　組織的效能

　　組織均應有其效能，然則組織效能是什麼？組織未能發揮效能時其原因何在？應採取何種措施來發揮效能？此乃在本節中擬予討論者。茲分項簡述如後。

第一項　組織效能的意義

　　近代學者與以往學者，對組織效能 (Organizational Effectiveness) 的看法頗有不同。

　　一、以往學者的看法　認爲組織至少應有下列四種效能：

　　（一）獲得最大的利潤：卽透過組織的運用獲致最大的利潤，如不能獲得利潤或所獲利潤不大，均不認爲已發揮效能。

　　（二）提供有效的服務：卽透過組織的運用，能向社會及顧客提供有效的服務者，認爲已發揮效能；如不能提供服務或只能提供並不有效的服務時，則效能未有發揮。

　　（三）提高生產量：能提高生產的組織，認爲已發揮效能。

　　（四）提高成員士氣：不能提高成員士氣的組織，認爲效能未有發揮。

　　二、近代學者看法　最能代表組織效能看法的近代學者有下列三位：

　　（一）帕森斯 (T. Parsons)：認爲組織應有下列四種效能：

1. 達成目標：組織必須能達成預定的目標。

2. 適應環境：組織必須能適應外在的內在的各種環境，當環境有

重大變更時，組織須能及時作必要的調整，以保持與環境間的平衡。

3. 內部統合：組織內部雖須區分單位、劃分層次，但組織仍屬一個整體，平行單位與上下層次之間，須能發揮統合作用，以免內部發生衝突。

4. 型態維護：一個組織雖需保持對環境的適應，但其基本型態與結構仍應予以維護，不使有過大的改變。

(二) 貝尼斯 (W. G. Bennis)：認爲組織的效能應用下列四種標準衡量[⑩]：

1. 適應能力：卽彈性的應付環境的需求，以發揮解決問題的能力。

2. 認同意識：卽成員對組織本身的了解，如組織的目標是什麼、應做些什麼，成員與組織的目標是否一致，成員對自己的職責是否了解等。

3. 面對現實的能力：卽對組織外在環境的察覺能力與正確辨認的能力，並能採取因應措施。

4. 組織內部的統合與協調：卽透過內部的統合與協調，以避免各部門工作目標的相互衝突。

(三) 謝恩 (E. H. Schein)：認爲組織的效能，應以其適應、生存與成長的能力來衡量，凡具有此三種能力的組織，認爲已發揮效能。此三種能力又成爲一個因應的循環，在循環過程中包含下列六個步驟[⑪]：

1. 組織感到內在或外在環境中發生了變化。

2. 輸入有關這些變化的資料給組織中的有關部門。

3. 根據所得資料，對組織內部作必要之新的改變。

4. 將組織內部之新的改變穩定下來，並排除所發生的不良副作用。

---

⑩　吳洋德譯，組織心理學，頁一二六，協志工業叢書，六十六年版。

⑪　吳洋德譯，組織心理學，頁一二七——一二八。

5. 輸出符合內在與外在環境變化的新產品、新服務等。

6. 進一步的觀察內在與外在環境的情況，以認定組織本身所作之適應的改變是否已獲成功。

第二項　未能發揮組織效能的原因

組織雖應有前項所述的效能，但事實上有些組織並未發揮此種應有的效能，其原因通常爲⑫：

一、組織受着環境的限制　組織雖須適應環境，但有時環境對組織的影響卻使組織難作有效的適應，因而限制了組織的生存與成長。此種環境又有大中小之分：

（一）大環境：包括國家社會的文化、政治、經濟等三大系統，對組織的影響是全面的。

（二）中環境：包括供應、市場、分配、訊息聯繫、競爭、技術、服務及團體壓力等次級系統；各組織不論其性質與規模，均須依賴這些次級系統始能達成組織目標。

（三）小環境：包括組織內的組織結構、工作、人力、權力、聯繫等再次級系統；這些再次級系統，在大環境與中環境的範圍內，決定了組織的特性。

二、組織在適應環境的循環步驟上發生了困難　如在前項所述謝氏所指的六個步驟中發生了困難⑬：

（一）組織無法察覺到環境的改變，或雖察覺但不正確。

（二）無法將有關的資訊適時傳送至組織內的負責人。

（三）無法使原有的作業系統作必要的改變。

---

⑫　傅肅良著，人事管理（二版），頁七一。
⑬　吳洋德譯，組織心理學，頁一二九——一三二。

（四）未考慮到因作業系統的改變而造成的其他影響，及無法將已改變的系統予以穩定。

（五）無法輸出新產品、新服務或新資料。

（六）無法認定此種改變是否確已成功。

上述六個步驟中的困難，只要有任何的一個發生困難，就會影響及組織效能的發揮。

三、統合協調發生問題　尤其是規模龐大的組織、計畫眾多的組織，如在統合協調上有了問題，則使各部門的工作目標發生衝突，增加人力、財力及時間的浪費。

第三項　發揮組織效能的措施

欲求發揮組織效能，下列措施值得注意：

一、建立管理資訊系統　爲保持組織對內在及外在環境變動的警覺與了解，及遇環境有變動時能將有關變動實況快速傳遞至有關單位與人員，以便採取因應措施。

二、保持組織穩定與彈性的平衡　組織過於穩定而無彈性，將無法適應環境的變動，致組織僵化，嚴重影響及組織效能的發揮；如組織過於彈性而不保持某種程度的穩定，同樣會使組織陷於混亂，影響員工情緒，致有碍於組織效能的發揮。故保持穩定與彈性間的平衡乃屬必要，至保持平衡的方法可採中上層次的結構應偏向於穩定，低層次的結構應偏向於彈性。

三、強化意見溝通與統合協調　組織內各種措施的改變與調整，爲保持組織的適應、生存與成長所必須。但改變與調整措施時，如在意見溝通與統合協調上未有充分的準備與切實執行，極易引起員工的抗拒與紛擾。故意見溝通與統合協調工作，必須強化。

四、激發員工的工作意願與潛能　組織效能的發揮，主要仍依賴於員工，尤其是員工的工作意願能否提高、員工的潛能在工作上能否發揮，影響組織效能的發揮更大。因此，在管理措施上需採取有效措施，激勵員工提高工作意願，再進一步使員工的學識、經驗、才能，在工作上獲得充分的發揮，以順利達成組織目標，及使員工在心理上獲得更多的滿足與成就。

第四節　設計組織的原則

設計一個機關的組織時，應予遵守之原則通常有六個，但對六個原則應遵守之程度，則因機關特性之不同而有差異，甚或可予選用。茲分項簡述如後。

第一項　配合法制

為求組織能配合法制要求，各機關須訂定組織法規，並應注應下列重點：

一、重視組織結構

（一）區分層次：層次指同一組織內上下級單位間的層次，及同一組織內各種職稱間的層次。如各部在部長之下設司處，司處之下設科，此為單位層次；各部內有部長、次長、司處長、專門委員、科長、科員、辦事員等，是為職稱間的層次。各種職稱應與單位層次相配合，層次高的單位常配置較多的高層次職稱。

（二）區分單位：包括單位性質區分與單位內的工作區分。1.單位性質區分：同一組織內的單位，依其特性可區分為業務單位、行政管理單位及參贊幕僚單位三種；業務單位指主管對組織目標的達成有直接貢

獻之單位，如財政部之稅務署、金融司；行政管理單位指主管本質上係屬支援性工作使業務單位能順利達成目標之單位，如一般機關內之人事、主計、事務單位；參贊幕僚單位指處理有關法規、計畫、技術等事項之審查並向首長提供建議之單位，如一般機構內之參事室、秘書室、顧問室。2.單位工作區分：如同一性質之單位因業務繁複數量龐大，須同時設置兩個以上單位處理時，則對各單位所主管之工作應加以區分；至其區分之方法，在配合法制原則下，大多以性質相同或相近或相關的工作，歸由同一單位主管。

二、訂定職掌及權責

（一）規定各單位的職掌：組織內一級單位的職掌，多在組織法規中明定，至二級以下單位之職掌區分，則多由首長自行在辦事細則中規定，以便遵守。

（二）劃分各層次權責：對工作的處理須具有某種權力，對工作的完成須負有責任，各層次單位及人員處理工作的權責，通常也在組織法規及辦事細則中予以規定。

三、明定職稱、職等及員額

（一）職稱：係職務的名稱，一個組織所設各種職稱應在組織法規中明定。

（二）職等：指一個職稱可列的等次，等次高低通常代表着地位的高低、所負責任的重輕、及擔任職稱人員所需資格的高低。

（三）員額：指一個職稱可用人員的數額。

以上各職稱的職等及其員額，通常亦須在組織法規中規定。

四、明示指揮監督系統

上下各層次單位間，及同一單位內各層次職稱人員間之指揮監督的關係，又同層次之各單位及各職稱人員間之業務聯繫方法，應在組織法規或辦事細則中明定，必要時並以組織系統表

明示。

運用配合法制原則之利，爲組織較爲定型，人事也較安定；其弊爲員工易於逃避責任，組織趨於呆滯，可守成但不易開創。

第二項　講求效率

欲求處事具有高的效率，對組織的設計應注意下列重點:

一、重視專業分工

（一）專業分工的需要: 不同的專業須運用不同的專門知能處理，而員工所能具有的知能是有限的，不可能具備各種不同的專門知能，爲期工作有效，必須實施專業分工，以期專才專業。

（二）根據專業分工設置單位或分配工作之方法: 包括1.依主要工作性質分別設置單位或分配工作，卽將主要性質相同的工作，設置一個單位主管或分配由一個人員處理; 2.依主要工作程序分別設置單位或分配工作; 3.依顧客對象分別設置單位或分配工作; 4.依產品種類分別設置單位或分配工作; 5.依地區範圍分別設置單位或分配工作; 6.依輪值時間分別設置單位或分配工作。

二、注意管制幅度

（一）管制幅度與效率的關係: 管制幅度指主管對所屬能作有效管制時之最大幅度，管制幅度的大小通常以受指揮監督之屬員人數表示。由於主管人員之知能、精力、時間有限，能以有效指揮監督的屬員人數常有其限度，如管制幅度過大，則對所屬無法作有效的管制；如幅度過小，則對屬員常會管制過分致影響及屬員的自尊心，故管制幅度的過大與過小，均有礙於效率，因而管制幅度須求合理。

（二）合理管制幅度的決定: 決定合理管制幅度的方法，1.有根據主管與屬員相互間的接觸次數決定者，如法人格雷克納斯（V. A.

Graicunas) 曾提出計算主管與屬員接觸最大可能次數的計算公式 （卽

$N\left(\dfrac{2^n}{2}+N-1\right)$，其中 N 代表屬員人數），依公式計算，如屬員人數爲

五人，則最大可能接觸次數將爲一〇〇。2. 有根據某種因素決定管制幅

度者，如(1)人的因素；(2)工作的因素；(3)管制工具的因素；(4)地

區的因素；如這些因素的內涵各有不同，則主管監督屬員的人數也應有

所不同。3. 有硬性規定人數者，如主管監督屬員人數以六人爲度。

　　（三）管制幅度與內部層次的關係：管制幅度的大小直接影響及組

織內部層次的多寡，同樣員工人數的組織，採較大管制幅度的組織，其

層次較採較小管制幅度的組織爲少。因組織內部層次的增加將影響及上

下層次間的意見溝通，故合理的管制幅度應是在不影響有效管制原則下

盡量擴大。

　　三、訂定員額設置標準　爲期精簡員額編制及減少冗員，訂定各種

職稱的員額設置標準，也爲講求效率方法之一。至訂定員額設置標準的

方法，通常有下列三種，卽（一）以工作數量爲準訂定：先研究處理一

件工作所需的時間，再計算出一人在一天或一月或一年內所能處理的工

作件數，而後根據一天或一月或一年內工作量的估計，決定需用之人

數；以工作量爲準訂定設置標準之優點爲確實可靠，缺點爲費時多且適

用範圍有限。（二）以工作範圍爲準訂定設置標準：如一人管理三個工

作項目，此種方法之優點爲簡便易行，缺點爲不可靠。（三）以相關業

務所需員額的比例訂定設置標準：如每三十三個職員設置人事人員一

人，優點爲簡便易行，缺點爲可靠性仍不大。

　　運用講求效率原則之利，爲員工易於專精與具有效率，弊爲員工對

工作過於固定、範圍過少，致缺少對工作的成就感甚而會引起不滿。

第三項　符 合 人 性

欲使員工樂意在組織內任職，則設計組織時宜注意下列重點:

一、工作分配要符合員工的主動與興趣

（一）保持員工在組織內的主動性: 組織雖爲人與事的配合，但人仍是最重要的，做事的、運用財務的、管制進度的都是人，故人也是組織的主宰。因此在組織內須保持人的主動性，工作指派應較爲廣泛，使人的知能在工作上可獲得充分的運用。

（二）顧及員工對工作的興趣: 人的興趣往往是多方面的，且亦常有改變，對員工的工作指派不但要顧及他的興趣，且須隨着興趣的改變而調整工作，如此始能維持工作情緒。

（三）爲事擇人與因材器使應交互運用: 從外界遴選人員任職時，自應根據業務的需要遴選能勝任出缺職務的人員，也卽根據爲事擇人原則用人。但當人員進用後，如發現他尚具有其他特殊才能，爲使其特殊才能得以發揮，亦宜運用因材器使原則，指派與其特殊才能相符的工作。

二、組織內部層次及職稱不可損及員工的自尊

（一）組織內部層次不宜多: 一個組織由於業務的專業分工、員工人數的眾多及管制幅度的限制，致內部必須區分層次。但如層次過多，不但增加上下層次間意見溝通的困難，且將影響及基層員工的自尊心、感到自己的渺小、覺得自己工作的微不足道，致對自己前途的看法產生了陰影。

（二）職稱宜美化: 一種合理的職稱，不但要能表明工作的性質與程度，而且字數不宜多，更須爲員工樂於接受。甚於人的自尊心，職稱不可有俗氣、不雅、低賤等之感覺，如雜工、清道伕等，均不宜使用。

三、組織要有助於員工的發展

（一）增加員工晉升機會: 晉升不僅爲員工的願望，更有助於員工的發展，如使員工久任一職或對績效優異員工不給予晉升機會，必會影

響其工作情緒。爲期在不增加單位層次的原則下增加員工之晉升機會，宜將同一層次的職務，分設若干不同的職稱並安排至不同的職等，如辦事員、助理員、科員雖同爲經辦人，可分列至不同的職等，以備分別晉升之用。再在組織編制上，更應消除在晉升上可能發生的瓶頸現象。

（二）擴大調任範圍：此也有助於員工的發展，惟其效果不若晉升之大而已。調任宜包括單位內、單位與單位間、組織與組織間的調任，及主管與非主管間的調任在內。調任人員對新職易產生新鮮感，進而誘使其在新職上產生新的希望與抱負，以激發其工作情緒。

四、以意見溝通代替指揮監督

（一）員工對指揮監督的感受：監督者是行使權力，受監督者是服從權力；監督者是上級，受監督者是下級；一是站在主動地位，一是站在被動地位；故主管與屬員對指揮監督的心理感受是不同的。

（二）員工對意見溝通的感受：主管與屬員間的指揮監督，在心理上如看作意見溝通，則在地位上是平等的；主管對屬員的指示只是一種意見的傳送，屬員對指示如有意見可提出自己的看法再傳送至主管；屬員如認爲主管的意見有理由而接受時，也感到這是自己主動的接受而非被動的接受；員工在自尊心的驅使下，自將樂意接受意見溝通。

運用符合人性原則之利，爲可發揮員工才華、維護自尊及滿足願望，弊爲可能會影響因專業分工而來的效率。

第四項 適應環境

欲使組織保持對環境的適應與增加彈性，設計時應注意下列重點：

一、保持對環境的適應 從環境系統看，組織只是環境系統中的一個部分，組織與環境系統的其他各個部分相互間，有着依賴與影響作用，因此其他各個部分的重大變動均會對組織發生影響，爲保持組織與

環境間的平衡，則組織須作適當的調整以求適應。再自組織本身看，組織本身也自成一個系統，係由若干次級系統所構成，如任一個次級系統有重大的變動，則其他各個次級系統亦須作適度的調整，以期保持平衡。故組織是須經常調整的，也只有如此始能保持與環境的適應。

二、使組織保持彈性

（一）單位區分保持彈性：對組織內部單位的區分，不宜過於固定而應根據需要可隨時調整。

（二）職掌權責區分保持彈性：各單位的職掌區分與上下層次的權責劃分，不宜作硬性規定，而應保持相當彈性，以便因需要而調整。

（三）員額編制保持彈性：員額編制更宜保持彈性，以便隨業務變動修訂職稱、調整職等及增減員額編制。

三、人員編組保持機動

（一）各單位間人力的機動調整：各單位根據業務自須分別配置人力，但此種人力配置並非固定，而須隨同業務的增減與變動可隨時機動調整，以免產生有人無事做、有事無人做。

（二）對特定任務採人員臨時編組方式處理：所稱特定任務，包括臨時性且非屬某一單位可單獨主管的任務，因屬臨時性故不宜設立單位負責，因非某一單位所能單獨主管故也不宜交由某一單位負責；較為妥善的辦法乃成立工作小組（或稱研究小組、督導小組、專案小組等），指定一高級人員負責，小組成員則向有關單位人員中調用，一俟任務完成小組即予撤銷，原有人員則分別歸建。

運用適應環境原則之利，為增加組織的適應性與擴大人力運用；弊為組織型式過於不穩定，對員工職位缺少保障。

第五項　便　於　決　策

欲使組織的管理者便於制作決策，設計時應注意下列重點：

一、便於資訊的蒐集與管理　正確的決策，依賴於能快速蒐集所需各種資訊及作有效處理，並能隨時快速提供所需資訊，以供管理者制作決定的參考。故對須經常制作及調整決策的組織，設立資訊調查報告單位及電子資料處理中心，甚有必要。

二、便於意見溝通與行動協調　正確的決策，尚須依賴於各單位員工的意見溝通，及各種計畫及行動的協調，以免發生各計畫間的衝突、脫節，程序上的不能配合，行動上的重複、牴觸，及不能連接，員工間對問題的看法不一致。對規模龐大員工眾多的組織，對計畫眾多及計畫之修正與調整甚為頻繁的組織，更有需要。

三、便於制作決策與管制　組織內各單位個別情況業務之決策，固可授權由各單位主管自行決定，但一般性的及涉及整個組織業務的決策，仍須由管理者負責決定，並須對所屬作有效的管制。因此對集權與分權界限的劃分，電子資料處理單位的層次，主管對所屬管制的調整等，均須予注意。

四、建立諮詢制度　對政策性及專案性之重大事項，宜延攬專家學者參與研究，共商有效措施；至參與研究的方式，可視需要採成立常設諮詢機構，或個別延攬專家學者，或委託專家學者或學術機構作專題研究。

運用便於決策原則之利，使管理者能迅速的制作有效而正確的各種決定；弊為增加特種單位及諮詢性機構，使組織趨於擴張。

第六項　顧及平衡

為顧及組織內部的平衡以利業務的發展，設計時應注意下列重點：

一、分工與協調的平衡　分工之着眼在專業，但過於專業分工易使

員工減少整體觀念；協調之着眼在整體，但過於重視協調則單位間的競爭作用也將減少。組織編制之設計不論偏向於分工或協調，對組織任務的達成均將有妨礙，故二者間須求平衡，如技術部門及基層單位可偏向於分工，但中級以上單位則須顧及協調作用，高級單位及管理者更須以整體利益爲重，透過協調求取平衡。

二、**權力與責任的平衡** 權力是處事的力量，有了權力始能要求他人作事及動用經費，並對工作進度予以管制；責任是成事的要求，如某甲對某事有責任，則可要求某甲對某事提供工作成果及達成任務。故權力是賦予的責任是要求的，當賦予權力時不僅須同時課以某種責任，而且賦予權力的大小應與所課之責任相當。如只賦予權力而不課以責任，則屬權力之濫用；如只課以責任而不賦予爲達成要求所必需的權力，則其責任必將落空。故保持權力與責任間的平衡，爲運行業務所必須。

三、**個體與整體的平衡** 個體是員工個人，組織由員工所組成，但每人皆有其不同的背景與願望，並希望能透過組織的力量來達成其願望，故員工希望組織能了解其願望並協助其願望的實現，否則會對組織引起反感，情形嚴重時甚至會採取對組織不利的行動。整體是指整個的組織，組織有組織的目標，組織更希望每一員工均能盡心盡力來達成組織目標，甚至希望員工捨棄個人的利益來達成組織目標，故組織的整體目標常爲管理者所強調。由上可知，如過於強調個體利益將有礙及整體目標的達成；如過於強調整體目標又將損及個體的利益。爲求整體與個體的生存與發展，必須使個體與整體兼顧，亦卽在實現個體利益的同時，必須達成整體的目標；在達成整體目標的同時，必須實現個體的利益。

四、**貢獻與報酬的平衡** 如員工對組織的貢獻大於組織所給予的報酬，則人事將難於安定，員工紛將求去，卽使未有求去亦必情緒低落、工作意興闌珊、工作潛力收斂，對組織的損失將遠超過因低酬所得之節

省。如組織所支付的報酬大於員工對組織的貢獻，則用人費增加，增多進用人員之人情困擾及產生冗員與閒員。故貢獻與報酬之間，即員工之職責與其職等之間，須求取平衡，一分貢獻一分報酬，只有如此才能鼓勵員工做事及真正負起責任，經費的開支才能發揮真正的效果，既不吝嗇又不浪費。

運用顧及平衡原則之利，能使組織與員工的目標與利益兼顧，弊為使組織趨於呆板與形式化。

第七項　各項原則的選用

前述六個原則，在設計組織時並非必須全部同等的適用，事實上其中也不無矛盾之處，故在適用時應視需要而選用。

一、對六個原則的選用　前述六個原則，並非對所有組織的設計均屬同等的重要，而事實上是某些原則對某種組織特別重要。其所以特別重要的原因，可能是由於機關的特性、可能是由於傳統的觀念、也可能是由於當時的環境。如政府機關的組織，須特別重視配合法制及顧及平衡的原則；事業機構尤其是競爭性激烈的事業機構，須特別重視講求效率與便於決策的原則；再如受環境影響極大或對環境因素變動特別敏感的組織，須特別重視適應環境與便於決策的原則；再如學術性研究性的組織，須特別重視符合人性的原則。再如同屬政府機關或事業機構，如其業務變動甚速與業務極為穩定者，其須特別重視之原則可能也不相同。當然，所選用的原則不限於一個。

二、同一組織內各層次或單位所重視的原則可因需要而不同　如一般機關的一級單位，為求組織的基本架構稍趨穩定，其單位及職掌區分可依配合法制原則設計，但基層單位及職掌則宜以適應環境的原則為主設計；再行政管理單位及職掌可以配合法制為主，業務單位及職掌則需

略具彈性；而技術單位及其職掌則更應以講求效率的原則爲主。

　　三、須予重視的原則可予改變　某一機關原須重視某數原則而設計，如因時過境遷，自有改變應予重視的原則之必要。如某組織原以配合法制與顧及平衡原則爲主設計，俟因該組織增加競爭性極爲激烈的任務，則講求效率的原則應特別重視，原有配合法制原則乃成爲次要。再如某一事業機構之組織，因特殊原因改爲須以法律定之時，則配合法制原則自不能蔑視。

第十四章　設計組織的程序與
組織的型式

設計組織，除應注意的原則在前章中經有討論外，尚有設計程序及組織型式問題。設計組織的程序通常有兩種，即一為演繹的程序，作自上而下的設計者；一為歸納的程序，作自下而上的設計者。經由設計而完成的組織，可產生多種不同的型式，究應採用何種型式的組織，則視設計者的觀點而定。

第一節　演繹的設計程序

演繹的設計組織的程序，通常可區分為四個，茲分項述後。

第一項　瞭解組織的目標

任何組織均有其目標，且目標往往在組織成立之前就已決定，而後再根據目標來設計組織，但以往與現今對組織目標的看法已有不同，即由單一目標走向多元目標。

一、單一目標 即認為組織所追求的目標僅有一個，如經濟行政機關的目標在追求經濟的快速成長，教育行政機關的目標在追求國民教育水準的提高。且認為組織員工提供勞務的目的就是換取金錢的報酬，故只要組織對員工支給合理的報酬，員工就會盡心盡力的提供勞務，組織的目標就可順利達成。

二、多元目標 自行為科學興起以後，認為組織所追求的目標並非只是官方的一個目標，除官方目標外尚有其他非官方的目標。因為組織是由許多個人組成的，個人均有其個人的需要與願望，人之所以參加組織就是想藉此來滿足他的需要與實現他的願望，故此種個人的需要與願望就成為個人所追求的目標。再少數個人由於交互行為的頻繁，無形中成了一種非正式的團體或組織，此種非正式的團體會逐漸培養出共同觀念，更從而培養出共同的價值觀念與行為規範，並產生了所謂團體的目標，成為此一團體人員所追求的對象。由此可知組織的目標中，除組織目標外，尚有團體目標與個人目標。管理者欲求組織目標的達成，必須同時注意團體目標與個人目標的實現。

三、目標決定組織的基本型式 組織是為達成目標而設立的，由於目標的不同其組織的基本型式也就有異，故在設計組織時，須先了解組織的目標。如以生產某種產品為目標的組織與提供某種服務為目標的組織，其組織的基本型式必有差別；業務本身極為穩定的組織與業務變動快速的組織，其組織的基本型式也必有不同。

第二項　決定達成目標所需的計畫與配置單位

目標只是一種理想，目標的達成必須透過工作計畫，而工作計畫必須配以適當的單位來主管。

一、工作計畫 工作計畫也可稱為方案，它是介於目標與具體作業

之間的一種書面的計畫。在層次上講，目標是屬於高層次的，計畫是屬於中層次的，而作業是屬於低層次的，也卽是說目標決定了計畫，計畫決定了作業。工作計畫的內容，是預先規定達成目標應行採取的各種行動，包括作業的名稱、進度的管制、工作量的規定、人員經費地點的安排等。當然工作計畫的內容可詳可簡，如計畫內容甚爲簡單時，在眞正執行時，可能尚須訂定作業計畫來補充。達成目標的計畫可以是一個也可以是多個，在多個的工作計畫中其差異性可能小也可能很大，主要因目標而定。

　　二、配置單位　一個工作計畫的實施，往往不是一個或數個員工所能負責，而常須集結一羣人以分工合作方式來完成，因此在設計組織時，組織內部的單位設置須以工作計畫爲主要依據。如性質不相同的計畫，宜分設不同的單位來主管；計畫所涵蓋的地區或對象不同、或程序有別、或使用機具有異者，也宜分別設置不同單位來主管。再如工作計畫內容單純、工作量少者，也可將性質相同、或涵蓋地區或對象相同、或程序相同、或使用機具相同的計畫，合併設置一個單位主管。以期權有所屬責有所歸。

　　三、考慮層次　配合工作計畫所設置的單位，如爲數眾多已超出首長所能有效管制的幅度時，則宜在單位與首長之間增設層次，也卽在首長之下先區分若干大單位，再由每一大單位管轄若干小單位。而大單位的區分，通常可依工作計畫之性質而定。如在首長之下設置二個層次的單位，仍超出有效管制的幅度時，自可再增設層次。惟單位層次的增加對效率及意見溝通影響甚大，如能以其他方法避免增加過多的層次者應儘量避免，如增加意見溝通的途徑、擴大分層負責範圍、建立管理資訊系統等，均屬可行方法。

第三項　決定實施計畫的作業與配置職位

工作計畫只是一種書面文件，須透過作業活動而實施，而作業活動又須配置適當職位，以便羅致人員來處理。

一、作業活動　包括所處理之各種工作項目名稱、及在何處何時由何人用何種方法來處理工作項目等。故作業活動也就是具體的行動，此種行動是由工作人員的行為來表現的。作業活動涉及處理工作的程序與方法、所使用的機具、工作的地點、工作的進度、須完成的工作數量與素質等。一個工作計畫所包括的作業活動，不論在量的方面或質的方法，通常有所不同，執行作業活動所需要的條件當然也會有別。

二、配置職位　所謂職位，指分配與一個工作人員的作業活動，故職位的內容是作業活動（或稱工作），而非指擔任作業活動的人。實施工作計畫的各種作業活動，應將之組合為一個一個的職位，以便每一職位均可羅致適當人員擔任。為期組合之合理，宜注意下列三個原則，即（一）性質相同的作業活動儘可能組合為一個職位，以配合業務之專業分工的發展，及便於羅致專業人才任職；（二）程度相當的作業活動儘可能組合為一個職位，以便羅致某種資格水準之人員任職，及使人力在職位上獲得充分的運用；（三）使職位保持適當的工作量，以免產生閒員或冗員。

三、考慮層次或調整單位　如同一單位之下所配合的職位數甚多，至單位主管對所屬職位的作業活動難作有效管制時，亦宜考慮在該單位與職位之間增加層次。如某單位所主管工作計畫的作業活動，須配合設置三十個職位，通常非該單位主管所能有效管制，乃考慮在該單位主管與三十個職位之間增加一個層次，如在該單位主管之下設三個小單位，每一小單位再管制十個職位。如認為增加層次結果使得層次過多時，也

可考慮調整單位，卽該某單位的原有的工作計畫分由兩個或三個單位主管，使每單位管制十個至十五個職位，如此只要使上一層次單位的管制幅度略予加大，卽可不再增加層次，使組織結構趨於簡化。

第四項　權責及意見溝通等的設計

前述三項所討論的設計，均以工作的目標、計畫及作業活動為重點，雖也考慮到工作的程序、方法、設備機具等因素，但仍不能包括組織的全部；所設計出的形象也只是靜態的組織結構，而未含動態的現象在內，仍不能眞正的代表組織的全貌，故尙須考慮及權責區分與意見溝通途徑等的配合與運用的設計。

一、權責區分　組織內上自首長的職位下至員工的職位，除所管轄或經辦工作的職掌外，尙須規定其處理工作之權責，以增進工作效率、縮短業務處理的行程，及使權責分明、不爭功諉過。所賦予的權責通常有下列三種類型，卽（一）擬辦：指對工作之處理只賦予提供建議之權責；（二）審核：指對所提之處理工作的意見，只賦予審查及提供是否可行及應如何修正之建議的權責；（三）核定：指對工作的處理賦予決定之權，及擔負工作成敗之責；所規定之權責的不同，影響及組織的集權與分權、上級對下級管制的寬嚴及組織型式。所謂實施分層負責，就希望儘量對各級主管賦予核定權責，對非主管人員亦酌情賦予核定權責，以提高效率及增加員工對工作的滿足與成就感。

二、意見溝通途徑　組織內上下層次員工間及同層次平行單位員工間的意見溝通途徑，如予嚴格限制，則意見溝通必須循著指揮監督系統進行；如為期增加員工相互間的互動，儘量擴增意見溝通途徑，則員工間的意見溝通可不須循指揮監督系統進行。意見溝通途徑的廣為開放，不僅對工作效率有所幫助，且有利於人際關係的和諧，員工態度的改善

與團體士氣的提高。

三、其他有關組織原則的考慮　在前章第四節中曾提到設計組織的六個原則，除配合法制、講求效率、顧及平衡諸原則，在前述三項中已略有提及外，符合人性、適應環境與便利決策等原則，亦宜予以注意。如組織內的層次不宜過多，職稱宜求美化，工作分配不宜過於固定，使組織保持對外在環境變動的適應能力，及使人員編組的保持彈性，建立資訊管理系統，設立諮詢機構等，均須併加考慮。

第二節　歸納的設計程序

歸納的設計組織的程序，通常也可區分為四個，除第四個程序權責及意見溝通等的設計與前節相同不再敍述外，茲就前三個程序，及演繹與歸納並用等，分項簡述之。

第一項　決定所需作業活動與組合職位

決定組織所需作業活動的方法甚多，就各種方法所決定的各種作業活動再組合為一個一個的職位。

一、決定作業活動　作業活動固然多從工作計畫而來，而工作計畫又係根據組織目標而定，故從組織目標可演繹出作業活動。但作業活動也可根據其他資料而定，如參考其他同類組織的作業活動資料，根據員工經驗認為應行處理的及目前已在處理的作業活動資料等，均可擬定一個組織所需處理的作業活動，並分析各種作業活動的性質、程度高低（凡作業活動處理愈困難、責任愈大、所需資格條件愈高者，即為程度愈高）、有無前後連貫性、及工作量，以備組合職位之參考。

二、將作業活動組合為職位　組合職位與前節所述配置職位不盡相

同。配置職位是先有單位，而後將同一單位根據作業活動配置以職位；此處所稱組合職位，是先將組織內各種作業活動組合爲職位，而後再將職位根據管制幅度歸納爲單位，故在歸納的設計程序中，其組合職位的工作較爲徹底。至組合職位應予注意的三個原則，則與前述配置職位時所應注意的原則同，卽（一）性質相同的作業活動，儘量組合爲一個職位；（二）程度相當的作業活動，儘量組合爲一個職位；（三）使職位有適當的工作量。

第二項　將職位組合爲單位

將作業活動組合爲職位後，爲便於羅致人員與管制人員，必須組合爲單位，使同一單位的職位與人員，由單位主管予以管制。將職位組合爲單位時，應注意下列各點：

一、性質相同的職位儘量組合至同一單位　將職位組合爲單位後，該些職位及人員將受單位主管的管制，如同一單位的職位性質均屬相同，則單位主管只須遴選該種專業人才擔任卽可，故有利於主管人員的羅致及對所屬的管制。

二、目的相同的職位儘量組合至同一單位　每個職位均有其作業活動，而每一作業活動均有其目的，故每一職位也有其目的，如將目的相同的職位組合至同一單位，則同一單位的員工均在從事目的相同的作業活動，不僅有利於主管對所屬的領導，且有助於員工的團結與合作。

三、工作程序前後相聯的職位儘量組合至同一單位　處理作業活動時前後程序相聯的職位，對工作進度的協調與管制關係極爲密切，如能組合至同一單位，則在協調與管制進度時可增加不少便利，進而可增進工作效率。

四、顧客對象相同、使用機具相同、管轄地區相同的職位儘量組合

至同一單位　顧客相同的職位，爲利於向顧客提供有效的服務、便於對服務事項的改進、便於接納顧客的意見，如將之納入同一主管管制之下，自較易發揮效果。使用相同機具的職位，如組合至同一單位歸由同一主管管轄，則對使用機具的時間可作適當的安排，旣不使機具閒置，進而增加機具的使用率，對機具的維護與保養工作也可更爲週全。管轄地區相同的職位，如組合由同一單位主管，則在同主管的協調與策劃下，更可發展適合於該地區的各種措施，對該地區可提供更好的服務。

　　五、注意單位主管對所屬職位的管制幅度　前述四點雖於組合單位時應予注意，但必須再用管制幅度來調整。因爲根據前述四點組合單位時，一個單位可能只包括有極少數的職位，也可能包括爲數極多的職位，因而使得主管對所屬無法作有效的管制或管制過分，均有碍於組織的合理化，因此需再用管制幅度來調整。遇及一個單位所包括的職位過少時，則宜考慮將性質不盡相同的、目的不盡相同的、程序不盡關聯的、及顧客對象或所用機具或管轄地區不盡相同的職位，也予組合至同一單位；如一單位所包括的職位過多時，則宜將其細分爲兩個或兩個以上的單位。不論以何種方法來調整，其目的均爲使主管對所屬能作有效的管制。

第三項　決定組織內部層次

　　將職位組合爲單位後，單位之上須否再設置上級單位的層次，或卽可設置首長，此乃決定內部層次問題。考慮時宜注意下列各點：

　　一、專業的範圍　如各單位之作業活動的專業範圍甚爲廣泛，主管這些單位業務所需之專門知能，爲同一人所難以具備時，則在這些單位之上首長之下，宜增設上級單位的層次，並設置若干上級單位，分別主管不同專業的次級單位。如某些單位屬於工程專業，某些單位屬於農業

專業、某些單位屬於商業專業，如由同一首長直接管轄，則此種首長人選不易羅致，宜考慮分別設置主管農業、工程、商業的上級單位。

二、**地區的範圍**　如各單位之作業活動所管轄的地區極為廣大，無法由首長直接管制時，則宜在首長之下各單位之上，增設上級單位的層次，如臺灣省警務處主管全省警務，但因全省地區遼廣，對警務督察工作難以週密，乃在北區、中區、南區、東區分設督察區，由各區主任督察分別負責各地區之督察工作。

三、**管制幅度**　如各單位之作業活動並無上述專業範圍或地區範圍的考慮，但單位為數過多，使首長無法作效有的管制時，也宜在首長之下單位之上考慮增加上級單位的層次，分別主管若干次級單位的業務。

四、**首長的設置**　如在各單位之上需增設上級單位的層次者，則在上級單位之上設置首長；如在各單位之上不須增設上級單位的層次時，則在各單位之上逐設首長。但也有若干例外者，如（一）因組織過於龐大，在上級單位之上首長之下再增設上一級單位者，如臺灣省鐵路局在股之上有課、課之上有處、處之上始是首長；又如（二）因組織規模甚小，致不需設置單位而直接由首長管轄各職位之作業活動者，如鄉鎮衛生所，主任之下即為各職位員工，並無單位主管之設置。

第四項　演繹與歸納程序的並用

組織的設計程序，雖有演繹與歸納之分，但此兩種方法並非相互牴觸，且可作相輔相成的運用，如嚴格限於使用一種方法反而可能發生流弊。

一、**演繹程序設計的利弊**　應用演繹程序設計組織，利為使組織系統明確，計畫與單位配置良好，對計畫的實施也可較為順利；弊為各單位間的作業活動，可能有些重複，同性質的作業活動可能分散至各單

位，同時職位與實有作業活動的配置也可能有發生脫節現象。

　　二、歸納程序設計的利弊　應用歸納程序設計組織，利爲職位與實有作業活動配合良好，同性質、同顧客、同機具、同地區作業活動的職位，大致可歸入同一單位主管，以利作業活動的推展；弊爲單位設置與工作計畫配合不够明確，對工作計畫的實施因所受牽制較多，可能不很順利。

　　三、演繹與歸納程序的並用　由於兩種設計程序各有利弊，故在設計組織時可考慮兩種程序並用，以取其長去其短。如一個組織的上層單位的設計，可以演繹方法爲主，以期工作計畫與單位區分的配合，而利工作計畫的順利實施；基層職位及單位的設計，宜以歸納方法爲主，以期與實有作業的配合，而利同性質、同顧客、同機具、同地區作業活動的推展。再如對獨立性或特殊性工作計劃的推行，宜以演繹程序設計爲主；對日常作業活動的推行，宜以歸納程序設計爲主。總之，兩種程序並用的組織設計成果，將會比只用一種程序的組織設計爲優。

第三節　傳統的組織型式

　　經由前兩節所述程序設計組織時，如特別重視配合法制、講求效率、顧及平衡等原則的應用，則所設計而成的組織型式主要有四種，各有其特性與優缺點，均屬傳統的組織型式。茲分項簡述如後。

第一項　直線式組織

　　一、型式　說明：下圖中①代表組織的首長；②代表單位主管；③代表經辦人員。溝通途徑爲首長監督單位主管，單位主管監督經辦人員；下級對上級有所陳述時，亦須循監督系統進行。

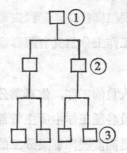

二、**特性**　首長負責決定組織內一切事項，首長及主管對屬員有絕對指揮監督權；單位主管相互間、經辦人員相互間，極少有意見溝通行動協調關係存在；權力與責任關係，多循着上下指揮監督系統流動。

三、**優缺點**　優點為行動迅速，紀律嚴明，工作易於貫徹；缺點為一切靠首長，單位主管及屬員不能主動處事，產生依賴心，且易引起心理反感。

四、**適用條件**　首長必須精明幹練、學識經驗豐富，小規模的組織及特別講求紀律的組織，可以適用。

第二項　功能式組織

一、**型式**

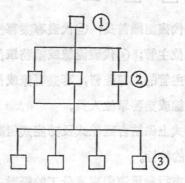

說明：上圖中①代表組織首長；②代表專家；③代表經辦人員。溝通途徑爲各經辦人員在工作上分別受有關專家的監督，各專家又受首長之行政監督。

二、特性 各經辦人員的工作，依專業分由各別專家指揮監督，各專家只指揮監督經辦人員各種工作中所主管部分的專業工作。

三、優缺點 優點爲高度發揮專業分工的精神；缺點爲權力混淆責任不淸，破壞了指揮監督的統一。

四、適用條件 可用於專業區分極爲明確的組織。

第三項　直線及功能式組織

一、型式

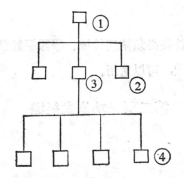

說明：上圖中①代表組織首長；②代表專業幕僚或行政管理單位；③代表直線或業務單位主管；④代表直線或業務單位經辦人員。各經辦人員在工作上受直接主管的指揮監督，專業幕僚或行政管理單位主管，不能直接指揮監督直線或業務單位人員。

二、特性 在型式上係結合直線式及功能式組織型式而成，故兼具直線式及功能式組織的特性。

三、優缺點 具有行動迅速與專業分工的優點，專業幕僚及行政管

理單位的建議，必須透過首長或單位主管而下達，以免違背統一指揮監督系統的要求。缺點爲組織結構較爲複雜，對專業幕僚及行政管理單位主管與業務單位主管間的權責關係，必須愼爲運用，以免引起相互抱怨或不合作。

　　四、適用條件　適用於大規模的組織，主要行政工作及生產性工作用直線式組織，專門技術性、研究性、行政管理性、參贊性、顧問性工作用功能式組織。

第四項　委員會組織

一、型式

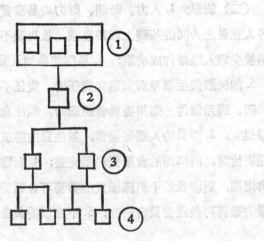

　　說明：上圖中①代表委員會本身；　②代表執行委員會決議的負責人；③代表單位主管；④代表經辦人員。決議與執行分開，決議部分的組織由若干委員組成，開議時以其中一人爲主席；執行部分的組織，多與直線式組織相似，但也有採直線及功能式組織者。

　　二、特性　對有關事項需由各委員討論決定，一經決議卽爲委員會

的決定。至委員會的任務性質又各有不同，如有的委員會同時負責決定與執行工作；有的委員會只作決定，其執行則由另一組織負責；有的委員會於討論後只向有關組織提出建議；有的委員會只是聽取意見，既不討論也不作成決定。

三、優缺點

（一）優點：1.能集合多數人的智慧，對問題作明智的判斷與決定；2.能避免權力過於集中至一個單位或一個人；3.有關集團或單位均可指派代表參加，便於相互協調與聯繫；4.與若干組織有關的事務，其處理與決定權限能在適當的層次結合，不須集中至首長；5.可用來暫行擱置某種重要而不須立即作成決定的問題。

（二）缺點：1.人力、時間、財力均易浪費；2.所謂決議，有時須在各人意見之共同的基礎上取得協議，故決議不一定就是很好的決定；3.易被少數人操縱作成決議；4.易作非參加人員權限內所可決定的決議；5.如決議發生偏差而須追究責任時，責任不明。

四、適用條件　運用委員會組織時，須注意1.對委員會的權限應予明確規定；2.委員的人選要適當，並注意主席或召集人的人選；3.討論主題要恰當，所準備的會議資料須完整；4.對臨時性業務可設置臨時委員會處理，對涉及若干組織權責的業務可合組委員會辦理，對需要從長計議的業務可設置委員會研究；5.不宜以委員會代替首長制的組織。

第四節　人性的組織型式

當設計組織時，如特別重視符合人性原則的應用，則所設計而成的組織型式主要有下列四種，各有其特性、優缺點與適用條件，均屬人性的組織型式。茲分項簡述如後。

第一項　扁平的組織型式

一、型式

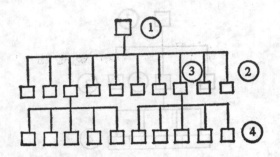

說明: 上圖中①代表組織首長; ②代表幕僚、專技、參贊等人員; ③代表業務單位主管; ④代表經辦人員。各經辦人員在工作上受直接主管的指揮監督，但也鼓勵與有關幕僚、專技、參贊人員交換意見。

　　二、特性　組織型式趨於扁平型，組織內儘量擴大管制幅度以減少層次，高級幕僚、專技、參贊人員增加; 首長鼓勵幕僚、專技、參贊人員與業務單位主管及其所屬經辦人員交換意見，首長也經常徵詢幕僚、專技、參贊人員意見，除重要事項決定的下達循指揮監督系統進行外，通常有關意見的溝通並不限於指揮監督系統的途徑。

　　三、優缺點　優點為能維護基層工作人員的自尊心，增加幕僚、專技、參贊人員的成就感; 缺點為管制幅度易超過應有的限度致失去有效的管制，高級幕僚、專技、參贊人員的設置易趨浮濫，甚至產生閒員或冗員。

　　四、適用條件　教學、研究、制訂政策性的組織，採用此種型式較為有利; 負責執行政策或基層的組織，不宜採用。

第二項　擴大工作範圍的組織型式

一、型式

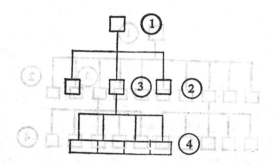

說明: 上圖中①代表組織首長; ②代表幕僚或行政管理單位; ③代表業務單位主管; ④代表經辦人員。經辦人員雖設有四人, 但其經辦業務並不予固定, 可隨時調整, 其餘情況與直線及功能式組織同。

二、特性　為擴大經辦人員的工作範圍, 不使經辦人員的工作予以固定, 以增加運用經辦人員學識經驗才能的機會, 及避免因工作過於單調或機械所引起的心理上疲勞與影響工作情緒; 幕僚與業務單位主管間, 亦鼓勵其交換意見, 必要時並作職務的調任, 以增進對業務單位及幕僚工作的了解。

三、優缺點　優點為可增進經辦人員對工作的興趣, 增加對工作的滿足感與成就感, 使幕僚與業務單位間相處融洽, 增加相互間的瞭解。缺點為經辦人員的工作責任不夠明確, 主管對所屬的工作指派須付出更多心力, 以免有的事多人爭着做、有的事無人願意做。

四、適用條件　對從事於例行性、機械性、重複性工作的員工, 宜於採用此種型式; 對創始性、研究性、教學性的工作, 不宜採用。

第三項　便於意見溝通的組織型式

一、型式

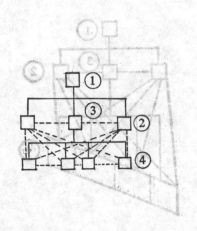

　　說明: 上圖中①代表組織首長; ②代表幕僚或行政管理單位; ③代表業務單位主管; ④代表經辦人員。圖中的實線代表指揮監督系統, 虛線代表意見溝通途徑。

　　二、特性　員工間的交換意見, 除可循着指揮監督系統進行外, 並無指揮監督關係的員工間, 也可直接交換意見, 換言之員工間的意見溝通途徑並無限制, 惟經由意見溝通須作成決定時, 此一決定須經由指揮監督地位的上級主管同意。

　　三、優缺點　優點為員工間的意見溝通途徑增多, 使人際關係更趨融洽, 並有利於提高團體士氣; 缺點為如不將意見溝通與制作決定之間保持適當分際, 將會削弱業務單位主管的權限, 引起幕僚人員與業務單位主管間的不和。

　　四、適用條件　對規模較小、或計劃研究性的組織, 可適用此種型式; 對推動例行性工作的組織, 為免影響工作效率, 不宜採用。

第四項 利於員工發展的組織型式

一、型式

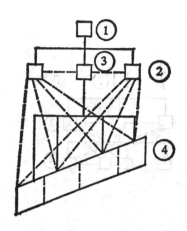

說明: 上圖中①代表組織首長，並可酌增副首長；②代表幕僚或行政管理單位，並可酌增幕僚人員；③代表業務單位主管人員，並可酌增副主管；④代表經辦人員。實線代表指揮監督系統，虛線代表意見溝通系統；經辦人員的工作不予嚴格的限定，各經辦人員雖屬同一層次，但其地位有高低。

二、特性　欲增加員工發展機會，須一方面增加員工職務上的晉升機會，二方面增加員工訓練學習機會以增進知能，三方面增加員工處理工作的機會以資歷練，爲配合以上三種需求而設計的組織型式，除須彙具前第一至第三項所述三種組織型式的優點外，尚須酌增副首長、副主管、幕僚職務，對同層次職務之職等作不同的認定，以利升遷；增加意見溝通途徑，以利訓練學習；經辦人員工作分配不予固定，以資歷練。

三、優缺點　如能運用恰當，可收前述增加升遷、訓練學習、歷練的效果；如運用不當，則前述三種組織型式的缺點均將暴露。

四、適用條件: 與前述三種組織型式的適用條件同，不再贅述。

第五節　權變的組織型式

如設計組織時，特別重視適應環境及便利決策的原則，則所呈現出的主要組織型式也有四種，並各有其特性、優缺點與適用條件，均可稱為權變的組織型式。茲分項簡述如後。

第一項　彈性單位與編制的組織型式

一、型式

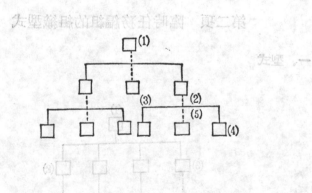

說明: 上圖中①代表組織首長; ②代表單位主管; ③代表可視需要增設或不設的單位; ④代表經辦人員; ⑤代表可視需要增加或不加之經辦人員。其餘與一般組織型式同。

二、特性　為期能適應環境的變動而調整組織的結構與編制，必須使組織保持彈性。對單位數及其職掌區分不予嚴加限制，可視需要增減單位及調整職掌; 對各單位的員額編制也不加嚴格限定，可視需要增加

或減少。一般言之，上級單位的彈性宜較小，以保持組織的基本型式，中下級單位的員額編制應具較大的彈性，以利作各種不同的機動調整。如須以組織法規訂定組織之結構及編制時，則組織法規之條文應求簡化，單位、職掌、員額編制的彈性幅度宜予加大，以期在允許的幅度內作適應需要的調整。

三、優缺點　優點為使組織能保持彈性，隨同環境的變動而調整單位及編制，不使組織形成僵化及與業務發生脫節現象；缺點為由於組織的不夠穩定，致影響及員工職務的保障及人事的安定。

四、適用條件　組織所從事之業務深受環境之影響者、與同業間競爭甚為激烈者，其組織設計宜採此種型式；對業務極為穩定或與外界並無競爭的組織，不宜採用。

第二項　臨時任務編組的組織型式

一、型式

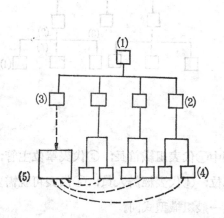

說明：上圖中①代表組織首長；②代表單位主管；③代表高級非主管人員；④代表經辦人員；⑤代表臨時任務的編組單位。臨時任務編組

的成員中，指定有召集人，對編組內的其他工作人員有指揮監督權；如參加任務編組的人員須同時處理原有的工作時，則將在各別工作上分受召集人及單位主管的指揮監督。

　　二、**特性**　此種任務編組的組織，通常因臨時性業務或業務之權責涉及若干單位或若干組織時編組而成，其成員由有關單位或有關組織指派，並由首長指定一地位較高者主持或召集，一俟任務完成原有任務編組即予取銷，成員也即分別歸還建制。

　　三、**優缺點**　優點為此種組織彈性最大，隨時可組成可撤銷，人數可多可少，任務可隨需要而定，且不涉及組織法規的修訂，故一般組織均樂用之。缺點為此種組織的運用如有不當，可能會影響及其他單位的職權；參加編組的成員如仍須辦理原單位的工作時，則不易專心處事致延誤工作，且成員同時受編組召集人及原單位主管的指揮監督，也易引起應否接受指示及如何協調指示的困擾。

　　四、**適用條件**　對臨時性與涉及若干單位或組織事權的業務，宜以任務編組方式處理；對各單位或組織職權範圍內經有明定，且屬經常性的工作，為免有損其他單位或組織之職權，不宜採用。

第三項　基層員額機動調度的組織型式

一、型式

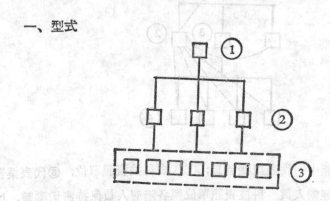

說明: 上圖中 ①代表組織首長; ②代表單位主管; ③代表基層員額。何一基層員額配置至何一單位,並不予固定,可隨業務需要隨時調度。

二、**特性** 組織的結構,在組織系統表上只表明單位的區分與層次,而基層經辦人員之員額,只表明總數,而不固定配置至各單位;至各單位需用的基層員額,則根據業務需要由首長隨時調度。

三、**優缺點** 優點為使組織的基層部分保持有大的彈性;缺點為單位主管與經辦人員間的指揮監督關係不穩定,在考核考績上將會發生若干困擾,同時也可能影響及經辦人員對工作的責任心。

四、**適用條件** 對各單位之業務變動性(尤其是量的變動)極大的組織,可予適用;對業務甚為穩定的單位不宜採用。

第四項　配置科技資訊的組織型式

一、**型式**

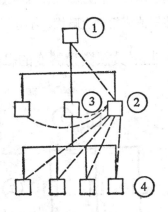

說明: 上圖中①代表組織首長; ②代表科技資訊單位; ③代表業務單位; ④代表經辦人員。科技資訊單位與各階層人員保持密切聯繫,以

便蒐集資料與提供資訊。

二、**特性**　科技資訊單位，爲期便於蒐集資料與提供資訊，通常列爲一級單位，直屬於組織首長，並與各層次人員保持密切聯繫。科技資訊單位設置後，各業務單位之區分與職掌的配置，爲期與規劃及提供資訊程序的配合，必要時須作適度調整。科技資訊單位的設置，將使組織的人力有所改變，卽減少例行文書操作人員，增加分析及規劃設計人員。組織各層次的管制幅度會因科技資訊單位的設置而擴大，同時原有分權程度會因科技資訊單位的設置而再走向集權的趨向。

三、**優缺點**　優點爲對各種管理資訊能及時準確提供，有利於適時制作決定；缺點爲由於人力結構的改變，可能使部分人力予以裁遣，另進用資格水準較高人員，增加薪俸費用的開支。

四、**適用條件**　對深受環境影響並須經常制作決定的組織，可予適用。

第十五章　組織的分類

組織爲數眾多，情形各異，學者爲便於研究起見，常依其特性予以分類，惟由於分類標準之不同，致有不同的分類。本章係以較爲常用的各種分類標準爲準，研討組織之分類，並分五節敍述之。

第一節　以受惠者爲準的分類

任何一種組織的存在，必有其受惠者，有的組織的受惠者爲全體民眾，有者爲某種行業的民眾，有者爲具有某種條件的人員。以受惠者爲準可將組織歸納爲四大類。茲分項簡述如後。

第一項　公　益　組　織

公益組織的受惠者爲整個社會，全體民眾，諸如政府之行政組織及軍事組織等屬之；公益組織之目的，在謀求全體民眾之福利，社會之安寧，免受外來的侵略或干擾❶。其情形爲：

一、民眾對公益組織須能作有效控制　爲使公益組織消極的不損及

---

❶　姜占魁著，行政學，第三二——三九頁，五南圖書出版公司，七一年版。

全體民眾的利益、積極的謀求全體民眾的福利，則民眾對公益組織必須設法加以控制。而控制之方法就是經由民主程序選出足以代表全體民眾利益的人，組成民意團體負責監督與控制公益組織。

　　二、民眾及公益組織人員須有民主修養　如（一）全體民眾須具有民主修養，能根據其本身長遠利益投下神聖的一票，選出真能代表其利益的民意代表。（二）選舉必須能定期舉行，以期能充分代表當時當地的民意，為民爭取利益。（三）組織內人員深具民主修養，始能以公僕自居，處處以民眾利益為利益，達到及時為民服務的目的。

　　三、人情的社會關係干擾公益組織的效能　公益組織的效能是謀求全體民眾的利益，但此種效能的發揮，常受到人情的社會關係的干擾。所謂人情的社會關係，主要有（一）重情而不重法：吾人常聽人言「情、理、法」為社會行為的三原則，情居其首，對吾人行為的影響力也最大，致為了人情而犧牲了法的規定。（二）重視人在社會關係中的地位：吾人對人的看法，往往重視其在社會中的地位，如權力、家世、年齡、教育等，而忽視其個人的成就。（三）依賴權力的心理與被動的社會行為：即敬畏及依附於社會地位的權力，並接受社會權力的驅使，養成了社會行為的被動性。

　　四、組織成員、民意代表及選民間形成特殊的三角關係，影響公益組織的效能　即（一）組織成員與選民間關係：組織成員雖有為民公僕之倡，但仍多以父母官自居，民眾雖有選舉之權，但心理上仍自認子民者為多；因此組織成員對民眾的要求反應遲緩，民眾與之打交道時，組織成員的傲慢態度與民眾的謙遜依賴適成明顯的對比。（二）民意代表與選民間關係：民眾所憑藉的是選舉時之神聖的一票，民意代表之當選也多賴於與民眾間的社會關係；因此凡民眾對組織有所要求時，必請民意代表協助，而民意代表也必全力為選民奔走說項，以打通關卡。（三）

民意代表與組織成員間關係：組織成員爲期民意代表不予核減預算及在問政中不予瓜葛，無不設法與民意代表保持良好關係，遇及民意代表爲選民說項時，組織成員也只有鑽研法規漏洞謀求解決。由於以上三角關係，使公益組織的效能難以獲得充分的發揮。

第二項　企業組織

企業組織的受惠者爲股東，如何以最低成本謀求最大利潤，卽成爲企業組織的經營總目標，如企業公司、銀行等均屬之❷。其情形爲：

一、在競爭環境中生存與成長　企業組織不但爲數眾多，且相互間競爭激烈，不論爲原料的採購、成品的行銷、勞務的提供、顧客的爭取等，無不與其他同類的企業競爭，並設法在競爭環境中取得優勢地位。且環境本身變化多端，企業組織欲在競爭環境中獲勝，則管理者與全體員工必須掌握一重要觀念，卽企業組織須能隨著客觀環境的變遷，同心協力及時採取有效的適應措施，以維護組織的生存與成長。

二、以謀求最大利潤爲惟一目標　爲求最大利潤，必須以最低成本（經濟）獲取最高利潤（效率），由於此惟一目標觀念的作祟，致產生了下列流弊：

（一）趨向於獨斷的領導：領導階層惟一關心的問題，就是經濟與效率，因此事無鉅細均必躬親，所有決策無形中集中至上級，對下級的能力漸失去信心。人的能力與才幹原多靠磨練與培養而成，上級如不賦予下級以重任，則下級縱使具有高度潛能，也因無磨練培養機會而漸成庸俗之輩。目前不少組織首長常嘆人才缺乏，其過究竟在誰應可推知。

（二）壓制員工的個人目標：領導者旣以謀求最大利潤爲惟一目標，則不允許再有其他目標，因而員工的個人目標（如員工的需要與願

---

❷　姜占魁著，行政學，第二四——三一頁。

望，及希望組織能協助員工使其需要獲得適度的滿足，願望得到適度的實現），也受到組織的壓制，並訂定複雜的法令規章，來限制員工的動機、行爲與工作，以期員工能犧牲個人的利益來謀求組織的最大利潤。

三、員工情緒低落業務推展受困　管理者對所屬領導之趨於獨斷，則不允許屬員參與決策，以命令方式強迫所屬接受管理者意見，對管理者所作決定不允許屬員有反應意見，更不許修改，管理者與屬員關係極爲疏遠。在此種氣氛下，不僅養成屬員對管理者的依賴心，凡事處於被動，且易對管理者引起反感甚或抗拒的行爲，致工作情緒低落。復由於複雜的法令規章，對員工的多方加以限制，致在處理業務時動輒得咎，因而使員工均抱着多做多錯、少做少錯、不做不錯的態度，使組織業務的推動發生了困難。

第三項　服務組織

凡組織之成立，目的在謀求某特定部分民眾之利益者，稱爲服務組織。如學校、醫院等均屬其例❸。其情形爲：

一、提供服務與接受服務者間的關係　在正常情況下，服務組織所提供的服務，應該正是接受服務者所需要的服務，但事實上二者常有距離。如當接受服務者並不能眞正了解其本身的眞正利益時，則所提供的服務在接受者心目中並不認爲是需要的，如學生對要求嚴格的老師多有反感，反而喜歡一味討好學生不講正課的老師。又如病人求醫時對醫生在用藥等方面之無理要求使醫師無法接受，或醫師所使用之藥品等又爲病人所不受歡迎。此種心理反應的形成，多係接受服務者對其本身眞正利益並未眞正了解所致。

二、專技人才權力觀念淡薄　服務組織內的專業及技術人才，其價

❸　姜占魁著，行政學，第一六——二四頁。

值觀念是追求專門知識之增進與其應用，在接受專門知識與其應用之過程中，不願接受任何權力的干預，因此對權力觀念甚為淡薄，管理者也不可對其施行權力，如學校的教授具有崇高地位、受到尊重、享有榮譽，至於一般行政人員則僅居於輔佐地位；醫院內的醫師也屬如此。但此種觀念與行為模式，如與美國相比尚有一段距離，在美國有許多大學請不到校長，在我國還有把校長、院長等職務視為權力職務，仍有不少人嚮往並多方爭取。

三、專技人員與一般行政人員間易起衝突 服務組織具有專業體系與行政體系二者，專業體系中之人員以專門知識利益為中心，而行政體系中之人員則以組織利益為中心，如大學教授多重視研究環境的培養與改善、研究費用的支援、厭惡法令規章的繁複與約束，而學校行政人員則服從組織的領導與法令的規定。由於此兩種人員的利益與價值體系不同，致對一般問題的看法，有着相當的距離，甚至引起衝突與磨擦。

四、專技人員流動性大 行政人員所追求者，偏向權力與地位及期望不斷的提升，故多能久任。而專技人員所追求的是專門知識與其應用，且對權力觀念淡薄，故視組織僅為人生旅程中的一個客棧而已，如遇及組織有碍於他對專門知識的追求與應用時，則會離職他去，尋求另一能支持他從事專門知識追求與應用的另一組織。此種專技人員流動性大的現象，不但服務組織如此，在公益組織也有類似情形。

第四項　相互利益組織

所謂相互利益組織，指受惠者多限於組織內的成員，而組織外的民眾難以受其利益者而言，如工會、學會等均屬其例❹。其情形為：

一、成員期望維持內部民主的控制 成立相互利益組織的動機，在

---

❹　姜占魁著，行政學，第一二──一六頁。

謀求成員間的相互利益，因而不論為組織的型式或是組織的法令規章，皆須以維持內部民主的控制為要務，使每一成員對其利益均有充分表達的機會，且須受到重視。基於此一原因，相互利益組織的層次區分不會多，如學會除會長或理事長對外可代表學會外，其餘有關辦事人員不但人數少且也多無層次之分，因層次少，有利於意見的充分溝通，更有利於民主的控制。再所謂會長或理事長，並不是一個有權力的領導者，而只是一個協調者，他不能藉着他個人的地位權力強令成員接受。有關組織內的重要政策及法令規章，皆須全體人員或其代表之相互討論、辯論、通過始能成為定案，並非領導者所能獨斷獨行。

　　二、維護成員對組織的熱情與防止寡頭領導的出現　相互利益組織多由少數熱心利益分子所發起而成立，但由於參加成員增多，難免使成員對組織漸趨冷淡與疏遠，同時少數權力慾望較強的成員，乘機操縱與控制組織大權走向寡頭的領導，致使組織變質。為維護成員對組織的熱情，在組織中應培養兩種不同的主張，以期相互制衡，如此可使成員提高對組織的關切，增強參與的意願。進而使這兩種不同意見的制衡作用趨於制度化，使成員具有高度的教育水準與民主修養，藉以開放胸懷，不排除異己，更能坦誠的接受他人意見。再組織中的領導者，既係由成員互選而產生，則不僅須定期舉行選舉，且也不宜連任過久，以期增加其他成員當選機會。

第二節　以權力分配為準的分類

　　各組織如以權力之分配作為標準予以分類時，則其分類之結果自與前節所述者不同。依權力之分配言，有集權、分權與均權之分，也有完整與分離之別，有首長制與委員制之分，也有層級制與機能制之不同。

茲分項簡述如後。

第一項　集權制、分權制與均權制組織

　　從中央組織與地方組織間、或總機構與分支機構間，對管制權力之趨向集中於中央組織或總機構、或趨向分權於地方組織或分支機構、或趨向於中央組織與地方組織或總機構與分支機構均衡之不同，可區分爲集權制、分權制與均權制❺。

　　一、集權制組織　指中央組織或總機構對地方組織或分支機構有完全指揮監督之權力，地方組織或分支機構惟以中央組織或總機構之馬首是瞻，是爲集權制。形成集權之原因，不外（一）經濟制度的改變，大規模事業的興起，爲適應新形勢不得不採集權措施；（二）科技的進步，在較小單位難於延攬專門人才、難予充實技術設備，而上級組織或總機構則輕而易舉；（三）交通運輸工具的發達，使空間距離大爲縮短，管制幅度因而擴大，雖集權也不發生困難；（四）政府職能的擴張，爲增進效率對一致性的要求加強；（五）權力心理的作祟，希望抓住權力不放。

　　在集權制之下，其優點爲（一）上級命令能予貫徹，行爲標準易趨一致，並可作兼籌並顧的打算；（二）易於集中力量，加強與提高組織效能；（三）使下級組織或機構獲得均衡發展。其缺點爲（一）行政措施只顧整體，疏忽因地制宜的需要；（二）下級組織或機構一切奉命行事，態度消極被動，且公文上下往返費時，遺誤事機；（三）各組織多呈頭重腳輕形態，且易導致專橫獨斷甚或個人獨裁。

　　二、分權制組織　指中央組織或總機構完全賦予地方組織或分支機

❺　張金鑑著，行政學典範，第二三四──二四二頁，中國行政學會，六四年版。

構以管理自己事務的權力，地方組織或分支機構旣不須聽命於中央組織或總機構，中央組織或總機構也不干與。形成**分權制**的原因，不外認爲**集權制**是弊多利少而分權制有其明顯優點所致，如狄馬克（Gladys O. Dimock）認爲「分權是創造能力與民主精神的**偉大寶藏**」；史東（Donald C. Stone）認爲「中央機關人員的眞正任務，是在**協助**地方或下級機關工作而不在代替其工作；上級不切實際的文書控制扼殺了一切事業的創造力，窒息了行政的生機與活力」。

雖然分權制可防止中央或上級的專橫，適應地方或下級的特殊需要；但過度的分權也會引發若干弊端，如影響基本政策的統一性，促使地方之畸形發展，加深地域觀念，甚至形成尾大不掉使中央或上級組織失去控制。

三、均權制組織　指中央組織或總機構與地方組織或分支機構的權力保持平衡狀態，旣不偏於集權也不偏於分權。　國父孫中山先生在五權憲法演講中曾謂，「權之分配，不當以中央或地方爲對象，而當以權之性質爲對象，權之宜屬於中央者屬之中央可也，權之宜屬於地方者屬之地方可也；如軍事外交宜統一不宜分裂，此權之宜屬於中央者也；再分析言之，同一軍事也，國防固宜屬於中央，然警備隊之設施，豈中央所能代勞，是又宜屬之地方矣」。採均權制之組織，則前述集權制與分權制組織之缺失，將可逐漸消除。

第二項　完整制與分離制組織

同一層級各組織或同一層次各單位之權責，依其集中至上級同一組織（首長）或分散至上級若干組織（首長）之不同，可區分爲完整制與分離制[6]。

---

[6]　張金鑑著，行政學典範，第二三二——二三四頁。

一、**完整制組織**　也稱集約制或一元統屬制，指對同一層級的各組織或同一組織內的各單位之指揮與控制權，完全集中於一個行政首長或組織者，稱爲完整制。故完整制是本分工合作原則，使各組織或各單位聯成爲一整體或有機體，俾收協同一致之效。如我國行政院前發佈省府合署辦公暫行規程，提高省主席權力，使對各廳處有指揮監督的全權，一切文書呈主席判行，此也爲完整體的實例。

完整制的優點，爲（一）對各組織業務易於統籌規劃、減少衝突，並可取得各組織間的相互了解與合作；（二）權責集中，易收指揮統一命令貫徹之效；（三）集中專門技術人才及特種設備作有效運用；（四）可減少駢枝機構，節省人力及公帑。其缺點爲（一）易形成上級權力之擴張及首長之專權；（二）有損下級組織成員之自動自發精神，養成因循依賴心理；（三）下級組織缺少制作決定之權，影響團體士氣；（四）公文往返費時，遺誤事機。

二、**分離制組織**　也稱獨立制或多元統屬制，指對同一層級各組織或同一組織各單位之指揮控制權，分屬兩個以上平行的行政首長或組織者稱爲分離制。分離制是本牽制制衡的原理，使各組織彼此獨立。美國行政、立法、司法三權分立相互牽制，可爲分離制的代表；民國二十年三月公佈省政府組織法，省府各廳處皆能直接對外，上能逕呈中央有關部會，下能直令縣屬各局，可爲分離制的實例。

分離制的優點，爲（一）在相互牽制情形下不使事權過於集中，可防止上級專權；（二）各分離的各單位能保持競爭心，有利業務的發展；（三）各組織情形不盡相同，且業務日趨繁複，分離制較能適應。其缺點有（一）各組織各自爲政，事權衝突重複，浪費人力財力；（二）權力分散，引致上級組織的無能；（三）各組織發生偏榮偏枯現象，引起偏枯組織成員的不滿。

第三項　首長制、委員制與混合制組織

一個組織之職權的行使，依其由首長一人、或由委員數人、或一部分職權由首長一人一部分職權由委員數人，負最後決定之責之不同，可區分爲首長制、委員制與混合制[7]。

一、首長制　也稱爲獨任制，指一個組織之職權的行使，依法由其首長一人單獨負最後決定或負綜理之責者。如美國總統林肯（Abraham Lincoln）有次召集七位部長開會，部長全部反對總統意見，總統謂「七人反對，一人贊成，贊成者勝利」，此乃最能代表首長制精神者。故在首長制下，其他人員只是首長的幕僚而已，他的意見只是對首長的建議，建議之是否採納，權在首長。

首長制的優點，爲（一）事權集中，責任明確；（二）指揮靈活，行動迅速，增進效率。其缺點，爲（一）首長流於操縱把持，獨斷獨行；（二）一人見聞不廣，對問題考慮有欠週詳；（三）無人牽制監督，易於營私舞弊。

二、委員制　也稱合議制，指一個組織之職權的行使，依法由二個以上人員共同負其最後決定或負責處理之責者。如瑞士聯邦最高之行政機關爲行政委員會，由議會選出委員七人組成，並由其中選出總統、副總統各一人，其職權與其他委員完全平等，總統、副總統及各委員各長一個部，最重要之政務決定於議會，次要者取決於行政委員會，可謂爲委員制之典型。

委員制的優點，爲（一）能集思廣益，容納各方意見；（二）在彼此相互監督下，不易營私舞弊；（三）合乎民主精神。其缺點，爲（一）事權不專一，責任不明確；（二）力量不能集中，行動遲緩，影響效

---

[7]　管歐著，現代行政學，第八八——八九頁　永大書局，六七年版。

率；（三）委員之間形成相互傾軋與排擠。

三、混合制 指一個組織之職權的行使，其中一部分須經由委員會之決議，另一部分則留由組織首長負責決定或綜理者。如我國現行省政府之組織，置有委員若干人，省政府委員會並有法定事項之決議權，但省政府又置主席一人，有執行省府委員會決議案、監督所屬行政機關、及處理省政府日常事務及緊急事務之權，此乃屬混合制性質的組織。

混合制在理論上可兼有首長制與委員制的優點，如運用不當仍將發生首長制與委員制之弊端。再混合制中首長的知能條件與作風，也可能影響及混合制的趨向於首長制或委員制。

第四項　層級制與機能制組織

一個組織之職權，依其業務性質及管轄領域上是爲完整的或部分的之不同，可區分爲層級制與機能制❽。

一、層級制組織 亦稱系統制或分級制，指一個組織的事權交由層層節制的各層次單位處理與行使，且所管轄的事權在性質上是完整的、在領域上是部分的時，稱爲層級制。如軍隊組織之師、團、營、連等，師長對師內所有事務皆有管轄權，故事務的性質上是完整的；但師長對另師的事務則無權過問，故在領域上是部分的。

層級制的優點，爲（一）層層節制，指揮統一，行動迅速；（二）事權集中，責任明確。其缺點，爲（一）組織首長管轄事務過多，易流於專斷草率；（二）層次節制過嚴，難以啟發部屬的自動自發精神。

二、機能制組織 亦稱參贊制或幕僚制，指一個組織的事權交由若干平行的單位分別處理與行使，且每一單位所管轄的事權在性質上是部分的、在領域上是完整的時，稱爲機能制。如省政府人事處，只管轄省

---

❽　張金鑑著，行政學典範，第二二五——二二六頁。

府事權中的人事行政部分，故在性質上是部分的，但人事處人事行政的事權可及於全省，故在領域上是完整的。

機能制的優點，是（一）適應專業分工的精神；（二）對所管轄業務能有詳盡的研究與規劃，並能順利推行。其缺點，爲（一）易形成本位主義，只重視自己管轄的業務，而忽略了整體性；（二）各單位間業務之協調較爲困難，且引致人力時間的浪費。

三、層級制與機能制並用的組織　層級制與機能制雖爲兩種型式不同的組織，但此兩種型式可以同時並用，尤其在規模龐大業務繁複的組織，更須將此種型式合併使用，對專門性的業務採機能制的組織、對行政性業務採層級制的組織，以期保持層級制與機能制的優點。

第三節　以主要功用爲準的分類

各組織的功用，大致可歸納爲五種，卽一爲發動政務或計畫方案者，可稱爲領導的組織；二爲協助推動政務或計畫方案者，可稱爲幕僚的組織；三爲實際執行工作者，可稱爲實作的組織；四爲提供研究建議者，可稱爲顧問的組織；五爲營業的組織。茲分項簡述如後。

第一項　領導的組織

領導的組織也稱統率的組織，通常以行政首長稱之。茲就其含義、職權及責任簡說之。

一、含義　行政首長一詞，如以整個國家而言，指總統、內閣總理（或我國的行政院長），如以部會而言，指部會首長；如以省（市）而言，指省主席（市長）；如以縣（市）而言，指縣（市）長。惟下級組織的行政首長，自需受上級行政首長之監督。

二、職權　行政首長的職權，通常包括（一）連接立法（民意）機關與行政機關溝通之權：行政首長所屬各單位之活動與運用，均須統合於行政首長，各單位向立法（民意）機關之往返須透過行政首長；立法（民意）機關向行政機關的質詢，也向行政首長為之。（二）有指揮一切行政活動之權：行政活動包括政務性工作與事務性工作，前者如制訂政策、方案、計畫，後者如政策、方案、計畫之實施的監督與協調；行政首長為達到行政的目的與成效，自須具有及運用此種權力。（三）任免調動所屬機構主管之權：為加強行政首長對所屬機構之領導，及貫徹所定的政策、方案與計畫，須賦予行政首長對所屬機構主管之任免遷調權。（四）統一報告之權：各單位對立法（民意）機關或民眾之報告，應透過行政首長為之，以期行政首長之政策、方案與計畫得以順利推行。（五）編制預算之權：行政首長透過編制預算權，可決定政府的財源與經費之支配，從而確保其政策、方案與計畫之實現❾。

三、責任　行政首長之責任，除違法時應負法律責任，及領導所屬工作之行政責任外，對外尚須負政治責任。所謂政治責任，有（一）對立法（民意）機關提出預算案、法律案及施政報告，並答覆其質詢，使其了解行政政策與措施，並獲得其信任與支持。（二）向民眾說明行政政策與措施，並運用新聞傳播等工具，以期獲得民眾的信仰與擁護。（三）與各種民間團體及政黨取得適當聯繫，以溝通意見及加強行政政策的推行。

第二項　幕僚的組織

幕僚的組織也稱輔助的組織，為行政首長所必需；幕僚組織有其一

---

❾　左潞生著，行政學，第七三——七四頁，三民書局，六五年版。

定的地位，也有其一定的任務；至設置幕僚的方式則有數種[10]。

一、幕僚組織的需要性　主要為（一）行政首長所管轄之政務與事務極為廣泛，非憑藉幕僚組織難以有效完成其任務；（二）行政首長制訂政策、方案與計畫所需之各種資料的蒐集、整理，須由幕僚組織代勞；（三）行政首長對所屬各單位請示事項的指示，勢須由幕僚代為研擬；（四）行政首長與立法（民意）機關及民眾間良好關係的維護，須由幕僚代為籌劃與協助；（五）對政務與事務的研究發展工作，勢須透過幕僚來推動。

二、幕僚組織的地位　幕僚組織,（一）是輔助機構而非權力機構；（二）是事務機構而非實作機構；（三）是協調機構而非管轄機構；（四）是參贊機構而非決定機構。正如懷德（L. D. White）所說，幕僚的功用在於研究有待解決的問題，蒐集文書與資料，設計行動的方案，向首長提供建議，傳遞並解析首長的決定與命令，及觀察並報告執行的成果。

三、幕僚組織的任務　主要包括（一）文書工作，如文稿撰擬收發、繕校及檔案管理；（三）編審工作，如法規、方案、計畫的編擬與審查；（三）統計與資料，如各種有關資料的蒐集、分析與統計；（四）人事工作，如員工的遴選、進用、核薪、考績、保險、退休及撫卹；（五）財務工作，如預算的編擬、會計的記錄、財務統計與報銷；（六）公共關係，如內部的聯繫、外賓的接待、與民眾意見的溝通；（七）購置工作，如材物購置、保管及分配，房舍保養及營建；（八）研究與管制，如工作方法的改進、工作效率的增進、工作進度的管制。

四、設置幕僚的方式　主要有（一）一般性工作的幕僚組織：係協

---

[10]　張金鑑著，行政學典範，第二五四——二五七頁。

助行政首長處理一般性事務，使首長有較多時間與精力去考慮解決重要的問題，如副首長、秘書長、次長、主任秘書及秘書等均屬之；（二）部分專業性工作的幕僚組織：係協助行政首長處理某種專業性工作者，如人事單位、主計單位、事務單位等均屬之；（三）技術性的幕僚組織：指幕僚人員利用其特殊知識、技術與經驗，協助行政首長處理特種問題者，如法制室、技術室等即屬其例；（四）諮議性的幕僚組織：指備供行政首長諮詢或主動向行政首長提供建議的幕僚，如參議、諮議等；（五）監督性的幕僚組織：指協助行政首長從事督導、視察、考核等活動之幕僚。如督學室、視察室等即為其例。

第三項　實作的組織

實作的組織也稱實施的組織，係實地推行政策、方案與計畫者，其中又有本部的組織與派出的組織之分,派出組織並受本部組織的監督⑪。

一、實作組織的性質　實作組織是在行政首長監督下，實際負責推動政策、方案與計畫的組織，如行政院的政策、方案與計畫，由其所屬各部會推動；省(市)政府的政策、方案與計畫由其所屬各廳處局推動；縣（市）政府亦屬如此。故從大處言，各部會是實作的組織；中而言各廳處局是實作組織，小而言各科局是實作組織。實作組織推動政策、方案、計畫時，是對外的且與社會及民眾發生直接關係，與幕僚的組織有所不同。如教育部的各業務司是實作的組織，而教育部人事處、會計處則為幕僚的組織。

二、實作組織的設置　通常有兩種方式，即（一）實作組織本部：如行政院所屬之部會，省府所屬之廳處局，乃實作組織本部，負責所主管的政策、方案與計畫的推動。（二）派出的實作組織：因所推行的政

---

⑪　左潞生著，行政學，第七六——八二頁。

策、方案與計畫的範圍極爲廣泛，所管轄的地區極爲遼濶，致實作組織本部難以直接完成任務時，得再按政策、方案與計畫的內容，分設若干派出實作組織，各別負責某一政策、方案與計畫的推行；或按地區分設若干派出實作組織，分別負責所管轄地區之政策、方案與計畫的推動工作。如經濟部所屬之工業局、檢驗局、國際貿易局，係屬前者；各縣市警察局之下分設分局及派出所則屬後者。

　　三、**實作組織本部對派出實作組織的監督**　派出的實作組織既係推動實作組織本部的工作，因此本部對派出組織的工作情況自須加以了解與掌握，並作必要的指導與考核。至監督的方法通常有兩種，卽（一）派出的實作組織，應依規定按期向本部提出詳細的書面報告，以便了解實況；（二）由本部派員至派出實作組織視察，以期實地了解情況。經由報告或視察發現有執行偏差或不當情事，卽由本部予指示改進。

第四項　顧問的組織

　　顧問的組織也稱諮詢的組織，乃對行政首長或組織首長提供決定政策之意見的組織，有其設置的需要、任務與作用。

　　一、**顧問組織的需要**　一方面，行政首長或組織首長爲期決策、方案或計畫之制訂更爲妥善，事先有徵詢各方意見之必要；另一方面民眾對政府有所企求，也有透過各種團體代表向政府表達意願以供施政參考之需要；再行政首長或組織首長對專門性問題，必須事先聽取專家學者意見，以供制作決定時之參考。故業務極爲繁複或制訂決策等爲其主要任務的組織首長，多有設置顧問的組織。

　　二、**顧問組織的任務**　主要可歸納爲（一）代替人民提供決定行政政策之意見；（二）溝通人民與政府間的關係；（三）增進人民與政府的合作；（四）促成政府對人民有利政策之實現；（五）由專家學者所

組成的顧問組織，更可向首長提供專業性問題的各種建議，俾供制訂政策、方案或計畫時之參考⑫。

三、顧問組織的運用 為免發生流弊，在運用顧問組織時宜注意，（一）顧問組織的職權，只能限於顧問性質，對行政權力不得有任何干涉。（二）顧問組織宜由三類人員組成，一為政府組織代表，以藉此博訪輿情；二為民眾代表，藉以反映民意；三為專家學者，藉以容納專門學識經驗。（三）顧問組織中政府組織的代表意見應求一致，如不能一致應事先溝通。（四）顧問組織會議舉行次數不宜多，舉行時須有充分準備。（五）顧問組織應設有專任秘書，擔任記錄、文書、通訊、聯繫等工作。

第五項　營業的組織

政府的營業組織與一般組織有顯著不同之處，依政府對其所有權程度之不同可分為若干種，再政府對營業組織的控制寬嚴看法不盡一致⑬。茲簡說如後。

一、營業組織的特性 營業組織與一般組織有兩大顯著不同之處，即（一）營業組織與民眾來往交易，須基於商業上自由與平等原則，並無權力關係的存在，如營業組織向民眾出售商品或提供服務時，民眾即依據商場市價交付一定價款以為報償，彼此授受完全出於雙方意願，並無強迫意義。（二）營業組織的維持與發展的經費，不宜依賴政府的稅收，而須以自己的收入支應，以達自給自足。

二、營業組織的種類 依政府所佔所有權程度的大小，營業組織可區分為三類，即（一）國有營業組織：其資產與資金完全為政府所有，

---

⑫　左潞生著，行政學，第八九——九〇頁。
⑬　張金鑑著，行政學典範，第二七〇——二七四頁。

政府對之有完全控制權，並直接受主管機關的指揮監督。（二）國（省市）營組織：由政府與人民出資經營，惟政府股份超過百分之五十者，並由政府依法律（如國營事業管理法）規定監督之。（三）公民合營組織：由政府與民眾共同出資經營，且民股超過百分之五十以上者，由政府依公司法之規定監督之。至政府投資經營事業之原因，或為企業具有天然獨佔性，由政府經營以防止私人壟斷影響民生；或為事業規模過大，非民間資本所能單獨舉辦；或為透過政府參與經營，以達控制經濟之目的等。

三、政府對營業組織的控制　論者意見不一，有認為應採嚴格主義，對營業組織的財務、人事、工作完全受政府控制，使成為一附屬機構然；有認為應完全放任，為期營業組織能達成其使命，應使其具有經濟自主及財務與人事獨立之權者。張金鑑教授曾提持平看法，認為政府對營業組織的嚴格控制或完全放任係各有利弊，未可一概而論，而應視營業組織的種類與目的而定，如對國有企業組織應由主管機關全盤監督，財務人事受政府控制；國營企業組織應具有相當自主權，祇受政府特別法監督，不受行政監督；至官商合辦企業組織，則具有完全自主權，祇受普通法如公司法的管制；再對純屬營業為目的之企業，應使其具有較大的自主權；對兼有行政目的的企業，應予以較多的管制。

第四節　以政權及治權性質為準的分類

此種分類只適用於政府的組織。我國政治體制係採取權能區分原則，將政權與治權分開，而治權又係五權分立⑭。茲分項簡說如後。

---

⑭　管歐著，現代行政學，第一〇一——一一七頁。

第一項　政權的組織

國民大會係屬行使政權的組織。其情形爲:

一、組織型式　係採委員制，對政權之行使，必須有法定人數之出席及法定人數之決議，始得生效。

二、組織成員　係由民選產生，但辦理事務人員，仍依規定資格及程序任用。

三、隸屬關係　國民大會與將來依憲法所定召集之省、縣民代表大會，乃分別代表民意，相互間並無隸屬關係。

四、主要職權　爲 (一) 選舉總統、副總統; (二) 罷免總統、副總統; (三) 修改憲法; (四) 複決立法院所提憲法之修正案。關於創制、複決兩權，除上述 (二) (三) 兩款規定外，俟全國有半數之縣市曾經行使創制、複決兩項政權時，由國民大會制定辦法並行使之。

第二項　治權組織之一 —— 行政的組織

行政院及其所屬中央及地方各級機關，均爲行使治權中行政權的組織。其情形爲:

一、組織型式　有採首長制、委員制及混合制之別，但以採首長制者佔絕大多數。

二、組織成員　各行政組織的成員，除地方自治行政組織之首長係由選舉產生外，均由政府依規定資格及程序任用。

三、隸屬關係　各級行政組織，上級與下級之間均有隸屬關係，下級組織須服從上級組織命令，上級組織對下級有指揮監督之權。

四、主要職權　包括 (一) 行政院爲國家最高行政機關。(二) 行政院依下列規定對立法院負責: 1. 行政院有向立法院提出施政方針及施

政報告之責，立法委員在開會時有向行政院院長及行政院各部會首長質詢之權；2. 立法院對行政院之重要政策不贊同時，得以決議移請行政院變更之；行政院對於立法院之決議，得經總統之核可，移請立法院覆議；覆議時，如經出席立法委員三分之二維持原決議，行政院院長應卽接受該決議或辭職。3. 行政院對於立法院決議之法律案、預算案、條約案，如認爲窒礙難行時，得經總統之核可，於該決議案送達行政院十日內，移請立法院覆議；覆議時，如經出席立法委員三分之二維持原案，行政院院長應卽接受該決議或辭職。（三）行政院院長、各部會首長，須將應行提出於立法院之法律案、預算案、戒嚴案、大赦案、宣戰案、媾和案、條約案及其他重要事項，或涉及各部會共同關係之事項，提出於行政院會議議決之。（四）行政院於會計年度開始三個月前，應將下年度預算案提出於立法院。（五）行政院於會計年度結束後四個月內，應提出決算於監察院。至地方各級行政組織，也各有其所定的職權。

第三項　治權組織之二——立法的組織

立法院及省（市）縣（市）議會，均爲行使治權中立法權的組織，因立法委員及議員係由民選產生，故已有政權組織性質。其情形爲：

一、組織型式　均採委員制，對職權之行使，須經法定人數之出席及決議，始爲有效。

二、組織成員　由民選產生，但辦理事務人員，仍依規定資格及程序任用。

三、隸屬關係　中央的立法院與省（市）縣（市）議會之間，並無隸屬關係，乃分別代表民意行使其立法權，相互間並不發生服從命令或指揮監督關係。

四、主要職權　立法院爲國家最高立法機關，代表人民行使立法權。

立法院有議決法律案、預算案、戒嚴案、大赦案、宣戰案、媾和案、條約案及國家其他重要事項之權。屬於省（市）縣（市）之立法權，由省（市）縣（市）議會行使之。

第四項　治權組織之三 —— 司法的組織

司法院及其所屬中央各級司法機關，爲行使治權中司法權的組織。其情形爲：

一、組織型式　分採首長制、委員制及混合制的形態，但司法審判組織雖採首長制的型式，但首長對審判事項仍不得干涉，此乃獨立審判之基本精神。

二、組織成員　均依規定資格及程序任用。

三、隸屬關係　各司法組織雖有隸屬關係，但其情形與行政組織之隸屬關係不同，司法組織之隸屬關係只係審級系統而已，卽不服地方法院之判決或裁定時，可上訴或抗告於高等法院；不服高等法院之判決或裁定時，可上訴或抗告於最高法院。

四、主要職權　包括（一）司法院爲國家最高司法機關，掌理民事、刑事、行政訴訟之審判，及公務員之懲戒。（二）司法院並解析憲法，及有統一解析法律及命令之權。（三）司法院關於所掌事項，並得向立法院提出法律案（釋字第一七五號）。

第五項　治權組織之四 —— 考試的組織

考試院及其所屬中央及地方各級機關，爲行使治權中考試權的組織。其情形爲：

一、組織型式　採混合制、首長制的組織形態。

二、組織成員　均依規定資格及程序任用。

三、隸屬關係　考試院對其所屬組織有指揮監督之權，所屬組織亦須服從考試院命令，其情形與行政組織相似。

四、主要職權　包括　(一)考試院爲國家最高考試機關，掌理考試、任用、銓敍、考績、級俸、陞遷、保障、褒獎、撫卹、退休、養老等事項。(二)公務人員任用資格、專門職業及技術人員執業資格，應經考試院依法考選銓定之。(三)考試院關於所掌事項，得向立法院提出法律案。

第六項　治權組織之五——監察的組織

監察院及其所屬中央各級機關，爲行使治權中監察權的組織，因監察委員係由選舉產生，故已有政權組織性質。其情形爲：

一、組織型式　採委員制、首長制的組織。

二、組織成員　由選舉產生，但辦理事務人員，仍依規定資格及程序任用。

三、隸屬關係　監察院對其所屬組織有指揮監督之權，所屬組織亦須服從監察院之命令，其情形與行政組織相似。

四、主要職權　包括　(一)監察院爲國家最高監察機關，行使同意、彈劾、糾舉及審計權。(二)監察院依憲法行使同意權時，由出席委員過半數之議決行之。(三)監察院行使監察權，得向行政院及其各部會調閱其所發布之命令及各種有關文件。(四)監察院經各該委員會之審查及決議，得提出糾正案，移送行政院及其有關部會，促其注意改善；監察院對於中央及地方公務人員，認爲有失職或違法情事，得提出糾舉案或彈劾案，如涉及刑事，應移送法院辦理。(五)審計長應於行政院提出決算後三個月內，依法完成其審核，並提出審核報告於立法院。(六)監察院關於所掌事項，並得向立法院提出法律案(釋字第三

號)。

第五節　以其他特性為準的分類

前述四種組織分類的方法，係較為常見者，但亦有學者如姜占魁教授，提出以其他特性為準的組織分類方法，如以贏得順從方式為準、以社會需要為準、以能否自由參加為準、及以創辦者與受惠者關係為準的分類。茲分項簡述如後。

第一項　以贏得順從方式為準的分類

一個組織為求其生存發展，必須贏得成員對組織的順從。依贏得順從方式之不同，可將組織區分為下列四類；

一、強制性的組織（Coercive Organizations）　其情形為（一）組織對所屬人員唯一賴以控制的手段，就是強制性的權力，由於強制的控制結果，必將造成人員對組織的疏離（Alienation），如集中營、監獄、精神病院等，卽屬強制性的組織。（二）強制權力使用程度的高低，與疏離程度的高低成正比例，如監獄中強制權力的使用程度高，致犯人的疏離程度也高；少年感化院中強制權力的使用程度低，故少年犯人的疏離程度也低。（三）在強制性的組織內，組織成員間的情感、態度、價值觀念與行為模式的分歧甚為明顯，尤其是管理者與受管理者之間更屬如此。

二、功利性的組織（Utilatarion Organizations）　其情形為（一）功利性的組織多為企業組織，組織贏得所屬人員順從的主要手段為報酬或獎勵，而下級人員之參與也是計較性的。（二）功利性組織的成員大致包括有三種人，卽1.藍領工人，組織以報酬與獎勵作為控制的手段，

贏得工人服從組織的各種規章、維持生產標準與防止怠工，至其餘如基本價值觀、工作滿足感、工作上社會關係等，對其影響甚微；2.白領職員，組織雖以金錢報酬爲控制白領職員的因素，但所發生的作用已見降低，而規範性控制（如工作伙伴、公平待遇、工作性質等）的重要性卻逐漸重要；3.專業人員，其情形與白領職員同。

　　三、規範性的組織（**Normative Organizations**）　其情形爲（一）規範性的組織，贏得成員順從的主要手段是代表榮譽與聲望等符號的控制與分配，並非依賴強制力，而所屬人員的參與也是道德性的。（二）當組織成立之初，往往是規範性的（如政黨成立之初期，加入政黨者皆具共同的理想與抱負，絕少計較金錢上的利益），但時過境遷之後往往變成了功利性的組織，學校、醫院等組織也有類似情形發生。

　　四、雙重順從的組織（**Dual Compliance Organizations**）　如軍事的戰鬥單位，一方面必須依賴高度強制的權力，一方面又灌輸崇高的道德原則，以期做到「以國家興亡爲己任，置個人死生於度外」。具有雙重順從的組織，其效果將比一種順從的組織爲有效。

第二項　以社會需要爲準的分類

　　組織本身有其明確的目標，而此種目標又是在滿足社會上某種需要。因社會需要的不同，乃出現各種不同的組織，故組織也可以社會需要爲準分類。

　　一、以供應社會目標爲目標的組織（**Organizations Oriented to The Attainment of Social goals**）　社會之求生存與發展，須依賴各種物品與勞務的供應，因而就產生了以生產物品及勞務爲目標的組織，如經濟性的企業組織、銀行、保險公司等均屬之。

　　二、以適應社會爲目標的組織（**Organizations Oriented to the**

Attainment of Social Adapatability) 社會是動態的千變萬化的，社會欲求生存與發展，則須適應社會及國際社會的變遷。爲達此一目的乃產生了政治性的組織，如政府機構等，俾對因社會變遷而使漸趨失調的社會權力關係，適時加以調整，以維持權力關係的平衡與穩定。

三、以達成社會統合爲目標的組織 (Organizations Oriented to the Attainment of Social integrity) 爲使社會能維持其安寧和諧，使其統合而不解體，乃產生了專以調節衝突、化解矛盾，使個人或團體的各種不同期望引入正軌，並使其制度化的組織，如法院、政黨及利益團體等屬之。

四、以維護社會形態爲目標的組織 (Organizations Oriented to Pattern Maintenence) 維護社會的形態，尤其是社會的傳統文化形態，乃爲社會生存與發展所必須者，惟維護傳統文化形態並非謂排斥新文化，而是使傳統文化形態作漸進的改變，而非急劇的突變，基於維護文化形態的需要，乃產生了以此爲目標的組織，如家庭、學校、敎會等均屬之。

第三項 以能否自由參加爲準的分類

社會的各種組織中，有者成員可自由參加及脫離，有者不能自由參加或脫離，有者不能自由參加但可自由脫離。

一、自主的組織 (Voluntary Organizations) 卽人人可自由參加及自由脫離的組織，如學會等自由團體屬之。此種組織的領導者多由選舉產生，組織內主要事項多由全體成員參與並決定，成員對權力觀念甚爲淡薄，組織型式成扁平型，上下層次少，每一層次的管制幅度大。

二、半自主的組織 (Semi-Voluntary Organizations) 卽人員參加組織需具有一定資格條件並經由遴選程序，但對脫離組織卻多無限

制，在擔任成員期間，成員與組織間有其一定與平衡的權利與義務，組織也多定有明確的目標，如企業組織、政府組織等均屬之。此種組織的成員由權力者所任命，成員除自身工作外對其他事項多無權過問，成員須接受上級的指揮監督，組織重視有形的結構及法規，以規範成員的工作與行為，進而獲致組織的團結。

三、**非自主的組織 (Involuntary Organizations)**　對參加組織與脫離組織均有嚴格限制，而無自由選擇機會，如精神病院、監獄等屬之。此種組織的權力關係最為明顯，對命令與服從關係特別重視，成員的權利與義務失去平衡，往往是多義務而少權利。

第四項　以創辦者與受惠者關係為準的分類

組織的成立，必有其創辦之人，而組織所提供的物品或勞務或其他價值，總有受惠之人。由創辦者與受惠者間的關係言，組織可區分為下列四項。

一、**合作組織**　即由成員負擔組織的成本，組織所提供的物品、勞務或其他價值也由成員享受，如合作社、職業公會等屬之。此種組織的特性，為組織的領導者由成員互選產生，成員須繳納會費，處理組織日常事務之人多為義務職。

二、**營利組織**　創辦人成立組織之動機即為謀求自我利益，營利組織創造物品、勞務或其他價值所需的成本及利潤，均由受惠者負擔，而此種利潤即為創辦者所獨享。此種組織的工作者多為以勞務換取薪給之人員，創辦者經營事業以「經濟有效」為最高原則，工作者則以增加薪給、減少工時、改善工作環境為要求，受惠者則希望能價廉物美。

三、**服務組織**　創辦人除負擔組織成本外，並為受服務者（即受惠者）免費提供物品、勞務或其他價值，如慈善組織等即屬之。此種組織

的目標與組織成員的個人目標之間並無矛盾之處，組織內成員間並無權力關係，提供服務者與受服務者之間，更是彼此融洽而無隔閡。

四、壓力組織　此種組織是在決策程序（由創議、爭論、制定、執行）中施加壓力，使影響社會價值權威之分配形態者，壓力組織所從事活動的對象，是負責社會價值權威分配的人或機構，而此種人或機構旣不負擔組織的成本，也不能享受到壓力組織的利益，如各種遊說團體均屬之。壓力組織的目標，可能與其他壓力組織的目標相衝突，故壓力組織的活動多爲秘密者；壓力組織所用之人，多以其忠心及對組織目標有高度認同感者爲重要條件。

第十六章　組織內員工的行為

人，均有其動機與行為；但一個獨處的人之動機與行為，與一個在團體中的人之動機與行為並不相同。員工是人，其情形也屬如此。健全的組織，不僅要有合理的組織設計，更需有員工的積極行為，本章所研究的重點，為組織內員工的行為，並以組織內的員工態度、團體士氣、組織氣候、及非正式組織為主，茲分節敍述之。

第一節　員工態度

在本節將先說明態度的意義，形成態度的因素，而後再以態度調查方法來瞭解員工的態度，並提出改變偏差態度的意見。茲分項簡述如後。

第一項　態度的意義

學者對態度意義的解析甚多，較被接受的說法是，態度係指個人對人對事物所持有之協調的、有組織的、有意義的，含有思想的、情感的

及行動傾向的內在心理反應❶。

一、態度係個人對人對事物的心理反應　態度本身是一種心理反應，而此種心理反應又係對人對事物而發生。個人對他人及事物均發生有某些關係，因而個人在心理上也會對他人及事物產生出某種反應，至反應出的心理狀態，則因人及事物之不同而異。故個人對人及事物的心理反應是多種的，也卽個人的態度是多種的。

二、個人態度的內涵包括有思想情感及行動傾向　所謂思想，卽對人及事物的想法與看法，屬於態度的認知部分；所謂情感，卽對人及事物的好惡，屬於態度的情感部分；所謂行動傾向，卽對人及事物採取某種行動的可能性，屬態度的行為部分。對任何人及事物所產生的態度，其內涵均包括有思想的、情感的及行動傾向的三部分。如某人對老年人的看法，認為老年人經驗豐富處事穩重（思想的），因而對老年人發生好感（情感的），進而表現出對老年人的尊敬（行動傾向的），如在公車上遇及老年人時讓座，路上遇及老年人時對之行禮。

三、個人態度具有協調的組織的及意義的作用　所謂協調的作用，卽保持思想、情感及行動傾向三者間之協調一致，不使三者間發生矛盾，否則就不成為一種態度，如對老年人旣有好感，對之就不應表現出不友善的行為。所謂組織的作用，乃將有關人及事物的事實，加以適當的選擇與組織，如個人對某人及事物之有關事實，凡與其態度相符的事實則予以選擇並加以運用與重視，與其態度不相符合的事實則予以排除不用，如某人對某女士具有好感，則會重視她的長處而排除她的短處，並對她的長處加以組織，形容她是十分完美的女性。所謂意義的作用，乃對人及事物賦予一定的意義，如認為某人及事物具有價值，值得吾人去爭取，或認為某事物無價值，棄如敝屣不屑一顧。

---

❶　傅肅良著，人事心理學，第一六三——一六四頁，三民書局，七〇年版。

四、態度係個人對人及事物之一種內在心理歷程　因其爲內在的心理歷程，故不易爲人所察知，只能從其外顯的語言及活動中來推知，或用其他方法來預測。

五、個人態度一經形成則甚有持久性　態度與意見不同，態度是較爲概括的，而意見則較爲具體。個人對人及事物的態度，一經形成則不易改變，且對個人意見具有影響作用，故態度常成爲人格的一部分。

第二項　形成態度的因素

形成個人態度的因素甚多，較爲重要者有:

一、能否滿足個人的需要與願望　人均有其需要與願望，凡能有助於個人需要與願望之滿足與達成的人及事物，個人對之多會發生好感;對有碍於個人需要與願望之滿足與達成的人及事物，個人對之多會感到厭惡。因此個人對人及事物的態度，深受着該人及事物能否滿足其需要與達成其願望的影響。如粗茶淡飯，對貧苦者的需要與願望已能滿足，故會對之產生好感而形成良好的態度;但同樣的粗茶淡飯，對生活富裕奢侈者已不能滿足，故對之多不會發生好感而形成厭惡的態度。

二、個人的知識　知識不但會形成個人的態度，也會改變個人的原有態度。個人對人及事物的態度，常受着對該人及事物所獲得的知識之影響，同一個人對某人及事物的已有態度，會因對該人及事物獲得新知識的結果而改變。大眾傳播工作，也可說是基於此一看法而推動者，卽透過語言及文字，先使大眾獲得某人或事物的知識，進而使大眾對該人及事物產生某種態度。

三、個人的人格特質　人由於遺傳、家庭、教育、社會等因素之不同，而陶冶出有個別差異的人格，因各人人格之不同，對同樣的人及事物會產生出不同的態度，故人格的差異，也爲影響及形成個人態度的主

要因素。就以遺傳一項而論，子女受父母遺傳影響極大，其人格特質也深受父母人格特質的遺傳，因而其對人及事物的態度，也深受父母對該人及事物態度的影響。

四、**個人所屬的團體**　團體對成員的態度，有甚大的影響力。大凡團體均有其團體行爲規範，並要求其成員遵守，如未有遵守則會受着團體制裁，以加強團體行爲規範對成員的約束力。再團體對成員常有某種專業知識的傳授，成員在團體活動期間對各種問題的意見交換，也會影響及某種態度的形成與塑造。故凡屬於同一團體的成員，對某些人及事物多會產生出同樣的態度。

五、**客觀的事實**　以上四種因素，多與心理及情感有密切關係，換言之多少是有些主觀的。但個人的態度並不完全受着主觀的影響，客觀的事實也可影響原已形成的主觀的態度，尤其對較爲理智的能客觀分析事理的人，客觀的事實對其態度的形成與改變，有着甚大的影響。

第三項　態度調查

對個人態度的了解不外兩種方法，一爲從個人對人及事物所表現出之行爲以推斷了解其態度，一爲從個人對人及事物之思想、情感及行動傾向之自我陳述（口頭或文字）中，推斷其態度。不論何種方法，在了解時常以舉辦態度調查方式行之。

一、**態度調查的意義**　態度調查，指主動設計某種方法或量表，以調查個人對人及事物的態度。所謂人及事之範圍，包括各種人物（如父母、老師、員工、老年人、執行某種公務之人員等），各種團體與組織（如政府、學校、教會等），各種制度（如考試、任用、俸給、教育制度等），及各種問題（如青少年問題、治安問題、就業問題等）。

二、**態度調查的方法**　主要有下列四種，可予選用或並用：

　　(一)面談: 由調查者與個人舉行面談，從其口頭陳述及其表情以推斷及了解該個人對某人及事物的態度。此種方法在機關及學校內甚為常見，卽由主管人員或老師，約某職員或學生舉行面談，提出有關某人或某事物之問題，請接受面談者提出看法，並注意其表情，進而了解其態度。

　　(二)觀察: 指調查者只從旁觀察個人對某人及事物有關問題上所發表之言論、文字或舉動，以為推斷及了解其態度之依據。因只是從旁觀察並不直接發問問題，故觀察的時間須較長，同時觀察工作須由具有經驗與訓練有素者擔任，否則難有效果，此為觀察方法較面談為差之處。但面談時個人可能採取心理防衞，不將眞正的態度表露，而觀察方法則不會有此缺點，因觀察者是對個人的日常生活行動加以觀察，個人並不一定知道自己是在受觀察之中，故不會有心理防衞，從觀察所得資料也較為可靠。

　　(三)統計有關資料: 如平時對個人日常生活行動之情形均列有資料，則從資料之統計也可推斷及了解個人對某人或事物的態度。如某員工經常遲到早退，曠職及請假日數特多，則可推斷其對工作無良好態度；又如某學生對某老師之課程從不缺課，且歷次考試成績均屬優異，卽可推斷其對某老師及其課程有好感。

　　(四)書面調查: 或稱問卷調查，其優點為經濟，能在短時間內對多數人作調查；其缺點為調查表格不易設計，尤其要具有高的信度與效度的調查表更為不易。書面調查依受答方式之不同，可分為下列兩種，

1.選擇法: 卽對所提問題，在書面上列出數個答案，由受調查者選擇其一，惟所列答案有者為二個(如是、不是)，有者為三個(如贊成、不贊成、不一定)，有者為五個(如很好、好、不一定、不好、很不好)；有時並在答案上配以分數(包括正分及負分)，以塡表人所得分數多寡，

來推斷其態度的強度。2. 自由表達法：即所提問題內容甚為廣泛，填表人答覆時可充分表現出思想、情感，故所測得之態度應較為可靠。更有用看圖說故事等方法，使個人對人及事物的態度完全投入該故事之中，由其所編造的故事，來推斷及了解態度者。

第四項　改變態度

改變態度是可能的，但有些態度易於改變有些則較難。

一、改變態度的可能性　在理論上改變態度是可能的，如根據認知失調與平衡理論，當個人在認知上產生矛盾或失調時（當對人及事物的看法、信念等不一致時，則產生認知的失調，如自己抽煙但又知抽煙對自己身體有害），即會產生不適的感覺或痛苦，為減輕此種不適或痛苦，就須使自己的看法、信念等取得協調一致的平衡（如戒煙或尋求抽煙對身體並無不良影響的論據）。因此態度的改變，係在個人對人及事物認知失調的情況下，對個人的思想、情感或行動傾向加以改變，使之恢復認知之協調一致的措施。如係個人自動的改變態度，則為個人遇及認知失調時自行謀取認知的協調一致；如為被動的改變態度，則改變者先有意使個人的認知產生失調，並暗示或強制個人謀取認知的協調一致。

二、改變態度的難易　大致而言，凡從小就養成的態度，與個人人格結構有密切關係的態度、及能滿足個人願望與需要的態度，較不易改變，其他態度則較易改變。

三、改變態度的方法　為期獲得改變的效果，宜注意：

（一）重視形成態度的因素：個人態度係由某些因素而形成的，故改變態度時須重視形成態度的因素。如某種知識或某一團體影響某甲形成對某人及事物的態度，則改變態度時，須修正或重新提出更新的知識，或減輕團體對個人的影響力，若此的釜底抽薪，當有助於態度的改變。

（二）運用改變態度的技術❷：如1.運用傳播工具來影響態度時，其信息來源必須可以信任，且須由有權威性者透過傳播工具傳播；2.在友善的對方或聽眾前，當你的看法是惟一要提供的看法或你所要的只是短暫的改變時，只要提供單方面的看法即可；3.當對方或聽眾的看法與你的看法不相同或當其他的方法有可能被提供給聽眾時，最好作雙方面的敘述及利弊的分析並權衡得失，向對方或聽眾作有系統的提供，以達到改變態度的目的；4.當各種不同的看法依序提供給對方或聽眾時，最後提出的看法較能改變態度；5.除非對方或聽眾的智力很高，通常顯明的表示意見並加以討論，較能產生效果；6.由於對方或聽眾與場合的不同，有時訴之於情感較為有效，有時訴之理智較為有效；7.當訴於情感時，所引起的恐懼感越大，態度上的改變也越多，但對態度改變的方向與建議應有具體說明，否則可能產生反效果。

（三）改善客觀的事實：客觀的事實與主觀的態度，是形成個人意見的主要條件，改善客觀的事實也可影響原有的意見，因而也會影響及原有的態度。如某甲對管理措施持不友好的態度，再加原有管理措施之不合理，自會使員工對管理提出不支持或反對的意見；如將原有不合理措施予以改善，則會改變員工對管理的看法，提出支持的意見，進而影響了員工對管理的原有態度。

（四）耐心的聽取意見與說服：對個人的意見，不能完全以理智的邏輯去推理及了解，而須酌用情感的邏輯去推理與了解，因個人表達意見時常有情感的作用。對他人所陳述的意見不要立予辯駁，或杜絕其充分表達意見的機會，而須耐心的聽取，酌用情感的邏輯推理加以分析，始能尋求個人真正的態度及其原因所在，再運用溫和的態度，耐心的去說服對方，使對方慢慢的了解及接受你的觀點。

---

❷　劉安彥著，心理學，第四二五——四二六頁，三民書局，六七年版。

第二節　團體士氣

士氣是團體性的，與個別性的態度不同。士氣有其意義，士氣也受着某些因素的影響，提高士氣為管理者應負的責任之一。茲分項簡述如後。

第一項　士氣的意義

依心理學家史密斯 (G. R. Smith) 及衞斯特 (R. J. Western) 的解析，士氣指員工對所屬團體感到滿足，樂意為所屬團體的一員，及願意達成團體目標的精神狀態❸。

一、士氣乃指員工的精神狀態　士氣是一個團體的員工，對團體所保有的一種精神狀態，此種精神狀態在未透過行為表現出之前，是無形的、不易推斷的。

二、士氣的內涵是員工對團體感到滿足、樂意為團體的一員及願意達成團體目標　對團體感到滿足，指員工感到現在的團體是個理想的團體，它能滿足員工的某種需要與願望，使員工不輕易的脫離現有的團體；樂意為團體的一員，指員工會感到為團體成員而驕傲，且願繼續的為團體的成員；願意達成團體目標，指員工亦願貢獻一己的學識才能，並與其他員工充分合作，共同努力以達成團體的目標。

第二項　影響士氣的因素

一般學者對影響士氣因素的看法，因時代的演進而有不同。如傳統管理的學者，認為員工的工作動機是為了金錢，只要對員工給予較好的

❸　湯淑貞著，管理心理學，第一七三頁，三民書局，六七年版。

待遇，就可使員工感到滿足，對團體會表現出積極的支持。行爲科學家的看法則有不同，如根據葛倫費爾 (L. W. Gruenfield) 對五十二位主管人員的調查資料統計顯示，較高的待遇並不是最重要的，而工作有發展，擔負責任及有更多的獨立活動機會，才是員工所期望的。又如第斯勒 (Gary Dessler)，認爲影響士氣高低的因素有員工的年齡、員工的敎育水準、員工在組織內的地位、工作本身、及主管人員所用的領導方式等五個❹。根據上述說明，吾人可知影響員工士氣的因素甚爲廣泛，但可歸納爲:

一、有關管理方面的因素　主要包括下列七個:

（一）主管對管理理論的看法: 如主管偏信X理論，則對所屬員工將採取嚴格的管理，借重外力的威脅與懲罰來維護風紀，並以金錢作爲鼓勵員工的主要方法。如主管偏信Y理論，則對所屬員工的管理將以鼓勵來代替懲罰，鼓勵時係物質與精神並重，同時使員工的聰明才智在工作上能獲得充分的發揮機會。就員工言，有者願意接受X理論的管理，有者則否，如主管對所屬的管理理論不爲屬員所接受時，自會使員工士氣低落。

（二）工作條件與環境: 如工作時間的安排是否適當，對員工的身體健康有無影響，工作環境的佈置是否適宜，能否使員工身心感到舒暢，對士氣均具影響。如安排有合理的工作時間，佈置舒適的環境，保持員工愉快的心情，將有助於士氣的提高。

（三）薪給福利政策: 如員工薪給的基準是否對員工的情況有利，對士氣頗具影響，如新成立組織採資歷薪資制，或對存續已久的組織採工作薪資制，均對員工情況不利。又根據薪給基準訂定薪給所得水準時，員工多希望能與同地區同性質組織同等工作人員之薪給所得相當或

❹　傅肅良著，人事心理學，第一七四頁。

比之爲高。再如福利措施範圍之廣狹，水準之高低，使員工感到滿足之程度，及對員工基本生活助益之大小等，也會影響及士氣。

（四）考績與獎懲：考績獎懲之能否公平確實，也將影響士氣。如員工雖希望自己有好的考績成績及有受獎的機會，但更希望考績與獎懲能眞正做到公平與確實。如員工感到考績獎懲旣不公又不實，則會導致士氣低落。

（五）員工的地位與等級：員工均希望自己在組織內有較高的地位，職務列入較高的等級，如組織內部層次過多，職務等級過低，均會影響低層次員工的自尊心理，有碍士氣的提高。

（六）組織規模的大小：小規模組織的員工人數少，平時相互接觸及交談機會多，對改善人際關係頗爲有利，對提高士氣也有助益。大規模組織的員工人數多，除非對所屬各單位作廣泛的授權，使各單位無形中成爲一具有相當獨立性的機構，將有碍於士氣的培養。

（七）意見溝通與參與管理：能否給予員工充分意見溝通與參與管理機會，上下級人員間能否以意見溝通代替指揮監督，也會影響及士氣。使員工對業務上及管理上各種問題，有充分提供意見機會，使員工的學識才能在工作上有充分的發揮與運用，對員工將會發生鼓舞作用。以意見溝通代替指揮監督，係表示對員工的尊重，也有助於士氣的提高。

二、有關員工心理方面的因素　主要包括下列三種：

（一）對組織目標能否認同：各組織均有其目標，組織內各員工也有其個人目標，但組織目標是否爲員工所支持，及組織目標與員工個人目標間是否有衝突或呈現出平衡狀態，對士氣將會發生不同的影響。一般言之，組織目標如能獲得員工的支持，組織目標與員工個人目標之間呈現出平衡兼顧狀態，則員工對組織會產生出強烈的認同感與向心力，

員工願意為達成組織目標而努力，員工深知只有組織目標達成時，員工的個人目標才可同時實現，故有助於士氣的提高。

（二）對領導者有無信心：領導不只是對事，更須是對人。對事的領導，只注重作事的計畫、意見溝通、行動協調及監督管制，其目的只能使計畫如期完成；對人的領導，是重視員工的心態，如何提高員工的工作情緒、工作興趣，如何發揮員工的才能，及使員工的個人的願望與需要獲得實現與滿足。員工對能做到事與人兼顧的領導者，會產生高度的信心及提高士氣。

（三）對工作是否感到滿意與有發展：如員工所從事的工作，合乎自己的興趣及適合自己的能力，且對自己具有挑戰性及能施展自己的才華，則員工必會表現出優異的成績，因而在心理上可獲得滿足感與成就感。如員工在組織內有更多的發展機會，實現自己的理想與抱負，則員工對組織會感到滿足。因而激發出高昂的士氣。

三、員工身體與心理的健康　員工的體質會直接影響及精神狀態，員工健康情況也會影響及工作情緒與效率，員工的心理保持平衡，也為研究士氣問題所宜注意。

第三項　提高士氣

提高士氣，在程序上應先瞭解士氣現狀，再樹立士氣目標，而後採取有效措施以達成所樹立的目標。除了解士氣可參照態度調查方法作士氣調查不再贅述外，茲就樹立士氣目標與提高士氣之措施簡述如下：

一、樹立士氣目標　學者對士氣目標的看法頗有不同，如克瑞奇（D. Krech）及克列奇菲（C. S. Crutchfield），從成員與團體間關係的觀點，認為一個士氣高昂的團體應具有七項特徵[5]；又如索爾頓史

---

[5]　傅肅良著，人事心理學，第一七九頁。

托 (R. E. Saltonstall) 從員工個人滿足與發展的觀點，認為理想的士
氣目標應包括九項特徵❻。故士氣的目標，應使組織與員工間的關係及
員工個人需求的滿足兩者兼顧，茲根據上述三位學者意見綜合如下：

（一）在加強團體與員工關係方面：應以下列為目標，即1.團體的
團結，應來自內部的凝聚力而非來自外界的壓力；2.團體本身，應具有
適應外界變化及處理內部衝突的能力；3.團體員工與員工間，應具有強
烈的認同感與歸屬感；4.員工對團體目標及領導者，均採肯定支持態
度；5.員工承認團體的存在價值，並具有維護團體繼續存在的意向。

（二）在滿足員工的需求方面：應以下列為目標，即1.員工感到現
任工作有價值，對組織目標有貢獻，對自己將來有發展；2.員工相互間
有充分的意見溝通，員工對管理有充分的參與機會；3.員工在工作上的
成就，均會獲得上級的認可與讚揚；4.員工可獲得合理的薪給，過着合
理水準的生活，感到工作有保障；5.員工有良好的工作環境，身心感到
愉快。

二、提高士氣 為達成士氣目標所應採取的措施，應包括：

（一）設計合理的組織：如盡量減少組織內部層次的區分，以保持
基層單位員工的自尊心；單位職掌區分及員工工作指派應保持適度彈
性，以利職掌及工作之靈活指派及員工學識才能之充分發揮；保持員額
編制之彈性，以期隨組織內外環境的變動而調整；及配合組織規模的大
小作不同的授權。

（二）制訂合理的人事政策：尤須重視下列各點：

1.員工能憑學識才能發展工作：主管對屬員的工作指派應配合屬
員的專長，使其學識才能在工作上有充分發揮機會；使員工工作能不斷
的發展，必要時並隨時調整其工作、擴大其工作範圍、提高其工作職

---

❻ 傅肅良著，人事心理學，第一八〇頁。

責，使員工對組織能提供更多的貢獻，享受更多的成就。

2. 員工能憑自己貢獻開拓前途：建立升遷制度，使有貢獻的員工可在制度中獲得升遷。若此員工會感到在組織中可有前途，同時更了解前途是掌握在自己的手中。

3. 合理的薪給：員工的薪給，不應比同地區同性質組織同等工作人員之薪給爲低，至少應維持與之相等，如能維持略高則更爲理想。再薪給之設計，應兼顧員工職責、資歷及久任，員工薪給所得水準，更應視物價指數的變動而調整。

4. 員工績效應獲得認可與獎賞：員工的績效，應隨時獲得上級的認可，必要時並給予獎勵，透過此種對績效的認可與獎勵，將會激發員工表現出更多的績效。

5. 謀求人際關係的和諧：和諧的人際關係，可增加員工對業務及管理問題的關切與了解，可使員工感到本身的重要，員工相互間獲得更多的尊重與友誼，可增進主管與屬員間的相互信任。

6. 協助員工獲得精神生活的適度滿足：員工對生活的追求，當基本物質生活尚未獲得適度滿足時，固以追求物質生活爲主，但自物質生活獲得適度滿足後，則會追求精神生活的滿足。在物質生活已獲致相當滿足及員工知識水準日漸提高的今天，員工對精神生活的需求也在繼續增強中，故協助員工獲得精神生活適度滿足的措施須予加強。

（三）使員工目標與組織目標相融合：組織內員工個人的需要與願望，乃屬員工的個人目標，管理當局須使此種個人目標與組織的目標相融合，使員工感到個人的利害與組織的利害相結合，員工爲實現個人目標會効力於組織目標的達成，員工也了解只有組織目標達成時，個人目標才能實現。

（四）運用有效的領導：主管對所屬應根據人、事、時等因素，選

用適當的領導方式來領導所主管的業務與所屬，使順利完成任務及員工
獲得工作上的滿足感與成就感。

（五）鼓勵意見溝通與參與管理：增設組織內溝通途徑，運用各種
溝通關係，並鼓勵員工多作意見溝通，以增進相互間的了解與培養強烈
的認同感與歸屬感。對管理改革的擬訂及重要措施的採取，更須鼓勵員
工參與，以期一方面使員工向組織作更多的奉獻，一方面使管理政策及
措施更趨完善與合理，並可在員工的支持下有效的施行。

（六）推行團體行為規範：團體行為規範，係以員工在團體中之日
常生活言行及工作態度等有關事項為範圍，由員工自行訂定規範，經員
工全體同意後共同遵守，並指定專人就推行情形定期提出報告，如有違
反則由員工團體予以制裁。如員工穿着同式服裝、定時定地點午餐、準
時上下班、注意清潔衛生等，均屬團體行為規範的推行。

（七）佈置舒適的工作環境：如辦公處所環境的清潔與佈置，辦公
室的佈置，辦公桌椅的設計與擺設，四週庭院整理與花木種植等。

（八）維護心理健康：注意員工平時生活，使工作與休閒並重，並
鼓勵參與社會活動。對因平日工作繁忙與緊張，及動機與行為受到挫折
而使心理有輕度失常之員工，更應以心理諮商協助其早日恢復正常生活。

第三節　組織氣候

組織氣候，乃是一九五〇年代始被學者提出研究的問題。組織氣候
有它的意義與範圍，有與其具有影響作用的因素，經由組織氣候的調
查，可針對缺失培養支持性的組織氣候。茲分項簡述如後。

第一項　組織氣候的意義與範圍

組織氣候 (Organizational Climate) 的意義，各學者的說法尚未盡一致，對組織氣候的內涵，通常用若干構面（或稱度向）(Dimensions) 來表示，但對構面的個數，各學者看法也有不同。茲簡述如下：

一、組織氣候的意義　根據塔古里 (R. Taguri) 及李特文 (George L. Litwin) 的意見，組織氣候係代表組織員工對於組織內部環境的一種感覺 (Perception)，而此種感覺乃來自員工的經驗，比較有持久性，並可用一系列的組織屬性（即構面）加以描述❼。由此一意義，吾人可知組織氣候有下列特性：

（一）是描述性的：員工對組織內部環境的感覺，在性質上是描述性的，而非評估性的；換言之，組織氣候所代表的乃是一個組織的一些特色，而非員工對其組織的愛惡或評價。

（二）是總體性的：員工的感覺所包括的內涵，都是屬於總體性的而非個別性的。

（三）是組織體系的：分析組織氣候的內涵時，其分析的對象是一組織體系或其單位，而非個別員工。

（四）可影響員工的行為：隨着員工對其所屬組織氣候之感覺反應的不同，員工的行為也受其影響。

二、組織氣候的構面　如潘恩及菲賽 (Payne and Pheysey) 只使用組織積極性及規範性控制兩個構面；又如史奈德及巴萊特 (Schneider and Bartlett) 則使用管理支持、對新進人員之關懷、內部衝突、工作獨立、一般滿足、及管理結構六個構面。再如李特文及史特林格 (G. L. Litwin and R. A. Stringer) 則使用九個構面來解析組織氣候的內涵，其九個構面的內容如下❽：

❼　許士軍著，管理學，第二九五頁，東華書局，七〇年版。
❽　許士軍著，管理學，第二九七——二九八頁。

（一）結構：代表一人在團體中所感到拘束的程度，譬如法規程序等限制之類。一組織內，究係強調官樣文章及成例，或是充滿着一種較放任和非形式的氣氛。

（二）責任：代表一人在團體中感到自己可以做主而不必事事請示的程度。當他有任務在身時，他知道怎樣去做完全是他自己的事。

（三）獎酬：代表一人在團體中感到，做好一件事將可獲得獎酬之程度。機構內一般是偏重獎勵或偏重懲罰，對於待遇及升遷政策是否感到公平合理。

（四）風險：代表一人感到服務機構及工作上所具有之冒險及挑戰性之程度。究係強調計算性冒險行為，或是偏重安全保守。

（五）人情：代表一人感到工作團體中人員間一般融合之程度。彼此間是否強調相處良好，組織內是否存在有各種非正式團體。

（六）支持：代表一人在團體中感到上級及同僚間對工作互助的程度。

（七）標準：代表一人對於組織目標及績效標準之重要性程度的看法。是否重視一人的工作表現，個人及團體目標是否具有挑戰性。

（八）衝突：代表一人所感受到主管及其他人員願意聽取不同意見之程度。對於不同意見，究係願意讓它公開以求解決，或是設法將其大事化小或乾脆加以忽略。

（九）認同：代表一人對於所服務的組織具有的歸屬感之程度。做為團體成員之一，是否感到有價值並加以珍惜。

第二項　與組織氣候具有影響作用的因素

組織氣候，對某些因素是自變數，對某些因素是中間變數，對某些

因素又是應變數，故組織氣候與各因素間的關係甚為複雜❾。

一、**組織氣候為自變數**　組織氣候是工作滿足感及工作執行的自變數。如根據考賽 (T. Cawsey) 對六百個保險工作人員的研究，發現員工感覺到在組織內成功的機會增加時（組織氣候），則員工對現有工作的滿足感也增加；又根據佛萊德蘭得 (F. Friedlander) 及馬古里 (N. Margnlies) 的研究，發現組織氣候是影響員工工作滿足感的重要因素。再根據佛累德雷克森 (N. Frederickson) 對二百六十位中級主管的研究，發現創新的組織氣候中的成員對工作產量與工作執行，較抑制的組織氣候中的成員為好，還有卡慈克 (E. Kaczka) 及寇克 (R. Kirk) 的研究，也發現以員工為中心的組織氣候，可獲致較好的工作執行。

二、**組織氣候為中間變數**　組織氣候是正式組織因素（領導方式）與員工士氣及工作產量的中間變數。如根據李特文與史特林格的研究，對三個任務性質、技術及員工特性甚為相同的組織，分別運用三種不同的領導方式（即第一種為極重視結構、地位、所分配的任務、職位權限、重罰違反規定者、正式的垂直的意見溝通；第二種為重視非正式的寬鬆的結構、鼓勵參與制作決定、合作、團隊工作、友誼、不輕用懲罰；第三種為極重視高的生產力、設定目標、支持創新、以贊許及晉升作獎勵、對績效優異者加薪、鼓勵相互幫助工作）的結果，發現表現三種不同情況的組織氣候（即第一種領導方式下的組織氣候是高度結構的、懲罰的、無支援的、及很少有擔負個人責任的機會，主管與員工間有疏離感，且有較多的人際間之衝突；第二種領導方式下的組織氣候是較寬鬆的結構、有參與感、合作受鼓勵，員工間具有友誼、熱情、多予獎勵而不予懲罰或批判；第三種領導方式下的組織氣候是寬鬆的結構、

---

❾　Gary Dessler, Organization and Management, pp. 187-195, 華泰書局，六十六年版。

高度的責任感、個人的創造性及擔當風險，有獎勵，但也批評工作不力者，員工也偶有發生衝突），再在此三種不同的組織氣候下，也發生了三種不同的結果（即第一種組織氣候的組織，工作執行差，對工作無滿足感；第二種組織氣候的組織，生產力低，但創新程度相當高，對工作是極高的滿足感；第三種組織氣候的組織，生產力很高、創新程度很高、工作滿足感也很高）。故組織氣候成爲領導方式與員工士氣及工作產量間的中間變數。

三、**組織氣候爲應變數**　組織氣候也爲組織結構、技術、訓練等之應變數。如喬治（George）對二百九十六位教師研究結果，發現高度官僚型的教育組織（法令規章繁多、運用正式命令系統制作決定等），教員們對組織易有封閉的、限制的感覺；較少的官僚型的教育組織，教員仍感到少有焦慮及較爲信任與開朗。再就訓練而言，在研究中也發現訓練方案對改變組織氣候有很好的效果，此種良好的效果，有者可維持一年半以上；又有學者從研究中發現個人的需要與願望（如成就、親密、自動、命令、獨斷等的需要與願望），也會影響及組織氣候與對工作的滿足感。

第三項　組織氣候調查

李克特（Rensis Likert）在其所著人類組織（Human Organization）一書中，曾以四種不同形態的組織（即系統一組織、系統二組織、系統三組織、系統四組織），從七個構面來分別說明四種組織的組織氣候模式。當吾人欲以調查方法來了解組織氣候時，可根據此種模式的內容設計項目並作調查，從所得資料可推斷一個組織的組織氣候究竟屬於何一形態（或介於何種形態間）。李氏所用的七個構面（每個構面又分若干

小構面）及內容如下⑩：

一、領導過程　包括（一）上級對下級的信任程度：分1.對部下無信心、不信任；2.對部下有少許信心；3.實質上有信心，但仍對部下的決策有所控制；4.有完全的信心。（二）部下與上司談論其工作的自由程度：分1.完全不能自由談論；2.較少的自由；3.尚有若干自由；4.完全自由。（三）上級採用部下有價值建議的程度：分1.很少採用；2.有時採用；3.經常採用；4.總是採用。

二、激勵力量　包括（一）激勵人員的方法：分1.恐嚇、威脅、懲罰、偶而也用獎勵；2.獎勵及某些程度上的懲罰；3.獎勵為主，懲罰及參與為輔；4.參與及獎勵為主。（二）何種人員最能感受到組織目標的達成：分1.大部分是上級人員；2.上層及中層；3.十分平均；4.各階層皆有。

三、溝通過程　包括（一）資料、消息流傳的方向：分1.由上向下；2.大多是由上向下；3.上下均有；4.上下平行均有。（二）下行溝通被接受的程度：分1.部屬懷疑；2.部屬可能懷疑；3.接受但有警覺性；4.欣然接受。（三）上行溝通的正確性程度：分1.經常錯誤（下情不能上達）；2.報喜不報憂（經過過濾）；3.有限度的正確；4.完全正確。（四）上級對部下面臨問題的了解程度：分1.完全不了解；2.部分了解；3.大部分了解；4.非常了解。

四、互動及影響過程　包括（一）互動行為的特質與數量：分1.很少且心懷疑懼；2.略有，係由上向下，部屬有些懷疑；3.中庸程度，具有相當的信任；4.十分頻繁，高度的信任；（二）團際合作的程度：分1.沒有；2.少有；3.還算不錯；4.非常好。

五、決策過程　包括（一）決策在何層次制定：分1.大部分由上層

⑩　張潤書著，行政學，第二二七——二三〇頁，三民書局，六五年版。

制定; 2. 上層制定決策，少許授權; 3. 上層制定更廣泛的決策，更多的授權; 4. 各層次皆能制定且十分完整。（二）部屬對與其有關工作是否可參與決策：分1. 完全不能; 2. 偶被諮詢; 3. 常被諮詢; 4. 完全參與。（三）決策制定過程有否激勵作用：分1. 不但沒有反而有損害; 2. 相當少; 3. 具有某些作用; 4. 有實質上的作用。（四）決策者對問題的了解程度；分1. 常不了解; 2. 少有了解; 3. 大致了解; 4. 十分了解。

六、目標的設定 包括（一）組織目標設定的方式：分1. 以命令行之; 2. 命令為主，但允許某些批評; 3. 經由討論再發布命令; 4. 除緊急情事外，經由團體行動來建立目標。（二）對組織目標隱含的抗拒有多少：分 1. 強烈的反抗（陽奉陰違）; 2. 溫和的抵制; 3. 偶有少許的抵制; 4. 沒有抵制。

七、控制及考核過程 包括（一）管制考核功能集中在何處：分1. 高度集中在上層; 2. 相當集中於上層; 3. 授權給下層; 4. 廣泛的由各層次分享。（二）有無非正式組織抗拒正式組織：分1. 有; 2. 部分抗拒; 3. 部分支持部分抗拒; 4. 非正式組織與正式組織目標完全一致。（三）各種資料的作用何在：分1. 用作懲罰; 2. 獎勵與懲罰; 3. 獎勵及自我引導; 4. 自我引導、解決問題。

從上述七個大構面之二十個小構面之調查結果，李氏認為凡絕大部分均屬於1. 的情況時，為最不理想的組織氣候（即系統一組織），生產量低; 絕大部分均屬於4. 的情況時，為最理想的組織氣候（即系統四組織），生產量高; 凡大部分均屬於2. 或3. 的情況時，則界於中間（即系統二或三組織）。

第四項 培養支持性的組織氣候

根據調查結果，如發現組織氣候不理想或組織氣候與組織的任務性

質相背時，則應採取措施培養支持性的組織氣候。所謂支持性，係支持員工需要與願望之實現及組織任務性質的組織氣候。至培養之方法，可以改變組織結構及實施特定訓練等行之。

一、支持性組織氣候的條件　主要包括下列兩個:

（一）須與員工的需要與願望相配合: 員工的需要與願望，與員工的教育水準經濟基礎等因素有關，如有者需要處理例行的工作、有者需要創革性的工作; 有者願意聽令於他人，有者願意自主並自作決定，支持性的組織氣候，其管理措施須與員工的需要與願望大致相適應，如係背道而馳，當然會影響及員工的工作產量、對工作的滿足感。

（二）須與組織的任務性質相配合❶: 組織的任務性質，有者為處理穩定性甚高的工作，其環境也甚少變動; 有者為處理變動性極大的工作，且其環境也在經常的改變。根據莫斯 (John J. Morse) 的研究，發現對前一種組織，如明確規定員工的職責與相互間的關係，員工依照規定程序辦事，並受着廣泛的管制時，其生產量高; 對後一種組織，如作較低程度的結構，訂定具有彈性的法令規章，並對員工給予較多的自主與決定權時，其生產量高。在前一種組織的員工，感到對制作決定很少有影響力，組織是高度集權的，沒有選擇及處理工作的自由; 在後一種組織的科學家，感到有很大的影響力，對選擇及處理工作有甚大的自由，主管與屬員的關係也與前一種組織完全不同。由此可知，由於組織任務性質的不同，支持性的組織氣候也有不同。

二、支持性組織氣候的培養　主要方法為:

（一）調整組織的結構: 此處所指之結構，並不限於組織內單位及層次區分之有形的結構，而有關領導的方式、授權及制作決策的規定、工作的指派、意見溝通等無形的結構也均包括在內。故所謂調整組織結

---

❶　Gary Dessler, 同前書, pp. 195-198。

構，也卽改變管理措施。

（二）舉辦訓練: 訓練可以改變員工的觀念、看法與行爲，透過訓練可增進員工對組織目標及管理措施的了解，員工對組織各構面的感覺，可經由訓練而作相當的改變。當員工對組織環境的感覺有所改變時，也卽表示組織氣候已有了改變。

第四節　非正式組織

正式組織之內，尙有非正式組織的存在。所稱非正式組織，乃成員間非正式交互行爲所形成的一種團體，其產生並非經由法定程序，而係基於人際關係所自然形成者。 茲就非正式組織的性質與形成原因， 類型，作用及其運用等，分項簡述如後。

第一項　非正式組織的性質與形成原因

一、非正式組織的性質　主要有下列四點:

（一）非正式組織係由成員交互行爲所產生: 一個組織的各成員間，在人際關係上會發生交互行爲，在交互行爲的過程中，成員間會自然的作某種方式的結合，此種結合的時間一久，卽成爲一種非正式的組織。

（二）非正式組織有其不同的產生權力方式: 非正式組織也有其領導人，領導人對其團體也具有相當權力，但此種領導人及其權力之產生方式，卻與正式組織不同。正式組織的領導人係由上級任命，其權力係由法規所賦與，而非正式組織的領導人卻由成員所默許，其權力主要依靠影響力， 且此種領導人與權力並非固定不變， 其移轉與消長乃屬常

（三）非正式組織主要依靠人間的情感來維護：非正式組織並無明確的界限，參與或退出非正式組織並無一定的程序，其存續主要靠情感維繫。

（四）非正式組織成員的重疊性：同一人員，同時可爲若干非正式組織的成員，因此各非正式組織間的成員，多有重疊現象。大致而言，較爲外向者常參與較多的非正式組織，較內向者也許從不參與非正式組織。

二、非正式組織的形成原因　大致有下列五種：

（一）個人的特性：如個人的人格特性、知識水準、對各種運動的喜好等，均屬形成非正式組織的原因。如成員中凡個性相投者、知識水準相當者、運動與趣相同者，共同在一起的機會較多，意見溝通也較頻繁，對他人及事物的看法也較爲一致，因而無形中就成爲一種非正式組織，其中也有爲成員所默許的領導人，領導人對成員也具有影響力。

（二）工作及生活方式：在組織中屬於同一單位的員工，或從事同性質工作的員工、或在同一地點或相鄰地點辦公的員工、或居住同一大廈或同一地區的員工、或經常參加同一教會活動的員工等，由於工作上或日常生活上關係，也可能形成非正式組織。

（三）親戚同誼關係：組織的成員中，具有血親、姻親、同宗、同學、同鄉等關係者，接觸機會自然較多，久而久之，也可能形成非正式組織。

（四）社交的需要：依據馬斯洛所倡導的需要層次說，社交的需要爲人的五大需要之一。人多希望自己能有幾個知心的朋友，同事與同事能和睦相處，自己能獲得他人的友誼與認可，以增加團體歸屬感及得到心靈上的滿足。故組織中成員爲追求此種需要的滿足，乃產生非正式組織。

（五）領袖慾人物的有意安排：有領袖慾的人，喜歡搞組織，喜歡影響他人或改變他人，此種人如未有擔任組織內的主管職務，則會運用其影響力，選擇部分成員爲其追隨者，以製造力量及抬高自己身價，因而又形成爲非正式組織。

第二項　非正式組織的類型

組織內所形成的非正式組織，有三種類型。

一、縱的非正式組織　指由同一組織內不同層次人員所形成的非正式組織。低層次人員對高層次人員有高度的依賴心，高層次人員對低層次人員多方袒護，所謂官官相護就是此類非正式組織的特點，若上下狼狽爲奸，則無形中成爲一營私舞弊組織。

二、橫的非正式組織　指由同一組織內不同單位而地位相當之人員所形成的非正式組織。參加此種非正式組織的成員，或是爲了相互保衛以維護本身利益，或是爲了結合力量謀求管理的改進與革新。

三、交錯的非正式組織　指由同一組織內不同單位及不同層次之人員所形成的非正式組織，其目的多在增加情誼或相互安慰，以獲得心理的滿足。

至表達非正式組織的方法：通常有二種⑫。

（一）爲莫里諾（J. L. Mereno）的社交測量圖：卽根據成員間的交往情形繪出圖樣，凡相互交往最多者爲非正式組織的主要部分，相互交往較少者爲非式組織的邊緣部分，從不交往者則列在非正式組織之外。

（二）爲戴維斯（Keith Davis）的組織交互作用圖：卽以組織系統圖爲基礎，將參加非正式組織的各成員間關係，另用虛線相聯表示。

---

⑫　張潤書著，行政學，第二九四頁。

第三項　非正式組織的作用

非正式組織一經形成，在組織內可能發生積極的與消極的作用。

一、積極的作用　亦稱正功能，指下列有助於所在組織的作用：

（一）非正式組織可配合所在組織有效處理困擾問題：正式組織的結構及權責區分，常較爲呆板，遇有緊急性或牽涉範圍較廣之困擾問題，如只憑正式組織來處理，常力不從心且拖延時日。如能同時透過非正式組織，加強各單位與各層次間的聯繫協調，則多可有效而及時的處理。

（二）非正式組織可建立更完善的意見溝通途徑：正式組織中的意見溝通途徑，甚爲有限，且溝通時多須循一定路線，而非正式組織的溝通途徑則不受此種限制。故由非正式組織所建立的溝通途徑，可遍佈於組織的每一角落，使組織的溝通途徑更爲完善。

（三）非正式組織可分擔主管的部分領導責任：一個組織的管理措施，如能獲得非正式組織的支持，則非正式組織的領導人及成員，將會從旁協助主管，使管理措施能順利推展，無形中分擔了主管的部分領導責任。

（四）非正式組織可補救正式命令的不足：一個組織對正式命令的下達，由於時間匆促或考慮欠週，容易發生缺失。此種缺失固可用再次的命令下達來補救，但最有效的方法是透過非正式組織的溝通來補救，如此可不露痕跡的消除缺失。再如下達之措施不當使部分成員引起不滿時，非正式組織也會作有力的反應，以促使管理當局改變措施，消除成員的不滿情緒。

（五）非正式組織可使組織趨於穩定：參與非正式組織的成員，由於經常的接觸與意見溝通，對管理問題的意見常較爲一致。此種一致的看法，對所在組織具有安定作用，可減少成員對組織的不滿，降低成員

的離職率。

（六）使成員獲得較多的心理滿足：在規模較大的組織中，部分成員常有被忽視的感覺，此種因被忽視而引起的心靈上的創傷，通常可透過非正式組織的歸屬感而獲得補償，低層人員更是如此。如某人因地位低而被忽視，但因球技精湛，被推爲球隊隊長，則心理上將可獲得適度的滿足。

二、消極的作用　亦稱反功能，指下列有碍於組織的作用：

（一）抗拒改革：非正式組織有其無形的力量，如所在組織所採取之管理改革，有影響及非正式組織的利益時，則會受到非正式組織的抗拒。如因組織職掌的調整影響及非正式組織的經濟利益，因人員的調動影響及非正式組織成員相聚的機會，因人員的受懲罰影響及非正式組織成員的聲譽，因技術的革新影響及非正式組織成員的工作機會等，均可能引起非正式組織的有力抗拒。

（二）角色的衝突：一個組織的成員，有其一定的角色任務，但如同時爲非正式組織的成員時，則同時又有非正式組織的角色任務，此種所在組織與非正式組織之不同角色的不同任務，如屬不能相容時，則產生了角色任務的衝突，不是懈怠了組織的角色任務，就是忽略了非正式組織的角色任務。此種角色任務的衝突，對組織頗爲不利。

（三）抑制才能與效率：非正式組織對成員具有相當的約束力與控制力，如成員對非正式組織的某種規範未有遵守，則會受到其他成員的不滿與唾棄，致成員的才能難以作充分的施展，工作效率受到他人的限制。

（四）傳播謠言：非正式組織固可協助政令的溝通，但更可促使謠言的傳播，非正式組織成員相聚時，所談的也以謠言爲多，因非正式組織的溝通途徑遍佈所在組織的每一角落，故謠言的傳播不但快速而且普

遍，對組織自會產生不良的後果。

第四項　非正式組織的運用

　　非正式組織既有積極的與消極的作用，對組織既有利也有害，因此問題不在要不要禁止非正式組織，而在如何去重視它與運用它，使非正式組織的積極作用發揮到最高度，消極作用減至最低度。

　　一、瞭解非正式組織　非正式組織既是因所在組織成員的交互行為而產生，故在組織內產生非正式組織是極其自然的事，因而不必加以禁止，而且也無法禁止。較為開明的做法是要去了解它，如現在有些怎樣的非正式組織，其成員是些什麼人，無形中的領導人是誰，對管理措施的態度如何等，加以深入的了解，進而加以掌握與運用。設若對非正式組織採取禁止態度，則將適得其反，禁止或限制愈嚴，非正式組織的結合愈堅固，對組織所採取的敵對態度也愈強烈，此乃管理者不得不慎之處。

　　二、運用人際關係並作必要的支助　深入了解非正式組織後，應增加與其領導人的接觸，以增進相互間的了解與情誼。同時對非正式組織可給予必要的支助，如對球類有高度興趣的非正式組織支助其購置球類用具費用，此種支助將可獲得非正式組織對管理者的更多支持。

　　三、發揮非正式組織的積極作用　管理者應採取有效措施加強對非正式組織的運用，如利用非正式組織的溝通途徑來宣導政令，在制作決策前徵詢非正式組織領導人的意見，將部分的領導任務交由非正式組織去完成，透過非正式組織來安定員工心理，及使員工在心理上獲得更多的滿足等。若此，不僅可使組織因而獲益，且使非正式組織人員因發揮了對組織的助力與貢獻而感到安慰與滿足。

　　四、防止非正式組織的消極作用　可參照下列方法處理:

（一）協調所在組織與非正式組織的利益：管理當局須一方面了解非正式組織的利益所在，另一方面須使非正式組織與所在組織的利益取得一致，若此才不致發生抗拒及角色衝突等之消極作用。

（二）實施調任及調整工作權責：對爲謀取不法利益而結合的非正式組織，對其成員應予調任或調整工作權責，使無形中解散該非正式組織，不再狼狽爲奸。

（三）建立申訴與建議制度：申訴制度可使受屈者有機會提出申訴陳述委屈，以消除其不滿心理，增加其對組織的向心力，及降低非正式組織的抗拒。獎勵建議制度，可使員工的聰明才智有更多的發揮機會，人力獲得更大的運用，以減少非正式組織對成員的約束力與控制力，進而增加績效。

第五篇　人事管理

人事管理，係各組織爲達成人盡其才，事竟其功的目的，在設立人事體制、選用考訓人員、激發潛能意願、保障生活安全方面，所採取之各種措施。人事管理的基本觀念，自傳統的演變至人性的，再由人性的演變至系統權變的，且此種傳統的、人性的、權變的人事管理，又屬同時並存。故當今的人事管理，有其傳統的一面與人性的一面，又有其系統的一面與權變的一面。本篇之前兩章，主要在敍述人事管理的範圍與其重要措施，後兩章主要討論人事管理各種層面的特性。

第十七章　建立人事體制與
選用考訓人員

人事管理的運行，必須有其基本架構與軌道，人事管理的起始爲遴選優秀人員，任以職務，繼而考核其工作績效，並給予訓練培育與發展。茲就以上主題，分節敍述之。

第一節　建立人事體制

人事體制有其一定的意義，各組織所採用之人事體制，大致有職務分類制、職務等級制、職位分類制、工作評價制之不同，可根據需要而選用或並用。茲分項簡述如後。

第一項　人事體制的意義

人事體制，係以各組織的業務之性質區分爲經，程度區分爲緯，所交錯而成的架構，以爲運行人事管理的軌道。人事體制的效用與建立人事體制的原則爲：

一、人事體制的效用　包括（一）凡歸屬同一架構的業務，因其性質及程度相同，其人員的考選，可適用同一應考資格與應試科目，其人員的任用可適用同一的任用資格，其人員的考績可適用同一的標準。（二）凡歸屬同一性質而程度不等各架構的業務，可作為規劃其人員晉升與發展的途徑。（三）凡歸屬同等程度而性質不同各架構的業務，其人員的薪給可適用同幅度的規定。其情形如下圖所示：

性　質　區　分　程度區分 架構	程度(十)	程度(九)	程度(八)	程度(七)	程度(六)	程度(五)	程度(四)	程度(三)	程度(二)	程度(一)
性　　質　（一）										
性　　質　（二）										
性　　質　（三）										

二、建立人事體制的原則　為期所建立的人事體制，能適應國情及便利人事管理的運行，應注意（一）區分架構的精粗（卽業務性質與程度區分的精粗），須適應業務的專業分工現狀及用人的需要。（二）列入架構的對象（卽究竟以職位、或工作、或職務為對象），應作適當的選擇。（三）列入架構的方法（卽究竟應用分類標準法、或因素評分法、或預行列等法），須配合當時的需要。

三、現有人事體制的分類　各組織所用的人事體制，主要可歸納為四種，（一）職務分類制：卽業務性質與程度的區分架構較為精細，以職務為對象列入架構，列入架構的方法採較簡單的分類標準法。（二）職務等級制：卽業務性質與程度的區分較為粗廣，以職務為對象列入架構，列入架構的方法採預行列等法。（三）職位分類制：卽業務性質與程度的區分架構較為精細，以職位為對象列入架構，列入架構的方法採

分類標準法。（四）工作評價制：卽業務性質與程度的區分架構較爲精細，以工作爲對象列入架構，列入架構的方法採因素評分法。

以上四種人事體制，第（一）種多適用於一般政府機關之職務；第（二）種多適用於警察機關、交通事業機構之職務；第（三）種多適用於生產事業機構之職員職位；第（四）種多適用於生產事業機構之工人工作。

第二項　職務分類制

採行職務分類制，通常須經建立分類標準及辦理職務歸系列等兩個程序，並須注意職務歸系列等的調整。

一、建立分類標準　分類標準係指職系說明書、職等標準二種文書而言，通常由人事主管機關負責研訂，爲採行職務分類制各組織所共同適用。建立情形爲：

（一）區分職系及訂定職系說明書：職系乃業務性質的區分，現區分爲五十餘職系；每一職系就其內容訂定職系說明書。職系說明書的內容，包括有職系名稱及編號、一般敍述、及處理業務之階段說明等三部分。

（二）區分職等及訂定職等標準：職等乃業務職責程度的區分，現區分爲簡、薦、委任三個官等，及十四個職等，以第十四職等爲最高；爲期職責程度的區分較爲具體，通常從若干因素來考量，而所用的因素，大致爲工作複雜性、所受監督、所循例規、所需創造力、與人接觸、職權範圍與影響、所予監督、所需資格等八個。每一職等應訂定職等標準，職等標準之內容，分一般敍述、職位類型舉例、職責程度敍述、所需資格及能力等四部分。

二、辦理職務歸系列等　各組織之辦理職務歸系列等，須先就組織

法規所定之職務,訂定職務說明書,而後按分類標準辦理職務歸系列等,並報人事主管機關核准。

(一)訂定職務說明書: 職務係分配同一職稱人員所擔任之工作與責任,職務說明書係說明每一職務之工作性質與責任之文書。為期職務設置合理, 每一職務應有一定範圍的工作項目、適當的工作量及明確的工作權責。每一職務應就其職務與責任及其有關事項訂定為職務說明書,其內容分職務名稱及編號、工作項目、工作概述、工作知能等四個部分敘述之。

(二)辦理職務歸系列等: 先1. 決定職務所屬職系: 就職務說明書內容與職系說明書內容相比較,並根據基本原則(所任工作之性質屬於同一職系者即決定該職位屬於該職系)、程度原則(所任工作分屬兩職系以上而職責程度不相當者,以其程度較高之工作性質為準)、時間原則(所任工作之性質分屬兩個職系以上且職責程度也相當者,以其工作時間較多之工作性質為準)、選擇原則(所任工作分屬兩職系以上且程度相當時間也相等者,由辦理機關決定所屬職系)之順序,擬定各職務所屬之職系,並送人事主管機關核備。再2. 決定職務所屬職等: 就職務說明書之內容與職等標準相比較,決定應屬之職等,並製作職務列等表送人事主管機關核定。再各組織辦理職務歸系列等,多設立小組進行,並經由初擬、審議、核定及通知等手續。

　　三、分類標準的修訂　分類標準係業務性質與職責程度的敘述,而各組織的業務又係經常有新增、廢止或變更,因而職系說明書、職等標準的內容,亦須隨同業務之變動及發展情形隨時修正之。

　　四、職務歸系列等的調整　職務的內容是同一職稱人員所擔任的職務與責任,由於組織業務的變動及人員學識能力的高低,均會引致職務原有職務與責任的變動,因而須考慮修訂職務說明書及原有職務歸系列

等的調整。調整時可能涉及職務職系的改變或職等的提高或降低。

　　五、職務分類制在人事管理上的效用　主要有（一）為事擇人考用合一：根據職務所屬職系與職等，決定考選人員的類科、等別、應考資格與應試科目，根據職務出缺決定錄取名額。（二）專才專業適才適所：專門的人才擔任專業的職務，各種人才派至適當的職務，各種職務由適當的人才擔任。（三）綜覈名實信賞必罰：求名實之相符，既有其名必責其實，立必信之賞，施必行之罰。（四）同工同酬計值給俸：按所任職責給予報酬，依貢獻大小決定薪給。

第三項　職務等級制

　　採行職務等級制，係經訂定等級結構及職務列入等級兩個程序，並注意職務等級表的修正。

　　一、訂定等級結構　就職責及所需資格，訂定為若干等，每等內區分若干階或級，作為規定薪級之依據。故在職務等級制中，只有職責程度之等與階或級的區分，而無性質的區分。職務等級中代表的等級，在警察機關分為警監、警正、警佐三個官等，每一官等內再區分一、二、三、四四個官階，每一官階再區分若干俸級；在交通事業機構分為長級、副長級、高員級、員級、佐級、士級六級資位，每級資位再區分若干等級；均無職系說明書、職等標準之訂定。將各職務根據判斷列入適當的等級，如科長職務列為警正一階或副長級。

　　三、職務等級表的修正　遇及增加新職務，廢止原有職務，或因原有職務之職責的變動致須提高或降低其等級時，則應將原有職務等級表予以修正。因職務之等級係預為訂定者，故各組織在未進用人員前，職務等級表已先行核定。

　　四、職務等級制在人事管理上的效用　採行職務等級制之組織，對

人員的選用與薪給的核敍，即可依職務等級表之規定辦理。惟職務並不能眞正代表所處理的業務，職務等級之高低也不能眞正代表職責程度的高低，而且職務等級表中也只有程度的區分而無性質的區分，故爲事擇人、適才適所、同工同酬、綜覈名實等要求，頗難實現。

第四項　職位分類制

採行職位分類制，通常需經建立分類標準及辦理職位歸級兩 個 程序，並需注意分類標準的修訂與職位歸級的調整。

一、建立分類標準　分類標準係指職系說明書、職等標準及職級規範三種文書而言，通常由人事主管機關研訂，並爲實施職位分類各組織所共同適用。除區分職系與訂定職系說明書、及區分職等與訂定職等標準，與職務分類制相似不再敍述外，其區分職級及訂定職級規範部分，係指同一職系中職責程度相當的工作設定爲一個職級，並就職級之工作性質、職責程序予以書面敍述，其內容包括職級名稱及編號、職級特徵、職位工作舉例、專門知能及所需資格等五項，是爲職級規範，並依其職責程度高低列入適當之職等。

二、辦理職位歸級　職位係指分配由一個工作人員所擔任之工作與責任。先就職位工作內容訂定職位說明書，而後依職位說明書與職系說明書相比較決定職位所屬職系，再依職位說明書與所歸職系之職級規範相比較決定所歸職級（亦卽決定所屬職等），並製作職位歸系歸級表，送人事主管機關核備。

三、分類標準之修訂與職位歸級之調整　遇及各組織業務有重大變動時，需考慮原有分類標準之是否修訂，再遇及職位工作內容有重大改變時，需考慮該職位職位說明書應否修正與原有歸級之應否調整。

四、職位分類制在人事管理上之效用　實施職位分類制將比職務分

類制之效用更爲顯著，惟其文書作業與需用人力與時間，則比職務分類
制更繁更多。

第五項　工作評價制

採行工作評價制，通常亦須經建立評價標準及辦理工作評價兩個程
序，並須注意評價標準的修訂與評價的調整。

一、建立評價標準　評價標準，係評定各種工作對組織貢獻價值大
小的標準，多由各組織或其上級組織所建立，其內容包括選定評價因
素、區分因素程度及配分、及分數換算職等三部分：

（一）選定評價因素：爲期評價較爲確實，評價因素須視工作情況
而選用，由於職員與工人工作頗多區別，故用於職員工作與工人工作的
評價因素常有不同，如用於評價職員工作之因素，多與分類標準中區分
職責程度之因素相同或相似；用於評價工人工作之因素，則有如教育、
經驗、工作知識、智力運用、體能活動、技巧、財物損害、他人工作及
安全、工作環境、工作危險等。

（二）區分因素程度及配分：先決定每個因素之最高分（各因素之
最高分可以一樣也可以有差別，視因素之重要性而定），再將各因素區
分爲若干程度（各因素視其內容區分爲三個至七個程度），而後在該因
素之最高分範圍內，對各個程度配以適當的分數，並以因素程度區分及
配分表定之。經配分之結果，在同一因素之各程度間有呈現出等差級
數、或等比級數、或不規則的配分者，又同一程度的配分有呈現出一個
固定分數或有幅度的分數者，均須視各程度的內容而定。

（三）規定分數換算職等之標準：一種工作根據評價標準所評得者
只是分數，爲便訂定薪給及員工升遷調任，應將分數換算爲職等，並以
評價分數及職等對照表定之。

二、辦理工作評價　通常包括設定工作與製作工作說明表，及辦理評價兩部分：

（一）設定工作與製作工作說明表：所稱工作，係指須由員工操作或處理之一種作業。一個組織內的各種作業，究應歸納設定為多少種工作，須經作業調查後並依下列原則設定，卽1.一種作業設定為一種工作；2.雖屬若干種作業，但操作或處理時所需學識技能相同，且通常由同一員工或若干員工在同一地點使用同一機具操作者，仍合稱為一種工作；3.若干員工所處理之作業，所需學識技能及工作地點與機具雖有不同，但員工須相互或輪流調任者，該若干種作業仍得視為一種工作。為期減少工作評價數量，上述第2.3.兩種原則常被引用。每種工作應製作工作說明表，敍述時其內容包括工作稱謂、所在單位、工作敍述（含有關各因素的敍述）、所需資格等部分。

（二）辦理評價：係就工作說明表的內容，依據因素程度區分及配分表之規定，先按因素分別評定其應得分數，再將各因素分數相加為總分，而後就應得總分依評價分數及職等對照表之規定換算為職等。各組織辦理評價時，為期客觀確實，也多成立評價小組為之，並經由初評、審議、核定及通知等手續完成之。

三、評價標準的修正與評價的調整　評價時所選用的因素及各因素的程度區分，常因新技術、工具、方法、程序的引用須作修正或調整，其配分也須跟著調整。再一種工作自評價後，也可能因職責內容的變動而調整其評價。

四、工作評價制在人事管理上的效用　工作評價只是評定工作價值的高低，而無工作性質的區分，故其原本效用只是同工同酬按值計資而已。為期擴大工作評價制的效用，乃多增加性質區分的規定，也卽將各種工作依其性質區別為職系（或稱工別），再依評價決定其職等，若此

對為事擇人，適才適所、綜覈名實等效用，也可獲得適度的發揮。

第六項　人事體制的選用與並用

主要的人事體制雖有上述四種，但一個組織究應如何選用其中一種使用或並用若干種或予以合一使用，頗值研究。

一、人事體制的選用　選用人事體制必須顧及組織業務特性、社會行業分工及國情與傳統，如對行政工作並重視工作與報酬觀念之行政人員的人事管理，宜採職務分類制；對調動頻繁並重視名位觀念之行政人員，宜採職務等級制；對技術性及專業明顯，並重視工作與報酬觀念之專技專業人員的人事管理，宜採職位分類制；對分工精細及以賺取工資為主要目的的技術工人的人事管理，宜採工作評價制；如不考慮此種特性而逕行決定採用某種人事體制，將會扞格難行。

二、人事體制的並用　一個組織的業務，通常包括有行政、業務及技術三大類，又有職員工作與工人工作之別。因此對行政及業務人員部分採職務分類制，技術人員部分採職位分類制、技術工人部分採工作評價制，也未嘗不可。

第二節　人員考選與任用

當一個組織所使用的人事體制決定後，即可進行人員的考選與任用。惟為期人員的進用能與組織業務的發展相配合，對組織需用的人力應先有所計畫，對擔任各種職務應行具備的資格條件應先有所分析，而後按計畫進行徵募及考選，及對考選合格者予以任用，並應各種需要作職務的遷調。茲分項簡述如後。

第一項　人力計畫

人力計畫，指各組織對將來需用的人力，預爲估計並訂定計畫，依次培養與羅致，以期用人不虞匱乏。其要點爲：

一、訂定人力計畫須經一定程序　擬訂的程序，通常包括（一）根據組織過去業務的成長，預測將來業務的發展；（二）根據將來業務的發展，預計將來需用的人力；（三）就現有人力的檢討結果與將來需用人力的比較，擬定將來須予增減的人力，（四）根據將來須予增減的人力，擬定各不同期程的人力計畫。

二、預估將來需用人力的方法應作適當選擇　在擬訂人力計畫的四個程序中，以根據將來業務的發展預計將來需用人力這一程序最爲困難，也最屬重要。預估需用人力的方法。有總體方法與個體方法兩類，每類又各有若干種可用的方法，如人力結構分析法、用人費分析法、最小平方法等係屬於前者；工作時間研究法、根據個別業務判斷法、職位設置標準法等係屬於後者。預計需用人力的各種方法各有其優缺點，適用範圍也各有其限制，故應選擇最經濟有效者使用，或按業務性質之不同分別選用若干種使用，或對同一業務同時使用兩種以上方法，並按各別所得結果予以調整後使用。

三、人力計畫內容詳簡應配合人力計畫的期程而定　按計畫所跨期程的長短，人力計畫通常可分近程、中程、遠程三種，近程人力計畫可定爲一年，中程者可定爲二年，遠程者可定爲四年。近程人力計畫係卽須實施的計畫，且相隔期間甚近對其預估也較爲確實，故計畫內容應求詳盡，須包括應行增加或裁減人員的類別、等級、人數，及其增加或裁減人員的月份與各別人數。中程人力計畫乃今後第二、第三年的用人計畫，因相隔期間甚遠對其預估也難週全，故計畫內容應詳簡適中，能表

示出各該年須予增減人員之類別及其人數卽可。遠程人力計畫係今後第四至第七年的用人計畫，相隔期間遠且也不易預估，只要表明各該年內須予增減人員之大致類別與人數卽可。

四、人力計畫須經常檢討並調整期程　影響組織業務發展的社會環境因素甚多，此種因素中任一因素的重大變動，均會影響業務的發展，因而影響及原有人力計畫的內容，故遇及社會環境因素有重大變動時或每隔一年，對原有人力計畫應卽再作檢討，並作必要的修正。再各期程人力計畫所跨的年度，須因短程人力計畫之執行將近完成而作調整，也卽將原中程人力計畫的第一年作為新的短程人力計畫，原中程人力計畫的第二年及原遠程人力計畫的第一年，合併作為新的中程人力計畫，原遠程人力計畫的第二至第四年再加上一年（共四年），合併作為新的遠程人力計畫，以期經常保持有近程、中程、遠程三種人力計畫。

五、人力計畫中需用人力應預為開拓與培養　人力計畫中須增加部分之人力，並非均可隨時徵募羅致者，因此對社會上甚感稀少的人力，尚須預為開拓與培養，如舉辦建教合作、舉辦訓練、增加學校有關系級的招生名額等，均不失為開拓培養需用人力的方法。

第二項　資 格 條 件

擔任任何職務，均有其應行具備的資格條件。資格條件的內涵，可區分為基本條件、消極條件及能力條件三種；基本條件為擔任各職務之人員必須具備的條件，不因職務而異；消極條件為擔任各職務之人員不得具有的條件，各職務均屬相同；能力條件則因職務之不同而異。茲說明如下：

一、基本條件　指擔任各職務人員所必須同樣具備的條件，不因職務的性質或高低而有區別。其主要者有：

（一）本國國籍：一般言之，擔任政府機關及公營事業機構職務者，均須具本國國籍，但也有對技術或顧問性職務而不涉及統治權運用者，如本國國籍人員中無適當人員可資擔任時，可准由無本國國籍之人員擔任。至一般民營事業則無此限制。

（二）年齡：分下限及上限兩種，如對擔任執行公務之人員，原則上須為成年之人。又年齡已達命令退休之限齡者，通常也不予進用，因原有人員屆至命令退休年齡時尚且須予命令退休，對外界已屆命令退休年齡者，自不宜進用；但對特殊性職務，如制訂政策之政務人員及特殊技術人員，對年齡之上限又多不予嚴格限制。

（三）品德忠誠：指為人處世之品格與德性，及對國家、對組織、對上級的忠誠。

　　二、消極條件　在政府機關及公營事業機構，凡具有下列消極條件之一者均不得任用：

（一）犯內亂罪外患罪經判決確定者：所稱內亂罪外患罪，除刑法中所定外，陸海空軍刑法所定之叛亂罪及懲治叛亂條例所規定之罪，也包括在內。在一般機關，對犯上述各罪經法院通緝有案尚未結案者，也不得擔任公職。

（二）曾服公務有貪污行為經判決確定者：所稱貪污行為經判決確定，並不以戡亂時期貪污治罪條例所定之罪為限，公務員犯刑法瀆職罪中要求期約或收受賄賂或其他不正當利益者，即為貪污行為；但如貪污行為經判決而受緩刑之宣告，緩刑期滿而緩刑之宣告尚未撤銷者，仍得擔任公職。又在一般機關，犯貪污嫌疑經法院通緝有案尚未結案者，也不得任公職。

（三）依法停止任用或受休職處分尚未期滿或因案停止職務其原因尚未消滅者：依懲戒法規定受撤職處分者，除撤其現職外並於一定期間

停止任用，其期間至少爲一年；受休職處分者，除休其現職外並不得在其他機關任職，其期間至少爲六個月；公務員具有某特定情事者其職務當然停止，懲戒機關或機關首長認爲所屬違法失職情節重大者得先行停止職務。在受停止任用、休職處分或停止職務期間，均不得擔任公職；但如停止任用或休職期滿或停止職務原因已經消滅，仍可擔任公職。

（四）褫奪公權尚未復權者：褫奪公權者褫奪爲公務員及公職候選人之資格，及褫奪行使選舉、罷免、創制、複決四權之資格。故對褫奪公權者在尚未期滿恢復公權之前，不得擔任公職。

（五）受禁治產之宣告尚未撤銷者：對心神喪失或精神耗弱致不能處理自己事務者，法院得因本人、配偶或最近親屬二人之聲請，宣告禁治產，故不得擔任公職；但如禁治產之原因消滅並經撤銷禁治產之宣告時，自得擔任公職。

（六）經合格醫師證明有精神病者：精神病比精神耗弱更爲嚴重，自不得擔任公職；再精神病之認定應由合格醫師爲之。

除上述者外，尚有一般限制的規定，卽其他機關之現職人員不得任用，首長應迴避任用親屬。

三、能力條件：係爲任職者所必須具備，且因職務的需要而定，故各職務能力條件之性質與程度各有不同。主要包括下列六方面：

（一）學識：指學術性的原理原則，通常經由學校教育而取得，以學分、學歷證書等代表。

（二）經驗：指處理工作之要點、程序、方法、技術等，通常在法規實務中規定並在訓練或工作中學習而得，以經歷、考績等文件爲代表。

（三）技能：指身體各部軀之靈巧動作，或感官（視覺、聽覺、嗅覺、味覺、觸覺）方面之敏銳情形，通常經由長期訓練或經驗而養成，

多以技能檢定文件代表。

（四）智力：指個人對有目的行動、合理的思維、及有效適應環境的綜合能力，智力之高低可以智力測驗測定之。

（五）性向：指對某種職業或活動所需的特殊能力，性向之有無可以性向測驗測定之。

（六）體格：指就個人身體的發展現狀，檢定其是否具有擔任職務所需的功能。

第三項　徵募與考選

徵募，係各組織為尋求具有資格之人力來源，並鼓勵其參加考選；考選係各組織為配合任用需要及根據擬任職務所需資格條件，運用有效方法，從參加人員中遴選優秀之程序。茲就其處理原則簡說如下：

一、**所需人力來源須視人力的類別與等別從不同方向尋求**　各級學校、學術團體、人才儲備機構、職業介紹及輔導機構，均為培育及保有人才的組織，但所培育與保有人才的類別及等別卻有不同，故須視所需人力的類別與等別，從不同方向去尋求，方能獲致結果。

二、**鼓勵人員應徵須先提高其興趣、再加以鼓勵並給予方便**　提高興趣是引發其參加考選的動機，鼓勵是加強其動機並進而表現出參加考選的行為，給予方便是協助其解決參加考選過程中所遇及的困難，使能順利應考。

三、**徵募工作宜具彈性**　徵募工作可繁可簡，可主動可被動，主要須視人力供需情形而定。如符合資格條件的人力為供不應求時，則徵募工作須積極並多方進行；如為供過於求時，則徵募工作宜適可而止。

四、**考選係以人有個別差異與能力可以測量學說為基礎**　人由於遺傳、成熟、環境與學習之不同，致產生了各人的生理、姿態、心態等方

面的個別差異， 也因人有個別差異的存在， 從多數人中遴選優秀的考選， 始有著理論的根據。再根據能力測量學說，認爲人的能力是可以測量的，並發展出各種用以測量能力的技術，因而從多數人中遴選優秀的考選，才有實現的可能。

　　五、對能力條件的考選係運用抽樣方法進行　所謂抽樣，就是從多數的事物中隨意抽出若干事物作爲選樣，就選樣的研究結果來判斷多數事物的結果。擬任職務所需能力條件甚多且範圍甚廣，欲就其全部內容均加以考選，事實上困難甚多，因此只就其中任選部分作成命題，對應考人予以測驗，並就此部分測驗所得成績的高低，來推斷其對全部資格條件之成績高低。

　　六、對能力條件的測驗應注意信度、效度、客觀、便利　信度指一種測驗分數的可靠性或穩定性；效度指一種測驗能測量到它所企圖測量的程度，測驗的效度愈高則愈能達到所欲測量的目的；客觀指對成績的評分須力求客觀，儘量避免主觀的判斷；便利指考選手續應求簡化，並縮短考選期程。

　　七、考選種別　各組織所舉行的考選， （一）從考選及格後是否爲初任之觀點看：可區分爲初任考選、升任考選、轉任考選三種； （二）從考選時是否具有競爭作用之觀點看：可區分爲公開競爭的考選，有限度公開競爭的考選、非公開競爭的考選三種。

　　由於以上六種的結合運用，實際上可有七種不同的考選，卽（一）公開競爭的初任考選（如一般的高普考試）； （二）有限度公開的初任考選（如特別對某地區或具有特別身分之人員所舉行之考選）； （三）非公開競爭的初任考選（如檢覈或銓敍進用）； （四）有限度公開競爭的升任考選（如一般的升等考試）； （五）非公開競爭的升任考選（如由首長自行擇優晉升）； （六）有限度公開競爭的轉任考選（如後備軍

人轉任公務員的考選）；（七）非公開競爭的轉任考選（如後備軍人轉任公務員的檢覈進用）。

以上七種考選，從遴選優秀觀點看，應盡量以公開競爭的初任考選與有限度公開競爭的升任考選為原則，非公開競爭的初任考選、非公開競爭的升任考選、非公開競爭的轉任考選為例外。

八、考選程序　規劃及舉行考選，其大致的程序如下：

（一）調查任用需用：卽向用人的組織，調查近期內各出缺職務需用人員所屬職系、職等、與其各別人數。如已訂有人力計畫時，可以人力計畫中所列須增人員的職系、職等及其各別人數為準。

（二）決定考選類科及等別：根據調查所得資料，決定應行舉辦考選的類科（與職系相配合）、等別（與職等相配合）、及各別錄取名額。

（三）訂定應考資格與應試科目：根據近期內各出缺職務的所需資格條件，訂定各類科及等別的應考資格（多以應具學歷及經驗為準規定）及應試科目（多以應具學識、經驗、技能、智力、性向、體格的內涵為準規定）。凡未具基本條件或具有消極條件者，均不得應考。

（四）選定考選方式：考選方式有筆試、口試、實地考試、測驗、著作及發明審查、資歷及成績文件審查等多種，須視應試科目內容選用或並用之。

（五）舉行考選：宜照下列順序進行，卽1.公告：將上述決定事項予以公告週知。2.報名：由應考人填報名書表並檢附必要文件，函寄辦理考選單位。3.審查應考資格：特別注意其是否具備基本條件及消極條件，及學歷經驗是否合於規定；對全部合於規定者准予參加考選。4.舉行智力、性向測驗：測驗試題及合格標準，須由心理學家會商業務主管後擬定或購用。5.舉行成就測驗：卽測驗擬任職務所需的學識、經驗及技能，試題及評分標準由各有關行業的學者專家擬定。6.體格檢查：體

格檢查項目及合格標準，須由醫師會商業務主管後擬定，並由合格醫師檢查之。以上 3. 4. 5. 6. 四個順序，每個順序均可使其發揮淘汰作用，即前一順序未有通過者即不得參加後一順序的考選。又上述四個順序的先後，認有必要時可予以調整或簡化。

第四項　任　　用

　　任用，係各組織首長對經考選合格之人員，依其及格類科及等別，派以相當職系職等之職務，以求事得其人、人盡其才。爲求任用得法須注意：

　　一、任用人員須有編制與預算及業務上有需要　一般組織任用人員，須先檢查是否有編制內的缺額，如無缺額自不應任用；如有缺額，須再檢查是否有用人預算，如無預算亦不得任用；如有預算，須再檢查是否確屬業務需要，如無需要仍不宜任用，以免產生冗員與閒員。

　　二、任用是組織與成員間權利義務的開始　組織對員工的任用行爲及員工接受組織的任用後，組織與員工間的權利義務關係就此開始；如員工有執行組織所交付任務的義務，組織有給付員工薪給的義務，組織有要求員工提供勞務的權利，員工有領受組織所支付薪給的權利。

　　三、擬任職務須與考選合格之資格相當　組織遴用人員係根據擬任職務所需資格條件而考選者，考選合格被錄取之人員，只表示具有該擬任職務的資格條件，並不表示即當然具有其他職務的資格條件，爲求人與事的配合，自應擬任與其考選合格資格相當的職務爲範圍。

　　四、擬任人員應外選與內升並重　從組織外考選新人進用是謂外選，從組織內低級人員中考選升任是謂內升。各組織之缺額，既不宜全部外選，也不宜全部內升，而須使二者間保持平衡，以期一方面可增加新血輪、引進新知識新技術、並爲組織帶來朝氣，有利於組織內的革新與創新，及保持組織人力的青壯；另一方面又可增加原有員工晉升機

會、提高工作情緒，並可鼓勵員工久任，視工作爲終身職業，有利於敬業精神的培養與發揮。

五、任用方式分任用、派用、聘用、雇用四種　對常設職務人員並經一定程序考選進用者，可予任用；對臨時性職務人員並非必須經由考選進用者，可予派用；對專業技術之顧問性職務人員，可予聘用；對低級操作性職務人員，可予雇用。

六、新進人員到職時須予訓練或引導　新進人員對組織情況均較爲生疎，對工作能否勝任、主管是否歡迎、同事能否和好相處等，均易發生疑問，此種心理的疑點如不予很快澄清，對其工作情緒將有不利影響。而澄清的方法卽爲到職時辦理訓練或引導，以期於最短期內，增加員工對工作的信心，對組織的了解，及求取人際間的和諧。

七、初任人員須經試用程序　人員的初任雖經由考選合格，但考選內容並未包括所需資格條件的全部，且有些條件也不易用考選方法測量。因而對初任人員的任用，通常須經過一定期間的試用，經試用期滿考核合格者始予正式任用，如試用期滿考核不合格者則予解除職務。

八、對經正式任用之人員應給予適度的保障　所謂保障，其範圍包括職務的保障、生活的保障及受公正處理的保障等。如對員工的職務，非有正當理由並經一定程序，不得予以免職或降調；對員工的生活，應保持其合理的水準；對員工的人事處理，應保持公平與公正。惟有如此，員工始能安心工作，其能力始會在工作上作充分的運用。

九、正常任用爲原則特殊任用爲例外　正常任用，係指按規定資格及程序而任用者，但多只能在常態情況下運用；如遇及情形特殊無法按原定資格及正常程序任用人員時，或按原定資格及正常程序將無人可予任用時，爲免影響業務則必須作特殊的任用，如不依考選程序考選，不按既定資格錄用，不適用一般權利義務之規定等。此種特殊任用因係違

反常規，對人事管理究有所破壞，故一般均認為特殊任用雖有其必要，但對其範圍及期間必須嚴加限制，並須事先獲得人事主管機關的許可，以免被濫用而生流弊。

第五項 遷 調

遷調，係各組織首長為應業務、管理、及員工需要，對現職員工之職務（含職位、工作），作有計畫的平調、升調、及降調，以加強人力運用，提高工作情緒及增進工作效率。為期遷調得宜，應行重視之原則如下：

一、遷調須因材器使 當進用新人而舉行考選時，應本為事擇人原則進行；對經已任用之現職人員，不論因業務、管理或員工的需要而遷調職務時，則應在不影響業務及效率原則下，儘量做到因材器使。換言之，遷調應一方面使原有業務及效率不因人員的遷調而受有影響，另一方面使人員的學識才能在新職上獲得更多的發揮。

二、平調 所謂平調：指員工由原職務調至與原有職務地位或層次相當、或職責程度相當、或可支薪給幅度相當之其他職務而言。平調，多基於增加經歷、改變環境、調劑工作、適應學識才能、適應業務、防止弊端、補救考選缺失、配合性向等之需要而舉辦。當辦理平調時，須先了解員工現況，再考慮需否平調，而後再研究須平調至何種職務。必要時，對組織所屬員工也得訂定職期調任（多適用於主管人員）、職期輪調（多適用於非主管人員）、地區調任及經歷調任等辦法實施之。

三、升調 所謂升調，指員工由原職務調至較原任職務之地位或層次為高、或職責為重、或可支薪給幅度為高之其他職務而言。升調，多基於拔擢優秀人才、鼓勵工作情緒、安定員工心理、加強人力運用、發揮潛在能力等之需要而舉辦。辦理升調為期發揮效果，對擬予升調之人

員，須具有擬升職務之資格條件，具有原職年資與工作績效，並經由考選程序而升調。辦理升調時，應先規定參加人應具備之最低資格條件，次規定得予參加人員之服務單位的範圍，再訂定考選程序及決定考選方式並舉行考選，而後決定人選並予升調。升調雖爲遴選優秀現職人員之有效措施，但組織內某部分職缺須就現職人員調升時，因其情形較爲特殊或經由升調程序將發生困難時，則不經由升調程序而逕予調升，如副首長、機要人員、特種技術人員等卽爲其例。

四、降調　所謂降調，指將員工由原有職務調至較原職務之地位或層次爲低、或職責爲輕、或可支薪給幅度爲低之其他職務而言。降調，多基於配合緊縮計畫、資格條件不合、工作績效低劣、適應個人願望等之需要而舉辦。爲期員工不因降調而受到心理挫折及影響其工作情緒，於辦理時應以取得員工同意並維持其原有待遇爲原則。

五、遷調範圍之大小應視職務之專業程度而定　從各種職務之專業程度觀點，大致可將職務區分爲三類，卽（一）科技職務：係專業程度最高者，如科學研究工作、技術設計工作，技術操作工作等，進用人員資格條件之限制最嚴，員工得以調任的範圍最狹；對此類職務人員之調任範圍應盡量縮小，以期專才專業。（二）專業行政管理職務：係專業程度中等者，如各種專業行政性職務、科學技術之管理性職務等，進用人員之資格條件多有限制，員工得以調任的範圍不大；對此類職務人員之調任範圍應加以適度限制，以期適才適所。（三）一般行政管理職務：係專業程度甚低者，如普通行政、事務管理等之職務，進用人員之資格條件甚爲廣泛，員工得以調任的範圍甚大；對此類職務人員之調任範圍應盡量擴大，以期通才通用。

第三節　服務考績與訓練

員工任職後在職服務期間，須規定其應行遵守的義務，當違反義務時則應予懲處；管理當局對員工的服務情況，則須予以考績，並視其考績成績予以獎懲；員工在職期間有特殊之勛勞或特優事蹟者，應給予特別的獎勵；再爲培養與發展員工學識才能，應規劃員工訓練。茲就上述主題分項簡述如後。

第一項　服　　務

員工應於規定工作時間內，向組織提供服務，在服務期間並應遵守有所爲與有所不爲的義務，員工應行遵守的義務，並應以法規明定俾資遵守。其情形爲：

一、工作時間的訂定須顧及組織業務的需要及員工的身心健康　工作時間係員工處理組織業務的時間，其起迄及長短，須根據便利與外界人士洽商、便於內部協調聯繫、顧及員工身心健康、配合生活習慣及太陽出沒時間等因素的考慮而定。一般言之，多爲每日八小時（其中上午四小時下午四小時），每週爲四十四小時（週六下午不辦公）。

二、員工出勤應加考核　當工作時間規定後，員工能否準時出勤，尚須加以考核並記錄，其有正當事由而不能出勤者，應依規定手續辦理請假。如須由員工在正常工作時間外處理工作者，應以業務確有特殊需要者爲限，且對期間宜酌加限制，以免影響員工身心健康。

三、有所爲的義務　公務員在職期間應有所爲的義務，主要有下列四種，（一）執行職務：公務員須遵守誓言，應躬親執行職務，除法令規定或經長官許可者外，不得委託他人代理；執行職務並須忠心努力、力求切實。（二）服從命令：公務員對長官就其職權範圍內所發佈之命令，有服從之義務，但對長官所發佈命令如有意見，得隨時向長官陳述，如長官不接受所陳述之意見，仍有服從之義務；對兩級長官就同一

事項同時所發佈之命令，以上級長官之命令為準；對主管長官與兼管長官就同一事項同時所發佈之命令，以主管長官之命令為準。（三）保守機密：　公務員有保守政府機關機密之義務；　是否為機密事項發生疑問時，應依法令規定或由機關首長認定或依事件之性質判斷決定；機密事項包括公務員所主管事務之機密，及雖不屬主管但因身為公務員而參與或獲悉之機密；當依法令在法院為證人或鑑定人，如詢及其職務上應守機密之事項時，應得該管監督機關或公務員之允許，且得就其職務上之機密拒絕為證人或鑑定人；公務員不但在職期間須保守機密，即使離職後亦同。（四）保持清譽：公務員應誠實清廉、謹慎勤勉，以保持清譽。

四、有所不為的義務　公務員在職期間應有所不為的義務，主要有下列九種，即（一）不因循苟且：公務員執行職務，不得畏難規避、互相推諉或無故稽延。（二）不圖謀利益：公務員不得假借權力以圖謀本身或他人之利益；　不得利用職務上機會，　加損害於人；　對與職務有關者，不得私相借貸、訂立互利契約、或享受其他不正利益。（三）不經營商業：　公務員不得經營商業或投機事業，　但非屬其服務機關監督之農、工、礦、交通或新聞出版事業之股東，股份不超過百分之十者，不在此限；非依法不得兼任公營事業代表官股之董事或監察人。（四）不兼任職務：　公務員除法令所定外，　不得兼任他項公職或業務；　依法令兼職者，不得兼薪及兼領公費。（五）不推薦關說：公務員對屬官不得推薦人員，並不得就其主管事項有所關說或請託。（六）不接受招待餽贈：公務員不得利用視察調查機會，接受地方官民之招待或餽贈；對有隸屬關係者，無論涉及職務與否不得贈送財物；對於所辦事件，不得收受任何餽贈。（七）不濫用公款公物：公務員非因職務之需要，不得動用公物或支用公款；對職務所保管之文書財物，應盡善良保管之責，不得毀損變換私用或借給他人使用。（八）不徇私不濫發言論：公務員執

行職務時，遇有涉及本身或其家族之利害事件，應行廻避；未得長官許可，不得以私人或代表機關名義，任意發表有關職務之談話。（九）不損失名譽：公務員不得有驕恣貪惰、奢侈放蕩，及冶遊賭博、吸食烟毒等，足以損失名譽之行為。

以上三及四所述之有所為與有所不為的義務，係為公務員服務法所明定者，對受有俸給之文武職公務員及其他公營事業機關服務人員，均適用之。至民營事業之服務規定，則參照實際需要由各事業自行訂定。

第二項　懲　　處

各組織員工，對有所為之義務而不為，或對有所不為之義務而為之，則須擔負違失責任，並依責任性質及違失情節予以懲處。員工應負之違失責任及其懲處之種類與程序，也應以法規明定，以昭信守。其情形為：

一、刑事責任與刑罰　因違反義務而構成刑事法律所定之罪者，應負刑事責任並受刑事處罰。惟員工之具有公務員身分與無公務員身分者，其刑事罪名與處罰頗有不同：

（一）具有公務員身分者：可能構成之罪名，有1.瀆職罪（包括廢弛職務釀成災害罪、圖利罪、洩漏或交付秘密罪、枉法裁判或仲裁罪、凌虐人犯罪、扣留或剋扣款物罪、普通賄賂罪等十五種）；2.偽造公文書罪；3.貪污罪等。其處罰自最輕之處一年以下有期徒刑、拘役或三百元以下罰金，至最重之死刑，得併科十萬元以下罰金，所得財物應予追繳。

（二）未具公務員身分者：可能構成之罪名，有1.普通侵占罪；2.普通詐欺罪；3.普通背信罪；4.偽造文書罪。其處罰多為處五年以下有期徒刑。

刑事處罰之確定，通常須經第一審、第二審，甚或再經第三審、再審、非常上訴等程序者。

二、民事責任與賠償　因違反義務，故意或過失不法侵害人民自由或權利者，應負賠償責任。員工之有公務員身分與未具公務員身分者，其情形也不盡相同：

（一）具有公務員身分者：多規定先由政府向受害之人民負賠償之責，而後由政府向公務員要求償還所付出之賠償，以期保障受害人之權益。如國家賠償法明定「公務員於執行職務行使公權力時，因故意或過失不法侵害人民自由或權利者，國家應負賠償責任；公務員怠於執行職務，致人民自由或權利遭受損害者亦同；前項情形，公務員有故意或重大過失時，賠償義務機關對之有求償權」。但此為一般性之規定，在特別法中，亦有規定公務員須對國家負賠償責任者。

（二）未具公務員身分者：如民法曾規定「受僱人因執行職務，不法侵害他人之權利者，由僱用人與行為人連帶負損害賠償責任；僱用人賠償損害時，對於為侵權行為之受僱人，有求償權」。又如「法人對於其董事或職員因執行職務所加於他人之損害，與該行為人連帶負賠償責任」。

民事賠償的程序，通常經由協議。但如協議不成時，則可進行民事訴訟，包括起訴、上訴、抗告、再審等程序。

三、懲戒或行政責任與懲處　因違反義務致違法失職或其他疏誤，須負懲戒或行政責任與懲處時，其情形也因有無公務員身分而異。

（一）具有公務員身分者：依公務員懲戒法規定，公務員有違法、廢弛職務或其他失職行為，應負懲戒責任；懲戒處分由公務員懲戒委員會決議行之，其懲處種類有撤職、休職、降級、減俸、記過、申誡六種。公務員之懲處應依懲戒程序行之，其程序為先由監察院或各院部會

首長或地方最高行政長官將懲戒案移送，再經懲戒機關審議（在審議過程中應命被付懲戒人提出申辯，再作成決議），而後依規定執行；又同一案件同時涉及刑事責任與懲戒責任時，則按刑事先行程序原則，俟刑事部分結案後再予懲戒。公務員除懲戒責任與懲處外，尚有行政責任與懲處之規定，行政責任之認定與懲處，多由組織首長依公務人員考績法之規定爲之，其處分有免職、記大過、記過、申誡等。

（二）未具公務員身分者：除不適用公務員懲戒法之規定外，有關行政責任與懲處部分，可由組織首長自行訂定辦法並執行之。

第三項　考　　　績

考績，指由各級主管對所屬之工作及言行，隨時予以考核記錄，於年終時再予考績，並均視成績優劣予以獎懲，以獎優汰劣。爲期考績有效，應注意之原則如下：

一、考績須求客觀公平確實　所謂客觀，指考績須以員工所表現的績效爲依據，不憑主管的想像；所謂公平，指員工績效優劣的評定，須以預定之標準作爲衡量之依據；所謂確實，指對員工績效的認定，須以具體的數字與事實爲依據。欲達以上要求，則考績須：

（一）具有考績的條件：卽辦理考績須有充分的事實資料，具有相當的信度與效度，考績結果須能作量的比較。

（二）選用適當的方法：常用的考績方法，有產量考績法、整個考績法、按項目考績法、工作標準比較法、配對比較法、強制分配法、績效配分考績法、特殊事例列舉法、集體或自我或相互考績法等，應視職務工作特性選用之。

二、考績項目須工作與言行兼顧　考績須包括員工在工作上所表現出之績效及與人相處時之言行，兩者不可偏廢。大致而言，（一）工作

方面: 包括工作項（可再分數量、素質、時效、方法、主動、負責、勤勉、協調、研究、創造、合作、檢討、改進等目），學識項（可再分學識、經驗、見解、進修等目），才能項（可再分表達、實踐、領導、果斷、機敏、辨別、理解、規劃、技能等目）；（二）言行方面: 包括品德項（可再分忠誠、廉正、性情、好尚、克己、可靠、勤惰等目），體能項（可再分體格、儀態、整潔、聲調、體力、耐力等目）。上述之考績的項與目，可視職務工作特性，選擇若干項與目使用之。

三、考績須平時與定期兼施

（一）平時的考績: 可分兩種，即 1. 平時考核: 指主管對所屬平時成績之考核，須嚴格執行；各員工對承辦之事務應予記載，作為上級考核之參考；各級主管應備考核記錄，對所屬員工之工作及言行應分層負責考核並予記錄，必要時並得予記大功、記功、嘉獎、記大過、記過、申誡之平時獎懲。 2. 專案考績: 於平時考核有重大功過時，予以一次記兩大功或一次記兩大過的專案考績，並分別予晉薪與獎金之獎勵及免職之懲處。

（二）定期的考績: 也分兩種: 即 1. 年終考績: 員工任職至年終滿一年時辦理之，依成績分數高低區分等次，列甲等者晉薪並發獎金，乙等者晉薪或發獎金，丙等者不予獎懲，丁等者免職。 2. 另予考績: 員工任職至年終未滿一年但已滿六個月以上時辦理之，列甲等者發一個月薪獎金，乙等者發半個月薪獎金，丙等者不予獎懲，丁等者免職。

四、考績須由主管逐級考核依序審定 考績之結果影響員工前程甚大，須謹慎從事，即一方面宜由主管逐級考核，二方面須經由考績委員會審議後再由組織首長覆核，必要時尚須送請人事主管機關審定。

五、對考績免職者應給予複審機會 為免考績免職發生冤屈，對被免職者應給予複審機會，受理複審之機關可為原核定考績的機關，也可

為人事主管機關。

六、**擴大考績的效果** 考績不只是考核屬員的績效及給予獎懲而已，為擴大考績在人事管理上的效果，考績須是積極的而非消極的（卽發現屬員的優點與缺點，使優點更能發揚缺點經由協助而獲得改進），須依考績調整薪資，能從考績發掘人才，憑考績作升遷調任，藉考績規劃訓練進修，及經由考績留優汰劣。

七、**考績的誤差、抗拒與改進** 主管對所屬考績發生誤差的原因甚多，除考績項目選擇不當、考績標準未有建立、事實資料不够完整、考績方法選用不當、考績程序不够週密等之外，尚有更重要的心理因素作祟，如暈輪效果、近因誤差、集中趨向、各單位主管間的常誤、年齡誤差、偏見誤差等，均為心理作用而引起的誤差。再一般員工對考績易生抗拒，其原因不外考績有誤差，考績不良時影響及發展前程，考績低劣時將被免職，感到受考績是一種威脅等。如何避免主管心理因素所引起的考績誤差與消除屬員對考績的抗拒心理，則宜從舉行考績研討會、調整評分差距、宣導考績的需要以消除心理威脅、對考績不良或低劣者多採積極性的補救措施、建立客觀標準蒐集具體資料、強化考績複審程序等方面着手。

第四項 獎　　勵

獎勵，指組織對所屬員工之有勛勞或特殊事蹟者，給予特別獎勵（不含考績的獎勵），以示激勸。為期獎勵發揮作用，應重視下列原則：

一、**獎勵宜採多種方式** 用以激勵員工之獎勵方式，宜予增多，除最隆重之勛章與褒揚（公務員或非公務員有特定勛勞之一者或有特定情形之一者，得依規定程序呈請總統頒發勛章或明令褒揚）外，其餘如獎章、獎狀、獎金、獎品、保舉最優、表揚等，均不失為獎勵的方式。必

要時，各組織也得自行設計各種認為可行的獎勵方式。

二、獎勵宜配合員工願望與需要　員工由於遺傳、成熟、家庭、敎育、社會環境等之不同，陶冶出各別不同的人格；復因職務、年齡、敎育水準之不同，致各人之願望與需要也存有差異。對員工的獎勵，如欲眞正發生作用，須一方面所給予的獎勵方式能符合員工的願望與需要，二方面使員工有完成所交付任務的才能與條件（即有得到獎勵的可能）。設若所給予的獎勵方式並非員工的願望與需要，則對員工無法發揮激勵作用；如員工未具完成任務所需要的才能與條件，則員工明知無法得到所嚮往的獎勵，因而也不會努力去完成任務。

三、獎勵須及時　及時的獎勵，不但可增強激勵作用，更可增加員工對獎勵的珍惜；逾時的獎勵，不僅會失去獎勵的意義，更會使員工感到獎勵的多餘，甚至產生漠視的心理。

第五項　訓練進修與培育發展

訓練進修，指各組織為適應業務及管理需要，對所屬員工以訓練、進修、考察等方式，作有計畫的增進所需學識、經驗、技能及能力，俾能勝任現職及將來擔任更重要工作。培育發展，指各組織對所屬員工，經由訓練進修與升遷轉調，作不斷的培育與發展，以養成永業的敬業的工作者。茲就其一般原則簡說如下：

一、訓練進修與培育發展須能適應需要　各組織為適應業務發展、技術革新、管理的改進、學能的增進、培育及發展人才、養成永業敬業的工作者等之需要，對員工須經常作有計畫的訓練進修與培育發展。

二、訓練進修的種類與其選用　各組織所舉辦的員工訓練進修，種類甚多，應視需要而選用。訓練進修的種類，分（一）職前訓練進修：指各組織對考選進用之新人，在任職前所舉辦之訓練進修；又有一般性

的職前訓練進修與專業技術性的訓練進修之別。 （二）在職訓練進修:
指各組織員工於在職期間，參加由各組織或其上級組織所舉辦之訓練進
修，在訓練進修期間仍保有原職並支原薪給；依其性質之不同，又有補
充學識技能訓練進修、儲備學識技能訓練進修、人際關係訓練進修、運
用思考訓練進修等之區分。 （三）職外訓練進修: 指各組織員工暫時離
開現職及處所，至有關學術機構參加為期較長的訓練進修，參加此種訓
練進修者，視其期間長短予以留職停薪或仍帶職帶薪。

三、訓練進修須有妥善規劃 其重點為:

（一）訓練進修時機的認定: 通常組織內有下列情況之一時，卽有
舉辦訓練進修之需要，卽1.有提高員工之工作數量或工作素質標準之必
要時；2.應改變員工之工作態度時；3.須將員工互調或準備調升或指派
處理新業務時；4.設備、工具、技術、程序、方法有變更時；5.處理
工作所需學識技能在考選時難以測定或未有測定時；6.進用新人時；7.
減少員工間學識技能的個別差異時；8.行政管理配合不上業務技術發展
時。

（二）決定須予訓練進修的項目與人員: 根據員工應該做什麼與現
在能做什麼二者間的空隙，卽可決定何一員工應參加何一項目的訓練進
修，並據以製作本單位或本組織之訓練進修項目及人員表，以備擬訂課
程及安排進度之用。

（三）選定訓練進修主持人及指導人: 主持人宜由有關單位主管擔
任，指導人應由對訓練課程深具研究及經驗者擔任。

（四）決定訓練進修課程: 根據應辦訓練進修的項目決定課程，課
程範圍應求適中，並據以編訂教材。

（五）選定訓練進修方式: 視參加人員的人數、可用時間及地點、
已有訓練設施等條件，就設班訓練進修、空中教學訓練進修、及個別訓

練進修等方式中選用或並用之。

（六）選用訓練方法：視教材內容、設施、參加人員素質等因素，就講解、討論、操作示範、指導實作、案例研判、機器教學、模擬工具訓練、敏感訓練、職位扮演等方式中，選用或並用之。

（七）選用訓練進修時間地點及準備用具資料。

四、對訓練進修須作評價　訓練進修工作，並非期滿即爲結束，最重要的是要有效果，因而須作評價，並注意評價時機與評價方法的選用。（一）評價時機：可選於訓練進修結束時評價，也可於結束回任工作後再作評價。（二）評價方法：如採結束時評價，則可根據學識技能測驗、工作態度調查、主持人及指導人對訓練進修之評價、參加人員訓練成績等資料，予以評價訓練進修之成效；如採結束回任工作後評價，則可根據受訓人員工作成績調查、受訓人員之主管或下屬之意見、受訓人員之人事記錄、受訓人員的工作效率等資料，評價訓練進修之成效。

五、考慮培育發展的範圍、目的與方法　其要點爲：

（一）決定培育發展的範圍：可以專業或機關爲範圍（卽在同一專業或同一機關的範圍內培育發展），亦可採封閉的與開放的範圍（封閉的指限於在本機關內培育發展，而開放的指在各機關間培育發展），更可以工作爲中心與以人員爲中心的範圍（以工作指派爲準來輪調員工者爲以工作爲中心的範圍，以員工的身分爲準來調整工作者爲以人員爲中心的範圍），究應採用何種範圍，應視需要而選用。

（二）確定培育發展的目標：一般而言，培育發展的目的，不外造就人才、使員工視工作爲終身職業、發揮員工的敬業精神、使員工的個人目標與組織目標相結合等，由於目標重點的不同，所採用的培育發展範圍與方法也有不同。

（三）選用培育發展的方法：包括1.以訓練進修來培育發展：其中

又可選用舉辦補充學識技能訓練進修、或儲備學識技能訓練進修、或配合職務升遷之訓練進修、或建立層次訓練進修等方法。2. 以升遷轉調培育發展： 又可選用實施升調制度、平調制度、在關鍵職位上培育發展、實施經歷管理培育發展等方法。

六、採取配合培育發展的措施　為期員工的培育發展能有效果，除運用前述各種方法外，尚須採取其他方面的若干配合措施。其較為重要者，有（一）對部分職務必要時可以跨等，人員於具有較高資格後可在原職以較高職等任用。（二）增列各職等之薪級數，使延長在同一職等內之加薪期間。（三）調整各層次職務的員額編制，以消除晉升瓶頸及越層次晉升。（四）設置副主管職務，以培育發展主管人才。（五）在特殊情況下，允許因人設事。

第十八章　激發意願潛能與
　　　　　保障生活安全

員工是否具有職務所需能力條件是一回事，有了能力條件後是否願意在職務上作充分的發揮又是一回事，員工經由考選而進用，大致可認為已具備職務所需之能力條件，但如欲在職務上充分的發揮，則有賴於激勵的措施了。再為期員工能盡心盡力為組織提供服務，則對員工的生活及安全問題自須妥為照顧與防範，因而員工的薪給、保險、福利、撫卹、退休、養老等，亦須有妥當的計畫並付諸實施。以上各主題，將在本章各節中討論。

第一節　激發意願潛能

在激發意願潛能中，首須討論者為激勵的方向，再討論改善工作條件及勞資關係，而後研究如何提高工作意願及發揮工作潛能。茲分項簡述如後。

第一項　確定激勵方向

基於心理學家及行為科學家對員工心理行為的研究，認為傳統的管

理是以限定爲主，而現代的管理應以激勵爲主，亦卽管理的基本觀念，應由限定的管理走向激勵的管理。

一、限定的管理 在X理論盛行時期，認爲員工多生性厭惡工作，故想逃避工作，因此在管理上除以金錢引誘外，最重要者須對所屬嚴加管制，並以威脅懲罰等手段來强制員工工作，故對員工的管理係以限定爲主。如：

（一）對員工行爲的限定：基於嚴格管制及防止作弊的觀點，管理當局對員工的行爲多作限制的規定，如不得逃避工作、不得偸懶、不得徇私、不得違背上級規定等。其目的在求員工的行爲，須在旣有的規定下，依照一定的模式及程序進行；同時爲了防止少數員工可能發生的少數弊端，寧可對所有員工加上許多手續與程序的限制，致影響效率。

（二）對員工思維的限定：處事的政策、原則、程序、方法與技術，多由上級事先作明確規定，員工極少有參與意見，故在工作上只需員工依規定辦事；如工作中遇及困難，亦須請示上級解決。因此工作期間一久，員工的思維無形中被僵化，只知依手續辦事，而不知如何考慮問題與解決問題。

（三）對員工工作的限定：員工的工作，多由上級主管指派並予固定，尤其在專業分工精細之組織，每一員工所處理之工作，只限於範圍極爲狹小的一部分，且長年累月均屬相同，若此員工不但無增加其他工作經驗的機會，且對原有工作亦會感到單調、機械，致易感身心疲勞降低工作情緒。

二、激勵的管理 由於Y理論的興起，對員工的管理方向乃作重大的轉變，走向激勵的管理。如：

（一）對員工行爲的激勵：基於人是願意工作的觀點，認爲主管人員的主要任務，就是如何去鼓勵員工對工作發生興趣，如何在工作上表

現出積極的行為，如何使員工能主動的將工作做好，及如何授予員工更多的權限，使員工能放膽辦事。此種措施的目的，均在激勵員工的行為，及解除員工在行為上之多重嚴格的約束。

（二）對員工思維的激勵：對問題的解決、工作的處理、技術與方法的應用等方面，原加諸員工的多種規定與約束，在逐漸的解除中。認為員工均有其聰明才智，只要給予機會，員工多會將工作做得更好。因此主管不應將員工的思維予以限制，更不應使其僵化，而應採取各種措施鼓勵員工運用其聰明才智，對一般規定、程序、技術、方法，不斷去研究、改進與革新。

（三）對員工工作的激勵：不要將員工的任務過於固定，不要使員工的聰明才智因工作而受到限制，應鼓勵員工去開創新的工作，在原有工作上求新的發展，使其聰明才智在工作上有充分發揮機會。因此員工的工作指派必須具有相當彈性，員工的職位必須能靈活的調任，以期每一員工的人力均能有效的運用。

第二項　改善工作條件

改善工作條件，主要包括訂定合理的薪給、福利、保險、退休、撫邱、養老制度，提供防範職業災害設施，安排合理的工作時間，建立適度的保障，佈置舒適的工作環境等。除佈置舒適環境在本項略予敍述外（詳情在第七篇中討論），其餘另在本章有關節項中說明。

一、辦公處所環境　如地點，宜選交通方便並利於與有關單位聯繫之處。光線以天然光為最好，光度應視工作需要而增減。空氣應注意溫度、濕度、通風、清潔；聲音應盡量減少噪音。顏色，為安定情緒、煥發精神、光線感到過強過弱、氣溫感到過高過低、空間感到過大過小等，均可使用不同顏色以改變員工心理的感覺。四週環境，如佈置庭

院，種植樹木花草，擺設盆栽等，以增加員工心理的舒適感。

二、辦公房屋分配　爲便利各項業務推行，有助於對工作的監督，使用空間經濟有效，減少往返路途時間，增進員工舒適感，及使外人前來洽公時產生好印象，對辦公房屋應作合理分配。

三、辦公室內佈置　一般員工及基層主管，以大辦公室爲宜，中級主管宜用小辦公室，高級主管宜獨用較大辦公室或若干間小辦公室。辦公桌椅排列宜採單向，並按工作流程順序排列座位。各排座位間應留適當通道，以免擁擠騷擾。光線宜來自左方，電話應廣爲裝設，常用工具及櫥櫃應放置使用者座旁。

四、辦公桌椅設計　辦公桌大小可按職務高低而選用，但最小辦公桌亦須能足夠工作的 使用。 座椅高低須與員工身高及辦公桌高度相配合；彈簧靠背扶手座椅，可使久坐而不疲勞；椅腳及椅身裝置轉軸，可使坐者旋轉自如，便利工作及公洽。

第三項　增進勞資關係

勞資關係，指組織內資方與勞方相互間，意見的溝通、行爲規範的訂定及爭議的處理。增進勞資關係，可加強勞資雙方的合作及提高工作效率。

一、設置勞資會議以利溝通意見　勞資會議，係由勞資雙方以平等的地位同數額的代表所組成的會議。其要點包括（一）應提勞資會議討論事項，包括關於協調勞資關係、促進勞資合作、勞動條件、勞工福利籌劃、提高效率等事項；（二）提供與勞資關係有關之建議事項；（三）對勞資會議決議事項，應由主辦單位分送工會及有關部門辦理，並函報主管機關備查。設置勞資會議後，可促進勞資雙方的相互瞭解，增進雙方利益，員工能有機會參與管理，及消除革新阻力。

　　二、訂定團體協約以實現工廠的民主　依團體協約法規定，團體協約係由代表勞方之工人團體與代表資方的雇主，對有關一般管理事項，由雙方同意並共同遵守之書面協約。其主要內容包括（一）受僱解僱規定；（二）賞罰與升遷規定；（三）工作時間規定；（四）工資規定；（五）休息、請假及休假規定；（六）學徒及男女工保護規定；（七）安全衞生規定；（八）福利設施規定；（九）促進生產規定；（十）勞資爭議規定；（十一）違反協約之賠償規定等。團體協約的訂定，對勞工言可改善勞動條件、保障勞工權益、提高生活水準、促進勞工地位；對雇主而言可便利與勞工談判，使同業間勞動條件趨於一致，促使薪資標準化，避免罷工怠工，及促進勞資合作。

　　三、規定處理勞資爭議程序以息紛爭　勞方由於需要未能滿足，被支配心理作祟、受外界因素影響、及工會主義未有拋棄等原因，致有與資方發生爭議。依勞資爭議處理法規定，處理爭議之程序，爲（一）先請調解委員會調解：調解委員會由主管官署及爭議雙方派代表組成，如調解成立則視同爭議當事人間之契約，如調解不成時，（二）再請仲裁委員會仲裁：仲裁委員會由主管官署、地方法院及與爭議無直接利害關係之勞資方代表組成，爭議當事人對仲裁委員會之裁決，不得聲明不服，此項裁決視同爭議當事人間之契約。國營事業之勞動條件由政府核定，不適用勞資爭議處理之規定；雇主或勞工，其爭議已在調解或仲裁者，不得停業或罷工；又爭議當事人，不履行調解或仲裁成立之契約者處罰金或拘役，違反行爲之限制者得隨時阻止，不服阻止者得處罰金，其行爲涉及刑事者仍依刑法處斷。

第四項　提高工作意願

　　工作意願，指員工對工作的意向與願望。工作意願的有無與強弱，

不僅影響工作效率，更會影響工作情緒，因此如何來維護員工的工作意願，實爲主管人員的職責。根據有關員工心理的學說，下列措施值得參採：

一、以鼓勵代替懲罰　鼓勵是積極的獎賞某種心理與行爲，當員工的某種心理與行爲受到獎賞後，卽會再次表現出該種心理與行爲。懲罰是消極的禁止某種心理與行爲，當員工的某種心理與行爲受到懲罰後，最多只能減少該種心理與行爲的再次出現，但員工並不知悉究應表現出何種心理與行爲方爲恰當。故以鼓勵來提高員工的工作意願，要比以懲罰來威脅員工就範更爲有效與重要。

二、以尊重代替蔑視　員工職務雖有不同、地位雖有高低，但同樣的須受到別人尊重。員工都是組織的一分子，大家需要和好相處並視同一家人，不因職務或地位低而受到蔑視。員工的意見亦應受到重視，對合理的意見應予採納，對不能採納的意見亦應說明不能採納的原因。有關管理政策、原則、程序等之研訂，應儘量事先徵詢員工意見，或會同員工訂定，若此不但可獲得更完滿的結果，更可獲得員工的支持。

三、以滿足代替壓制　員工的家庭、教育、環境等雖多有不同，但均有着某些需要，而尋求此種需要的滿足，正是員工表現行爲的目的。因此，如組織能採取措施協助員工滿足其需要，則員工會感激組織，會表現出爲組織所希望的行爲；組織如採取壓制員工對需要滿足的措施，則員工會對組織懷着敵視的態度，表現出不合作的行爲。

四、以目標的平衡代替目標的偏向　任何組織均有其工作目標，而每一員工也有其個人的目標（包括精神方面的與物質方面的各種需要與願望），因而就發生組織目標與員工目標的平衡或偏向問題。如兩種目標均呈現出偏向，則均將無法達成且會使組織與員工同受其害；如兩種目標呈現出平衡，則均會順利達成並使組織與員工兩受其利。爲期組織

目標與員工目標的保持平衡，管理當局於訂定組織目標時，必須同時顧及員工的個人目標（如組織目標為增加產量，則同時須考慮及增加薪給或獎金的個人目標），並利用機會教育員工對組織目標的認識，及使員工深切了解，如組織目標失敗則個人目標亦將無法達成，而個人目標也只有在組織目標達成時始能實現。

五、**不但要消除不滿意更須培養滿意**　人事管理政策、原則、程序與方法須求合理，待遇應保持適當水準，工作環境須使員工感到舒適，同事間要融洽相處，但這些多只是消極的，只能消除員工不滿的心理，只能留住員工任職。如須積極的提高員工的工作意願，則更應進一步協助員工，使其在工作上獲得成就，對績效優異者予以公開表揚，使員工感到有發展前途等。

六、**不只是物質的獎勵更須是精神的獎勵**　獎勵固為員工所希望，但獎勵的範圍很廣，方式很多，除物質方面獎勵外，更有精神方面的獎勵，尤其對生活已獲得相當安定的員工，給予精神方面的獎勵時，其激勵作用要比物質獎勵更大。

七、**不僅要考慮行為更要考慮原因動機與目標**　員工表現出不當行為，如認有予以懲處必要時，對其不當行為的本身固須慎加衡量，但只衡量其不當行為作為懲處依據，尚嫌不足。表現出同樣不當行為者，其原因、動機及目標可能完全不同，如給予同樣的懲處，可能並不公平。如基於行為、原因、動機及目標同時考慮後所作之懲處，多會使員工心服而不感到冤屈，可使問題獲得真正的解決。

八、**以民主領導代替獨斷或放任領導**　採民主領導方式時，對業務的決策係由主管與屬員共享，主管與屬員能充分合作，沒有心理上距離，主管除重視工作外並關懷屬員的需要與願望，宜盡量採用。獨斷領導時，主管對屬員嚴加管制，屬員如不是產生依賴心，就是對主管引起

反感。放任領導時，由於主管對屬員的放任，致氣氛散漫，工作疏懶。在兼顧工作績效與和諧人際關係之前提下，自以民主領導方式為妥。

九、顧及因事因時因地因人制宜　人事管理之對象為人，而人的情況又各有不同，以同樣具體的人事法規，適用於情況不同的人，可能會扞格難行。因此人事管理的規定，應使其具有彈性，在運用時能作因事、因時、因地及因人的適應。

第五項　發揮工作潛能

工作潛能，指員工所具有之處理工作的潛在能力，亦即員工將來如經學習或訓練後，在工作上可能發展出之某種能力水準，而不是指員工已經表現出的能力。為發揮潛能，下列措施可予參採：

一、給予工作機會　員工潛能之能否發揮，最重要的是各級主管能否給予員工以發揮潛能的工作機會，如指派員工處理具有挑戰性的工作，給予與員工學識能力相稱的工作等，均可增加發揮員工潛能的機會。

二、賦予工作權限　處理業務，不能單憑員工的學識能力，尚須賦予處理業務所必需的權力，如調派員工的權力、動用經費的權力、制作決定的權力等。因此，主管對屬員應授予為處理業務所必需的權力，使完成業務的責任與處理業務的權力相當。

三、擴大工作範圍　主管人員對所屬員工的工作指派，在範圍上應較為廣泛，使員工的潛能有從多方面發揮的機會，學識能力可在多方面運用，增加員工對工作的成就感，進而更可激勵其發揮潛能。

四、提高工作職責　擴大工作範圍，是擴大同等職責程度工作的範圍，是工作面的擴大。提高工作職責，是加重工作的職責，是程度的提高。一般言之，提高職責程度更具有挑戰性，使員工的潛能更有發揮機會，更可使員工因而獲得職務或地位的晉升。

五、擴大職務調任　擴大員工在各種職務間的調任範圍，不僅可提高工作情緒，使其在新職務上發揮所長，更可因而增加經歷，及防止員工因久任一職可能發生的弊端。爲期發揮效果，擴大職務調任應作有計畫的進行，使員工的聰明才智，能透過調任而繼續獲得發展。

六、實施分層負責　將組織內公文與業務，視其重要性，分別規定應行負責之層次及人員，並實施分層負責，加重員工的權限與責任，使其更具工作成敗的責任心與獲得工作成就的滿足感。

七、加強訓練進修　員工的進用，雖經由考選程序並就應徵人員中選優錄用，但考選工作尚難完美無缺，因此對經進用之員工仍須給予訓練與進修。再組織的業務在繼續的發展，新理論、新技術、新知識在不斷的增加，爲期員工的學識技術能趕得上業務發展的需求，亦須施行有計畫的進修訓練。又員工潛能的發揮，亦須借助於學識技能的充實，而學識技能的充實則又須透過訓練進修來達成。

八、鼓勵研究發展　尊重傳統與依照往例辦事，是只求安定的作法，吾人當然不能忽視安定的重要性，但與安定同樣重要的是求進步，尤其在各方均謀求進步的今天，更無法求安定以自保，而須同時求取進步。鼓勵員工對本身業務之經常研究發展，謀求不斷的改進與革新，更可增加員工發揮潛能的機會。

第二節　薪　　給

所謂薪給，指各組織對經任用之現職員工，爲酬勞其服務、安定其生活及維護其地位，所定期給付之薪（薪俸）資（工資）與加給，而薪資又有計時薪資與獎勵薪資之分，薪給應維護至一定的水準，薪給之外尚有獎金制度。茲分項簡述如後。

第一項 計時薪資

計時薪資，係以工作期間為核計薪資之標準，如每工作一個月卽可領到一個月的薪資，至員工在這一個月中工作效率如何，完成工作數量多少，甚至有無請假等，均不致影響及應領薪資的多寡。故計時薪資的優點為支給簡單、金額一定，可增加員工的安全感；但缺少對工作效率及工作產量等的鼓勵。至計時薪資的設計，通常有下列四種，由組織視所採用人事體制及需要選用或並用之。

一、工作薪資 係以員工所任工作職責程度，作為區分薪資高低之薪資結構，員工所任職務之職責程度高者所得薪資也高，職責程度低者薪資也低。其 (一) 設計程序：為先將各職務之職責程度區分為若干職等 (如十四個職等)，在每一職等內設定若干薪資級 (如三個薪資級)，再在每一薪資級配上薪資點 (如一職等第一薪資級為二〇〇點)，至每一薪資點折合通用貨幣之金額，則視財力負擔能力、國民所得水準、同地區其他機構人員薪給水準等因素之情況，另行訂定。 (二) 敍薪原則：為新進員工，依其所任職務應列職等之最低薪資級起支，而後再按年考績晉級；原有員工調任較高職等職務者改支較高職等之薪資級，調任較低職等之職務者改支較低職等之薪資級。

二、資歷薪資 係以員工所具有之資歷，作為區分薪資高低依據之薪資結構，員工所具有之資歷高者所得薪資也高，資歷低者薪資也低。其 (一) 設計程序：為先依據員工所具有資歷水準，區分為若干資等 (如六個資等)，每一資等內區分為數較多的薪資級 (如二十個薪資級)，再對每一薪資級配上薪資點 (如碩士學位資等之最低薪資級為二四五點)，並另定薪資點折合貨幣的標準。 (二) 敍薪原則：為員工自所具資歷之資等最低薪資級起支，而後再按年考績晉薪資級；如員工取得高

一資等之資歷時，改支高一資等之薪資級。

三、生活薪資　係以員工（含不能自謀生活的眷屬）生活費用，爲區分薪資高低依據之薪資結構，所需生活費用高者所得薪資也高，生活費用低者薪資也低。其（一）設計程序：爲先訂定眷屬的範圍及大中小口標準，再規定生活費用的項目範圍（如食、衣、住、行、育、樂六項）及每項之大中小口的薪資點數（必要時並得再按地區分訂薪資點數），並另定薪資點折合貨幣的標準。（二）敍薪原則：就員工本人、眷口數、現居地區，分別就生活費項目及薪資點標準，核計應支的薪資點總數。遇及眷口有增減或居住地區有變更時，則調整其應支之薪資點。

四、混合薪資　由於上述三種薪資均有其優缺點，爲期採長補短，乃有混合薪資之設計。至設計的方式又有下列兩種，即（一）以工作薪資的職等爲基礎，在每一職等內增加薪資級數（如增至十至十五個薪資級），以利員工久任；（二）以資歷薪資的資等爲基礎，視職務的職責程度，分別規定其起迄薪資級，凡職責程度高者起迄薪資級也高，職責程度低者起迄薪資級也低，以期職務職責與薪資級相配合。

以上四種薪資設計，究應採用那種，須由管理當局視業務特性，員工期望等因素考慮後選用，必要時也得同時選擇兩種以上並用。

第二項　獎勵薪資

獎勵薪資，指員工定期所領薪資，因該期間工作效率或工作產量之高低而不同，效率及產量高者薪資也高，效率及產量低者薪資也低。獎勵薪資的優點，爲可鼓勵員工努力工作，提高效率與增加產量；其缺點爲薪資計算手續甚繁，員工所得甚不穩定。獎勵薪資的實施有其應具的條件，獎勵薪資有四種不同的設計，須由組織選用或並用。茲簡述如下：

一、**實施獎勵薪資應具的條件**　為期獎勵薪資能順利實施，其應具的條件，包括（一）獎勵薪資計畫須為員工所瞭解及易於計算所得；（二）獎勵薪資計算標準要使員工感到公正，只要員工努力就可達到標準，標準內容具體；（三）推行工作安全規範以保障員工健康與安全；（四）加強品質管制以防粗製濫造；（五）獎勵薪資的標準不可任意改變；（六）對員工應給予計時薪資的保障；（七）實施獎勵薪資的員工範圍應有所選擇；（八）鼓勵員工參與獎勵薪資計畫的擬訂。

二、**以工作數量為準的設計**　也稱計件制，又可分為下列兩種，即（一）單純計件制：以 $E=NR$ 為計算公式，E 代表獎勵薪資所得，N 代表所完成的工作數量，R 代表每完成一件工作可得的薪資。（二）保障最低薪資的計件制：即按單純計件制核計獎勵薪資的所得，如低於一般計時薪資的水準時，則仍按計時薪資的水準給予。

三、**以是否達到標準為準的設計**　如肯特（Gantt）的作業獎勵薪資制，按工作是否達到標準分訂計算獎勵薪資的公式，即（一）工作未達標準時，計算公式為 $E=SR$；（二）工作達到標準時，計算公式為 $E=SR(1+P)$；（三）工作超過標準時，計算公式為 $E=SR(1+P)F$。以上 E 代表獎勵薪資所得，S 代表實用工作時間，R 代表每小時可得薪資，P 代表獎金率，F 代表完成一件工作實用時間與標準時間之比，茲假定每日工作時間為八小時，應完成標準工作量為二十件，每小時薪資為十元，獎金率為 $\frac{1}{3}$，有甲乙丙三人，在八小時內分別完成工作十八件、二十件、二十二件，則甲乙丙三人分按（一）（二）（三）式，核計獎勵薪資，所得分別為八十元、一〇六點六元、一一七點二六元。

四、**以節省時間為準的設計**　如赫爾賽（Halsey）的獎勵薪資制，計算公式為 $E=TR+P(S-T)R$，其中 E 代表獎勵薪資所得，T 代表完成工作之實用時間，R 代表每小時可得薪資，S 代表標準時間，P

代表獎金率。茲假定某甲完成某工作之實用時間爲四小時（假定標準時間爲六小時），每小時薪資爲十元，獎金率爲 $\frac{1}{3}$，則某甲獎勵薪資爲四六點六元。

　　五、以工作效率爲準的設計　如愛默生（Emerson）的效率獎勵薪資制，視工作效率之高低分訂計算獎勵薪資的公式，如（一）效率低於67%時，爲 $E=TR$；（二）效率在68%至100%時，爲 $E=TR+PTR$；（三）效率超過100%時，爲 $E=LTR+PTR$。以上 E 代表獎勵薪資所得，T 代表完成工作之實用時間，R 代表每小時薪資，P 代表獎金率，L 代表工作效率。茲假定完成某項工作之標準時間爲三十六小時，每小時薪資爲十元，獎金率爲10%；某甲實用五十小時完成（效率爲60%），某乙實用四十小時完成（效率爲90%），某丙實用三十小時完成（效率爲 120%），則甲乙丙三人，分用（一）（二）（三）式計算結果，獎勵薪資分別爲五〇〇元、四四〇元、三九〇元。

　　六、**獎勵薪資的選用與並用**　獎勵薪資設計種類甚多，且各有特色，因此須作審愼的選用或並用。選用時宜注意（一）先考慮實施獎勵薪資的範圍：從工作特性及員工意願，選定何種工作或員工實施獎勵薪資；（二）次考慮適用何種類型的獎勵薪資；（三）再考慮適用計算獎勵薪資的公式；（四）在同一組織內可採用多種獎勵薪資的設計與計算公式。同時管理當局須了解，一組織並非必須或全面實施獎勵薪資。

第三項　加　　給

　　加給包括加給與津貼，實施計時薪資的組織，通常除薪資外尚有支付加給與津貼的規定（實施獎勵薪資的組織亦偶有此規定）。一般而言，實施加給與津貼有其原因與目的，加給與津貼種類應視需要而定。其情形如下：

一、給予加給或津貼的原因　一般組織給予員工加給與津貼的原因，可歸納爲（一）因職務特別繁重而給予；（二）因工作性質特殊而給予；（三）因工作地區特殊而給予；（四）因工作具有危險性而給予；（五）因工作時間特殊而給予；（六）因人力需過於供而給予；（七）爲減輕生活負擔而給予等。

二、給予加給或津貼的目的　主要爲（一）便於羅致優秀人才；（二）便於留住現有優秀員工；（三）提高員工工作情緒；（四）增進員工工作效率。

三、加給的種類　加給多因工作關係而給予，主要有（一）主管特支費：對擔任主管職務或擔任特別繁重之非主管職務者給予之，特支費之多寡，按職務所列職等或員工資等高低分別定之。（二）工作補助費或專業補助費：對擔任一般行政管理工作者給予工作補助費，其金額按職務之職等或員工資等高低分別定之；對擔任專業性或技術性職務者給予專業補助費，其金額按專業之精粗及職務所列職等或員工資等之高低分別定之。（三）地域加給：對在偏僻地區、高山地區、離島地區工作者給予之，其金額按偏僻、高、離之程度分別定之。（四）超時或假日工作加給。（五）危險加給：對擔任具有危險性職務者給予之，並視危險程度大小分定其金額。

四、津貼的種類　津貼多因生活關係而給予，主要有（一）房租津貼：對有眷員工給予之，其金額多按職等或資等規定。（二）眷屬重病住院津貼：按實用醫療費用之一定比例給予。（三）婚喪生育津貼：按婚喪生育事實，分定給予薪資額的個數。（四）子女教育津貼：按子女就學之學校等別及子女人數，津貼其實繳的學費。

第四項　薪給水準的維護

員工的薪資與加給雖有多種不同的設計，並可按組織需要而選用，但當薪給制度實施相當期間後，必會感到薪給水準的趨於低落，員工對薪給水準的不滿。因而對薪給的水準有採用有效方法加以維護的必要，惟薪給水準的維護，常受某些因素的限制，致難如理想。茲說明如下：

一、薪給水準須加維護的原因　薪給制度中所定者，多為一種靜態的基準，而一般的社會生活水準卻在逐漸的提高（如家庭電器化卽為社會生活水準提高的象徵之一），國民所得也會逐年的增加；再由於經濟的發展，通貨的膨脹，使得物價指數昇高，通貨幣值逐漸被貶。為保障員工的生活水準不因幣值變動而降低，及進一步的為使員工生活水準能與社會生活水準及國民所得的提高保持平衡，對薪給制度中原定的靜態基準自有加以調整的必要。

二、維護薪給水準的方法　維護薪給水準，應（一）了解情況：卽了解自原有薪給水準訂定後之社會生活水準的變動情形、國民所得的增加情形、及物價指數的變動情形，由其變動或增加的幅度，可作為維護薪給水準對原有薪給應行調整幅度的參考。（二）調整薪給的方式：如原有薪給水準係根據薪資點折算時，卽可調整原有的折算標準；如原有薪給係直接以金額規定時（如獎勵薪資的計算公式中規定每小時薪資為十元），則調整其金額。（三）訂定調整薪給水準的政策：如規定薪給訂定後，每隔二年應作一般社會生活水準及物價調查一次，如從調查發現一般社會生活水準或物價已提高至百分之十五時，應卽調整薪給水準。

三、維護薪給水準的困難　維護薪給的水準也會遇及困難，而此種困難多由客觀環境的限制所致，如經濟的不景氣，財力負擔的困難等，均會使得薪給水準的維護難以如願。

第五項　獎　　　金

獎金，乃屬薪資外的給予，故與獎勵薪資不同；獎金並非每一員工均可支領，且支領之金額也可能每月不同，故與加給及津貼也有區別。獎金本身，有為提高效率而給予者，有為鼓勵提供建議而給予者，有對從事特定任務之員工而給予者；又有以個別員工為對象而給予或以單位為對象而給予者。茲說明如下：

一、效率獎金　係根據員工工作成績或效率等因素，規定其支給標準或支給額，於薪資之外給予之，如政府機關中之工程效率獎金即為其例。工程效率獎金經費，在工程管理費內提撥，最高不得超過當年度實際工程管理費40％；工程人員按其職務之職等分定級點，並規定每一級點折算通用貨幣的金額，至行政管理人員則按工程人員的八折計算；工作人員有請假、曠職或受處分者，分別扣減其獎金。

二、提供建議獎金　係鼓勵員工發現組織在管理、技術、生產、經營、操作等方面之現有缺失，並運用智慧提出改進建議，經採納後根據組織受益的程度，對提供建議者給予獎金。此種獎金制度的實施，須先規定得以提供建議的事項範圍，訂定提供建議的程序，經由委員會的審議，經認定確有價值並採納後，以組織在一年期內可受利益（如節省的經費或增加的收益）的百分之十至三十範圍內，作為獎金發給提供建議者。

三、紅利　通常適用於管理人員，如對事業單位主管或其分支機構的主管，視其管轄單位一個年度的獲利所得，就其中之若干作為紅利，發給主管或其單位領受；如由單位領受時，則單位內各人的紅利金額由主管自行支配。

四、其他獎金　如為慰勞員工終年的辛勞而發給年終獎金，為鼓勵

員工久任而發給之久任獎金，爲鼓勵員工不請假而發給出勤獎金等。

第三節　保險、福利與勞工安衞

爲保障員工的生活與安全，除經常支付的薪給外，尚有協助員工解決特定事故的保險措施，謀求員工物質、身體及精神方面利益之福利措施，及防範職業災害的勞工安全衞生措施。茲分項簡述如後。

第一項　保　　險

保險，係根據世代互助、危險分擔原則，聚集組織所補助及員工所自繳的經費，設爲基金，遇及員工發生特定事故時，支付其所需費用，以保障員工生活增進工作效率的措施。目前已實施之員工保險，主要爲公務人員保險及勞工保險兩種，茲就其重點說明如下：

一、保險制度以保險事故、保險費及保險給付三者爲中心

（一）保險事故：指參加保險之員工，當發生某種事故時卽可請領保險給付者，此種事故卽爲保險事故。1. 公務人員保險的保險事故，分生育、疾病、傷害、殘廢、養老、死亡、眷屬喪葬七種。2. 勞工保險之普通保險事故，分生育、傷病、醫療、殘廢、老年、死亡、失業七種（其中失業尚未辦理）；職業災害保險事故，分傷病、醫療、殘廢、死亡四種。

（二）保險費：指須定期解繳之費用，以薪資所得的百分比定之，並由組織與員工分擔，設置爲基金。1. 公務人員保險之保險費率爲月薪資7%至9%，其中65%由組織補助，35%由員工繳付。2. 勞工保險之普通保險費率爲月薪資6%至8%，其中約80%爲組織補助，20%由勞工繳付；職業災害保險費率另定，保險費全部由組織負擔。

（三）保險給付：指參加保險員工發生保險事故時，可向承保機關請領之現金或享受之免費醫療。

1. 公務人員保險之保險給付：（1）生育、疾病及傷害：可享受免費醫療；（2）殘廢給付：視殘廢程度及是否因公所致，給付自六個月至三十六個月（薪資）；（3）養老給付：視參加保險年資，給付自五個月至三十六個月；（4）死亡給付：視是否因公所致，給付自三十個月至三十六個月；（5）喪葬津貼：視死亡者身分及年齡，給付自一個月至三個月。

2. 勞工保險之保險給付：（1）生育給付：視本人或配偶及分娩或流產，給付自十五日至六十日（薪資）津貼。（2）傷病給付：發薪資半數並以六個月為限；如因職業災害所致者，發薪資70％，為期一年，未痊癒者改發50％，並以一年為限。（3）醫療：免費醫療，膳食費用三十日以內之全數及超過三十日之半數，由承保機關負擔；因職業災害所致者，均由承保機關負擔。（4）殘廢給付：視殘廢程度給付自三十日至一千二百日（薪資）；因職業災害所致者，再加百分之五十。（5）老年給付：按保險年資給付自一個月至四十五個月。（6）死亡給付：喪葬津貼，視死亡者身分及年齡，給付自一個半月至五個月；遺族津貼，視參加保險年資，給付自十個月至三十個月；因職業災害所致者，遺族津貼部分，不論參加保險年資一律給付四十個月。

二、要保機關、承保機關及被保險人是保險制度的三種當事人

（一）要保機關：指所屬員工適用保險制度規定，並替所屬員工辦理保險之機關。在勞工保險，稱投保單位。

（二）承保機關：指依保險制度規定承受保險之機關，承保機關可為政府自設的機關，也可為政府指定的民間機關；承保機關一方面定期收繳保險費，一方面於被保險人發生保險事故時，提供免費醫療服務或

支付保險現金給付。在勞工保險，稱保險人。公務人員保險之承保機關為中央信託局，勞工保險之保險人為臺閩地區勞工保險局。

（三）被保險人：指在要保機關任職並依規定參加保險之員工，員工一旦參加保險即為被保險人，其義務為定期繳納保險費，其權利為遇有保險事故時，可要求承保機關給予免費醫療或現金給付。

三、指定主管機關以主管保險制度及設置監理機關以監督保險業務　保險制度涉及被保險人權益甚大，保險基金中有由被保險人所繳納之經費，故在實施保險期間，一方面應有主管機關以主管保險制度與政策，使能達到保障員工生活及增進工作效率之目的；另一方面須設立監理機關，以監督保險業務之進行，審查保險財務及帳冊，並審議保險給付之爭議。公務人員保險之主管機關為銓敍部，勞工保險之主管機關為內政部。

四、規定保險財務盈虧之處理　保險的財務是取之於被保險人用之於被保險人，故財務不應使其有連續的大量虧損或盈餘。如發現有大量的盈餘，則表示保險費過高或保險事故範圍過小或保險給付過低；如發現有大量的虧損，則表示保險費過低或保險事故範圍過大或保險給付標準過高；以上情形均表示保險制度不夠理想而須改進。發生大量盈虧之改進方法，一為採取自給自足方式，即發生盈餘時降低保險費或提高保險給付，發生虧損時則提高保險費或降低保險給付；二為因一般員工對提高保險費或降低保險給付多有反感，乃採保險財務如有虧損，由政府撥補的方式處理。

五、嚴限保險事務費用　保險事務費指承保機關之用人費，及日常行政管理上所需開支之費用。如保險事務費係由保險基金中支付時，則更應嚴限其比率（如限於保險費收入之 5.5%），以免影響及被保險人之權益。

六、保險帳冊單據免予課稅　爲減少保險費對課稅之負擔，多明定保險帳冊單據及財務收支，均免予課稅。

第二項　福　　利

福利，指組織爲謀求員工在物質、身體、精神方面之利益，提撥經費所舉辦之各種設施，以改善員工生活，增進身心健康。茲說明如下：

一、**福利設施包括生活及身心健康各方面**　如（一）福利互助：參照保險制度精神，對員工有結婚、喪葬、退休、退職及資遣、重大災害情事時，給予互助補助，以補保險之不足。（二）輔購住宅：以長期低利貸款，分期扣還本息方式，協助員工購置自己的住宅。（三）福利品供應：廉價發售員工日常生活必需品。（四）康樂活動：以充實康樂設施、舉辦康樂活動及競賽、定期休假旅遊、及辦理夏令及冬令自強活動等方式，增進員工身心健康。（五）其他福利：如廉價供應伙食，廉價或免費提供理髮服務，洽定特約商店給予員工折扣優待等。

二、**舉辦福利之經費以由組織提撥爲原則**　舉辦福利之經費，多在組織有關預算科目內編列預算，或在所指定之財源（如福利金）中提撥。但如費用過鉅無法全由組織負擔時，亦有規定須由參加員工自行負擔一部分費用者；如休假旅遊期間，規定饍宿須自行負擔一半等。

三、**福利設施之享受以人人平等爲原則**　有關薪給及獎金之支給，多因職務之高低及年資之久暫而有不同，而福利設施之享受則多以平等爲原則，卽使有因職務高低而作差別規定時，其差距亦甚微小。

四、**福利以由員工自辦及自由參加爲原則**　員工需要何種福利，當然員工最爲了解，福利應如何舉辦，員工也最爲關心。因此員工福利之舉辦，除屬於全面性各組織一致性的福利外，多由員工推選之代表所組成的員工福利委員會負責。再員工對組織所設施的福利，多可自由參

加，對不願享受之福利自得放棄。

<h2 style="text-align:center">第三項 勞 工 安 衛</h2>

勞工安全衞生，係爲防範職業災害之重要措施。所稱職業災害，係指勞工就業場所之建築物、設備、原料、材料、化學物品、氣體、蒸氣、粉塵等，或作業活動及其他職業原因引起之勞工疾病、傷害、殘廢或死亡。職業災害之發生多有其原因，對發生之職業災害應有紀錄，而後針對原因及災害情況採取防範措施，始能有效。茲說明如下：

一、發生職業災害的原因　有由於設施不良所引起者，有由於職業原因所引起者，更有由於員工作業活動上之人爲疏失所引起者，而引起人爲疏失的原因，根據工業心理學家研究，主要有（一）智力低而又擔任需要判斷的工作時；（二）未通過視力測驗而又擔任需要較高視力的工作時；（三）肌肉協調性能差而又擔任須作複雜反應的工作（如手眼足的聯動反應）時；（四）工作情緒陷於低潮時；（五）身心產生疲勞時；（六）年齡與經驗與所任工作不能配合時；（七）擔任冒險性工作或具有冒險之性格者；（八）工作環境設施、光線、氣溫、色調、噪音等之配合不當時❶。

二、職業災害的記錄　當發生職業災害時，通常須由領班立卽填寫職業災害報告，其內容包括發生災害的時間、地點、受傷員工人數、機器的故障、災害的實情等，並提出防止災害發生的意見，並按月及按年編製全月及全年的職業災害率，以供改進安全衞生的參考。至表示災害率的方法有下列兩種：

（一）災害頻繁率：以一百萬個人時數爲單位，在一百萬個人時中

---

❶　李序僧著，工業心理學，第三八八──三九六頁，大中國圖書公司，六十七年版。

所發生災害傷亡之人次數，即為災害頻繁率，其計算公式為：災害頻繁率$=\dfrac{傷亡人次數 \times 1,000,000}{一年工作總人時數}$。茲假定某甲工廠有員工二、〇〇〇人，每人一年平均工作二、〇〇〇小時，則該廠一年共工作四百萬個人時，如一年內在災害中傷亡四〇人次，則其災害頻繁率為10。

　　（二）災害嚴重率：以因災害傷亡而損失工作時間為準，在一百萬個人時中所損失之人日數（何種傷殘其損失人日數為多少均事先訂有標準），即為災害嚴重率。其計算公式為：災害嚴重率$=\dfrac{損失人日數 \times 1,000,000}{一年工作總人時數}$。同樣以前甲廠為例，如一年內因災害傷殘共損失四千個人日，則其災害嚴重率為 1,000。

　　因上述兩種災害率記錄方法各有優點，故通常係兩種記錄方法同時並用。

　　三、職業災害的防範　主要包括下列七方面：

　　（一）健全的安全組織：如在工廠內設安全單位，由職員、工人及專家組成，研討廠內安全事項及廠方交議之安全計畫；小規模的工廠，可設安全管理員。

　　（二）嚴格的安全訓練：目的在訓練員工提高安全警覺，增加防護興趣，教導安全方法，養成安全習慣，並嚴格遵守工作安全守則等。

　　（三）有效的安全設備：又包括工人身體防護上的安全設備，工廠建築上的安全設備，機器設備上的安全設備，預防火災水患上的安全設備等。

　　（四）有效的衛生設備：如空氣流通，飲料清潔，盥洗所及廁所清潔，光線等之衛生設備。

　　（五）改進管理措施：如舉辦員工智力、性向、體能測驗，注意員工的年齡與經驗，舉行職業災害防範宣傳，改善工作環境等。

（六）維護員工心理健康: 如使員工的工作與休閒並重，主動參與社會活動，培養多方面生活情趣，並保持愉快心情，以提振工作精神及減少因心理失常所引起之作業活動上的人爲疏失。

（七）主管機關的監督與檢查: 各機構對職業災害防範方面各種措施的推動，應由主管機關嚴加監督，各種應有的安全與衛生設備，是否已按規定標準裝置，應由主管機關或其所屬檢查機構，派員詳予檢查，如發現不合規定事項，應即限期改善，必要時並得命其停工，情節嚴重者並予處罰。

第四節　撫邮、退休與養老

薪給與保險、福利及安全衛生，主要目的在維護員工在職期間之生活與安全，但如員工在職亡故或因年老力衰不能繼續工作時，對其遺族或晚年生活，仍須作必要的照顧，此乃撫邮、退休與養老措施之所由起。茲分項簡述如後。

第一項　撫　邮

撫邮，係組織對在職亡故員工，爲酬庸其生前服務及功績，對其遺族給予撫邮，以安撫遺孤生計。茲就一般撫邮制度之要點說明如下:

一、**構成撫邮之基本條件爲現職員工之亡故**　所稱亡故，包括病故或意外死亡或因公死亡，爲免濫用因公死亡之名而增給撫邮金，對因公死亡的解析多有嚴格限制。如公務員之因公死亡，則以因冒險犯難或戰地殉職，因執行職務發生危險以致死亡，因公差遇險或罹病以致死亡，在辦公場所發生意外以致死亡，及因戰事波及以致死亡者爲限。

二、**撫邮金分一次撫邮金與年撫邮金**，並以員工生前服務年資及薪

資爲計算依據，對具有功績或因公死亡者另予增給 如以公務員遺族撫邮金爲例，其情形如下：

（一）一次撫邮金：對在職未滿十五年亡故者給與之，其金額爲在職滿一年者給一個基數（月薪資），未滿一年者以一年計；以後每增半年加一個基數，未滿半年者以半年計。

（二）年撫邮金及一次撫邮金：對在職十五年以上亡故者給與之，其金額爲除每年給六個基數之年撫邮金外，另依下列標準給一次撫邮金，卽1.在職十五年以上二十年未滿者給二十五個基數；2.二十年以上二十五年未滿者給二十七個基數；3.二十五年以上三十年未滿者給二十九個基數；4.三十年以上者給三十一個基數。

（三）因公死亡撫邮金之加給及年資之從優核計：因公死亡者，加給一次撫邮金25%，其係冒險犯難或戰地殉職者，加給一次撫邮金50%。因公死亡在職未滿十五年者以十五年論，其因冒險犯難或戰地殉職而在職十五年以上未滿三十年者以三十年論。

（四）得有勛章或功績之加給撫邮金：其加給額由主管機關定之。

三、規定遺族範圍及請領撫邮金順序 亡故員工的撫邮金，應由其遺族請領。所謂遺族多包括親等較近的血親與姻親，其範圍及請領順序多在撫邮制度中明文規定。如公務員亡故請領撫邮金之遺族，爲 1.父母、配偶、子女及寡媳，但配偶及寡媳以未再婚者爲限；2.祖父母、孫子女；3.兄弟姐妹，以未成年或已成年而不能謀生者爲限；4.配偶之父母、配偶之祖父母，以無人扶養者爲限。受領撫邮金之順序依順位之規定，當留有不同順位之遺族時，由前順位之遺族受領，同一順位遺族有數人時，平均受領。

四、受領撫邮金之年限、喪失、停止與恢復 受領年撫邮金通常有年限（自十年至二十年）之規定，俟年限屆滿而終止。在年限屆滿前，

遇有特定事故（如褫奪公權終身、喪失國籍）而喪失。遇有特定事故（如褫奪公權尚未復權）而停止，及停止原因消滅時（如褫奪公權期滿而復權）而恢復。

五、撫卹金權利之消滅時效與保障　聲請撫卹及請領撫卹金權利，經五年不行使而消滅，但因不可抗力之事由致不能行使者其時效中斷，自中斷之事由終止時重行起算。受領撫卹金之權利及未經遺族具領之撫卹金，不得扣押、讓與或提供擔保。

六、撫卹金之經費以由組織負擔爲原則　我國員工亡故之撫卹金，多由組織負擔，但亦有部分組織員工之撫卹金經費，改由組織與員工雙方分擔者。

第二項　退　休

退休，係組織爲促進人事新陳代謝，對任職已久或年事已高或身體衰病致難勝任職務之員工，予以退休，並依其服務年資給予退休金，以資酬謝及安渡餘年。茲就一般退休制度之要點說明如下：

一、退休通常分自願退休與命令退休兩種　如現行之公務員退休制度，即分（一）自願退休：現職公務員任職五年以上年滿六十歲（對擔任具有危險及勞力等特殊性質職務者得降低其年齡，但不得少於五十歲）者，或任職滿二十五年者，得申請自願退休。（二）命令退休：現職公務員任職五年以上年滿六十五歲（對擔任具有危險及勞力等特殊性質職務者得予降低，但不得少於五十五歲，又雖年滿六十五歲仍堪任職而自願繼續服務者得由組織申請延長，但以五年爲限）者，或任職五年以上心神喪失或身體殘廢不堪勝任職務者，應予命令退休。

二、退休金分一次退休金與月退休金，並以員工服務年資及薪資爲計算依據，心神喪失或身體殘廢係因公所致者另予增給　以公務員退休

金爲例，其情形如下：

（一）一次退休金：任職五年以上未滿十五年者，給予一次退休金；任職十五年以上者，得選領一次退休金。一次退休金之計算，以任職滿五年者給九個基數（月薪資），以後每滿半年加一個基數，滿十五年時另增給二個基數，最高以六十一個基數爲限。

（二）月退休金：任職十五年以上者，得選領月退休金。其計算標準爲任職十五年者給薪資75%，以後每滿一年加1％，最高以90％爲限。

（三）一次及月退休金：任職十五年以上者，得選領一次及月退休金。其選領方式又有三種，卽1.兼領二分之一之一次退休金與二分之一之月退休金；2.兼領三分之一之一次退休金與三分之二之月退休金；3.兼領四分之一之一次退休金與四分之三之月退休金。其計算方法爲先算出全部一次退休金之應領數與全部月退休金之應領數，而後再按比例折算之。

（四）退休金之加給與年資核計之優待：心神喪失或身體殘廢係因公所致者（對因公的含義有較嚴格的解析），一次退休金增給20%，月退休金一律按90%計，任職年資未滿五年者以五年計。

（五）改發撫慰金：選領或兼領月退休金人員死亡時，依下列規定給與撫慰金。卽1.補發餘額：以其原核定退休年資折算之基數及死亡時同職等現職人員之月薪資，計算其應領之一次退休金，再扣除已領之月退休金後，如仍有餘額時補發其餘額。2.給與一次撫慰金：給與相當於同職等之現職人員一年月薪資之撫慰金，其無額餘者亦同；如係兼領月退休金者，其應領之撫慰金依其兼領月退休金比例計算。

三、領受退休金權利之喪失、停止及恢復　退休人員領受月退休金期間，遇有特定事故（如死亡、褫奪公權終身、喪失國籍）而喪失領受權，因特定事故（如褫奪公權尚未復權、領受月退休金後再任有給之公

職）而停止其領受權，遇及停止原因消滅時（如褫奪公權期滿恢復公權、經再任公職後退職）恢復其領受權。

四、退休金權利之消滅時效與保障及退休金經費之負擔　其情形大致與撫卹相同，不再贅述。

第三項　養　老

養老，係組織對退休人員加以照護，以期渡過身心愉快的晚年。退休人員在生活適應上常會發生困難，故有特加照護之必要，至照護措施則應多種並行。茲簡說如下：

一、退休人員生活適應發生困難的原因　主要有（一）身心的衰退：如因健康狀況衰退而引發的疾病，身體上的障礙，營養的不良，意外事故發生頻次的增加，運動能力的降低，心智能力的衰退等，均會使生活適應發生困難。（二）生活圈子的縮小：退休後主要的活動就是家庭，閱讀書報及看電視聽收音機，已不是偶而空閒的消遣，而變爲打發時間的方式；平時所聞所見所接觸者，不是家人就是親朋好友，都是熟面孔，平時所談的也只是家常話，缺少新奇的刺激；由於生活圈子的縮小與生活方式的改變，對心理情緒自將發生影響。（三）收入的減少：退休金的收入，自比在職時期的薪給爲低；雖云子女多已成家立業，經濟負擔可以減輕，但因年老衰汰致增加支出者亦所在多有；由於收入的減少，使生活更趨單調，進而感到孤獨。（四）被遺棄的感覺：退休人員由於生活的孤寂，再回想往日情景與現實情況的差異，心理上常會受到刺激，覺得自己已被往日的朋友、同事及社會所遺棄，自己已成爲無用之人；此種想法湧上心頭，眞會使人長嘆落淚，趨向消極悲觀。

二、退休人員需要照護　由於退休人員生活適應之發生困難，則有加以照護之必要。昔日大家庭時代，對年老者的照顧多由家庭負責，兒

孫輩有較多時間向長輩表現孝思與孝行，故老年人不但在物質生活方面不致發生困難，卽使在精神生活方面也能獲得較多的滿足；而現代小家庭制，子女一旦結婚多自立門戶，爲父母者也多鼓勵子女自立門戶；故現代的家庭結婚時是兩口，等到子女長大屆到老年時仍是兩口（老夫老妻），無法再享受往日大家庭的溫暖；因此對退休人員的照護只有由政府或組織來負擔了。

三、照護退休人員的方式　應包括（一）身體健康方面照護：如鼓勵退休人員參加保險，以維護健康。（二）物質生活方面：除改善退休金之給與外，尚須創辦其他的照護措施，如老人日常營養食品及生活必需品的廉價供應與送到家服務，老年人住家環境的協助改善，老年人鰥居生活的照顧，日常飲食起居生活的指導等。（三）精神生活方面的照護：主要在使退休人員感到他仍是個有用之人，他並未被遺棄，使他享受到更多的生活情趣；如由組織請其擔任一些輕鬆且無多大時間性的工作，邀請其參加某種會議提供經驗意見，請其擔任不支薪的顧問，邀其參加各種晚會或郊遊活動，指導其種花、養魚、養鳥等；均不失爲增進精神生活內涵的方法。

第十九章　人事管理的傳統面與人性面

　　各組織的人事管理措施，雖以建立人事體制、選用考訓人員、激發潛能意願、保障生活安全爲其範圍，但其精神及在運用上，卻具有傳統的一面與人性的一面。如講求理性、制度、形式與防弊，即屬傳統精神的表現，而重視員工需要與願望、運用心理測驗、應用學習心理與維護心理健康，即爲人事心理的運用。以上主題將在本章內分節敍述。

第一節　講求理性、制度、形式與防弊

　　所謂理性，指對人事措施的規劃，應基於理性；所謂制度，指將人事措施的內涵，訂定爲制度；所謂形式，指制度的內容，特別重視形式的規定；所謂防弊，指對員工的行爲多加防範，以免發生弊端。茲分項簡述如後。

第一項　基　於　理　性

　　基於理性，指對人事管理措施的規劃、定制與執行，必須排除人情因素，以免偏私。其情形可從下列規定看出：

　　一、廻避任用　如規定各機關長官對於配偶及三親等以內血親姻親，不得在本機關任用，或任用為直接隸屬機關之長官；對於本機關各級主管長官之配偶及三親等以內血親姻親，在其主管單位應廻避任用。此種廻避任用之規定，目的就在排除因血親姻親關係而產生的人情。

　　二、考選試卷的彌封　考選人員所用試卷，其號碼或姓名必須加以彌封，以免評分人員評閱自己所熟悉人員之試卷時，發生偏私。

　　三、規定職期及地區調任　如政府機關中之司法人員、稅務人員、警察人員等，多有職期調任及地區調任的規定，其目的之一即在防止因任職過久及人地熟悉而產生的人情困擾，以免影響執法的效果。

　　四、講求公平一致　對人事行政之處理，以公平為重要目標，有關人事規定，對所有的員工原則上均須一致適用，不得因地位、年齡、教育水準及性別等不同而有差別。

　　五、不得徇私　如規定公務員執行職務時，遇有涉及本身或其家族之利害事件，應行廻避；又公務員不得利用視察調查機會，接受地方官民之招待或餽贈，其目的在免除執行職務發生徇私或接受招待及餽贈後作不實之調查與視察。

第二項　定為制度

　　定為制度，指將各種人事管理措施的內涵，分別訂定為書面的法律、規章、標準、程序等，以作為員工行為的準繩。其情形可從下列規定看出：

　　一、對人事管理措施之重要事項以法律定之　如以政府機關的人事管理而言，凡有關考試、任用、銓敍、俸給、考績、陞遷、褒獎、保

障、撫卹，退休、養老等，均以法律定之，並須由立法院完成立法程序
及總統明令公佈。

　　二、對人事管理措施之次要事項以規章定之　如再以政府機關的人
事管理而言，凡人事法律所未訂之次要事項，或對人事法律的解析補充
事項，則由人事主管機關以規章或行政命令方式補充規定，以求人事管
理範圍的完整及執行人事工作更有明確的依據。又如各人事法律的施行
細則及根據人事法律所授權而訂定的各種人事辦法規則等，均屬其例。

　　三、訂定標準以爲裁量依據　對具有彈性須由組織首長裁量事項，
則由人事主管機關訂定標準，以爲組織首長裁量之依據。如考績評分標
準，員額設置標準，員工獎懲標準等，均屬其例。

　　四、訂定注意事項以爲作業依據　對各種人事管理的實際作業，對
其應行遵守的程序、所用的表格、填寫的方法、應準備的份數、呈報的
手續等，也多以注意事項方式以書面規定，俾作業人員於實地作業時有
所依據。

第三項　重視形式

　　重視形式，指人事事項的處理與能否發生效果，特別重視其形式條
件之是否具備，如形式條件未有具備，不論其實質條件如何，均不承認
其已經處理或已發生效果。形式條件之重要性，可從下例看出：

　　一、具有證件　證明員工之資格條件，必須以證件爲之，如代表學
歷者應以畢業證書爲之，代表有無經驗者應以經歷證件爲之，代表工作
成績者應以考績證件爲之，代表學識技能之條件者應以考試及格證件爲
之。由於證件之用處廣，致有發生僞造證件情事。

　　二、重視年資　認爲年資是累積學識、經驗、技能的條件，凡年資
久者其學識、經驗、技能之累積必多，因而就認爲其學識淵博、經驗豐

富、技能純熟，因而須任以較高的職務，給予較高的薪給。至員工在任職期間，究竟擔任的是何種工作，學識、經驗、技能是否確有增進，那是實質問題，並未給予應有的重視。

三、表報　組織對人事管理的處理情形，多規定須向上級定期提出表報。表報內容力求完整，致各組織化費在查塡表報上的人力不少，但表報提送至上級組織後，上級組織又多歸檔存查，至眞正能從表報中發掘問題並據以改進人事管理者，並不多見。

四、手續　對人事管理的處理，各組織多規定有一定的手續，如手續未有完備，卽使實質條件均已具備也不能發生效果。故手續已成爲發生效果的必備條件。

五、蓋章　蓋章代表知悉與負責。如對某一人事管理事項，須會知某一單位或員工者，卽應請其會章；如須與某單位或員工會同處理者，卽應請其會章以表示共同負責，故當蓋章愈多時，在形式上表示共同負責的人愈多，而事實上沒有一個眞正負責的人。

第四項　防止弊端

防止弊端，指對員工之處理事務，從多方面採取防弊措施，並以重罰對付作弊者，使減少弊端的發生。其情形如下：

一、認爲人是自私自利的　對人的基本看法，認爲人是自私的，只謀求自利，因而在處理事務時，常會利用職權謀求自己的利益。基於此一觀點，對人的行爲必須多方作防範的規定，對於違反防範之規定者須加以重罰。

二、對處事行爲多有限制　如以公務員服務法言，該法係政府機關及公營事業人員任職期間所必須遵守的基本法，該法對公務應有所爲的規定只有四項，對有所不爲的規定卻列有九項，約爲有所爲規定的兩

倍，由此可知對員工處事行爲之限制規定的重視。致員工不敢有太多的
作爲。

三、懲處規定多於獎勵　如前述公務員服務法，明文規定公務員有
違反本法者，應按情節輕重分別予以懲處，其觸犯刑事法令者並依各該
法令處罰；又公務員有違反本法之行爲，該管長官知情而不依法處置
者，應受懲處。一般人事獎懲規章，也多以懲處規定爲重心。致養成員
工不求有功只求無過的心理。

四、在程序上加以牽制　尤其涉及財務的工作，爲防止弊端常在程
序上作牽制的規定，如金錢出納與金錢帳務，必須分由不同的單位或人
員主辦，以期相互牽制；又如建築房子，自申請建照至驗收完成，通常
分爲十多個程序，且常分由不同的單位主管，以期相互監視牽制。如這
些有關單位或人員聯合共同圖利時，即成爲集體貪污了。

第二節　重視員工需要與願望

重視員工需要與願望，乃人事管理人性面的起點。自行爲科學與起
後，員工動機與行爲的研究受到重視。茲就研究員工的動機與行爲，了
解員工的個別差異，注意員工的需要與願望，及滿足員工的需要與願望
等。分項簡述如後。

第一項　研究員工的動機與行爲

研究員工動機與行爲的學者甚多，認爲動機與行爲間具有密切關係，
動機又係某種原因而產生，人的動機有其衝突的時候，人的行爲也有受
挫折的時候，當衝突與挫折久未獲得解決時，在心理上會採取防衛措
施，如防衛不成即會產生心理行爲的變態。茲再簡說如下：

一、動機的意義與種類❶

（一）動機的意義：一般心理學家認為動機乃因某種原因而產生，動機是引起個人行為、維持行為及引導行為朝向目標進行之一種內在歷程。個人產生動機的主要原因為需要與刺激，需要指個人處於一種缺乏狀態，亟需對此種缺乏予以滿足而言；刺激乃指外在加諸個人的刺激或個人內在發生某種變化（如飢餓時胃部感到不適），個人為適應此種刺激或變化乃產生了個人行為的動機而言。

（二）動機的種類：個人的動機極為複雜，欲將其作明確的分類甚為困難，故通常只作二分法之分類，即一為原始性的動機，乃屬於個人與生俱來的動機，也稱生理性或生物性的動機，如飢餓（因飢餓而引發找尋食物的行為）、渴、性、睡、母愛、痛苦、好奇等；一為衍生的動機，乃由個人學習而得者，多屬社會及心理方面的需求，如恐懼、攻擊、支配、服從、成就、地位等。

二、行為的意義與模式

（一）行為的意義：行為是個人基於原因及動機，朝向達成目標所作之動作，包括身體的與精神的各種活動的歷程，故人的行為是有其原因與動機的，行為是朝向及達成目標而表現的，行為是一整體歷程的活動。

（二）行為的模式：學者中如李維特，曾對行為的模式作如下的解說，即人的行為是有原因的，人的行為是有動機的，人的行為是有目標的，當目標達成時行為的原因就會消失，接着行動的動機也會消失，行為也就終止（參見第三章二節一項李維特的行為模式說）。

（三）影響行為的其他因素：人的行為雖可用模式解釋，但由於行為常受看某些其他因素的影響，會表現出與行為模式不盡相同的行為。

---

❶ 傅蕭良著，人事心理學，第四九——五一頁，三民書局，七〇年版。

此種其他因素包括1.個人因素：如遺傳、家庭、教育、社會生活、工作經驗等；2.環境因素：如物質環境、生物環境、社會環境，而社會環境又有心理的、政治法律的、經濟的、倫理的等之分；3.文化因素：如社會上所公認的價值體系，乃個人在日常行為所應遵守的行為規範或準則，也為判斷個人有所為有所不為的標準；4.情勢因素：如權威有着限制行為的力量，脅迫可影響他人改變行為，操縱可使被操縱者依著操縱者意思行事；合作乃以支持方式使他人感到有改變其行為的需要並達到改變行為的目的，金錢可作為改變他人行為的誘因❷。

三、心理衝突的意義與型式

（一）心理衝突的意義：心理衝突，指個人的若干動機之間引起了衝突，致對行為與目標的選擇發生心理上的困擾，其情況嚴重者，可使個人寢食難安，影響及生理與心理健康。

（二）心理衝突的型式：主要有下列三種，即1.雙趨衝突：指個人同時並存有兩個動機，但此兩個動機之行為的目標在事實上是無法得兼時，致在心理上產生了「魚與熊掌」之間取捨的衝突。2.雙避衝突：指個人對兩個動機之行為的目標均感到厭惡，均想逃避，但事實上在此兩個目標間必須接受其一時，即發生究應逃避何一目標的衝突，如強盜之死裏逃生抑受捕判罪。3.趨避衝突：指個人對着同一目標並存有接受與逃避的兩種動機，因而既有達到目標又想逃避目標之矛盾心理，如小兒需要父母的照顧又討厭父母對其行為之過分干與❸。

四、行為挫折的意義與原因

（一）行為挫折的意義：行為挫折，指個人基於動機在表現行為達

❷　陳庚金著，人羣關係與管理，第九四——九七頁，五南圖書出版社，六十八年版。

❸　張春興、楊國樞著，心理學，第四五九——四六一頁，三民書局，六十七年版。

到目標之過程中，遭遇阻力而無法克服，致原定目標根本無法達成時，則會放棄行為的目標，而將行為本身走向報復；此時原有理智的行為變成了感情用事，原為建設性的行為變成了破壞性的行為。

（二）行為挫折的原因：使個人行為受到挫折的原因，不外1. 自然環境的阻碍：如自然的或物理的或時間的原因，使個人行為無法達成目標；如因颱風過境交通斷絕而無法準時赴約。2. 社會環境的影響：為維持社會生活的安定與和諧，必訂有政治、經濟、家庭等制度，及某種模式的生活方式與風俗習慣；此種規範對個人均有着約束力，如個人的行為與目標與此種規範相抵觸，則會受到社會的制裁與阻止，而無法達成原定的目標。3. 自身條件的不够：如身體、學識、能力、經濟等條件之不足，致目標難以達成。

五、對衝突與挫折的容忍、防衛與反應[4]

（一）對衝突與挫折的容忍：個人在一生中，受到衝突與挫折是無法避免的，所遇及的衝突與挫折中，有者係暫時性的，只要經過一段期間即會消失，所受的打擊也較小；有者卻是長期性的，所受的打擊也較大。各人對衝突與挫折的適應情形不甚相同，有者堅忍不拔百折不撓，有者消極悲觀沮喪終身，此即為對衝突與挫折的容忍力。

（二）對衝突與挫折的防衛：防衛，指個人藉心理防衛的作用，來統合內在的矛盾及協調內在的慾望與外在環境的壓力，使自我功能可順利的進行與發展。防衛作用有者為合理並可發生積極作用，有者則否。如代替（即尋求另一目標之達成以為代替），乃屬合理的防衛；又如合理化（即對自己的所作所為找出一個不一定是合理的解說）或提高評價已得到的抑低評價未得到的（即吃不到葡萄說葡萄是酸的），乃屬不合理的防衛。

---

[4] 傅肅良著，人事心理學，第六七——七〇頁。

（三）對衝突與挫折的反應：當個人對衝突與挫折，既不能容忍又不能作心理防衞時，則在情緒及行爲上均會有所反應，且常屬於不理智不正常者。反應通常有下列四種，即1.敵視：在態度與情緒上產生敵視的心理，在行爲上產生了攻擊的行爲，其中又有直接攻擊（對構成衝突或挫折的人或事物加以直接攻擊），轉向攻擊（轉向其他的人或事物發洩）之分。2.畏縮：既不敢面對障碍，也不能尋求其他途徑繞越障碍去達到目標，情節嚴重時，一切都感到消極，想逃避現實，甚至看破紅塵了結殘生。3.固執：個人的行爲不論其有無適應及達成目標的價值，仍繼續不斷的反覆的從事同一無意義的行爲。4.屈從：表現出自暴自棄的現象，放棄個人所有的嘗試，陷入被動與失望，聽從他人，無自己主張，凡事得過且過，不求上進。

第二項　了解員工的個別差異

所謂員工的個別差異，包括人格的差異與能力的差異，而能力的差異又包括學識、經驗、技能、智力、性向、體格的差異。此種個別差異的存在，影響及員工的工作指派、員工對工作的興趣及對工作的績效與成就，關係甚大。除員工在學識、經驗、技能、體格上的差異均爲人所了解不再說明外，茲就人格、智力、性向之個別差異情形簡說如下：

一、形成個別差異的原因　員工間具有個別差異的原因，主要爲生物性的因素與環境的因素，也可說是先天的因素與後天的因素。前者以遺傳爲最重要，後者以教育爲最重要，由於各人的遺傳及教育等因素及環境絕少相同，因而陶冶出各不相同的特質，乃產生了個別差異。

二、人格的個別差異

（一）人格的意義：人格，指一個人在社會生活的適應過程中，對己、人、事、物時，在身心行爲上所顯示出的獨特個性，而此種獨特個

性，又係個人在其遺傳、成熟、環境與學習等因素交互作用下所形成，並具有相當的統合性與完整性❺。

(二) 人格差異的學說

1. 體型論者： 認爲體型與人格有密切關係，卽 (1) 內臟型：消化系統與其他內臟各器官較爲發達，因而體型肥胖，其人格特性爲好逸惡勞，行動隨便，反應遲緩，喜交際，寬於待人，遇事從容不迫，好美食等；(2) 肌體型：骨格、肌肉及結締組織較爲發達，因而體型健壯，其人格特性爲體力強健，精力充沛，大膽而坦率，好權力、勇於冒險等；(3)頭腦型：神經系統及皮膚組織較爲發達，骨骼細而長，故體型高瘦，其人格特性爲思想週密，行動謹愼，情緒緊張、反應靈敏、常憂慮、患得患失、喜獨居、不善交際，但處事熱心負責。

2. 心理型論者： 認爲人格可分爲內向與外向兩種；前者就是使一個人注意到內部及一個主觀的世界，其行爲特性爲敏感、退縮、羞怯，選擇工作時多偏於對事物的管理而不願管人，喜獨處，長於寫作但拙於言辭，常憂慮，對事執着，不喜歡參與社交活動；後者就是導致一個人趨向於外界及一個客觀的世界，其行爲特性爲好社會性活動，喜歡管人而不喜歡管事，易於接受傳統，能伸縮變通，易順應環境，少憂慮，善於與人相處❻。

3. 價值觀論者： 認爲由於價值觀念的不同，人格特性也有不同，奧波脫 (Allport) 及林得賽 (Lindzey) 就人的興趣與動機測驗結果，將人的價值觀分爲六種類型，卽 (1) 理論型：凡主要興趣爲探討眞理並能以理智態度處理一切事務者屬之；(2) 經濟型：凡主要興趣爲利用事物及有實際價值之事物者屬之；(3) 審美型：凡主要興趣爲注意形態、

---

❺　余昭著，人格心理學，第二六——二八頁，自印，六十八年版。

❻　張春興、楊國樞著，心理學，第四四〇——四四一頁。

調和、優雅、對稱、合適等要求者屬之；（4）社會型：凡主要興趣為博愛、利他者屬之；（5）政治型：凡主要興趣為玩弄權術、影響他人及喜好成名者屬之；（6）宗教型：凡主要興趣為喜歡神秘、對宇宙之探索者屬之❼。

　　三、智力的個別差異❽　　根據心理學家魏啟斯勒（Wechsler）的解析，智力是個人對有目的的行動、合理的思維及有效適應環境的綜合能力。一般人的智力多隨同年齡的增加而發展，但發展到某一年齡時（通常二十至二十五歲）即到達頂點，以後再隨同年齡的增加而逐漸有降低趨向。智力的高低可用智商（指個人實足年齡 CA 與心理年齡 MA 之比並乘以一百所得之數）表示，即以　$IQ = \dfrac{MA}{CA} \times 100$　公式計算之。

　　根據魏氏對成人智力測驗所得，智商與人數比例分配情形如下表所示：

智　　　　　　商	說　　　　　　　　明	人 數 百 分 比
130 以上	極　　優　　秀	2.2%
120—129	優　　　　秀	6.7%
110—119	一　般　優　秀	16.1%
90—109	中　　　　等	50%
80— 89	一　般　愚　笨	16.1%
70— 79	臨　　　　界	6.7%
69 以下	智　能　不　足	2.2%

　　大致而言，（一）凡智商在一三○以上者，其身高體重及外表，多

---

❼　Arme Auastasi, *Psychological* Testing, p. 552.

❽　傅蕭良著，人事心理學，第七三——七八頁。

超常人，其將來成就也較常人爲高，尤其在文學藝術等方面更是如此；但吾人須了解者，成就並不完全靠智商的高，而人格性向也爲重要因素，如在情緒上適應不良或缺乏向上動機，卽使有高的智商仍難獲成就。（二）智商在七〇以上至一二九者，其將來的成就，主要依仗於後天的勤奮與努力。（三）智商在六十九以下者，卽使後天的勤奮努力，也難有成就，有者甚至終身需要他人照顧。

　　四、性向的個別差異⑨　　性向，指對某種職業與活動所需的特殊能力。通常所謂性向，可分爲下列六種，卽（一）機械性向：主要包括個人對空間關係的知覺能力，與手眼調和的運動能力；凡具有機械性向者，從事機械、機器操作、裝配、修護等工作時，可有較大的成就。（二）心理動作性向：主要包括手部靈巧、穩定性、肌肉力量、對信號之反應速度及若干動作之協調等能力；凡具有心理動作性向者，從事需要手部靈巧活動的工作，會有較好的成績。（三）邏輯性向：主要包括錯綜複雜的思考，及依據正確順序及邏輯反應等能力；凡具有邏輯性向者，將來從事電子計算機程式編製工作，及需要解決日常所遇各種問題之工作，會獲得較高的成就。（四）文書性向：主要包括打字、速記、文件整理保管、會計、聯絡及工作計劃等能力；具有此種性向者，將是一個優秀的文書工作人員，並可獲致良好的績效。（五）藝術性向：主要包括學習藝術及欣賞藝術的能力；具有此種性向者，在藝術工作上將可獲有成就。（六）音樂性向：主要包括記憶與辨別音之高低、強弱、韻律、音色等之能力；具有此種性向者，從事音樂方面工作可有較大成就。

第三項　注意員工的需要與願望

　　根據我國民生主義的說法，人有食、衣、住、行、育、樂六大需

---

⑨　傅肅良著，人事心理學，第八六頁。

要；又依馬斯洛的需要層次說（參見第三章二節二項），一般的人有五個不同層次的需要，即生理的需要、安定的需要、社交的需要、受尊重的需要、及自我實現的需要。從此兩種學說的內涵及目前我國經濟發展現狀，值得吾人注意者有下列五點：

一、員工均有其物質的與精神的需要與願望　員工均有其需要，滿足需要是員工的願望，故也可說員工均有其需要與願望。至需要與願望的種類，雖有食、衣、住、行、育、樂六種與五個層次的不同，但均可歸納爲物質的需要與精神的需要兩類；如食、衣、住、行的需要是偏向於物質的，育、樂的需要是偏向於精神的；生理的與安定的需要是偏向於物質的，而社交的、受尊重的及自我實現的需要則又是偏向於精神的。

二、需要與願望的滿足通常是先物質的後精神的　員工雖有物質的與精神的需要與願望，且均希望能獲得滿足，但在滿足的先後順序上，通常是先追求物質的需要與願望的滿足，而後再追求精神的需要與願望的滿足；如物質的需要與願望尚未獲得適度的滿足時，則不易產生有精神的需要與願望，即使有精神的需要與願望，也不會急於去追求滿足。這正是人類先求生存及物質生活安定，而後再求精神生活享受的原因。

三、當前正是由物質生活的追求到精神生活追求的轉型期　在臺灣地區，由於經濟的持續發展、國民所得的繼續增加、教育及知識水準的不斷提高，一般人的物質生活已獲得適度的滿足，人的需要與願望正朝向高一層次的精神生活的追求。組織內的一般員工也是如此，他們所追求的已趨向於精神生活的一面，他們需要和諧的人際關係，需要受到別人的尊重，及需要工作上的成就感與滿足感。

四、物質生活較易滿足精神生活較難滿足　從滿足的順序言，雖是物質生活先於精神生活，但從滿足的難易言，卻是物質生活易於滿足精

神生活不易滿足。因爲精神生活不易滿足，故在滿足的過程中遭遇挫折的機會也較多，對心理情緒的影響也較大，心理失常的可能性也較前爲大，此乃心理諮商受到重視的主要原因。

五、在追求需要與滿足過程中也會呈現出個別差異 以上二、三、四情形，乃屬一般性的現象，但並非每一員工均屬如此，其中仍會有個別差異的存在。如有者視名譽重於生命；有者於物質生活獲得適度滿足後，卽會停止向精神生活的追求；有者對精神生活的追求甚爲順利，並未發生挫折等。以上各種差異情形，亦常有所聞與所見。

第四項　滿足員工的需要與願望

員工旣有其需要與願望，則協助員工使其需要與願望能獲得適度的滿足，乃成爲各組織管理當局的責任。當管理當局採取協助措施時，可就下列各點參探之：

一、員工對組織的奉獻與組織對員工需要與願望的滿足是對等的 組織的管理當局莫不期望員工對它應有奉獻，但同樣的員工莫不期望組織對其需要與願望能給予適度的滿足，因奉獻與給予滿足二者是對等的，組織不能只要求員工奉獻而不給予滿足，員工也不能只要求給予滿足而不提供奉獻。此種奉獻與給予滿足的對等，也就是組織目標與個人目標的平衡與融合，只有此兩種目標取得平衡，員工與組織始能雙蒙其利，否則組織旣不能繼續生存與發展，員工也將被迫解職。

二、了解個別員工的需要與願望 一般員工的需要與願望，雖是先物質的後精神的，且現正值由物質的轉向精神的追求，但並不表示每一員工均屬如此。如地位及知識水準較高者，比較重視理想及榮譽者，往往以精神生活爲主要追求對象；而地位及知識水準較低者、現有生活負擔較重者，多仍以物質生活爲主要追求對象；再同樣屬於追求精神生活

的員工而言，有者以人際關係和諧爲追求對象，有者以獲得他人的尊重爲對象，更有者以實現自己的理想與抱負爲對象。如員工所追求的對象不同，則管理當局的協助也應有別。

三、針對個別員工當時的需要與願望採取協助措施　管理當局採取協助措施的目的，在對個別員工當時的需要與願望給予適度的滿足，以換取員工對組織的奉獻。在同一時間內個別員工的需要與願望既有不同，則所採取的協助措施也宜因人而異。通常所採行的統一的措施，雖屬公平，但不一定能適合各別員工的需要與願望。

四、激勵措施宜有彈性並機動運用　激勵措施，也就是協助員工滿足其需要與願望的措施，由於個別員工在需要與願望上的差異，激勵措施宜具有彈性，也卽宜規定各種不同的激勵方式，以便作因人而異的選用，以眞正獲得激勵的效果，也卽眞正換取員工對組織的奉獻。

五、給予激勵的程度仍須與奉獻的大小相當　員工對組織的奉獻的大小，由於職務與能力條件等之不同而有差別；爲期奉獻與激勵的對等，及對奉獻較大者能發生激勵效果，給予員工激勵的程度高低，應與員工對組織奉獻的大小相當。

第三節　運用心理測驗

擔任職務所需的資格條件中之能力條件，係包括學識、經驗、技能、智力、性向、體格等，同時人格與擔任職務的成敗也有關聯。對員工能力條件之是否具備及具備的程度，通常以考選方法來認定，除體格檢查外，茲從心理學觀點，就心理測驗的原則，及人格、智力、性向、成就測驗，分項簡述如後。

第一項　心理測驗的原則

對能力條件的考選，應注意其信度、效度、客觀與便利，當辦理人格、智力、性向的心理測驗時，更須注意其信度、效度與建立常模❿。茲就心理學家對信度、效度與建立常模的一般看法，說明如下：

一、信度　係指一種測驗分數的可靠性或穩定性。

（一）信度的種類：主要有下列四種，卽 1. 再測信度：指用同一種測驗，在間隔的時間內，對同一應試者作前後兩次測驗，根據兩次測驗結果認定信度。2. 複本信度：指對應試者在同一時間或不同時間，作原本與複本的測驗，視其兩種測驗結果認定信度。3. 折半信度：指將應試者對同一測驗，將題目分兩半，並分別計分，再依此兩半的測驗結果認定信度。4. 評分者信度：對無法作客觀記分的測驗，運用抽樣方法抽出若干份數，由兩位以上評分者分別評分，而後以此兩種以上分數間的關係認定信度。

（二）表示信度的方法：測驗的信度多用相關係數表示，卽根據雙變項資料，經過統計分析而獲得變項間的相關程度。如一變項的成績高而另變項的成績也高時，此爲正相關；如一變項的成績高而另變項的成績反而低時，此爲負相關。相關的程度通常以相關係數（r）表示，r值總界於＋1與－1之間；一般而言，如信度相關係數達 0.8 以上，在人事管理上已認爲有應用價值。

（三）影響信度的因素：主要有受試者及測驗的情境，評分的客觀性，測驗內容的長度，前後兩次測驗間隔時間的長短等。

二、效度　係指一種測驗能測量到它所企圖測量的程度，測驗的效度愈高，表示該測驗愈能達到所欲測量的目的。

---

❿　傅肅良著，人事心理學，第二三六——二五四頁。

（一）效度的種類：主要有三種，即1.內容效度：指測驗的內容或材料，是否包括具有代表性的樣本。2.效標關聯效度：效標是測驗效度的參考標準；效標關聯效度，是以一種測驗的得分與效標之間的相關係數，來表示測驗效度的高低，如測驗所得分數與效標間的相關係數在0.3以上，則表示該測驗已有應用價值。3.建構效度：指一種測驗能測量理論架構或特質至何種程度；如應試者測驗所得分數與在校時教師的考評或日後在工作上所表現出解決問題的能力之間，具有高度的相關，則表示建構效度良好。

（二）影響效度的因素：主要有應試者的性質與背景，測驗用的材料，應試者的心理狀態，效標本身的可靠性，及實施測驗時的情境等。

三、建立常模 係指代表標準化的測驗成績。因大多數的測驗所得的分數只是一個原始分數,而原始分數並不具有充分的獨立性與比較性，故僅就原始分數尚難真正了解應試者的學識能力，更無法憑作認定應試者的智能在常態分佈中的位置，再如兩種科目的測驗，其成績亦無法作直接的比較高下，因此有建立常模，憑作原始分數換算標準分數的依據。將原始分數換算為標準分數後，則其測驗分數可真正代表應試者的學識能力，與他人的分數也可作直接的比較。建立常模須經一定程序，較為常用的常模有百分位數常模與標準分數常模等數種。

第二項 人 格 測 驗

人格測驗，指了解各人人格個別差異所作的測驗。人格測驗乃能力測驗中之最困難者，因此學者雖有研究並實施人格測驗，且設計出人格測驗的方法，但其信度與效度如何，多不敢持樂觀看法。茲就較為常用人格測驗方法簡說如下：

一、自陳法 係由受測者本人採用自我評鑑方式，對自己個人的人

格特質所作之測驗，並多以文字測驗方式行之。如在人格測驗中列出許多問題（以是非法或選擇法爲主），由受測者憑自己意見，選擇適合於描寫自己個性者予以回答，從測驗所得分數，對個人人格可獲致大概的了解。如由心理學家哈沙威 (S. R. Hathaway) 及馬金禮 (J. C. Mckinly) 所編製的明尼蘇打多相人格測驗（測驗內容分五五〇題，從測驗可算出十種人格特質的分數），及吉爾福 (Gulford) 所編製的因素分析人格測驗（共三〇〇個測驗題，可測驗十種人格特質），均屬其例。

二、投射法　係指向應試者提供一些未經組織的刺激情境，讓應試者在完全不受限制的情形下，自由表現出反應，使其在不知不覺中表露出人格的特質，也卽希望個人內在的動機、需要、態度、願望、價值觀等，經由無組織的刺激，在無拘無束的反應中投射出來。如羅夏（Hermann Rorschach)所設計羅夏墨汁人格測驗，繆瑞(H. A. Murray)所發展的主題統覺人格測驗，及奧波脫與林得賽所規劃的興趣與動機測驗，均屬其例⓫。

第三項　智力測驗

智力測驗，係測量個人對有目的的行動、合理的思維及有效的適應環境的綜合能力，並不包括特殊的能力（卽性向）在內。通常被應用的智力測驗有下列兩種：

一、比西智力量表 (Binet-Simon Scale)　其要點爲（一）適用三歲至十八歲的個人，共有測驗題一二六題，各年齡組均有正測驗題六題，交替測驗題一題；記分標準爲五歲以下每答對一題爲心理年齡一個月，六至十四歲組每答對一題爲心理年齡二個月，普通成人組每答對一

⓫　張春興、楊國樞著，心理學，第四一五——四二六頁。

題爲心理年齡三個月，但優秀成人 I 組則爲四個月，優秀成人 II III 組則爲五個月；並另訂生理年齡、心理年齡及智商對照表，以便根據應試者所通過的題數換算心理年齡，再換算智商。（二）測驗時所用之器材種類甚多。（三）舉行測驗時須嚴格遵守標準。（四）比西智力量表的信度相關係數爲0.91，至效度的追蹤研究結果尙無定論。

二、魏氏成人智力量表 (Wechsler Adult Intelligence Scale)
其要點爲（一）包括語文與作業兩個量表：共有三一一個測驗題，適用於十八歲以上的成人。（二）語文量表：包括六部分，卽常識測驗、理解測驗、算術測驗、相似測驗、數字記憶，及字彙。（三）作業量表：包括五部分，卽數形聯結、圖畫補充、方塊設計、連環圖畫、及物形拼合。（四）計算智商：因成人的生理年齡雖繼續增加，但心理年齡並不隨着增加，故對成人智力測驗換算智商的方法，魏氏定爲 $IQ = \dfrac{Y+X}{Y}$，其中 Y 爲智商零點與平均點的距離（以標準差爲單位），X 則爲標準分數。

三、智力測驗在人事管理上的應用　智力測驗在員工考選、職業諮商、教育諮商上應用甚爲廣泛；以考選而言，如先舉行智力測驗，大致可了解其綜合能力。

第四項　性　向　測　驗

性向測驗，指對特殊能力的測驗。性向測驗可分爲學業性向與職業性向測驗兩類，而職業性向測驗又有綜合性向測驗與特殊性向測驗之分。茲就職業性向測驗簡述如下：

一、綜合性向測驗　如畢奈特 (Bennett) 所編製的區分性向測驗 (Differential Aptitude Test)，卽包括下列八個分測驗，用以測量八種性向者，卽（一）語文推理測驗：主要測驗應試者理論語文概念的能力，對需要複雜語文能力的職業，有高的預測價值。（二）數學能力測

驗：主要測驗應試者處理數字概念的機敏性及對數字的理論能力，對統計、簿記等職業，有高度預測價值。（三）抽象推理測驗：主要測驗應試者對圖形的概念或推演出其中原理之能力，對從事藝術、畫圖、設計等職業，有高度預測價值。（四）文書速度與確度測驗：主要測驗應試者對簡單知覺及工作的反應速度，對從事速記、檔案管理、譯電碼等職業，具有預測價值。（五）機械推理測驗：主要測驗應試者機械智慧的高低；對複雜機件的裝修等職業，具有預測價值。（六）空間關係測驗：主要測驗應試者心理上操縱三度空間知覺的能力；對建築、繪圖、裝飾、服裝設計等職業，具有預測價值。（八）語文運用測驗：主要測驗應試者發現普通成語中錯字、文法與修辭的修養能力；對從事應酬文件、新聞事業、廣告、寫作函牘等職業，具有預測價值。

二、特殊性向測驗　由於各種專業工作的需要，特殊性向測驗的種類在繼續的增多。如機械性向測驗、文書性向測驗、藝術性向測驗、音樂性向測驗等，均為較常用的特殊性向測驗。

三、性向測驗在人事管理上的應用　性向測驗，通常為織組考選人員時，或輔導及諮商單位與謀職人員洽談時所舉行，如經測驗具有某特種性向者，則從事該特種職業或參與該特種職業的學習或訓練時，可獲得較多或較大的成就。

第五項　成 就 測 驗

成就測驗，係對應試者就其已經學習、訓練課程所獲得之學識、經驗、技能予以測驗，以認定其學習或訓練的成就。成就測驗通常可分下列兩種：

一、綜合成就測驗　測驗內容包括多種學科，從測驗結果可了解應試者在學識、經驗與技能方面之概括的成就。如(一)史丹福綜合成就測

驗 (Stanford Achievement Test)：內容分爲四個部分，分別適用於幼級、初級、中級及高級程度的應試者。（二）簡茂發編製的國中新生成就測驗：測驗內容包括國語、數學、常識三科，每科五十題，均爲四選一之選擇題；其中國語科又分字音、字形、解析、課文閱讀、選字詞、刪字詞、造句及課外閱讀八部分；數學科又分數學知識、演算及應用三部分；常識科又分自然科及社會科兩部分。

　　二、特殊成就測驗　係測驗應試者某一特定科目之學識、經驗與技能之成就者。如（一）數學能力測驗：由陳榮華、吳武典編製，適用於國小學生，測驗內容分三個部分，第一部分爲概念測驗，包括認識、分數與小數、圖形與空間、術語與符號等測驗；第二部分爲運算測驗，包括加法、減法、乘法、除法、心算法及數字推理等測驗；第三部分爲應用測驗：包括情境推理、金錢、測量、時間及統計等測驗。（二）一般機關及學校所舉辦之學科測驗。

　　三、成就測驗在人事管理上的應用　主要包括（一）於考選人員時作爲測驗應試者之學識、經驗、技能之用。（二）作爲鑑別通才與專才之用，如應試者對各種學科均有良好成就者可培植爲通才，如對某一科目有特殊成就者可培植爲專才。（三）作爲認定員工需否參加某種學科或技能訓練之用。

第四節　應用學習心理與維護心理健康

　　舉辦員工訓練進修，須先了解學習心理，而後再將學習心理應用至訓練進修的實務上，以增進訓練進修的效果。再組織內員工，基於某種因致有表現出心理失常者，對此種心理失常的員工，須採取維護心理健康措施，協助其達到態度與行爲的改變及良好的生活適應。茲分項敍

述如後。

第一項 學習心理

學習，係指經由練習或認知，使個人在其行為上產生較為持久改變的歷程。學習心理，通常包括學習理論、學習遷移、記憶與遺忘。茲簡說如下：

一、**學習理論** 可以下列兩種為代表，即（一）聯結論：為心理學家桑代克（Thorndike E. L）所創立，認為個人經過對刺激的多次反應，會使此刺激與反應之間建立起一種聯結，即為學習；至聯結之強弱，則受1.練習次數的多寡，2.學習者自身的準備狀態，3.反應後的效果而定。（二）符號完形論：為托爾曼（Tolman E. C.）所倡導，認為個人的學習是有目的的，是逐步進行的，在全程中可以分為幾個符號，學習者之所以能辨別這些符號與達成目的，要靠其知覺的與認知的能力。

二、**學習遷移** 指學習一種學科對學習另種學科的影響。學習遷移現象，又有（一）正向遷移：指原有學習對新學習具有幫助或增加學習效果或縮短學習時間的遷移，如先學英文再學法文，則其學習法文的效果要比未先學英文者為好。（二）負向遷移：指原有學習對新學習具有阻礙或減少學習效果或延長學習時間的遷移，如先養成靠右走習慣後再學靠左走，其效果要比未先養成靠右走習慣者為差。

三、**記憶、記憶曲線與影響記憶的因素** （一）記憶：指過去經驗的復生，包括記住、保存、回憶與辨認四種心理功能。（二）記憶曲線：個人在學習過程中，學習成績常隨學習次數的增加而進步，此種進步情形，如以橫座標代表學習次數，以縱座標代表學習成績，則大致可繪成「ʃ」形的曲線，稱為記憶（或學習）曲線。（三）影響記憶的因

素: 主要有學習材料的因素（含意義性、材料的長度與難度、學習材料在整個資料中的序列位置），學習方法的因素（含集中時間學習與分散時間學習、全部材料學習與分段材料學習、要求學習熟練程度、閱讀學習與背誦學習、學習結果的獲知），學習者個人因素（含智力、年齡、性別、動機、學習技巧、情緒等）。

四、遺忘、遺忘曲線與構成遺忘的原因　（一）遺忘: 指過去經驗之不能持續。（二）遺忘曲線: 個人經學習完成後，如經過一段期間的不再學習，則對原已學得的成績就會產生遺忘現象，當時間經過愈久則遺忘的也可能愈多，能繼續保留的也愈少；此種現象亦可用曲線（大致呈「乚」型）表示，稱為遺忘（或保留）曲線。（三）構成遺忘的原因: 大致為因時間過去及不用而遺忘，因受到學習的干擾而遺忘，因記憶變質而遺忘，及有意使其遺忘等⑫。

第二項　學習心理的應用

根據學習心理的研究所得，如將之應用至訓練進修實務，卽配合學習理論，增強學習記憶，減少學習遺忘及擴大學習效果，將更可發揮訓練進修的功能。茲簡說如下:

一、配合學習理論　如（一）不同性質的訓練進修應適用不同的學習理論: 對以學習技術及操作為主的訓練進修，應適用聯結論來設計規劃；對以學習思考及解決問題為主的訓練進修，應適用符號完形論來設計規劃。（二）不同的教材應選用不同的方法學習: 對以技術及操作為主要內容的教材，宜採實地練習方法，並增加練習次數；對以思考及解決問題為主要內容的教材，宜採討論、個案研究方法學習，以增進對問題認知的程度。（三）參加訓練進修員工事先須有心理準備。（四）對

⑫　傅肅良著，人事心理學，第一一六──一三六頁。

學習具有良好反應的員工，應卽給予適當的獎勵。（五）使員工迅速獲知學習的成績，以便及早改正缺失。

二、增强學習記憶　卽（一）學習教材方面：1. 學習教材宜簡明且難度適中，並注意與學習者學識水準的配合；2. 同一學習教材的安排應注意其序列，由淺入深以利學習者的接受。（二）學習方法方面：1. 視學習教材的難易安排學習的時間；2. 視教材的難易安排學習方法；3. 視需要熟記的程度安排學習的次數。（三）學習者個人條件方面：1. 視教材選調具有相當智力水準者參加學習；2. 視教材性質選調適當年齡者參加學習；3. 視教材的性質考慮學習人員的性別；4. 以獎勵方法提高學習動機；5. 注意學習者的情緒。

三、減少學習遺忘　卽（一）對經學會事項作間歇性的複習、練習或回憶。（二）對不同事項的學習應安排中間的間隔時間。（三）保持對學習事項的興趣與價值。（四）對學習事項作重點的記憶。（五）應用理解的方法來學習。（六）於學習完成後再作學習（卽過度學習）。（七）用聯想來幫助記憶。（八）將學習教材作有層次的、邏輯的與順序的安排。（九）採邊讀邊記方式學習以增加印象。（十）睡眠前學習以便學習後獲得休息。

四、擴大學習效果　卽擴大學習遷移中的正向遷移，以減少學習時間及增進記憶。如（一）性質相近的事項可接續學習。（二）性質相關的後學事項的學習，應先對有關的前學事項稍作提示以利學習。（三）學習運動技巧時應儘量運用對邊遷移作用。（四）學習時應儘量運用累積遷移技巧。

第三項　心理失常

心理失常卽爲行爲失常，指個人在行爲上失卻常態而呈現出變態。

心理失常有其認定的大致標準，產生心理失常多有其原因，心理失常者常會產生某種現象。茲說明如下。

一、認定是否屬於心理失常的標準　行為的失卻常態與呈現變態是互補的，常態與變態之間尚難作截然的劃分，只是程度的不同而已。一般心理學家通常用下列方法之一來區分常態與變態，卽（一）根據統計區分常態與變態：凡個人行為在常態分配中近於平均數者為常態，居於常態分配之兩極端者為變態。（二）以行為能否符合社會標準區分常態與變態：凡個人行為符合社會規範、道德標準與價值觀念等，並為社會所接受者為常態，否則為變態。（三）以能否適應環境區分常態與變態：凡個人行為對環境能作有效適應者為常態，否則為變態。（四）以可能發生危害程度區分常態與變態：凡個人日常生活或其行為有危害他人之可能者為變態，否則卽使其行為與常人不同但無危害他人之虞者仍為常態。（五）以能否符合特定的標準區分常態與變態：如馬斯洛與米特曼（Maslow & Mittelmann），曾訂定十一項標準作為衡量依據，凡符合所定言行標準者為常態，否則為變態⑱。

二、引致心理失常的原因　主要包括（一）受長期的衝突與挫折：當個人遇及動機的衝突或行為挫折後，如長期不能獲得解決，終將產生一種持久性的情緒緊張與焦慮，以致影響及心理的正常。（二）社會環境：在不同的社會環境中，個人所受社會傳統、習俗、價值觀念、道德規範等壓力多有不同，致對個人也發生了不同的影響。（三）家庭關係：主要指親子之間的社會關係與感情關係，此種親子間的關係也會影響及個人對社會生活的不良適應，而引致心理失常，呈現出行為上的變態。

⑱　Maslow A. H. & Mittelmann B., *Principles of Abnormal Psychology*, 1951.

三、心理失常的現象　因心理失常所表現出的失常現象，約可分爲兩大類，一類爲機能性失常，也稱心因性失常，又可依其情節輕重區分爲較輕的心理神經病及較重的精神病兩種。另一類爲機體性失常，乃屬生理上疾病。此處所述心理失常現象，是以較輕的心理神經病方面較爲常見之心理失常現象爲範圍，卽（一）焦慮反應：由於生存競爭日趨激烈，因衝突與挫折之不能解決而焦慮也難以消失，久而久之卽可能成爲病症；其特徵在心理方面爲缺乏明確對象的恐懼與緊張，不能鎮靜或集中注意或持久思考；在生理方面爲四肢無力、呼吸困難、頭暈目眩、流汗等。（二）分離反應：當個人擺脫焦慮時，常將其衝突與挫折加以壓制，致造成人格的分離，失卻人格的統合性；又有健忘症、多重人格之分。（三）恐怖反應：當個人的焦慮固定於某一事物或情境時，則個人對該事物或情境會引起情緒上的恐怖反應；又有幽閉恐怖症、黑暗恐怖症、空曠恐怖症、臨高恐怖症、動物恐怖症等。（四）強迫反應：當個人會不自主的去思考某些不合實際的事物或表現出不合常情的行爲時，卽爲強迫反應；又有強迫觀念與強迫行爲之分。（五）轉換反應：當內心的衝突或挫折受到壓制而轉換爲生理的症狀時屬之，如聽力減退、記憶喪失等。（六）抑鬱反應：當衝突或挫折的痛苦壓抑過久時易生抑鬱反應，呈現出垂頭喪氣、極端悲傷、情緒不穩定等現象。（七）神經衰弱反應：由於持久性的心理緊張結果，致精神過勞而產生神經衰弱，其症狀爲思考散亂、記憶減退、意志薄弱、頭痛、多夢、眼花、耳鳴、流汗、消化不良等。

第四項　維護心理健康

員工的心理失常，不僅影響工作效率與品質，抑且有礙員工風紀的維護，對心理失常的員工更屬痛苦與不幸。消除心理失常之方法，不外

積極方面維護心理健康以防止心理失常的發生，消極方面作心理諮商以恢復心理的正常。茲簡說如下：

一、**維護心理健康**　維護員工的心理健康，首須養成健康的心理，不使發生動機的衝突及行為的挫折；如遇及衝突與挫折時，設法克服衝突與挫折；如衝突與挫折無法克服時，則學習如何應付與容忍衝突與挫折，以達到良好的適應。以下係若干可供維護心理健康之原則性的意見，即（一）保持身體健康。（二）保持規律生活。（三）培養正當娛樂、消遣與幽默感。（四）培養多方面興趣。（五）多參與社會活動。（六）了解工作的意義（個人一方面可從工作中表現出個人的價值從而獲得心理上的滿足，二方面可從工作中表現團體中的我與提高自己的社會地位）。（七）了解自己並接受自己。（八）認識現實並面對現實。（九）應付緊張焦慮的情緒（如講出來、暫時的轉換生活方式或環境、不要有超人念頭、對他人不要苛求、消除對別人的威脅、偶然的讓步、為別人做點事獲得別人對自己的感激等）。

二、**心理諮商**　如員工已表現出心理失常的現象，則須經由某種途徑，使其對於自己與環境獲得清楚的認識，以達到態度與行為的改變及良好的生活適應。至心理諮商的方法，主要有下列三種，即（一）心理分析的諮商：係屬領悟性的心理諮商，其途徑為幫助病患將他在潛意識中被壓抑的思想和情感帶到意識界，然後使病人領悟他的衝突或挫折的根源，消除內心的緊張，以達到康復之目的。（二）以患者為中心的諮商：係接受患者所述的一切，且不加任何勸說或指導，對患者傾吐的一切語言與所表現出的任何情緒，都表示衷心的接受，既不加批評也不企圖控制，諮商者只表示對患者有了瞭解、同情與願意聽而已；至諮商的時間與話題，也完全由患者決定。（三）直接矯正行為的諮商：係利用學習心理中刺激與反應的原理，對患者所表現的行為直接予以矯正。

第二十章　人事管理的系統
面與權變面

　　各組織的人事管理措施，除有傳統的與人性的層面外，尚有系統的
與權變的層面。如在觀念上，人事管理是構成各級系統的一個部分，各
級系統對人事管理具有滲透與影響作用；在設計上，人事管理應保持適
當的彈性；在運用上，為適應需要，人事管理須作權變運用。以上各主
題，將在本章內分節討論之。

第一節　以系統觀念看人事管理

　　所謂系統，指具有規律化的交互作用與相互依賴關係的若干事物
（或稱為部分或因素），為達成共同目標所構成的整體。人事管理本身
即為一個系統，並由各人事項目所構成，人事管理又為織組系統的一個
部分，而組織系統又是環境系統的一個部分，可謂層級分明。茲分項簡
述如後。

第一項　人事項目與人事管理的系統觀念

各組織的人事管理，係由人事項目所組成，故人事管理爲一個系統，而人事項目是構成人事系統的一個部分；人事項目又由構成該項目的處理原則、程序、方法等所組成，故人事項目也爲一個系統，只是屬於人事系統的次級系統而已。茲說明如下：

一、人事項目構成人事系統　在人事管理中所包括之人事項目，有（一）人事體制；（二）考選（含人力計畫、資格條件、徵募）；（三）任用（含升遷、保障）；（四）服務（含懲處）；（五）考績（含勛獎）；（六）訓練（含進修、培育、發展）（七）提高意願；（八）發揮潛能；（九）薪給（含獎金）；（十）保險（含福利、安全衛生）；（十一）撫邺；（十二）退休；（十三）養老。此十三個主要人事項目，乃構成人事系統的十三個部分；此十三個人事項目相互間，具有相互依賴與相互影響作用，此十三個人事項目也是爲達成人盡其才事竟其功而組成的人事管理整體。

二、人事項目本身也是一個系統　如以考選人事項目而言，它雖是人事系統的一個部分，但它本身也是一個系統，它是由人力計畫、資格條件、徵募與考選四個部分所組成，此四個部分相互之間也具有相互依賴與相互影響作用。如考選須按人力計畫進行，考選的內容應以所需資格條件爲依據，並須視人力供需情形，選用適當的徵募方式進行，以期有較多的人員參加考選。其他的人事項目大致多有類此情形。

第二項　人事管理與組織的系統觀念

人事管理本身雖是一個系統，並由各人事項目所構成，但人事管理也是較上級的組織系統的一個部分。茲說明如下：

一、組織本身是一個系統　柏森斯認爲組織係由三個較小系統所組成，即（一）策略層次；（二）管理層次；（三）技術層次。又卡斯特

認爲組織係由五個較小系統所組織，即（一）結構次級系統；（二）技術次級系統；（三）社會心理次級系統；（四）目標與價值次級系統；（五）管理次級系統（以上參見第四章一節三項）。由上可知，組織本身是一個系統，至構成一個系統的部分，則各學者的看法甚有不同。如以我國一般政府的組織情形而言，可認爲組織系由三個次級系統所組成，即（一）業務次級系統；（二）技術次級系統；（三）管理次級系統。至構成組織的各個次級系統相互間，自具有依賴與影響作用。

二、人事管理是管理系統的一個部分　組織系統下的管理次級系統，也由若干個再次級系統所構成，如組織管理、人事管理、財政管理、事務管理，均爲構成管理次級系統的再次級系統，管理次級系統的目標，在支援組織系統中其他業務次級系統及技術次級系統之有效運行。至構成管理次級系統的組織管理、人事管理、財務管理、事務管理四個再次級系統相互間，也具有依賴與影響作用，如人事管理中的薪給、保險撫卹退休的經費、舉辦福利所需費用，均須財務管理的支援，各種福利設施又須事務管理的支援，而財務管理及事務管理部門所需的人力，又須得到人事管理的支援。

第三項　組織與環境的系統觀念

組織本身雖是一個系統，但是它也是構成特定環境系統的一個部分，而特定環境又是構成一般環境系統的一個部分。茲說明如下：

一、組織爲特定環境系統的一個部分　赫爾認爲特定環境系統，係由五個次級系統所構成，即（一）顧客；（二）供應者；（三）競爭者；（四）社會與政治；（五）技術。此五個次級系統，相互間也具有依賴與影響作用。

二、特定環境又是一般環境系統的一個部分　赫爾認爲一般環境系

統，係由九個次級系統所組成，卽（一）文化；（二）工藝技術；（三）教育；（四）政治；（五）法制；（六）自然資源；（七）人口；（八）社會；（九）經濟（以上參見第四章一節二項）。此九個系統，也具有相互依賴與影響作用。

在本節各項之系統觀念，自人事項目起至一般環境止，構成一層次分明的系統，其情形如下圖所示：

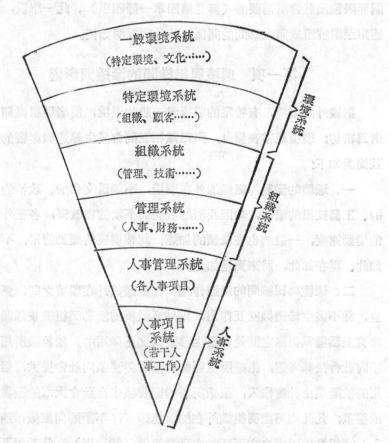

上圖的系統層次共有六個，如予簡化，則可歸納爲三個系統層次，卽組織外的環境系統，組織系統，及組織內的人事系統。

第二節　各層次系統間的滲透與影響

　　卡斯特與羅森威格，曾提出組織界限與開放的學說，即認爲組織與外在環境之間有着一種界限，但此種組織界限不是剛性的、是可以滲透的，界限的功能只是過濾，也即自社會透過界限輸入它所需要的，又透過界限輸出社會所需要的（參見第四章一節四項）。此一學說，同樣可適用至環境組織與人事間的關係。茲分項說明如後。

第一項　環境與組織間的滲透與影響

　　組織外的環境，有特定的環境與一般的環境，前者與組織關係較後者爲密切；環境經常在變動，與組織相互間會發生滲透與影響的作用。茲簡說如下：

　　一、環境的變動　組織的外在環境，不論爲文化的、政治的、經濟的、工藝技術的環境，均因經濟的發展而不斷的在改變，各種外在環境的變動速度，一般的也在繼續的加速。此種環境的變動情形，不但過去如此、現在如此，將來更是如此。

　　二、環境與組織間的滲透作用　如組織與外在環境之間，係各自獨立，從不發生滲透與交互作用，則外界環境的變動與組織並無關係，但事實上環境與組織之間是會發生滲透與交互作用的。如組織所用之員工須向社會徵募考選，組織所生產的物品或勞務須向社會提供，組織所運用的技術須由社會輸入，組織所需的經費須來自社會大眾的繳稅或投資或捐獻；凡此均可證明組織外在的環境因素，不斷的向組織滲透（即輸入），組織的因素也在不斷的向社會滲透（即輸出），此種相互的滲透也構成了環境與組織間的交互作用。

三、因滲透而發生影響　由於環境與組織間的滲透作用，則環境與組織間發生了相互影響的效果。如社會敎育水準的提高，將使組織員工的素質水準也因而提高，對徵募員工的資格條件及考選方式等，亦須作適度的修正；再如社會科技的發展，將使組織原有的生產技術予以升級，能大量的提高產品品質與數量，促使產品價格的下降，社會大眾獲得更多的利益；又如社會專業人才的缺乏，將使組織業務的推動遭受影響，由於組織求才的需急，可促使敎育制度的調整以利專業人才的培養等。故組織依賴於社會，社會也依賴於組織，社會對組織有影響作用，組織對社會也有影響作用。

第二項　組織與人事間的滲透與影響

組織也是在變動的，組織與人事管理之間，不但具有滲透與影響作用，且其滲透與影響力比環境與組織間的滲透與影響力爲大。茲簡說如下:

一、組織的變動　由於組織受變動的環境的滲透與影響，致組織本身也在經常的變動，如員工的新陳代謝，產品的推陳出新，技術的不斷更新，組織結構的經常調整，目標的調整等，均屬組織變動的證明。

二、組織與人事管理間的滲透作用　人事管理係屬輔助的行政，其目的在協助組織業務的順利逐行與組織目標的達成，因組織受着環境的滲透須作適應性的變動，而此種適應性的變動自會對人事管理發生滲透作用，如由於技術的需要更新，則對人事管理會增加考選或訓練新技術員工的壓力；再如組織結構的調整，則人事管理單位須研擬組織內部單位及層次的重新劃分與職權之重新調整；又如員工素質的低落將使組織引進新技術要求的落空。故組織與人事管理間具有滲透作用。

三、因滲透作用而發生影響　如組織業務的順利逐行與達成目標，

依賴於員工的素質；員工薪給的厚薄依賴於組織財力的支援；如人事管理部門不能提供高素質的員工，則會影響及組織業務的發展；組織不能作有效的財力支援，則會影響及員工的薪給所得。再如組織提供勞務或生產技術的變更，將使員工的人力結構發生變化；組織所服務的對象的改變，將使組織的結構也須作適應性的調整。故組織與人事管理間的依賴與影響關係，極爲密切。

第三項　人事與人事項目間的滲透與影響

人事管理，爲適應組織的變動也是在經常改變的；人事管理係由各人事項目所構成，故與人事項目間也具有滲透與影響作用，且其滲透與影響力，比組織與人事管理間的滲透與影響力更爲強大。茲簡說如下：

一、人事管理的變動　由於組織的變動與對人事管理的滲透與影響作用，致人事管理亦須作適應的變動，以發揮人事管理對組織的輔助作用。如員工員額的增減，人員的考選，員工的退休，員工薪給的調整等，均爲適應組織變動所採取的措施。

二、人事管理與人事項目間的滲透作用　如全盤性的人事政策的改變，將會對多個人事項目發生滲透作用，如屬行考選用人，則一方面須廣開考選途徑，改進考選方法與技術，任用資格以考選及格者爲限，對考選及格任用者給予適度保障；又如促進人事新陳代謝的政策，也將引起對退休年齡、退休給與、進用年齡、考績獎懲等方面的改變。再如各人事項目中任一項目績效之不彰，對其他人事項目或整個人事管理將會發生牽累。

三、因滲透作用而發生影響　由於人事管理與人事項目間強力的滲透作用，致二者也發生了強力的依賴與影響。如考選與任用、任用與俸給、俸給與考績、退休與養老、服務與懲處之相互間，其依賴與影響關

係極為密切。 如無考選合格之人則無法進用人員， 初任人員俸給依其職務與資格而定，員工任職後俸給的調整須根據考績，退休與養老同為安渡晚年生活所必需，根據服務時的違法失職情節給予懲處等，卽屬其例。

第三節　人事管理須保持彈性

為期適應變動的環境對組織的影響，及變動的組織對人事管理的影響，人事管理的設計與措施，必須保持適度的彈性。如對人事體制的設計與選用， 人力計畫與資格條件的訂定與調整， 考選任用與遷調的規定，考績與訓練的運用，薪給保險與福利之種類與設施，撫邮、退休養老的採行等，均宜保持彈性以利運用。茲分項簡述如後。

第一項　人事體制的保持彈性

人事體制，雖為運行人事管理的軌道，但為期適應組織的變動，在設計時仍須保持彈性。再人事體制的設計(參見第十七章一節一項)，主要為解決三個問題，卽區分架構的精粗如何，列入架構的對象為何，及將對象列入架構的方法為何，其保持彈性情形如下：

一、區分性質與程度之架構的精粗　架構精粗須適應組織對員工升遷調度靈活性的要求、社會行業分工的精粗、及各種行業所需專門知能員工個人能否具備等因素而定；如對員工的升遷調度需求靈活、社會行業分工不夠明顯、執行各行業所需專門知能員工易於具備，則區分架構宜粗廣，否則宜精細；再如社會行業分工漸趨精細、對員工要求專才專業、各種專門知能趨於複雜時，則原有的粗廣的架構應調整為精細的架構。

二、列入架構的對象　對象可爲組織法規所定的職稱，也可爲一個員工所擔任的那個職位，也可爲員工所操作或處理的工作。如員工的工作難作明確劃分，且員工的調動甚爲頻繁者，則可以職稱爲對象列入架構；　如員工的分工極爲明確，　且擔任各種工作所需的專門知能也有不同，組織也要求員工在原工作上或原行業中久任者，則可以職位或工作爲對象列入架構。再如組織內彙有行政管理與技術工作，行政管理及技術部門的員工工作分配、員工的升遷調任情況均有不同時，也可將行政管理部門以職稱爲對象列入架構，將技術部門以職位或工作爲對象列入架構。

三、列入架構的方法　如以職稱爲對象列入架構時，可採預行列等法；　如以職位或工作爲對象列入架構時，　可採分類標準法或因素評分法。如採用分類標準法或因素評分法時，其分類標準的型式或因素評分的標準，更可視需要而定，不必以同一標準適用至所有的職位或工作。

由上說明，區分架構有精細與粗廣之分，列入架構對象有職位、工作與職稱之分，列入架構的方法有分類標準法、因素評分法及預行列等法之分，如將上述二種架構、三種對象及三種方法交互運用，則可有十八種不同的人事體制設計方式，其情形如下表所示:

設計方式	架　構　精　粗	列入架構之對象	列入架構之方法
1	精　細	職　位	分類標準法
2	精　細	職　位	因素評分法
3	精　細	職　位	預行列等法
4	精　細	工　作	分類標準法
5	精　細	工　作	因素評分法
6	精　細	工　作	預行列等法

7	精　細	職　稱	分類標準法
8	精　細	職　稱	因素評分法
9	精　細	職　稱	預行列等法
10	粗　廣	職　位	分類標準法
11	粗　廣	職　位	因素評分法
12	粗　廣	職　位	預行列等法
13	粗　廣	工　作	分類標準法
14	粗　廣	工　作	因素評分法
15	粗　廣	工　作	預行列等法
16	粗　廣	職　稱	分類標準法
17	粗　廣	職　稱	因素評分法
18	粗　廣	職　稱	預行列等法

目前各組織所常用的三種體制，職位分類制即屬第 1 種設計方式，工作評價制即屬第 5 種設計方式，職務等級制即屬第18種設計方式。

第二項　人力計畫與資格條件的保持彈性

各組織為求用人不虞匱乏，須訂定人力計畫；為便於依計畫考選人員，須訂定資格條件；但此種人力計畫及資格條件，為適應變動的環境所帶來的組織的變動，也須保持彈性。其情形如下：

一、**人力計畫的彈性**　訂定人力計畫時，宜予保持彈性者有：

（一）程別的彈性：通常人力計畫可有三種程別，即近程、中程與遠程人力計畫，凡需用人力為數龐大、對將來情況的預測較有把握，需用人力須經長期培養者，可訂定三種程別的人力計畫；如需用人力為數有限、對將來預測無把握、需用人力經由短期即可培養者，可只訂定近

程或近程與中程人力計畫卽可；再如組織需用人力隨時可以羅致時，只需訂定近程人力計畫或甚至不訂人力計畫亦可。

（二）期間的彈性：各程別的人力計畫究應跨列何種期間，亦無定論，惟大致而言，近程人力計畫的期間可爲一年，中程人力計畫的期間可爲二年，遠程人力計畫的期間可爲四年。如期間過短將失去計畫的意義，如期間過長又將增加訂定人力計畫的困難。

（三）檢討調整的彈性：人力計畫訂定後，其內容自須常加檢討與調整。惟檢討與調整的頻繁性，則須視環境與組織變動的頻繁性與人力計畫的程別而異。如環境的變動及組織的變動甚爲頻繁且變動幅度大時，對原訂人力計畫卽有加以檢討與調整的必要。至檢討的時間，如屬近程人力計畫應於變動發生時卽行檢討與調整；如屬中程人力計畫可每半年或一年檢討調整一次，而遠程計畫則可在每隔一年或二年檢討並調整一次。

二、資格條件的保持彈性　包括下列三種情況：

（一）水準的彈性：擔任各種職務所需的資格條件，雖經訂定，仍非一成不變，爲期適應環境與組織的變動應作必要的調整。如社會上敎育水準普遍提高時，原定的資格（尤其是學歷）水準應作適應的提高，又如在偏僻地區敎育水準低落，爲便利考選當地人員任職，對原定的資格水準亦可酌予降低。

（二）內容的彈性：擔任各種職務的資格條件內容，係按職務性質及所需知能而定，遇及工作性質變更、或引進新技術新工具，則執行職務所需知能也有變動，因而原定的資格條件應作配合的修正。

（三）代替的彈性：對中級以上職務，其資格條件的水準常以學歷加上經歷表示，但學歷與經歷並非兩種完全不同的條件，有時學歷與經歷是可以互補的，也卽不足的學歷可以經驗來彌補，或不足的經驗可以

學歷來補充。此種學歷與經歷的互補，當有利於對稀少性員工的考選。如原定資格水準爲大學土木工程系畢業並具二年土木工程工作經驗，如當時具有大學土木工程系畢業條件之人數，在社會上甚爲稀少時，可暫以高級工業職業學校土木科畢業並具六年土木工程工作經驗之資格條件代替，以利人員羅致。

第三項　考選、任用與遷調的保持彈性

考選與任用，與社會上人才供需關係最爲密切，須保持相當彈性以適應人力供需情況的變動；員工的遷調，與組織業務的特性及變動性關係極爲密切，也應保持適度彈性以利運用。其情形如下：

一、徵募的彈性　徵募的需要性、迫切性及所用方法，須視人力供需、對人員素質的要求及考試用人範圍等因素的不同而因應：

（一）人才供需情況：當社會上人才供過於需時，徵募工作不在愁無人應徵，而在如何減少資格條件不够理想者之應徵，使考選工作不因應徵人數過多而增加困擾。當人才需過於供時，徵募工作必須積極進行，並給予應徵者各種便利以期參加考選。如人才供需大致平衡時，則徵募工作可按正常進行。

（二）對員工素質的要求：對素質要求高時，徵募工作應積極進行，以增加應徵人數及從中考選優秀。對素質要求可低時，則徵募工作可予簡化，只须就應徵者中考選即可。當對素質要求須在中等以上時，則徵募工作可按正常進行。

（三）考試用人的範圍：如各組織需用人員，依法須由主管考選機關統一考選時，則徵募工作由主管考選機關辦理，各組織不須再行徵募。如需用人員並未統一考選或部分職務人員須由組織自行考選時，則應視人才供需及對員工素質的要求等情況，自行籌辦徵募。

二、考選的彈性

（一）考選方式的彈性：在正常情況下，對員工的考選自可視考選的內容，就筆試、實地考試、口試、著作及發明審查等方式中選用之，但如運用此種方式有困難或無法羅致到人員時，則對考選方式亦得改採文件審查方式行之，就有關學經歷及工作績效等文件審查結果，認為對職務可予勝任者，也得予以遴用。

（二）考選程序的彈性：在正常情況下，考選員工的程序自宜照一般的規定進行，但如遇及情勢緊急難照正常程序進行時，或因應徵人員過少按照正常程序進行殊為不經濟時，則對原定考選程序可予簡化，以期在經濟有效的原則下，羅致到所需用的人員。

三、任用的彈性

（一）任用資格的彈性：員工的進用原須經考試及格，故考試及格為取得任用資格之主要途徑。但遇及特殊性職務，以考試進用難以羅致人員時，或現有考選方式尚難作有效的考選時，或所任職務係屬臨時性或技術性時，或所任職務係屬顧問諮詢性質時，或所任職務係屬擔任操作性工作時，則對其任用資格可不限於考選及格，只要具有適當學歷經歷者，亦得予以任用或派用或聘用或雇用。

（二）編制的彈性：在業務穩定情況下，任用人員自須以有編制、有預算且確屬業務需要者為限。但如編制為組織法規所訂定，而法規之修正又須經由一定程序，於遇及緊急任務或為應臨時新增業務之需要時，可作臨時的任用，並在期間上加以限制，以應急需並杜流弊。此種臨時性的任用，在期間屆滿時或期間雖未屆滿而經辦業務已經結束時，應即予取銷。對臨時任用之人員，其任用資格自得從權處理。

四、遷調的彈性

（一）內升外選的彈性：各組織遇有職缺，既可以外選方式遴人補

實也可以內升方式擇優補實，惟內升外選各有其利弊，故所有職缺既不宜全部外選也不宜全部內升，而須視職務的高低、擔任職務所需知能的發展快慢、及所需優秀人員的來源等因素的考慮，作內升與外選的交替使用，並以大致能取得平衡為原則。

（二）調任範圍的彈性：員工得以調任的職務範圍,亦宜保持彈性,不宜作一律的一致的規定。如對行政管理人員，其得以調任的職務範圍宜廣，以增進經歷培養通才；對技術人員，其得以調任的職務範圍宜狹，以期專精培養專才。再對高級人員，所重視者為領導、決策、規畫、聯繫、協調、管制等行政能力而非專業知能，其調任範圍可廣；對中下級人員，所重視者為專業知能，故調任之範圍宜較狹。

第四項　考績獎懲與訓練發展的保持彈性

員工考績、獎懲制度的設計與訓練、發展措施的規劃，為適應組織變動的需要，亦需保持相當彈性以利運用。其情形如下：

一、考績的彈性

（一）考績方法的彈性：考績之目的在區分員工績效的優劣，由於各員工所任工作性質的不同，因而衡量績效優劣的方法，也須根據實際需要而定。目前被引用的考績方法有十餘種之多（參見第十七章三節三項），自得從中選用，必要時並得重新設計更適合的方法使用。

（二）考績項目的彈性：考核績效時所用的項目，更須配合工作的需要而定，如認為工作數量係決定績效高低之最重要因素，則可以工作數量為主要項目考績之；如認為工作素質係決定績效成敗之關鍵，則可以工作素質為主要考績項目。總之，考績項目須視管理當局對工作的看法而定。

（三）考績等次的彈性：區分績效優劣的等次，可視需要而定，如

認爲獎勵或懲處的層次不宜多，可區分爲三個等次，卽優、中、劣，如認爲獎勵或懲處的層次宜稍多，可區分爲甲、乙、丙、丁四個等次或再加一個戊的等次。大致而言，考績等次愈多時其區分愈困難，因此對工作內容具體且有明確標準可以區分其績效之優劣者，可增加考績等次；工作內容甚爲抽象且缺少區分績效優劣之標準者，其考績等次宜少。

二、獎懲的彈性

（一）考績獎懲的彈性：考績的獎懲自須依考績等次而定，但各等次的獎懲，亦宜作彈性的規定以適應組織的財務負擔能力、升遷上的需要、及員工的願望。如考績列甲等者可予加薪並發獎金、或加倍發給獎金、或雙倍加薪、或予升職等，均不失爲有效的獎勵；再如考績列丁等或戊等者可予免職、或降調職務、或先留職察看一段期間再決定是否免職，均爲有效的懲處；又如考績列丙等或丁等者可予通知其參加訓練進修、或改調其他職務等，也較只不予獎懲的規定爲靈活。

（二）獎勵的彈性：除考績的獎勵外，爲提高員工工作意願發揮員工潛能，更有增加獎勵的方式與靈活運用獎勵的必要，並視情況及員工的願望而選用。如發給獎章、獎牌、獎狀、紀念品、表揚等，係屬精神方面的獎勵；提高工作職責、授予工作權限、擴大工作範圍等，係屬工作本身的獎勵；發給獎金、物品代金等，係屬金錢方面的獎勵。

（三）懲處的彈性：除考績懲處外，爲維護員工風紀、力求懲處公允、及使員工能予接受起見，對員工的懲處亦應視員工表現出不當行爲之動機、原因及目標，作彈性的處理。如甲乙兩人雖同樣表現出打架的不當行爲，但甲乙兩人打架的動機、原因及目標各有不同時，則宜給予不同的懲處。

三、訓練進修的彈性 員工之應否參加訓練進修，須視工作及培育人才的需要而定。採用何種方式的訓練進修，須視參加員工的人數、有

無適當地點、及員工能否在固定時間內集合在一起等因素，選用空中敎學、個別訓練進修、或設班進修方式進行。至訓練進修的方法，更須視參加員工的學識經驗水準、課程內容、所用的訓練進修方式等因素，就講解、討論、操作示範、指導實作、機器敎學、職位扮演等方法中選用之。

四、培育發展的彈性　培育發展人才的方法有多種，有在本組織內培育發展者（如郵電人員），有在各組織間同一性質之專業內培育發展者（如技術人員），有從各種職務培育發展者（如經歷調任），有從種工作培育發展者（如對副主管分配各種不同的工作以資歷練）；有從訓練進修培育發展者（如參加各種不同層次的訓練進修）；有採工作與訓練進修交替運用而培育發展者（如先任職、後參加訓練進修、再調較高職務、再參加較高層次訓練進修）。以上六種均不失爲培育發展人才的方法，但究應採用何種或兼用何些種，則應視組織的需要、員工的素質、對業務的適應性等而定。

第五項　薪給、保險與福利的保持彈性

爲保障員工生活，自有訂定薪給、保險與福利制度的必要，但由於社會上國民所得水準的變動、物價的波動、及員工對身心健康的追求，對薪給、保險與福利的措施，亦須保持適度的彈性，俾資因應。其情形如下：

一、薪給的彈性

（一）薪資制度的彈性：員工的薪資制度有計時薪資與獎勵薪資兩種，究應採用何種薪資制度、或對何種單位或員工採計時薪資或獎勵薪資，首須由組織管理當局制作決定。大致而言，在政府機關以計時薪資爲宜，在事業機構尤其是生產事業機構，可考慮採用獎勵薪資；但如採用獎勵薪資，則應注意管理方面其他條件的配合（參見第十八章二節二

項）。

（二）薪資設計方法的彈性：不論為計時薪資或獎勵薪資，均有其不同的設計方法，如計時薪資制度，有工作薪資、資歷薪資、生活薪資、及混合薪資四種；獎勵薪資制度，有以工作數量為準、是否達到標準為準、節省時間物料等為準、及工作效率為準四種。究應採用何種設計或對何種單位或員工應採用何種設計，須視所採用的人事體制、工作的性質、員工的願望、對工作效率或人事安定的重視、財力的負擔、社會上同性質機構人員的薪資設計方法等因素的考慮而定。

（三）加給種類的彈性：員工的加給，更須視地區的特殊性、職務的特性、員工所具條件的特性、當地的風俗人情、員工生活上的特別負擔、及其他為羅致及留住優秀員工所須考慮的因素考慮而定。故加給的種類不宜加以限制，加給的計算方法亦應視需要而定。

（四）薪給水準的調整：當訂定薪給時，對其應支的或應折算的金額自亦有所規定，惟此種應支金額的薪給水準，並非固定不變，而須作適應性的調整。因國民所得通常在按年的增加，一般人的生活水準亦逐漸的在提高，而物價總在逐漸的上漲，幣值則在緩慢的下降，故為適應此種環境的變動，員工的薪給水準自應隨同調整，以免影響員工的生活水準，並進而促使生活水準的逐漸提高。至調整的方式，有每隔一定期間（如二年）舉辦社會生活水準、國民所得及物價的調查，當發現有明顯差距時應卽調整薪給水準；或規定當物價指數升高至某一程度時應卽調整薪給水準。

二、保險的彈性 主要包括保險項目，保險給付，保險費率的彈性。如保險項目的範圍應只限於員工或應包括眷屬，應限於疾病、傷害、死亡，或再擴大至生育、老年等；如保險給付應保持至何種標準，何種項目採現金給付方式及何種項目採提供服務方式；如保險費率應如

何計算，組織與員工間應採何種分擔比例。以上保險項目、保險給付及保險費率的決定，須視與保險有關之其他退休、撫卹、福利制度的內涵、給付標準，發生保險項目所定事故時實際需用情形，政府與員工的財力負擔等因素的考慮，及發生保險事故的頻次與嚴重性等資料的統計後，始能作成決定。

三、福利設施的彈性　員工對維護身心健康的願望愈來愈高，因此對福利設施的要求也愈來愈多，如何在兼顧財力負擔能力與員工願望之下，採取福利設施，各組織自須愼加考慮，因各組織的財力與員工願望不盡相同，故其福利設施自亦有差別。

第六項　撫卹、退休與養老的保持彈性

撫卹、退休與養老，涉及財力負擔與員工權益關係甚大，故對其措施亦須保持相當彈性。其情形如下：

一、遺族範圍與領取撫卹金方式的彈性　受領撫卹金的遺族範圍，可大可小，有者以上下三代的直系血親爲限，有者尙包括親等較近的旁系血親（如兄弟姊妹）及姻親。遺族領取撫卹金的方式，有者爲全部一次領取，有者爲全部按年領取，有者爲兼領一次及年撫卹金。以上範圍的規定，須視國情而定，領取的方式不妨規定爲多種，由遺族自行選定方式受領。

二、退休年齡及年資的彈性　員工退休者，須具有一定的年資或一定的年資與年齡，而此種年齡與年資的規定，則須視需要而定。如國民的平均壽命延長時，退休的年齡宜作相對的提高；組織對新陳代謝的要求極爲重視時，退休年資及年齡則宜酌予縮短及降低；又如鼓勵久任爲重要的政策時，則退休年資又宜酌予增加；組織財力負擔較爲困難時，退休年齡及年資則宜酌予延長及增加。

三、退休金領取方式的彈性 退休金的受領方式，大致有領一次退休金與領月退休金兩種，但如限於一次退休金或月休金，頗難適應個別退休人員的需要，因而對退休金的領取方式，亦宜採取多種方式，由退休人員根據個人情況自行選定方式受領。如除選擇全領一次退休金或全領月退休金外，並得選領一定比例的一次退休金與一定比例的月退休金。

四、撫邮退休金計算方式的彈性 按年資及員工所領薪資爲準計算撫邮退休金，此爲各組織所通用，但其計算方式則有不同的規定。如有以死亡或退休時員工的薪資與已有任職年資爲準計算者，有以員工最近三年內平均薪資與已有任職年資爲準計算者，有以員工在職期間薪資最高的三年平均薪資與已有任職年資爲準計算者；至每年年資應得撫邮退休金的薪資月數或其百分率，則又各有不同。究應採取何種方式計算，則須視財力負擔情形以法令規定之。

五、撫邮退休經費來源的彈性 撫邮退休金的經費，有全部由組織編列預算負擔者，有改由組織與員工分擔者，如改由組織與員工分擔時則其分擔比率又各有不同，大致而言以平均分擔者較多。撫邮退休經費的負擔，與組織財力負擔關係極大，爲減輕組織財力負擔，將來有逐漸改由組織與員工共同分擔的趨勢。

六、維護精神生活方式的彈性 爲期充實退休人員晚年的精神生活，對所採取的措施更應賦予彈性，俾能適應個別退休人員的需要。如由組織請其擔任不支薪的顧問，在訓練班談談工作經驗，處理一些輕鬆而無時間性的工作，委託研究某種專題，參加各種康樂晚會，參加年節聚餐，參加退休人員旅遊活動，鼓勵參加各種有益身心健康的社交活動，輔導其學畫畫、養鳥、下棋、種植庭院花木等，均可視財力及退休人員願望，選擇實施。

第四節　人事管理須權變運用

人事管理，須隨時了解環境及組織的變動情形，並作成資料向主管單位作快速的提供，以便在規定的彈性範圍內作適應性的選擇運用；又遇及緊急情況時，於報經上級核准後作例外的管理。茲分項簡述如後。

第一項　了解環境及組織的變動

了解組織外在環境及組織內在各種次級系統的變動，乃維護人事管理權變運用之最重要者。其情形為：

一、了解環境的變動　與人事管理關係特別密切的外界環境包括下列各種：

（一）法律環境：人事管理受政治環境影響甚大，如憲法及教育、刑事等法律，對人事管理多會發生約束作用。如憲法明定對員工須考試任用，教育層次與學位的規定，刑事責任的種類與處分等，均須充分加以了解，如遇有修正時其修正情形亦須隨時注意，如人事管理措施有配合調整的必要時，應即作適當的修正。

（二）經濟環境：經濟結構的改變及經濟的景氣與蕭條，是構成經濟環境變動的主要原因。如經濟結構的改變，影響及組織所引用的工藝與技術，組織的生產技術與產品種類，及需用員工的類別與素質水準；又如經濟的景氣或蕭條，影響及組織業務的擴展與緊縮，及需用員工的增減。因此，對經濟環境的變動必須深加了解，必要時並應適時的作組織結構的調整、人力計畫的修正及員工的遴用與資遣。

（三）教育水準的變動：如各等別及類別學校的增減、各等別學校畢業生的增減、各系科畢業生的增減等，必須為主辦人事管理者所了

解，以便對原定的各職務資格條件及徵募計畫，必要時作適應的修正，及對考選方式必要時作暫時的變通。

（四）國民生活水準的變動：包括近年來國民所得的增加情形、國民生活水準的提升情形、國民所得的支用情形、及物價與幣值的變動情形等，均須隨時加以注意，以便考慮薪給制度須否修正、薪給水準須否予以調整及其調整的幅度。

（五）社會福利政策的變動：社會福利政策的範圍甚廣，如退休、養老、保險等均包括在內。在社會福利政策初創時期，其範圍多不完整，福利水準亦低，故各組織多自行訂定各種福利方面的計畫實施，以增進員工的福利。如由於經濟繁榮，社會福利政策的範圍不斷擴增，福利的水準不斷提高，致超過一般組織員工的福利範圍與水準時，則原有組織內員工福利等措施須否繼續辦理，或改照社會福利之規定辦理，自須作審慎的考慮。

二、了解組織的變動　主要為了解下列各種次級系統的變動：

（一）組織結構的變動：各組織為適應業務的變動，對原有組織結構常須作適應的調整，如單位的增加或減少、層次的增加或減少、各單位職掌及員工經辦業務的調整等。遇有此種變動時，人事管理工作須同時作適當的配合或修正。

（二）所用技術的變動：各組織所引用的技術，尤其是生產技術也須作不斷的改進與更新，此種技術的改進與更新，除可能影響及組織結構外，更會影響及人力結構與職務資格條件的變更，因而在人力計畫、徵募、考選、任用等方面，也須作配合的調整或修正。

（三）經費負擔能力的變動：組織員工的薪給水準，固須視組織外在環境的變動而調整，但組織對經費負擔的能力也為重要的考慮因素，往往因組織本身財力的限制，而使薪給水準的調整難以實現。故人事管

理單位，　對組織的經費負擔能力應隨時加以注意，　遇及經費較爲充裕時，即可配合國民生活水準的變動而作調整員工薪給水準的建議。

（四）員工態度的調查：員工對組織的態度，並非一成不變，遇及外在環境因素或組織內各次級系統的變動時，可能會引致員工對組織態度的改變，如因外界物價的升高而相對的減少員工的購買力，致對薪給發生不滿；因組織引進新技術使員工難以適應而引起不滿等。此種不滿情緒的高張將有碍於組織的生存與發展，而須卽時採取適當措施以疏解員工的不滿心理，如調整薪給水準，舉辦員工新技術訓練等，均不失爲可行的方法。

三、有關環境及組織變動情況資訊的提供　此種有關變動情況的資訊，不但須作最快速的了解與蒐集，更須向組織首長及主管單位作快速的提供，以期及早謀求改進與適應。

第二項　權變選用與適應調整

人事管理措施，如一方面保持有適度的彈性（即設計多種方法與途徑去達成同一目的），一方面又能了解環境與組織的變動情況，即可在彈性範圍內，對各種方法與途徑，根據變動情況作權變的選用或作適應的調整。其情形爲：

一、在彈性範圍內作權變的選用　爲達成某一工作項目的目標，其所用的方法與所循的途徑，應有多種的設計，至在採取措施達成目標時，究應採用何種方法或途徑，則須視當時情況作權變的選用。如對擔任職務應具資格條件中學經歷的規定，從學歷與經歷的互補觀點，可作不同的規定，再如考選員工的方式也可有多種，薪資的設計也可採不同的方法；此種不同的方法，均可達到同樣的目的，也卽所謂殊途同歸。此種在彈性範圍內作權變的選用，正是環境及組織變動頻繁時在人事管

理上所必須者。

二、在彈性範圍內作適應的調整　如薪給水準的維護，爲期保障員工生活水準及使生活水準能隨國民生活水準的提高而提高，則須視情況的變動而隨時作適應性的調整。再如資格條件的內容，爲期眞正遴選到能勝任職務之員工，須隨職務的變動而調整。此種適應性的調整，也爲多變的環境與組織下的人事管理所必須具備的功能。

第三項　例外的管理

對權變的選用與適應性的調整，在範圍上多有其限度，而此種限度又多爲法規或主管機關或組織的管理當局所事先規定者，但遇及環境及組織之特殊的變動，致原有的選用與調整也無法適用時，則有例外管理的需要。其情形爲：

一、例外管理的意義　正常的管理，係指依常軌進行管理，有其一定的規定、原則、程序與方法，此種管理制度自以適用至常態的情況爲準。所謂例外的管理，係指在異常的情況下，無法作正常的管理，原有的規定、原則、程序、方法亦難以適用，必須作不受原有管理制度約束的管理。如原定的考選用人，如遇及情形特殊難以舉行考選用人時，准由組織或單位主管憑學經歷自行遴用的例外管理。

二、例外管理的條件　例外管理究竟是破壞制度的管理，非確有需要自不得引用，爲防止因濫用而可能發生的流弊，對引用例外管理時須具備下列條件：

（一）確爲情勢所需要：卽所遭遇之情勢確屬特殊，爲事先所未能預料，原有管理制度確難適用，而須作例外管理的必要。

（二）須經主管機關核准：當組織認有作例外管理之必要時，應報經主管該管理制度的機關核准，在未經核准前仍不得任意排除原有管理

制度的規定。

（三）須爲暫時性的：例外管理須爲暫時性的，必要時得訂定適用的期間，遇及情勢恢復正常或適用期間屆滿時，應卽依管理制度的規定運行。至原管理制度有否修改之必要，則由主管機關考慮決定。

第六篇　財務管理

　　財務管理，是有關組織的財務收支事務，其内容包括財務的計畫（即預算）、財務的執行（即會計與公庫）、財務的監督（即決算與審計）、及財務的調整。並以計畫爲基礎，以調整爲樞紐；其研究趨勢，則因民主政治、經濟政策、及科學管理的進展而日增其重要性與專門性。本篇内容，係以政府機關及公營事業爲範圍，兹就以上四個主題，分章討論之。

第二十一章　預　　算

預算有其一定的意義與種類，有其政策、原則與財政收支的劃分，預算的編製有其一定的程序，預算亦常因政策及實際需要而謀求改革。茲分節敍述於後。

第一節　預算的意義與種類

預算，在財政上及法律上均有其意義；至預算的種類，從理論上及法律上，有其不同的分類。茲分項簡述如後。

第一項　預算的意義

根據一般財政學者對預算的看法，大致認為預算是一種財務計畫，也是一種法律，並有其功能。其情形為：

一、**預算是支持組織活動的財務計畫**　如柏克（A. E. Buck）曾謂：「預算，乃指一定期間的完全的財務計畫，這是基於政府的經費與預期收入額的嚴密推算而構成的」。又謂：「預算的普通意義，乃是對一定期間（通常為一年）的收入支出之被承認的計畫，構成國家財政的基礎；其在今日，預算乃由最高行政首長所作成的財政上的計畫，其意

義超出一定期間收入支出之單純推算的性質」❶。

二、預算是一種財務法律　預算，係以法律（卽憲法及財政法或預算法）爲基礎，採取一定形式，由最高行政部門或內閣編製，經國會審查議決而成立，作爲次一會計年度國家財務的預定文書，主要是歲入歲出的預定計畫。因爲預算的成立，不僅要具備法律的形式，同時還要經過立法的程序，不僅有強制性，同時還有固定性，完全具有法律的效果，無論在形式上或實質上都是一種財政或財務法律；卽使認爲預算中有一部分帶有行政的意義，但在法治主義下一切行政都須有法律的根據，離開法律就沒有行政，行政乃是法律的執行，每年將預算中的財務行爲作一次立法的規定，這就是建立行政的法律基礎。

三、預算的功能　預算旣爲一種財務計畫，又爲一種財務法律，故也有其功能，卽（一）具有財政政策的功能：卽實現財務收支平衡的政策。（二）具有政治控制的功能：民主政治在財政上的表現，就是民眾透過代議方式行使財政同意權及財政監督權，其具體辦法就是建立預算制度，以發揮立法部門對行政部門的控制。（三）具有法律拘束的功能：預算的成立及其實施，須採立法的手段，並予以法律的保障，使預算上的決定具有法律上的拘束力，不致有所踰越或變更。（四)具有財務統制的功能：預算是一個確定的標準，對於財務上的浪費、移用、或不實或不合理的支出，在實施過程中得以此標準作嚴格的限制或制止，以求充分實現政府財務的合理性。（五）具有行政管理的功能：今日的行政管理極爲繁複，須運用預算制度作爲行政管理的工具，以資確定行政的標準，提高行政效率，考核行政績效。（六）具有經濟政策的功能：卽運用政府財務收支，作爲促進經濟發展及實現經濟福利的手段，故預算業已隨同財政政策的經濟政策化，而成爲實行經濟政策的重要工具，

❶　張則堯著，財務行政，第九頁，政大公企中心，五四年版。

政府財務的目的，從政治擴大到經濟的範圍，這是預算的新功能，也是預算政策效果的新發展❷。

第二項　預算在理論上的分類

在理論上，預算可作下列五種不同的分類:

一、以預算收支是否平衡爲準分類　可分爲下列三類，卽（一）平衡預算: 卽國家在同一會計年度內，收入與支出相等，並無不足之現象；政府經常收支應保持平衡，非因預算年度有異常情形，資本收入不得充經常支出之用，但經常收支如有盈餘，得移充資本支出之財源。（二）不平衡預算: 卽國家預算案之支出超過收入，也卽入不敷出，常以增加稅收、發行公債、減少開支等方法，以彌補預算赤字的不足。（三）盈餘預算: 卽國家預算案之收入多於支出，歲計有賸餘。

二、以預算是否包括總額或純額爲準分類　可分爲下列二類，卽（一）總額預算: 卽將收入與支出的各項總額，全部計入一個預算者而言；預算的內容，原則上應包括全部的收入與支出，否則便不完整，總額預算正符合此一原則，使政府的全部收支，完全表現於一個預算之中，便於實施財務的考核與監督。（二）純額預算: 卽扣除獲取收入所需的費用，算成純收入，以爲財務收入額而計入預算者而言；純額預算可以表現政府行政或公共活動的成績與效果，乃爲其優點。

三、以預算是否實行或假定實行爲準分類　可分爲下列二類，卽（一）實行預算: 指政府在立法機關通過的法定預算範圍內，認有就原定預算數額加以緊縮之必要，乃另編定實行預算，以爲執行預算的根據；或本年度預算尙未獲立法機關通過，政府只好暫時沿用上年度的預算，作爲過渡之計，也屬實行預算。（二）假預算: 指年度業已開始，而本

❷　張則堯著，財務行政，第一三——一五頁。

年度的預算尚在立法機關審議之中，致本年度預算尚不能成立，政府在等待期間，假定一個暫行預算，在本預算成立前暫時實行，故假預算又稱為暫定預算。

四、以預算編製之單式或複式為準分類　可分為下列二類，即(一)單式預算：指政府財務收支僅由一個預算加以包容與規範，無論是租稅課徵的無償收入，或國有財產出售的有償收入，均不分差別列入財務收入部門；另一方面無論是購買財物的支出，或單純補助金的支出，也均列入財務支出部門；此種預算的收支，在形式上固屬平衡，而實質上是否平衡則屬不易判斷。(二)複式預算：即財務的收支分設資本預算及經常預算兩種，資本預算的內容，處理耐久資產及公營事業等項資本會計的收支；而經常預算的內容，處理資本會計以外的一般行政收支，他如資本維持費或公營事業的虧損等項，每年也均計入經常預算；因此經常預算的收支如果相等，則預算就達到真正的平衡，如收入多於支出，則公有資產的純價值就隨而增大，反之則隨而減少；故複式預算乃採用商業會計上資產負債表及損益計算書的方法，以處理政府財務的收支。

五、以預算是否着重績效或計畫為準分類　可分為下列二類，即(一)績效預算：係以計畫為基礎，並以執行成果為目的之預算；故績效預算係以施政計畫為預算科目的分類，預算與計畫互相配合及彼此控制，以執行達到其成果，對促進行政效率、考核行政績效及確定行政責任，甚有助益。(二)計畫預算：也稱企劃預算，係對政府全部政事或業務，在事前作通盤整體的計畫，以為編製預算的基礎，此與以政府各機關為預算之編製單位，難免將整個政事或業務予以割裂者不同，各國所推行之幾年經濟建設計畫的預算，即屬計畫預算性質；計畫預算的優點，在其便於遠程計畫的設計及使預算能顧及將來，施政的整體不致因預算而割裂，可斟酌國家經濟之演變情形對年度預算作適度修正。

第三項　預算在法律上的分類

依照預算法的規定，現行預算有下列四種分類。

一、以預算編製單位爲準分類　可分爲下列五類，卽（一）總預算：指政府每一會計年度各就其歲入、歲出全部所編成之預算；總預算應以各單位預算之歲入、歲出之總額，及附屬單位預算歲入、歲出之應編入部分，彙總編成；總預算、單位預算中除屬於特種基金之預算外，均爲普通基金之預算。（二）單位預算：指在公務機關有法定預算之機關單位之預算，在特種基金應於總預算中編列全部歲入歲出之基金之預算。
（三）單位預算之分預算：指單位預算內依機關別或基金別所編之各預算。（四）附屬單位預算：指特種基金，應以歲入歲出之一部編入總預算者，其預算均爲附屬單位預算。（五）附屬單位預算之分預算：指附屬單位預算內，依機關別或基金別所編之各預算。

二、以預算之收支性質爲準分類　可分爲下列二類，卽（一）歲入預算：指除增加債務與減少資產及收回投資爲資本收入應屬資本門外，均爲經常收入，應列經常門。（二）歲出預算：指除減少債務與增置與擴充、改良資產及增加投資爲資本支出應屬資本門外，均爲經常支出，應列經常門。

三、以預算提出之原因爲準分類　可分爲下列二類，卽（一）追加預算：各機關因下列情形之一，得請求提出追加預算，卽1.依法律增加業務或事業，致增加經費時；2.依法律增設新機關時；3.所辦事業因重大事故，經費超過法定預算時；4.依有關法律應補列追加預算者。提出追加預算時，關於追加歲出預算之經費，應由財政部提出追加歲入預算平衡之。（二）特別預算：有下列情事之一時，行政院得於年度總預算外提出特別預算，卽1.國防緊急設施或戰爭；2.國家經濟上重大變故；

3.重大災害；4.緊急重大工程；5.不定期或數年一次之重大政事。又特別預算之審議程序，準用總預算之規定，但合於1.至3.之情事者，爲因應情勢之緊急需要，得先支付其一部。

四、以預算所編列事項爲準分類　可分爲下列二類，即（一）政府預算：指政府各公務機關一般性及通常性之政事預算，預算法所規定者，大都指政府預算。（二）營業預算：指公營事業主管機關，依照核定之事業計畫，就其所管事業編製之預算。

第二節　預算的政策、原則與財政收支劃分

預算的編製，有其一般的政策與原則，財政收支的劃分爲法所明定，亦爲編製預算之準據。茲分項簡述如後。

第一項　預算的政策

預算的一般政策，不外預算的平衡，但對平衡的看法卻有不同[3]。其情形爲：

一、一般的預算平衡的看法　威洛比（Willoughby）曾謂：「歲入與歲出間的平衡，是預算的基本要素，祇有平衡，纔能成立國家會計上收支兩方的關係，才可使人瞭解政府的處置對財政的影響」。如預算不能平衡，不但具有政治上的影響，發生政府的責任問題，而且還會引起財政上的危機及經濟上的惡果，其嚴重性更有甚於政治上的影響。但所謂平衡，在理論上言，係指一個預算中政府所預期的收入正好與估計的支出相等，但事實上由於政府組織活動的頻繁，預算上估計的精確度不無問題，故通常在預算上均設法斟量寬列，預定略有賸餘。

---

❸　張則堯著，財務行政，第三二——三七頁。

再所謂預算的平衡，不僅要做到形式上的平衡，且要做到實質上的平衡，亦即經常收入（如稅收及公營事業收入）能夠充分供應經常支出及各種固定的負擔（包括債務在內）；不得採用舉債方法來供應經常支出，舉債祇能充作資本支出及重要的臨時費，而且重要的臨時費最好能極力避免。

二、長期的預算平衡的看法　一般的預算平衡，在平常時期當屬可能，但在經濟逆轉時期，預算的平衡則屬困難重重，因此有人主張（如李蘭特 S. E. Leland）在此時期，不應採用一個單獨的財務計畫，而應採取包括一個經濟週期的若干財務計畫，不僅需有一種每年一次的預算，更要有一種更長期的財務計畫，以適應經濟週期的變動，及能統制每年的預算；故長期預算的平衡，應以經濟上的週期為單位，其所剩餘或不足，應在數年的期間內相抵銷，而不必在一年內求其平衡。

三、以經濟平衡代替財政平衡的看法　凱恩斯 (J. M. Keynes) 對預算又有更進一步的看法，即強調預算之長期平衡的重要性，並以經濟的平衡代替財政的平衡，主張實行公債財政，從事公共投資，甚至不惜以政府財務的浪費，補充社會的購買力，以提高消費傾向，而挽救經濟恐慌的危機。凱氏所謂的經濟平衡，係指消費與生產的平衡，因他認為經濟的恐慌係起因於生產過多與消費不足，以致形成經濟上的不平衡，故應犧牲財政上的收支平衡，即採取公債財政或赤字財政，換取經濟上消費與生產的平衡，也即放棄短期的平衡，實現長期的平衡。

第二項　預算的原則

對預算應行遵守的原則，各學者看法不甚相同，茲舉諾馬克 (F. Neumark) 及斯密斯 (Harold D. Smith) 所倡導的預算原則為例[4]，

---

[4]　張則堯著，財務行政，第二七——三一頁。

說明如下：

　　一、諾氏的預算原則　計有下列八項，即（一）預算必須公開：包括預算案的審議公開，正式議決的預算公開，及施行後的決算公開。（二）預算必須易予明瞭：包括收支的推算明白而概括，分類的表示合理不紊，項目的內容清晰一致，收入的來源與支出的用途均能瞭如指掌。（三）預算必須事前決定：即預算必須在會計年度開始前決定。（四）預算必須嚴密：即預算不能任意脫離決算的拘束，並須力求與其將來的決算相一致。（五）預算項目應各有其明確界限：即禁止各項目預算經費的流用，禁止超額支出，並維持年度的限制，主要目的為不許行政機關有自由裁量的餘地。（六）預算必須單一：為求對公共財政能作綜合的表示，避免收支的重複計算，及維持預算之量的與質的平衡，必須制定單一的預算，不可有獨立的複數的預算。（七）在特定收支之間不能相屬：如以汽車稅用於道路費，即為收支之間的相屬，預算應將全部收支作為一個整體，收支並不個別相屬，以免濫立各種獨立會計或預算，使財政經濟分裂為無數的基金經濟，及與建立統一公共財政秩序的預算制度相違背。（八）一切公共收支必須完全計入預算。

　　二、斯氏的預算原則　亦有八項，即（一）行政部門預算計畫的原則：預算是行政部門最高首長計畫的表現，故預算與行政部門計畫的全體發生密切關係，並須使二者相配合。（二）行政部門預算責任的原則：行政首長基於其預算的責任，應使行政部門計畫與立法部門意見相調和，並以最大可能的節約，執行預算。（三）預算根據報告的原則：即預算的編製、立法與執行，應以政府各部門的財務及業務報告為基礎；不根據報告的預算，乃是盲目的任意決定的預算。（四）具備適當預算手段的原則：即行政部門為完成其有效執行預算的責任，須具備執行預算的必要權限（如預算的月別及季別的分配、預備金的設定）及執行職

權的人員。（五）多元預算手續的原則：政府的任務雖須全部表現於預算之上，但預算的手續，則須基於經常的行政活動、長期建設的開發計畫、及政府的公營事業活動而有所不同。（六）行政部門預算裁量的原則：爲實施經濟有效的管理，對於政府的支出項目及內容，不宜作過分詳細的限定，祇須不違反立法部門的政治方針，應使行政部門有適當的裁量權。（七）預算時期彈性的原則：在預算中，應包括爲適應經濟情況變化得作必要調整的規定，使行政部門對於計畫實施及經費支出的時期，得隨經濟情況的需要，作彈性的調節與增減。（八）複線預算機構的原則：中央預算機關與各機關執掌預算及計畫的部門之間，應有充分的聯繫與合作，下級機關可向中央提出建議並自行監查本機關的支出。

第三項　財政收支的劃分

財政收支劃分法，是各級政府財政收支之劃分、調整、及分類之依據。除調整部分另在第二十四章財務調整中敍述外，財政收支系統之劃分及財政收支之分類情形如下：

一、**財政收支系統之劃分**　全國財政收支系統，劃分爲三級，即（一）中央；（二）省及直轄市；（三）縣市及相當於縣市之局，鄉鎮財政包括於縣財政內，其收支應分編單位預算，列入縣總預算內。

二、**收入的來源**　依財政收支劃分法的規定，政府的主要收入爲：

（一）稅課收入：包括所得稅、遺產及贈與稅、關稅、貨物稅、證券交易稅、礦區稅、營業稅、印花稅、使用牌照稅、特產稅、土地稅、房屋稅、契稅、屠宰稅、娛樂稅、特別課稅等。

（二）獨占及專賣收入：各級政府經法律許可，得經營獨占公用事業；中央政府爲增加國庫收入或節制生產消費，得依法律之規定專賣貨物，並得製造之。

（三）工程受益費收入：各級政府於該管區內，對於因道路、堤防、溝渠、碼頭港口或其他土地改良之水陸工程而直接享受利益之不動產或受益之船舶，得徵收工程受益費。

（四）罰款及賠償收入：依法收入之罰金、罰鍰或沒收、沒入之財物及賠償之收入，除法律另有規定外，應分別歸入各級政府之公庫。

（五）規費收入：司法機關、考試機關及各級政府之行政機關徵收規費，應依法律之所定；未經法律規定者，非分別先經立法機關或民意機關之決議，不得征收之。各事業機構征收規費，除法律另有規定外，應經該管最高級機關核定，並應經過預算程序，分別歸入各級政府之公庫。

（六）信託管理收入：各級政府及其所屬機關，依法為信託管理或受委託代辦時，得收信託管理費。

（七）財產收入：各級政府所有財產之孳息、財產之售價及資本之收回，除法律另有規定外，應分別歸入各級政府之公庫。

（八）營業盈餘捐獻贈與及其他收入：各級政府所有營業之盈餘，所受之捐獻或贈與及其他合法之收入，除法律另有規定外，應分別歸入各級政府之公庫。

（九）補助及協助收入：各省市執行憲法第一〇九條第一項有關各款事務，其經費不足時，經立法院決議，由國庫補助之；中央為謀省與省間之經濟平衡發展，對於貧瘠之省酌予補助；省為謀縣市局與縣市局間之經濟平衡發展，對貧瘠之縣市局酌予補助；各上級政府為適應特別需要，對財力較優之下級政府得取得協助金。

（十）賒借收入：各級政府非依法律之規定，或議會之決議，不得發行公債或一年以上之國內外賒借。

三、財政收入的分類與劃分

（一）中央收入：包括：1.稅課收入：（1）所得稅；（2）遺產及贈與稅，在省佔總收入10%，其餘10%給省，80%給縣市局；在直轄市佔總收入50%，其餘50%給直轄市；（3）關稅；（4）貨物稅；（5）證劵交易稅；（6）礦區稅；（7）臨時稅課。2.獨占及專賣收入。3.工程受益費收入。4.罰款及賠償收入。5.規費收入。6.信託管理收入。7.財產收入。8.營業盈餘及事業收入。9.協助收入。10.捐獻及贈與收入。11.公債及賒借收入。12.其他收入。

（二）省收入：包括1.稅課收入：（1）營業稅，占總收入50%，其餘50%由省統籌分配所屬之縣市局；（2）印花稅，占總收入50%，其餘50%由省統籌分配所屬之縣市局；（3）使用牌照稅，占總收入50%，其餘50%給縣市局；（4）特產稅；（5）遺產及贈與稅，由中央就該省總收入分給10%；（6）土地稅中之土地增值稅，由縣市局就該縣市局總收入分給20%；（7）臨時課稅；2.工程受益費收入；3.罰款及賠償收入；4.規費收入；5.信託管理收入；6.財產收入；7.營業盈餘及事業收入；8.補助收入；9.捐獻及贈與收入；10.公債及賒借收入；11.其他收入。

（三）直轄市收入：包括1.稅課收入；（1）營業稅，占總收入50%，其餘50%由中央統籌分配省及直轄市；（2）印花稅，占總收入50%，其餘50%由中央統籌分配省及直轄市；（3）使用牌照稅；（4）土地稅；（5）房屋稅；（6）契稅；（7）屠宰稅；（8）娛樂稅；（9）遺產及贈與稅，由中央就該市總收入分給50%；（10）臨時課稅；2.工程受益費收入；3.罰款及賠償收入；4.規費收入；5.信託及管理收入；6.財產收入；7.營業盈餘及事業收入；8.補助收入；9.捐獻及贈與收入；10.公債及賒借收入；11.其他收入。

（四）縣市局收入：包括1.稅課收入；（1）地價稅；（2）田賦；（3）土地增值稅，占總收入60%，其餘20%分給省，20%由省統籌分配所屬

縣市局；（4）房屋稅；（5）契稅；（6）屠宰稅，得由省就其總收入10%統籌分配所屬之縣市局；（7）娛樂稅；（8）遺產及贈與稅，由中央就該縣市局總收入分給80%；（9）使用牌照稅，由省就該縣市局總收入分給50%；（10）特別課稅；（11）臨時課稅；2.工程受益費收入；3.罰款及賠償收入；4.規費收入；5.信託管理收入；6.財產收入；7.營業盈餘及事業收入；8.補助及協助收入；9.捐獻及贈與收入；10.公債及賒借收入；11.其他收入。

四、財政支出的分類與劃分　其原則為各級政府之一切支出，非經預算程序不得為之；各級政府行政區域內人民行使政權之費用，由各該政府負擔之；各級政府事務委託他級或同級政府辦理者，其經費由委託機關負擔。至各級政府財政支出之分類與劃分規定如下：

（一）中央支出：包括 1.政權行使支出；2.國務支出；3.行政支出；4.立法支出；5.司法支出；6.考試支出；7.監察支出；8.民政支出；9.外交支出；10.國防支出；11.財務支出；12.教育科學文化支出；13.經濟建設支出；14.交通支出；15.衛生支出；16.社會及救濟支出；17.邊政支出；18.僑務支出；19.移植支出；20.債務支出；21.公務員退休及撫卹支出；22.損失賠償支出；23.信託管理支出；24.補助支出；25.國營事業基金支出；26.其他支出。

（二）省支出：包括1.政權行使支出；2.行政支出；3.民政支出；4.財務支出；5.教育科學文化支出；6.經濟建設支出；7.交通支出；8.警政支出；9.衛生支出；10.社會及救濟支出；11.移植支出；12.債務支出；13.公務員退休及撫卹支出；14.損失賠償支出；15.信託管理支出；16.協助及補助支出；17.省營事業基金支出；18.其他支出。

（三）直轄市支出：包括1.政權行使支出；2.行政支出；3.民政支出；4.財務支出；5.教育科學文化支出；6.經濟建設支出；7.交通支

出；8. 警政支出；9. 衞生支出；10. 社會及救濟支出；11. 移植支出；12. 債務支出；13. 公務員退休及撫邮支出；14. 損失賠償支出；15. 信託管理支出；16. 協助及補助支出；17. 省營事業基金支出；18. 其他支出。

（四）縣市局支出：包括1. 政權行使支出；2. 行政支出；3. 民政支出；4. 財務支出；5. 教育科學文化支出；6. 經濟建設支出；7. 交通支出；8. 警政支出；9. 衞生支出；10. 社會及救濟支出；11. 債務支出；12. 公務員退休及撫邮支出；13. 損失賠償支出；14. 信託管理支出；15. 協助及補助支出；16. 鄉鎮區支出；17. 縣市局營事業基金支出；18. 其他支出。

第三節　預算的編製、審議與執行

依預算法規定，中央政府預算的編製，有其一定的程序，並須於限期送請立法院審議，自總統公布後始能執行。至地方政府預算，另以法律定之，在法律未制定前，準用預算法之規定。茲分項簡述如後。

第一項　預算的策劃、擬編與核定

各機關編製預算的程序，可分策劃、擬編與核定三個。

一、策劃 包括下列二點：

（一）訂定施政方針：中央主計機關、審計部、財政部及其他有關機關應於籌劃擬編概算前，將可供決定下年度施政方針之參考資料送行政院；行政院應於每年十月底前擬定下年度之施政方針呈請總統 令行之。

（二）訂定預算編審辦法：中央主計機關應遵照施政方針，擬定下年度預算編審辦法，呈報行政院核定，分行各機關依照辦理。

　　二、擬編　包括下列四點：

　　（一）擬定歲入歲出概算：各主管機關遵照施政方針，並依照行政院核定之預算編審辦法，擬定其所主管範圍內之施政計畫及事業計畫與歲入歲出概算送行政院。

　　（二）核定概算：行政院根據中央主計機關對概算之審核報告，核定各主管機關概算時，其歲出部分得僅核定其額度，分別行知主管機關轉令其所屬機關，各依計畫並按照編審辦法，擬編下年度之預算。

　　（三）限期提出預算：各機關單位預算暨附屬機關單位預算，應分別依照規定期限送達各該主管機關；各主管機關應審核其主管範圍內之歲入歲出預算及事業預算，加具意見，連同各所屬機關以及本機關之單位預算暨附屬單位預算，依規定期限，彙轉中央主計機關，同時應將整編之歲入預算，分送財政部。

　　（四）編成總預算：中央主計機關將各類歲出預算及財政部綜合編擬之歲入預算，彙核整理，編成中央政府總預算，提出行政院會議；如總預算案歲入歲出未平衡時，應會同財政部提出彌補辦法。

　　三、核定並提出立法院審議　中央政府總預算案經行政院會議決定後，交中央主計機關彙編，由行政院於三月底前提出立法院審議，並附送施政計畫。

第二項　預算的審議

　　預算案由行政院提出立法院審議，立法院審議預算案時，有其審議之程序、範圍與限制。

　　一、審議之程序　由立法院將全案先行提報院會，交程序委員會排定日程，聽取行政院院長之施政計畫報告及主計長與財政部長對歲出歲入預算編擬經過之報告，並備質詢。旋交付全院各委員會聯席會議進行

審查，並請主計長及財政部長就歲出歲入內容作詳細說明，再由預算委員會會同有關委員會分別收支予以審查，並得邀請有關機關首長列席報告備詢，及提供有關資料。各委員會將審查結果之書面報告，提交預算委員會議綜合整理，擬具書面總報告，提請全院各委員會聯席會議審查後，提報院會於五月底前議決。

二、**審議之範圍** 總預算案之審議，歲入以擬變更或擬設定之收入為主，審議時應就來源別分別決定之；歲出以擬設定或擬變更之支出為限，審議時應就機關別及政事別分別決定之。特種基金預算之審議，在營業基金以業務計畫、營業收支、生產成本、資金運用、轉投資及重大之建設事業為主；在其他特種基金，以基金運用計畫為主。

三、**審議之限制** 依憲法第七十條規定，立法院對行政院所提預算案，不得為增加支出之提議。蓋因政府之支出乃人民之負擔，議會之職責以不增加人民負擔為主旨。惟所謂不得增加係何所指，法無明文規定，在實務上係認為不得增加預算總額，及不得增加個別支出科目，亦不得就預算內原有科目為增加支出之提議❺，俾資限制。

四、**總預算未成立前之補救** 總預算案之審議，如有一部分未經通過，致總預算案不能依限完成時，由立法院議定補救辦法，通知行政院。補救辦法應包括總預算未成立前之執行條款及繼續完成總預算之程序。

五、**預算之公布** 立法院議決總預算案後，即一面函復行政院，一面咨請總統公布；總統須於六月十五日前公布總預算案，惟預算中有應守秘密部分，則不予公布。惟在茲戡亂時期，總預算涉及國防外交機密，循例作為密件處理，除總預算施行條例按年公布外，總預算內容亦循例未予公布。

❺ 管歐著，現代行政學，第三二四頁，永大書局，六七年版。

第三項　預算的執行

各機關的預算經議定並公布後，應卽依預算法之規定執行。執行預算之要點如下：

一、**核編分配預算**　各機關應按其法定預算，並依中央主計機關之規定，依實施計畫編造按月或按期歲入歲出分配預算，並於預算實施前爲之。各機關之分配預算應遞轉中央主計機關核定，並由中央主計機關通知財政部及審計部。

二、**經費流用之限制**　總預算內各機關、各政事及計畫或業務科目間之經費，不得互相流用，但法定由行政院統籌支撥之科目及第一預備金，不在此限。又各機關之歲出分配預算，其計畫或業務科目之各用途別科目中有一科目之經費不足，而他科目有賸餘時，應按中央主計機關之規定流用之，但不得流用爲用人費。

三、**經費不足時之動用預備金**　各機關執行歲出分配預算遇經費有不足時，應報請上級主管機關核定，轉請中央主計機關備案，始得支用第一預備金，並由中央主計機關通知審計部及財政部。又各機關遇有下列三種情形之一時，卽（一）原列計畫費用因事實需要奉准修正致原列經費不敷時；（二）原列計畫費用因增加業務量致增加經費時；（三）因應政事臨時需要必須增加計畫及經費時；得經行政院核准動支第二預備金及其歸屬科目之調整，事後由行政院編其動支數額表，送請立法院審議。

四、**預算經費之裁減**　預算之執行，遇國家發生特殊事故而有裁減經費之必要時，得經行政院會議之決議，呈請總統以命令裁減之。

五、**會計年度結束後對款費之處理**　會計年度結束後，各機關已發生尚未收得之收入，應卽轉入下年度列爲以前年度歲入應收款；其經費

未經使用者應卽停止使用，但已發生尚未清償之債務或契約責任部分，經核准者得轉入下年度列爲以前年度歲出應付款。又會計年度結束後，國庫剩餘應卽轉入下年度。

第四節　預算的改革

我國自五十三年以後，卽從事預算制度的改革，如績效預算制度已全面實施，複式預算制度的原則已予採行，計畫預算制度的精神已予採納，零基預算制度尚在研究階段，凡此均表示我國對預算制度的不斷在改進與革新。茲分項簡述如後。

第一項　績效預算的實施

績效預算，乃將企業機構的科學管理方法，移用於政府預算，亦卽將成本會計的計算方法，應用於政府財務的計畫、執行與考核，以加強對預算制度的控制。

一、績效預算的意義　績效預算，乃按計畫編列預算，依預算計算成本，由成本表現績效，按績效實行考核，亦卽計畫與預算的合一，成本與工作的比較，效率與考核的關聯，從編製預算起，經過執行，發生效果，迄至考核爲止，使施政計畫與支出預算得以互相適應，密切合作，以構成一貫性及整體性的預算制度❻。

二、實施績效預算的前提　實施績效預算，須先將政府的業務區分爲多個計畫，再將每一個計畫區分爲多種工作或作業，並將工作或作業予以量化以便計算成本，及從所完成的工作或作業數量與所支出費用的比較，考核其效率。預算法第三十三條規定：「歲出應按政事別、計畫

---

❻　管歐著，現代行政學，第二九五頁。

或業務別與用途科目編製之，各項計畫，除工作量無法計算者外，應分別選定工作衡量單位，計算公務成本編列」，亦正是此意。如此種工作衡量的單位不易尋求，或不甚明確，在數量化的要求上發生差誤，則工作或作業的成效卽無法作具體的把握，雖具績效預算的形式，其實益亦屬有限。

三、政府機關與實施績效預算　政府機關的業務，雖可區分爲多個計畫，對企業性的計畫，因其所產生的成果，不僅爲有形的與具體的且可以量化，可選定工作衡量單位及考核其績效；但對一般行政活動，是否能選出眾所承認的工作衡量單位並計算其公務成本，尚不無疑問，故對這一類的支出，似乎缺乏績效預算的堅實基礎。

在政府機關實施績效預算，對一般行政活動的支出，雖不若對企業性計畫支出之具體與精準，但績效預算仍不失爲提高效率及考核責任的重要方法；且對政府一般行政活動的效率考核，亦可採用下列方法行之，卽（一）將前年度的工作成果與本年度的計畫目標相比較，以核算其費用有無增減，進而判斷其效率的高低；（二）將政府各機關性質相同的工作所使用的經費，作相互的比較，進而判斷其效率的高低。故對政府機關的一般行政活動，如不以機械的數量化去計算其成果，則績效預算的實施，仍屬一種進步的措施。

第二項　複式預算精神與原則的採行

各國對複式預算的採行，乃起因於財政政策的轉變，卽財政政策的經濟政策化，以財政爲達成經濟目的的手段。

一、複式預算的意義　卽將預算分爲經常預算與資本預算兩類，前者供應政府的行政經費，仍須確立收支的平衡，維持國家的信用；後者則以公債等作爲財源，以實施特定的經濟政策。

二、各學者對複式預算的評論　如（一）李超英先生認爲資本預算由募債充用，容易隱蔽浪費，並易導致通貨膨脹。（二）潘志奇先生認爲採用複式預算形式後，不可認爲經常收入僅在充作經常支出，而政府投資所需資金須完全依靠借入（舉債），更不應將資本預算視爲政府財政赤字的方便處理之門。（三）柯爾謨 （Colm）　等對資本預算的採用，認爲可能發生的弊端有 1. 後進國家的主政者，爲炫耀其經濟發展，可能盡量加強資本支出，而過分節省經常支出，重視物質的投資，而忽視教育、衞生等項增進國民智力體力的投資；2. 如果盡量以公債從事投資，而以租稅收入供應經常支出，勢必形成資本支出過度膨脹的現象，轉非經濟發展之福；但可能發生的好處，亦有 1. 資本預算的採用，可建立合理的財政原則，利用政府預算的資本帳可表示政府純資產的變動，脫離傳統的預算平衡觀念的約束；2. 資本預算的採用，對於國民所得會計資本形成部分的估計、長期發展計畫的制訂、以及各種政府活動的成本計算等，均有相當助益。（四）張則堯先生認爲現代經濟的體制，已由自由經濟進入統制經濟，各國雖有深淺程度的不同，但政府在經濟活動中的積極性與主導性，已屬不可忽視，面對此種時代要求，預算的原則及政策已有顯著的變化，複式預算制度的建立，要亦爲我國預算制度改革所應採行的步驟，如何發揮資本預算的優點而避免其缺點，乃今後應有的抉擇●。

三、複式預算精神與原則的採行　依預算法第十一條：「政府歲入及歲出，均應編入其預算」，亦卽編入總預算，故在形式上我國係採單一預算制度。惟同法中亦規定：「歲入歲出預算，按其收支性質分爲經常門資本門；歲入除增加債務與減少資產及收回投資爲資本收入應屬資本門外，均爲經常收入應列經常門；歲出除減少債務與增置或擴充、

●　張則堯著，財務行政，第六八頁。

改良資產及增加投資爲資本支出應屬資本門外，均爲經常支出應列經常門」；故形式上雖爲單一的總預算，但內中強調經常門與資本門的區分，故在精神上含有經常預算與資本預算之意；再何種歲入及歲出應列爲資本門，其劃分原則亦與資本預算相似；又以七十三年總預算而論，一方面政府有大量的公共投資經費的支出，一方面又有發行公債的收入，使總預算獲得平衡。凡此情形，大致所謂複式預算制度的精神與原則，在現行的預算制度中已有採納。

第三項　計畫預算精神的採納

計畫預算 (Planning-Programming-Budgeting System, 簡稱 P. P. B. S.)，亦稱設計計畫預算制度，係一九六一年麥納馬拉 (R. S. McNamara) 就任美國國防部長時，將此一制度引入國防部，並自一九六三年起首先採用；嗣於一九六五年，根據詹森總統指令，再將此制引入美國聯邦各部局。

一、計畫預算的意義　此乃重視預算編成的計畫的制度，亦卽重視長期計畫、細目計畫的預算制度。計畫預算的編製須經三個階段，卽

（一）第一階段爲計畫的策訂（卽 Planning）：指對組織的長期目標予以明確的設定，並擬訂達成此種目標的各種代替方案，及分別評價與選擇的過程；在此階段，主要是決定目標與達成此種目標的代替方案之優先適用的順序；因此，代替方案應盡可能多所擬訂，並就長期觀點考慮其所需的費用與所生的效果。

（二）第二階段爲細目計畫的作成（卽Programming）：指對計畫策訂階段所選擇的計畫，確定一個將來比較確實推算的期間（如五年），預計其可能產生的成果以及所需的費用，作時間的分配，表明整個計畫實行可能性的過程，計畫作成的結果，稱爲細目計畫。

（三）第三階段爲預算的編列（卽 Budgeting）： 指籌措實施被採納的計畫所必須的年度經費，並編列預算。

此種制度，在使政府的決策者重視國家資源分配的問題，使一國的資源達到最適當的分配❽。

二、計畫預算的主要作用 包括下列各點，卽此一制度（一）可作爲政府努力改善公共政策制訂的成果之一； （二）可使政策目標趨於明確，並對制訂決策的過程予以明示； （三）可使長期政策的制訂與短期的預算編製，形成有機的聯繫； （四）不僅是計畫的策訂，並且基於計畫的執行管理、成果的評價或依據會計報告的控制，可指示出綜括性的經營管理制度的發展方向。

三、計畫預算制度的適用性 將計畫預算適用至政府機關的可行性，對下列各點尚值得考慮，卽（一）政府機關於決定目標及選擇達成目標的代替方案時，欲完全避免政治所給予的影響，可能會有困難。（二）在預測達成目標的各代替方案的效果時，如將效果予以量化，則效果的測定與方案的選擇均甚容易，但政府機關的目標與達成目標的方案之效果，有許多是難作量的比較的，因而選擇方案也就發生困難。（三）在所蒐集資料甚爲貧乏或缺少可靠性時，這種制度的處理無論如何正確，但其結論勢必距目標的達成甚爲遙遠。（四）國家的資源，對公經濟、私經濟、及教育、福利、國防、外交等之間， 究應如何作最適當的分配，亦必將有所爭論。如這些問題未能獲得解決，在政府機關欲全面實施計畫預算制度，尚須考慮。

四、計畫預算精神的採納 預算法第三十條及第三十四條分別規定：「前條所定之施政計畫及概算，得視需要爲長期之規劃編擬」；「繼續經費預算之編製，應列明全部計畫之經費總額及各年度之分配額；

---

❽ 張則堯著，財政學原理，第四二九——四三〇頁，自印，七一年版。

各年度之分配額，編列各該年度預算」。由此可知，計畫預算的精神，在預算法中已有採納；再如十大建設的完成，多者歷時六、七年，少者亦歷時二、三年，均係根據經費總額及完成年限，先預定各年的分配額，而後編列各該年度預算實施者，此亦爲採用計畫預算之實例。

第四項　零基預算的研究

零基預算（Zero-Base-Budgeting 簡稱 Z. B. B.），乃強調新舊施政（業務）計畫與年度預算編製並無必然連貫性，其具有繼續存在而更新發展的必要者，亦非因其舊有傳統而延續，務使資源更能發揮合理有效配置運用的作用，而重新估定一切價值，以資充分達成規劃與管理機能的一種預算作業方法。一九七七年美國聯邦政府，根據卡特總統指令採行零基預算方法。

一、零基預算的作業過程　主要有下列三個：

（一）確定決策單位：指配有預算的最低階層單位，並授權其單位主管擬訂該單位的業務計畫及經費支用標準。

（二）編製決策綱目表：由決策單位主管就其業務計畫編製決策綱目表，說明計畫的目標、執行步驟、不同規模的經費水準及預估其效益與風險，並列舉各種可行的替代方案，以資充分證明採用最佳方案的理由。

（三）排定各種決策優先順序：將各種綱目決策表，透過成本效益分析或其他衡量標準，愼重排列適用的優先順序，逐級上陳，經過層級增刪調整的結果，製成優先順序排列總表，俾作分配預算的依據。

二、對零基預算的評價

（一）支持者的評價：認爲1.以零基爲預算編製的基礎，不受以往年度預算分配項目及數額多寡的約束，並可避免若干預算項目持續不斷

膨脹的故態，消除傳統預算累積加成的積弊； 2. 可繼續不斷的採取動態觀點，衡量公共支出的有效性，無論新舊計畫活動，概以決策綱目表所表現的效益定其取捨，俾資刪除效益較低的計畫，使總體資源的分配，益臻合理有效； 3. 每項業務計畫，均編有最低、現行、急速發展三種不同規模的經費支援水準，在核定預算時，除考量該計畫的重要性外，尚可參酌當前客觀的經濟情勢決定核撥的經費支援水準，使公共部門的資源運用，得隨客觀環境的變化而發揮機動的效果； 4. 決策綱目表係由配有預算的基層單位擬訂，逐級上陳至最高決策者，將使決策與執行合一，上下意見溝通，提高效率。

（二）反對者的評價：認為1. 增加工作的負擔； 2. 對一般政務活動所產生的效益，難作數量的計算，致影響及業務計畫選擇的正確性； 3. 因新業務計畫的增加，舊業務計畫的刪除，及人事的經常更動，而導致人事上的困擾； 4. 經過精密作業而編成的預算，有時會因政治因素而遭修改，以致原意盡失，徒勞無功。

三、在政府機關的可行性　零基預算，完全以零為基礎，以效益為依據，秉持超然獨立的態度從事判斷與編製，以期對有限的資源作最有效的分配，自屬理想；但如可能遇及的困難未能作妥適的解決，有關配合的條件未能具備，貿然全面採行，可能會弊多而利少；如能先作選擇性的試行，而後再視試行成果逐漸擴大實施範圍，也許較能發揮效果❾。

---

❾ 張則堯著，財政學原理，第六四四頁。

第二十二章　會計與公庫

　　會計與公庫，係屬財務的執行，除各有其意義與分類外，各組織執行財務計畫時，並有其所適用的會計制度與公庫制度，尤其建立國庫集中支付制度後，使財務的執行發揮了更大的效果。茲就以上主題，在本章中分節討論之。

第一節　會計的意義與種類

　　會計有其意義與功能，會計組織因特性的不同而分有多種，會計事項與事務亦因性質而有不同的分類。茲分項簡述如後。

第一項　會計的意義與功能

　　一般學者對會計的意義與功能的看法如下：

　　一、會計的意義　所謂會計係指政府會計而言，乃政府各級機關執行預算及財務收支數目之記錄。換言之，各機關對於財務收支之數目、性質、狀況及用途等事項，為完全而確實之記載與報告，即為會計。但

在實施複式預算時， 其中有關資本預算的部門， 係採用商業會計的方法，因而政府會計的內容，亦將隨之有新的變化與擴充。

二、會計的功能

（一）提供財務資料與證明：卽作成正確的財務紀錄；向負責長官提供確實的資料，以爲決策及擬訂計畫的依據；使政府的財務收支獲得有力的證明，以便實行財務的公開及取信於民。

（二）實施財務執行與管理：卽表現機關各部門各時期 的 財 務 狀況， 俾便作行政的控制； 便於在公共支出上作必要的調整、 適應與控制；爲確保財務計畫亦卽預算的執行，須作成會計報告，提供政務考核的資料。

（三）協助財務考核與監督：卽保護公款不致濫用或妄用，協助審計工作的進行。

由上說明，政府會計不僅是財務管理的工具，並且是政務考核的依據。

第二項　政府會計的組織

依會計法之規定，政府會計之組織分下列五種：

一、總會計　中央、省（市）、縣（市）政府之會計，各爲一總會計。

二、單位會計　指（一）在總預算有法定預算之機關單位之會計；及（二）在總預算不依機關劃分而有法定預算之特種基金之會計。

三、單位會計之分會計　單位會計下之會計，除附屬單位會計外，爲分會計，並冠以機關名稱。

四、附屬單位會計　指（一）政府或其所屬機關附屬之營業機關、事業機關或作業組織之會計；（二）各機關附屬之特種基金，以歲入、

歲出之一部編入總會計之會計。

五、附屬單位會計之分會計　指附屬單位會計下之會計，並冠以機關名稱。

以上五種會計的區分，其情形與五種預算的區分相配合，因會計係紀錄預算所列之收支數字，故其分類應與預算分類相同，以發揮其作用。

第三項　會計事項與會計事務

會計法對會計事項的範圍及會計事務的分類，均有明定。

一、會計事項範圍　政府及其所屬機關，對下列事項應依機關別或基金別爲詳確之會計，即（一）預算之成立、分配、執行；（二）歲入之徵課或收入；（三）債權、債務之發生、處理、清償；（四）現金、票據、證券之出納、保管、移轉；（五）不動產物品及其他財產之增減、保管、移轉；（六）政事費用、事業成本及會計餘絀之計算；（七）營業成本與損益之計算及歲計盈餘之處理；（八）其他應爲會計之事項。

二、會計事務　前述會計事項之事務，依其性質分下列五類：

（一）普通公務之會計事務：指公務機關一般之會計事務，包括1.公務歲計之會計事務；2.公務出納之會計事務；3.公務財物之會計事務。

（二）特種公務之會計事務：指特種公務機關，除普通公務之會計事務外所辦之會計事務，包括1.公庫出納之會計事務；2.財務經理之會計事務；3.征課之會計事務；4.公債之會計事務；5.特種財物之會計事務；6.特種基金之會計事務。

（三）公有營業之會計事務：指公有營業機關之會計事務，包括1.營業歲計之會計事務；2.營業成本之會計事務；3.營業出納之會計事

務；4.營業財物之會計事務。

（四）公有事業之會計事務：指公有事業機關之會計事務，準用公有營業會計事務之規定，但不爲損益之計算。

（五）非常事件之會計事務：指有非常性質之事件，及其他不隨會計年度開始與終了之重大事件，其主辦機關或臨時組織對於處理該事件之會計事務。

第二節　會計制度

有關政府機關財務收支記錄之制度，卽爲會計制度，其內涵包括會計制度的設計，會計報告與科目，會計簿籍與憑證，及內部審核等，其詳細內容應屬會計學範圍，茲就其要點分項簡述如後。受政府輔助之民間團體及公私合營事業，其會計制度及其會計報告程序，準用會計法之規定，其適用範圍，由中央主計機關酌定之。

第一項　會計制度的設計

依會計法之規定，會計制度之設計，包括設計原則、設計機關、應包括之事項、及其所受之限制等。

一、**設計的原則**　會計制度之設計，應依會計事務之性質、業務實際情形及其將來之發展，先將所需要之會計報告決定後，據以訂定應設立之會計科目、簿籍、報表及應有之會計憑證。凡性質相同或類似之機關或基金，其會計制度應爲一致之規定；政府會計基礎，除公庫出納會計外，應採用權責發生制（由此可知政府的會計基礎，係以權責發生主義爲依據，對於公庫出納會計，因鑑於其貴在實現的特性，故另行採用現金收付主義）。

二、設計的機關　中央總會計制度之設計、核定，由中央主計機關爲之；地方政府之總會計制度及各種會計制度之一致規定，由各該政府之主計機關設計，呈經上級主計機關核定頒行；各機關之會計制度，由各該機關之會計機關設計，簽報所在機關長官後，呈請各該政府之主計機關核定頒行。以上設計，應經各關係機構及該管審計機關會商後始得核定，修正時亦同。

三、會計制度應包括之事項　有（一）會計制度應實施之機關範圍；（二）會計報告之種類及其書表格式；（三）會計科目之分類及其編製；（四）會計簿籍之種類及其格式；（五）會計憑證之種類及其格式；（六）會計事務之處理程序；（七）內部審核之處理程序；（八）其他應行規定事項。

四、會計制度所受的限制　各種會計制度，不得與會計法、預算法、決算法、審計法、國庫法、統計法牴觸；單位會計及分會計之會計制度，不得與其總會計之會計制度牴觸；附屬單位會計及其分會計之會計制度，不得與該管單位會計或分會計之會計制度牴觸。

第二項　會計報告與科目

依會計法規定，各種會計報告，應劃分會計年度（政府會計年度於每年七月一日開始，至次年六月三十日終了，以次年之中華民國紀元年爲其年度名稱），按需要編製各種定期與不定期之報告，並得兼用統計與數理方法，爲適當之分析、解釋或預測；至會計科目，則應按會計報告所應列之事項定之。

一、會計報告的需要　包括（一）對外而言，應按行政、監察、立法之需要，及人民所須明瞭之會計事業之需要編製之；（二）對內而言，應按預算執行情形、業務進度及管理控制與決策之需要編製之。

二、會計報告的分類

（一）靜態的會計報告： 表示一定日期之財務狀態， 並按其事實分別編造下列各表，卽1.平衡表；2.現金結存表；3.票據結存表；4.證券結存表；5.票照等憑證結存表；6.征課物結存表；7.公債現額表；8.財物或特種財物目錄；9.固定負債目錄。

（二）動態的會計報告： 表示一定期間內之財務變動經過情形， 並應按其事實分別編造下列各表， 卽 1.歲入或經費累計表； 2.現金出納表；3.票據出納表；4.證券出納表；5.票照等憑證出納表；6.征課物出納表；7.公債發行表及公債還本付息表；8.財物或特種財物增減表；9.固定負債增減表；10.成本計算表； 11.損益計算表； 12.資金運用表；13.盈虧撥補表。

三、會計報告及表類的彈性　上述會計報告及其各表，得由各該政府主計機關，會同其單位會計機關或附屬單位會計機關之主管長官及其主辦會計人員，按事實之需要，酌量減少或合併編製之。

四、會計科目的訂定　各種會計科目，應依各種會計報告所列入之事項定之，其名稱應顯示其事項之性質；如其科目性質與預算決算科目相同者，其名稱應與預算決算科目之名稱相合。為便利綜合彙編及比較計，中央政府各機關對於事項相同或性質相同之會計科目，應使其一致，對於互有關係之會計科目，應使其相合；地方政府對於與中央政府事項相同或性質相同之會計科目，應依中央政府之規定，對於互有關係之會計科目，應使合於中央政府之規定。又各種會計科目之訂定，應兼用收付實現事項及權責發生事項，為編訂之對象。

第三項　會計簿籍與憑證

依會計法規定，對財務收支之紀錄，須備有會計簿籍，並以憑證為

財務收支紀錄之依據。

一、會計簿籍　分下列兩類:

（一）帳簿: 指簿籍之紀錄，爲供給編造會計報告事實所必需。帳簿又分下列二類，即 1. 序時帳簿: 指以事項發生之時序爲主而爲紀錄者，其個別名稱謂之簿; 序時帳簿又有普通序時帳簿及特種序時帳簿之分。2. 分類帳簿: 指以事項歸屬之會計科目爲主而爲紀錄者，其個別名稱之帳; 分類帳簿又有總分類帳簿及明細分類帳簿之分。

（二）備查簿: 指簿籍之紀錄，不爲編造會計報告事實所必需，而僅爲便利會計事項之查考或會計事務之處理者。

二、會計憑證　分下列兩類:

（一）原始憑證: 指證明事項經過而爲造具記帳憑證所根據之憑證; 主要有1. 預算書表及預算準備金依法支用與預算科目間經費依法流用之核准命令; 2. 現金、票據、證券之收付及移轉等書據; 3. 薪俸、工餉、津貼、旅費、郵養金等支給之表單及收據; 4. 財務之購置、修膳，郵電，運輸，印刷，消耗等各項開支發票及收據; 5. 財物之請領、供給、移轉、處置及保管等單據; 6. 買賣、貸借、承攬等契約及其相關之單據; 7. 存滙、兌換及投資等證明單據; 8. 稅賦捐費等之征課、查定，或其他依法處理之書據、票照之領發，及征課物處理之書據; 9. 罰鍰、賠款經過之書據等。

（二）記帳憑證: 指證明處理會計事項人員責任，而爲記帳所依據之憑證。記帳憑證又分收入傳票、支出傳票、及轉帳傳票三種，各種傳票有其應行記載之一定事項，並須經有關人員簽名或蓋章。

第四項　內部審核

依會計法規定，會計人員應執行各機關內部審核的實施。

一、內部審核的種類、範圍與行使

（一）內部審核的種類：分1.事前審核，指事項入帳前之審核，着重收支之控制；2.事後複核，指事項入帳後之審核，着重憑證、帳表之複核與工作績效之查核。

（二）內部審核的範圍：包括1.財務審核：指計畫、預算之執行與控制之審核；2.財物審核：指現金及其他財物之處理程序之審核；3.工作審核：指計算工作負荷及工作成果每單位所費成本之審核。

（三）內部審核的方式：兼採書面審核與實地抽查方式，並應規定分層負責，劃分辦理之範圍。

二、內部審核職權的行使

（一）查閱或封鎖簿籍憑證：會計人員為行使內部審核職權，向各單位查閱簿籍、憑證暨其他文件或檢查現金、財物時，各該負責人不得隱匿或拒絕，遇有疑問並應為詳細之答覆。會計人員行使內部審核職權，遇必要時，得報經該機關長官之核准，封鎖各項有關簿籍、憑證或其他文件，並得提取其一部或全部。

（二）更正或拒絕不合法之會計程序或文書：各機關主辦會計人員，對於不合法之會計程序或會計文書，應使之更正，不更正者應拒絕之，並報告該機關主管長官；上述不合法行為，由於該機關主管長官之命令者，應以書面聲明異議，如不接受時，應報告該機關之主管上級機關長官與其主辦會計人員或主計機關；不為上述之異議或報告時，關於不合法行為之責任，主辦會計人員應連帶負之。

（三）保留預算與事前審核：各機關會計人員對於財物之訂購或款項之預付，經查核與預算所定用途及計畫進度相合者，應為預算之保留；關於經費負擔或收入之一切契約，及大宗動產、不動產之買賣契約，非經會計人員事前審核簽名或蓋章，不生效力。

（四）拒絕簽署：各機關會計人員審核原始憑證，發現有下列情形之一者應拒絕簽署，即1. 未註明用途或案據者；2. 依照法律或習慣應有之主要書據缺少或形式不具備者；3. 應經招標、比價或議價程序始得舉辦之事項，而未經內部審核人員簽名或蓋章者；4. 應經機關長官或事項之主管或主辦人員之簽名或蓋章，而未經其簽名或蓋章者；5. 應經經手人、品質驗收人、數量驗收人、及保管人簽名或蓋章而未經其簽名或蓋章者，或應附送品質或數量驗收之證明文件而未附送者；6. 關係財物增減、保管、移轉之事項時，應經主辦經理事務人員簽名或蓋章，而未經其簽名或蓋章者；7. 書據之數字或文字有塗改痕跡，而塗改處未經負責人員簽名或蓋章證明者；8. 書證上表示金額或數量之文字號碼不符者；9. 購置金額已達稽察限額之案件，未經依照法定稽察程序辦理者；10. 其他與法令不符者。

（五）其他：會計憑證關係現金、票據、證劵之出納者，非經主辦會計人員或其授權人之簽名或蓋章，不得為出納之執行。又對外之收款收據，非經主辦會計人員或其授權人之簽名或蓋章者，不生效力。

第三節　公庫制度

公庫有其意義與功用，有其組織體系，並有其一定的收支程序。茲分項簡述如後。

第一項　公庫的意義與功用

公庫的意義法有明定，公庫的功用頗為輝宏。

一、公庫的意義　依公庫法規定，為政府經管現金票據證劵及其他財物之機關稱公庫。故公庫是經管公款的機關，政府各項收入均由公庫

經收，政府各項支出均由公庫提付，在收進與付出之間則由公庫保管，公款之中有須作適當處理者，如票據、證券及其他財物之類，亦由公庫承辦。

二、公庫的功用 公庫的建立，在財務行政或財務執行上，可發揮下列功用，卽（一）統籌公款的調度：使公庫對公款能作適時適事的支應，調劑盈虛，以滿足財務的全般需要。（二）統一公款的管理：使公款由專設機關經管，避免各自爲政，以防止財務的收支弊端。（三）溝通財政與金融的關係：各國公庫業務，多委託銀行（特別是中央銀行）辦理，使政府資金與社會資金得作適當的調劑。

第二項　公庫的組織體系

公庫的組織體系，因按行政系統及按組織之統一與分散，而有不同。

一、按行政系統區分的組織體系 依公庫法規定，中央政府之公庫稱國庫，以財政部爲主管機關；省政府之公庫稱省庫，以財政廳爲主管機關；市政府之公庫稱市庫，縣政府之公庫稱縣庫，各以其財政局爲主管機關，不設財政局者，以各該市縣政府爲主管機關；與省市縣政府相當之地方政治團體，其公庫準用上述之規定。

二、按組織的統一與分散區分的組織體系 各級政府的公庫，按組織的統一與分散的不同，可將公庫分爲統一公庫與分散公庫❶。

（一）統一公庫：指每級政府僅設立一個公庫，卽一國僅有一個國庫，一省（市）僅有一個省（市）庫，一縣（市）僅有一個縣（市）庫；至各級公庫所設立的分支庫，不過是本級公庫的構成部分，並不具備獨立公庫的條件。

---

❶　張則堯著，財務行政，第一一五——一二〇頁，政大公企中心，五十四年版。

至統一公庫制的實行又有下列兩種不同方式：

1. 獨立公庫制：指政府自行設置一個專責經管公款的機關，以嚴格實行財務分權的原則；其優點為①防止各機關利用公款作營私舞弊的活動，發揮整飭財務紀律與政治風氣作用；②集中各機關公款的管理，俾資相互調劑，並減少分別保管的危險；③可維持公庫的獨立地位，並發揮其控制財務收支的力量。但獨立公庫制亦有其缺點，即①在普通機關之外另設公庫，組織龐大，人事經費支出可觀，間接增加人民負擔；②放棄優良的銀行制度而不用，及政府資金與社會資金不能兩相融通，使貨幣政策與財政政策兩相脫節。

2. 銀行代理制：即政府的公款交由銀行代理經營，其決定權仍操自政府的財政部門，其收支事務則由代理銀行憑其優秀的收支技術及其優良的保管設備，而作適當的處理。銀行代理制的優點，有①利用銀行優良設備及優秀從業人員辦理公款收支事務，節省政府財務行政費用，並提高政府財務行政效率；②政府公款交由銀行代理經營，雙方關係密切，相互調劑自易，進而使財政需要與經濟需要相配合；③在政治未上軌道的國家，預算的執行常受不當的干擾，銀行代理公庫，因銀行的地位較為特殊，對於公款的支付可多一層保障。但銀行代理亦有其缺點，如①代理銀行的選擇，難作決定，以致發生競爭；②代理公庫的銀行如發生週轉不靈情形，則政府公款難免不被挪用。

（二）分散公庫：指每級政府設立兩個以上的公庫組織而言，此兩個以上公庫彼此獨立，並無隸屬關係；除財政機關所設立的公庫外，其他重要機關亦分別設有獨立組織的公庫，甚至使財政機關的公庫徒擁虛名而無實權，致政出多門，顯有背於財務行政的統一性。分散公庫中分散的方式又有兩種，即1. 為官廳複數公庫制，即各官廳均各設立公庫；2. 為行政複數公庫制，即按行政類別而各自設立公庫。

（三）統一公庫與分散公庫的利弊: 大致而言，一般的見解多贊成統一公庫制，其理由有1.統一公庫表示財政權的統一，分散公庫表示財政權的分散。2.在統一公庫下，各官廳收支均由公庫集中辦理，假借公款舞弊之事甚難發生; 在分散公庫下，各官廳自爲出納，上級不易監督，易發生中飽營私弊端。3.在統一公庫下，公款統一管理，挹此注彼，可以統一調度，緩急之間易於調劑; 在分散公庫下，公款散在各處，甲庫充盈閒置，乙庫空虛拮据，彼此融通甚爲困難。4.在統一公庫下，資金集中，管理方便，保管容易; 在分散公庫下，資金分散，管理不易，保管困難。5.統一公庫對於預算之執行，較之分散公庫更可發生覈實控制作用。6.統一公庫對於財政資金與一般金融的聯繫，較之分散公庫更能發揮相互調劑的效果。7.統一公庫對於公庫的設置與經營，較之分散公庫更可達到精簡與有效的目的。

三、我國係採銀行代理制 依公庫法規定，公庫現金票據證券之出納保管移轉及財產契據等之保管事務，除法律另有規定外，應指定銀行代理; 事務屬於國庫者以中央銀行代理，屬於其他各級公庫者，其代理銀行之指定，應經該管上級政府公庫主管機關之核准; 在未設銀行之地方，應指定郵政機關代理。

又依公庫法規定，銀行代理公庫所收納之現金及到期票據證券，均用存款方式，其與公庫雙方之權利義務，除受法令之特別限制外，以契約定之，其契約應經該公庫主管機關之上級機關核准。再代理公庫之銀行，於清理或破產時，其所代理之公庫債權，有優先受清償之權。

第三項　收支程序與自行收支事項

政府的公款，固應由公庫依規定收支程序辦理，但亦有不必經公庫出納，而得由各機關自行收納、保管及支出者。

一、公庫對公款的收支程序

（一）公款的存管：公庫存款，按下列各種分別存管，即1.收入總存款；2.各普通經費存款；3.各特種基金存款。政府總預算範圍內之一切收入及預算外之收入，除依法應歸入特種基金存款者外，均歸入其收入總存款，由公庫主管機關主管，並由代理公庫之銀行或郵政機關按科目別及機關別列收庫帳。

（二）公款的支出：一切經費，應依據預算，由收入總存款撥入普通經費存款或特種基金存款後始得支出。普通經費之劃撥，應照核定之分配預算，按期由主計機關知照公庫主管機關，會同該管審計機關，通知代理公庫之銀行或郵政機關，由收入總存款按經費之機關別撥入普通經費存款項下。 政府各機關由其普通經費項下爲支出時， 應以支票爲之，但預向公庫具領自行保管及支出者不在此限。

（三）退還與收回之處理：收入之退還、支出之收回，應各按其性質，於原存款內爲之，其辦法由公庫主管機關會同收支機關主計機關審計機關定之。

二、各機關得自行收納及保管之公款　依公庫法規定，下列各種收入得由各機關自行收納，並得在規定期間內自行保管，即（一）零星收入；（二）機關所在地距離公庫之銀行或郵政機關在規定里程以外者，其收入；（三）在經征地點隨征隨納，經主管機關認爲應予便利者，其收入；（四）機關無固定地點者，其收入。

三、各機關得自行保管及支出之公款　依公庫法規定，政府各機關對於下列各種支出，得按規定期間預向公庫具領，自行保管及支出，即（一）額定零用金內之零星支出；（二）機關所在地距代理公庫之銀行或郵政機關在規定里程以外者，其經費；（三）機關無固定地點者，其經費；（四）其他經法令許可之估付包付金額。

第四節　集中支付制度

集中支付制度，乃自六十年起實施，有其特別意義與影響，集中支付制度有其一定的內容，實施範圍由中央而地方，並充分發揮了功用。茲分項簡述如後。

第一項　集中支付的意義

所謂集中支付制度，就是由公庫直接對各政府機關的債權人從事公款支出的行為，依法以清償各政府機關所負債務的一種有系統的處理方法。茲再析述如下❷：

一、集中支付係屬公款支付的公經濟行為　政府機關的財政支出，不僅要配合政府的事務與職能，而且要適應社會經濟的需要與發展，是多目標的政事計畫；集中支付就是為了因應各種狀況，來辦理有關公款的支出；故集中支付乃公款支付的行為，不能以私經濟的理財眼光來看。

二、集中支付為公庫直接對政府機關債權人的付款　集中支付的作業重點，在直接付款於債權人。如此對政府支用機關來說，祇有用錢的權力而不管付錢的責任；對債權人來說，可消除領款的周轉與障礙，不必擔心時間上的延誤；對付款機關來說，僅有管錢的責任，並無用錢的權力，與用錢機關權責分明，且具有制衡作用。

三、集中支付是依法清償政府各機關所負的債務　以國庫集中支付為例，國庫法及其施行細則、國庫集中支付作業程序，均為實施集中支付制度的法規根據。

---

❷　陳肇榮著，財務法規，第一○六——一○八頁，五南圖書出版公司，七○年版。

四、集中支付須先爲庫款的集中　以國庫集中支付制度爲例，除若干特殊單位暫未列入外，其餘各機關的實施集中支付，大部分的庫款已先爲集中，對資金調度裨益至大。

五、集中支付制是一種有系統的處理方法　將支付作業集中於支付機關，並得按地區設立地區支付機關；而執行預算的政府機關則爲支用機關，由支用機關按照合法的預算簽證手續，通知支付機關核對付款，簽發支票交債權人，由於此一分工嚴謹權責分明的作業程序，不僅將各部門的權責明確訂定，同時也規定各部門的協作配合程序，來完成整體的付款作業。

第二項　集中支付的影響

實施集中支付制度，對財政經濟發生了甚大的影響。其情形爲[3]：

一、集中支付制度對財務調度的影響　政府經費的撥發與支付，在未實施集中支付前，乃在總預算下，必須每月先行照分配預算籌足數額，分別撥存各機關帳戶，倘如庫收不足或財務困難之時，即須發公債或通貨來濟急；再各機關於庫款撥到後，並非一次用完，有者並不一定用完，累積數越來越多，致發生滯存或呆存於本機關帳戶。自實施集中支付後，將庫款集中於公庫存款戶，不再逐月分別事先撥存於各機關帳戶，而由辦理支付作業的特定機關統籌運用，故毋須於月份開始前全部籌足庫款，可以利用動支時間的差距調節運用，既可減少或延遲政府公債或通貨的發生，並可發揮資金運用上的靈活性。

二、集中支付制度對票據流通的影響　集中支付係使用支票來完成，如我國國庫集中支付制度，規定一律簽開國庫支票。國庫支票比一般商業支票的信用堅強，如（一）商業支票兌付能力受銀行存款的限制，

[3]　陳肇榮著，財務法規，第一○九——一一四頁。

而國庫支票無須對銀行存款卽可支付；（二）國庫支票可在核定兌付區域內各代庫機構兌付，而商業支票則須在指定的銀行兌付；（三）商業銀行支票的發票人多爲個人或私人團體，有受財產淸算的影響；國庫支票的發票人爲政府機關，絕無此顧慮，信用堅強。故集中支付制度可堅定社會上對支票使用的信心與認識，以促進資金的運轉。

三、集中支付制度對通貨變動的影響　通貨膨脹是貨幣發行增多，而物品的數量不變或增加甚少，將引致幣值下跌與物價的上漲；通貨緊縮是貨幣發行減少，而物品數量不減或減少不多，將引致幣值的增加與物價的下跌。通貨膨脹與通貨緊縮，對社會均將發生不同的影響。在集中支付的制度下，可以配合政府的財政政策，對通貨膨脹或通貨緊縮，及對財務支出的減低或增加，均可加以適當的調節，以使通貨膨脹或通貨緊縮的情況，獲致緩和與改進。

四、集中支付制度對景氣變動的影響　景氣變動就是經濟循環，每一經濟循環通常經過復甦、繁榮、危機、蕭條四個階段。景氣變動爲現代經濟社會中一種嚴重病態，各國政府均設法避免或減緩其發生，其對策不外運用貨幣政策與財政政策，前者調節市場利率以爲調節，後者卽爲公共投資政策，當經濟蕭條時，由政府舉辦公共工程以彌補投資缺口，實施社會政策，舉辦失業與貧窮扶助以彌消費缺口；當經濟繁榮時，政府可逐漸收縮公共投資或補償性的支出，以免經濟發展之過份擴張。在實施集中支付制度後，政府因資金的集中，可作適度靈活的調節；同時因集中支付對預算控制及財務管理的加強，有關浮濫、流用、挪墊的情形，將消彌於無形或減至最低度，對財政的支出將更符合原定的計畫與目標，輔益投資與消費，消彌景氣變動。

第三項　集中支付制度的內容

集中支付制度的內容，以國庫集中支付爲例，說明如下：

一、集中支付制度要點

（一）集中管理庫款：開設國庫存款戶，統籌管理庫款，便利庫款調度，延緩公債發行，減輕利息負擔。

（二）統一簽發支票：國庫支票，由支付處統一簽發，直接付與受款人。

（三）屬行內部審核：辦理預算簽證手續，經過內部審核程序，嚴密預算執行及財務管理。

（四）查對預算餘額：支付處查對分配預算餘額，再辦付款，協助加強預算控制。

（五）審計支付憑證：駐地區支付處審計人員，就地執行審計工作，加強監督預算執行。

（六）加強支票信用：國庫支票核定兌付區域範圍，並免除查對存款餘額。

（七）採行零用金制：免除各機關因零星小額支付往返支付處之煩，採行零用金制，並將零用金額度提高，便利零星小額支付。

二、集中支付的作業程序

（一）預算分轉：將分配預算分轉「支用機關」及「支付處」，由支付處建立預算餘額卡。

（二）開國庫支票：支用機關用款時，根據債權人發票或收據，開付款憑單，經內部審核程序，由會計、機關首長核簽後，交支付處辦理支付，支付處經查對預算餘額並記帳，透過審計部駐處審計開具國庫支票，由處長完成簽章，然後直接付予債權人，向代庫銀行國庫存款戶提兌。

（三）任選支票方式：支票付予債權人，可區分爲直接支付、郵寄

及存帳等，任由自行選擇。

第四項　集中支付制度推行情形

集中支付制度，先實施於國庫，而後實施至省庫與市庫。其情形如下：

一、國庫集中支付概況　自六十年七月一日起實施：

（一）中央各文職機關及其分支機關經費及其他款項支出，除依法專戶存管者外，均由國庫辦理集中支付。

（二）受中央總預算補助的支付，及未規定專戶存儲的特種基金，亦屬於集中支付範圍。

（三）國防經費因性質特殊，且早已自辦集中收支，經訂定基數機動撥補，俟適當時機再併入國庫集中支付範圍。

二、省庫集中支付概況　自六十一年九月起分期分區實施：

（一）納入集中支付範圍之經費：包括1.省政府暨所屬各級機關學校經費及其他款項支出；2.未經指定專戶存款的特種基金；3.總預算內明定用途的特種基金。

（二）未納入集中支付範圍的經費：包括1.額定零用金；2.無固定地點機關經費；3.省營事業機構支出；4.規定專戶存管的特種基金；5.其他經法令許可的經費。

三、市庫集中支付概況　臺北市自六十一年十月起分期實施。市庫集中支付的實施範圍，係以市屬機關學校一切經費及其他款項的支付，除市營事業機關、特種基金、循環基金等暫緩辦理外，一律均實施集中支付。高雄市亦自七十二年七月起實施集中支付制。

第五項　集中支付制度的功用

實施集中支付制度，確有其功用。主要者爲：

一、能迅速直接的支付　各機關對經費的動支，事先已根據預算與法律的規定，加以審核，故可迅速直接支付給受款人，手續甚爲簡便。

二、便於財務調度　各機關的經費餘額，完全由公庫直接控制，便利財務調度。

三、減少現金錯誤的機會　各機關除極小數額的備用金外，不經手現金的出納，可減少現金出納上的錯誤。

四、便於引進高效率的設施　因集中辦理之故，便於引進具有高效率的設施，及嚴密的內部審核。

五、嚴密財務管理　現金票據契據等，均由公庫直接管理，可減少各機關的各自爲政。

六、加强預算控制　對現金之支付，集中支付處均須檢查預算科目，凡合於規定者始予支付，有利於對預算的控制。

七、推廣支票流通　付款時均以支票爲之，增加受款人的携帶便利，且公庫支票信用卓著，受款人亦極爲歡迎。

八、節省支付成本　庫款由集中支付處統一集中支付，對人力時間經費等，均可獲得相當的節省，有利於成本的降低。

第二十三章　決算與審計

決算與審計，係屬財務監督範圍。決算的編造與審核，有其一定的程序，審計亦有一定的範圍與權責。茲按決算的意義與編造，決算的審核、審議與處理，審計的意義、方式與機關，及審計權的行使對象，分節敍述之。

第一節　決算的意義與編造

決算有其意義與功能，決算有一定的分類，決算的編造有其一定的程序，茲分項簡述如後。

第一項　決算的意義與功能

政府財務收支在一個會計年度的計算，謂之歲計。歲計始於預算終於決算，若歲計的預測與歲計的實績兩相一致，則於預算之外別無作成決算的必要,但事實上預測與實績常有出入,因而在預算之外須有決算。

一、決算的意義　決算乃在預算執行之後，表示收入額與歲入預算相較，究竟具有何等的實績；歲出預算的執行，是否得當與合法，及是

否符合預算的目的與發生預定的效果。故決算乃表示預算究屬如何執行的實績表，亦即爲年度終了後考核預算的文書，實爲財務監督的重要手段。

根據決算的內容，不僅可了解過去歲計的實績，判明其有無違法或不當的事實，並可據此以追究政府或財政部門的責任，對於將來歲計預測的預算及從事財務活動，亦可提供有益的資料，並採取預防發生違法或不當行爲的措施。故決算與預算相輔並行，始可使一國的歲計達到完全的境界，而預算制度的完全實現，議會對政府財務收支的控制，及實施的最後監查，均有賴於決算。

二、決算的功用　日本松下周太郎在其所著財政學要綱一書中，曾提到決算的功用爲:

（一）決算可使公款的處理更爲確實: 如果沒有決算，財政官員對公款的使用，難免不有侵吞或浪費的危險，對於此等行爲亦不容易發覺; 決算制度正可力矯此弊，並可對此種不正當行爲防範於未然，至少亦可使其易於顯露; 同時還可糾正財務計算的錯誤。

（二）決算可對政府提供重大的參考資料: 在許多歲入歲出的事項中，預算的測定與執行的實績，基於財經界的變動、產業的失調、貿易的消長、國民消費的變化、物價漲跌及其他因素的影響，可能有很大距離; 在此情形，政府根據決算的內容，可以了解其差異程度及發生原因，對於將來預算的編製，具有重大的參考意義。

（三）決算可使議會的財政監督權作完全的行使: 由於政府必須作決算，議會對其國家財政的監督權始可作完全的行使; 如政府不須作決算並提出國會，則預算的編製如何完善，政府對預算的執行如何忠實，不僅議會無從得知，而財務行爲，亦常成爲預算範圍內的獨斷，不能取信於國人。

我國財政學者張則堯則認為，政府財務的公開，乃為民主財政的重要原則；財務的公開，不僅指預算的公開，並且包括決算的公開；政府收入，每年取之於人民者實額究屬幾何，政府支出，每年用之於人民者實額究屬幾何，這都是決算書表所表示的內容，亦即財務公開的真實資料，政府的責任固由此而表明，政府的業績亦由此而宣示，化除政府與人民的財政矛盾，進而求取人民的支持，決算制度在政治上的效果，其意義尤為重大❶。

第二項　決算的分類

我國決算法，明定有決算的分類。

一、決算的分類　政府之決算，應按其預算分下列各種：

（一）總決算：指政府每一會計年度，各就其歲入及歲出所編之決算。

（二）單位決算：指下列決算而言，即1.在公務機關，有法定預算之機關單位之決算；2.在特種基金，應於總決算中編列全部歲入、歲出之基金之決算。

（三）單位決算之分決算：指單位決算內，依機關別或基金別所編之各決算，為單位決算之分決算。

（四）附屬單位決算：指特種基金，應以歲入、歲出之一部編入總決算者，其決算均為附屬單位決算。

（五）附屬單位決算之分決算：指附屬單位決算內，依機關別或基金別所編之各決算，為附屬單位決算之分決算。

二、決算科目及門類　依決算法規定，歲入、歲出決算之科目及門類，應依照其年度之預算科目、門類，而為編列。

❶　張則堯著，財務行政，第一四七頁。

三、決算之機關單位及基金　依決算法規定，決算所用之機關單位及基金，依預算法之規定；其記載基金之貨幣單位，依法定預算所列爲準。

四、決算與會計的關係　依決算法規定，各機關各基金決算之編造、查核及綜合編造，除決算法另有規定外，依會計法關於會計報告之規定。故決算乃爲根據會計紀錄所編造之最後報告。

第三項　決算的編造

依決算法規定，中央政府決算的編造有其一定的程序，當編造完成時，並提出於監察院。至地方政府決算，另以法律定之，在法律未制定前，準用決算法之規定。

一、編造決算的機關　總決算由中央主計機關編造；機關別之單位決算，由各該單位機關編造；特種基金之單位決算，由各該基金之主管機關辦理。

各機關在年度內有變更者，其決算依下列規定辦理，卽（一）機關改組者，由改組後之機關一倂編造；（二）機關名稱更改者，由更改後之機關按名稱更改之前後，分別編造；（三）數機關合倂爲一機關者，在未合倂前，各該機關之決算，由合倂後之機關代爲分別編造；（四）機關之改組變更，致預算分立者，其未分立期間之決算由原機關編造。

不專屬於任何機關單位之基金，在年度內有變更者，其決算依下列規定辦理，卽（一）基金改變或其管轄移轉者，由改變或移轉後主管各該基金之機關一倂編造；（二）基金名稱更改者，按名稱更改之前後，分別編造；（三）數基金合倂爲一基金者，各該原基金之決算，由合倂後之基金主管機關代爲分別編造；（四）基金先合倂而後分立者，其未分立期間之決算，由原主管機關編造。

二、決算的內容　因機關決算與基金決算而不同：

（一）機關決算：機關別之單位決算，編造時應按其事實備具執行預算之各表，並附具執行預算之其他會計報告、執行預算經過說明、執行施政計畫、事業計畫績效之說明及有關之重要統計分析。

（二）基金決算：又分1.營業基金決算：附屬單位中關於營業基金決算，應就執行業務計畫之實況，根據會計紀錄編造之，並附具說明，連同業務報告及有關之重要統計；並包括營業損益之經過，資金運用之情形，資產負債之狀況，及盈虧撥補之擬議。2.其他特種基金決算：附屬單位決算中營業基金以外其他特種基金決算，得比照上述規定辦理。

三、決算編造之步驟

（一）各機關編造：各機關之決算，經機關長官及主辦會計人員簽名或蓋章後，分送該管上級機關及審計機關。

（二）各主管機關查核：各主管機關接到所屬機關決算，應即查核彙編，如發現其中有不當或錯誤，應修正彙編之，連同單位決算轉送中央主計機關。有關修正事項，應通知原編造機關及審計機關。

（三）中央主計機關彙編總決算：中央主計機關應就各單位決算，及國庫年度出納終結報告，參照總會計紀錄編成總決算書（如發現其中有不當或錯誤，準用上述規定辦理），並將各附屬單位決算（包括營業及非營業者），彙案編成綜計表，加具說明，隨同總決算，一併呈行政院提經行政院會議通過。

四、提出決算於監察院　行政院應將經院會通過之總決算案，於會計年度結束後四個月內，提出於監察院。

第二節　決算的審核、審議與處理

依決算法規定，決算的審核權歸於監察院，而決算的審議權則歸立法院，最後並由監察院處理。茲分項簡述如後。

第一項　決算的審核

決算，依規定由審計機關審核，並規定有審核時應行注意的事項。

一、審核決算的機關　審計機關即爲審核決算的機關，亦即審計部及其所屬之審計處、室，審計部隸屬於監察院，故審計機關的審核決算，即爲對財務的監察作用。

二、審核決算應注意事項

（一）審核各機關或各基金決算時：應注意之事項爲1.違法失職或不當情事之有無；2.預算數之超過或剩餘；3.施政計畫、事業計畫或營業計畫已成與未成之程度；4.經濟與不經濟之程度；5.施政效能或營業效能之程度，及與同類機關或基金之比較；6.其他有關決算事項。

（二）審核政府總決算時：應注意之事項爲1.歲入、歲出是否與預算相符，如不相符，其不相符之原因；2.歲入、歲出是否平衡，如不平衡，其不平衡之原因；3.歲入、歲出是否與國民經濟能力及其發展相適應；4.歲入、歲出是否與國家施政方針相適應；5.各方所擬關於歲入、歲出應行改善之意見。

三、審計機關對決算的修正　審計機關審核決算時，如有修正之主張，應即通知原編造決算之機關限期答辯；受通知機關逾期不答辯者，視爲同意修正。決算經審定後，應通知原編造決算之機關，並以副本分送中央主計機關及該管上級機關。

四、向立法院提出審核報告　審計長於中央政府總決算送到後三個月內完成其審核，編造最終審定數額表，並提出審核報告於立法院。

第二項　決算案的審議

立法院，依決算法規定，有審議決算案之權。

一、審議決算　立法院對審計長之審核報告，應就有關預算之執行，政策之實施，及特別事件之審核、救濟等事項，予以審議。

二、可實施質詢　立法院審議決算時，審計長應答覆立法委員的質詢，並提供資料；對原編造決算之機關，於必要時，亦得通知其列席備詢，或提供資料。

三、審議的範圍　我國憲法及決算法，雖均有審計長應提出決算審核報告於立法院的規定；決算法又規定立法院對審核報告中有關事項，予以審議。但憲法及決算法均未明定立法院有議決決算案之權，故立法院對審計長之決算審核報告中有關事項，可否予以實體上的審議？又立法院之審議意見與審計長之審核報告互有牴觸時，應如何解決？在法理及實務上尚值得研酌。有的學者認為立法院對於審核報告，如認為不合時，僅得提出詢問或經由審計長依法改正，立法院不得逕為變更之決議，但此關係憲法之適用疑義，如有爭議，應由司法院予以解析❷。

第三項　決算的公告與處理

決算案，依決算法規定應予公告，必要時並須由監察院作適當的處理。

一、公告　總決算之最終審定數額表，由監察院咨請總統公告；其中應守秘密之部分，不予公告。此乃所以昭示鄭重，取信於國人，及為顧全國家之最高利益所致。

二、監察院對決算之處理　監察院對總決算及附屬單位決算綜計表

---

❷　管歐著，現代行政學，第三一一頁，永大書局，六十七年版。

審核報告所列應行處理之事項，應爲下列之處理：

（一）應賠償之收支尙未執行者，移送國庫主管機關或附屬單位決算之主管機關執行之。

（二）應懲處之事件，依法移送該機關懲處之。

（三）未盡職責或效能過低應予告誡者，通知其上級機關之長官。

三、其他： 決算法雖爲辦理中央政府決算案之依據，但地方政府，在決算法未制定前，其決算的審核、審議、公告及處理，準用本法之規定。

第三節　審計的意義、方式與機關

審計有其意義與功用，審計的運用方式有多種，審計有其專責的機關。茲分項簡述如後。

第一項　審計的意義與功用

學者對審計的意義與功用，大致有相同的看法。

一、審計的意義　審計爲監查財務的重要措施。所謂財務監查，乃對財務執行亦即預算執行的結果，考核其是否符合預算的內容及有關法律的規定，甚至更進一步審察其有無達成原定用途的目的，及實現預期收入的額度，並提供今後編製預算及施政計畫的參考資料。財務監查所常用的方法，不外決算及審計，決算須經由審計後始能通過，審計權多爲獨立行使，以期充分發揮財務監查的功用。

二、審計的功用　學者對審計功用的看法，舉兩例如下：

（一）密契爾（R. J. Mitchell）的說法：密契爾在其所著國家財務論一書中，曾提出下列三點看法，即1.審計屬於議會的權限，是立法

部門監查政府預算執行的方法。2.審計人員必須立於超然的地位。3.審計的目的，在於審察政府支出是否合法、有無確證、以及是否發揮效能。

（二）譚納爾（I. Tenner）的說法：譚納爾等在所著的市政與政府會計一書中，曾提出下列四點看法，即1.根據審計人員的判斷，了解財務報表是否合理，表示機構的財務地位與運用成績。2.決定會計紀錄與程序是否確實，並提供提高管理效率的建議。3.以審計爲一種控制手段，俾對因貪污無能而使公款遭受損失的情事，予以協力防止，並檢證辦理各機關財務人員的責任。4.決定是否符合有關財務法律的規定。

第二項　審計的職權與方式

審計的職權範圍，爲審計法所明定，運用審計的方式，通常有事先、事後及稽察三種。

一、審計的職權範圍　依審計法規定，審計機關所行使的審計權，包括下列七種，即（一）監督預算的執行；（二）核定收支命令；（三）審核財務收支，審定決算；（四）稽察財物及財政上不法或不忠於職務之行爲；（五）考核財務效能；（六）核定財務責任；（七）其他依法律應行辦理之審計事項。

二、事前審計　此指預算執行前所爲之審計，如審核各機關分配預算，收支命令，派員駐在各機關審核憑證及有關證件，核發國庫支票等事項均屬之。

但亦有學者反對事前審計者，如以前協助改革中國審計制度的敖立吾（B. J. Oliver)氏，即認爲（一）在各機關派駐審計人員，容易干擾政府機關的行政程序；（二）駐審人員甚難抵抗勾結串騙的壓力與引誘，而趨於腐化；（三）審計人員於實施事前審計時，核准一項支付，即對該項支付的核准負其責任，政府以後所實施的審計，將無異對於其本身

工作的審計，而非對政府機關的審計❸。

　　與事前審計相仿的，有的學者倡導推行綜合審計 (Comprehensive Audit)。綜合審計乃係採用一般企業審計的原則與程序，擴大審計的範圍，對政府機關的公款收支、資產負債、財物保管，以及行政管理與業務成果，作全盤綜合性的考核與檢討，亦卽對政府機關及其各項業務，以分析與批判的態度加以考核，並提供積極改進的建議；再綜合審計乃係以積極的預防代替消極的制裁爲其理論的基礎，認爲生理的保健重於病理的治療，亦卽防止弊端的形成，重於弊端的發生。關於綜合審計的具體實行，可以美國綜合審計制度爲例，包括下列六項：

　　（一）機關任務的研究：要想考核一個機關的存在價值，必須先研究其設立的法律根據與歷史背景，以明瞭該機關所從事的各項活動的目的、範圍、與辦事方法，及其權責的限度。

　　（二）機關政策的檢討：不論該項政策係由上級機關所訂定，或爲該機關自行訂定，審計人員均須加以檢討，俾資瞭解該項政策是否爲人民的要求或國會的願望，以及此項政策執行的效果與反應。

　　（三）內部管理制度的考核：審計人員對於各機關的組織，內部處理事務的程序，以及報告、檢查、視察的方法與其他管理制度，均須分別一一考察，以便了解1.該機關財務收支與財產管理是否已上軌道；2.所提供的財務憑證與有關資料，是否正確可靠合乎實用；3.業務是否健全，並隨時求取進步；4.執行政策、決議、及法令規章情形。

　　（四）財務收支與財產使用的分析：以此項分析研究爲基礎，考核該機關對於公款與公有財物的使用，是否經濟有效，並包括預算與實際績效的比較，本年度與往年度成果的比較，以及所獲成果與所費成本的比較。

---

❸　張則堯著，財務行政，第一三八——一四二頁。

（五）會計事項的審查： 對個別會計事項的審查，以達到下列三種需要為限，即1.收付事項的發生，均有法令規章或決議為其依據；2.款項來源與支出項目，均已正確入帳；3.內部管理能發揮有效的功能。

（六）重要不當事項的發現與處理： 在調查過程中，如發現各機關有重要不當事項，包括行政措施的違法、政府官員非法收取公款、或從事不正當支出，應詳實調查儘量揭發，提出報告，並作成適當的建議，以供國會及其他主管機關採擇施行。

三、事後審計　此指預算執行後所為之審計，如會計報告，原始憑證與決算之送審，及就地辦理抽查或巡迴審核等事項均屬之。

事後審計，依其抽查方法的不同，又可分下列三種：

（一）精查法： 在於澈底了解會計上的全部記錄，究竟具有何種真實性。其精查的範圍，如果實行送請審計，自以所送會計報表及其所附原始憑證為限，精查之後，對於支出憑證的真實性，須作明確的判斷，並考核其是否符合預算訂定的內容及有關財務法律規定的要件，然後對其應行核銷的數字，加以核計答覆，即已善盡精查的任務；如為實行就地審計，則不以原始憑證為限，更常由原始憑證而核對其記帳憑證，並且及於各種記帳簿冊與其他報表，必要時，進而對現金與財物加以精查，至於各該機關所經管的各項經費，各種財物目錄，以及組織制度、會計檔案，也都一併在檢核之列。

（二）抽查法： 在於對特定事項或某項記錄，判斷其真實性，因而抽查一部分的憑證帳冊，或其他有關事項，以為審計的對象；但亦有出於節省時間的目的，只抽查其一部分，求獲證明，以概其餘。

惟應注意者，實施抽查之時，必須嚴守秘密，事前不說明抽查的範圍，使被審核者無法掩飾取巧，隱藏真相；至抽查之範圍，當以抽查的目的為轉移，如在抽查中發現問題，自可擴大抽查的範圍，展開抽查的

工作，俾對事實得作眞實的判斷。

（三）速查法：卽審計人員將帳簿憑證一覽之後，便可迅速判斷其眞實的程度，而又無草率從事的差誤，惟此一方法的應用，須由富有審計學識及經驗且能敏捷處理問題者，始能爲之。

四、稽察　係屬實地調查與考核，以補事前審計與事後審計之不足，其目的在稽察政府機關或公務人員財務上不法或不忠於職務之行爲，舉凡一切收支之稽察，現金、票據、證券及其他財物之稽察，營繕工程及購買、定製、變賣財物之稽察均屬之。

此種實地調查與考核的稽察，其益處有下列各點，卽（一）熟知各機關的內部情形，不易受蒙蔽。（二）便於當地調查各事件的原委，難於捏造事實。（三）每逢大宗收支，事前便於審計稽察，經手者難爲鉅額的侵占。（四）以報告與帳册核對，以帳簿與單據核對，以單據與稽察報告核對，縱有虛僞，亦不難於發現。（五）各機關的情僞可經由稽察而畢現，忠實的公務人員可以得到保障，而狡詐的公務人員亦不敢過於放縱。

第三項　審　計　機　關

行使審計職權的審計機關，依審計法規定，主要有下列五種：

一、中央審計機關　爲審計部，擔任中央各機關及其所屬機關的財務審計，中央機關之設在各省（市）地方者，其財務審計得指定就近審計處（室）辦理之。因審計長須提出決算之審核報告於立法院，故其任命須經立法院之同意，以示對立法院負責之意。

二、省市審計機關　審計部於各省及直轄市設審計處，掌理各該省市內中央及地方各機關之審計事務，於各縣（市）酌設審計室，辦理縣（市）財務之審計；審計處室雖設在各省市及縣（市），但均爲審計部

之派出機關，其性質仍爲中央機關。

三、**特種機關之審計機關** 各特種公務機關，公有營業機關，公有事業機關，得設審計室，掌理各該機關之審計事務。

四、**未設審計機關之審計** 未設審計處室者，其財務之審計，由各該管審計機關辦理，或指定就近審計處（室）兼理之。

五、**審計機關之委託** 審計機關對於審計事務，爲辦理之便利，得委託其他審計機關，其決定應通知原委託機關。

第四節　審計權的行使對象

依審計法規定，審計權的行使對象，主要包括公務審計，公有營業及公有事業審計，財物審計，考核財務效能，及核定財務責任五方面。茲分項簡述如後。

第一項　公務審計

公務審計，指對政府機關的審計。其審計事項如下:

一、**分配預算的審計** 各機關已核定之分配預算，連同施政計畫及其實施計畫，應依限送審計機關；變更時亦同。又分配預算，如與法定預算或有關法令不符者，應糾正之。

二、**會計報告的審計** 各機關或各種基金，應照會計法及會計制度之規定，編製會計報告，連同原始憑證，依限送該管審計機關審核。

三、**書據、憑單、支票的審計** 公庫支撥經費款項之書據、憑單、及各機關簽發之公庫支票，非送經審計機關或駐審人員核簽，公庫不得付款或轉帳；其未設審計機關或未派駐審人員者，不在此限。

四、**各項報表的審計** 審計人員就地辦理各機關審計事務時，得通

知該機關將各項報表送審計人員查核；該審計人員對其簿籍得隨時檢查，並與有關憑證及現金、財物等核對。

五、決算的審計　各機關於會計年度結束後，應編製年度決算，送審計機關審核；審計機關審定後，應發給審定書。

第二項　公有營業及公有事業審計

所謂公有營業及公有事業，依審計法規定，係指具有下列情況之一的事業而言，即（一）政府獨資經營者；（二）政府與人民合資經營，政府資本超過50%者；（三）上述公有營業及公有事業機關轉投資於其他事業，而轉投資之資本額超過該事業資本50%者。對公有營業及公有事業的審計事項有：

一、營業或事業計畫及預算的審計　公有營業及事業機關之營業或事業計畫及預算，暨分期實施計畫、收支估計表、會計月報，應送審計機關。

二、結算表決算表的審計　公有營業及事業機關，應編製結算表、年度決算表，送審計機關審核。

三、盈虧的審計　公有營業及事業的盈虧，以審計機關審定數為準。

四、固定資產重估的審計　公有營業及事業機關，依照法令規定為固定資產之重估價時，應將有關記錄，送審計機關審核。

五、其他的審計　各項報表的審計、決算的審計，與公務審計同。

審計機關對公有營業及事業機關財務之審計，除依審計法及有關法令規定辦理外，並得適用一般企業審計之原則。

第三項　財　物　審　計

依審計法規定，對各機關的財物審計事項如下：

一、財物管理的審計　審計機關對於各機關之現金、票據、證券及其他一切財物之管理、運用及其有關事項，得調查之；認爲不當者，得隨時提出意見於各該機關。

二、財物會計報告的審計　各機關對於所經管之不動產、物品或其他財產之增減、保管、移轉、處理等事務，應按會計法及其他有關法令之規定，編製有關財物會計報告，依限送審計機關審核；審計機關並得派員查核。

三、財物報廢及銷燬的審計　各機關對於所經管的財物，依照規定年限已達報廢之程度時，必須報廢，其在一定金額以上者，應報審計機關查核；在一定金額以上不能利用之廢品，及已屆保管年限之會計憑證、簿籍、報表等，依照法令規定可予銷燬時，應徵得審計機關同意後爲之。

四、財物遺失毀損的審計　各機關經管現金、票據、證券、財物或其他資產，如有遺失、毀損，或因其他意外事故而致損失者，應檢同有關證件，報審計機關審核。

五、營繕工程及財物購置的審計　各機關營繕工程及各種財物購置、定製或變賣之開標、比價、議價、決標、驗收，在一定金額以上者，應照法定程序辦理，並於一定期間內通知審計機關派員稽察。

六、債券的審計　經營債券機關，於債券抽籤還本及銷燬時，應通知審計機關。

第四項　考核財務效能

審計法對審計機關考核各機關財務效能的事項，及應行注意之點，均有所規定。其情形爲：

一、對各主管機關考核結果的審計　各主管機關應將逐級考核各機

關按月或分期實施計畫之完成進度、收入、與經費之實際收支狀況，隨時通知審計機關。

二、會計報告及決算的審計　公務機關編送會計報告及年度決算時，應就計畫及預算執行情形，附送績效報告於審計機關；其有工作衡量單位者，應附送成本分析之報告，並說明之。各公有營業及事業機關編送結算表及年度決算表時，應附業務報告；其適用成本會計者，應附成本分析報告，並說明之。

三、對公務機關審計應注意事項　審計機關辦理公務機關審計事務，應注意下列事項，卽（一）業務、財務、會計、事務之處理程序及其有關法令；（二）各項計畫實施進度、收支預算執行經過及其績效；（三）財產運用有效程度及現金、財物之盤查；（四）應收、應付帳款及其他資產、負債之查證核對；（五）以上各項應行改進事項。

四、對公有營業及事業機關審計應注意事項　審計機關辦理公有營業及事業機關審計事務，應注意下列事項，卽（一）資產、負債及損益計算之翔實；（二）資金之來源及運用；（三）重大建設事業之興建效能；（四）各項成本、費用及營業收支增、減之原因；（五）營業盛衰之趨勢；（六）財務狀況及經營效能。

五、對考核財務效能的處理　審計機關考核各機關之績效，如認爲有未盡職責或效能過低者，除通知其上級機關長官外，並應報告監察院；其由於制度規章缺失或設施不良者，應提出建議改善意見於各機關。又審計機關於政府編擬年度概算前，應提供審核以前年度預算執行之有關資料及建議意見。

六、其他　對各機關或各基金決算審計應注意事項，及審計總決算應注意事項，在本章二節一項內已有說明，不再贅述。

第五項　核定財務責任

依審計法規定，所謂財務責任，乃指解除財務責任或應負損害賠償責任而言。

一、解除財務責任　各機關人員對於財務上行爲應負之責任，非經審計機關審查決定，不得解除。

二、應負損害賠償責任　主要有下列六種：

（一）對經管財物之損害賠償責任：各機關經管現金、票據、證券、財物或其他資金，如有損失、毀損或因其他意外事故而致損失，經審計機關查明未盡善良管理人應有之注意時，該機關長官及主管人員應負損害賠償之責。

（二）數人對經管財物之連帶損害賠償責任：由數人共同經管之遺失、毀損或損失案件，不能確定其中孰爲未盡善良管理人應有之注意或故意或重大過失時，各該經管人應連帶負損害賠償責任；造意人視爲共同行爲人。

（三）未能追還款項之連帶損害賠償責任：經審計機關決定應剔除或繳還之款項，其未能依限悉數追還時，如查明該管長官或其授權代簽人及主辦會計人員，對於簽證該項支出有故意或過失者，應連帶負賠償責任。

（四）超付或誤付現金之損害賠償責任：各機關主辦及經辦出納人員簽發支票或給付現金，如查明有超過核准人員核准數額，或誤付債權人者，應負損害賠償責任；支票之經主辦會計人員及主管長官或其授權代簽人核簽者，如前項人員未能依限悉數賠償時，應連帶負損害賠償責任。

（五）賠償責任之全部或一部免除：審計機關對於各機關剔除、繳

還或賠償之款項或不當事項，如經查明覆議或再審查，有下列情事之一者，得審酌其情節，免除各該負責人員一部或全部之損害賠償責任，或予糾正之處置，卽1.非由於故意、重大過失或舞弊之情事，經查明屬實者；2.支出之結果，經查確實獲得相當價值之財物或顯然可計算之利益者。

（六）延誤追繳之損害賠償責任：審計機關決定剔除、繳還或賠償之案件，應通知該負責機關之長官限期追繳，並通知公庫、公有營業或公有事業主管機關；逾期，該負責機關長官應卽移送法院強制執行；追繳後，應報告審計機關查核。上述負責機關之長官，違反上述規定，延誤追繳，致公款遭受損失者，應負損害賠償之責；並由公庫、公有營業或公有事業主管機關，依法訴追，並報告審計機關查核。

第二十四章　財務調整

　　所謂財務調整，包括財務收支平衡的調整，預算執行的調整，戰時財務的調整，及地方財務收支的調整四種，這才可說是財務管理的彈性面。關於財務調整，在學者張則堯所著之財務行政中敍述甚詳。茲就以上四種調整分節敍述之。

第一節　財務收支平衡的調整

　　財務收支平衡的調整中，值得研究者，有財務收支調整的種類，財務收支不平衡的原因，對經常支出收入不足的彌補，及對臨時支出收入不足的彌補。茲分項簡述如後。

第一項　財務收支調整的種類

　　政府財務收支的調整，大致可分下列兩種:

　　一、基本的調整　在使政府的收入與支出二者，達到平衡狀態，以實現財務的健全化，此為政府財務管理最基本的任務。誠如陸茲　(H. L. Lutz) 所云，「公共支出與公共收入為財政機構的兩大支柱，而財

務行政的作用，則在聯繫支出與收入，使其維持平衡的關係，實爲財政機構的樞紐」●，由此可見基本的調整的重要性。

二、擴大的調整　依其擴大的目的，又有下列兩種:

（一）經濟平衡的財務調整: 即擴大財務調整的作用，以政府的財務收支爲手段，達到經濟平衡的目的。根據經濟政策的觀點，財務上的收支平衡，並不足以充分發揮財務調整的手段，也不是財務調整的最高目的，必須進一步運用政府的支出或收入，作爲維持消費與生產平衡的手段，亦即爲實行經濟政策的工具，至於財務收支本身的平衡與否，反而成爲次要的問題，甚至根本不以此爲着眼點，即使犧牲財務收支的平衡，亦在所不惜。

（二）社會平衡的財務調整: 即政府財務的收支，除基本的任務外，應進一步達成移轉所得或調整分配的目的，以求維持社會的平衡，一方面增加社會福利的支出，滿足社會多數人的生活需要，另一方面加強所得稅及財產稅的課征，貫徹量能課稅的原則，避免社會財富的集中。

以上各種財務收支的調整，究應採用何種，則應視國家經濟發展的情況及當政者對財務行政的看法而定。

第二項　財務收支不平衡的原因

政府財務收支發生不平衡，自有其原因，而不平衡的情況亦有不同。

一、財務收支不平衡的原因

（一）收入的不足: 即收入額不足以供應支出額，由於政府的支出，隨着其職能的擴充而有日趨膨脹的趨勢，財政當局多苦於收入的不足。

（二）收入的賸餘: 即實際收入額超過預估的收入額，財政當局對於收入常作較爲保守的估計，以期寧可超收而不能短收。

●　張則堯著，財務行政，第一五六頁，自印，七十一年版。

二、財務收支不平衡的情況

（一）預算上的不平衡：亦卽因收入的不足或膽餘所形成的不平衡，此乃眞正的不平衡；但如係因收入有膽餘而產生收支不平衡者，如其數額不大，當無傷於財政的健全性。

（二）會計上的收支不平衡：亦卽政府預算的收支原可平衡，不過在預算執行時，由收支時間的參差，有先後的不同，不能作適時的供應，以致一時之間，國庫現金發生不足的情形，這並不是眞正的不平衡，而只是暫時收支的不平衡。又如因業務的開展不够順利，或某種計畫因客觀條件限制難以實施，致原有預算未能動用，而成為歲計的膽餘，此種情況亦可稱為會計上的收支不平衡。

第三項　對經常支出收入不足的彌補

財務收支的不平衡，多源於收入的不足，但對經常支出的收入不足及對臨時支出的收入不足，其彌補方法常有不同，在本項中先述對經常支出收入不足的彌補。

因為經常支出是經常性的，故用以彌補其不足的方法，亦以增加正常的收入為主。如果不此之圖，祇求簡便迅速，採取發行公債或借款的方法，以謀臨時收入的增加，輕渡目前的難關，這種收支數字上的形式平衡，乃是一種假平衡，不過掩飾財務的窘狀，實有害於財務的健全，長期之間將難以實現收支的眞平衡，如果採取發行紙幣的方法，去應付經常的支出，則後果更為嚴重。茲就兩種較為常用的彌補經常支出不足的方法說明如下：

一、增征租稅　主張採用此種方法者，其理由為：

（一）增征租稅，無論是所得稅或消費稅，對於國民經濟的基礎及其活動，都不致發生動搖或阻碍，如果發行公債，則業已用於或正擬用

於生產投資活動的資金，便有因購買公債而轉作公共消費的危險。

（二）租稅在國民經濟上的影響，祇能阻止資本的新蓄積，不致減少已有的資本，而公債則對於已有的資本，亦有吸收的可能。

（三）租稅的增徵，並非人民所樂為，因而會對政府的支出實行嚴格的監督，發生公共節約的效果；而公債的發行，並不立即增加人民的負擔，自由公債更不會引起人民的反感，因而政府的支出易流於放縱，甚至發生浪費。

二、發行公債　主張採用此種方法者，其理由為：

（一）在巨額的支出有所必需時，租稅的增徵緩不濟急，不能作適時的供應以赴事機，而公債的發行，則可於短期之間籌集巨款，不致貽誤公需，與增稅適成顯明的對照。

（二）在各種租稅中，難免有若干不適當或不公平的因素存在，急激的增稅，將使此等因素有擴大加深的可能，而公債的發行，則無此項缺點。

（三）租稅的增徵，對於多數人民的經濟生活及生產活動，不免發生若干抑制的作用；而公債的發行，可吸收社會的游資，或超過「生活必需額」的自由所得，不致影響人民的生活及生產。

（四）公債對於金融可以發生直接控制的效果，並且溝通財政與金融的關係；而租稅則僅能發生間接影響的作用，至於集合人民的小額儲蓄資金，充分發揮其機能，公債亦遠優於租稅。

三、增徵租稅與發行公債的運用　增徵租稅與發行公債，雖各有其優點與缺點，但公債的發行，在當時固屬一種收入，但在將來卻必須支付公債利息，形成一種長期的支出，而且有賴於租稅的收入以供應其支出，不免增加財務行政的困難。有的學者認為時至今日，公債的發行在財務調整上雖有事實需要，但為期納公債的發行於適當的軌道，特師華

格納 (A. Wagner) 的原意提出下列四個發行公債的原則❷：

（一）臨時財源的原則：臨時經費的支出，在租稅收入不能滿足時，得以公債的發行作爲籌措臨時財源的方法。

（二）吸收游資的原則：公債的發行，應以吸收國內的游資或自由資金爲對象，極力避免減少社會的生產資金。

（三）發行外債的原則：卽利用外國公債作生產的使用，至於所吸收的外國資金，是否原作生產的用途，可置不論。

（四）限制發行的原則：社會財富的分配，在公債之下，較在租稅之下更不平等，購買公債的富者並無損失，且有利得，多數平民無力購買公債，祇有因政府償還公債而納稅的損失，而無因自己收取公債利息而生的利得，故站在社會財富分配的立場，公債的發行應止於一定的限度。

第四項　對臨時支出收入不足的彌補

如能運用彌補經常支出收入不足的方法，來彌補臨時支出收入的不足，自屬可行；如必須在增征租稅及發行公債兩種方法之外，尋求彌補臨時支出收入的不足時，則下列各種方法，可予考慮：

一、出售公有財產或公營事業　在政府收入上甚爲有利的公有財產或公營事業，不應爲增加臨時收入而出售，以免影響將來的經常收入；因而出售的公有財產或公營事業，原則上應以政府管理經營不適當者爲限。惟於出售財產或事業時，如何選擇其有利的價格，及出售後如何塡補將來經常收入的不足，均須事先作適當的考慮。

二、國庫款的提用　主要爲國庫準備金，爲供應臨時性的支出，多設有準備金，以備不時之需，數額不大的臨時性支出固可取之於此，但

---

❷　張則堯著，財務行政，第一六三——一六四頁。

爲數巨大的臨時性支出，則非準備金所能濟事；因爲事前或經常保有巨額的準備金，大量存儲公款，並非今日財務管理所可容許，故以國庫款來供應臨時性的支出，實有其一定的限度。

三、接受友邦或國際組織的財務援助　自第二次世界大戰後，美國或國際組織對於與其有關的國家，實行各種援助，在國際間實行片面的資金移轉，直接間接均有助於受援國家財政的安定；此種援助雖非經常性，但對臨時性的支出，仍有極大幫助。

四、不兌現紙幣的發行　政府發行不兌現的紙幣，等於強制性的公債，亦等於變相的租稅，最可能發生不良的後果則爲物價的上漲，如此不僅影響經濟的正常發展，且更增加財務的困難，使支出更感不足，故應力求避免。

總之，政府收支平衡的調整，站在財務管理的立場，係屬最爲重要的任務，如有不平衡且由於收入不足所引起者，應取之於租稅收入，租稅收入是經常的，故尤其是政府的經常支出，更應取之於租稅，至臨時性的支付，亦不能完全捨租稅而求之於他途；至於公債的發行，應限於臨時性的供應；對於紙幣的發行則應極力避免。故財務調整的三策，在一般健全財務觀點上應是課征租稅爲上策，發行公債爲中策，增發紙幣爲下策，但今日新的財政理論上則尙須注重經濟政策的實現而作適當之因應[3]。

第二節　預算執行的調整

在預算執行的過程中，常會發現實際上收入與支出，與預算上的收入與支出不盡相符，尤其是實際上的支出與預算上的支出發生距離，須

---

[3]　張則堯著，財務行政，第一六五頁。

採取調整的措施， 以實現平衡的目標。 茲就預算執行發生不平衡的原因，及較爲常用的五種調整的方法，分項簡述如後。

第一項　預算執行發生不平衡的原因

在預算的執行過程中，發生不平衡的原因，多爲下列四種：

一、收入方面的減少　如預算中的租稅收入，由於普遍性的經濟不景氣，人民的收入減少，致影響及租稅收入的減少；又如某一地區的天災，將會影響及該地區人民的收入，政府亦常採取減稅或免稅措施，以甦民困，致政府的經常收入亦會因此而減少。

二、經費支出的超限　如施工的經費，常由於工程設計的改變而增加支出；如各種材料的購置費，亦會因材料價格的高漲或超支。經費超限的支出，在經濟情況變動甚爲頻繁的今日，並非純屬意外。

三、需要上的意外變動　此多由於政策的改變所引起，政府固有其施政計畫，而預算亦按施政計畫，但政策爲適應某種情勢的意外變動，有時須將原定政策作適度的改變，致使經費的支出有增加或減少，對原有的預算難作有效的執行，而發生了不平衡。

四、適應緊急的處置　國家遇及緊急事故時，爲保障人民生命財產的安全，作某種的緊急處置；如遇及某種傳染病的流行，政府必須採取大規模的防治措施，以防止傳染病的擴大，及治療傳染病的病患。

以上四種原因，均爲不確定者，在事先亦難作預測，故在編製預算時無法考慮，及至此種原因發生時，多會使預算的執行發生困難。

第二項　移用或流用的准許

調整預算執行不平衡的第一種方法，爲移用或流用的准許，對此種方法學者的評論亦頗不一致。

一、移用或流用的意義　乃指甲項經費不敷支出，而乙項經費則有剩餘，以乙項的剩餘彌補甲項的不足。此種移用或流用雖會涉及數個項目的經費用途，但可使超過限度的支出得有迅速便利的來源，而又不致超過整個機關的經費總額，故移用或流用是在法定的預算範圍內辦理者。

二、學者對移用或流用的評論　如胡善恒先生在其所著財務行政論書中，曾評論移用或流用的不當，他認為「科目流用，最足以破壞預算，非不得已不宜使用，預算的價值在於事前預計精確，若施行時而發生出入，固有不得已的事故或理由，要亦屬預計的不精確，行政當局仍應負責；凡有不遵照規定的情事發生，無論超過或有餘額發生，就行政部門本身而論，是行政上的過失，以對國會而論，是違反國會的法案，自己表示不能擔當國會的信任；科目流用，乃雙重不規則的行為，在接受移用的事項，是突破國會的限制，在被移用的事項，是不照原定計畫進行，行政部門未盡其責；所以遇有科目流用的情事發生，必須經財務行政的中樞機關的審核，獲得許可之後，方得實行」。

又楊格氏 (H. Young) 則認為「經費移用的權限，使估計上能趨於正確，並使支出上能趨於經濟」。

張則堯先生則認為：「移用或流用乃實際上所難避免，但應限於預算的法定範圍，並應受財政部的管理；如係採取績效預算制度，按照業務計畫決定支出預算，根據支出預算計算業務成本，嚴格限定用途，認真考核成果，則對於經費的移用或流用，即使不能完全不加考慮，亦應有更嚴格的限制，以符績效預算的精神」❹。

三、預算法對流用的規定　主要為「總預算內各機關、各政事及計畫或業務科目間之經費，不得互相流用，但法定由行政院統籌支撥之科目及第一預備金，不在此限」。又規定「各機關之歲出分配預算，其計

❹　張則堯著，財務行政，第一六六——一六七頁。

畫或業務科目之各用途別科目中有一科目之經費不足，而他科目有賸餘時，應按中央主計機關之規定流用之，但不得流用爲用人經費」。故流用爲我國預算法所允許，惟須限於分配預算之計畫或業務科目之各用途別科目間的流用，並應按中央主計機關之規定辦理，同時不得流用爲用人費。

第三項　預備金的設置

設置預備金，亦爲財務調整以應不時之需的方法。

一、預備金與流用的區別　預備金的設置與經費的流用，雖同爲財務調整的方法，但其意義並不相同。

（一）經費流用的決定，是普通性的財務調整；而預備金的支用決定，乃屬特殊性的財務調整。

（二）經費流用的用途，限於預算上業已確定的項目，此增彼減，具有一定範圍；而預備金的設置，並無事先確定的用途，如何支用，有待於臨時的選擇。

（三）經費流用的數額，視各項經費流用的可能性爲轉移，在預算上並無確定的額度；而預備金設置的數額，則事先有確定的規定，並須在預算上有明白的表示。

（四）在財務調整時，一般是先採經費流用的措施，以彌補支出預算的不足，如經費無法流用或流用後仍感不足，始作動支預備金的考慮；但亦有預備金不與經費流用相聯繫，而在一定的條件下單獨作支用的考慮者。

二、設置預備金的方式　主要有下列三種：

（一）總列預備金制：乃於總經費之外，另行設置預備金，此制的優點爲便於統籌支用與監督。

（二）分列預備金制：卽各機關分別於其經費預算外，另行自設預備金；此制不能針對需要而支用，且難免各自爲政。

（三）總分預備金並列制：卽在各機關分別設置預備金之外，再於總預算另行設置預備金；此制較前兩種爲優。

至設置預備金的數額，究應如何確定，尚難有絕對標準，惟一般而言，預備金數額愈大則預算的精確性愈低。

三、預算法對預備金的規定

（一）設置預備金：預算應設預備金，預備金分第一預備金及第二預備金兩種；第一預備金於公務機關單位預算中設定之，其數額不得超過經常支出總額百分之一；第二預備金於總預算中設定之，其數額視財政情況決定之。

（二）第一預備金的支用：各機關執行歲出分配預算，遇經費有不足時，應報請上級主管機關核定，轉請中央主計機關備案，始得支用第一預備金，並由中央主計機關通知審計部及財政部。

（三）第二預備金的動支：各機關有下列情形之一，得經行政院核准動支第二預備金及其歸屬科目金額之調整，事後由行政院編具動支數額表，送請立法院審議：

1. 原列計畫費用因事實需要奉准修訂致原列經費不敷時。

2. 原列計畫費用因增加業務量致增加經費時。

3. 因應政事臨時需要必須增加計畫及經費時。

第四項　經費支出的裁減

經費支出的裁減，乃將原定預算內所列經費數額，予以裁減若干，以應當時特殊需要而言。

一、裁減經費的條件　依預算法規定，遇有下列情形之一時，得裁

減原定預算所列之支出經費:

（一）預算之執行， 遇國家發生特殊事故， 而有裁減經費之必要時。

（二）法定歲入有特別短收之情勢時。

二、裁減經費的程序 依預算法規定，得經行政院會議之決議，呈請總統以命令裁減之。

在七十一年十二月，行政院曾簽奉核定，通函作經費的裁減，其內容包括業務費裁減 5 ％，事務費及維護費各裁減10％，人事費不得流出。

第五項　追加預算的採用

追加預算，亦爲財務調整的方法之一。

一、追加預算的意義 追加預算，係對原編預算的補充預算，通常於原編預算在立法部門審議之中，或在行政部門執行之中，發現與實際需要有所出入，乃補辦追加預算的手續，以期在年度結束前，最後達成平衡的目標。

二、財政學者對追加預算的評論 一般認爲追加預算在事實上雖在所難免，而在理論上則因其破壞預算的預定性、固定性與統一性，使原編預算減低甚至喪失其統制財務的效能，故應嚴加限制。至如何減少追加預算，張則堯先生曾提出下列三種方法以爲參考❺:

（一）力求預算內容的確實：如縮短編製期與執行期的時期距離，嚴格審查施政計畫與預算內容，務期兩相配合；再審議預算時，對原提預算也不可過度予以縮減，以免預算成立後迫於事實不得不提出追加預算。

（二）力求政府機關意志的統一：對於新增加的機關、事業及職

---

❺　張則堯著，財務行政，第一七三——一七四頁。

務，作嚴格的選擇與決定，為維持原編預算的尊嚴，除非有重大而迫切的需要，寧可將此種新需要延後滿足，以避免追加預算的提出。

（三）力求政治責任觀念的加強：對於預算係表示政府責任與人民負擔的觀念，須積極培養，務使深入人心，一方面使政府機關視提出追加預算為例外，另一方面使立法機關以追加預算為重要議案，前者不輕易提出，後者不輕易通過，以充分表現出政治責任的精神。

三、預算法對追加預算的規定

（一）各機關有下列情形之一，得請求提出追加歲出預算，即1. 依法律增加業務或事業致增加經費時；2. 依法律增設新機關時；3. 所辦事業因重大事故經費超過法定預算時；4. 依有關法律應補列追加預算者。

（二）追加歲出預算之經費，應由財政部提追加歲入預算平衡之。

（三）法定歲入有特別短收之情勢，不能依裁減經費辦法調整時，應由財政部籌劃抵補，並由行政院提出追加、追減歲入預算。

（四）追加預算之編造、審議及執行程序，準用總預算之規定。

第六項　特別預算的採用

特別預算與追加預算，其意義頗有不同，追加預算係原預算的補充預算，而特別預算則係原預算以外的預算。特別預算的採用有其特定的條件，特別預算的動支亦有特別的規定。茲說明如下：

一、提出特別預算的條件

依預算法規定，有下列情事之一者，行政院得於年度總預算外，提出特別預算；即（一）國防緊急設施或戰爭；（二）國家經濟上重大變故；（三）重大災害；（四）緊急重大工程；（五）不定期或數年一次之重大政事。如政府在若干年前，所提國防整備特別預算及設建高速公路特別預算，即係根據上述第（一）、（四）條件辦理者。

二、**特別預算的審議與動用** 依預算法規定,特別預算之審議程序,準用總預算之規定;但合於第(一)、(三)之規定者,爲因應情勢之緊急需要,得先支付其一部。

第三節 戰時財務的調整

戰時財務,通常是不平衡的,由於支出的大量增加,如何增加收入來應付支出,亦爲財政當局最感困擾的問題。除提出特別預算的方法,在本章上節六項已有敍述外,特就戰時財務收支不平衡的特徵,及一般國家在戰時用以彌補支出不足的方法,分項簡說如後。

第一項 戰時財務收支不平衡的特徵

戰時財務收支之所以不平衡,一爲開支的過於龐大,二爲原有的某些收入可能因戰爭而減少所致。

一、**開支的龐大** 戰時軍費的開支是驚人的,較大規模的戰爭,也等於是各種武器的競爭,每日的軍事費用,動輒以數百萬美金或數千萬美金計算者,故卽使是一富強的國家,如直接參與戰爭,經過一相當長的期間後,也會變成山窮水盡。

二、**原有預計收入的減少** 由於戰時的經濟受到損害,原有生產者被徵調爲戰時的消費者,致預算內原定的預計收入,尤其是稅收方面,多會受有重大影響。

三、**戰時政府追求的目標** 在戰時,爲求國家的生存,政府所追求的目標,一方面要能够爭取戰爭的勝利,另一方面又不致造成嚴重的財政的危機;此兩種目標很難能同時達成,但爲政者又不得不予兼顧。因而在謀求戰時財務的勉強平衡時,亦須同時顧及此兩個目標。

第二項　非常時期準備金的設置

非常時期準備金，乃在平時籌置經費，設爲準備金，遇及戰時來臨時立卽動用。其利弊爲：

一、能適應戰時初期之需要　戰時的財力動員，貴在迅速，以爭取時間，先發制人，謀求勝利；非常時期準備金的設置，對此方面當有助益，其效果要比臨時募集公債、變賣公有財產或事業，及增征租稅或創設新稅爲大。戰時軍費數額龐大，如全部均從準備金來支應，事實上決不可能，故非常時期準備金的設置，只能救一時之急，只能適應戰時初期的急需，而不能負擔戰事經費的全部。

二、設置數額龐大的準備金亦屬不可能　設置爲數龐大的非常時期準備金，少數國家或有可能，多數國家均屬無此能力；再平時準備數額龐大的資金後，其結果等於資金的退藏，將使國家的產業活動，深受其影響；由於平時產業的衰退，卽表示經濟力量的低落，不論在平時或戰時而言，對國家均屬不利；與其設置數額龐大的準備金，不若充實戰力更爲有效。

因此，非常時期準備金的設置，雖爲戰時財務調整的方法之一，但其效果是有限的，只能應戰時初期的急需，不能支應戰爭的全部需要，因而尚須運用其他的方法以求彌補。

第三項　外國公債的發行或借款

發行外國公債或向外國借款，亦不失爲籌措戰時經費的方法之一，但此並非一般國家均能運用者。

一、發行外國公債或舉外債的效果　一個國家向外國發行公債，獲取財務收入，或向外國舉債獲取財務收入，其方法甚爲簡便，且不會消

耗國內原有生產資金，是為其優點。

二、運用此種方法時應具備的條件　向外國發行公債或舉債，雖屬簡單有效的獲取財源的方法，但運用此種方法的國家與該外國之間，必須具備某些條件，始有可能；此種條件包括：

（一）兩國政府間具有特別的國際關係：如同盟的關係、協約的關係等，由於雙方政府利害關係的一致，為支持一方在軍事或經濟或財政上的利益，他方可能接受其發行的公債或借款的請求。

（二）兩國民間具有長遠的血緣的語言的等的親密關係：如以英國與美國為例，兩國的政治信仰相同，經濟制度相同，且民間具血緣的關係，使用共同的語言，兩國亦維持着長遠的友善外交關係；具有此種親密關係的國家間，如一方向他方發行公債或借款，自易獲得他方的接納。

因此，發行外國公債或向外國借款，雖為獲取戰時財源的方法之一，但實行的可能性有其限度。

第四項　戰時租稅的增征

戰時租稅的增征，包括杜絕漏稅、提高稅率、增加稅目等在內；通常被視為是正當的籌措戰時財源的方法。

一、戰時增征租稅是合理的方法　如採用增征租稅方法獲取戰時所需的資金，應屬戰爭財政上合理的形態；且運用增征租稅的收入才是真正的收入，不像發行公債或借款，將來尚須還本付息；再租稅是直接向人民征取購買力，對社會可發生實行強制性節約的作用，有助於戰爭生產力的動員；又戰時增稅政策，必會集中於戰時利得、高額所得或巨額財產的課征，可使戰爭的經費負擔作公平的分配。故此種方法具有多方面效果。

二、戰時增征租稅在運用上仍有其限制

（一）單獨運用此種方法仍難適應戰時的全部需要：由於戰爭費用浩大，無法用單獨增征租稅來負擔；同時戰時需用孔亟，在增征租稅的技術上也難以達成。

（二）過重的納稅負擔將影響經濟的發展：租稅政策與經濟政策有密切關係，巨額租稅的征收，將使國家經濟結構及經濟活動發生重大變化，對人民的經濟壓力亦將加強，進而會促使經濟的衰退，對戰時的國家將更爲不利，故應預爲防止。

因此，增征租稅雖爲最合理的方法，但在運用上仍有其限度。

第五項　戰時公債及通貨的發行

戰時公債及通貨的發行，爲一般國家獲取戰時財源的常用方法，但必須愼重進行，免生難以補救的流弊。

一、發行戰時公債及通貨甚爲常見　在財政史上，公債的發行與戰爭的需要，常結有不解之緣。古典經濟學家亞當斯密（A. Smith）甚至斷定「公債發行的可能性，即爲戰爭發生或延長戰爭的可能性」[6]。故在戰時發行公債及通貨，乃是常見者。

二、發行戰時公債及通貨必須愼重以防流弊　公債的發行，如能以自由公債的形式，吸收社會的剩餘資金變成政府的戰時資金，對經濟生產力的維持將不致發生影響，因而發行自由公債當無問題；惟戰時所需資金龐大，發行自由公債顯然不能解決問題，因而發行帶有強制性的戰時公債，當爲不可避免的措施。發行強制性的戰時公債時，如強制人民承購，則其情況與增征戰時租稅相似，如負擔過重，仍將發生不利影響；如責令由中央銀行承受公債的發行，加以紙幣的發行，則信用膨脹

---

[6]　張則堯著，財務行政，第一八〇頁。

的危機，可能因此而發生。

因此，發行戰時公債及通貨，雖為一般戰爭國家所常用，但運用仍須愼重，以免產生難以克服的危機。

第四節　地方財務收支的調整

有關地方財務收支的調整，涉及財務收支調整的種類，建立地方稅，採用共分稅，及實施補助金與協助金等問題，茲分項簡述如後。

第一項　地方財務收支調整的種類

地方財務的收支，常與該國的政治制度有着密切的關係，如純粹屬於聯邦的政治制度，則中央與地方的財務收支完全分開，致中央與地方重複行使課稅權，常被引起爭議；如純粹屬於集權政治制度的國家，則地方的財務收支極為有限，或根本無獨立財務收支可言，完全依賴於中央的經費；界在上述兩者之間的政治制度的國家，則地方於經中央同意或授權後，可自行課稅及作財務的收支，大致而言，以此種政治制度下的地方財務收支較為合理。

在前述較為合理的地方財務收支中，其調整的方法，大致可分下列兩種：

一、縱的調整　指中央財務與地方財務收支的調整，包括中央與地方財務收入的劃分及中央與地方財務支出的劃分，同時並涉及中央對地方的補助款與地方對中央的協助款。

二、橫的調整　亦即各地方發展不平衡的調整，因國家所定的一般標準，人民所企求的基本需要，不能因地方財源的充裕或貧乏而有差異，因而中央對地方的補助款，對某些地方就成為必要。

第二項　建立地方稅

為鞏固地方財務的收入，建立地方稅自為主要措施之一。

一、地方稅的原則　一般而言，國稅以量能課稅為標準，而地方稅則以量益課稅為標準；為使地方稅具有稅收的安定性，使地方財務得以保持穩健；具有稅源的地方性，使地方政府能有效的征收；及具有稅制的獨立性，使地方政府能獨立自主的課征；故不動產稅，常成為地方稅的重心。

二、現行的地方稅　依財政收支劃分法的規定，地方稅為：

（一）省及直轄市稅：包括1.營業稅；2.印花稅；3.使用牌照稅；4.特產稅。

（二）縣（市）（局）稅：包括1.土地稅；2.房屋稅；3.契稅；4.屠宰稅；5.娛樂稅；6.特別課稅。

第三項　採用共分稅

地方財務的收入，除地方稅外尚有共分稅。

一、共分稅的意義　即一種租稅，不論其為國稅或地方稅，由中央與地方按照法定比例劃分其收入；如屬國稅，則大致以中央分成較多，如屬地方稅，則大致以地方分成較多；當國稅與地方稅實施統一稽征時，則實施共分稅更為方便。

二、現行的共分稅　依財政收支劃分法規定，主要為：

（一）國稅的共分稅：有遺產稅及贈與稅為國稅，在省應以其總額10％分給省，80％分給縣（市局）；在直轄市應以其總收入50％分給直轄市。

（二）省及直轄市稅的共分稅：有下列三種：

1. 營業稅，在省應以其總收入50%，由省統籌分配所屬之縣（市局）；在直轄市應以其總收入50%，由中央統籌分配省及直轄市。

2. 印花稅：在省應以其總收入50%，由省統籌分配所屬之縣（市局）；在直轄市應以其總收入50%，由中央統籌分配省及直轄市。

3. 使用牌照稅：在省應以其總收入50%分給所屬縣（市局）。

（三）縣（市局）稅的共分稅：有下列二種：

1. 土地稅（包括地價稅、田賦及土地增值稅），其中之土地增值稅，應以其總收入20%分給省，20%由省統籌分配所屬縣（市局）。

2. 屠宰稅：得由省就其總收入10%統籌分配所屬之縣（市局）。

第四項　實施補助金及協助金

為適應地方財務需要，尚有中央對地方的補助金，及地方對中央的協助金。

一、補助金　係由中央補助地方者，又分下列兩種：

（一）平衡補助金：其主要目的在平衡地方政府財務上需求之不平衡者，其數額以基本需要額與基本收入額之差距為準。

（二）特別補助金：即為適應地方政府之特別需要，由中央所支付之補助金；此種補助金都指明特定用途。

此兩種補助金，必須同時並用，始能完滿達成地方財務調整的任務。

二、協助金　係由地方協助中央者，目的在調整中央或上級政府收支的不平衡。如此可使各級政府財源交流，相互調劑其盈虛。

三、現行的補助金　依財政收支劃分法規定，主要有：

（一）經費不足時之補助：各省市執行憲法第一○九條第一項有關各項事務，其經費不足時，經立法院決議，由國庫補助之。

（二）對貧瘠之省之補助：中央為謀省與省間之經濟平衡發展，對於貧瘠之省酌予補助。

（三）對貧瘠之縣（市局）之補助：省為謀縣（市局）與縣（市局）間之經濟平衡，對於貧瘠之縣（市局）酌予補助。

四、現行的協助金　各上級政府為適應特別需要，對財力較優之下級政府，得取得協助金。協助金應列入各該下級政府之預算內。

第七篇　事務管理

事務管理，與組織管理、人事管理、財務管理同樣的，爲各組織所共有，其性質亦大致相同，但人事管理與財務管理均已建立有完整的法制，故各組織在推行時大都以法制爲依據，而事務管理的基本法制則至今尚付缺如。

最近行政院爲統一各機關之事務管理，乃訂定並發佈事務管理規則一種，以爲各機關辦理事務管理之依據（如法律另有規定時仍從其規定），並將適用範圍擴大至所屬的各公營事業及公立學校；事實上，行政院以外的政府機關（如立法、司法、考試、監察四院），亦予準用。

依該事務管理規則之規定，事務管理工作，共區分爲十三種，即（一）文書處理；（二）檔案管理；（三）出納管理；（四）財產管理；（五）物品管理；（六）車輛管理；（七）辦公處所管理；（八）宿舍管理；（九）安全管理；（十）集會管理；（十一）工友管理（十二）員工福利管理；（十三）工作檢核。除每種工作之要點，在事務管理規則中經有所明定外，對每種工

作，並得應需要分別另訂管理手冊。

本篇共分四章，第廿五章爲文書管理，以討論前述第（一）及（二）爲主；第廿六章爲財物管理，以討論前述第（三）（四）（五）（六）及（八）爲主；第廿七章爲庶務管理，以討論前述第（七）（九）（十）（十一）及（十二）爲主；至前述之第（十三）工作檢核，則視其檢核對象，分別納入有關章中併予敍述；另增列第廿八章，敍述事務管理的科技面、人性面與權變面。

第二十五章　文書管理

所謂文書管理，主要包括四部分，卽公文製作、文書處理、檔案管理、及工作檢核；茲分節敍述之。

第一節　公文製作

依公文程式條例規定，稱公文者，謂處理公務之文書。

各組織涉及公務之對外或對內的意思表示，多以書面的文件表達，此種文件卽爲公文。公文有其一定的類別與使用範圍，有其大致的結構及作法，簽擬的要領，並須經過蓋印與簽署。茲分項簡述於後。

第一項　公文類別及使用範圍

公文的程式主要分爲六類，每類有其一定的名稱及使用的範圍。

一、令　於公布法規、任免、獎懲官員，總統、軍事機關部隊發佈命令時，使用之。

二、呈　對總統有所呈請或報告時，使用之。

三、咨　總統與立法院、監察院公文往復時，使用之。行政機關不

適用。

四、函　各機關處理公務，一律用函行文，包括（一）上級機關對所屬下級機關有所指示、交辦、批復時；（二）下級機關對上級機關有所請求或報告時；（三）同級機關或不相隸屬機關間行文時；（四）民眾與機關間的申請與答覆時。

五、公告　各機關就主管業務，向公眾或特定的對象宣布週知時使用；發布方式，得張貼於機關的佈告欄，或利用報刊等大眾傳播工具廣爲宣布。

六、其他公文　又分：

（一）書函：於公務未決階段需要磋商、陳述及徵詢意見、協調或通報時使用之，並代替過去的便函、備忘錄及下級機關首長對上級機關首長的簽呈。

（二）表格化的公文：又分下列四種：

1. 簡便行文表：答覆簡單案情，寄送普通文件、書刊，或爲一般聯繫、查詢等事項行文時使用之。

2. 開會通知單：召集會議時使用之。

3. 公務電話記錄：凡公務上聯繫、洽詢、通知等可以電話簡單正確說明的事項，經過通話後，發話人如認有必要，可將通話記錄複寫兩份，以一份送達受話人，雙方附卷，以供查考。

4. 其他可用表格處理的公文。

第二項　公文結構及作法

令、函、公告，爲較常用之公文程式，其結構及作法爲：

一、令　公布行政規章的令文，可不分段，敍述時動詞一律在前。如訂定○○○實施細則。至人事命令，可由人事單位訂定固定的表格發

表。

二、函

（一）製作要領：

1. 文字敍述應儘量使用明白曉暢、詞意清晰的語體文，以達簡、淺、明、確的要求。

2. 文句應正確使用標點符號。

3. 文內不可層層套敍來文，祇摘述要點。

4. 應絕對避免使用艱深費解、無意義或模稜兩可的詞句。

5. 應採用語氣肯定、用詞堅定、互相尊重的語詞。

6. 函的結構，一律採用主旨、說明、辦法三段式。案情簡單時，儘量用主旨一段完成；能用一段完成的，勿硬性分割爲二段、三段；說明、辦法兩段段名，均可因事、因案加以活用。

（二）分段要領：

1. 主旨：爲全文精要，以說明行文目的與期望，應力求具體扼要。

2. 說明：當案情必須就事實、來源或理由，作較詳細的敍述，無法於主旨內容納時，用本段說明；本段段名，因公文內容改用「經過」、「原因」等其他名稱更恰當時，可由各機關自行規定。

3. 辦法：向受文者提出的具體要求無法在主旨內簡述時，用本段列舉；本段段名，可因公文內容改用「建議」、「請求」、「擬辦」等更適當的名稱。

三、公告

（一）製作要領：

1. 公告一律使用通俗、簡淺易懂的語體文製作，絕對避免使用艱深費解的詞彙。

2. 公告文字必須加註標點符號。

3. 公告內容應簡明扼要，非必要的或與公告對象的權利義務無直接關係的話不說；各機關來文的日期、文號，不要在公告內層層套用；會商研議的過程也不必在公告內敍述。

4. 公告的結構分爲主旨、依據、公告事項（或說明）三段。段名之上不冠數字，分段數應加以活用，可用主旨一段完成的，不必勉強湊成兩段、三段；可用表格處理的儘量利用表格。

（二）分段要領：

1. 主旨：用三言兩語勾出全文精義，使人一目瞭然公告目的和要求。

2. 依據：將公告事件的來龍去脈作一交代，但也只要說出某一法規和有關條文的名稱，或某某機關的來函卽可，除非必要，不敍來文日期、字號。

3. 公告事項（或說明）：是公告的主要內容，必須分項條列，冠以數字，另行低格書寫，使層次分明，清晰醒目。倘公告事項內容祗就主旨補充說明事實經過或理由時，可改用說明爲段名。

第三項　簽、稿的撰擬

包括簽、稿的一般原則，及撰簽撰稿的要領。

一、一般原則

（一）簽、稿的性質：簽是幕僚處理公務表達意見，以供上級瞭解案情並作抉擇的依據；稿是公文的草案，依各機關規定程序審定判行後發出。

（二）簽、稿的使用：1. 先簽後稿：對制訂、訂定、修正、廢止法令案件；有關政策性或重大興革案件；牽涉較廣，會商未獲結論案件；擬提決策會議討論案件；重要人事案件；及其他性質重要必須先作簽擬

的案件使用之。2. 簽稿併送：對文稿內容須另為說明或對以往處理情形須酌加析述的案件；依法准駁，但案情特殊須加說明的案件；及須限時辦發不及先行請示的案件使用之。3. 以稿代簽：其他一般案情簡單或例行承轉的公文，得逕行以稿代簽方式辦理。

二、簽的撰擬要領

（一）主旨：扼要敍述，概括簽的整個目的與擬辦，不分項，一段完成。

（二）說明：對案情的來源、經過與有關法規或前案，以及處理方法的分析等，作簡要的敍述，並視需要分項條列。

（三）擬辦：為簽的重點所在，應針對案情，提出具體處理意見或解決問題的方法，意見較多時分項條列。

三、稿的撰擬要領

（一）按行文事項的性質選用公文名稱：如令、函、書函等。

（二）函的正文：除按規定結構撰擬外，並應注意下列，即1. 定有辦理或復文期限的，應在主旨內敍明；2. 概括的期望語（如請核示、請查照），列入主旨，並不應在辦法段內重複；3. 說明、辦法，須眉目清楚，分項條列時，每項表達一意；4. 須以副本分行者，應在副本收受者欄列舉，如要收受者作為時，則應改在說明段內列舉；5. 如有附件，應在說明段內敍述附件名稱及件數。

第四項　蓋印及簽署

公文，須蓋印及簽署後始能生效。

一、蓋印及簽署的規定　視公文名稱而不同：

（一）呈：用機關首長全銜、姓名、蓋職章。

（二）公布令、公告、任免令、獎懲令、聘書、訴願決定書、授權

狀、獎狀、褒揚令及匾額等： 均蓋機關印信， 並蓋機關首長職銜簽字章。

（三）函： 1.上行文： 用機關首長職銜、姓名、蓋職章； 2.平行、下行文： 蓋職銜簽字章或職章。

（四）書函： 由發文者署名蓋章， 或蓋章戳。

（五）機關職員任職證明或其他請求證明身份的文件： 蓋機關印信， 並蓋機關首長職銜簽字章。

（六）機關內部單位主管根據分層負責的授權， 逕行處理事項， 對外行文時， 由單位主管署名， 蓋單位章戳； 屬於一般事務性的通知、聯繫、洽辦， 可蓋機關或單位章戳。

二、其他規定

（一）公文發文時， 原稿不蓋用印信， 僅蓋已用印信章戳， 公文在兩頁以上時， 應於騎縫處蓋騎縫章。

（二）會銜公文， 不蓋用機關印信。

第二節　文書處理

各機關處理文書，多有其一般規定及既定的處理程序，並定有文書稽核及公務記錄措施。茲分項簡述如後。

第一項　一般規定

依事務管理規則規定，文書處理的一般規定事項有：

一、規定行文程式　各機關對其他機關、團體或人民行文之程式，除依公文程式條例之規定辦理外，其文書處理依事務管理規則之規定，但機關另有規定者，從其規定。

二、實施分層負責　各機關之文書處理，依分層負責規定，由主管人員核判，不得逾越或廢弛，並得依規定，將決行案件列報機關首長或上級機關核閱。

三、文書保密　各機關之文書處理，有關保密事項，依國家機密保護辦法之規定。

四、私函之作爲公文處理　私人函件涉及公務者，得依規定程序，作爲公文書處理。

五、劃分經辦單位權責　各機關處理文書，應明確劃分各經辦單位權責，以期密切配合。

六、區分文書的特性　各機關應依業務性質及實際需要，對公文的機密性、重要性及時間性，作下列區分：

（一）機密性：依國家機密保護辦法的規定，分爲「絕對機密」、「極機密」、「機密」、「密」四種。

（二）重要性：分爲「極重要」、「重要」、「普通」三種。

（三）時間性：分爲「最速件」、「速件」、「普通件」三種。

七、力求簡明　各機關文書之處理，其方式、手續、流程、文字、用語等，應力求簡明。

八、文書用紙應依規定標準　各機關文書用紙之質料、尺度、格式，應依規定標準印製使用。

九、改進文書用具　各機關應儘量改進文書用具及設備，以增進文書處理之效率。

十、自訂文書處理實施要點　各機關得依事務管理規則及有關規定，訂定文書處理實施要點，以資配合實際需要；各機關因處理文書需要之章戳，得自行刻用。

第二項 處理程序

依事務管理規則，文書處理區分爲四個程序，每個程序並有其應行注意之要點。

一、收文處理 包括簽收、拆驗、編號、登記、分文、傳遞。應行注意之要點，1.各機關應指定適當人員負責辦理收發文及分文工作，收發電報及機密文件，並應指定專人處理；2.收發文書，應注意包封是否完整，附件是否相符，發文時間是否相稱，簽收手續是否完備；3.收文時應將收文日期、編號及來文摘要登記於總收文登記表（簿）；4.各機關得視實際需要，採用收發文同號方式或收發文檔案同號方式，使收發文處理手續更趨簡化；5.收文應盡速送達各承辦單位，急要件應提送或提陳。

二、文稿擬辦與核判 包括擬辦、送會、陳核、核定、擬稿、會稿、核稿、判行。應注意之要點，1.承辦人員對於文書之擬辦，應查明全案經過，依據法令作切實簡明之簽註；2.案件內涉及其他機關或其他單位者，應事先協調；3.撰擬文稿應簡明扼要，如引述來文，應摘錄要點，全文過長必須抄錄者，應作爲附件處理；4.文稿稿面應由承辦人員記明受文者、副本收受者、附件、機密等級、速別、保存期限，及其他必要之事項；5.文稿辦妥，應經單位主管審核，並視需要送會有關單位後，再行陳判；6.核稿人員對於文稿如有意見，應逕行修改，並簽章以示負責；7.會稿人員對於文稿如有意見，應加註簽條，退請原承辦單位酌辦；8.文書於處理過程中，凡經辦人員均應簽名或蓋章，並註明經辦之年月日時；9.由首長或代判人判行。

三、發文處理 包括繕（打）印、校對、蓋印及簽署、編號、登記、封發、送達。應注意之要點，1.文書之封發，應注意送達方式，查

對附件及受文機關後再妥封速發，急要文件，應隨到隨發；業務及所屬
單位繁多之機關，應設立公文交換中心，定時集中交換；2.機密性及重
要性之文稿，應指定專人繕（打）印、校對、蓋印、編號、登記及封
發。

四、歸檔　文稿繕發後，送檔案管理單位點收，其須續辦者，得退
還原承辦單位。

第三項　文書稽核及公務登記

　為期文書處理快速，在文書處理過程中尚須加以稽催，對文書處理
時效尚須加以考核。並作公務登記。

一、文書稽催

　（一）規定文書處理時限：各機關應視文書性質規定處理時限，責
成承辦人員依時辦竣。其一般規定為1.最速件隨到隨辦；2.速件不得超
過三天；3.普通件不超過六天；4.限時公文、法令定有時限的事項，依
限辦理；5.人民申請各種證照等案件，應按其性質區分類別、項目，分
別規定處理時限，如辦理過程需時七天以上者，應分別訂定處理過程各
階段的時限，並明白公告；6.公文因案情繁複需展期辦理時，應視申請
展期天數區分核准權責，但展期超過一個月以上者，須經機關首長或幕
僚長核准。

　（二）辦理文書稽催：包括：1.各機關應指定單位或指派專人，負
責辦理文書稽催工作；2.稽催人員應逐日查對收發文表，遇有超過時限
仍未處理者，即予催詢，如催詢無效，應即簽報機關首長。

　（三）文書處理的抽查或檢查：各機關對文書處理，應隨時抽查或
定期檢查。

二、文書考核　各機關對文書處理發生錯誤或積壓情事之人員，應

按情節輕重，依法議處。

三、公務登記　各機關對於辦畢之重要案件，應摘要登記，並採下列方式辦理，卽（一）機關日誌或大事記；（二）公文登記簿（卡）或公文處理登記簿；（三）工作概要或備忘錄。

前述公務登記資料，由經辦人妥為保管，以備查閱，並列入交代。

第三節　檔案管理

所稱檔案管理，指有關公務各種文書歸檔案件之點收、分類編案、編製目錄、保管、檢調、清理等程序及其工作。茲就檔案的功用與一般規定，檔案的分類與編目、檔案的檢調與清理，分項簡述如後。

第一項　檔案的功用與一般規定

檔案之需要管理，乃因檔案有其一定的功用；檔案管理工作並有其應行遵守的一般規定。

一、檔案的功用　一般而言，檔案具有下列三種功用：

（一）保持行政管理的一貫性：政府機關處理公務，應保持其前後的一貫性，不宜朝令夕改，非有絕對必要，對過去的成例不應任意推翻；再一種新方案的制定，亦須明瞭案情的背景；公務人員辦理文稿，亦須查明前因後果。凡此均有使用檔案以保持行政管理一貫性的必要。

（二）吸取前人經驗：檔案是前人處理公務的心血結晶，從檔案中不僅可了解前人處理公務的實情，更可從中吸取前人的經驗與智慧，作為現任人員處理類似案件或問題之重要參考，使案件或問題處理得更為妥善。

（三）提供歷史文物原始資料：史料的蒐輯，文物的保存，主要依

賴於政府檔案的典藏；故有關檔案的資料，雖屬隻字片紙，亦多有其保存的價值，使歷史文物得以綿延與發揚，不被曲解與毀損。

二、檔案管理的一般規定　依事務管理規則規定，檔案應:

（一）集中管理:　各機關之檔案，應採統一管理方法，由檔案管理單位集中管理。

（二）檔案區分:　各機關的檔案，應依其性質區分爲三種卽:

1. 臨時檔案:　指尙未結案，待繼續辦理之案卷。

2. 定期檔案:　指經已結案，列有一定保管期限之案卷。

3. 永久檔案:　指經已結案，具有永久保存價值之案卷。

（三）檔案區分的調整:　經已結案之臨時檔案，應依其性質調整爲定期檔案或永久檔案或機密檔案；經解密之機密檔案，應依其性質調整爲定期檔案或永久檔案。

（四）規定保存期限:　永久檔案應永久保存之，可備參考而無需永久保存者，定期保存之。

第二項　檔案的分類與編目

檔案的分類與編目，包括點收、分類編案、編製目錄三個程序，每個程序有其應辦的工作。

一、點收

（一）點收:　點收歸檔案件，應注意1. 檢查本文及附件是否齊全；2. 檢查文書處理手續是否完備。

（二）整理:　歸檔案件經點收後，應作下列的處理，1. 以件爲單位，每一收文、發文或簽稿及其附件，各稱一件；2. 按收文、簽辦、發文或存查日期依序裝訂；3. 附件以隨文整理爲原則，其有不便隨文者，得另行存放；4. 如有皺摺、破損等情形者，應先予整補。

二、分類編案

（一）檔案應按類、綱、目、節四級分類：各機關之檔案，按類、綱、目、節四級分類，由檔案主辦單位編列檔案名稱及分類表，陳奉機關首長核定實施，如非必要，應避免更改。

（二）檔案應冠案名：案名之區分為：

1. 依文書性質區分：以概括全案之名詞為案名，以立案之先後為序。

2. 依機關名稱區分：以機關名稱為案名，以隸屬機關為序。

3. 依地域區分：以地域名稱為案名，以地域表之代號或地名首字之四角號碼為序。

4. 依人名或企業單位區分：以人名或企業單位為案名，以四角號碼或五筆檢字法代號為序。

（三）規定檔案號碼：檔案號碼分下列三種：

1. 年號：以中華民國年份編列。

2 類號：以代表類、綱、目、節之數字編列。

3. 案號：以同一類號案件發生之先後順序編列。

（四）編立新案：歸檔案件無前案可併者，始得編立新案。

（五）檔案編號原則：包括：

1. 新案應就年份、類別及有關規定，編為年號、類號及案號。

2 有前案之案件，無論跨越若干年度，均應併入前案。

3. 檔號應自左至右，編列於相關案件首頁之左上角，外文則為右下角。

（六）一案數事之立檔：一案涉及數事者，應先確定其主要分類，編列檔案號碼，填分存單，或另以影（複）本分附於相關檔案內。

三、編製目錄

（一）新案應依序登入目錄。

（二）有前案之案件，依原案編列檔案號碼，在目錄卡內登記收發文號。

（三）檔案登記後，應連同目錄卡存放檔案夾內。

第三項　檔案檢調與清理

檔案檢調與清理，包括檔案的裝訂保管，檔案的調閱，及檔案的清理。

一、檔案的裝訂保管

（一）裝訂成冊：檔案裝訂成冊，以一年一次爲原則，依序標明年號、類號及案號。

（二）保管處所：檔案保管處所，以與其他建築物隔離爲原則，應具有防範災害之設施，除檔案管理人員外，嚴禁他人進入檔案保管處所。

（三）檔案抽查：經裝訂之檔案，應每月抽查一次，以防損壞。

（四）專管機密檔案：機密檔案，應指定專人單獨保管。

二、檔案的檢調

（一）本機關人員調案：應依下列規定辦理：

1. 調案按一單一案填具調案單，經單位主管簽章後調閱。

2. 調閱非主管案件，其調案單應會原主管單位或陳奉幕僚長以上長官核准。

3. 調閱機密案件，應陳奉幕僚長以上長官核准。

4. 調案人對所調檔案，應負保密及妥善保管之責，不得毀損或轉借，未經陳准，並不得影（複）印。

5. 調案人離職時，應將所調之檔案全部歸還。

（二）他機關調案：他機關調案應憑正式公文，並經陳奉核准。

（三）詳細登記：檔案管理單位，應詳細登記調案情形。

（四）調案期限：調閱檔案以十五天爲限，但有特殊情形者，得酌予展期。

三、檔案的清理

（一）訂定存廢標準：檔案之保存，應依下列原則釐訂存廢標準：

1. 永久檔案，永久保存之。

2. 可備參考而無需永久保存者，定期保存之。

前述檔案得視需要，攝製微縮底片保存之。

（二）檔案的銷燬：保存期限屆滿之檔案，除有史料價值應依規定辦理外，檔案管理單位應逐案檢出，每年造具銷燬清册，分送原主辦單位審核，再簽由機關副首長以上長官核准後，會同有關單位派員監燬之。

（三）會計憑證的處理：各種會計憑證、報表、簿籍之處理，依會計法之規定辦理。

第四節　工 作 檢 核

工作檢核，包括檢核的一般規定，及對文書處理及檔案管理的檢核。茲分項簡述如後。

第一項　工作檢核的一般規定

有關一般性的工作檢核規定，有下列四點：

一、明示工作檢核的目的　各機關爲加強事務管理，提高工作效率，應實施事務管理工作檢核。

二、**檢核分平時檢查與定期考核**　工作檢核分平時檢查與定期考核兩種，平時檢查由各機關自行規定，定期考核依照事務管理規則之規定辦理。

三、**負責工作檢核的單位**　事務管理單位主管，應負事務管理工作檢核之責任；各機關實施工作檢核，得組成檢核小組辦理，其人員由事務單位、人事單位、會計單位及研考單位派員參加，並由事務單位主管為召集人。

四、**工作檢核結果的處理**　事務管理單位主管，應適時對機關首長提出檢核報告及改進意見；每年度工作檢核結果，應報告機關首長；除部會以上階層外，並應陳報上級機關備查；事務管理工作檢核結果，得分別予以獎懲。

第二項　文書處理的檢核

文書處理工作的檢核要點如下：

一、各項文書處理手續，是否迅速確實。

二、文書單位應備之簿冊，是否齊全。

三、收發文程序，是否合乎規定。

四、文書處理分層負責之執行，是否有效。

五、文書革新與工作簡化，是否切實執行。

六、公文時效管制制度，是否澈底實施。

七、文書稽催，是否徹底執行。

八、文書保密，是否嚴格執行。

九、文書單位，是否使用高效事務機器。

十、文書用紙，是否合乎標準。

十一、必要之文書用具，是否齊備。

第三項　檔案管理的檢核

檔案管理工作的檢核要點如下：

一、有無訂定分類表，是否適切。

二、點收、整理、編號、登記、入檔、檢檔等手續，是否迅速。

三、保管年限及檔案之存廢，已否明定。

四、是否如期辦理銷燬。

五、檔案庫房設置，是否安全。

六、有無收檔、調檔、歸檔及銷燬等統計資料。

七、檔案之保密，是否嚴格執行。

八、管理設備，是否符合標準。

九、縮影設備使用，是否良好。

十、檔案保管及整理，是否良好。

第二十六章　財物管理

　　所謂財物管理，主要包括出納管理、財產管理、物品管理、車輛管理、宿舍管理，及以上各種管理工作的檢核。茲分節敍述如後。

第一節　出納管理

　　所稱出納管理，包括依法辦理現金、票據及有價證券之收付、移轉、存管，及帳冊之登記、編製等工作。茲分出納職責、簿籍與報表、及櫃存盤點三項，簡述如後。

第一項　出納職責

　　因出納涉及現金、票據及有價證券之收付，故對出納管理單位及人員課以特定的職責。

　　一、依會計憑證辦理出納　出納管理單位，應根據會計憑證辦理關於現金、票據、有價證券之收付、移轉、登記及財產契據之存管。

　　二、準備零用金　出納管理應參酌實際情形，在各級公庫主管機關核定額定零用金限額內，簽奉核准後提取定額現金備作零星事項之支用。

三、不得挪用或借支 出納管理單位保管之現金、票據、有價證券、契據，不得挪用或作借支。

四、使用統一收據 出納管理單位收納各種收入，除法令另有規定外，應一律使用統一收據，並設置收納款項統一收據紀錄卡，及時通知主（會）計單位編製會計憑證入帳；所用收據除經收（手）人簽章外，並應由主辦出納、主辦主（會）計及機關首長簽章。

五、依時限付款 出納管理單位，接到應（待）付款單據後，應恪遵公款支付時限及處理辦法規定之時限辦理，不得稽延。

六、所收款如限解繳公庫，如有損失應自行賠償 出納管理單位除依法得自行保管之經費款項外，收納之各種款項及有價證券等，應依規定於當日或次日解繳公庫，最長不得逾五日，但法律另有規定者不在此限；對自行保管及收納之各種款項及有價證券，在經收及依法保管期間，遇有損失時，除因天災事變非人力所可抵禦，須檢同當地行政機關證明文件，經主管機關查明屬實轉請審計機關核准後解除其責任外，應由自行保管機關負責人員負賠償之責。

七、依專戶存管規定辦理之款項 未實施集中支付機關之經費款項、國庫法所定之特種基金及依法令所定應專戶存管之其他公款暨保管款項，應依各機關專戶存管款項收支管理之有關規定辦理。

八、取具妥實保證 出納管理人員，應取具妥實保證。

第二項 簿籍與報表

出納管理單位，應置備之簿籍及編製之報表如下：

一、應置備的簿籍 出納管理單位應置備的簿籍，包括（一）現金出納備查簿，備登收納款項，必要時得分立收入、支出或收支結存各項簿籍。（二）零用金備查簿，備登零用金支付、結報撥還。（三）存庫

保管備查簿，備登存庫保管各類有價證券、票據等項。（四）其他備查簿，視業務繁簡需要設置，如銀行往來簿，支票簽發用印登記簿，送金簿等。

　　二、應隨時登簿　經辦出納管理之人員，於執行出納事務時，應隨時登入有關備查簿並按日結算清楚，不得稽延。

　　三、編製日報旬報及月報　出納管理單位，除領用之額定零用金，應隨時辦理結報申請撥還外，並斟酌需要，根據現金出納備查簿，分別編製現金日報表、旬報表及月報表，連同公庫（銀行）對帳單及存款分析表，送主（會）計單位核對及機關首長或授權代簽人核章；票據及有價證券，應根據存庫保管品備查簿，於每月終了後編製存庫保管品月報表，送主（會）計單位核對，併同會計報告轉報；其他出納報表，得視實際需要定之。

第三項　櫃存盤點

　　各機關櫃存應予盤點，盤點有其注意之點，盤點不符時應即作處理。

　　一、作定期或不定期盤點　出納管理單位，對於存管之現金、票據、有價證券及統一收據等，應作定期與不定期之盤點，另由主（會）計單位至少每年監督盤點一次，並得陳請機關首長核准作不定期抽查；定期盤點或抽查時，應作成紀錄陳報機關首長核閱。

　　二、盤點或抽查應注意事項　辦理盤點或抽查時，應注意下列事項，即（一）櫃存現金、票據及有價證券與帳面結存是否相符。（二）各種票據及有價證券，是否分類登記，保管是否安全。（三）自行收納之各種款項，是否依規定時限解繳公庫或存入規定之銀行，在未繳存前保管是否合法。（四）應（待）付款單據及應交受款人自領之「領取支

票憑證」，是否恪遵公款支付時限及處理辦法規定時限辦理。（五）辦公或營業時間外收付款項，處理程序是否完備，保管是否安全。（六）備付零星費用之週轉金，其實際結存與尚未報銷單據金額之合計，是否與週轉金定額相符。（七）保管尚未使用之統一收據，與統一收據紀錄卡之結存是否相符，其編號順序是否無缺，保管是否妥善，因誤繕或其他原因註銷之收據，是否與其存根聯併同保存。

三、**盤點不符時之處理** 辦理盤點人員如發現存管之現金、票據、有價證券及統一收據等與帳卡之紀錄不符時，應查明不符之原因，陳請機關首長核辦。

第二節　財產管理

所稱財產管理，包括關於財產之登記、增置、經管、養護、減損等事項，茲就其一般規定，財產登記，財產增置與經管，財產養護與減損等四部分，分項簡述如後。

第一項　一般規定

有關財產管理之一般規定要點為：

一、**財產的範圍** 所稱財產，包括（一）各機關管有之土地、建築物、機械及設備、交通運輸設備及財物分類標準所定之雜項設備等。（二）各公營事業資產負債表所列之各項固定資產。

二、**以集中管理為原則** 各機關之財產，集中事務單位管理，但得按其性質由各業務單位及事務單位分別管理。

三、**以使用中文為準** 財產名稱之文字，以中文為準，但得酌加外國文字或符號，顯示其特定規範。

　　四、**評定折舊率**　各公營事業之財產，除另有法令規定者外，應依財物分類標準之規定，評定其折舊率及殘餘價值，其所攤提之折舊，得按同類財產由主（會）計單位作彙總之折舊。

　　五、**造具財產增減表**　各機關財產之登記有增減者，應於每月月終由財產管理單位造具財產增減表。

　　六、**編造財產目錄**　各機關之財產於年度終了經實際盤點後，由財產管理單位編造財產目錄。

第二項　財產登記

　　各機關財產之登記，包括編號、登記憑證及財產卡。

　　一、**編號**　各機關之財產，應依財產之類別及其會計科目統馭關係，由財產管理單位予以分類及編號。並依下列規定:

　　（一）分類編號: 依財物分類標準規定之類、項、目、節編號。

　　（二）數量編號: 在分類編號後，依各個體財產名稱，購置數量、次序先後編號。

　　二、**登記憑證**　各機關為辦理財產登記，應備置下列登記憑證，依發生之事實，由有關單位填造，送財產管理單位為財產卡之登記:

　　（一）財產增加單: 依財產購建之發生，由購建經辦單位按驗收日期填造。

　　（二）財產移動單: 本機關管理及使用單位財產之移動，由移出單位填造。

　　（三）財產保養單: 財產保養費用之發生，由經辦修繕單位填造，並先送管理或使用單位簽認。

　　（四）財產減損單: 依財產之減損，由管理或使用單位填造。

　　三、**財產卡**　財產卡之登記與備置，依下列規定:

（一）財產之登記採用卡片制，以一物一卡為原則。

（二）各機關應視需要，備置下列財產卡，其名稱及作用為1.甲式財產卡，為財產明細紀錄卡，依一物設立一卡，但種類相同而數量繁多之財產，得斟酌實際情形採用集體登記；2.乙式財產卡，為甲式財產卡之分類撮總卡，其總數量總價值應與主（會）計單位各類財產帳目數量價值之列數符合；3.丙式財產卡，為管理或使用單位領用之財產而按管理或使用單位區分所設之卡；4.丁式財產卡，為管理或使用單位本身所保管財產之紀錄卡。

（三）財產係由多種財產組成或附有其他設備者，應以組成之財產為單位予以登記，並將組成財產之各個財產及設備逐項登入甲式財產卡或加設輔助卡登記之。

（四）各機關財產卡，應依財產編目之次序，予以排列保管。

第三項　財產增置與經管

財產增置與經管，各有其應行注意之要點。

一、財產的增置

（一）增置財產的方式：包括1.購置；2.營造；3.撥入；4.孳生；5.其他等五種。

（二）增產登記：財產之增置，經驗收後，應填具財產增加單，為財產增加之登記。

（三）財產購置及營造：財產之購置，應由使用單位簽准後辦理；財產之營造，應擬具使用計畫於簽奉核定後辦理。

（四）購置或營造之派員監視：財產之購置及營造，價值達審計部所定之稽察一定金額者，應請審計部派員監視；其未達審計部所定稽察一定金額者，由各機關派員監視。

（五）購置或營造之招標或比價：財產之購置及營造，其價值未達審計部所定稽察一定金額而在各機關所定一定金額以上者，應擬定底價，依招標或比價之手續行之，如限於事實無法招標或比價者，得經機關核准用議價方式。

（六）由事務單位辦理：財產之購置及營造工程，集中由事務單位辦理，但其性質特殊者，得由業務單位會同事務單位辦理，其價值在各機關所定一定金額以上者，得由機關首長遴派各單位主管人員，籌組委員會辦理之。

（七）因撥入或捐贈而取得之財產：凡財產由其他機關撥入、本身孳生或因接收、捐贈而取得時，應填明財產之價格，無原價可查考者，得由財產管理單位會同有關單位予以估列。

（八）檢查驗收：購置財產完成或營造工程完工時，應由經辦單位會同有關單位或機關首長指派之監驗人員，根據發票、契約、圖說、規格、樣品及其他單據文件，逐項檢查驗收；如財產或工程之價值在審計部所定稽察一定金額以上者，應請審計機關派員監視。

（九）製作驗收紀錄：財產驗收應製作驗收紀錄，驗收完妥後，應由經辦單位填具財產驗收證明單（證），經有關人員簽章後，連同發票及其他有關單據文件，送主（會）計單位結算。

（十）驗收不符時之處理：購置財產或營造工程驗收時，其數量、規格、結構與樣品、契約、圖樣說明不符或有損壞及其他瑕疵，應即通知出售人、承運人、承攬（造）人，履行契約規定或依法辦理；如係依法辦理時，經辦單位應於發票或其他單據簽註後，送主（會）計單位查照登記。

二、財產的經管

（一）保管：1.財產取得後應由管理單位妥慎保管，並按照分類編

號，黏訂標籤； 2. 土地及建築物等不動產取得或撥入後，應於法定期間內向主管機關辦理產權及管理機關登記，變更時亦同； 3. 工具及其他體積較小之財產，應集中存置或設倉庫保管； 4. 暫不使用之財產，應妥慎保管； 5. 已無用途之財產，應訂定處理方式，適時處理，但土地及建築物應另依有關法令辦理。

（二）使用： 1. 財產分配使用單位時，應由管理單位為財產移動之登記； 2. 本機關與其他機關間財產之移撥、交換或變更原用途使用時，應依有關法令辦理； 3. 財產分配使用時，應逐項點交點收，如有不符，應卽追究責任，各機關間經核准移撥、交換之財產亦同； 4. 財產管理單位對使用中之財產，應隨時查對實際使用狀況。

（三）收益及借用： 1. 各機關之財產，非依法令規定，不得為任何處分或擅為收益，但其收益不違背其原定用途或事業目的者不在此限； 2. 各機關之財產，如因業務需要，得訂立契約書或立借據相互借用； 3. 受委託代管其他機關之財產，其管理依與委託機關之約定辦理。

（四）交接： 1. 經管財產人員交接時，應將其經管之財產列 冊 點交； 2. 員工離職時，應將經管或使用之財產照單交還，如有短缺而未賠償者，除不發給離職證明文件及追保責賠外，其情節重大者並依法究辦。

（五）盤點： 1. 財產，應由管理及使用單位隨時盤查，至少每一會計年度盤點一次，並作成盤查（點）紀錄；機關首長認為必要時，並得隨時派員抽查或盤點； 2. 財產經抽查或盤點，如有盤盈或盤虧之財產，應卽查明原因並按規定補為財產增減之登記。

第四項　財產養護與減損

財產的養護與減損，亦規定有應行注意之要點。

一、財產的養護

（一）保養與檢查: 1.財產管理及使用單位，應經常注意財產之保養，並作保養狀況之檢查及紀錄; 2.財產保養狀況之檢查，應作每三個月或半年一次之定期檢查，及必要時之緊急檢查或不定期檢查; 3.經檢查如發現毀損必須加以修理時，應報請修理; 4.公營事業之財產經修理後，如能增加原有財產之價值或效能，而其修理費達一定金額以上者，應為財產增置之登記。

（二）防護與保險: 1.財產管理及使用單位，對於可能發生之災害，應事先妥善防範，以策安全; 2.為避免發生災害時遭受重大損失，得按財產之性質及預算，向保險機關投保。

（三）獎懲與賠償: 1.財產管理或使用人，具有下列情事之一者得予獎勵或獎金，卽①因善良保管，使超過耐用年限之財產未能損壞，有確切事實證明者，②對呆廢財產能作充分適當利用，著有重大績效者，③遇有災害侵襲能防範無損者，④遇特別事故能奮勇救護保全財產者。2.財產管理或使用人，對所保管之財產如有盜賣、掉換、擅為收益、出借或化公為私等營私舞弊情事，應依法究辦。3.財產管理或使用人，對所保管之財產未依法定程序移轉、撥借、或有損壞而不及時申報者，按其情節輕重予以議處。4.財產管理或使用人，對所保管之財產遇有遺失、毀損或因其他意外事故而致損失時，除經審計機關查明已盡善良管理人應有之注意解除其責任外，應責令負擔一切修復費用或責令賠償。

二、財產的減損

（一）辦理財產減損的方式: 分變賣、報廢、損失、撥出、贈與等五種。財產之減損經奉核定後，應為財產減損之登記。

（二）財產變賣: 除土地及建築物另依規定辦理外，其他財產具有

下列情形之一者得依法定程序予以變賣，即1.因特殊情形必須出售者；2.不爲本機關需用者；3.呆舊而仍有利用價值者；4.已失原有使用效能，奉准報廢而有殘值者。財產之變賣，應依招標、比價或議價之方式行之，其價值在審計部所定稽察一定金額以上者，應請審計機關派員監視。

（三）財產報廢：除土地及建築物以外財產有毀損，致失去其原有效能，不能修復或修復不經濟者，得依法定程序報廢；已逾規定使用年限必須報廢時，得依規定辦理；未達使用年限而須報廢者，應轉請審計機關審核。

（四）對報廢之財產之處理：包括1.已失使用效能而尚有殘值者予以變賣；2.失其固有效能而適合別項用途者予以利用；3.可作價或無價轉撥其他機關或團體使用者予以轉撥（即撥出或贈與）；4.可與其他機關或公營事業交換使用者予以交換；5.毫無用途者予以銷燬。又報廢之財產，在未奉核定處理前，應妥善保管，不得散失遺棄。

（五）財產毀損或減失：財產因災害、盜竊、不可抗力或其他意外事故，致毀損或減失（即損失）時，應依規定檢附有關證件轉請審計機關審核。

第三節　物品管理

所稱物品管理，包括關於公用物品之分類、採購、收發、保管、登記、報核及廢品之處理等規定。茲就物品之分類與採購，收發與保管，登記與報廢等，分項述敍之。

第一項　分類與採購

公用物品的分類與採購，規定要點如下：

一、公用物品的分類

（一）消耗性物品：指一般公用物品經使用即失去原有效能或價值者。

（二）非消耗性物品：指一般公用物品，其性質較堅固，不易損耗，使用期限不及二年者。各機關之非消耗性物品，應依其質料、性能、構造及用途，分別自行酌定使用期限，物品管理單位並應根據使用實際效能，隨時紀錄，作為修正之參考。

二、公用物品的採購

（一）釐訂規格：各機關採購物品，應釐訂一定規格，但為因應事實需要，得予保持適當彈性。

（二）逐步推行集中採購：各機關應本逐步推行集中採購制度之精神，先對共同性文具用品及消耗品之採購，依下列規定辦理，即1.採購物品，應根據過去消耗情形，估定實際需要數量，由主管單位集中辦理，整批採購；2.各主管機關應於會計年度開始前，指定專人會同所屬機關派員就下年度需用物品，向市場查明規格、廠牌、批發及零售價格，列表通知所屬機關參辦；3.主管機關每隔一定期間應查詢價格一次，遇有調整之必要時應列表調整，並通知所屬機關；4.各機關對臨時需用未及調查之物品，得逕行採購，並將規格、價格等分送有關機關參考；5.數機關在同一大樓辦公者，得派員共同組織營繕採購小組，集中辦理；6.有關印刷品之印製，準用上述規定辦理。

（三）訂定物品最低存量標準：各機關經常需用之主要物品，應擬訂最低存量標準，由事務單位隨時補充之。

（四）請購手續：1.使用單位請購物品，應填具請購單申請辦理；2.物品之採購，除零星購置外，應以招標或比價手續行之，未達審計部

所定稽察一定金額者，由各機關派員監視，超過審計部所定稽察一定金額者，轉請審計機關派員監視。

第二項　收發與保管

關於物品驗收、保管、賠償與核發的規定，包括有下列各要點。

一、驗收

（一）會同驗收：1.採購物品送達後，應立卽辦理驗收，不得稽延；2.驗收應由各機關指派驗收人員會同保管人員，根據估價單、發票、契約、樣品及有關單證分別驗收，必要時並通知有關單位會同辦理，其價值在審計部所定稽察一定金額以上者，應依審計法令規定辦理；3.經辦採購人員，不得辦理驗收工作；4.物品驗收完畢，應填具物品驗收單，連同發票及有關單證，送主（會）計單位處理。

（二）驗收不符時之處理：物品驗收時，發現數量、規格、品質不符或有損壞者，應卽通知承辦廠商照契約規定辦理。

（三）未經驗收不得領發使用：物品未經驗收，不得領發使用，但因情形特殊經奉准者，得先領發使用補辦驗收。

二、保管

（一）集中保管與妥慎保管：1.物品之保管，以集中爲原則，並應妥慎儲存，以防腐蝕、損耗、災害、盜竊，如有危險易燃性者，應另行分別隔離保管；2.未經驗收之物品，不得存放於物品儲藏處所；3.物品儲藏處所，應力求堅固、安全、乾燥及合用；4.物品不便庫儲而露儲不致使物品遭受損害者，得露天存儲。

（二）物品分類編號定期盤存：1.物品管理人員，對於保管之物品應分類編號，隨時檢查並定期盤存，盤存時應由主管單位派員監盤及編製盤存表，以備查對；2.損壞之物品，如尙有使用價值者，仍應妥爲修

復利用，不得棄置。

（三）妥善保管：物品保管人員，對經管之物品，應負妥善保管之責。

（四）物品保管人員之交接：1.物品保管人員更迭時，應將經管物品會同盤點，交接清楚；2.物品保管人員，應注意收回調離職人員借用之物品。

三、賠償

（一）負責賠償：1.因過失損壞或遺失經管之物品者，應負賠償之責；2.賠償之標準，依損壞時之市價為準，並按其已使用之年限折價計算。

（二）並視情節議處：物品之損失，由於保管或使用人故意破壞、侵占或盜賣者，除賠償外，並應視其情節輕重予以議處或依法究辦。

四、核發

（一）訂定領用物品標準：各機關應根據所屬單位人員工作上需要，按其業務性質及使用期限，分別訂定領用物品種類及數量之標準。

（二）領用物品以職務需要為限：1.各機關工作人員，不得領用其職務需要以外之物品；2.各機關專供公用之物品，非因公務不得使用；3.非消耗性物品，以繳舊換新為原則。

（三）核發手續：1.物品應根據物品領用單及領物登記卡辦理核發；2.如依規定借用者，應由使用人填具借據。

第三項　登記與報廢

關於物品登記與報廢方面的要點如下：

一、物品登記

（一）依收發單證登記：物品登記，應憑各種收發單證辦理。

（二）設置收發帳表：1.物品應設立收發分類日記帳，其屬於非消耗者，應參照財產登記之規定辦理；2.物品保管人員，應按月編製物品收發月報表；3.物品登記，其度量衡單位應以公制爲準。

二、廢品處理

（一）損壞不堪修復之物品，應陳奉核准予以報廢，在未奉准前，應妥予保管不得毀棄。（二）物品經報廢者，應在物品帳內註銷。

第四節　車輛管理

所稱公務車輛，依使用性質包括客車、貨車、客貨兩用車、代用客車、吉普車、機器腳踏車等；所稱車輛管理，指各機關公務車輛登記檢驗、調派使用、油料管理、保養修理、報停報廢、肇事處理、及駕駛人之管理等事項。茲分檢驗使用與油料管理，保養修理與報停報廢，肇事處理與駕駛管理三項，敍述如後。

第一項　檢驗使用與油料管理

關於投保、登記檢驗、調派使用及油料管理方面的要點有：

一、辦理投保　各機關公務車輛，應投保意外責任險，對特殊重要之公務車，亦得視財力與需要投保其他險。

二、登記檢驗

（一）向公路監理機關申請登記檢驗：1.公務車輛應向當地公路監理機關申請登記、檢驗，領取號牌及行車執照，其爲貨車、大客車、吉普車者，並應向車輛動員委員會辦理登記，報停報廢時亦同；2.公務車輛應辦理財產登記及填車歷登記卡。

（二）接受定期檢驗：公務車輛應繳納稅費及接受定期檢驗。

（三）轉讓過戶：公務車輛產權轉讓，應向當地公路監理機關辦理過戶登記。

三、調派使用

（一）集中調派：1. 公務車輛，除機關首長專用車外，應由事務管理單位集中調派；2. 各機關得設公務車輛集用場，同一地區內各機關為相互支援，亦得聯合設置集用場。

（二）公務使用：1. 公務車輛之使用，除員工急病住院接送外，應一律以公務為限，並得訂定使用辦法；2. 使用公務車輛，應由使用人填具派車申請單，經主管簽核後，交由車輛管理人派車。

（三）行車記錄：1. 車輛駕駛人，應作行車記錄，並由車輛使用人簽證；2. 車輛管理人，應對行車記錄予以審核並登記。

四、油料管理

（一）訂定車輛耗油標準及依里程核發油料：1. 各種車輛耗油標準，由各機關按實驗結果，參照同地區、同型、同年份之車輛耗油量訂定；2. 公務車輛需要油料，應根據耗油標準及里程表所記行駛里程核發。

（二）編造月報表：每月油料之購入，消耗、結存，均應於次月五日前，造具月報表報核。

第二項　保養修理與報停報廢

有關公務車輛之保養修理與報停報廢之要點如下：

一、保養

（一）注意保養：公務車輛應經常注意保養及安全，維護清潔，並應隨時檢查，如有損壞即予修理。

（二）分級保養：公務車輛，應依規定實施分級保養。

（三）設置車庫：在可能範圍內，設置車庫。

二、修理

（一）自行或招商修理：公務車輛損壞，本機關設有保養機構者，應自行修理，否則招商修理。

（二）登錄車歷登記卡：車輛修理項目、時間及費用，應隨時登錄車歷登記卡。

三、報停

公務車輛因故停駛，應向當地公路監理機關申請停駛登記，並繳回號牌及行車執照，回復行車時，應辦理復駛登記，領回原牌照。

四、報廢

（一）未達報廢年限之汰舊換新：公務車輛未達報廢年限而損壞，其修護費用過高者，得經公路監理機關檢驗證明後，辦理汰舊換新。

（二）報廢：公務車輛之報廢，除依財產管理規定辦理外，並向公路監理機關辦理登記，繳還號牌及行車執照。

第三項　肇事處理及駕駛管理

關於肇事處理及駕駛管理的要點，有如下列：

一、肇事處理

（一）保持現場：公務車輛肇事者，應保持現場，並立即向附近軍警機關報告，如有傷亡時，應先作救護、救傷等緊急措施。

（二）詳細勘查：車輛管理人員，應赴肇事地點詳細勘查，攝取現場照片，並詳填肇事報告單，以為鑑定責任之依據。

（三）辦理賠償：公務車輛肇事後，應於規定時限內通知保險機關辦理賠償手續。

二、駕駛人管理

（一）僱用標準：駕駛人之僱用，以一車一人為原則，並依下列規

定辦理，即1.須品德端正，無不良嗜好；2.須有合格之職業駕駛執照；3.須有公立醫院之體格檢查證明；4.須覓適當之舖保或人保；5.須查明其過去工作情形及離職原因。

（二）實施訓練：各機關對駕駛人，應實施定期與不定期之訓練，必要時並得舉行測驗或考試。

（三）實施車輛保養獎懲：各機關為使駕駛人注意保養車輛，節省修理費用，得訂定車輛保養獎懲辦法實施。

第五節　宿舍管理

所稱宿舍管理，包括對管有公用宿舍之機關，對首長宿舍、單身宿舍、職務宿舍之管理及借用等事項。茲就管理及借用分項敍述之。

第一項　管　理

有關公用宿舍管理之要點如下：

一、訂定宿舍管理要點　各機關宿舍之管理，由事務管理單位負責，並就公共衞生之遵守、公共安全之維護、公共秩序之維持、公有財物之愛護等事項，訂定宿舍管理要點。

二、調查宿舍使用情形　各機關宿舍使用情形，應由事務管理單位經常派員調查，宿舍借用人不得拒絕；宿舍使用人如有違反規定情事，應簽報首長處理，其因疏於注意所發生之損害，有關人員應予議處。

三、製圖編號登記　各機關應將宿舍製成平面圖，編訂宿舍號碼，連同正面攝影照片，登記存查，並於宿舍大門外，懸掛本機關宿舍編號名牌。

三、保持整潔　宿舍內外應經常保持整潔，並由宿舍借用人自行辦

理。

四、定期檢查　各機關宿舍及設備情形，應會同有關單位訂定檢查項目，每年實施檢查，其須修繕者並予修繕。

五、天災損壞之搶修　宿舍因天災、事變及其他不可抗力致遭受損壞者，應予緊急搶修。

六、自費修繕者不予補償　借用宿舍，如有借用人自費修繕，遷出時應維持現狀，並不得要求補償。

第二項　借　用

辦理宿舍借用之要點如下：

一、得申請借用宿舍之人員　各機關編制內人員，得依下列規定申請借用宿舍，即（一）機關首長任本職期間得借用首長宿舍；（二）因職務上特別需要，於任所單身居住者，得借用單身宿舍；（三）職期輪調、職務特別需要或服務偏遠地區人員，有配偶或符合報領實物配給要件之扶養親屬隨居任所者，得借用職務宿舍，配偶雙方同為公教人員，以借用宿舍一戶為限。

二、借用手續　填具請借單，送事務管理單位審查、登記，准予借用者，由宿舍管理機關與借用人簽訂宿舍房地借用契約；借用契約中應載明借貸物之名稱、借用期間、借用人應履行之義務及違約之責任；依機關規定，其契約應經法院公證者，須作成公證書後始得遷入。

三、以積點決定借用順序　（一）各機關宿舍之種類、等級及其供借對象，由各機關按房屋之面積、質料、環境、設備及人員職級，自行訂定；（二）宿舍之核借，應視宿舍種類等級，依照請借登記先後，就請借人之職務、職等、年資、眷口、考績等項目訂定積點標準，以積點多寡決定借用順序，無法計點者，得以抽籤方式決定。

四、宿舍借用期間　（一）宿舍借用期間，以借用人任職各該機關期間爲限。（二）借用人調職、離職及退休時，應在三個月內遷出。（三）借用人受撤職、免職處分時，應在一個月內遷出，逾期不遷出者，應卽依約強制執行，現職人員並予議處。

五、改借單身宿舍　職務宿舍借用人，因配偶死亡、離異，另無其他扶養親屬隨住任所者，改借單身宿舍。

六、傢俱之供借　首長宿舍及單身宿舍內必備之傢俱，由各機關視經費狀況，自行規定種類、數量，予以供借，借用人不得指定添置。

七、借用人之義務　（一）宿舍借用人不得將宿舍出（分）租、轉借、調換、轉讓、增建、改建、經營商業或作其他用途，違反者，除予議處外，並不得再請借宿舍。（二）宿舍借用人對宿舍設備及公有傢俱，應負善良管理之責。（三）宿舍借用人搬離宿舍時，應通知事務管理單位，並將所借宿舍設備及傢俱點交清楚。（四）宿舍借用人違反宿舍管理之規定者，應卽終止借用契約，並責令搬遷。

第六節　財物管理的檢核

除工作檢核的一般規定，在第廿五章四節一項中已有詳細敍述外，特就出納、財產、物品、車輛、宿舍等管理的檢核事項，分項簡述如後。

第一項　出納管理檢核

出納管理工作檢核要點如下：

一、出納手續，是否符合規定。

二、庫存現金數目，是否與會計記錄符合，有無私自墊借情事。

三、傳票送達後，辦理收付款項，是否迅速。

四、保管之票據、有價證券，是否與帳面相符。

五、各種簿表，是否齊全。

六、收付款項，是否隨時登帳。

七、暫收款、收據貼印花及保管時間，是否遵照規定辦理。

第二項　財產管理檢核

財產管理工作檢核要點如下：

一、財產管理，是否按時登記；實際保管及使用之財產，是否與主（會）計單位之帳目相符。

二、財產增減表，是否依時造送。

三、財產之購置及營建，是否按照規定手續辦理，產權證件是否齊全完整。

四、財產責任簽認手續，是否辦理齊全。

五、出租或租用之財產是否訂立契約，出借或借用之財產是否有借據。

六、財產之盤點，是否依期舉行，盤盈或盤虧之財產，有無查明情由依照規定辦理。

七、廢舊不用之財產，是否及時處置或利用。

八、財產之保養狀況，是否依期檢查，損壞之財產是否及時整修或報廢。

九、財產之變賣，是否按照規定手續辦理。

十、財產應付之稅捐，是否按期繳納。

第三項　物品管理檢核

物品管理工作檢核要點如下：

一、各類非消耗性物品之使用期限，有無詳細規定。

二、採購物品，是否根據實際需要，手續是否簡化完整。

三、物品驗收，是否依照規定手續辦理。

四、庫存物品，是否帳物相符。

五、庫存物品是否分類，放置是否整齊。

六、物品之核發，是否按照領用標準及程序，切實執行。

七、物品登記，是否確實。

八、物品是否有適當儲藏處所。

九、廢品是否依規定辦理。

第四項　車輛管理檢核

車輛管理工作檢核要點如下：

一、各項登記表卡，是否完備。

二、車輛調派，是否建立制度，切實執行。

三、油料管理，是否嚴密，里程記錄，有無稽核。

四、車輛檢查，是否按時辦理，有無檢查紀錄或報告。

五、車輛保養，是否按照規定切實實施，保養必要之工具，是否完全。

六、車輛修理，是否嚴格控制，並按規定辦理。

七、駕駛人是否依時填報各項規定報表。

第五項　宿舍管理檢核

宿舍管理工作檢核要點如下：

一、宿舍設備，是否有一定標準，並按照標準實施。

二、宿舍檢修，是否按照程序執行，能否達成嚴格審核、控制預算任務。

三、臨時及緊急保養工程，是否按照規定辦理。

四、有關宿舍事務之各種表冊，是否依照規定格式詳細記載，按期填報。

五、宿舍之借用，有無訂定標準，並按照標準公平辦理。

第二十七章　庶務管理

所謂庶務管理，主要包括辦公處所管理，安全管理，集會管理，工友管理，員工福利管理，及以上各種管理工作的檢核，茲分節敍述如後。

第一節　辦公處所管理

所稱辦公處所管理，包括各機關公務上使用之全部房屋及其庭院、隙地、通路、走廊、圍牆、水溝與四周鄰接地區之設計、佈置、清潔及節約能源等管理事項。茲分設計原則、室內佈置與室內秩序、環境佈置，室內清潔與環境清潔四項，簡述如後。

第一項　設　計　原　則

對辦公處所的設計，應注意下列原則：

一、辦公房屋設計及構造

（一）設計：各機關辦公房屋之設計，應依照營建法令規定辦理。

（二）房屋構造及分佈：辦公房屋之構造及房間分佈，應切合實際

需要，並應依其機關性質，選擇適當地點，顧及安全。

二、辦公房屋面積及安全設備

（一）面積：辦公室之面積，以平均每人三‧三平方公尺為原則。

（二）安全設備：建築辦公房屋時，應注意防空、防火、防盜、防風、防震及蟲害等之安全設備，其構造以採用鋼筋混凝土為原則。

三、辦公房屋分配　各機關辦公房屋，除辦公室外，得按實際需要酌設禮堂、會議室、接待室、詢問室（服務臺）、警衞室、值日室、休息室、盥洗室、圖書室、閱覽室、醫務室、文康室、保管室、電話總機室、餐廳、厨房、車庫、及其他有關處所。

四、辦公房屋內部設施

（一）氣溫：辦公房屋應保持適當溫度、濕度，並注意調節空氣，在嚴寒酷暑時，應酌設防寒防暑設備。

（二）顏色：辦公房屋內外牆壁、門窗、天花板、地板等，應視環境需要，油漆或粉刷適當顏色。

（三）防噪音：辦公房屋之牆壁及天花板，必要時得使用吸音材料，以減低噪音。

第二項　室內佈置與室內秩序

關於辦公房屋室內佈置及室內秩序要點規定如下：

一、室內佈置

（一）辦公用具規格顏色劃一：各機關購置桌、椅、樹、櫃等辦公用具，其規格顏色應力求劃一。

（二）桌椅排列整齊：辦公室桌椅，應按工作性質及其進行之順序，合理排列，並力求整齊。

（三）私人物品放於指定處所：辦公室不得堆置不用傢具及物品，

私人衣帽雨具等應存放於指定處所。

（四）桌上用品放置整齊：辦公桌上用品，應力求簡潔合用，並放置整齊。

（五）設置飲水用具：辦公室內，應於適當處所設置飲水器或水壺及茶杯，以便使用。

（六）懸掛時鐘日曆：辦公室內，應於適當處所懸掛時鐘、日曆、及溫度計等。

（七）懸掛國旗遺像玉照：各機關會議廳堂，應依規定懸掛國旗、國父遺像、先總統蔣公遺像、元首玉照、副總統玉照。

二、室內秩序

（一）保持肅靜：各機關辦公處所應保持肅靜，在辦公室內洽談公務或使用電話，應盡可能壓低音量，以免妨礙他人。

（二）會客限於公務：各機關職員，非因公務不得在辦公室內會客，並不得携帶兒童進入辦公室。

（三）防止工作噪音：使用打字機等發生噪音之工作處所，應裝置隔音設備或與一般辦公室隔離，以免干擾。

（四）工友司機座位地點：辦公處所之工友，應在工作處所設置座位，司機技工，均應指定地點聽候派遣。

（五）遵守安全保密規定：各機關應注意遵守安全與保密規定，每日下班後，各單位主管或值勤人員，應檢查下列事項，即1. 辦公室內有無散置文件；2. 辦公室橱櫃抽屜已否落鎖。

（六）注意下班後辦公室安全：各機關員工，除因特殊需要經核准者外，不得在辦公室內住宿，每日下班後，應由事務管理人員督促工友關閉電源，關鎖門窗。

第三項　環境佈置

關於辦公室外環境佈置，主要規定如下：

一、大門佈置　大門正上方或左側，應懸掛機關銜牌，其字體一律楷書，直式者由上向下寫，橫式者由右向左寫。

二、保持牆壁清潔　各機關房屋牆壁，應經常保持清潔，其有殘破或不整齊建築物，應予修整或拆除。

三、庭院佈置　各機關所在區域或庭院隙地，得設計佈置種植花木或舖種草皮，並應經常修剪；辦公處所庭院、道路，應視需要裝置照明設備。

四、設置標語旗桿等　各機關標誌牌及標語牌，其字體一律楷書，形式顏色均應整齊劃一；在辦公處所適當地點，設置旗桿、標準鐘、公告牌、意見箱等。

五、關停車場及堆置地點　各機關應闢停車場及機車腳踏車停放場，禁止隨地停車；辦公處所除指定地點外，不得隨意曝晒衣物及堆置器材及廢品。

第四項　室內清潔與環境清潔

有關維護室內清潔及環境清潔之要點如下：

一、室內清潔

（一）打掃室內清潔：各機關辦公室內，於每日下班後，由事務管理人員督促工友打掃擦拭，並於每週末舉行大掃除一次。

（二）收集廢紙並作安全處理：辦公室內之廢紙、廢臘紙，應督促工友，每日逐室收集，並依規定作安全處理。

二、環境清潔

（一）保持環境整潔：各機關庭院、隙地、大門、通路、走廊、圍牆、水溝、餐廳及厨房等，應隨時保持整潔。

（二）噴洒消毒：各機關應按員工人數設置盥洗室，男女盥洗室應劃分隔離，室內外應保持整潔，並隨時噴洒消毒藥水。

（三）採分區負責制：如機關地區遼濶者，對室內及環境清潔，得採分區負責方式辦理。

（四）定期檢查：各機關事務管理單位，應派員定期檢查室內外環境清潔。

三、節約能源　各機關對於使用能源的管理，應加強各種管制措施，以期節約能源。

第二節　安全管理

所稱安全管理，包括各機關對於空襲、火災、竊盜、風災、地震、水災、蟲害之防護事項。茲分一般規定，防火，防盜，災害防護四項，簡述如後。

第一項　一般規定

對安全管理之一般規定事項如下：

一、劃分權責　各機關安全管理事宜，由事務管理單位負責規劃，會同有關單位辦理之。

二、聯合編組統一辦理　合署辦公各機關，得聯合編組安全管理單位，並統一辦理之。

三、組織防護團　各機關應依照民防法令組織防護團，辦理有關空襲防護事宜。

四、駐衞警管理　各機關駐衞員警,應受事務管理單位主管之指揮。

五、值勤之任務　各機關值勤人員, 在辦公室時間以外, 應負維護機關安全之責。

第二項　防　　火

有關防火的規定, 其要點如下:

一、**定期檢查電氣設備**　各機關對電氣設備應定期檢查, 並嚴禁員工私自接用電源。

二、**辦公處所與厨房隔離**　各機關厨房應與辦公處所隔離, 並應經常檢查, 辦公處所嚴禁設置任何爐灶及煤氣設備。

三、**妥爲保管易燃物品**　各機關有化學及易燃物品者, 應擇適當處所妥爲保管。

四、**舉行消防演習**　各機關消防編組由事務單位主管指揮, 並應經常訓練及舉行消防演習。

五、**設置消防器材**　各機關應視實際需要, 設置消防器材, 並定期檢查。

六、**標明消防設備**　各機關應繪製房屋平面圖, 標明消防水源、消防器材、電源開關位置, 進出道路、疏散方向、避難處所, 應揭示於適當地點。

七、**發現火警之處理**　發現火警時, 在場員工, 除盡力撲救外, 應即通知消防機構及值勤人員; 值勤人員除應迅即發出警報, 集合附近員工奮力撲救外, 並應立即報告機關首長及通知事務管理單位。

八、**印信貯存及文卷搶救**　各機關印信、重要物品, 應擇安全處所或保險箱庫貯存; 文卷應按重要程度區分等級, 定明緊急時搶救順序。

九、**查明責任及清查損失**　機關如發生火災, 應會同治安機關查明

失火責任，並清查損失情形造具清册，依照規定報請上級機關及有關機關查核。

十、**通知理賠**　火災受損之財產，已投保火險者，應於規定時間內通知保險機構，以憑請求賠償。

第三項　防　　盜

有關防盜的規定，其要點如下：

一、**公物公款專責保管**　各機關公物及公款，應責成使用人及經管人負責保管。

二、**置駐衞員警**　各機關得置駐衞員警或管理人員，負責門衞稽查出入。

三、**規定門戶啟閉時間**　各機關應規定辦公處所門戶啟閉時間及其管理方法。

四、**檢查門戶及巡夜**　夜間值勤員工，應於每日規定關門時間，檢查門戶，必要時並設置巡夜人員。

五、**辦公時間外出入登記**　辦公時間以外出入辦公處所者，應登記其姓名及進出時間。

六、**置防盜設備**　各機關重要倉庫或現金貯藏室，應裝置防盜設備。

七、**發生竊盜時之處理**　各機關如發生竊盜，應保持現場原狀，立即報請治安機關偵查，並調查損失情形，情節重大者，依照規定報請上級機關及有關機關查核。

第四項　災害防護

所稱災害，包括風災、地震、水災、蟲害，其防護要點為：

一、**嚴禁搭建不安全建物**　各機關興建建築物，應切實注意防範災

害之安全設備，嚴禁搭建任何不合安全標準之建築物，以減少災害之發生。

二、**颱風防護** 各機關對颱風之防護，應於風季將屆前，完成對所有建築物及重要設施之檢查與維護。

三、**地震防護** 各機關應參考當地地震有關資料，注意防護。

四、**水災防護** 雨季來臨前，應加强水災防護措施，位於低窪地區或河渠水道附近之機關，尤應妥爲規劃，重要物品及文書，應移置高處，並設置水災救難設備。

五、**蟲害防護** 各機關房屋應保持清潔乾燥，並定期噴灑殺蟲藥劑；貯存物品及文書之處所，應經常檢查，嚴防蟲鼠侵害。

六、**儲備防災器材** 各機關應視需要預爲儲備防護災害所需之器材，並指定專人管理。

七、**發生災害時之處理** 各機關遇有災害，應卽將受傷員工送往醫院救治，毁壞之建築物及其他重要設備，應儘速修復，並清查財產損失情形，依照規定報請上級機關及有關機關查核。

第三節　集會管理

所稱集會管理，包括典禮、會議、宴會、晚會及同樂會集會之佈置、接待、文書及議事等事項；凡集團喜慶、歡迎、歡送或追悼會及各種座談會、學術講演會等，亦得辦理。茲分一般規定，典禮，會議，宴會晚會及同樂會四項，簡述如後。

第一項　一般規定

有關集會管理之一般規定，其要點如下：

一、**籌劃**　各機關集會事務，由業務承辦單位主動協調與事務管理單位及其他有關單位配合辦理；大型集會應成立籌備處或小組，專責辦理會前之準備事宜。

二、**注意節約聯繫與配合**　辦理集會工作人員，應注意效率、節約、聯繫、配合及臨時事宜之適應。

三、**集會結束後之清結**　集會結束後，各承辦人員應將各項剩餘物品之種類及數量，造具清册，報經單位主管查核後，交由物品管理人員點收保管或為適當之處理；列有專案預算之各種集會結束後，主管或事務管理單位，應將收支帳目結算清楚，依限檢據報銷。

四、**檢討得失**　規模較大之集會結束後，應邀集有關機關，檢討得失，以為今後續辦之參考。

第二項　典　　禮

有關舉行典禮之規定，其要點如下：

一、**舉行前之準備事項**　包括（一）擇定及佈置典禮場所；（二）擬定典禮儀式及選定司儀人員（或樂隊），並作事前演練；（三）印製請束、通知、簽名簿（卡），出席證或車輛通行證，或準備登報公告；（四）依需要通知新聞傳播機構；（五）協調有關機關策劃交通、通訊及安全措施；（六）其他必要事項之準備與供應。

二、**場所佈置事項**　視典禮性質及規模大小，就下列規定酌辦，（一）典禮名稱橫額，應由右至左書寫，懸掛於會場門首或典禮臺之前上方；（二）會場門前之兩側，得懸掛或豎立國旗；（三）典禮臺上佈置，含典禮臺上後壁之正中懸掛國旗，國旗下正中央懸國父遺像，國父遺像下懸國父遺囑，儀式單懸於國父遺像之左，公約或口號（無公約口號者可免）懸於國父遺像之右，典禮臺前置主席臺，主席主席團長官及

指導人員之座位分置於典禮臺上之兩旁，典禮臺上之兩側得視場地廣狹豎立國旗，擴音設備及佈置應力求適當；（四）會場應按出席人數、列席人數、來賓人數及記者人數，分別劃定區域及席次，並得編號；（五）會場內得視狀況佈置發言位置；（六）紀錄席列於典禮臺前之一側或兩側；（七）樂隊置於典禮臺之側方或其他適當位置；（八）簽到處設於會場門首或其他適當位置；（九）必要之統計圖表及標語，張懸於會場之兩壁或周圍；（十）時鐘懸於適當位置；（十一）劃定停車場。

三、典禮之接待事項　包括（一）指引賓客之車輛進入停車場；（二）引導賓客簽名；（三）引導賓客進入會場或休息室；（四）保管賓客之衣帽用具；（五）會畢照料賓客離場。

四、典禮之文書事項　包括（一）繕發請柬、通知或公告；（二）分發出席證及車輛通行證；（三）準備儀式單；（四）派定紀錄或速記人員，並備置錄音機等；（五）依需要預擬電文文稿及編印專刊；（六）必要時發佈新聞。

五、典禮之儀式　視性質就下列各款酌定之，（一）典禮開始；（二）奏樂；（三）全體肅立；（四）主席就位；（五）唱國歌；（六）向國旗暨國父遺像行三鞠躬禮；（七）主席恭讀國父遺囑；（八）恭讀總統文告；（九）頒獎；（十）主席致詞；（十一）長官致詞；（十二）來賓致詞；（十三）報告或演講；（十四）宣讀致敬電文；（十五）呼口號；（十六）奏樂；（十七）禮成。

第三項　會　議

有關召開會議之規定，其要點如下：

一、召開會議之原則　會議之召開，除依照法令必須召開者外，應符合下列原則，即（一）能促進協調合作，溝通意見或集思廣益之效果

者; （二）於工作推動及目標達成有必要者; （三）因特殊緊急需要，必須迅謀處理者。

二、會前應行準備事項　包括（一）確定主持人及出（列）席機關或人員; （二）洽定開會之地點、日期及時間; （三）準備議程、議案及會議資料; （四）印發開會通知; （五）佈置開會場所; （六）其他必要事項。會議主辦單位，並應於開會前向會議主持人提供有關資料，並以電話聯繫出（列）席人員。

三、決定會議主持及出（列）席人員　包括（一）會議主持人除必須由機關首長主持者外，應由實際負責且深入了解會議內容者擔任之; （二）會議出（列）席人員，由機關首長、業務單位主管或指定之代表參加，會議時間及參加人數，應視性質酌予限制; （三）會議出（列）席人員，對會議有關資料應事先研閱，並就討論事項，預作發言準備，其須請示機關首長或洽詢業務主管意見者，並應先爲請示或洽詢。

四、佈置會場　依會議性質及規模大小，參照佈置典禮場所之規定辦理之，其規模較大者，並應注意下列事項，即（一）準備休息場所; （二）準備膳食及住宿; （三）準備交通工具及指定停車場，（四）設置詢問處或服務臺，辦理與會人員查詢或委辦事項; （五）指定專人負責管理會場電源、照明、空調、擴音設備。

五、會議之文書事務事項　視會議性質及規模，就下列各款酌辦，（一）編訂會議注意事項; （二）編訂程序表; （三）編印議事日程; （四）派定司儀、紀錄及速記員; （五）派定繕寫（打字）、校對、油印及收發人員; （六）派定人員辦理報到並準備報到應用之文件; （七）設置簽到處並指定人員管理簽到; （八）編定出（列）席人員座次; （九）配置發言條及鉛筆或原子筆; （十）分送有關會議之文件; （十一）派定會場服務人員; （十二）其他有關文書、事務事項。

六、**會議之進行** 包括（一）會議之程序，應依報告、討論及舉行選舉之順序排列；（二）會議主持人主持會議之任務，爲準時開會，說明會議目的與期望，按議程進行會議，控制時間，安排發言機會，維持會場秩序，宣佈決議、結論或會議結果。

七、**議事記錄事項** 議事紀錄，應依程序分別載明下列事項，卽（一）會議名稱及會次；（二）會議時間及地點；（三）出席人、列席人及請假或缺席人姓名；（四）主席姓名；（五）紀錄姓名；（六）報告事項；（七）討論及決議事項；（八）選舉事項（如無從略）；（九）其他應行記載事項。議事記錄應由主席及紀錄分別簽署，遇有重要決議案，應予當場宣讀。又會議紀錄應儘速整理、核定，分送有關機關、單位或出（列）席人員。

八、**會議結束後之處理** 會議結束後，出席人員應就開會情形及決議，簽報本機關首長或通知有關單位人員，其有應執行或辦理事項，應卽分別辦理，必要時並予列管。

第四項　宴會、晚會及同樂會

有關宴會、晚會及同樂會之規定，其要點如下：

一、**宴會**

（一）應準備事項：宴會前，應準備事項爲1.擬定賓客名單；2.擇定時間及地點並事先聯繫；3.訂定餐筵；4.適時分送請柬；5.注意安全及交通措施。

（二）選定宴會方式：宴會方式，依其性質及規模，就下列方式酌定，1.固定式，有一定之席次，分早餐、午宴、晚宴；2.流動式，無一定之席次，分茶會、酒會、及自助餐。

（三）場所佈置：包括1.場所佈置，以簡單樸素、整齊清潔爲主；

2. 餐桌得視需要置適當之點綴；　3. 視需要製備座位圖、賓客名牌及座卡；　4. 宴會座次之排列，須注意賓客身分，並參酌國民生活須知之規定辦理，賓客座位圖應陳設於客廳茶几、入口處或其他適當地點。

（四）宴會之接待：除參照典禮、會議之接待規定外，並注意 1. 使用音樂，須與場所情況相適合，音量須適度；　2. 應有適當之服務人員；　3. 對賓客之隨行人員，得視情況酌予安排。

二、晚會及同樂會

（一）會場應準備事項：如 1. 會場佈置，須有輕鬆活潑之氣氛；　2. 會場配備宜力求完備，並指定專人負責管理；　3. 座位排列力求妥適；　4. 會場工作人員須適時派定；　5. 會場須妥置應有之標示與張貼；　6. 消防交通及安全等項，應有妥善之規畫。

（二）接待事項：除參照典禮及會議之接待外，並應注意 1. 會前印送請柬或通知，並附送入場券及節目單；　2. 指定會場接待人員，3. 指定人員收券及引導。

（三）娛樂節目：晚會及同樂會之娛樂節目，應力求緊湊，內容以符合舉辦之目的為原則。

第四節　工友管理

所稱工友管理，係指各機關編制內非生產性之技術工友及普通工友之人事及工作等管理事項。工友管理，由事務管理單位主辦，有關編制名額及經費，應會同人事主（會）計單位辦理，有關服務、考核、獎懲，應會同工友服務單位辦理。茲分設置標準與僱用，服務請假與休假，待遇考核與獎懲，退職與撫邮四項，簡述如後。

第一項　設置標準與僱用

有關工友設置標準與僱用之規定，其要點如下：

一、訂定普通工友設置標準 除技術工友得按實際需要設置外，普通工友名額，按下列標準設置，即（一）職員人數在五人以下者，得置工友一人；（二）職員人數在六人至四十人者，每五人得置工友一人；（三）職員人數在四十一人至一百十人者，每七人得置工友一人；（四）職員人數在一百十一人至二百人者，每九人得置工友一人；（五）職員人數在二百零一人以上者，每十一人得置工友一人。上述設置標準，各機關應視業務性質、辦公設備、事務機具或委託辦理等情形，酌予調整核減；但因機關業務性質或辦公環境設備等情形特殊者，得報權責機關核准酌予增列。

二、遴用方式及僱用條件 （一）各機關僱用工友，應在規定名額內列入年度預算後始得為之，其遴用方式，得採公開甄選或登記評選行之。（二）僱用之工友應具條件，為 1.國民小學以上學校畢業或具有同等學歷； 2.思想純正、品行端正、無不良紀錄及嗜好； 3.年滿十六歲以上五十歲以下，但退除役官兵轉業者，得予提高至五十五歲以下； 4.經公立醫院體格檢查屬身心健康、體力足以勝任所指派之工作。（三）技術工友除應具備前述各條件外，並須具備工作所需之技術專長，經考驗合格。

三、試用及僱用 （一）新僱之工友，應繳驗國民身分證、戶口名簿及學歷證件，並填繳下列表件，即服務志願書一份，保證書一份，履歷表二份，公立醫院或勞工保險特約醫院體格檢查表一份，最近二寸半身照片。（二）新僱之工友，應先予試用三個月，期滿成績合格者，由僱用機關發給通知書，予以正式僱用，其試用期間不能勝任或品性不端者，得隨時予以停止試用，曾在其他機關充任工友，因正當事由離職，持有證明文件者，得免予試用。（三）工友之保證，為 1.工友之保證人退保或喪失保證能力時，被保工友應於一個月內取具新保，逾期尚未取

具新保者，即予解僱；2.工友如有下列情事之一者，保證人應負追繳賠償責任，即(1)虧欠公款或損毀公物，無力賠償者；(2)侵占或偷竊公款公物者；(3)手續不清或其他不法情事，致機關蒙受財物上損害者。

第二項　服務、請假與休假

有關服務、請假與休假之規定，其要點如下：

一、服務　（一）各機關工友，應由其服務單位及事務單位，明確規定其工作項目，以資遵守；（二）工友每日上、下班應親至指定處所簽到、簽退或打卡，但因工作性質特殊，經事務管理單位主管核准者不在此限；（三）工友應專任；（四）工友應依規定時間服勤，事務單位或服務單位認有延長服勤時間必要時，應依加班有關規定辦理；（五）工友離職時，應親將經管公物及服務證等繳回，並將承辦事務交代清楚，其有超領工餉或借支者，應先清償。

二、請假

（一）事假：因事必須親自處理者，得請事假，每年合計不得超過十四日，已滿規定期限之事假，應按日扣除工餉。

（二）病假：因患病必須治療或休養者，得請病假，每年不得超過二十八日，逾期得以事假或休假抵銷，但患重病經機關首長核准者，得延長之，其延長期限以二十四個月內合計不得超過一年，期滿仍不能服勤時，應予退職並發三個月餉額之醫療補助費，不合退職者予以解僱，並發六個月餉額之醫療補助費。

（三）婚假：本人結婚者給婚假十四日。

（四）喪假：因曾祖父、祖父母、外祖父母、或配偶之祖父母死亡者，給喪假七日；父母、養父母、繼父母或配偶死亡者，給喪假二十一日；配偶之父母、養父母、繼父母死亡者，給喪假十四日；兄弟姐妹死

亡者，給喪假三日；子女死亡者，給喪假七日；喪假得依習俗分次申請。

（五）分娩假：因分娩者得請分娩假四十二日，流產者得請流產假二十一日。

（六）公傷假：因執行職務受傷不能工作者，給予公傷假，其期間最長爲二年。

（七）公假：依法令應征短期兵役召集或參加政府舉辦之訓練考試者，得報請核給公假。

三、休假　（一）工友在本機關繼續服務滿一年者，自第二年起每年給休假七日；滿三年者，自第四年起每年給予十日休假；滿六年者，第七年起每年給予十四日休假；滿九年者，第十年起每年再加給一日休假，但最多不得超過二十八天；年終考核列丙等以下者，次年不予休假。（二）工友有下列情形之一者，准予併計年資休假，卽 1.經機關相互同意轉僱或辭僱後再受僱，年資銜接，具有證明文件者；2.退除役官兵經輔導轉業，其退伍日期與轉業日期銜接，具有證明文件者；3.因機關裁併隨同移轉繼續僱用者；4.曾受僱爲本機關臨時員工或服役職務輪代員工，年資銜接，具有證明文件者。（三）工友休假以實施輪休爲原則，其確因公務需要不能休假者，得由各機關自行衡酌財力，按休假年度尚未休假日數，發給不休假加班費或給予其他獎勵。

四、曠職　（一）工友未辦妥請假或休假手續，擅離職守或假期已滿仍未銷假或請假有虛僞情事者，均以曠職論；（二）工友曠職應按日扣除工餉，其因而嚴重影響工作者，得予以解僱。

第三項　待遇、考核與獎懲

有關待遇、考核與獎懲之規定，其要點如下：

一、待遇　（一）工友待遇，自報到之日起支，離職之日停支；

（二）工友之工餉分本餉及年功餉，**依工餉核支標準表之規定支給之。**

　　二、平時考核及獎懲　各機關對工友平時考核，應包括工作、勤惰及品德生活三項，其有工作不力或行為不檢而情節重大者，得予解僱，平時考核及獎懲標準，由各機關自行訂定。

　　三、年終考核及獎懲

　　（一）參加年終考核之條件：工友在本機關服務至年終滿一年者，予以年終考核；未滿一年但已達六個月者，另予考核；工友有下列情形之一者，准合併年資辦理考核，即1.經試用期滿正式僱用，其試用期間之年資；2.經機關相互同意轉僱，前後年資銜接者；3.因機關裁併隨同移轉繼續僱用之年資；4.在同年度內由普通工友改僱為技術工友者。

　　（二）考核等次與獎懲：年終考核以一百分為滿分，分甲、乙、丙、丁四等，各等之分數及獎懲為，1.甲等，八十分以上，晉本餉一級，並給予一個月工餉之一次獎金；已晉至本餉最高級者，晉年功餉一級並給予一個月工餉之獎金；已晉至年功餉最高級者，給予二個月工餉之獎金；2.乙等，七十分以上不滿八十分，晉本餉一級；已晉支本餉最高級者，給予一個月工餉之獎金，次年仍考乙等者，改晉年功餉一級，其餘類推，已晉至年功餉最高級者，給予一個月工餉之獎金；3.丙等，六十分以上不滿七十分，留支原工餉；4.丁等，不滿六十分，解僱；5.另予考核列甲等者給一個月工餉獎金，列乙等者給半個月工餉獎金，列丙等不予獎勵，列丁等者解僱。

　　（三）平時與年終考核之關聯：工友年終考核或另予考核，應以平時考核為依據，年度內請事假、病假日數合計超過規定假期者，年終考核不得考列乙等以上。

第四項　退職與撫卹

　　有關工友退職與撫卹之規定，其要點如下：

一、退職

（一）退職種類與條件：1.工友具有下列情形之一者得申請退職，即（1）服務五年以上年滿五十五歲，或經依法改任政府機關編制內職員者；（2）服務滿二十五年以上者；2.工友具有下列情形之一者應予命令退職，即(1)年滿六十歲者；(2)因身體殘廢或心神喪失致不能工作者。

（二）退職金之核發：1.工友之退職金，按其服務年資發給一次退職金，每服務半年給予一個基數，滿十五年後另加一個基數，但最高以六十一個基數爲限；2.工友因公傷病殘廢退職者，服務年資滿十五年時，除依上述規定外，另加給百分之二十；服務年資未滿十五年時，給予三十個基數；3.所稱基數，以工友最後在工時之月工餉及本人實物代金爲準；有眷者並另予一次加發兩年眷屬實物代金暨眷屬補助費。

（三）年資之併計：上述服務年資之計算，以在本機關服務之年資爲準，但有下列情形之一者，准予併計年資，即 1.曾受僱爲本機關或其他機關工友之服務年資，未領退職金，具有證明者；2.因機關裁併隨同移轉繼續僱用之年資；3.曾受僱爲本機關臨時員工年資銜接，具有證明者。

（四）其他：工友請領退職金權利之時效期間，比照公務人員退休法及有關規定辦理。

二、撫邮

（一）撫邮之條件：工友在職期間有下列情形之一者，給予遺族撫邮金，即 1.病故或意外死亡者；2.因公死亡者。

（二）撫邮金之核發：工友撫邮金之基數，其係病故或意外死亡者，比照工友退職金基數之規定；其係因公死亡者，比照工友因公傷病殘廢退職金基數之規定。

（三）年資之併計：比照工友退職年資併計之規定。

（四）殮葬補助費：工友死亡，得酌發殮葬補助費，其無遺族者，

得由本機關指定人員代爲殮葬。

（五）其他：工友遺族領受撫卹金之權利、順序、時效及其領卹權之保留，比照公務人員撫卹法及有關規定辦理。

第五節　員工福利管理

所稱員工福利管理，包括住宅輔購、福利互助、生活津貼、福利品供應、文康活動、膳食管理、及其他福利事項。茲分一般規定，文康活動，膳食管理，其他福利等四項，簡述如後。

第一項　一般規定

關於員工福利管理之重要規定如下：

一、員工福利法令另有規定者從其規定　所謂員工福利，係包括職員及工友的福利，而職員的福利，在人事管理中多已有規定並實施，如住宅輔購、福利互助、生活津貼、福利品供應等，此種已訂有辦法並已實施的福利，自應從其規定辦理。

二、各機關得另訂員工福利計畫並辦理之　員工福利的範圍難以明確限定，除原已實施者及在事務管理規則所規定者外，各機關並得斟酌設施、經費及實際需要情形，另定計畫辦理之。

三、設員工福利委員會　各機關得設員工福利委員會，策進員工福利事宜；委員以二年一任爲原則。

四、辦理員工福利之經費　各機關辦理員工福利，所需事務費及設備費，得在本機關行政經費內列支，所購置之設備應納入本機關之財物管理。

五、策劃與執行　員工福利事項，由各機關人事單位會同有關單位

策劃，並由事務單位負責推動執行之。

第二項　文　康　活　動

有關文康活動之規定，其要點如下：

一、設置文康場所　各機關得視房舍及設施許可情形，設置文康場所，購置書報雜誌、棋類、電視及其他適當之文康設備，供員工公餘使用。

二、組織文康社團　各機關得視員工人數及愛好，組織國劇、音樂、書畫、攝影、橋藝、棋類、球類等文康社團，從事研習活動。

三、休假旅遊　各機關得斟酌本機關財力狀況，辦理員工休假旅遊。

四、自強活動　各機關得舉辦健行、登山、游泳、球類、國術及其他健身活動；舉辦自強活動時，應特別注意安全之維護，以防意外事件之發生。

五、舉辦慶生會　為發揮團隊精神，各機關除得利用慶典節日，舉行茶會或會餐聯誼外，得按月舉行慶生會；慶生會以簡單隆重為原則，並得酌贈禮品。

六、電影欣賞會　各機關得於機關內或適當場所，舉辦電影欣賞會，並得邀請員工眷屬及退休人員共同欣賞，但以利用非上班期間為原則。

第三項　膳　食　管　理

有關膳食管理之要點如下：

一、自由參加自行管理　各機關辦理員工膳食，以自由參加、自行管理為原則，但軍、警、學校及訓練機構不在此限。

二、膳食辦理方式　各機關員工膳食，應視機關設施情形，就下列方式參酌辦理，即（一）組織膳食委員會或伙食團自行辦理；（二）委

由具有信譽之商人代辦；（三）聯合鄰近機關員工會同組成膳食委員會或伙食團辦理；（四）協調當地餐館代辦；（五）提供員工午餐飯盒加熱服務。

　　三、人力費用支援　各機關辦理員工膳食，得酌予支援所需設備用具、食勤人力及水電、燃料費用；食勤人員應妥爲遴選，健康狀況不佳或患有法定傳染病者，不得遴用，以確保員工身體健康。

　　四、隨時督導　各機關事務單位主管，對本機關員工膳食之辦理，應隨時注意督導，促其改進。

第四項　其他福利

較爲重要之其他福利事項如下：

　　一、設置洗衣室　各機關得設置洗衣室，所需設備得由機關提供，其收費標準依協議定之。

　　二、設置理髮室　各機關得設置理髮室，所需理髮設備得由機關提供，其收費標準依協議定之。

　　三、提供診療服務　爲維護員工身體健康，除參加公保勞保享受免費醫療外，各機關得特約當地醫院或執業醫師，爲員工及眷屬提供診療服務，依協議減價收費。

　　四、辦理小額貸款　各機關得洽經金融機構同意，舉辦員工小額貸款，其所借貸之本息，於每月員工薪資中分期攤還之。

　　五、舉辦分期付款購物　各機關得洽定廠商舉辦分期付款購物，於每月員工薪資中分期攤還之。

　　六、洽定特約商店　各機關得洽經有關商號訂立契約，對本機關員工予以折扣優待或提供特別服務。

　　七、編印特約福利手冊　與本機關有特約購物或服務關係之商號，

其優待或服務項目，得分類編印特約福利手冊，分送員工參考，並爲憑證之用。

第六節　庶務管理的檢核

除工作檢核的一般規定，在第廿五章四節一項已另有敍述外，**特就辦公處所、安全、集會、工友、員工福利管理的檢核事項，分項簡述如後。**

第一項　辦公處所管理檢核

辦公處所管理工作檢核要點如下：

一、辦公處所之分配，是否適當。

二、辦公室內佈置，是否符合工作簡化要領。

三、辦公室之光線、空氣與溫度，是否適宜。

四、辦公室器具及私人物品放置，是否適當。

五、辦公室之必要設備，是否完全。

六、辦公室之秩序，是否能保持靜肅。

七、辦公室之保密，是否嚴格執行。

八、辦公室之門窗、玻璃、板壁、桌椅、櫥櫃及地面等，是否經常保持清潔。

九、固定標語牌及指路牌，有無倒斜或破損情形。

十、庭院、隙地、通路、走廊、草坪等處，是否整潔。

十一、水電設備是否妥善，有無損壞情形。

十二、厨房、飯廳、盥洗間等處所，是否清潔衛生。

十三、水溝是否暢通，垃圾是否隨時清理。

十四、環境衛生有無專人負責，效果是否良好。

十五、辦公處所能源節約措施，是否有效。

第二項　安全管理檢核

安全管理工作檢核要點如下：

一、警衛機構或防護團之組織，是否健全，能否於緊急時迅速集合。

二、各種安全防護工作，是否依照規定實施。

三、消防救護器材及防火、防盜設備，是否敷用，有無已失時效或不堪使用。

四、消防及救護訓練與演習，是否定期實施。

五、夜勤值班，是否依照規定辦理。

六、門禁是否嚴密，公私物件携帶出入有無管理。

七、與當地有關安全防護機構，如警察機關及衛生單位等，有無經常保持聯繫。

第三項　集會管理檢核

集會管理工作檢核要點如下：

一、各項集會，事前有無詳細之規劃，事務管理單位與各有關單位是否密切配合。

二、會場之佈置，是否符合規定。

三、集會場所之燈光、空氣調節及擴音設備，有無故障。

四、集會通知，繕印有無錯誤，有無酌留送達期間。

五、會議資料之繕印，是否清晰，有無錯誤。

六、對於會議保密事項，是否依照規定辦理。

七、交通工具之管理，是否發生擁塞及缺乏情形。

八、會議室用具，有無損壞或短少。

九、各項消耗性之物品，管理是否嚴密，有無浪費。

十、集會費用開支，是否依照規定。

十一、會議紀錄，會後有否及時整理並按規定處理存檔。

十二、各種會議有無統計及評估資料。

第四項　工友管理檢核

工友管理工作檢核要點如下：

一、工友工作，是否分配適當。

二、工友人數，是否符合規定。

三、僱用工友，是否有一定標準，手續是否完備。

四、工友保證，是否如期對保及換保。

五、工友工作時間之規定，是否適當，上下班是否準時。

六、工友訓練，是否認眞並切合需要。

七、工友服務態度，是否良好。

八、工友請假，是否嚴格管理。

九、對於解僱工友，一切應辦手續是否及時辦理。

十、工友考核，是否按照規定辦理。

第五項　員工福利管理檢核

員工福利管理工作檢核要點如下：

一、業務計畫，是否適應員工需要。

二、執行進度，是否符合業務計畫。

三、現有設施，是否配合業務上需要。

四、工作人員，有否有違規失職情形。

五、營運績效，是否良好。

六、收支帳目，是否清楚。

七、現金保管，是否依照規定辦理。

八、福利金之使用，是否符合規定。

第二十八章 事務管理的科技面、
人性面與權變面

　　事務管理的要點，雖在前列三章中已有敘述，但由於事務管理必須配合行政的運行，且事務管理與員工關係極為密切，同時外界環境對事務管理亦將發生某種影響。因此為期事務管理趨於完善，尚需注意及事務管理的科技面以增進效率，注意事務管理的人性面以消除員工的不滿心理，及注意事務管理的權變面以增加管理的彈性。茲分節敘述之。

第一節　事務管理的科技面

　　將科技應用至事務管理以增進效率，即為事務管理的科技面。茲按事務機具的採用，檔案的微縮攝影與輸入電腦，物品存量控制，辦公室的分配與佈置，辦公室的自動化，增強安全防護與會場音響等，分項簡述如後。

第一項　事務機具的採用

　　事務機具的採用，在文書處理的作業上甚為普遍，茲擇其要者，列

述如下❶：

一、用於繕寫的機具

（一）中文打字機：中文打字機的構造雖不如英文打字機的輕便，但亦已由手動的進步到電力助動的，由一種字體的進步到可用兩種字體的。

（二）英文打字機：已由手動的進步到電力助動的，由有聲的進步到無聲，由一種字體進步到多種字體的打字機。

二、用於複印的機具

（一）手搖複印機：以手搖動，卽可連續複印文件。

（二）電動複印機：完全電動的連續複印文件，其速度達到每分鐘可複印數十份。

（三）電傳複寫機：機之形狀略似電話機，於一個機上寫字，其他各處所裝之分機上，因電力傳送，同時出現複寫字跡，最便於迅速傳達命令。

（四）直接影印機：以照相方法將原件眞蹟複製。

三、用於記錄的機具

（一）錄音機：已由過去的鋼絲式進步爲現行的膠帶式，用於會議記錄及談話錄音，旣方便又確實。

（二）傳話機：與電話機相似，利用錄音膠圈傳達話語，不必對面口授，增加許多便利。

（三）速記機：使用聯合符號記錄，於開會時用之。

四、用於收發的機具

（一）啟封機：用以開拆書札或文件之封筒，每分鐘可開一百件。

（二）裝封機：可自動將文件裝入封套並以膠水封口，每分鐘可裝

---

❶　唐振楚著，行政管理學，第三一七——三一九頁，國防研究院，五四年版．

八〇件。

（三）捆紮機：可自動將包裹或紙匣捆紮，每分鐘可捆紮十數個包裹或紙匣。

（四）計郵機：可打印郵票於信封上，並以表記錄之，郵局定時按表收費。

第二項　檔案的微縮攝影與輸入電腦

將科技應用至檔案管理時，以微縮攝影與輸入電腦最爲有效。

一、微縮攝影之需要　一種公文處理完畢後，須將文件歸入檔案，故入檔之文件不但爲數眾多，且經長年累積結果，其體積之龐大使得存檔空間難以尋覓，從大堆檔案中找尋所需用的檔案文件更是困難，因而有將檔案文件予以微縮攝影之必要，旣便於存儲，又便於找尋。

二、微片攝影機　專供檔案攝成微片之用，利用電子操作，每小時可攝影文件一千五百張至三千張。

三、微片閱讀機　略與電視裝置相似，將微片捲置於機上，以手轉動，文件字蹟卽放大呈現於幕面，字體大小及轉動快慢可隨意調節。

四、輸入電腦　將檔案資料輸入電腦，不但可存儲大批的檔案資料，須從檔案資料中找尋所需用之檔案時，亦可經由電腦的指示，很快找到所需用的資料。

第三項　物品存量控制

將科技應用至物品管理時，可以實施物品存量控制爲代表。

一、物品存量控制的目的　一方面在求物品能作適時、適地、適格、適量的供應，另方面在求以最少的金錢發揮最大的供應效果；換言之，要使各種物品的存量旣不過少（使物品能作適時、適地、適格、適

量的供應），亦不過多（使資金能作有效的運用，不致積壓浪費）。

　　二、實施物品存量控制前應有的準備　物品存量控制工作，牽涉之範圍甚廣，欲在實施時收到預期效果，必須對與物品管理有關之內在外在因素，加以分析與考量。如內在因素方面，須分析與考量物品使用及消耗情況、員工對物品的喜愛、購置物品的經費預算及動用情形、物品的規格與標準化等問題；外在因素方面，須分析與考量物品的市場價格、物品的來源、物品的輸送情況等問題。根據各有關因素的分析與考量結果，再訂定存量控制的方法與標準。

　　三、物品存量控制的方法　除對為數龐大的物品存量控制方法，可參閱第十一章三節四項存量管制法外，一般的存量控制方法，主要有下列二種[2]：

　　（一）預算控制法：即在預算中，擬定購置物品、存儲物品、使用物品的三種預算，屆時嚴格執行，使物品實際動態之時間與數量，均能與預算相符合。其優點為方法簡單，缺點為僅能適用於物品使用情況極為穩定之機關。

　　（二）紀錄控制法：即將各種物品予以編號，再對每一編號的物品，製作請購記錄（包括數量、請購及需用日期）、訂購記錄（包括訂購日期、數量及交貨日期）、驗收記錄（包括驗收日期、數量）、核發記錄（包括核發使用日期與數量）、結存記錄（包括庫存數量）、分配量記錄（包括已支配用途而未核發之數量）、應收量記錄（包括已訂購未驗收之數量）、及可供用量記錄（包括實存量加應收量減已支配量之結數）。由以上記錄可隨時了解物品的動態與靜態資料，並據而採取有效措施，使物品能供應無缺，但又不使存量過多而呆積資金。

---

　　[2]　王德馨著，現代工商管理，第二五四——二五八頁，中興大學企管系，七十一年版。

第四項 辦公室的分配與佈置

辦公室的分配與佈置，爲求增進辦事效率，應注意下列原則[3]：

一、較大的辦公室要比將之隔成若干間小的辦公室爲優，因爲大辦公室可有較好的燈光，空氣流通，較易於監督，及較好的意見溝通。

二、儘量配合工作的流程與意見溝通的需要，分配辦公室及安排辦公室內座位，以利工作的進行與意見溝通，及避免在原路上來回、互相交叉、及文件之不必要的移動。

三、將業務上關係密切的單位，分配至鄰近的辦公室；使性質相似的工作配合在一起。

四、經常有外界人士來洽公的單位，應設在大門進口的附近；如屬不易做到時，則應準備適當的通路，以免來訪人士的舉動影響及其他單位的辦公。

五、將販賣物品機、飲水機、公告牌等，放置在不會使他人分心及引起擁擠的處所。

六、提供工作旺季時的工作場所。

七、使辦公室配置具有彈性，以適應業務變更時之需要。

八、主管人員辦公桌應放置在容易觀察工作區域內工作進行情況的地點。

九、應使工作去就人，而非人去就工作，使員工的流動減至最低度。

十、辦公桌的放置地點及方向，應使大部分的天然光能從後方左肩上射入。

---

[3] George R. Terry, *Office Management and Control*, pp. 430-431, 美亞出版社，一九七三。

十一、不應使私人的辦公室遮斷了鄰近大辦公室的天然光。

十二、不應使員工面對着窗戶、過於接近熱源、或正對空氣流通口。

十三、如需用隔牆時，儘量用可移動的半高隔牆，半高隔牆的一部分儘量用平板玻璃或不透明玻璃，以利光線的照射及空氣流通。

十四、設置足夠的電氣插頭，以便接電使用機具。

十五、將經常發出噪音的作業單位（如打字），安置能隔音的處所，以免影響其他單位的辦公。

十六、將案卷及經常使用的機具，放置在使用者的附近，避免將所有的案卷堆在無通路的牆邊。

十七、將檔案箱作背靠背的排列。

十八、遇及牆角，宜考慮可否放置檔案箱。

十九、如屬可能，應將員工休息處所供作員工休息期間放鬆心情、自由交談及午餐之用。

二十、提供方便而合適的休閒設備。

第五項　辦公室自動化

辦公室自動化，一方面為處理資料機具的使用，另方面為辦公室所需資料之自動化的提供。

一、使用處理資料之機具[4]

（一）打孔機 (Punched-Card Machines)：可用人工按鍵打孔，或藉程序卡控制自動打孔，以代替原始資料的項目內容，打孔機速度視操作人員熟練程度及打孔多寡而定，平均數約每小時製卡片一〇〇張左右。

（二）驗孔機 (Verifier)：用以檢驗在打孔卡片上所代表的資料項

---

[4]　唐振楚著，行政管理學，第三二〇──三二二頁。

目是否正確。

（三）分類機（Sorter）：將已經打孔的卡片予以選擇、分類、或順序排列，對數字打孔資料及字母打孔資料，均可同等作業，每分鐘約可分類一千張卡片。

（四）譯印機（Interpretor）：可將卡片上藉打孔註入的資料項目，譯回其所代表的原來數字或字母，印在卡片上端，速度每分鐘可達六十張。

（五）計算機（Calculating Machines）：可作數目加減乘除等計算之機具，根據按鍵作計算之結果，會在小螢幕上顯示出來。

（六）列表機（Accounting Machines）：可將卡片上之資料，藉排列、計算、譯印等作用，製成業務上所需要之各項報表；更因其裝有多組之計算器、資料貯存器等，且可以交互連接運用，擴大其作業上之彈性。

（七）資料電話（Data-phone）：用以傳遞與接受電腦所存貯之資料的電話；此種電話可接受電腦的資料信號，並將此種資料信號轉換為聲音，亦可將聲音在各接收站轉換為電腦的資料信號。應用時極為方便。

（八）電傳打字機（Teletype）：可將資料傳遞至各接收站，並可以符號、圖表、公式、化學或數學方程式表現出，其速度可達每分鐘一百五十個字。

（九）終端機（Terminal Devices）：以往終端機多屬打字機形式，將所需資料以打字機打錄出來，而現今的終端機則多採螢幕的形式，將所需資料在螢幕上呈現出來。

二、應用自動化資料處理業務⑤

---

⑤　George R. Terry, 同前書, pp. 156～173。

（一）答覆顧客的一般查詢：即將有關顧客的姓名、地址、一年的交易紀錄、信用情形等資料，先輸入電腦資料，遇及顧客查詢有關此等問題，即很快可將電腦的資料傳遞至終端機的螢幕上，並可將螢幕上資料予以影印成書面資料供顧客參考。

（二）以電腦資訊指揮交通：即先將各交通頻繁地區的交通車輛來往資料輸入電腦，作一計算後，以電腦資訊來指示交通紅綠燈的號誌，此種紅綠燈的變換速度並可視交通車輛多少的變化而調整。應用電腦資訊指揮交通後，據工程專家的估計，可使車輛節省等待時間20%，車輛停止次數減少10%，車禍次數減少10%。

（三）電腦資訊在醫學上的應用：應用電腦可從病人的症狀認定病症的所在；利用電腦可記錄病歷，指示服藥，及提供病人的膳食；利用電腦資訊可使體格檢查快速至每日檢查三百人，而且每人的檢查項目包括三十種以上的檢試，如血液檢驗、胸部X光檢查、眼科檢查等。

（四）電腦資訊在廣告宣傳上的應用：以往主管人員對廣告宣傳的計畫很難做決定，自有電腦資訊後，可運用電腦來分析大量的市場與生產的資料，並由電腦提供廣告宣傳時所用的媒介及達成銷售市場目標所需的費用。

（五）電腦在薪資管理上的應用：應用電腦資訊，製作員工的薪資清單，以為發放員工薪資的依據。

（六）電腦在購置物品上的應用：應用電腦資訊，可了解各種物品的需要量及存量，進而決定各種物品的請購量。

（七）電腦在人事資料管理上的應用：各種人事資料輸入電腦後，可隨時提供所需要的各種人事資料，如有關年齡、學歷、經歷、訓練、考績獎懲、人事異動等資料，管理者可根據此種資料的提供，制訂所需要的人事政策，以求人事行政的改進與革新。

第六項　增強安全防護與會場音響

爲增强安全的防護及會場的效果，應用科技之處包括:

一、增進安全防護方面

（一）設置防火滅火器材: 防火器材注重在火災的防範，如耐火器材的採用，熱度警示器的裝置，電源自動切斷的裝置等，均可發揮火災防範的功能。滅火器材注意在火災發生後的滅火，如設置滅火器，廣設消防栓，準備消防輸水管帶等，均有助於滅火工作的效果。

（二）設置防盜器材: 如門窗器材力求堅固，設置防盜警鈴，防盜電眼，錄影機，保險箱等，均可減少盜案的發生，卽使發生亦可減少損失至最低度。

（三）設置防潮設施: 如增加通風設備，以便排除潮濕空氣，引進太陽光，以保持地面的乾燥等，均可發生防潮作用。

（四）購置防蟲藥物: 如準備消毒劑、殺蟲劑，並經常噴洒，以防止蟲害的發生。

二、增進會場效果方面

（一）設置擴音器: 使會場主席或演講者或發言者的聲音擴大音量，使全會場人員均能聽得清楚。

（二）設置錄影機: 使會場的重要活動鏡頭能予錄影，以備必要時放映之用。

（三）設置譯意風: 使會場使用多種不同語言，或所使用之語言並非參加人員所能了解時，應增設譯意風，以便在會場的發言，能隨時譯爲他種語言，使只懂得他種語言者，只要戴上耳機，卽可從他種語言了解發言者的意思。

第二節　事務管理的人性面

　　爲配合員工生理與心理方面的需求，辦理事務尚須顧及人性面，以消除員工不滿的心理。茲按改善辦公環境、文具用品的多樣化、辦公桌椅的設計、員工晚會及同樂會、員工福利的設計等，分項簡述如後。

第一項　改善辦公環境

　　改善辦公環境，應注意下列各種措施❻。

　　一、辦公地點　以具有下列條件者爲宜：

　　（一）郊區：因郊區地價低廉，人口較少，環境寧靜，空氣清潔，故爲理想的辦公地點。

　　（二）交通便利：有利於各方面的聯繫，並與業務上往來關係密切的其他機關相毗鄰，以利工作的協調。

　　但爲期便民，凡與民眾關係極爲密切的基層機構，如銀行、警察、地政、戶政、稅務、公用事業等機關，則仍在市區爲宜，以利民眾之隨時洽辦業務。

　　二、光線

　　（一）以天然光爲主：辦公室工作均需精細目力，故辦公室必須有充分的光線，而光源自以天然光爲主，但因其強度不易控制，且難勻散一致，故須輔以人爲光，以爲調節。

　　（二）有足夠的光度：根據專家研究，普通辦公室如有一〇至二〇支燭光爲已足，需閱讀細密文件之處所，則需五〇支燭光，繪圖室通常需一〇〇支燭光；又工作對象的物體顏色亦與所需燭光有關，如在白色

---

❻　唐振楚著，同前書，第二九五──三〇四頁。

物體上工作，燭光支數宜減少，如在灰色或黑色物體上工作，燭光支數
應增多。

（三）以間接光為宜：光線有直接光、間接光、半直接光、半間接
光之分；一般而言，直接光易使眼睛疲勞，難以持久，故以間接光、半
直接光、或半間接光為宜；因此天花板宜以象牙色或蛋青色為佳。

（四）使光線柔和：強烈的光線有刺目的感覺，而柔和的光線則有
悅目的感覺；因此室內的明處與暗處，不宜大於三倍，以免瞳孔收縮過
於頻繁而感到疲勞。

三、空氣

（一）適當的溫度：溫度的過高與過低，均使人體難於適應，如溫
度過高，則會汗流夾背、昏昏欲睡，溫度過低，則會手足僵凍，有碍工
作。辦公室內最宜於人體及工作的溫度，應以華氏七〇度上下為最適
當。

（二）適當的濕度：在同樣溫度下，如濕度高則汗水不易蒸發，感
覺較熱；如濕度低，則感到清涼，但濕度過低時，又會使皮膚乾燥，書
籍紙張易於折斷，對工作亦有影響。辦公室內最適當的濕度，為40%至
6 0%之間，如低於20%則太乾，高於70%則太潮。

（三）空氣流通量：如空氣流動不良，則會感到悶倦；根據專家統
計，每人每小時需要二千立方呎以上的空氣流通量，但應避免「對頭風」，
以防感冒。如辦公室內採用氣窗及裝置百葉窗，即可避免對頭風。

（四）空氣的靜化：辦公室內不但要空氣流通，且須空氣新鮮清
潔，如受到污染的空氣或含有怪味的空氣，均應防止。

辦公室內空氣調節器的裝置，大致上可發揮調節空氣的溫度、濕
度、增加流量及靜化空氣的四種作用。

四、聲音

（一）聲音對生理心理的影響：如在醫學上認爲過多的噪雜聲音，會促進血壓的改變，增進脈搏頻率，使心臟作不規則的跳動，影響消化等不良的生理反應；由於生理的不良反應，會進而影響及情緒的緊張，思考的不能集中，做事的不能專心等不良的心理反應。故辦公室須隔離噪音。

（二）適當的音量：聲音的計量單位爲戴色波（Decibel），據研究，辦公室的音量以三〇至四〇戴色波之間爲宜，如超過此種標準，則屬噪音而須加以隔離。

（三）隔離嘈音的方法：包括1.選擇寧靜地區建辦公室，或選擇高層樓房爲辦公室；2.對發聲的機件如打字機，電話，襯以毛質墊子；3.傢具腳下放置橡皮墊；4.門窗抽屜加入潤滑劑，使之靈活無聲；5.低聲談話；6.天花板及牆壁裝置吸音板；7.室內舖設地毯、裝置窗帘。

五、顏色

（一）顏色對生理心理的影響：一種顏色通常象徵有一種意義，由於一種意義會產生一種情緒；如白色象徵純潔，因而會產生和平的情緒；綠色象徵安全與自然，乃產生冷靜與肅穆的情緒；紅色在西方象徵危險，乃產生警戒的情緒，在東方象徵吉祥，乃產生歡樂的情緒；由於情緒的不同，不但對生理發生影響，在心理上亦有不同的感受，尤其是冷暖的感受，如一般人稱紅、黃、橙爲暖色，綠、藍、紫爲冷色。

（二）適當的顏色：如在光線強、溫度高的地區，辦公室宜用綠、藍、紫色；在寒帶或暗淡陰深的地區，辦公室宜用紅、橙、黃色；就同一地區而言，在夏季宜用冷色，在多季宜用暖色；再就房屋用途而言，用於研究思考性工作者宜用冷色，用於會見賓客者宜用暖色。

（三）單色與複色：辦公室內自牆壁、天花板、地板、桌椅及用具均爲同一顏色時稱爲單色，如顏色各有不同但差別並不大時稱爲複色。

如採用單色，將使眼球極易緊張而趨於疲勞；如具有多種相差甚微的顏色，則可減少眼球的緊張，並可使瞳孔有適度的放大與收縮作用而增加舒適的感覺。故辦公室內採用複色，旣可增加美觀，又可使眼睛有寧靜愉悅感覺，如辦公桌用灰色，可用灰色地毯，灰色窗帘，白色牆壁、橘紅色座椅等。

第二項　文具用品的多樣化

文具用品，係員工經常使用及所見之物，爲配合員工心理，宜避免陳舊與單調，而求新穎與多樣化。

一、避免陳舊　陳舊的物品，由於性能的減低，不但會影響及效率，亦會影響及使用者的心理；因此陳舊的物品，應盡可能加以更換。

二、避免單調　物品的陳列，應盡量避免單調，尤其是長期的單調的陳列，使員工易生疲勞的感覺；因此對辦公室內各種物品的陳列，應常加更換，或將原陳列的方向位置，常加以改變，使員工感到新鮮，進而有助於工作情緒的提高。

三、力求新穎　員工日常使用的文具用品，盡量購置新產品，尤其是員工以前未曾見過或用過的新產品，由於是新產品，不但使員工會更愛惜，且在使用時心情亦會感到興奮，有助於工作情緒的增進。

四、物品酌求多樣化　員工使用的物品，應使它的種類與形式保持多樣化；多樣化的物品，不但使員工有新鮮感，更會增加使用時的興趣。種類及形式過於統一的物品，易使員工產生厭倦，進而影響及工作情緒。

第三項　辦公桌椅的設計

辦公室的員工，均坐用辦公椅，雙手在辦公桌上工作，因而辦公桌

椅的設計，就應配合生理的需求。

一、辦公桌椅的高度應適當　辦公桌椅的高度，須與員工的身高相配合，由於員工的身高不等，故辦公桌椅的桌或椅的高度應設有可以調整的裝置（通常是辦公椅坐位的高度設有調整裝置），俾根據員工的身高，可自行調整辦公桌椅的高度。如椅高桌低，則員工需彎腰辦事，使腰部感到不舒適或疼痛；如椅低桌高，則員工辦事時須將雙手舉起與肩相平，使雙手感到不舒服，甚或使肩部感到疼痛；均有碍於工作效率與員工的情緒。

二、椅子應可左右旋轉前後進退　由於工作的需要，員工常須移動位置，包括左右轉及前進後退，如椅腳及椅身未設有左右旋轉及前進後退的裝置，則員工須先站立，再移動椅子位置，再坐下工作，致增加體力的消耗與影響工作效率，均有不宜。再為求員工感到舒適，座椅上應置軟墊，靠手及靠背，以便感到疲倦時，可就座略作休息。

三、桌子應有適當長度與寬度，並略呈弧形　桌子的長度與寬度，可視職務的高低，作略有不同的規定，但均須配合員工雙手的運動，公務的處理，及處理公務需用文具案卷及物品的放置。再辦公桌面宜略作弧形，以配合椅子左右旋轉的需要。

四、電話的裝設　辦公室電話，宜裝設低於桌面的小茶几上，並放置座椅左邊，以利左手及左耳接聽電話。訓練左手左耳接聽電話，不但可減少運動量，節省體力，在接聽電話時，右手尚可繼續辦公或作記錄，亦有助於效率的增進。

第四項　員工晚會及同樂會

晚會及同樂會的舉辦，有助於恢復疲勞及身心健康。舉辦晚會及同樂會時，宜注意：

一、定期舉辦　定期舉辦員工晚會及同樂會，可增加員工對晚會及同樂會的信心，當舉辦期間將屆時，員工對晚會及同樂會卽抱有期望，此種期望的存在，可使員工減少工作上的疲勞感。

二、以輕鬆與娛樂爲主　晚會及同樂晚會的節目，應以娛樂性的爲主，氣氛應保持輕鬆，並儘量鼓勵員工自行主持及參加演出節目。使參加晚會及同樂會的員工，能以輕鬆的心情，來舒暢平時的緊張，忘掉過去工作的疲勞，再以飽滿的精神，來迎接明日開始的公務。

三、節目內容應多變化　內容變化多端的節目，不但可使晚會增加聲色，且使員工有新鮮的感覺，新鮮就不會感到單調、厭倦，員工會感到晚會及同樂會有價值，進而經由晚會及同樂晚會的舉辦，而提高員工的工作情緒。

四、鼓勵退休及離職人員參加　在本機關退休及因其他原因而離職之員工，原爲機關的一分子，與現有員工相互間均具有一份情感與關切。邀請退休及離職人員參加晚會及同樂會，不但對退休及離職人員表現出關切與懷念，對現職員工的心理，亦因而獲得一些安慰，此種心理的安慰，亦有助於員工身心健康的維護。

第五項　員工福利的設計

員工福利的設計，須配合員工的需要，員工不論職務高低應有同等的享受，並由員工自由選擇。因而宜注意:

一、員工福利設施的多樣化　員工是具有個別差異的，因而員工的需要與願望，亦有其差別。福利是配合員工的需要與願望而設計的，故福利的設施，亦應具有多樣化，不能過於呆板，否則難以適應各別員工的需要與願望。

二、福利應由員工同等享受爲原則　員工在工作上雖有職務高與低

之別，平時薪資所得雖有多與少之分，員工對機關的貢獻雖亦有大小的不同，但福利的享受，則不應員與工及職務高低薪資多少及貢獻大小而有差別，因福利之目的在增進員工生活及身心健康，而此種生活與身心健康的受益，員工應予以同等看待，不使有差別待遇。

三、福利享受應由員工自由選擇為原則　由於員工的需要與願望有所不同，故福利設施應多樣化，同樣的理由，福利享受應由員工自由選擇，如不准由員工自由選擇，則所享受的福利仍無法與員工的需要與願望相配合。如以參加文康活動而言，舉辦文康活動的項目甚多，員工究應參加何種文康活動項目，則可根據員工自己的所長、興趣、身體健康狀況等條件的考慮，自己選擇適當的項目參加之。

四、加強退休員工的福利　員工的年齡均在逐年的增加，中年以上員工的身體健康狀況，多在隨年齡的增長而衰退，故在職的員工總有年老力衰不能繼續工作而退休的一天。加強退休員工的福利，不但使退休員工能獲得適當的照護，更可增加現職員工的敬業精神，使現職員工無後顧之憂，能全心全力為機關及工作而奉獻，因而卽使到了退休的一天，退休後仍可獲得機關的照護。

第三節　事務管理的權變面

事務管理工作，與客觀環境關係甚為密切，為適應客觀環境的變動，事務管理的某些方面，亦應保持彈性以資因應。茲就事務及資料處理機具的採用、物品購置程序、安全防護措施、會議程序及佈置、及工友名額與管理等方面的彈性，分項簡述如後。

第一項　事務及資料處理機具採用的彈性

採用事務機具，自可提高文書處理的效率；採用資料處理機具，更可增進處事的效率；但並非謂不論任何機關，均須採用同樣的同數量的機具，而須根據下列因素的考慮，來決定須否採用及採用至何程度。

一、**工作量的大小**　工作量是決定須否採用機具時首須考慮的因素，如工作量極為龐大，則用人工處理時需用人力亦最多，如改用機具代替而節省人力，當屬有利；卽使在初期因購置機具增加開支，但時間一久，仍以採用機具代替人工為合算。如工作量少，則採用機具並無必要，卽使需要採用機具，亦只採最基本的事務機器卽可，如打字機、影印機等。

二、**處理時間的緩急**　處理時間須求急速時，採用機具的需要性就會增加，如處理時間可以緩慢時，則採用機具的需要性就會降低。如為增加便民，對民眾的申請事項必須快速答覆時，則有採用某種機具以代替人力的需要，如人民申請發給戶籍謄本必須立卽檢送時，則採用影印機代替抄錄，應屬必要。再如有關政策的決定必須快速，而決策又須根據各種資料方能制作時，則採用資料處理設備如終端機之類亦有必要，以期隨時能提供所需要的資料，並據以制訂決策。

三、**自行購用與租用**　當需要採用機具時，究應自行購用或向他人租用，亦宜併加考慮；如應用機具的時間並不多，則全部自行購用為得不償失，改為向他人租用反而較為合算，尤以電腦的設備更屬如此。

四、**單獨購用與會同其他機關合購共用**　租用他人的機具，固屬經濟，但租用在時間上不易控制，是為其缺點。如須購用，則究應自己單獨購用或會同其他機構合購共用，仍值得考慮，除非工作量龐大，本機關單獨使用的時間亦極長，則仍以合購共用為宜，尤其是資料處理的電腦設備更是如此。如只是趕時髦，表示自己有電腦，而使電腦大部分時間空閒時，則殊為不智。

第二項　物品購置程序的彈性

物品購置程序有議價、比價、招標之別，又有集中採購與分散採購之分，究竟採用何種程序進行，則有賴於客觀環境的考慮而定。

一、**購置的數量**　大體言之，當購置的物品爲數愈大，費用越多，如購置上發生弊端，則公家損失越大，爲防範此種弊端與損失，則購置程序應求嚴密，如採用招標方式，並請有關機關派員監視，同時以集中採購爲宜，以降低物品價格，節省經費支出。當購置的物品爲數極少時，則不須經由漫長的程序，亦不須集中採購，可授權由物品使用單位逕行購置，應屬可行。

二、**貨品的供需情況**　須購置之物品，如市場上供應極爲充足，各廠商競相出售時，可經由公開標購方式，以期各廠商競爭降價出售，對機關應屬有利，至究應集中採購或分散採購，則應視擬購物品之數量而定。如擬購之物品在市場上供應極爲缺乏時，則雖採標購方式亦不一定能予成交，如改以議價方式與存有該種物品之廠商直接洽商，也許較易獲得結果。

三、**廠商的信用**　信譽卓著的廠商，爲維護其商譽，多不願利用機會巧取高利；而信譽不佳的廠商，則常利用機會並以不法的手段牟取暴利。因而向信譽卓著之廠商購置物品時，卽使以議價的方式進行，不論爲集中採購或分散採購，機關雖不一定會佔到便宜，但至少不會吃虧；如向信譽不佳廠商購置，卽使經過嚴密程序，亦不一定會得到便宜，反而易受廠商不法手段操縱的結果，遭受損害。

四、**需用物品的迫切性**　當物品的需要愈爲迫切時，通常愈無法經由一定的程序及集中採購，否則必將影響行政工作的推進；如物品並非迫切需要時，則經由一定的程序並集中採購，應屬可行。惟於此須注意

者，如物品存量控制工作能予做好，則採購臨時急需物品的可能性應會降低，藉此而故意逃避採購程序及集中採購的機會，亦將因而減少。

第三項　安全防護措施的彈性

對機關的安全防護設施，雖已有一般的規定，但各機關應採取防護（尤其是防盜）措施的嚴密程度，仍與客觀環境具有密切關係。

一、機關所在地區　居民的教育水準、生活情況、職業類別等，常因地區而不同，平時所謂貧民區、高級住宅區、公教人員社區等，即為各該地區居民教育、生活及職業之不同而名者。居民的教育、生活及職業，又是構成治安是否良好的因素之一，如教育水準高，生活情況良好，職業薪資收入甚為豐富，則治安大致較為良好，否則將較差。因此，機關的防盜措施，與該機關的所在地區之治安情況有密切關係，如屬治安較差地區者，則防盜措施須更加嚴密。

二、機關性質　如政府機關，是以推行公務為主；事業機構，以生產及營業為主；金融機構，以存貸金錢為主。由於此三類機關性質之不同，在防盜措施方面的嚴密程度，一般而言，亦有不同。如金融機構，對防盜的措施要求，將最為嚴密。

三、員工的警覺　各機關員工對防護措施的警覺性，高低不一。一般而論，軍警機關、治安機關的員工，對防護措施的警覺性較高，其他機關的員工，對防護措施的警覺性則較低。由於員工對防護措施警覺性的不同，對防護措施的嚴密程度亦將有所差異，即員工防護警覺性較低的機關，其防護措施應更為嚴密，以加強防範。

四、國家的情勢　國家的情勢，影響到整個社會的情勢，亦影響及防護措施的嚴密程度。如國家處於戰時，則對社會秩序須加嚴密的控制，因而各機關亦須採取嚴密的防護措施，以免發生意外。如國家處於

昇平時期，社會治安及秩序極爲良好，則各機關的防護措施毋需與戰時之同樣的嚴密。

第四項　會議程序及佈置的彈性

召開各種會議，自須佈置會場，但會議的程序與佈置方式，則須視會議性質、規模大小、參加的人員、會議的時間而作不甚相同的處理。

一、會議性質　各機關所舉行的會議，有係學術性的研究會，有係實務性的協調會，有係政策性的討論會等，由於會議性質的不同，致會議的氣氛亦有不同，因而會議的佈置亦須略有差別。如學術性的研究會，議事程序不須嚴加約束，會場氣氛應保持輕鬆活潑；如係實務性的協調會，議事應按程序進行，會場亦宜保持輕鬆活潑；如係政策性的討論會，則應嚴格遵守議事程序，會場氣氛應保持相當嚴肅。

二、規模的大小　當會議的規模愈大時，則會場秩序的維護愈爲重要，因而會議的程序應嚴格遵守，會場佈置亦應稍帶嚴肅，以促使出席人員之遵守秩序。當會議的規模愈小時，則因參加人數少，不致發生會場秩序問題，故會議的程序並非重要的條件，並可鼓勵各參加人員發表意見，至會場的佈置亦可稍帶輕鬆活潑。

三、主持人與參加人的聲望地位　當會議主持人與參加人員的聲望地位相當時，則會議中多可充分交換意見，故會議的程序雖應注意，但會場的氣氛宜保持相當的輕鬆活潑。如會議主持人的聲望地位高出參加人甚多，則會議氣氛將趨於嚴肅，參加人員所發表的意見，多屬簡要，因而會議亦可按程序進行，使會議的召開較爲順利，且易獲致結論。

四、會議的時間　如會議在上午舉行，表示一日的開始，會場氣氛較爲積極而有朝氣，因而會議程序與會場佈置，亦宜作適當的配合。如會議在晚間舉行，參加人員多因已工作一天而有疲倦感覺，爲增進會議

效果，在會場佈置方面，應保持氣氛的輕鬆，以提振與會人員的精神。

第五項　工友名額與管理的彈性

工友的名額與管理，亦應視辦公室地區的疏密，機關業務的性質，自辦或外包等情況，而作彈性的運用。

一、工友名額的決定　工友名額，雖可依據工友設置標準而定，但此種設置標準並非對所有機關均可同樣適用者，如辦公室分佈的疏密，工友工作的自辦或外包，機關業務的特性等，均可影響及原定工友設置標準的正確性。

（一）辦公室分佈的疏密：如辦公室甚為疏散，則因地坪面積增多，增加清潔工作的工作量，各辦公室間來回須增加時間的耗費，除依標準設置之名額外，通常須另再增加名額。如辦公室分佈極為密集，則情況剛與上述相反，致工友的名額可依標準所定者再予減少。

（二）工友工作的自辦或外包：如將工友所應處理之工作，如清潔、打臘等，是否全由工友自行處理或將其部分外包清潔公司處理，亦會影響及工友設置的名額；再如事務機具的採用，亦將影響及工友的需要名額。

（三）機關業務的特性：以機關業務之特性言，有的機關只處理文書性工作，有的機關以處理操作性工作為主，如完全依照工友設置標準決定工友名額，則前者會覺得工友名額甚寬，後者會感到工友名額過嚴，勢須分別予以減少或增加。

二、工友管理　各機關對工友管理，究應採用集中管理統一調度，或分散管理各別調度，顯然又與辦公室分佈的疏密、工友工作的自辦或外包、機關業務的特性有關。如辦公室分佈緊密，則可考慮工友集中管理統一調度；如將清潔部分工作外包，則可考慮工友分散管理分別調度；如機關業務多屬文書性工作，則工友又可考慮集中管理與統一調度。

第八篇　行政管理革新

　　行政管理不能以適應現狀為滿足，須再謀求革新，而革新之道，首須確立革新的目標，再求健全組織與整理法規，有效運用資源，及建立管理資訊系統，茲分四章討論之。

第二十九章　確立革新的目標

行政管理革新的目標，乃革新行政管理的方向，以當前需要而論，行政管理的新目標，宜確立爲服務的行政管理，效率的行政管理，及廉儉的行政管理，茲分節敍述於後。

第一節　服務的行政管理

蔣總統經國先生於六十一年九月廿七日對立法院第五〇會期施政報告時，曾提到：公務員要能認清國家當前處境，瞭解自身職責……做到無官不是公僕，和一個眞正爲國効命爲民服務的政府。因此我們的行政管理的目標，需要是服務的行政管理。茲分爲民服務的基本觀念，行政的服務與管理的服務，服務的原則，改善服務態度四項，簡述如後。

第一項　爲民服務的基本觀念

爲民服務的政府，對爲民服務的基本觀念應該是：

一、政府的施政是以民衆的需要與願望爲依據　政府的施政，自高層次的政策，　中層次的各種方案與計畫，　及低層次的各種辦法等，　其

目標都是在滿足民眾的需要與願望，亦卽應以民眾的需要與願望爲依據。

二、政府以高的效率與良好態度來執行施政　政府各機關透過公務人員來執行施政的政策、方案與計畫、及各種辦法時，必須具有高的效率及良好的服務態度，如效率低落或態度不友善，仍不得謂爲爲民服務。

三、以執行的成果來滿足民衆的需要與願望　就政府施政的執行成果，來滿足（亦卽回饋）民眾的需要與願望。此時可能發生的情況是施政成果與民衆需要與願望之間，可能會發生若干差異，亦卽施政成果並未能百分之百的滿足民眾的需要與願望，發生此種差異的原因不外：

（一）未能了解需要與願望：政府在制訂施政的政策、方案與計畫、及各種辦法時，並未能眞正的了解民眾的需要與願望，因而使施政的成果與民眾的需要與願望之間發生差異。

（二）執行發生偏差：如公務人員對施政內容未有切實了解，或效率低落，或服務態度不佳，或在執行時違法失職等，致影響及施政的成果，使與民眾的需要與願望間發生差異。

（三）民衆的需要與願望有了提昇：政府的施政政策、方案與計畫、各種辦法等，係完全符合制定當時民眾的需要與願望，公務人員對施政的執行亦未發生偏差，但當以施政的成果來滿足民眾的需要與願望時，民眾的現今需要與願望已有了提升，致使施政成果未能符合民眾的現今需要與願望。

四、修訂施政政策、方案與計畫及各種辦法　當施政成果與民眾的需要與願望之間發生差異時，不論其原因爲何，從爲民服務的觀點，均應考慮修訂原有的施政政策、方案與計畫及各種辦法，並再以高的效率及良好的態度來切實執行，再以施政成果來滿足民眾的需要與願望。如

再有發生差異，則再修訂，再執行，再以成果來滿足，如此週而復始的不斷修訂、不斷執行、不斷革新改進、不斷滿足需要與願望。

以上為民服務的基本觀念，可用下列圖示之:

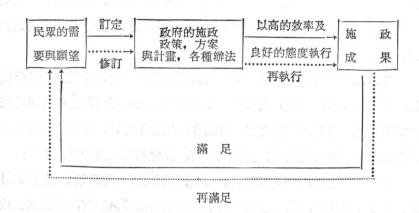

第二項　行政的服務與管理的服務

大致而言，一個組織不論其任務與職掌為何，其內部的單位，可區分為業務單位與行政管理單位，此兩種單位的性質與職權不同，服務的對象亦有別。茲說明如下:

一、**單位的性質不同**　業務單位，係指主管對組織任務、目標的達成具有直接貢獻的單位，如財政機關的任務目標為稅收及財務調度，故收稅及財務調度單位為業務單位；如生產事業機構的任務目標為生產與營業，故生產及營業部門為業務單位。行政管理單位，係指主管一般組織內的人事單位、主計單位、事務單位，其目的在支援業務單位，使業務單位更能順利遂行其任務達成其目標。

二、**單位的職權不同**　業務單位的職權，多是對外的，基於首長的授權可對外發佈指示。行政管理單位的職權，多是對內的，基於首長的

授權只能對組織內部各單位發佈指示。業務單位的職權是行政的性質，基於職權所訂定的方案、計畫與各種辦法，多以民眾或其他機關爲適用範圍。行政管理單位的職權是管理的性質，基於職權所訂定的方案、計畫與各種辦法，多以組織內部各單位及員工爲適用範圍。

　　三、服務的對象不同　業務單位的服務對象是以民眾爲主，亦卽根據民眾的需要與願望，訂定方案計畫與辦法，經由切實的執行，以所獲得的成果來滿足民眾的需要與願望。行政管理單位的服務對象是以組織內的各單位及員工爲主，亦卽根據各單位及員工的需要與願望，訂定方案計畫與辦法，經由切實的執行，以所獲得的成果來滿足組織內各單位及員工的需要與願望。

　　故在服務的行政管理要求下，一個組織內的各單位，其性質與職權雖有不同，但均是服務的，業務單位的服務是行政性的，行政管理單位的服務是管理性的；業務單位服務的對象是民眾，行政管理單位服務的對象是內部單位及員工。

第三項　服務的原則

　　不論爲對民眾的行政性服務，或對組織內部單位及員工的管理性服務，爲期服務能發生效果，爲使服務的對象對服務感到滿意，必須遵守若干原則，其中較爲重要者有：

　　一、應是積極的服務而非消極的服務　所謂積極的服務，是由服務者主動去發掘民眾及員工的需要與願望，或主動去了解民眾與員工的困難及問題，再根據所了解的需要與願望，協助其獲得滿足，或協助其解決困難與問題。所謂消極的服務，是服務者須等待民眾或員工要求時，或民眾與員工表現出不滿時，始採取措施給予民眾或員工要求的滿足。雖然積極的服務與消極的服務，同樣的會使民眾或員工的需要或願望獲

得適度的滿足，但從積極的服務所得到的滿足，民眾或員工會表現出感激，從消極的服務所得到的滿足，民眾或員工並不會感激。為民服務的政府，應該是積極的服務而非消極的服務。

二、應是平等的服務而非差別的服務　政府向民眾或員工所提供的服務，應是平等的而非差別的。所謂平等的服務，係指對民眾或員工所提供的服務，在範圍上是相同的，在水準上是相等的，不因民眾或員工身分的不同、性別的差別、年齡的高低而有差別，如對某少數身分特殊者給予範圍更大水準更高的服務，而對大部分平民則只給予範圍較小水準較低的服務。民主與法治的國家，民眾及員工的地位是平等的，因此政府所給予的服務，原則上亦應是平等的，而不是有差別的。

三、應是普遍的服務而非特殊的服務　政府對民眾及員工的服務，更須是普遍的而非特殊的。所謂普遍的服務，係指服務的項目普及於民眾及員工之各種層面的需要與願望，而非只限於某一特殊的層面或某一特殊層面之某一部分，如民眾及員工均有食、衣、住、行、育、樂的需要與願望，則服務的項目應普遍擴及食、衣、住、行、育、樂各個層面，如只限於某一特殊部分需要與願望的服務，仍不得認為是為民服務，民眾及員工亦難以獲得適度的滿足。

四、應是適時的服務而非延誤或提早的服務　所謂適時的服務，係指正當民眾及員工產生該種需要與願望時，向其提供服務以增加其對服務的滿足感。所謂延誤的服務，係指民眾及員工產生需要及願望後，未能給予服務與滿足，須俟一再要求或表現出不滿後始予服務與滿足；所謂提早的服務，係指民眾及員工在未產生需要及願望前，即給予服務與滿足；延誤的服務固會失去服務的意義，提早的服務同樣會失去服務的本意，延誤與提早的服務，均不會使民眾或員工表現出感激之情，亦不會因獲得服務而感到滿足。

五、應是繼續的服務而非一時的服務　民眾及員工的需要不但在層次上有高低與先後之分，而且亦是繼續性的而非一時性的。如以馬斯洛的需要層次說為例，人有生理的、安定的、社交的、受尊重的、自我實現的五個不同層次的需要，當低一層次的需要獲得適度滿足後，卽會產生高一層次的需要，但並非謂低一層次的需要一旦獲得滿足後，卽可拋棄不要而去追求高一層次的需要，而是在低一層次的需要能保持滿足的狀態下才會去追求高一層次的需要，同樣的只有在高一層次的需要能保持滿足的狀態下才會去追求更高一層次的需要。需要旣是繼續性的，則為民眾及員工所提供的服務亦應是繼續性的，而非是一時性的。

六、應是合理的服務而非不合理的服務　因民眾及員工有其需要與願望，故政府應提供服務，使民眾及員工的需要與願望獲得適度的滿足，但吾人不能解析為在為民服務的行政管理下，民眾及員工卽可不再努力有為，只要飯來張口錢來伸手就好，若果如此，一方面將養成民眾及員工的高度依賴心理，喪失主動積極的精神；另一方面政府亦不可能做到如此的服務，因為政府的人力、財力究竟還是有限的，不是無窮的。故為民服務的行政管理，所提供的應該是合理的服務，而非不合理的會引起反效果的服務。

第四項　改善服務態度

現今的民眾及員工的需要與願望，已由物質生活提升至精神生活，因此民眾及員工須受到別人的尊重，須追求自我的實現。故政府在提供服務時尤須注意態度的問題。

一、不良的服務態度　何謂不良的服務態度，殊難下一明確的定義，惟大致而言，凡會引起民眾或員工心理不滿的態度與行為，均可包括在不良的態度範圍，如遇事不肯負責，處事不夠積極；以管理者自居，認

爲民眾是有求於我的；保守、因循、敷衍，少求革新進步；一般行政措施未能利民爲先；處事方法程序，少從便民着想；對民眾愛護不夠；未能切實守法盡職，致仍有少數人員發生違法失職；說話技巧不夠，接待禮貌欠周，接待環境較差；行動粗暴、性情浮躁、孤僻、冷漠等。

二、不良服務態度所引起的後果 因服務態度不良所引起的後果，是極爲嚴重的，除有損人際關係和諧，影響士氣與團結外，更會使民眾對公務員產生不滿（據行政院研考會前向民眾舉行抽樣調查顯示，認爲因公務員服務態度不良使民眾對公務員產生不滿者，佔46%），會使民眾與公務員引起爭端（據行政院研考會前向民眾舉行抽樣調查顯示，認爲因公務員服務態度不良使民眾與公務員引起爭端者，佔42%），同時因不良的服務態度使民眾產生不悅，在心理上卽會抵消了良好的工作效率。

三、產生不良服務態度的原因 極少數公務人員之所以產生不良服務態度，其原因多爲缺少正確觀念、心理未能保持均衡、及工作環境未盡理想所致。前兩者屬於心理上原因，後者屬於工作條件上的原因。

四、改善服務態度 欲改善極少數公務人員之服務態度，除應改善工作環境，及保持心理的均衡外，最重要者爲建立正確的觀念。蔣總統經國先生，於六十二年十一月十二日，對中國國民黨十屆中全會提示刷新政風的基本認識時，提出對行政同仁的五項中心要求，正可作爲改善服務態度的依據。茲根據五項要求，就個人體會闡析如次：

（一）以責任觀念來激發工作熱忱：宜重視：

1. 培養責任心：責任心，是課以完成某事的心理狀態，個人在工作上所表現出的情緒與行爲，受心理狀態影響最大，如心理上對某事負有責任，則會激發出工作熱忱。

2. 實施目標管理與分層負責：目標管理的採行，使工作人員自行

考慮與決定達成目標的程序與方法；分層負責的實施，使各級主管對應行負責事項，更能審慎處理與作更明智的決定，均屬以責任觀念激發工作熱忱的應用。

（二）以效率觀念來擴大施政成果：宜重視：

1. 效率的重要：效率是輸入與產出的比例，欲提高效率，一方面須減少輸入，另一方面須擴大產出。

2. 以提高效率來擴大施政成果：各組織可用的人力、經費、時間、物材等之輸入究屬有限，經由提高效率，就可以有限的輸入產生出更大的輸出。

（三）以公僕觀念來加強為民服務：宜重視：

1. 國父所講「人生應以服務為目的，不應以奪取為目的」的啟示。

2. 蔣總統經國先生所講「做到無官不是公僕，和一個真正為國效命為民服務的政府」，「要為工作而生活，不是為生活而工作」，及「犧牲享受，享受犧牲」的哲理。

3. 護理界用以勉勵同仁工作之「燃燒自己，照亮別人」的意義。

（四）以創新觀念來不斷研究發展：宜重視：

1. 創新的需要：各組織業務在不斷更新與發展，處事技術與方法，亦須經常謀求改進與革新，以期進步再進步，革新再革新。

2. 鼓勵研究發展：推行研究發展須建立制度，以鼓勵每一工作人員對處事技術方法及設備工具之改進、各種浪費的節省、損失障碍的消除等，隨時提供改進建議，對其建議經採納並具績效者，應予優厚的獎勵。

3. 要創新不要保守：研究發展謀求創新時，不要因小而不為，不要因原來在做的工作項目就一定要繼續做，不要因原來在用的工作方法

就一定要繼續應用，不要受太多舊的約束。

（五）以團隊精神來發揮總體力量：宜重視：

1. 整體規劃：各組織在設定工作目標、方案及計畫時，須從大處著眼，以整體觀念出發，不可各行其事，以免抵消力量。

2. 溝通意見：對方案、計畫之執行，須事先溝通意見，使有關人員對方案、計畫內容，有共同了解，看法一致。

3. 協調行動：使全體人員的行動能密切配合，不重複、不脫節、不衝突，共同朝向組織目標而努力。

第二節　效率的行政管理

行政管理革新的第二個目標，就是效率的行政管理。為提高行政管理的效率，應注意管理的升級，心智的密集使用，規劃行政資訊系統，及事務機器的普遍採行。茲分項簡述如後。

第一項　管理的升級

為期促使管理的升級，對下列五種措施，值得參考：

一、**管理科技的轉移**　歐美先進國家，在管理人性化的同時，又邁進了管理的科技化，使人性化與科技化相互配合，一方面使員工增加對工作的滿足感與工作環境的舒適感；另一方面又利用科技以提高行政管理的效率。如辦公室自動化就是人性化與科技化的配合，使辦公地點更清靜、整潔、寬暢，同時工作效率亦獲得倍增。此種管理科技的移轉，實為效率的行政管理目標下所須極力推行者。

二、**時效的爭取**　提高效率必須爭取時效，尤以與民眾權益有關的事項之處理，更須爭取時效。如訂定公文時效管制的辦法，以促進公文

的流程順暢，實施分層負責與行政授權，以縮短公文的流程，規定處理公文的期限，以避免不必要的躭擱，推行工作簡化以減少處理步驟及工作時間等，均不失爲爭取時效的有效措施。

三、素質的提高　在效率的行政管理下，工作的素質不但不可隨時效的爭取而降低，尚須配合時效的爭取而提高。對工作績效的考核，實施管理人員管理革新的訓練，管理顧問社的設置，聘請管理專家擔任顧問等，應均有助於管理素質的提高。

四、管理科學的採行　根據系統的觀念，應用數理的原則，經由一定的程序，可設計出解決管理上各種特定問題的不同模式，以利決策者能快速的作成正確的決定。

五、現代化管理的研究與設計　爲期管理現代化，可聘請管理專家、心理學家及科技人員，組成管理現代化的研究與設計小組，負責研究與設計工作，按組織的規模及業務的繁簡，擬具各種不同的管理模式，以便各組織的採用，使各組織能普遍的實施管理現代化。

第二項　心智的密集使用

每人均有其心智，但二人心智的密集使用，其效果並不等於二人心智的和，而是二人心智的乘積，故少數人的心智的密集使用，有利於效率的增進，及困難問題的解決。

一、運用導向及創造思維　吾人運用心智解決問題的心理活動，稱爲思維。就其活動的性質，思維可區分爲三類：

（一）聯想思維：指在無控制、無固定目標的情形下進行的一種思維方式，如幻想、白日夢即屬此種方式，不但不能解決問題，有時甚至會產生心理的失常，自不足採取。

（二）導向思維：指遇及問題時，能面對現實，朝着一定目標，找

出解決問題的方法的思維，故導向思維是受控制的、有方向及目標的。導向思維亦是合理的思維，亦即能運用演繹與歸納方法來尋求問題之解決，自應加以使用。

（三）創造思維：指比導向思維更高一層的思維，在思維過程中，能改組既有的經驗，尋求新的關係與新的答案，舉凡科學家的發明，文學藝術家的創作等，多屬創造思維的結果，故值得鼓勵。

二、運用腦力激盪法　為期密集使用少數人的心智，以發生心智乘積的效果，腦力激盪法值得運用。其方法為以十人左右為一組，利用集體思考方式，促使各成員對每一問題的意見互相激盪，引發連鎖反應，藉以導出創造性的思維。在腦力激盪的過程中，同組人員並須遵守下列原則，即（一）不能批評他人所出的主意；（二）自由發言，主意越怪越好，且每一主意均須加以筆錄；（三）主意越多越好；（四）可綜合與改進他人的主意；（五）主持人可作各種指示。

三、排除心理障碍　為期心智的密集使用，除鼓勵創造思維及腦力激盪法外，尚須消極的排除心理障礙。所謂心理障礙，係指阻碍解決問題的心向作用，主要有下列兩種：

（一）習慣定向：即在個人經驗中，如多次用同樣的方法解決了類似的許多問題後，將使個人以後再遇及類似問題時，會習慣的運用以前用過的方法來解決問題，在解決問題的方法上不會再去多作嘗試、多作改進，此種習慣性即稱為習慣定向。

（二）功能執着：即個人在解決問題時，常須現有資料與工具作為輔助，由於各種資料與工具通常有其較為固定的用途，使個人在思維過程中，對各種資料與工具的功能，常執着在原有的用途上，致約束及僵化了各種資料與工具的功用。

為排除此種心理障礙，則須一方面要眞正的了解問題，二方面要發

展資料及工具的多種功能，三方面要愼用邏輯推理，並保持客觀態度。

第三項　規劃行政資訊系統

　　管理資訊系統，通常只爲便於本組織的管理者制作決定時，所建立的資訊系統，如打破組織的界限，將政府的整個行政均納入資訊系統範圍之內，卽爲行政資訊系統，此一行政資訊系統的建立，將使整個行政的制作決定，更爲快速與正確。依行政院研考會的報告，行政院正在籌劃建立行政資訊系統中。其情形爲：

　　一、成立推動小組　七十一年二月，行政院成立「行政院資訊發展推動小組」，就建立全國行政資訊系統，積極進行研究，並推動資訊工業的發展。

　　二、初步規劃成果　對全國資訊系統的初步規劃，將全國行政資訊分爲國情國勢、一般行政、經建、交通、國家安全、及科技敎育六個系統，再區分四十五個分系統、及二四四個子系統。如一般行政資訊系統之下，卽分爲（一）研究發展管制分系統；（二）法規政令資訊分系統；（三）行政人力規劃分系統；（四）衛生行政資訊分系統；（五）社會工作資訊分系統；（六）主計業務資訊分系統；（七）外交工作資訊分系統；（八）法務行政資訊分系統；（九）敎育行政資訊分系統；（十）文化宣傳資訊分系統等十個分系統。

　　三、已進行的工作　已將施政計畫之各項資訊，輸入電腦，除進行統計分析外，並可以各種不同之方式，將施政計畫作線上卽時查詢之運作。今後，全國行政資訊系統，除根據已有之基礎繼續進行系統之發展外，並將研究行政上之配合措施，及電腦化資訊保密及資訊法律地位問題。

第四項　事務機器的普遍採行

各組織花費在文書性事務性工作的人力甚爲可觀，爲節省人力與時間，事務機器的普遍採用，有其必要，尤以規模較小業務較爲單純，無法建立管理資訊系統的組織更是如此。茲說明如下：

一、建立管理資訊系統所費甚大　管理資訊系統的設備甚爲複雜，所需經費甚爲浩大，實非一般組織所能負擔；再電腦的計算速度驚人、儲存量亦極爲龐大，提取資料亦極爲迅速與正確，一般組織如自行建立管理資訊系統，自極爲不經濟；即使採用分時系統方式使用電腦，其費用亦極爲可觀。因此管理資訊系統並非每一組織均可做到者。

二、事務機器費用少易於使用　事務機器的種類正在日益增加之中，從最早的用手的打字機，到電動的打字機、攝影機、影印機、錄放影機、檔案的縮影等，均可列爲事務機器的範圍，其所需費用均比電腦設備爲低。再電腦的使用，必須由專技人員操作，其程式必須由專技人員設計，而事務機器的使用則較爲簡易，一般敎育水準的人，只要經過短期的訓練，即可勝任。

三、事務機器可提高效率　使用事務機器，可使效率大爲增加，如以複印機而論，每分鐘可複印數十份，其速度要比人工抄寫者不知要高出多少倍；再如電動油印機，其速度亦比手搖操作高出數十倍。故爲期提高效率，事務機器宜廣爲採用。

四、事務機器可提高素質　事務機器對工作素質的提高亦大有幫助，如打字機的字體比人工抄寫者爲整齊清晰與美觀；影印機的印本能保持原本的眞蹟，對於證明文件的影印其效用更大，可減少打字油印蓋印掛號等手續；檔案縮影的使用，使得檔案管理更爲方便，空間可大爲節省，找尋檔案亦更爲容易。

第三節　廉儉的行政管理

行政管理革新的第三個目標，是要行政人員做到廉儉的行政管理，蔣總統經國先生對這方面的指示甚多，茲就其中最重要者歸納為四項，即屬行十項行政革新，養成勤儉樸素生活，發揮大公無私精神，及嚴懲貪污不法行為。特分項簡述如後。

第一項　屬行十項行政革新

蔣總統經國先生，前在行政院院長任內，於六十一年六月八日在行政院第一二七六次院會中，曾提出下列十項指示，以為行政革新的依據。

一、為節省國家財力，用諸於各項必要建設，各級政府除已經正式列入預算者外，均應停止建築辦公房舍。

二、各種公共工程之開工與完工，可以公告方式行之，不必舉行任何典禮儀式。

三、各級政府機關派員出國考察或參加國際性會議，必須事前有週詳之計畫，其所派人員並以具有各類專長、精通外文為主要要求。

四、各級機關應不作不必要之視察，如確有其必要，則視察人員到達視察地區不得接受任何招待，被視察之機關、學校、團體亦不得迎送，或張貼標語，或召開歡迎會等，尤其不可指派學生參加歡迎歡送。

五、各部會首長以及全體行政人員，除參加政府所規定之正式宴會，以及招待外賓所必需者外，一律不得設宴招待賓客，並謝絕應酬。

六、公教人員於婚喪喜慶，除有親戚關係或有深交者外，不得濫發喜帖及訃告。

七、各級行政人員一律不得進出夜總會、舞廳、歌廳、酒吧、酒家等場所，各級主管應監督所屬人員切實遵照辦理，如有違反規定者，應從嚴處分。

八、各級首長、主管，均應謝絕各界剪綵、揭幕等之邀請。

九、各機關預算內所規定之加班費、出差費，除必要之加班出差外，不得假借名目移作其他用途，但各級機關首長對各機關學校公教人員之福利，應妥善辦理。

十、在日常處理公務方面，人人要能切實負責，自己能予解決的問題應自行解決，今日能予辦完之事應即今日辦完，不必召開的會議不開，凡要開的會議事前必有充分準備，會後必有結果。不辦不切實際、沒有效果、以及不必要之公文，凡應該辦的必須辦得澈底，追踪到底。向上級提供意見是每位工作人員之權利，接納部屬意見是每位主管的義務。

為期貫澈上述十項行政革新指示，及進一步闡釋十項行政革新的眞義，又分別於六十二年一月廿五日指示：政府必須痛下決心掃除一切邪惡力量，務必貫徹十項革新措施，對於違反政令的公務人員一定要嚴辦，絕不稍予寬貸。六十二年七月九日指示：去年我們規定了對行政人員的十項革新要求，看起來似乎對軍公教人員的生活有了限制，但其目的並不僅是消極的限制，而是有其積極性的意義，歸納起來，第一是要使軍公教人員有蓬勃的朝氣。第二是要大家端正生活方式。第三是對工作上不斷進取的要求，從而使行政革新產生強大的動力，都是有積極性的。

第二項　養成勤儉樸素生活

蔣總統經國先生，為鼓勵公務人員養成勤儉樸實生活，曾先後作了

下列的重要指示:

一、養成清白廉潔及勤儉之習慣 六十二年一月四日在新年感言中曾指示: 我們對全國公務人員的行為並不奢求,只是希望大家清、廉、勤、儉, 只要大家清白、廉潔、勤勞和儉樸, 必可成為習慣而順其自然, 蔚成理想的、健全的政治風氣。

二、創造簡單、樸素的新風氣 六十五年六月廿四日在行政院院會,對各級行政人員講話中曾指示: 作為一個在政府服務的軍公教人員, 其生活方式應遵守適當的規範, 絕不應該去和一些富商巨賈比較, 作些無謂的酒肉徵逐, 而應向一般克勤克儉、過簡單樸素生活的大眾來看齊, 根除奢靡浪費, 謝絕應酬宴會。……我們不僅在生活方面要創造簡單、樸素的新風氣, 公務方面亦復如此, 不必要的會不要開, 長篇累牘反反覆覆的話要少講, 必須要說話時務應簡單明瞭, 有層次、有條理, 一個單位主管必須具備言簡意賅的才能, 方能負起領導之責任。

三、以奢侈浪費為恥以勤勞樸實為榮 六十八年六月五日在總統府接見青商會友時指示: 由於社會經濟的繁榮進步, 其所形成的畸形的偏差的一面, 就是奢侈浪費的風氣隨之而來, 這是社會發展、政治進步的阻礙。因此, 如何遏止奢侈浪費的不良習氣, 使人人以奢侈浪費為恥, 以勤勞樸實為榮, 實在是政府行政同仁的當務之急。

四、誠信勤樸為工作信條 六十九年四月五日與南部地區縣市長民意機構首長餐會談話中曾指示: 我們的政府是一個大的服務機構, 我們所有的行政同仁所思想的、所盼為慮患的、所盡心籌維策劃的, 就是如何為民服務, 一切都是以提高國民生活水準、增進國民福祉為第一義, 基於這一體認, 我們政府同仁必須以誠懇、守信、勤勞、樸實, 公而忘私為其信條。

五、力行勤儉 七十年六月十六日在主持陸軍軍官學校暨中正國防

幹部預備學校校慶聯合典禮致詞中曾指示：深切盼望大家，人人都能力行勤的精神，念茲在茲，掃除一切陳腐之氣；人人力行儉的精神，苦幹實幹，掃除一切虛驕之氣。更進一步，以「勤儉建軍」為表率，帶動整個社會「勤儉建國」的中興氣象。讓我們矢勤矢勇，同心同德，齊步向前，攜手並進，再次發揮革命傳統的偉大力量，就在這建國七十年代。

第三項　發揮大公無私精神

蔣總統經國先生，對行政機關及人員應如何發揮大公無私的精神，曾有過下列各種重要指示。

一、不存私心不圖享受　六十二年七月九日在對行政院行政業務研討會講詞中指示：我們公務人員只要做到兩個要求，就很好了。一是不存私心，無論用人也好，做事也好，一本大公無私。二是不圖個人生活上的享受，不貪意外之財。按着這兩個要求，作好自己的工作，一切問題檢討起來，可說已盡一己的責任了。

二、行政機關應全面推行四大公開　六十三年三月十四日在行政院第一三六五次院會指示：今後行政機關應全面實行四大公開。

（一）在人事公開方面：一人一職的原則必須貫徹，同時各機關首長不但要大公無私，用人唯才，還要注意為國家培養人才，無論是本機關內或本機關外的人才，都要有計畫的予以培育擢用，使公務人員的素質得以不斷提高，永保蓬勃的朝氣。

（二）在意見公開方面：可運用動員月會和工作會報等，以討論方式，由各級工作同仁交換意見，以滙集羣體智慧和經驗，如此不僅可使機關首長了解本機關工作的優點和缺點之所在，作為改進的重要依據，亦可使每一個同仁了解每人都是機關不可缺少的一分子，有助於團隊精神的發揮。此外，大眾傳播事業是溝通政府和民眾意見的橋樑，凡與人

民利益有關的措施，執行之前，主管機關務必先向大眾傳播事業從業人員詳加說明，聽取輿論意見，並請他們協助宣導，這也是實行意見公開的一種方式。

（三）在獎懲公開方面：一般來說，現在只注意到懲，沒有注意到獎，對於奉公守法，盡忠職守，工作優異的公務人員，今後應予以適當的獎勵，以資激勵。

（四）在經費公開方面：要做到公私分明，依法動支經費。

三、革新行政建立開放政府　六十三年九月十七日在對立法院五十四會期施政報告中曾提到：行政革新，我們的目標是要使政府成為一個開放的政府。因為一個真正有為的政府，決不是僅憑少數幾個人的作為，而是需大眾的意見和力量參與，方能發揮有為的效果。因此，我們已經宣示，今後政府施政，必將抱持「無事不可告人，無話不可明講」的態度，以實際的行動，貫徹經費、人事、意見、獎懲四大公開，使國民大眾都可知道和監督政府的所作所為。

四、公務人員應根除私心和偏心　六十五年十二月卅日在行政院第一五〇八次院會指示：少數公務人員還沒有澈底放棄個人的利害觀念，根除私心和偏見，要知許多事情的成敗，往往就在決策人員和執行人員對於公私分際的一念之間，其影響之大，不可言喻。因此，我們今後必須建立起共同的觀念，共同的目標，和共同的做法，以齊一步伐，集中力量，為反共復國而奮鬥，否則，各有各的想法，各有各的做法，勢必事半功倍，甚至徒勞無功。

第四項　嚴懲貪污不法行為

廉儉的行政，在積極方面應屬行十項行政革新，養成勤儉樸索生活，發揮大公無私精神，在消極方面尚須嚴懲貪污不法行為。蔣總統經

國先生，對有關嚴懲貪污不法行為的指示，擇要摘錄如下：

一、清除害羣之馬 六十一年十二月十一日對行政院所屬各機關同仁講詞中，曾指示：在政治上，我們要剷除挑撥是非、興風作浪的政治掮客，和敗壞風紀、玷辱官箴的貪污官吏，只有把這些害羣之馬澈底掃除，才能建立一個有朝氣的社會，有活力的政府。

二、全面肅清貪瀆 六十三年四月四日在希望大家都知道行政院的工作（三）一書中曾指示：不法公務人員貪污瀆職，是政治革新之瘤，政府必須痛下決心，全面予以肅清，而且貪污案件不論大小，都嚴重影響國家利益，都必須澈底嚴辦。

三、重辦貪污並課以連帶責任 六十三年十一月廿一日在行政院第一四〇〇次院會指示：蔡少明案暴露出許多機關存在已久的惡劣作風及腐敗情形，由於政府肯查、深查、肯辦、重辦，不使觸犯法律者能僥倖於法網之外，亦足證明政府建立廉能政治之決心，此案違法者由司法單位依法懲辦，失職者應由主管機關予以嚴格的行政處分。下級人員貪污舞弊，直屬上級主管亦應依法課以行政上的連帶責任，決不可稍有寬貸。

四、加強部屬監督與考核 六十四年五月廿九日在行政院第一四二六次院會指示：在政治革新方面，應致力肅清貪污。我們絕不容許不肖公務人員以一己之私利腐蝕國家的生機，各級行政主管應加強對部屬之監督與考核，司法機關亦應主動的偵檢查辦，肅清貪污員司。惟據悉社會上若干行業的少數從業人員，在接受委辦事項，每有偽稱政府官員需索而藉詞向委託人索賄自肥的情形，使政府機關的清譽受到嚴重損害，這種惡劣行為，必須設法予以根絕，以免政府與民眾同受其害。

五、肅清貪污依法嚴懲 六十四年十月三日對嚴懲貪污之談話中提到：政府決心肅清公教人員貪污，不論大小案件，均依法嚴懲。也懇切

希望國人養成守法精神，不要以賄賂為手段。……目前社會對賂賄事件，慣稱紅包實有未妥，因依我們習俗，所謂紅包原是過年時長輩賜予晚輩的壓歲錢，所以貪污事件中所謂紅包，實應稱為臭包，送者臭，受者更臭。

　　六、違法瀆職依法嚴辦　六十五年七月一日在行政院第一四八二次院會指示：司法人員如果瀆職違法，無異維護社會公平正義的提防有了缺口，後果極為嚴重，務應加重處分，依法嚴辦。對於無所事事、製造是非、興風作浪的人，應透過考核予以處理。

第三十章　健全組織與整理法規

辦理組織評鑑，為健全組織之基本；實施分層負責與授權及推行工作簡化，為增進效率的手段；整理法規，為執行業務之重要工具。茲分節簡述之。

第一節　辦理組織評鑑

組織是一個有機體，自成立後，經由成長、壯盛而趨於衰汰，並非處於永恒不變的狀態，因此對組織須於每隔一段期間（如隔二年至四年），應即辦理評鑑一次，以期發現缺失並針對缺失予以改進，如此組織才能保持永恒的健全。茲分組織評鑑的意義與需要，組織任務職掌的評鑑，組織結構的評鑑，員額編制的評鑑，人力配置的評鑑及評鑑程序六項，簡述如後。

第一項　組織評鑑的意義與需要

組織評鑑有其一定的意義，辦理組織評鑑更有其需要。

一、組織評鑑的意義　組織評鑑，指對組織的現狀，加以考評，並

鑑定其優缺點，及提出改進缺點之建議。爲期組織評鑑發生效果，宜注意：

（一）確定評鑑範圍：一個組織的何些項目須辦理評鑑，此卽評鑑的範圍。一般而言，辦理組織評鑑時，最低限度應包括任務與職掌，組織結構，員額編制，人力配備四種；正如醫生辦理體格檢查時，最低應包括若干重點項目的檢查一樣。

（二）訂定評鑑標準：當評鑑的範圍確定後，應卽訂定評鑑的標準，以爲評鑑時考評及鑑定組織優缺點的依據。如未事先訂定評鑑標準，則對優缺點的鑑定無客觀標準可循，如由不同的人作評鑑時，其所得的結論亦可能大異其趣。

（三）規定辦理程序：組織評鑑工作甚爲繁複，須由學者專家擔任較爲客觀與有效果。同時對評鑑的分工，評鑑的方式，進行的程序等，均宜事先妥爲規劃，並依照實施。

二、組織評鑑的需要　組織評鑑，係基於下列需要而辦理：

（一）組織數及員額數不斷增加：就以行政院所屬各級行政機關、公營事業及公立學校的個數而言，在六十一年底共爲六、二六二個，至七十年底已增至七、〇三五個，九年之間增加了七七三個，平均每年增加八十六個。再以公務人員數而言，在六十一年底爲三〇九、一〇一人，至七十年底增加爲四三六、五八八人，九年之間共增加了一二七、四八七人，平均每年增加一四、一六五人。此種組織數與人員數日趨膨脹的眞正原因爲何，希望能經由組織評鑑而發現。

（二）行政效率之增進尙不夠理想：增進行政效率雖早經主管當局所重視，並已採取若干增進行政效率的措施，但在民眾心目中仍覺不夠理想，此中原因亦希望能經由組織評鑑而發現。

（三）成員團體士氣不夠高昂：維護高昂的士氣，爲當前所必須，

但各組織成員的團體士氣不夠理想，成員的工作情緒仍有低落，敬業合羣精神未有充分發揮，因而為激勵成員士氣，亦有辦理組織評鑑發現缺失，以謀改進的必要。

（四）人力未有充分運用：有些組織的人力，顯然未有充分的運用，如工作清閒者有之，高資低用者有之，學不能致用者有之，凡此均屬人力的浪費，亦希望能透過組織評鑑發現缺失，並進而謀求改進。

第二項　任務與職掌的評鑑

在組織評鑑的項目中，首須考慮者為一個組織的任務與職掌，及其評鑑標準的訂定。

一、任務與職掌　任務係指一個組織所須逐行的任務，而職掌係指組織對任務的逐行採分工方式，在任務的範圍內，按單位分別規定其所主管的職掌，各單位的職掌總和即為組織的任務；故任務是整體性的、原則性的、比較籠統的；而職掌是個別性的、較具體的、採列舉式的。一般組織法規中對任務與職掌的規定，多是先以一條文規定整個組織的任務，而後再按所屬單位分別以條文規定各單位的各別職掌。任務與職掌的區分是否明確，有無重複、牴觸或脫節，影響及組織是否健全及效率、與士氣高低的關係最大，因此必須加以評鑑。

二、評鑑標準　先就評鑑項目依其內容區分為若干細目，每一細目規定其要求目標，而後再訂定評分標準，如分為優等（九十分以上），甲等（八十分以上未滿九十分），乙等（七十分以上未滿八十分），丙等（未滿七十分）；每等的標準另用文字作簡要的敍述。茲舉例如下：

要求目標	評　分　標　準			
	優　　等	甲　　等	乙　　等	丙　　等
(一) 機關之任務職掌明確，未與其他機關重疊混淆。	本機關之任務職掌明確，未與其他機關重疊混淆，且能發揮應有之功能。	本機關之任務職掌明確，未與其他機關重疊混淆。	本機關之任務職掌與其他機關間有重疊混淆。	本機關之任務職掌與其他機關重疊混淆。
(二) 機關內部單位間之職掌劃分明確合理。	機關內部單位之分工情形及職掌劃分，以具體文字規定，且其內容明確，據以實施績效良好。	機關內部單位之分工情形及職掌劃分，以具體文字規定，且其內容勉能肆應。	機關內部單位之分工情形及職掌劃分，有具體文字規定，惟其內容久未修正，正與事實脫節，亟待改進。	機關內部單位之分工情形及職掌劃分，無具體文字規定，工作指派及職掌劃分，每多變更。
(三) 每一職位均有一定範圍的工作項目，適當的工作量，及明確的工作權責。	各單位之職位，均有職位說明書的設置，文字具體，內容確實，且有適當的工作量與明確的權責。	各單位之職位，均有職位說明書的設置，職位組合亦甚為合理。	各單位之職位，雖有職位說明書之設置，但內容不夠確實，職位的組合亦不夠合理。	各單位之職位，並無職位說明書的設置，各職位的工作範圍及權責，不夠明確，工作量多寡不一。

第三項　組織結構的評鑑

辦理組織評鑑的第二個項目為組織結構，組織結構的簡化與繁複，亦會影響及組織的健全，於評鑑時自亦須訂定評鑑標準。

一、**組織結構：** 由於組織業務的增加，任務與職掌的繼續擴大，及成員的擴增，組織的結構亦必作不斷的分化，而分化的方向，不外水平的與垂直的兩種，水平的分化就是根據分工原則區分單位，使每一單位

有其較爲明確的職掌；垂直的分化就是層次的增加，使每一主管對所屬均能作到有效的管制。區分單位的過多與過少，各單位間的職掌區分是否明確，有無重疊、牴觸或脫節；區分層次的過多與過少，上下層次間的權責區分是否明確，有無重複或脫節；凡此均足以影響及組織的健全，故亦須辦理評鑑，以期發現其優缺點。

二、評鑑標準　其情形如下例：

要求目標	評　　分　　標　　準			
	優　　　等	甲　　　等	乙　　　等	丙　　　等
(一) 機關內部單位及所屬機關之設置、變更或裁撤，均經詳加檢討，符合組織功能需要，以及精簡之原則，且無駢枝單位。	五年來機關內部單位及所屬機關之設置、變更或裁撤，均適時詳加檢討，符合業務需要及精簡原則，且無駢枝單位。	五年來機關內部單位及所屬機關之設置、變更或裁撤，均適時檢討並符合組織功能，且無駢枝單位。	五年來對機關內部單位及所屬機關未曾檢討增刪，或間有駢枝單位。	五年來對機關內部單位及所屬機關未曾檢討，一有新業務即爭取增設新單位。有叠床架屋現象，且有駢枝單位眾多之現象。
(二) 單位區分，符合各種原則的要求，及適應本機關的需要。	內部單位的區分，能根據業務的特性，從各種區分單位的原則中，選用最能適應本機關需要的原則予以區分。	內部單位的區分，頗能符合一般原則的要求，亦能適應本機關業務的特性。	內部單位的區分，與一般原則未盡相符，部分單位的設置，亦不能適應本機關的需要。	內部單位的區分，與業務的特性不能配合，亦與一般區分單位的原則不符。

（三）層次區分，符合管制幅度的要求，所區分的層次數亦極為恰當。	內部層次區分，根據管制幅度而定，各層次主管對所屬的管制幅度均屬適當，內部層次數不多亦不少。	內部層次區分，尚能根據管制幅度而定，各單位主管對所屬的管制幅度尚稱恰當，內部層次數尚屬適當。	內部層次區分，尚能顧及管制幅度原則，惟有少數單位主管對所屬的管制幅度有過大或過小之嫌，內部層次數有不盡合理之處。	內部層次區分，與管制幅度的要求不合，有的單位管制幅度過大，有者過小，殊不合理，內部層次數亦屬過多或過少。

第四項　員額編制的評鑑

　　組織評鑑的第三個項目，應為員額編制，員額編制的過寬與過嚴，對組織亦會發生嚴重的影響，辦理評鑑時自應訂定評鑑標準以為依據。

　　一、**員額編制**　通常所謂員額編制，包括職稱、職等及員額三者，並以整個組織的員額與編制而言。其中職稱係指職務的名稱，如處長、科長、專門委員、專員、科員、辦事員、雇員（書記）等；職等係指一種職稱依其職責程度所列的等級，凡職務之職責程度高、擔任職務所需資格條件高者，列入高的等級；職務之職責程度低、擔任職務所需資格條件低者，列入低的等級；又一種職務所列的等級，可以只列入一個等級，亦可以跨列數個等級；員額係指一種職稱可用的成員人數，如科員十至十五人，即以科員職稱進用之人員，可達十至十五人，亦即最多以十五人為限。

　　又各組織在組織法規中所訂定之編制員額外，有時為適應臨時性業務之需要，亦可於業務計畫中設置臨時性的員額者，此種臨時性的員額遇及臨時性業務辦理結束時，應即取銷。故一般組織的員額編制中，除法定員額編制外，有時尚有額外或臨時編制員額的設置。

二、評鑑標準　其情形如下例：

要求目標	評　　分　　標　　準			
	優　　等	甲　　等	乙　　等	丙　　等
(一) 機關內各種職位之職稱、人數及職等之配置與業務性質及職責程度相當。	機關內各種職位之職稱、人數及職等之配置，適時檢討，與業務性質及職責程度相當，無不合理現象。	機關內各種職位之職稱、人數及職等之配置，適時檢討，與業務性質及職責程度大致相當。	機關內各種職位之職稱、人數及職等之配置，未適時檢討，與業務性質及職責程度間有不相當之處。	機關內各種職位之職稱、人數及職等之配置，未適時檢討，與業務性質及職責程度多有不相當之處。
(二) 預算員額（或編制員額）絕不輕易增加。且對此項員額之運用，亦力求精簡，並經常檢討業務。	五年來業務量增加時，能以改進工作方法，調整人力運用，以為肆應，不要求增員。業務萎縮時，能有效控留員額，精簡用人。	五年來員額，確因業務量增加，經檢討現有人力確屬不足後，再行報准增加員額，惟仍能撙節用人。	五年來曾確因業務增加而增加員額，但對現有人力未曾檢討統籌調配運用。	五年來未曾檢討現有人力，每遇有新增業務卽請求增加員額，或五年來業務萎縮，未曾檢討減少人員。
(三) 臨時人員確依聘用條例及僱用有關規定辦理，且確實擔任臨時性、季節性工作，絕無常年聘僱現象。	五年來臨時人員均能撙節使用，並經報奉核准有案，且確實擔任臨時性、季節性工作，無久僱現象。	五年來臨時人員均經報奉核准有案，且確實擔任臨時性、季節性工作。	五年來臨時人員均經報奉核准有案，臨時人員有久僱現象。	五年來臨時人員間有未報奉核准，且有久僱現象。

(四) 已訂定確實合理之員額設置標準。	已訂定確實合理之員額設置標準，實施績效良好能有效避免員額寬濫。	已訂定合理實用之員額設置標準，或報經核准免予訂定員額設置標準。	員額設置標準研訂中。	尚未研訂員額設置標準。

第五項　人員配置的評鑑

　　一個組織對各單位人員配置的是否合理，通常亦為組織評鑑的項目之一，並訂定評鑑標準以利評鑑。

　　一、人員配置　前項所述之員額編制，係指整個組織的員額編制，組織的管理當局，如何將整個的員額編制根據各單位業務的需要分配至各單位，即為人員配置。人員配置的是否合理，有無借調、兼代、及閒員現象，人員所具學識經驗與技能與所任工作能否配合等，因其與組織的健全有關，故均為配置人員時所須特別注意，因而須辦理評鑑。

　　二、評鑑標準　其情形如下例：

要求目標	評　分　標　準			
	優　等	甲　等	乙　等	丙　等
(一) 借調人員均應報院核准。	五年來無借調或外借現象，且已訂有避免此類人員存在之措施。	五年來借調或外借人員，均依規定報院有案。	五年來借調或外借人員間有未依規定報院。	五年來借調或外借人員大多未依規定報院。
(二) 除法定兼職外，不宜有兼代現象。	五年來除法定兼職外，絕無兼代現象，且設有管制措施。	五年來除法定兼職外未有兼代現象。	五年來除法定兼職外間有兼代現象。	五年來除法定兼職外有長期以未具該職位任用資格人員兼代現象。

(三) 對不適任現職人員均依院頒規定辦理。	對不適任現職人員均依院頒規定辦理，目前無不適任現職人員存在，且有積極防範措施。	對不適任現職人員均依院頒規定辦理，目前無不適任現職人員存在。	曾依該規定處理不適任人員，惟目前尚有不適任現職人員存在。	未曾處理任何不適任人員。
(四) 機關人員處理公務均能主動積極服務，工作情緒高昂。	本機關人員對本機關感到極為滿意，處理公務均能主動積極服務，工作情緒極為高昂。	本機關人員對本機關感到滿意，處理公務能主動積極服務，工作情緒高昂。	本機關人員對本機關尚稱滿意，工作情緒平平。	本機關人員對本機關不滿意，工作情緒低落。

第六項　評鑑程序

對各種評鑑項目的評鑑，須注意其所用的評鑑程序，大致而言，辦理評鑑的程序可分下列七個，但必要時亦得再予簡化。茲以行政院評鑑所屬機關時所定之評鑑程序說明如下：

一、**蒐集資料**　先向各受評鑑機關，蒐集有關組織及其員額編制的各種資料，如組織法規，員額編制表，預算員額，組織系統表，各單位現有人員配置，分層負責明細表等，以為評鑑各項目時之基本資料。

二、**自行評鑑**　次由組織評鑑的主管機關，按評鑑項目再區分評鑑細目，並訂定評鑑標準，設計評鑑表格，供各受評鑑機關依評鑑標準，自行評鑑，以擴大參與。各機關作自行評鑑時，必須保持客觀立場，更不能為掩飾缺失而作虛偽不實，報喜不報憂的評鑑。

三、**書面審核**　由主管組織評鑑機關組成作業小組，就各機關自評內容，先作書面的審核。審核時如發現有不夠明確，或有過於誇張或掩

飾之嫌時，應先作記號，以便進一步的查證。

四、**訪問座談**　延聘學者專家，及對組織員額等問題深具了解之有關機關高級人員担任委員，組成評鑑小組，赴各受評機關實地訪問。在出發前，應由前述作業小組就受評機關自我評鑑的內容及書面審核意見，向評鑑委員報告。評鑑委員訪問時，採直接觀察、充分溝通、儘量發掘問題，以補書面調查之不足。

五、**研究分析**　將評鑑委員訪問所得初評意見及各受評機關之自評意見，由作業小組再加審核研究，並提供參考意見，送請評鑑小組辦理最後評鑑。

六、**評鑑結報**　由評鑑小組作最後評定後，向主管機關提出評鑑結果報告，並針對缺失擬議具體之改進意見。

第二節　實施分層負責與授權

分層負責與授權爲增進效率的重要手段，故各組織原則上均須切實施行。茲就分層負責及授權的意義與目的，須實施分層負責與授權的徵候，實施分層負責與授權的程序，影響分層負責與授權的因素，對分層負責與授權應有的認識，分項簡述之。

第一項　分層負責及授權的意義與目的

分層負責及授權有其一定的意義，亦有其明確的目的。

一、**分層負責及授權的意義**　先說明權與責的意義，而後再說明分層負責與授權的意義如下：

（一）權的意義：權是成事的力量，由組織法規授予首長，首長可再授予其所屬。成事的力量，包括對事的處理與決定，處事所需人力、

經費、物材的調度與運用等；組織法規是設置機關及機關行使其權力的依據，首長爲組織的首腦與組織的代表，因此成事的力量由組織法規授予首長；但首長一人的時間與精力有限，不可能運用組織法規所賦與之全部權力，因此他必須將部分權力再授予其所屬，以期組織內人人均有其適當的權力。

（二）責的意義：責是成事的義務，由組織法規要求於首長，首長可再要求於其所屬。成事的義務，包括將事作有效及時的處理與決定，及對處事所需人力、經費、物材之有效運用；與權同樣的，由組織法規對首長的要求，而首長亦必須將其部分義務再轉要求於其所屬。

（三）權責兩者的關係：權與責的意義雖有不同，但兩者間關係極爲密切，亦卽權責須相隨，權責須相等。換言之，權責兩者必須結合，不但在時間上要結合，在分量上亦須相等，故權與責是一體的兩面，如權與責分開或分量不等，則權與責均將失去意義，均將不會發生效果。

（四）分層負責與授權的意義：卽各機關應依組織法規所定之各級單位，適當劃分處理公務之層次，由首長就本機關職權及單位職掌，將部分公務授權各層主管決定處理，並由被授權者負其決定之責任。被授權者對授權事項，應在授權範圍內迅爲正確適當之處理決定，不得推諉請示或再授權次一層次代爲決定，其因故意或過失爲違法不當之決定者，應負其責任。授權者對授權事項，應切實監督，如發現不當情事應隨時糾正。

二、分層負責與授權的目的　實施分層負責與授權的目的，主要有下列四個：

（一）增進行政效率：實施分層負責與授權，各層次各別對某些事項有處理決定的權責，對該些事項不須再向上級請示，更不須呈由上級處理決定；在文書處理方面，各層次各別對某些事項的文書可以代決，

不必再呈請上級判行；因此在處理決定與公文的決行上，均可提前，故
行政效率可因此而增進。

（二）使主管的時間與精力獲得更有效的運用：主管每天的工作時
間，與屬員同樣的為八小時；主管的精力，與屬員同樣的有着限度；主
管如將時間與精力均化費在日常事務的處理上，顯示其運用的不當，對
重要的政策性的須詳加思考的事項，反而覺得其時間與精力的不足，致
影響及組織業務的開創與發展。主管的時間與精力，應運用至重要的政
策性的與須詳加考慮的問題上，至於一般性的事項儘可授權由所屬決定
處理，如此才使主管的時間與精力發揮了最大的效用。

（三）訓練培育人才：一般機關所用的人才，常有青黃不接之感，
此乃表示對原有人員的訓練培育工作做得不够。而訓練培育人才的方法
固然有多種，但一般的均認為以實施分層負責與授權的方法最為有效，
因此種方法，是磨練一個人從工作中實地獲取心得的最好方法，故為了
訓練培育人才，有實施分層負責與授權的必要。

（四）啟發榮譽感與責任心：一個人如感到自己對工作有成就有貢
獻，就會感到這是一種榮譽；一個人如眞的要他去負責完成某一事項，
通常會加強他對該事項的責任心。實施分層負責與授權，正可啟發成員
的榮譽感與責任心。如成員的工作都是唯上級的意見是從，一切都是聽
命行動的，則雖在工作上有很好的成績，成員亦感到這不是自己的榮
譽，成員對工作亦無從主動積極，更無責任心的可言。

第二項　須實施分層負責與授權的徵候

實施分層負責的需要性，各組織是否均屬相同，抑在需要的程度上
有所不同，此乃值得吾人考慮者。依一般學者看法，認為一個機關或一
個主管人員，對其所屬是否有實施分層負責與授權的需要，應視其是否

出現某種徵候而定，凡出現某種徵候或出現的徵候愈多時，表示愈需要實施分層負責與授權。

一、**組織的徵候**　組織內如出現下列徵候，表示需要實施分層負責與授權：

（一）主要職位出缺須向外遴選人員時：此乃表示在本組織內無適當人員可資調補，進而表示對現職人員未能作有效的訓練與培育，為加強訓練培育人才，須實施分層負責與授權。

（二）有人兼任數個重要職位時：一人的工作時間與精力有限，如經常兼任數個重要職位，亦表示訓練培育人才工作做得不夠，須予加強。

（三）主要職位人員工作過忙時：表示組織內成員的工作分配不合理，權責分佈有倚重倚輕之別，應以實施分層負責與授權來改正此種缺失。

（四）升職後仍擔任原工作時：發生此種現象的原因，一為表示升遷只憑年資，致升職對後較高職務的工作不能勝任，除名義已晉升外，只有仍處理原有的工作；二為表示無適當的其他現職人員可以接替原有工作；不論為那一種原因，均表示訓練培育工作有缺陷。

（五）業務決定權操在極少數人之手時：這表示少數人不願將權責下授，致事無鉅細均須由此少數人決定，自會影響效率及減少一般成員的榮譽感與責任心，故須實施分層負責與授權。

（六）年輕人辭職他去時：一個年輕的成員，他對自己有無發展前途感到最為關切，如一旦使他感到在組織內無法學得新的學識經驗與技能，原有的學識與技能難以施展，久任原有工作致感到乏味與厭倦，他卽會離職他去。因而此亦為須實施分層負責與授權的徵候。

（七）主要職位人員處事不夠主動積極時：處事的不夠主動與積極

多係環境所造成，如未授與成員權責，致在處事時不敢自作主張，處處須聽命於人，養成依賴心理。如此種現象在主要職位上出現，更有從速實施分層負責與授權，以啟發其榮譽感與責任心的必要。

二、主管人員的徵候　主管人員如發現有下列情況，卽表示對其所屬需要實施分層負責與授權：

（一）感到辦公時間不够用時：如主管須在辦公時間外處理公務，自己的工作時間比屬員爲長，此種情況如係偶而發生自不足慮，如係經常發生則表示其對時間與精力未能有效的運用。因而須實施分層負責與授權，減輕自己對一般工作的負擔，以勻出部分時間與精力運用至更重要的工作上。

（二）工作中常受到屬員請示的干擾時：主管人員常受到屬員前來請示的干擾，乃表示屬員對工作無處理決定的權責，有關的權責均集中在少數人之手，自與組織的基本原則相違背，故須實施分層負責與授權。

（三）須處理部分由屬員處理之工作時：主管人員的職責與屬員的職責自應有所區別，如主管人員尚須處理一部分原由屬員處理之工作，表示權責區分不明，亦表示屬員對所任職務不能完全勝任，進而表示訓練培育做得不够，故須實施分層負責與授權。

（四）自己工作常有積壓時：此種情況的發生，不是自己過於攬權就是屬員無處理決定的權責，因而須實施分層負責與授權。

（五）認爲需要了解所屬單位之一切時：主管人員自須了解所屬單位的業務，但所了解者應是重要的業務，而非所有業務的一切情況。如主管人員無此認識，則必會感到自己過忙，不願授權。欲改變此種認識就須實施分層負責與授權。

（六）處事秘訣不肯告知屬員時：秘訣往往是經過長期間的體會所

獲的心得，如主管人員不願將秘訣告知屬員，則表示其不願訓練培育屬員為有用的人才，此種觀念須用分層負責與授權來糾正。

第三項　實施分層負責與授權的程序

期望發生良好效果的分層負責與授權的設計，應經由下列四個程序：

一、決定組織內部的層次區分　依據組織法規之所定，區分組織內部的層次。組織正副首長及單位的正副主管，通常均列為同一層次，基層主管所屬的經辦人員，於必要時亦可列為一個層次，至幕僚長如主任秘書或秘書長，應否單獨列為一個層次或併至正副首長層次，可由設有幕僚長之組織首長自行決定。

二、決定授權的項目與層次　包括下列四個步驟：

（一）列出本組織所應處理之各種工作項目：列舉時可參考組織法規中所定的任務與職掌，辦事細則及工作計畫等資料中所列舉的工作名稱。

（二）決定不宜授權的工作項目：就行政機關而言，與下列事項有關的工作項目應由組織首長自行決定，即1.關於方針、計畫、目標及政策事項；2.關於法規制定、修正、廢止及重大疑義之核析事項；3.關於年度概算之籌劃及編製事項；4.關於年度進行中申請動支預備金及辦理追加預算特別預算事項；5.關於年度終了時權責發生數之申請保留及年度決算之編製事項；6.關於組織、編制、員額、職位歸級及全盤人力調配運用事項；7.關於人事任免、遷調、考績、獎懲及其他重要人事管理事項；8.關於對民意機關報告及答覆事項；9.關於向上級機關建議、請示及報告事項；10.關於對所屬機關重要措施及中心工作之指示及督促事項。

（三）決定應予授權的工作項目：凡屬依據法規爲一定處理及與技術性事務性事項有關的工作項目，應盡量授權處理；至其餘工作項目，則應審酌其重要程度，予以授權或不授權。

（四）決定授與何人：當應行授權的工作項目決定後，應卽考慮授與何一層次的主管或何一經辦人員。在分層負責授權時尚須考慮被授權者之人的因素的原因，是希望透過授權措施來發揮下列的作用，卽1.用以訓練培育人才；2.用以補足經驗；3.得以調劑情緒；4.增進被授權者的學識與技能；5.藉以改善被授權者的品性；6.藉以充實職位的內容；7.從以加強被授權者對組織目標與工作計畫的認識。

三、規定被授權者對授權事項應行達到的標準　爲期對工作項目的處理標準，不因授權而有所變更，授權者宜規定應行達到的標準以爲被授權者遵循的依據。至規定應行達到標準的方法，與規定工作標準作爲考績依據之情況相似，可視授權工作的性質，就應行達到工作數量、或工作素質、或工作時限、或工作態度之四種方法中，選擇一種或數種應用之。爲期被授權者能眞正了解及支持此種標準，在規定時宜邀被授權者參與，或由授權者與被授權者會同規定。

四、規定檢查授權成效的方法　實施分層負責與授權後，授權者並不因實施授權而解除其對被授權者監督的責任。但監督的過嚴與過寬，均將發生不良的後果，因此授權者對檢查授權成效的方法，亦應視授權事項的性質，就下列各種方法中選用或並用之，卽（一）定期塡報統計報表；（二）隨時提出口頭報告；（三）定期提出書面報告；（四）由檢查人提出報告；（五）抄送副本備查；（六）規定授權的有效期間。

第四項　影響分層負責與授權的因素

一般組織實施分層負責與授權，其效果亦有並不顯著者，其原因爲

受着若干障碍的因素所致，而此種障碍的因素，包括有心理因素與環境因素，而心理因素中又有授權者與被授權者的因素之分。

一、授權者的心理因素 主要有下列六種：

（一）集權及控制心理作祟：授權者仍抱着傳統的觀念，認爲主管必須集大權於一身，對所屬須依靠權力來控制，因此不願對某些事項的處理決定授權與所屬。

（二）怕大權旁落難以管制所屬：認爲管制所屬的惟一有效武器就是權力，如實施分層負責與授權，卽將大權旁落，因而就失去了管制所屬的武器，故不願授權。

（三）怕被授權者有傑出表現而損及自己威嚴：認爲主管在單位內須保有高度的威嚴，主管的學識經驗應是單位內最優異者，對工作的成就亦是最大者，實施分層負責授權後，如屬員對授權事項有傑出的表現，則會使主管的威嚴受損，感到毫無光彩，因而不願授權。

（四）不信任被授權者，怕他濫用權力：此乃基於主管不信任部屬的心理，認爲一旦實施分層負責與授權後，部屬大權在手將會濫用權力，故不肯授權。

（五）顧慮所屬學識經驗能力不夠，對授權事項不能勝任：此又係另一種不信任屬員的心理，主管認爲屬員必須全部具備所需的條件後始可授權，此正與父母須確認子女能走路後始准其走路的心理一樣，而不知道授權就是訓練培育所屬學識經驗能力的措施。

（六）授權既仍須負監督之責，不如不授權：主管認爲權責既然下授，則不應再負監督之責，如仍須負監督之責，則不如不授權。其實，授權後仍須負監督之責，正是維護機關統一與完整所應有措施，如權責下授後可不再負任何責任，則無形中機關內又分裂出另一獨立的機關，使一個完整的統一的機關形成四分五裂，自屬不合。再授權後所負的監

督，多爲事後的監督，目的在了解實施授權後的業務處理情形，此與未有授權之事前監督自有不同，主管人員所化費在事後監督上的時間與精力，自比事前監督大爲減少。

二、被授權者的心理因素　主要有下列三種：

（一）怕負責任：在各所屬人員中，有者勇於負責，有者卻怕負責；怕負責任的心理中，有的由於自卑心理，有的覺得自己聲望地位或學識能力不够而不敢負責，不論由於何種原因，對分層負責與授權的實施，均會發生障碍。

（二）缺乏自信：屬員的自信心，亦會影響及分層負責與授權，卽使屬員的學識能力的條件足可接受授權，但由於缺乏自信，仍會表現出猶豫不決的心態。

（三）原有的依賴心理：在未實施分層負責與授權前，所屬處理工作均可依賴主管，根據主管的指示行事，時間一久卽會養成屬員的依賴心理，由於依賴心理的作祟，亦會使屬員對分層負責與授權的抗拒。

三、環境的因素　主要有下列三種：

（一）法規制度的約束或不够明確：如有些事項，法規規定不可授權；實施分層負責與授權的手續繁複；分層負責明細表的經常修正與不修正均有困難；對分層負責事項的規定不够明確；對處理授權事項應行達到的標準未有規定，或規定得不够確實；對授權後的監督，未能發揮效果等。

（二）授權者與被授權者的行爲未能適應：如實施分層負責與授權後，被授權者仍事事請示上級，而授權者仍頻頻過問授權事項的處理，均使分層負責與授權只成爲形式，而未發揮實質效果。

（三）社會人士的行爲未有改變：如有事就要找首長，使得首長對組織各種事務的處理，不得不過問以求了解；對不以首長署名的公文認

爲不愼重，致影響及公文形式的革新。

第五項　對分層負責與授權應有的認識

爲消除影響分層負責與授權效果的心理與環境因素，必須建立授權者、被授權者對分層負責與授權之應有的認識與共識，並須求其他方面的配合。

一、**授權者應有的認識**　授權者對分層負責與授權，應具有下列的認識與行爲：

（一）應顧及被授權者的興趣與專長：向所屬闡述分層負責與授權的益處，以提高被授權者的興趣，使其樂意的接受；再所授權事項須與被授權者的專長大致相配合，以增加其對分層負責與授權的信心。

（二）授權工作份量不宜過多且宜漸次進行：如授權的工作份量過多，將會增加被授權者過量的負擔，殊有不宜；再授權的工作宜先易後難，先輕後重，使被授權者在授權的訓練培育中，漸次的獲得學識經驗與技能。

（三）對被授權者有權決定處理事項儘量由其決定：如此可減少對被授權者之不必要的干與，以期被授權者眞正負起分層負責的應有責任。

（四）對被授權者所決定處理事項儘量給予支持：如此可增加被授權者對授權事項的信心，但如被授權者確有違法或不當且情節重大時，自應予以糾正。

（五）發現被授權者有錯誤時不應苛責：如發現被授權者有錯誤，重要的是如何糾正其缺失，並不是苛責。而且苛責會引起被授權者心理的不安，進而影響及以後對授權事項的處理。

（六）有關工作的經驗儘量告知被授權者：授權者從工作上所獲得之有價值的經驗，應告知被授權者，使其在短期內卽可了解須由長期間

始能獲得的經驗。

二、被授權者應有的認識　包括下列二點：

（一）授權是訓練自己充實自己的好機會，應欣然接受：實施授權是訓練與充實被授權者的措施，對被授權者而言是一個好機會，應該欣然接受，以增加自己的發展機會。

（二）對授權事項應切實負起責任：影響授權成敗的因素，最重要的為被授權者能否切實負起對授權事項之處理決定的責任，因此被授權者須深切了解自己所扮演角色的重要。

三、授權者與被授權者應有的共識　主要有下列三點：

（一）授權是勢所必須應予實施：實施授權，可增進行政效率，使主管的時間與精力獲得更有效的運用，訓練培育人才，啟發榮譽感與責任心，故從多種角度看均有其必要，身為主管或所屬，均應支持其實施。

（二）授權者與被授權者間應建立起互信：如授權者對被授權者的學識經驗能力應具有信心，被授權者會切實負起責任，對授權事項會作最妥善的處理決定；被授權者對授權者的善意亦應具有信心，如授權者是在訓練培育被授權者等。

（三）適當的標準，適度的監督：對授權事項，應訂定處理時應行達到的標準，俾有所遵循；對授權後的監督方式，應作適當的選用。

四、其他方面　如檢討有關法規，以發揮分層負責與授權的效果，向社會人士作適當宣導，以增加其對分層負責與授權的認識。

第三節　推行工作簡化

除評鑑組織及實施分層負責與授權外，尚須推行工作簡化，以節省

更多的人力、時間與經費。茲就工作簡化的意義與需要，檢討工作項目，改進工作方法，採取配合措施，對推行工作簡化應有的認識，分項簡述如後。

第一項　工作簡化的意義與需要

工作簡化在事業機構已行之有年，且效果良好；近來被引進至行政機關，由於主管機關的大力推動與各機關的認眞執行，也已發揮了很好的成效。茲就其意義與需要說明如下：

一、工作簡化的意義　工作簡化，就是停辦不需要的工作，緩辦不急要的工作，對必須辦理的工作，使它的工作方法簡單化，以期一方面可節省人力、時間與經費的浪費，另一方面又可使工作做得更好。

二、推行工作簡化的需要　行政院孫院長於六十七年六月十七日，對行政院人事行政局發出指示：「各機關應積極推行工作簡化，工作簡化運動不是複雜困難的管理技巧，今後應把這任務、觀念、方法介紹到行政機關去，透過工作簡化，可以減少工作程序、便民和減少用人，提高效率，並可藉工作簡化，檢討人員的增減，釐訂合理的員額設置標準，所以立即要推展此項工作，不只是人事行政局應推動，所有各部會、各機關首長，都應主動推行，已做的再檢討，未做的趕快做」。根據此一指示，吾人可知工作簡化是基於下列需要而推行：

(一) 緩和員額的日趨膨脹：政府機關的員額，隨着業務的增加而膨脹，為緩和此種膨脹的速度，有推行工作簡化的必要。

(二) 減輕用人費負擔的沉重：由於員額的不斷膨脹，至用人費的負擔亦日趨沉重，並進而影響及公敎人員待遇的調整，故須推行工作簡化以減輕負擔。

(三) 簡化處事程序加強便民：尤其與民眾有關事項的處理，為加

強便民，必須簡化其處理程序，在此民主時代之為民服務的政府，更有其需要。

（四）藉工作簡化以檢討機關用人的增減：一般機關常以增加業務為由要求增加員額，對原有人力是否已作充分的運用，原有的不必要的業務是否已予停辦等，多未作深入考慮。因此對要求增加員額的機關，應先要求其推行工作簡化， 如經工作簡化之結果， 確感人力仍有不敷時，始考慮酌增員額。

（五）藉工作簡化訂定員額設置標準：一般機關要求增加員額時，多非根據某種標準而提出，審核員額時亦缺乏客觀的標準作為依據，致有發生討價還價的情形。推行工作簡化，可使工作程序方法標準化，進而訂定各種員額的設置標準，可作為各機關申請、審核與核定需用員額的依據，使員額的設置合理化。

以上五種需要，均與效率有關，因此推行工作簡化是增進行政效率的利器。

第二項　檢討工作項目

推行工作簡化，依「行政院所屬各機關推行工作簡化實施要點」的規定，其工作可分為三個段落，即一為檢討工作項目，二為改進工作方法，三為採取配合措施。除後二個段落的工作，分別在第三、第四項敍述外，檢討工作項目則在本項中簡述之。

一、列出工作項目　工作項目就是一種工作的名稱。各單位主管人員應先要求所屬人員， 把日常所處理的工作， 一項一項的列出工作項目，送由主管人員整理後，列出本單位的工作項目清單，接着由主管人員召集所屬人員檢討。

二、檢討的重點　當檢討工作項目時，其重點為：

（一）法定職掌工作以達成當前工作目標所必須者爲限：雖爲法定職掌工作，若非達成當前工作目標所必須時，應考慮暫時的停止或緩辦。

（二）非法定職掌工作可廢止者廢止，可緩辦者緩辦。

（三）同性質（或屬同一程序、同一地區、同一產品）的工作，儘量由同一人員經辦，同一單位主管。

（四）各工作人員的工作量力求相當；各單位業務與人力配置力求平衡。

爲便於檢討工作項目，必要時得製作本單位人員工作分配表後再作檢討。

三、檢討的目的 檢討工作項目的目的，在廢止不需要的工作，緩辦不急要的工作，及集中現有人力、時間與經費，辦好應辦的工作。

第三項　改進工作方法

經檢討工作項目的結果，對必須繼續處理的工作項目，則進一步的研究改進其處理步驟與方法。

一、選定部分工作項目先辦 改進工作方法的工作甚爲繁複，所化費人力、財力與時間亦較多，因此最好能選擇部分工作項目先辦，而後再擴及其他的工作項目。爲期先辦改進工作方法的項目能產生良好的效果，應就具有下列情況的工作項目，先予選定辦理，即（一）化費人力、時間、經費較多者；（二）作業流程較長者；（三）常不能如期完成者；（四）處理時困難較多者；（五）民眾申請案件；（六）公文處理程序。

如依上述情況選定項目先辦改進工作方法，則會易於收到效果，使機關成員及民眾對工作簡化產生信心，再以所節省的人力、時間與經

費，從事其他工作項目之方法的改進。

　　二、改進工作方法的程序　研究一個工作項目之工作方法的改進，通常須經過下列三個程序：

　　（一）了解現況：即先了解一個工作項目在處理時，由開始至完成，目前究竟是經過那些步驟，而後再進一步了解每一個步驟的工作是由何人處理，用多少時間處理，在何地處理，及用什麼方法技術處理。必要時並將各步驟及每一步驟的人、時、地、技，用圖表顯示，此種圖表通常稱為工作進程表。

　　（二）檢討缺失：在檢討工作進程表中各個步驟及每一步驟的人、時、地、技時，可先檢討步驟，再檢討人、時、地、技。

　　1. 檢討步驟：對每一步驟先檢討其可否取消，如不能取消再檢討其可否合併，如不能合併再檢討其先後順序須否調整，並儘量發現其缺失。

　　2. 檢討人時地技：步驟經檢討後，對必須保留的步驟再檢討其人員配置是否適當，所需時間是否確實，工作地點是否適合，所用方法技術是否有效，並儘量發現其缺失。

　　3. 檢討的目的：對步驟及人、時、地、技的檢討，其目的在發現可以取消、歸併、調整的步驟；發現各步驟中人員配置的不當，時間浪費之所在，距離不必要的疏遠，方法技術上的缺失。

　　（三）謀求改進：對經由檢討所發現的缺失，作下列改進：

　　1. 步驟方面：取消不必要的步驟，歸併有密切關聯的步驟，配合流程調整步驟的先後順序。

　　2. 人時地技方面：各步驟工作由最適當的人擔任，減少不必要的人手；消除等待、往返、準備及收場等時間；拉近各步驟的工作地點；以機具代替人工，必須用人工時，亦應用動作與時間研究的技術，以最

少體力、最少動作、最短時間、最舒服姿態來完成工作。

　　經就所發現的缺失予以改進後，新的工作方法就此而建立。

第四項　採取配合措施

　　當一個工作項目之新的工作方法建立後，是否立卽可以應用，尚須加以考慮。因爲工作方法改變後，可能會涉及原有工作步驟的變更，人員的調整，地點時間的更改，工作項目處理決定權的變動。因此，在決定應用新的工作方法之前，須先考慮下列問題，必要時並須在各該問題上採取配合的改進措施，以期新的工作方法能順利的應用。

　　一、有關單位的職掌須否配合調整　各單位的職掌，在組織法規或辦事細則中多有明文規定，由於工作項目及工作方法的改變，會否涉及原定職掌的區分？如有，卽須建議調整職掌。

　　二、分層負責明細表須否配合修正　各工作項目的處理決定權責，多在各單位分層負責明細表中明定，以爲實施分層負責與授權的依據，如因工作簡化而涉及原有工作項目處理決定權責之變更時，亦須建議修正分層負責明細表。

　　三、某些職位須否重新組合　工作簡化，很可能涉及各步驟之人員、時間、地點、方法技術的變更，因而可能使某些人的職位工作量增加或減少，爲免工作人員過於忙碌或清閒，對其職位宜作重新的組合。

　　四、有關程序性法規須否修正　法規，依其內容可區分爲實質性的法規與程序性的法規兩種，後者多係規定處理業務之程序及應行注意之點，如注意事項、實施要點等，多屬程序性的法規。工作簡化涉及處事程序之變更的最爲常見，故與改進工作方法有關的某些程序性的法規，應作須否配合修正的考慮，如須修正，則應予以修正。

　　五、辦公處所的分配與辦公桌椅的排列須否調整　工作簡化涉及步

驟與地點調整的亦甚爲常見，爲配合流程與地點的變更，須否重新分配辦公處所，須否重新排列辦公桌椅，自須加以考慮，如認有必要，自應加以調整。

第五項　對推行工作簡化應有的認識

爲期工作簡化推行順利，對下列各點應有所認識。

一、推行工作簡化正是時候　由於政府業務的不斷擴增，及民眾對政府期望的殷切，如只憑以往不知不覺的、憑個人與之所至的去改進工作方法，已不能適應當前的需要，故行政院對所屬各級機關作全面的有計畫的推行工作簡化，實有其必要，亦正是時候。

二、推行工作簡化是一種投資　工作簡化的推行，須化費相當的人力、時間與經費，故亦可說是一種投資，但一個企業家並不怕投資，只怕投資後沒有報酬。工作簡化雖亦是一種投資，但我們相信，這種投資不但會有報酬，且報酬率亦會很高，因此是值得我們去做的。

三、在檢討改進時不要因小而不爲　不論爲檢討工作項目或檢討現有工作方法的缺失，及對缺失的改進，不要因小而不爲，一點小的缺失或改進固不足道，但數點小的缺失與改進就可成爲一個大的缺失或改進因此對小的缺失與改進都不要放過。不要因爲原來在做的工作項目就不加檢討而繼續做下去，不要因爲原來在用的工作方法就不加檢討而繼續用下去，不要受太多的舊的約束，不要因可能發生的小流弊而在程序上加以許多的限制，只有抱着這種態度去檢討，才會有收穫。

四、推行工作簡化是大家的責任　工作簡化，是主管人員與業務經辦人員共同的責任，故主辦單位應鼓勵業務主管人員及經辦人員經常參與意見，以期加深對工作現況的了解，缺失的發掘，及做到有效的改進。

五、工作簡化是人人能做 工作簡化並無高深的學理與技術，是人人能做的，只怕人人不屑去做。因此，如何引起工作人員對工作簡化的重視，及如何促使工作人員參與工作簡化的推行，亦屬不可忽視。

六、工作簡化是經常性的工作 推行工作簡化是經常性的工作，工作方法的改進是永無止境的，現在認爲是最好的方法，當新技術新工具發明後，可能又可作更新的改進了。

七、工作簡化不會引致裁員 工作簡化的主要目的，並不在透過工作簡化來裁減人員，而是在工作簡化後，將所節省下來的人力、時間與經費，投到更重要的工作上，投到應該做而沒有做的工作上，使得人力、時間與經費均能獲得更有效的運用。再就公敎人員的成長來看，推行工作簡化只希望做到人員成長率的趨於緩慢，而不在裁減人員，一個眞正能工作肯工作的人，機關及主管都是求之不得，那裏會作無故的裁減，故此種顧慮是不必要的。

第四節 整理法規

在行政管理革新聲中，除評鑑組織、分層負責、簡化工作外，尙須整理法規。茲就整理法規的意義與需要，整理法規的方法，整理法規的程序，分項簡述如後。

第一項 整理法規的意義與需要

整理法規爲行政機關重要的革新工作之一，其意義與需要如下：

一、整理法規的意義 係指就現行法規作全面性的檢討，而確定其修正、廢止或從新制定法規之謂。整理法規固亦不免另訂新法規，惟其主旨則在去蕪存菁，化繁爲簡，故可收簡化法規之效果，尤以行政管理

法規之數量繁多，內容複雜，由於發佈時間之不同，再由於發佈新法規時，並不一定卽會將與新法規重複或牴觸者同時廢止，故整理法規乃成爲行政管理上當務之急。

二、**整理法規的需要**　行政管理法規之整理係基於下列需要：

（一）消除法規間的矛盾牴觸：　法規多在不同的時間，不同的主管，應不同的需要而陸續訂定與發佈；再訂定新法規時多只顧及當時的某種需要，而少有修正原有的有關法規，致新法規發佈後，呈現出新舊法規間的矛盾與牴觸的現象；此種矛盾與牴觸現象的存在，使得用法者不知如何取捨，民眾不知所從，同時亦顯現出政府政策的紛歧。爲消除此種現象，自需整理法規。

（二）減少法規間的重複紛歧：　由於法規種類之繁多，內容之複雜，訂定法規之機關的眾多，發佈時間的先後，致法規間之重複與紛歧現象，在所難免。此種法規的重複與紛歧，均將增加用法者與守法者的困擾，對心術不正者更可左右逢源或鑽法規漏洞，謀取不法利益，故亦有藉整理法規來消除此種重複與紛歧的必要。

（三）配合社會實際需要：　社會是在不斷的發展與進步的，由於社會情勢的改變，對早期發佈的法規，能否仍適用於情勢已有改變的社會，實有加以檢討的必要，如發現有與現時社會情勢不適當時，自須加以配合修正。此項工作亦可配合整理法規時進行。

（四）使法規簡便易行：　法規與大眾利益關係最大，因而大眾亦有權要求使法規簡便易行，如此不僅使大眾易於明瞭法規的內容，進而取得大眾對法規的支持，更可使執法者執行法規時亦較爲便利。

（五）增加便民：　爲期民眾易於了解法規內容，法規的用語須求簡淺，法意更要明確。由於民眾的知法，可促使民眾的守法，民眾的權益亦可獲得更多的保障，故藉整理法規，亦可收便民的效果。

第二項　整理法規的方法

整理行政管理法規，爲期獲得效果，應注意下列方法：

一、通盤檢討　由各機關對主管之現行法規（含停止適用者在內），作通盤的檢討，法規內容涉及其他機關之業務時，應由主管機關會商有關機關共同檢討。

二、廢止法規　經檢討發現有下列情事之一的法規時，該法規應卽建議廢止，卽（一）完全不合時宜或不合政策者；（二）規定之作法窒礙難行而無繼續施行之必要者；（三）與其他法規矛盾、牴觸或重複而無繼續施行之必要者；（四）依中央法規標準法規定應予廢止者（卽1.機關裁併有關法規無保留之必要者；2.法規規定之事項已執行完畢或因情勢變遷無繼續施行之必要者；3.法規因有關法規之廢止或修正致失其依據而無單獨施行之必要者；4.同一事項已定有新法規並公佈或發佈施行者）；（五）依行政院所訂行政機關法制作業應注意事項規定應予廢止者（卽1.完全不合時代要求、不便民或阻碍革新者；2.行政規章與法律牴觸者；3.規定事項可以一般行政命令替代或已有新法規可資適用，舊法規無保留必要者；4.母法業經廢止或變更，子法失其依據無保留必要者；5.已不適用或就母法加以補充修訂卽足資適用，子法無保留必要者；6.其他情形無保留必要者）。

三、合併法規　有下列情事之一之法規，應予合併，卽（一）數種法規所規定之事項相同者；（二）數種法規可以歸併爲一通則性之法規者；（三）數種法規合併爲一種法規更便於查閱或可避免規定之重複分歧者。

四、修正法規　有下列情事之一之法規，應予修正，卽（一）部分規定不合時宜或不合政策要求者；（二）規定之作法窒碍繁瑣，應予簡

化者；（三）規定之手續、表式、書件並非必要者；（四）與相當法規之規定矛盾、牴觸或重複分歧者；（五）依中央法規標準法規定應予修正者（卽1.基於政策或事實之需要有增減內容之必要者；2.因有關法規之修正或廢止而應配合修正者；3.規定之主管機關或執行機關已裁併或變更者；4.同一事項規定於二以上之法規無分別存在之必要者）；（五）依行政機關法制作業應注意事項規定應予修正者（卽1.基於政策或實際需要或因有關法規之修正或廢止，其規定有增、刪、修正之必要者；2.規定事項部分已不適用，不合時代要求，不便民或阻碍革新者；3.同一法規內容前後重複矛盾者；4.數種法規相互牴觸者；5.其他情形有予修正必要者）。

五、解析函令的停止適用　行政機關之解析函令，有下列情事之一者應卽停止適用，　卽（一）內容與法規分歧、牴觸或逾越法規之本意者；（二）內容不合理、不便民或與當前政策不符者；（三）所析之法規條文已修正或刪除者；（四）內容與其他解析分歧、牴觸或重複者；（五）就個別案件所作解析無援用價值者；（六）其他情形無適用之必要者。

第三項　整理法規的程序

依行政院發佈之加強整理行政院所屬各機關現行法規方案之規定，整理法規之程序分下列三個:

一、各機關自行檢討　各機關自本方案實施之日起（六十九年二月一日起實施），應就主管現行法規詳實檢討，於三個月內訂定整理計畫進度目錄二份送院，並卽實施整理。上述整理計畫進度目錄共分五種，卽（一）廢止部分進度目錄；（二）合併修正部分進度目錄；（三）修正部分進度目錄；（四）暫停適用部分進度目錄；（五）保留部分進度

目錄。

二、對法規的處理　對應行廢止、合併、修正的法規，依下列方式辦理：

（一）法律，定有施行期限者，期滿當然廢止，但應由主管機關公告之；未定有實施期限而認須予廢止者，應一律送院核轉立法院審議。

（二）前國民政府公佈或核定（備）之法規，一律送院轉報總統。

（三）由院發佈或核定由主管機關發佈之法規，一律送院核辦。

（四）各機關依法定職權或基於法律授權訂定之法規，由各機關逕行辦理，並副知院法規委員會。

（五）省市政府法規之整理，比照本方案自行擬定具體計畫辦理，並限期完成，將成果報院。

三、整理期限　自實施之日起一年內全部完成。

第三十一章　有效運用資源

本章所稱資源，係指人力資源與財力資源而言；資源是有限的，需求是無窮的，因此在行政管理革新的目標下，各組織對人力與財力必須作有效的運用，以消除浪費。茲就有效運用資源的需要，謀求人與事的配合，人才與工作的交互發展，根據需求順序決定財力支應，根據成本效益分析決定財力分配，分節敍述之。

第一節　有效運用資源的需要

各組織以有限的人力與財務，須應付無窮的需要，致使有效運用資源有其需要性。茲分需求的增加，人力的膨脹，財力的成長，有效運用資源的需要四項，簡述如後。

第一項　需求的增加

政府組織的需求，基於下列原因，乃在不斷的大幅增加。

一、政府對民衆的期許　一個大有爲的政府，對民衆必有所期許，我們的政府正是如此，蔣總統經國先生所講的下列三段話，正可表示出

我們政府對民眾的期許:

(一) 公務員要認清國家當前處境，了解自身職責……做到無官不是公僕，和一個眞正爲國効命爲民服務的政府。

(二) 對行政同仁的中心要求， 在於以責任觀念， 來激發工作熱忱; 以效率觀念，來擴大施政成果; 以公僕觀念，來加强爲民服務; 以創新觀念，來不斷硏究發展; 以團隊精神，來發揮整體力量。

(三) 各級行政機關……處處以民眾的利益爲利益，以民眾的願望爲依歸。

二、民眾對政府的需求　由於經濟的持續發展，國民所得的不斷增高，敎育水準的提高， 及民眾的物質生活早已獲得適度的滿足，致民眾開始精神生活的追求，高層次需要與願望的滿足。故現今的民眾已與以前不同，民眾對政府的期望亦愈來愈大，對政府施政的批評與建設性意見亦愈來愈多，因而民眾對政府的需求亦在不斷的增加與提高。

三、各單位對組織的需求　組織內部的各單位，爲配合民眾的需要與願望，本於爲民服務的精神，應行推動的業務不但量的方面須增加，質的方面亦須提高，因而對組織的需求（尤其是人力與財務的需求）亦在不斷的擴增。

四、員工對組織的需求　各組織的員工, 亦在增加其對組織的需求，如改善待遇，佈置良好的工作環境，加强各種福利設施，及管理措施的合理化等，如組織要實現員工的此類需求，亦須增加人力與經費。

第二項　人力的膨脹

各組織的人力，由於需求的增加亦在不斷的膨脹，由人力的膨脹致又增加了用人費的負擔。

一、政府組織人力的膨脹　就以行政院所屬各級機關、事業機構及

公立學校的公敎人員數而言，六十一年底爲三〇九、一〇一人，六十五年底爲三六八、〇三〇人，七十年底爲四三六、五八八人，在此前後九年間，平均每年的增加率爲３％弱。

二、用人費負擔的增加　各組織增加人員，必會增加用人費，而用人費並不只限於俸給費用，凡因增加人員而增加的各種支出均包括在內，每增加一人所需增加的支出，約爲該人員一年法定俸給數的百分之一百三十，再有的機關，其用人費已達機關預算的百分之五十。因此爲減輕用人費的負擔，對人力的增加率必須加以適當的控制，亦只有如此，公務人員的俸給才有繼續合理調整的可能。

三、公務人員未有充分運用　值得吾人注意的是，一方面公務人力在不斷的膨脹，加重了用人費的負擔，另方面對已有的公務人力卻又呈現出未能充分的運用，這從有些工作人員工作情緖的低落，部分學有專長人員無法學以致用，政府曾一再強調要處理無效人力，及規定資遣辦法等現象與措施即可推斷。因而如何進一步的做到人力更充分的運用，已成爲行政管理革新聲中的重要課題。

第三項　財力的成長

各機關預算額度，一般而言雖在成長，但總難適應全盤的需求。

一、預算額度的成長　政府組織的預算額度，最近十年來，均在持續的成長，惟七十三年度的預算，因受經濟不景氣的影響，中央政府預算與臺灣省政府的預算呈現了少許的負成長。由於預算成長的緩慢，而業務的成長快速，致抵銷了預算的成長度；再加上物價的變動及貨幣的貶值，致預算的成長又打了一個折扣。故預算在數字上雖有相當的成長，但在實質上其成長是有限的。

二、仍難適應全盤的需求　政府的支出是極其龐大的，敎育、經濟

建設、國防、社會福利等方面的支出，爲提高國民素質、發展經濟、鞏固國防、增加民眾福祉，均須大幅的增加，如何以有限的預算來支應無窮的需求，在編製及分配預算時，確是費盡心思而仍難盡如人意，因而如何使財務獲得更有效的運用，亦爲行政管理革新聲中所不可忽視者。

第四項　有效運用資源的需要

有關人力及財力須作有效運用，因下列情況而增加了迫切性。

一、公務人力的膨脹仍在持續　政府雖已採取若干有效措施，以遏止公務人力的膨脹，並大力消除無效人力，但其成效尚欠顯著，且僅有的成效亦常因增加新的機關致增加大批人力的結果而被抵銷。一般組織覺得人力不足而要求增加員額者，仍屬常見。

二、公務人員對調整待遇的期望　公務人員的待遇，由於多年來的繼續調整，已達到相當的水準，但如與公營事業人員的待遇相比，則仍有遜色；如與民間事業相比，中高級人員待遇仍較民營人員爲低，至技術人員的待遇，則普遍較低，因而引致政府組織中高級人員及技術人員的外流，特殊技術人員的難於羅致，故一般公務人員對待遇的調整仍有期待，爲羅致特種技術人員及留住優秀的人員，繼續的調整待遇仍有其必要。

三、財力與政府需求間的距離仍繼續存在　如在經濟發展到須改變經濟結構之時，政府必須投入大量資金始能完成此一任務；爲改善人力品質，敎育的支出仍須繼續的增加；爲鞏固復興基地並作光復大陸的準備，國防的支出更不能少；爲配合經濟發展，交通建設仍須加强；爲期民眾能過着安和樂利的生活，社會福利支出自須增加；故政府的支出不但會繼續增加，且增加的幅度也許比以往的還要大。政府的收入雖亦會成長，但成長究屬有限，實有財力與政府需求之間的距離尚難消除。

四、**對人力與財力的有效運用已刻不容緩**　在此人力與財力資源呈現求過於供的情況下，對人力與財力資源須作有效的運用，以發揮人力與財力的最大效果，已極爲迫切，各組織之管理當局自須積極規劃辦理。

第二節　謀求人與事的配合

爲期人與事配合以加強人力運用，一方面須作工作的分析與設計，另一方面須作人員專長的分類，而後謀求人與事的配合，並消除無效人力，以期人能盡其才、事能竟其功。茲分項簡述如後。

第一項　工作的分析與設計

工作的分析，係指根據工作的事實，分析工作的性質、繁簡難易、責任輕重，及執行工作應行具備的學識經驗與技能，進而訂定擔任工作所需要的資格條件；工作的設計，係指配合員工的心態與體能，對工作環境、機器設備、訊息語言、操作程序等，作特別的設計，以消除員工不滿心理、減少意外災害，及增進工作效率所作之設計。茲說明如下：

一、**工作分析的程序**　工作分析的程序與組織所採用的人事體制有關，如爲職位分類制，則可以職位的歸級代替工作分析；如採工作評價制，則可以工作評價代替工作分析；如採職務等級制，則須重新辦理工作分析，其程序爲：

（一）工作的含義：在職務等級制中，凡分配由同一職稱人員所擔任的工作與責任，均可合稱爲「工作」。

（二）了解工作：用以了解工作現況的方法甚多，應視其需要並兼顧所付代價與所獲正確事實之原則下，就下列方法選用或並用之：

1. 書面調查法: 事先設計表格, 分發由現任人員填寫, 從表填資料中了解工作的情況。

2. 面談法: 由分析人員與現任人員面談, 從中了解工作的內容。

3. 實地觀察法: 由分析人員赴工作現場, 觀察工作的進行, 必要時並與現任人員交換意見, 從而了解工作內容。

4. 綜合並用法: 就上述三種方法綜合並用, 以了解工作內容。

(三) 分析工作: 就所了解之工作內容, 先分析各種工作的性質, 及擔任該種工作須具備何種學識、經驗及技能; 再分析各種工作的繁簡難易及責任輕重情形, 及擔任該種工作須具備何種水準或程度的學識、經驗及技術; 而後再規定擔任該種工作在學歷、經歷、訓練等方面所應具備的資格條件。根據分析結果, 並製作職務說明書, 以為了解該職務工作內容及執行工作所需學識、經驗、技能及資格條件的依據。

二、工作設計的程序 一個組織的員工, 在心理上對工作是否感到興趣, 對管理措施是否感到滿意, 對工作有無責任心及成就感, 在操作時體能是否承受得了, 凡此均會影響工作效率, 因此對工作應就下列各點, 作一番設計:

(一) 改善工作環境: 改善時, 在照明方面應保持適當的光度, 適度的對比, 間接的照射; 隔離噪音; 空氣方面應保持舒適的氣溫, 相當的濕度。

(二) 機器設備與人員的配合: 如機器設備零件與儀表的設計, 須配合使用人的能力與限制; 新機器系統的發明或設計, 須考慮及使用及操作者之人的條件、人的甄選與訓練等因素; 人在機器作業中仍保持其應有的任務。

(三) 訊息語言設計與人員的配合: 如訊息的設計, 須與人的視覺聽覺相適應; 語言溝通系統的設計, 應盡量減低噪音的干擾。

（四）操縱機具設計與人的配合：如選用最佳的操縱機具，注意裝置操縱機具的原則。

（五）人體部會與動作經濟原則的配合。

第二項　人員專長的分類

人員專長的分類，可分廣義的專長分類與狹義的專長分類，前者包括人格、智力、性向、體能、學識、經驗、技能等的分類，後者僅就學識、經驗、技能的分類而言。茲就狹義觀點的專長分類說明之。

一、專長的意義　專長指個人所具有之學識、經驗與技能，包括專長性質與專長程度二者。專長性質，指具有何種類別的專長，如土木工程的學識、經驗與技能；專長程度，指具有何種水準或等級的專長，如初級人事行政專長，高級化學工程專長。

二、專長的取得　個人所具有的專長，多係經由下列方式而取得：

（一）考試：經由國家舉辦之某等類考試及格並具有及格證書者，可認為具有與該考試及格等類相當之性質與程度的專長。

（二）學歷：經公私某等級學校某系科畢業並具有畢業證書者，可認為具有與該畢業學校等級系科相當之性質與程度的專長。

（三）經歷：對同性質與程度工作從事若干期間（如二年）以上並取得證明者，可認為具有與該種工作性質及程度相當的專長。

（五）訓練：經相當期間（如六個月以上）之某種專業與程度之訓練且成績優良並取得證書者，可視為具有與該訓練之專業與程度相當的專長。

（五）著作發明：曾撰寫著作或提出某種發明，經學術機關或專利機關審查通過並具有證明者，可認為具有與該種著作或發明之性質與程度相當的專長。

三、專長的認定　除因考試及格所取得專長，在政府機關可單獨使用，可直接作為任用資格外，經其他方式所取得之專長，通常須併同考試及格的專長使用，如未具考試及格的專長時，則不能單獨使用。換言之，其他方式所取得的專長不能直接作為任用資格，只能對依法任用的人員作為調職的依據。再同一人員所具有專長可有多種。

四、專長分類與工作分析的配合　專長的類別與等級的區分，應與工作分析所得的性質與程度的區分相配合，如專長區分為五十類，九個等級，則工作的性質亦宜區分為五十種，程度區分為九個等次，如此才能謀求人與事的配合。

第三項　謀求人與事的配合

為求人與事的配合，應先認定各種職務的性質（職系）與程度（職等），以為進用人員及人員調任之依據，再本為事擇人原則進用人員，本因材器使原則辦理調任。簡說如下：

一、認定職務的職系與職等　經由工作分析後，應將一個組織的各種職務，應依其性質與程度分別註明其所屬職系及職等，並以職務之職系職等表定之。如遇及各種職務之工作有重大變動，致須調整其原定的職系與職等時，則應修正原定的職務所屬職系職等表。

二、為事擇人進用人員　進用新人時，其所需具備之專長的種類與等級，應與擬任職務所屬之職系及職等相當，並以考試方式進用，其考試之類科與等別，亦以該職務所屬之職系與職等為準，應試科目亦依執行該擬任職務所需要之學識、經驗與技能為主。若此，凡考試成績優良者，對擬任職務必能勝任愉快，新進人員的專長亦必可在職務上獲得充分的運用，該擬任職務的功能亦可得到充分的發揮。

三、登記現職人員專長　對現職人員，應就其所具考試及格、學

歷、經歷、訓練、著作發明等資歷，分別認定其所具專長的類別與等級，並在人事記錄上予以登記，以備調職時之參考。如現職人員取得新的專長時，應卽補充登記。

四、因材器使調任人員　對現職人員，爲增進其經歷及不使在原職上任職過久而影響及工作情緒，自有實施調任的必要，而調任職務則應以因材器使爲原則，使現職人員的專長，可在新職上得到更多的發揮，在新職上創造更多的成就，使調任人員對組織提供更多的奉獻。

第四項　消除無效人力

爲充分運用人力，除謀求人與事配合外，尚須以資遣方式消除無效人力，以減輕用人費的負擔及維護員工士氣。

一、無效人力之來源　一般機關產生無效人力的原因，不外（一）因機關裁撤或業務緊縮所產生的冗員；（二）現職工作不適任或現職已無工作而又無其他適當工作可資調任之人員；（三）久病致身體衰弱難以勝任職務而又未達心神喪失或身體殘廢命令退休之人員。此種人員如予免職尚缺乏法律依據，且亦易引起彼等之抗拒，如予退休又與規定不合，如讓其繼續留任現職，又多不能勝任職務，致影響及其他人員的工作情緒，故亟須加以處理消除。

二、以資遣消除無效人力　凡具有上述情況之人員，如未合退休規定者，應予以資遣。因機關業務緊縮須裁減其中一部分人力時，則應根據留優汰劣原則，訂定資遣順序辦理資遣，其順序可按所具學歷的高低、年資的長短、考績的優劣而安排，必要時並得根據學歷、經驗、考績等因素分訂評分標準，根據評分高低排定順序，以倒的順序辦理資遣，直至資遣定額的人數止。

三、規定資遣給與　對被資遣人數，應給與資遣費，其計算標準以

任職年資與資遣時所支月俸額爲準，凡任職滿一年者給與一個月俸，未滿一年者以一年計；任職超過一年者，每超過半年加給一個月俸，未滿半年者以半年計；滿十五年者另一次加給兩個月俸，最高以至六十一個月俸爲限。其有不願資遣者，可予留職停薪；留職停薪人員，遇及機關須增加人員時得優先再用。

第三節　人才與工作的交互發展

各組織用人，不應以用勝任現職工作的人爲滿足，而應用具有發展潛能及對組織可提供更多貢獻的人；各組織的業務，亦不應以維持現狀爲滿足，而應不斷謀求改進與創新。欲達此一目的，須一方面提高人員素質，二方面從工作發展人才，及三方面以人才發展工作。茲分項簡述如後。

第一項　提高人員素質

爲提高人員素質，於遴用人員時，除應注意擬任職務所需之知能外，爲期將來能有發展機會，更宜注意下列各種條件的具備。

一、具有較高的學識水準　遴用人員的學識水準，宜比執行職務所需要者爲略高，如執行職務所需學識爲專科學校畢業之水準時，宜遴用具有大學畢業學識水準者爲適當，由於具有略高的學識水準，不僅對擬任職務所需的學識已經具備，即使將來升任較高職務時，在學識方面亦能適應需要。

二、有發展的潛能　員工擔任同一職務的期間，尤其是較低級職務的期間，不宜過久，否則易對工作發生厭倦心理，降低工作情緒，影響工作效率。爲期不久任於一職，則須使員工有發展的機會，而員工的發展則有賴於發展潛能的是否具備。因此羅致具有發展潛能的員工時，則

將來可有較多的發展機會，只能久任於一職的現象可以減少，並有利於提高工作情緒與工作效率。

三、了解員工的性向與智力　了解員工的性向，可判斷其發展的方向，如具有機械性向者，可協助其在工程方面發展；具有文書性向者，可協助其在文書工作方面發展。了解員工的智力，可判斷其從事業務的範圍，如智力高者，從事於研究發展方面工作，將可獲得較高的成就；智力較低者，宜從事於較爲固定、呆板的工作等。

四、了解員工的人格特性　人格特性能否與工作相適應，亦須加以愼重的考慮，尤以從事高級職務者爲然。如情緒、價值觀，均屬人格的重要特性，據學者研究，高級主管在職務上的失敗，由於學識不足所致者僅爲少數，由情緒不穩定所致者反而爲多數；又價值觀，可影響及決策與解決問題的方法，如高級人員之價值觀發生偏差，則對其職務之遂行，將會發生重大影響。

第二項　從工作發展人才

訓練與培養人才最有效的方法，就是從工作中去磨練，從錯誤中去學習，爲期達到從工作發展人才的目的，下列方式有採用的價值：

一、實施有計畫的職位或工作輪調　職位或工作輪調，係將員工在同等程度之各種職位或工作間，作定期的輪調，亦卽調任至某職位或工作，俟其熟悉該職位或工作後，卽輪調至另一職位或工作，俟其熟悉情況後，再轉調至另一職位或工作，直至所有同等程度之主要職位或工作均已調任爲止。當輪調至一個職位或工作時，同時指定適當人員從旁指導，以加速其對情況的了解，並由指導人員考核其績效，俟所有主要職位均已輪調完畢，再由主管人員作總的考核，其成績優異者則予以調升。此種方式不僅可增進經歷，擴大學識及經驗廣度，更可據以拔擢優

秀，當將優秀者予以晉升後，可再作輪調的培養，一直培養至可能培養的最高限為止。

二、增設培育人才的職位 應用此種方式較多者，為增設副主管或主管助理職位，使受培育的員工在此種職位上工作，有更多機會隨同主管人員學習，並隨時可接受主管人員的差遣，辦理帶有訓練意義的工作，如在業務上遇及困難，則可隨時請示主管加以協助解決。

三、指派特別任務 即由主管人員指派特別任務交其處理，使其從特別任務的處理中，增進學識與經驗。再所謂指派特別任務，其範圍甚廣，如指派擔任較困難的工作以增加歷練，提高原訂工作標準使工作更能符合精確要求，指派處理特定工作使增加特種技能，擴大工作指派範圍以增加學識及經驗廣度，當面指導工作使能徹底了解處理工作之程序，指派參加工作會商以增見識，指定研究專題以增加專業學識，指定參加考評小組以增進分析判斷能力，指定參加學術團體以增進專門學術研究等，均屬指派特別任務以發展人才的擴大運用。

四、其他 如實施分層負責與授權，推行目標管理，不但可提高行政效率，更為發展人才的有效辦法。

第三項 以人才發展工作

人盡其才及才盡其用，是充分運用人力的原則，組織內員工的學識經驗技能，如何使其在工作上獲得充分的發揮，亦係管理者的責任，否則將造成人力浪費，員工在心理上亦無法獲得適度的滿足與成就。故從人才發展工作，不僅為管理者所企求，亦為員工所期望。下列各種方式，對以人才發展工作將有助益。

一、員工能力密集使用 指將各員工的學識才能作集體的與短期間的連續的使用。一個人的學識才能固屬有限，但兩個人的學識才能作集

體的使用時，其效果並不只等於兩個人學識才能的相加，而是兩個人學識才能的相乘；如再將學識才能作短期的連續的使用時，其功效將會更大。故員工能力的密集使用，對組織業務的創新與改革，將會提供極大的貢獻。

　　二、個人能力的高度運用　個人所具有的學识才能，不但在性質上可能包括兩種以上，且此兩種以上學识才能的水準可能亦不相等。為期發展業務，不但要使員工的學识才能獲得充分的運用，而且更要使員工水準較高的學识才能獲得充分的運用，如此始可稱個人的能力已達到最高的利用。正如一輛機動車，其載重能力為三噸，則應使其載運三噸，如只載運二噸則屬能量未有充分利用，顯屬浪費。

　　三、因人設事　因人設事係對為事擇人而言，照常情言，因人設事是與用人原則相背的，但如遇及真正的特殊人才，為充分發揮其才能，為其創設新的職位，替組織開拓新業務及謀求新發展，仍不失為用人之道。惟此種因人設事不可常為，更不可濫為，須對特殊人才為逐行特殊貢獻時方可為之，以免發生流弊。

　　四、其他　如推行獎勵建設制度，亦為以人才發展工作的重要措施，值得探行。

第四節　根據需求順序決定財力支應

　　對一個組織的需求是多方面的，因此組織為滿足需求須推行的工作計畫亦是多種的，但因財力有其限度，很難支應所有的需求，因此必須決定各種需求的優先順序，以期按照優先順序來考慮財力的支應。茲分業務的需求與行政管理的需求，科技的需求與一般業務的需求，缺乏彈性的需求與具有彈性的需求，迫切的需求與非迫切的需求四項，簡述如

後。

第一項　業務的需求與行政管理的需求

　　各組織爲遂行其任務與職掌所需推行的各種計畫，均屬業務需求，而協助業務推行的各種管理性計畫，均屬行政管理需求，原則上業務的需求應優先於行政管理的需求。

　　一、業務的需求　各組織對業務需求的性質與多寡，因機關性質及組織法規所定任務與職掌的不同而異，如行政機關的業務需求與學校及事業機構不同，同屬行政機關又因其所遂行的任務而不同，同屬一個組織，其各業務單位的需求又因職掌而不同，故業務需求的性質最爲複雜，數量亦最多。將需求訂定爲工作計畫後，工作計畫的性質與數量亦最爲複雜與龐大。

　　二、行政管理的需求　各組織爲協助業務的推行而產生的行政管理的需求，雖亦因機關性質與組織法規所定任務與職掌之不同而有若干差異，但其差異性並不大，吾人可視爲大致相同，如對組織的管理、人事的管理、財務的管理、事務的管理，均爲各組織所共有者。因此行政管理的需求，不但性質較爲單純，且數量亦較爲有限。

　　三、業務的需求與行政管理的需求的順序　業務需求既屬爲遂行組織任務與職掌之直接的需求，行政管理既爲協助業務的推行而產生的需求，是以先有業務需求而後始有行政管理需求，故在順序上應以業務的需求先於行政管理的需求爲原則，亦卽業務計畫先於行政管理的計畫爲原則，在財務的支援上，亦以優先支援業務計畫爲原則。

第二項　科技的需求與一般業務的需求

　　科技原亦屬業務的一部分，但在發展科技的要求下，致又產生了科

技的需求與一般業務的需求之優先順序問題。

一、科技的需求　科技本身只是一種工具、技術、方法，但爲推行業務所必需，故與業務本身受着同樣的重視。再當業務發展至某一階段時，如不應用更有效的科技，則將影響着業務的發展時，則科技會比業務更受重視，如電腦科技、機器科技、辦公室自動化科技、電子科技的引進與採用，已成爲我國當前的重要政策。

二、一般業務的需求　係屬科技以外的業務需求，此類需求多屬行政性而非技術性者，但行政性之業務種類，仍因機關的性質及組織法規所定任務與職掌之不同而異。

三、科技需求與一般業務需求的順序　此與一個國家的經濟發展有關，大致而言，經濟愈發展對效率的要求愈重視的國家，對重視科技的程度常超過對一般業務的重視。以我國的經濟發展情況而言，對科技需求的重視程度，已有超過對一般業務需求的趨勢，因而科技需求的順序，已有先於一般業務需求的傾向。

第三項　缺乏彈性的需求與具有彈性的需求

各組織的需求，有者是缺乏彈性的，有者是具有彈性的，就是對同一需求而言，在層次上亦有缺乏彈性與具有彈性之分，卽在某種層次以下的需求是缺乏彈性的，在某種層次以上的需求是具有彈性的，因而又須考慮到缺乏彈性的需求與具有彈性的需求間的順序問題。

一、缺乏彈性的需求　以馬斯洛 (Abraham Maslow) 的需要層次說爲例，馬氏認爲人有五個層次的需要，卽生理的需要，安定的需要，社交的需要，受尊重的需要，自我實現的需要，從彈性的觀點，越是低層次的需要越是缺乏彈性，如生理的需要是每人所必需者。各組織的需求中亦有缺乏彈性並爲逹行任務與職掌所必需者，又如行政管理的需求

言，人事管理中有關員工的待遇，保持基本生活所必須的待遇是缺乏彈性的，因爲如員工的待遇不能維持基本生活時，則一定會引起員工的不滿與紛紛離去。

　　二、具有彈性的需求　如馬斯洛需要層次說中的受尊重的需要與自我實現的需要則具有彈性，因爲此種需要之能否滿足及滿足至何種程度，均不會影響及人的繼續生存。各組織的需求中，不論爲業務需求或行政管理需求，其中有些是具有彈性的，對具有彈性的需求，能否實現及實現至何種程度，多不會影響及組織任務與職掌的逐行，卽使有影響其程度亦甚輕微。如以事務管理上的購置物品用具而言，物品用具的精良與否，對業務的推動將不致發生大的影響。

　　三、缺乏彈性的需求與具有彈性的需求的順序　一般而言，缺乏彈性的需求，應以比具有彈性的需求爲優先；卽使是行政管理的缺乏彈性的需求，亦宜比具有彈性的業務需求爲優先，如此才不致影響及組織的生存與發展。

<h2 style="text-align:center">第四項　迫切的需求與非迫切的需求</h2>

　　從需求的時間觀點，可將需求分爲迫切性的與非迫切性的兩類，此兩類需求間自亦有優先順序的關係。

　　一、迫切的需求　係指一種需求，其實現有時間性，如不立卽實現卽會發生不良後果者。如災害的搶救工作，卽屬迫切的需求，如不予搶救將使災害更爲擴大，如不予立卽搶救將使災害更爲嚴重。各組織的需求中，有者係具迫切性者，迫切的需求自須先行處理，以免發生不良後果。

　　二、非迫切的需求　係指一種需求的實現，在時間上並非迫切，雖予延擱亦不致發生不良後果者。如一般經常性業務之處理，其時間的提

前或稍有延後，對需求的本身並無影響，因此可視人力、時間、經費之許可情形，調整其處理的時間，亦可說在時間上是具有彈性的。

　　三、迫切的需求與非迫切的需求的順序　一般而論，對迫切需求的處理或實現，自須比非迫切的需求為優先，因而在財務的支援上，自亦應以迫切的需求為優先，對非迫切的需求，可視財務許可時再行處理。

第五節　根據效益分析決定財力分配

　　各組織的需求，雖可根據其需求的性質，大致安排出各種需求的順序，但順序的區分無法細密，多只能作大致的區分，如最優先順序，優先順序，一般順序等，因而在同一順序內仍可能包括多種需求或工作計畫，如財務有限，則對同一順序內的各種工作計畫仍將無法作全面的支應時，則只有根據對各工作計畫的成本效益分析，將有限的財力分配至效益最大的工作計畫上，以期財務獲得最大的運用。茲分成本效益分析的意義與發展，成本效益分析舉例，在重大建設計畫上逐步採用，在一般行政計畫上選擇採用四項，簡述如後。

第一項　成本效益分析的意義與發展

　　成本效益分析 (Cost Benefit Analysis)，係指成本投入後所能發生何種效益的分析，初被適用於事業，後被引用至政府，作為政府資金運用的參考。

　　一、成本效益分析的意義　成本效益分析，係將企業有關成本費用的計算觀念，應用於公共部門之一種支出與利益的分析方法，其目的在測量政府財務資金使用的效率如何，以便作為政府資金使用的重要參考。

　　二、成本效益分析的發展　成本效益先在企業內採用，因企業的經

營則在以其所投資的費用（成本）而求得最大的利潤爲目標。政府的公共投資雖不能完全以企業的觀點來處理，但由於公共支出之不斷的膨脹，致加重了國民租稅的負擔，因而對政府資金的有效運用的測量，不得不加以重視，是以成本效益分析的方法備受注意，在政府機關中亦有引用此種分析方法來決定公共投資的支出者。

三、美國政府對成本效益分析方法的採用　在一九三〇年代，美國推行新政，爲求全國公共事業的合理化，曾一律採用此種分析方法。在一九三六年的洪水防止法規定，凡收益（卽效益）超過國民經濟的費用（成本）時，應採取公共事業的經營方式，並隨時注意效益超越費用的原則。第二次世界大戰後，對成本效益的分析方法更擴大其適用範圍，除公共事業外，凡軍事費用及其他各項費用，亦予適用。至一九六〇年，更適用於美國政府各項事業別預算中，而終於發展爲設計計畫預算制度（P. P. B. S.）中國家編製預算的主要工具，因此成本效益分析的採用，已使事業計畫與預算密切結合而成爲一體。

第二項　成本效益分析舉例

茲舉美國水資源經濟活動爲例，應用成本效益分析方法，舉例說明如下：

一、成本效益分析結果表

計　　　畫	年平均成本	年平均損害	損害減少額（效益）	邊際效益	邊際成本（費用）
無	0	38,000	0	0	0
A計畫（堤　防）	3,000	32,000	6,000	6,000	3,000
B計畫（小型水壩）	10,000	22,000	16,000	10,000	7,000
C計畫（中型水壩）	18,000	13,000	25,000	9,000	8,000
D計畫（大型水壩）	30,000	6,000	32,000	7,000	12,000

二、對成本效益分析結果表的解析　上表中最重要者爲「成本」與「損害減少額」（效益）的關係。成本自零增至三萬元，相對的損害額則由三萬八千元減少至六千元，此種減少損害額係實施計畫與不實施計畫二者發生損失的差額，成本支出愈多時，其損害減少額卽愈大。其中應注意者係將損害減少額（效益）與成本兩相比較，因而有「邊際效益」與「邊際成本」（費用）的概念，凡邊際成本與邊際效益最爲接近的計畫，卽爲應予選擇的計畫，以上表舉例而言，C計畫的邊際成本（費用）爲八千元，邊際效益爲九千元，最爲接近，因而應選擇C計畫實施，卽建設中型水壩最爲經濟有效。

三、應用成本效益分析方法的限制　成本效益分析的方法亦非屬完美無缺者，如用於分析的資料，常有誤差發生，因而實際效益與預測者間必有差異；效益或成本的發生，無法指出係對某一特定人者；及以貨幣量測定效益與成本的大小，尙難適用於政府所有的計畫。

第三項　在重大建設計畫上逐步採用

爲民服務的政府，亦是替民眾謀求福祉的政府，因而重大的建設尤其是經濟性的建設，運用成本效益分析方法，來決定應行舉辦的建設，以期公共投資獲得最有效的運用，應可酌情採行。其理由爲：

一、重大經濟性建設計畫經費龐大　重大經濟性的建設計畫，所需費用極爲龐大，政府在投資時自須愼予考慮；建設計畫爲數甚多，欲作全部的建設計畫亦爲財務所不許可，因此在決定究應舉辦何種或何數種建設計畫時，宜經由成本效益分析方法，選擇效益最大的計畫，先提供資金建設。

二、經濟性建設計畫效益甚爲具體　效益的抽象與具體，影響及成本效益分析方法的採用甚大，如效益甚爲抽象，則效益的範圍效益的目

標，均難於認定，如效益甚爲具體，則其範圍與目標易於認定，當效益的範圍與目標認定後，始能有計算其效益的可能。

三、經濟性建設計畫的效益大致可用數量表示　成本效益分析，必須用數量來表示其效益，而且應以貨幣量來表示其效益，對經濟建設計畫的成本自可用貨幣量表示，經濟建設計畫完成後所預期的效益，大致亦多可用貨幣量表示，如可增加某地區民眾的收益爲多少，減少民眾的損失爲多少等，只要對其效益能作量的預估，則成本效益分析方法可予適用。如日本對於港灣擴建，水資源開發，新社區開發及道路建設等的經濟性建設計畫，對成本效益分析方法常被引用。我國對重大經濟建設計畫，亦有先經成本效益分析而後決定與實施者。

第四項　在一般行政計畫上選擇採用

各組織的一般行政計畫，範圍極廣、種類亦多，對計畫的效益目標與範圍難以認定，更不易作量化的分析，故欲普遍適用成本效益分析方法，自無可能，但參照下列作選擇性的採用，則有其可能。

一、計畫內容的是否簡明　當行政計畫的內容愈爲簡明，牽及範圍甚小，則有引用成本效益分析方法的可能。如研究某種工作的工作簡化，以期節省人力、時間與經費；實施三個月內的臨時加班，以期增加產量；購置事務機具，以期節省人力等。計畫內容簡明，所涉及範圍亦極有限。

二、計畫目標與效益範圍是否明確　行政計畫中，亦有目標與效益範圍極爲明確者，如訓練計畫的目的在求員工對工作能勝任愉快，效益範圍爲預期提高效率至原有的50％；再如醫療計畫之目的在使生產員工保持身體健康而不請病假，其效益範圍爲因減少病假而增產的收益；又如購置交通車計畫，目的在便利員工準時上班，效益爲節省原發交通津

貼的開支等。凡行政計畫的目標與效益較爲明確者，可考慮採用成本效益分析的方法。

三、計畫內容能否量化　一般行政計畫中亦有其內容可以量化者，如對物品採購與使用而言，如採購數量爲多少，物品種類多少，費用多少，可使用期間多久等，均可用具體數字表明。又如研究發展的工作，經由新方法新技術的採用，對生產成本可減少多少，因品質改善售價提高致增加收益多少；又如舉辦某種訓練後，使員工工作效率提高致減少損失或增加收益多少等。

四、計畫的是否採用與選用　成本效益分析，不僅適用至一種計畫之決定其可否採用（大致而言，凡成本超過效益者則不宜採用），更宜適用至達成同一目的之各種可行方法的選用上，亦卽達成同一目的有數種可行方法時，究應採用何種，則宜經由成本效益的分析，選其相對效益最大的方法予以採用。

第三十二章　建立管理資訊系統

由於政府功能的擴大，業務的日趨繁複，及組織的逐漸龐大，管理者所面臨的困擾是須作決定數量的增加，須作決定內容的複雜，且又須作及時的決定與正確的決定，致有非建立管理資訊系統難以適應需要的趨勢。茲分制作決定與管理資訊，管理資訊系統，資料處理系統，及管理資訊與組織四節，敍述之。

第一節　制作決定與管理資訊

在以往，由於業務的單純，處理工作的時效並不過於重視，致管理者只憑個人的經驗與智慧，對問題的了解，在制作決定上並不致發生困難。但時至今日，情況已大不相同，管理者的制作決定，已至非依賴於管理資訊不可的地步。茲分需要制作決定的原因、對制作決定的要求、制作決定需要資訊、建立管理資訊的需要四項，簡述如後。

第一項　需要制作決定的原因

　　管理者的主要任務就是制作決定。杜魯克（Peter F. Drucker）在其管理一書中談到管理者的主要任務有五，而其第一任務就是設定目標，亦即決定一個組織的總目標與各部門的分目標，及決定達到目標應做的事❶。而此種制作決定的工作在今日之所以愈趨複雜與困難，其原因爲：

　　一、組織業務的日趨龐大與複雜　各組織的業務，不但日趨專業化與分工化，且其業務的數量更是日趨龐大，業務的內容更是日趨繁複，因而制作決定的需要性乃更爲增加。

　　二、環境的快速改變　與組織有關的環境因素，範圍甚廣，又可作外在環境與內在環境之分，外在環境係指組織界限以外的環境因素，如政治、經濟、文化等均屬之；內在環境係指組織界限內的環境因素，如經費預算、人事、管理措施，所採用的技術（參見第四章一節各項）等，組織環境因素改變的快速，更增加了制作決定的頻繁性。根據系統理論，組織環境因素與組織間具有相互依賴與相互影響的作用，因而環境中任一因素的重大的變動，對組織均會發生影響，此種影響卽會使得管理者須重新制作決定。

　　三、行政管理工作須機動適應　一個組織的行政管理工作，對組織環境因素的變動，必須能予保持適應，如二者間發生脫節現象，則行政管理工作將無從發揮其功能。組織環境因素旣在經常的改變，因而行政管理的制作決定工作，亦須作經常的調整，因而又增加了制訂決定及隨時調整決定的需要性。

第二項　對制作決定的要求

❶　Peter F. Drucker, *Management, Tasks Responsibilities Practices*, p. 400, 美亞出版社，一九七四。

　　管理者不但需要經常的制作決定，更困難的是管理者須制作決定的數量大，且所作成的決定又須及時與正確。

　　一、大量的製作決定　管理者須制作決定的數量，常隨業務的增加而增加，隨業務的變動而增加。如組織的業務極爲簡單，則須制作決定的數量極爲有限，如業務逐漸增加與趨繁，則其制作決定的數量會隨之增加，但其增加量仍屬有限；如再遇及業務的變動又屬頻繁時，則其制作決定數量的增加將極爲可觀，其情形將相當於業務種類與其變動次數的乘積，極值得吾人重視。

　　二、決定須及時　過時的決定等於未有決定。管理者不但須制作數量龐大的決定，而且決定須及時的作成，如延誤了制作決定的時機，則將失去決定的意義。在應付國際間或國內的緊急情況時，及在市場上競爭甚爲激烈時，對決定的制作，更有重視及時的必要。有時，如不及時作成決定並立即採取行動，將會發生極爲嚴重的後果，如敉平動亂，救難救災等，均屬其例。

　　三、決定須正確　管理者不但須及時作成決定，且須作成正確的決定。換言之，管理者所作決定的素質，不得因爲決定數量的增加及時間的急迫而有所影響。因爲錯誤的決定，有時會比無決定更壞，發生的後果更爲嚴重。如在財務上的錯誤決定，會引起財力的浪費；人事管理上的錯誤決定，會引起員工心理的不滿；組織上的錯誤決定，會影響及組織的健全；與民眾有關事項的錯誤決定，會引起對民眾權益的損害等。

第三項　制作決定需要資訊

　　管理者制作決定，尚須以資訊爲參據，否則所作之決定的正確性可能就有問題。

　　一、資訊的意義　自制作決定觀點看，所謂資訊係指「與某一待決

定問題有關的新增知識」❷。由此可知：

（一）資訊須與待決定的問題相配合：資訊與資料的意義不同，所謂資料只是一些數字或事實，此種數字或事實雖亦屬一種知識，雖亦可加以整理，但對管理者的決定並無直接幫助，此種資料只能稱之為資訊的素材，而非資訊的本身。吾人如欲將資料變為資訊，尚須根據問題的需要，將資料作適當的選擇與整理。

（二）選擇的標準是與待決問題的相關性：資料所表示的事實或數字中，有者與待決問題有關聯性，有者則無關聯性，此種與待決問題有關聯的資料，將之選擇出來，並加以有系統的整理，提供管理者對待決問題作成決定時之重要的參考與根據。對此種經選擇與整理的作為制作決定參據的資料，始能稱為資訊。

（三）資訊須為管理者的新增知識：換言之，此種資訊係為管理者原來所沒有者，如所提供的只是一些原來已知的資料，並無新增知識的意義，則對待決問題的作成決定並無幫助，因而仍不得稱為資訊。

二、**適量的資訊**　制作決定時所需的資訊，在數量上應是適量的資訊，而非是不足或過量的資訊。如資訊不足，自會影響及作成決定的正確性，但資訊的過量，亦會增加管理者在制作決定時的困擾；因為管理者的時間甚為有限，如資訊過多，會使管理者無法辨別什麼是需要的與不需要的，同時亦無充分的時間來閱讀大量的資訊。因此當管理者遇及過量的資訊時，往往先要幕僚人員作一過濾，選出與待決問題有密切關係部分的資訊，提供管理者閱讀；或由幕僚人員主動的作成摘要後，再送請管理者參考。依今後發展情形看，資訊過量的問題，可能愈來愈嚴重，在管理上須尋求妥善方法予以解決。

三、**資訊與行政程序的關係**　決定雖須以資訊為重要參據，但制作

---

❷　許士軍著，管理學，第二○○頁，東華書局，七一年版。

決定時所需資訊的性質與行政程序有密切的關係。行政程序主要可分計畫、溝通與協調、管制考核、工作檢討與研究發展四個，在此四個程序中均須制作決定，亦均需資訊，但所須資訊的性質卻不甚相同。

（一）計畫與研究發展程序制作決定時所需的資訊：在此一程序中所需的資訊，多需向組織外蒐集，常屬總體性或累積性質，涵蓋時間較長，所需資訊的正確性不若其他程序中所需資訊那樣的高。

（二）溝通與協調程序制作決定時所需的資訊：在此一程序中所需的資訊，一部分須向組織外蒐集，一部分係在組織內蒐集，有的屬總體性，亦有的屬個別性，涵蓋時間不長，對資訊應具有某種程度的正確性。

（三）管制考核與檢討程序制作決定時所需的資訊：在此一程序中所需的資訊，多在組織內蒐集，屬個別的性質，涵蓋時間短，對資訊的正確性要求高，如此方可隨時獲得資訊，隨時制作決定。

第四項　建立管理資訊的需要

從需要制作決定的原因、對決定的要求，及決定與資訊的關係，吾人可知管理者對制作決定的重要、對制作決定的困擾，及提供資訊的需要，此種重要、困擾與需要，幾乎已達到管理者非借重管理資訊不可的地步。其情形為：

一、管理者的精力、時間與經驗、智慧有限　人的精力與工作時間是有限的，管理者是人，故管理者的精力與時間亦極有限；工作時間通常每日為八小時，如必須延長工作時間時，亦多以十小時為限；精力亦是有限的，如長時間的工作，必會影響及精力的運用，因而效率亦會因精力疲乏而受到影響。管理者的經驗、智慧亦是有限的，如欲憑管理者的經驗與智慧，擔負起制作決定的責任，在今日已發生了極大的困難。

因此，管理者爲期眞正擔任制作爲數龐大、及時及正確的決定，勢非借重其他技術或方法不可了。

二、電腦的發明　由於科技的發展，發明了電腦，電腦的最大功用，一爲計算速度的驚人；二爲儲存資料數量的驚人；三爲提取所儲存資料的準確與快速的驚人。由於電腦的發明，對管理者制作決定的貢獻之大，是難以形容的，難怪一般人均將電腦的發明稱爲第二次工業革命（卽軟體的工業革命），美國前總統詹森曾謂「電子計算機對政府公務與行政程序所產生的影響，要超過任何一種現代技術的產品」。

三、建立管理資訊系統　在管理者受到制作大量、及時、正確的決定之壓力下，加上電腦的發明，乃有管理資訊系統（ Management nformation System, MIS) 的建立。

第二節　管理資訊系統

建立管理資訊系統，乃行政管理現代化的象徵之一，尤以對龐大複雜業務的管理，在制作決定時更有其需要。茲就管理資訊系統的意義，管理資訊系統的分類，管理者在管理資訊系統中的地位，及系統分析、設計與實施，分項簡述如後。

第一項　管理資訊系統的意義

所謂管理資訊系統，係指由人員、設備及一些程序，爲配合制作決定的需要，從事相關資訊之選擇、儲存、處理及檢復的任務❸。茲說明如下：

一、管理資訊系統係由人員、設備與一些程序所構成　管理資訊系

---

❸　許士軍著，管理學，第二〇四頁。

統的第一個構成要素就是人員，其中包括系統分析師、程式設計師、操作員、資料管制員等； 第二個構成要素是設備， 包括資料處理與計算機，及輸入與輸出各種媒體等；第三個構成要素即為一些程序，其中包括媒體轉換、分類、計算並印表、合併、分派、產生、更新、找尋查詢等基本作業程式。

二、管理資訊系統係為配合制作決定需要而建立 建立管理資訊系統，主要為配合管理上制作決定的需要。因此制作決定需要有資訊的根據，根據資訊所作的決定始具有正確性，運用管理資訊系統，始能及時的作成大量的決定。

三、管理資訊系統可從事相關資訊的選擇、儲存、處理、及檢複的任務 管理資訊系統建立後，所從事的任務主要有選擇、儲存、處理及檢複四種。選擇即從各種資訊中選擇與待決問題有關的資訊，供管理者制作決定時之參據；儲存即將各種資料儲存於資料庫中，以備隨時的選用；處理即將輸入的資料，作各種不同的計算與處理，使組合成為有使用價值的資訊後，並予以儲存；檢複即將儲存的資料中，很快的找出儲存資訊中的某一所需要的資訊。

由於管理資訊系統的建立，管理者對制作決定所引起的困擾已大為減少，在行政管理上又步入一嶄新的境界。

第二項　管理資訊系統的分類

一個組織所需建立的管理資訊系統，較為主要的，依其性質可分為下列數種❹：

一、計畫資訊系統 各組織所訂定的計畫為數甚多，期程亦有遠近之分，各種計畫的目標、所需配置的人力與財務、及各種實際作業的進

❹ 陳定國著，企業管理，第九〇五頁，三民書局，七〇年版。

度等，亦各有不同。爲期各種計畫的目標能相互密切配合，人力與財務的配置不致發生衝突與脫節，各種實際作業的進度能密切配合，亦可將與計畫有關的各種資料，經由電腦的處理與計算，於管理者考慮計畫之擬訂，各種計畫中人力與財務的有效運用，及管制考核計畫執行之成果等問題時，可由計畫資訊系統提供必要的資訊，俾利於制作決定。

二、人事資訊系統　凡與本組織員工有關的各種資料，如員工的資歷、員工的僱用與解僱、員工的升遷、薪資的支付、員工出勤與請假情形、各種福利補助等，均可輸入電腦，經過處理與計算，可產生各種表報，以爲制作有關人事問題之決定時的參據。

三、財務資訊系統　凡與本組織財務有關的各種資料，均可作爲建立財務資訊系統的素材，經過電腦的處理與計算，可產生各種有關財務的資訊，以爲制作有關財務問題之決定的重要參據。

四、事務資訊系統　凡屬本組織之財產、物品、原料、器材等資料，可作爲建立事務資訊系統的依據，繼由電腦的處理與計算，可提供管理者制作有關事務管理問題之決定時所必須的資訊。

以上四種資訊系統，係一般組織中較爲重要者，至性質或其任務與職掌較爲特殊的組織，除上述四種資訊系統外，自可再建立起其他的資訊系統。如以事業機構而論，除上述四種資訊系統外，至少尚須建立起生產資訊系統，銷售資訊系統，材料流量資訊系統等。

第三項　管理者在管理資訊系統中的地位

管理資訊系統的建立，主要在提供管理者制作決定時所需要的資訊，而管理者的主要任務就在制作決定，因此管理者在管理資訊系統中的地位，是極其重要的。其情形爲：

一、資訊的內容與提供，均以管理者爲中心　在管理資訊系統中究

應包括那些資訊系統，所需資訊經由何種途徑來提供，及須用何種方式來提供，凡此均須以管理者爲中心，配合管理者的需要而定。

　　二、**管理者位在傳播與接受資訊的中心**　一個組織的管理者，常爲組織對外發言，向外界提供資訊，以增進外界對組織的了解；而外界的資訊，亦常經由管理者而進入組織內部。故管理者是位置在傳播與接受資訊的中心。

　　三、**管理者本身亦是資訊的主要來源**　管理者對整個組織的情況，通常最爲了解，亦是重要的資訊儲存所，組織內的重大決定，通常須依

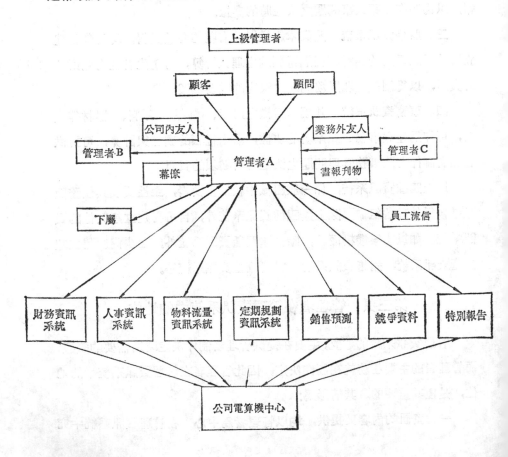

賴於管理者所提供的關鍵性的資訊或見解，而此種關鍵性的資訊或見解往往是電腦無法提供的。

四、管理者在管理資訊系統中的地位　史泰納(George A. Steiner)曾用圖示方法表明事業機構管理者在資訊管理系統中的地位如上❺：

第四項　系統分析、設計與實施

建立管理資訊系統的目的，是協助管理者制作決定，因此在建立管理資訊系統時，必須先配合管理者任務的需要（如管理者須解決的那些問題，需要的資訊是那些等），作系統的分析，繼為根據需要作系統設計，而後將所設計的系統實施❻。

一、系統分析　又可分下列五個步驟：

（一）考慮建立管理資訊的目的、範圍與組織：首須考慮者是建立管理資訊的目的，如為達到整個組織財務及人力的最有效的運用，為某一計畫工作進度的管制；再考慮為達成此種目的，在管理資訊上應包括些什麼內容；而後考慮管理者與系統分析人員間如何配合。

（二）了解工作情況：即由系統分析者，對管理者的任務與職責作詳盡的了解，那些決定須由管理者作成；系統分析者對組織業務的性質及業務處理的流程等，亦應加以充分的了解，以便進一步探尋制作決定時所遇及的問題及所需要的資訊。

（三）發掘重要的待決問題及制作決定所需的資訊：根據第二步驟中對工作情況的了解，則應進一步發掘須由管理者作成決定的是那些重要問題（可先考慮重要問題，對須由管理者作成決定的次要問題可暫勿考慮），並列出管理者作成這些重要問題的決定時所需要的資訊種類與

❺　許士軍著，管理學，第二〇七頁。
❻　許士軍著，管理學，第二〇八——二一一頁。

內容。此一步驟為建立管理資訊系統中最重要的一步，也是最困難的一步。

（四）歸納各種資訊的需要並加以系統化：在此步驟中，應對為制作決定所需要的各種資訊，進一步分析其資料庫，資料的來源，提供資訊報告的內容、形式與時機，取得、儲存與提供資訊之媒介與方法等細節的問題，並同時考慮所需的資料處理系統的類型，如所需的人工、卡片及電腦型式等，加以適當的選擇。此一步驟的情況可以下列圖示之：

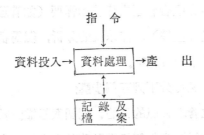

（五）分析現有的資訊及資料系統：除新成立的組織外，通常均保有某些資訊及資料系統，對現有資訊與資料系統的分析，一方面可了解是否有那些現存資料及設備可加利用，那些提供資訊的途徑可以保留；另一方面亦可了解那些資訊與設備，為配合管理資訊系統的建立須加以改變。又如原有的資訊與資料系統已極完備，則可考慮以原有的來代替新建立的管理資訊系統，或將原有的稍加修正後應用。

二、系統設計 根據系統分析所得的結論，即可進行系統的設計。在此一階段的重要工作，包括對所用設備的選擇及其組合，又所需的設備須自購或外租或利用外界的服務等，對這些問題的處理，應作成本效益分析後再作決定，以期財務獲得最有效的運用，至電腦的各種程式的發展，則可逐步的進行與擴充。再所謂系統設計，並非謂必須應用電腦，如組織規模少，須解決的問題簡單，所需資訊亦極為有限，亦未始

不可設計用人工處理資料。

三、系統實施　管理資訊系統，由分析而設計而實施，在實施階段最重要者，爲人員的教育訓練及在心理上的接受管理資訊系統的工作，除程式設計師、操作員、資料控制員的訓練外，對一般員工的管理資訊系統教育，亦極爲重要，使員工對管理資訊系統有深切的了解，及在心理上能予接受。再管理資訊系統實施後，尚須注意作不斷的檢討與改進，以期管理資訊系統能永遠的適應管理者的需要。

第三節　資料處理系統

管理者所需的資訊，是經資料處理系統的處理後而提供者，管理資訊系統的效能受着資料處理系統的限制，因此對資料處理系統亦有了解的必要。茲分資料處理系統的構成，資料的單位，資料處理的基本作業程式，電腦處理資料的功能，電腦的使用型態五項，簡述如後。

第一項　資料處理系統的構成

資料處理系統，係由五個部分所構成（參見本章二節四項圖示），各有其功能：

一、輸入　爲使輸入的資料能爲電腦所接受，須經由某種輸入方法，如利用打孔卡片、紙帶、磁帶或特殊印製字體，或者直接由電盤輸入電流，進入中央處理單位 (Central Processing Unit, CPU)，或加以儲存。

二、中央處理單位　包括一控制單位，一算術邏輯單位，以從事計算及比較工作；及一內部記憶儲存單位，以暫時或永久儲存某些資料。控制單位操作系統作業，乃依照事先設計之程式，由此程式發出指令瑜

入或輸出資料、計算資料、或自儲存單位提取資料、或將資料存入儲存單位。

三、儲存 儲存單位包括內部與外部兩種，前者位於中央處理單位內，後者係指其他保存之檔案資料。

四、處理程序及程式 處理程序由程式控制，由程式決定處理的步驟，所提取的資料及其來源，計算方法及計算結果之處理等；至處理時所需時間的多寡，須視所作計算的方法，所需處理資料的數量而定；一個程式中所能包括的處理工作，則又受着系統之最大儲存能量與中央處理單位之性能的限制。

五、輸出 依程式命令，由資料處理系統將內部儲存資料，經由輸出設備，如打字、卡片、紙帶、磁帶、映像管等方式，提供使用。

第二項　資料的單位

電腦所儲存的資料，其單位由小而大區分為六個層次，每一層次的單位有其一定的意義與範圍。

一、位元（Bit） 為儲存資料之最小、最基本單位，亦即二元態資料 "0" 或 "1"。

二、位元組（Byte）或字語（Word） 位元組係指用以代表一個字元（Character）所需要的位元的組合，一般電腦記憶體容量均以位元組為單位；有的電腦則以字語為記憶單位之容量，一個字語通常由數個位元組所組成。

三、資料項（Item）或資料欄（Field） 集合數個字語而組成一個獨立的資料，如員工代號、姓名及月薪等，均為人事薪津資料中的資料項。

四、資料錄（Record） 指一筆完整的資料，通常由多個資料項所

組成; 一張原始憑證可稱爲一個資料錄。

五、檔案(File)　指多數個同類或相關的資料錄之集合體, 如該批資料儲存在磁帶上卽稱爲磁帶檔, 如儲存在磁碟上則稱爲磁碟檔。檔案亦可依資料之內容、性質稱呼, 如人事檔, 物料檔案。

六、資料庫 (Data Base)　由於人事檔裏均儲存人事資料, 物料檔裏均儲存物料資料, 且均屬於不同的作業系統, 供應不同業務的需要, 其運用範圍有限。資料庫則由各種性質的檔案資料, 就整個組織的需要加以規劃, 使資料能以不重複的聚集在一起, 以提高各階層、各部門及各種應用方式的作業, 並儲存在磁碟中。使用者儲存或提取資料庫內之資料時, 有一定的格式與方法, 不因使用程式之不同而異。因爲在資料庫系統中, 必須有一套專門管理資料存取的程式 (稱爲資料庫管理系統 Data Base Management System, DBMS), 作爲使用者程式與資料庫間之橋樑。

使用資料庫之優點, 爲 (一) 避免資料的重覆; (二) 達成資料的一致性與獨立性; (三) 減少應用程式撰寫的困難; (四) 保持資料的保密性與安全性; (五) 使資料制度標準化; (六) 使組織的各部門均可使用。

第三項　資料處理的基本作業程式

一個資料處理作業系統, 均由若干個基本作業程式組合而成, 只要了解這些基本作業程式的功能並加以靈活的運用, 卽可完成所需達成的任務。基本作業程式有下列八種:

一、媒體轉換 (Conversion)　指將一種媒體上的資料, 轉錄至另一媒體上, 其目的在改變資料的儲存方法, 利用新媒體的特性以提高隨後作業的效率。

二、分類（Sort） 指將檔案資料依其中特定的資料鍵，照某種順序（如由大到小或由小到大）排列後輸出，其目的在配合及便利隨後的程式作業。

三、計算並印表（Compute & Listing） 指提取某一檔案資料，依規定之方法計算後用報表輸出，如輸出報表須以某種順序排列及累計，則應先將輸入檔案加以分類處理。

四、合併（Merge） 指將兩種以上已依相同的資料鍵排好順序的相同性質之檔案資料，合併成一個新的檔案。

五、分派（Distribute） 指將一個檔案中的資料，依照某一基準分置在兩個以上的媒體上，其目的在便利多個對象資料之個別處理。

六、產生（Generate, Create） 指利用兩種以上不同性質的檔案，產生一個新的檔案，或將某一原始資料檔案變成主檔性質的新檔案。

七、更新（Update） 指根據異動資料，更新主檔內容，以確保主檔內容之正確性，包括增加、變更或刪除主檔中資料。

八、找尋查詢（Search, Inquiry） 指根據找尋對象的資料鍵，在檔案中找出該件資料，並將其內容依照某一形式輸出。

第四項 電腦處理資料的功能

資料大都採用電腦處理，尤以數量龐大資料的處理更屬如此，其原因為可發揮下列功能。

一、增快作業速度及時提供資訊 由於電腦計算速度之驚人，採用電腦處理資料，可以向組織提供最近的、最新的、最快的、與最完善的所需要的各種資訊，以為制作決定的參據。此種資訊的提供雖亦可用人工來完成，但由於速度過慢，致無法適應實際需要，而影響了作成決定的適時性。

二、儲存容量彈性佳　電腦系統中也有類似人腦的記憶體，用以儲存資料。電腦的記憶體又分主記憶體及輔助記憶體，目前大、中型電腦的主記憶體的容量已有以百萬字為單位的，一般中小型電腦的主記憶體的容量也在幾百的或幾十個千字，足以儲存大量的資料以供處理。輔助記憶體則可作無限制的擴充，用以儲存大量需要保存的資料，如磁帶及磁碟即為常用的輔助記憶體。

三、減少錯誤及提高正確性　以人力處理資料時，由於一時疏忽或體力上的疲勞或精神上的壓力或受着不良工作環境的影響，常會導致發生錯誤。電腦是機器，人如何命令它，它就如何執行，且可廿四小時作業，不會鬧情緒，自可大大的減少了錯誤，因此除非人為有了錯誤，否則電腦是不可能發生錯誤的。

四、減少一般人力提高人力價值　電腦所處理之工作，多屬例行性的、連續性的或重複性的，因此凡屬此類工作儘可交由電腦處理，而減少一般人力的使用；而創造性的、非連續性的或非重複性的工作，則電腦不易處理而應由人力來處理，以提高人力的價值。若此不僅可降低用人費，減少管理上的困擾，更可將剩餘的人力安排至更有價值的工作上，以發揮人的工作潛能；在求資本密集，技術密集與心智密集的今天，使用電腦以代替部分人工乃是必然的趨勢。

五、降低成本提高競爭能力　在工業國家，機器的成本常較人工的成本為低，故使用電腦可以降低成本。由於電腦提供資訊的快速與正確，能爭取時效，在業務及管理的競爭上，自可站在更有利的地位。

第五項　電腦的使用型態

各組織使用電腦的型態，常因資料數量的多寡，需要報告份數的多少，須用資訊的時間性，須負擔費用的大小等因素的考慮，採用下列不

同型態的使用方法❼。

一、按批處理系統（Batch Processing System） 此乃極為普遍的使用型態，即對某項工作的處理，按一定的先後順序進行，因此何時可獲得結果，並不一定。對並非急需的工作，尤以輸入數量龐大而產出報告份數須多時，可予採用，經費亦較為節省。

二、查詢系統（Inquiry System） 此乃可迅速提供或甚至立即回答的型態。一般經由一終端機進行輸入與產出工作，如人事主管須立即了解某一員工的人事資料時，可用此種型態。

三、查訊及累計（Inquiry & Post） 此種型態與查詢系統相同，惟同時也蒐集輸入資料存入指定存檔。如銀行行員對某客戶在一定期間內的存款加以累積，然後依規定期限入帳。

四、查詢及線上更新（Inquiry & on Line Updating） 此種型態為當接到每次查詢時，立即將存檔依所得資料予以更新。如飛機訂位系統即屬此種型態的使用，其內容較為複雜，尚須增加某些附屬設備始能達成任務。

五、即時命令及控制（Immediately Command & Control） 此乃最複雜的一種使用型態，輸入與等待答覆的間隔時間更為短促。如飛彈導向系統，就須能立即提供分析結果，以修正其飛行路線。

六、分時系統（Time Sharing System） 先是指一用戶向外界電腦服務中心購用設備之一部分時間，現成為由許多使用者共用一大型資料處理系統，每一使用者只負擔他所使用這一部分之經費。其優點為：（一）可享用大型電腦從事許多較為複雜資料之處理；（二）使固定資本支出變為變動資本支出，利用電腦時間多少就付出多少；（三）有助於程式之發展，同時使用者只須負擔少數費用，使用較多的程式；（四）

❼ 許士軍著，管理學，第二一四——二一六頁。

一組織內如有按批處理系統及分時系統，將使管理資訊系統處理資料的能力更大及富有彈性。

第四節　管理資訊與組織

　　一個組織如欲建立管理資訊系統，勢將涉及組織內的溝通、組織的結構及人力結構等的變動。茲分資料處理部門的組織，資料處理部門與其他部門的關係，管理資訊系統對組織結構的影響，管理資訊系統對人力結構的影響四項，簡述如後。

第一項　資料處理部門的組織

　　資料處理部門，早期大多是隸屬於主計或財務部門之下，今後有提升爲一級單位隸屬於首長或副首長的可能。

　　一、早期資料處理部門的組織　大致而言，早期的資料處理，多限於薪資及帳務方面的工作，因此將資料部門，改隸於主計或財務部門，以便於蒐集資料及提供所需要的資訊。以一般行政機關的資料處理部門而言，行政院主計處之下設有電子資料處理中心，省政府及直轄市政府主計處之下，亦設有電子資料處理中心，其他同級機關如有建立管理資訊之必要時，可分別洽商該電子資料處理中心代爲設計程式，及輸入資料、儲存、與提供所需要的資訊。

　　二、現今資料處理部門的組織　目前的情況已與早期時略有不同，除電子資料處理中心仍隸屬於主計部門外，其他部門雖未設有資料處理機構，但多已設有管理資訊系統的研究及設計專人，以從事爲該部門所必需的管理資訊的系統分析與程式設計等工作，至資料的處理工作，因購置設備經費龐大，且應用設備的時間甚少，殊屬不經濟，仍由電子資

料處理中心負責，此乃與分時系統的型態大致相似。

三、今後的資料處理部門的組織　當管理資訊系統受到普遍的重視，組織內各部門對管理資訊的需要性亦逐漸增高後，一方面爲便於組織的整體規劃，另一方面爲使各部門對資料處理設備獲得同等機會的使用，資料處理部門的組織，有提升層次，改隸直屬於首長或副首長之趨勢，資料處理部門的程式設計人員亦可能採用分工方式，配合各部門的需要，分別負擔有關部門業務的了解與系統的分析與設計，同時與各部門業務人員取得密切聯繫，以利管理資訊的提供。

第二項　資料處理部門與其他部門的關係

資料處理部門與各部門之間，從管理資訊系統言，具有相互依存關係；資料處理部門人員與其他部門人員，由於背景與觀念的不同，在溝通協調上可能會發生若干困難；而此種困難必須亦可能予以解決。茲說明如下：

一、資料處理部門與其他部門之依存關係　一個組織的資料處理部門，與同組織的其他部門間乃處於一種互相依存的關係，如資料處理部門須依賴其他部門提供原始資料，以便輸入電腦，而其他部門須制作決定時又依賴資料處理部門所提供的資訊，資料處理部門更希望其他部門能有效的利用提供資訊的服務。因此資料處理部門與其他部門須相互的依賴與合作，始能發揮管理資訊的效果。

二、資料處理部門與其他部門在溝通協調上的困難　資料處理部門與其他部門間雖有依存關係，但雙方由於下列背景、觀念等的不同，致在溝通協調上容易發生困難。

（一）雙方人員背景不同：如教育背景、專業知識、及工作性質的不同，致在溝通協調上容易發生隔閡，甚至引起誤解。

（二）雙方所追求的績效不同：如資料處理部門所關心者，是應用最新的科技組織與設備；而其他部門所重視的，是資料處理單位提供他們解決經常問題所需的資訊。

（三）雙方對經費負擔的看法：資料處理部門的經費開支，多希望由其他部門依照某種標準分攤；而其他部門則常覺得負擔過重而不樂意接受。

（四）雙方待遇及流動率不等：資料處理部門人員的敎育水準多較其他部門人員爲高，所支薪給亦較其他部門爲優，人員的流動率亦較其他部門爲大，致易引起其他部門人員心理的不滿。

三、解決雙方間所生困難的方法　主要有下列六種：

（一）保持雙方間的密切聯繫：如由資料處理單位，分別指定專人與有關部門聯繫，了解各部門的問題與需要，並提供適當資訊以協助其解決問題。

（二）使各部門的經費支出合理化：如固定設備及研究發展的支出，由組織編列預算支出，各部門只須負擔所提供服務部分之費用。

（三）保持優良的服務水準：遇及各部門需要資訊時，能及時而完整的提供，使其他部門感到資料處理部門是在解決他們的問題。

（四）鼓勵其他部門參與系統分析與設計：系統分析階段，應由資料處理部門與其他部門共同進行；系統設計階段，亦應鼓勵其他部門參與；如此不僅可增加雙方間的了解，更可取得其他部門對管理資訊系統的支持與合作。

（五）設指導委員會指導管理資訊系統的發展：由組織設置管理資訊系統指導委員會，以其他部門主管爲委員，主任委員由首長或副首長擔任，資料處理部門主管可擔任執行秘書，如此對管理資訊系統的發展，可使各部門主管間有更多的意見溝通，對管理資訊系統的整體規劃

亦有助益，對管理資訊系統的實施亦更爲有利。

（六）取得組織首長的支持： 組織首長對管理資訊系統的支持是必要的，由於首長的支持，始能取得各部門主管的支持與重視。

第三項　管理資訊系統對組織結構的影響

由於管理資訊系統的建立，對組織結構的影響大致有下列三種，惟並非對所有組織均屬如此，有的組織影響較爲顯著，有的則並不顯著。

一、組織的各部門已成爲資訊溝通網的一個部分　從資訊與溝通的觀點看，建立管理資訊系統後，整個組織已成爲一個資訊溝通網，組織的各部門只是整個資訊溝通網的一個部分，各部門相互間的關係，已比以往更爲密切。

二、有從分權囘復集權的趨勢　自最近三十年以來，各組織均多少的實施了分權，將一部分業務的決定權，授權由各部門主管行使，對各不同地區的主管更是如此。當初之所以實施分權，因組織總部對制作決定所需的資料不易蒐集，制作決定所需的時間甚長，難免會遺誤時機，故非有適度的分權不可；但自建立管理資訊系統後，情形已有改觀，對制作決定所需的資訊已可隨時提供，組織總部對組織內各種事務的制作決定，已不再如以往的困擾，組織總部爲期有效掌握組織的整個情況，乃又有囘復到集權的趨勢，　如戴耳（Ernest Dale）對三十三個組織研究的結果，發現有十三個組織，因建立管理資訊系統而囘復到集權，但囘復集權的程度，則各組織並不一致❽。

三、組織層次有減少趨勢　組織內部之所以要劃分層次，主要爲受管制幅度的限制，因爲主管人員的時間與精力有限，能有效管制屬員的

---

❽　Ernest Dale, *Management, Theory and Practice*, pp. 673-674,　東南出版社，一九七三。

人數亦有限制，對員工爲數眾多的組織，其內部就非劃分層次，作層層節制的管理不可。但自建立管理資訊系統後，情況已有改變，主管對屬員的管制幅度，由於管理資訊系統的協助，可再予擴大，由於管制幅度的擴大，則組織內部的層次可相對的減少，如戴耳對廿六個組織的研究結果，發現有七個組織，因建立管理資訊系統而減少一個層次❾。

四、部門及職掌區分的配合調整　自建立管理資訊系統後，爲期提供資訊的便利及使用資訊者的便利，組織內各部門及其職掌的區分，有時尚須作配合的調整，如甲乙兩部門，所需使用的資訊均屬相同，則爲便於所需資訊的提供與使用，可考慮將兩個部門合併爲一個部門。再如甲部門處理某部分業務所需的資訊與乙部門所需者相同，則可將甲部門的該部分業務劃歸乙部門主管，以便所需資訊的提供。再爲配合資訊的流程，亦可將使用流程中各階段資訊的單位，配合資訊流程順序，作適度的調整。

第四項　管理資訊系統對人力結構的影響

建立管理資訊系統，影響及人力結構者，有下列各方面❿。

一、一般文書人員的減少　一般文書人員，所擔任之事務性及文書性工作，多爲電腦所代替，因而此部分人力將予減少。惟所謂減少並非卽謂失業，而事實上是將之轉調至其他工作或部門，故一般組織並不因建立管理資訊系統而使員工失業，卽使偶而有之，亦不嚴重。

二、中級管理人員的增加　建立管理資訊系統後，中級管理人員反而有增加趨勢,其原因爲中級管理人員所擔任的工作並未爲電腦所代替，相反的卻因電腦的使用而增加了許多本來想做而未有做的工作，如存量

❾　Ernest Dale, 同前書，頁六七四——六七五。
❿　Ernest Dale, 同前書，頁六六六——六七二，六七五——六七六。

管制的工作增加卽爲最顯著的例子。

　　三、資料處理人員的受到重視　建立管理資訊系統後，進用資料處理的科技人員，有顯著的增加，此批人員不但有較高的學歷，且地位亦高，待遇亦較一般人員爲優，與組織首長會商研討問題的機會亦較其他人員爲多，儼然成爲組織中的新貴。

　　四、部分職務的工作內容有變動　建立管理資訊系統後，部分職務人員的工作內容有了若干的變動，如各部門參與管理資訊系統分析及設計的人員，增加若干新的工作；被減少的文書人員改調其他工作後，其職責自亦有變動；此種職責的變動，有者可能是暫時性的，但有者卻屬永久性的。

　　五、部分職務的職等有調整　部分中級管理者，由於建立管理資訊系統後增加新的繁重的職責，引致職等的提高；部分低級管理人員，由於部分工作爲電腦所代替，亦有因而降低其職等者。

　　總之，管理資訊系統的建立，對組織人力結構的影響甚爲廣泛，此不僅人事管理單位應予注意，組織的管理者在建立管理資訊系統前，亦應加以重視。

主要參考書目

壹：中文部分

一、行政學典範，張金鑑著，中國行政學會印行，六十四年四月版。

二、行政學新論，張金鑑著，三民書局，七十一年五月版。

三、行政學，姜占魁著，五南圖書出版公司，七十一年十月版。

四、行政學，張潤書著，三民書局，六十五年五月版。

五、現代行政學，管歐著，永大書局，六十七年七月版。

六、現代工商管理，王德馨著，中興大學企業管理學系，七十一年十月版。

七、現代管理學，龔平邦著，三民書局，六十七年六月版。

八、企業管理，陳定國著，三民書局，七十年八月版。

九、管理學，許士軍著，東華書局，七十一年三月版。

十、行政管理學，唐振楚著，國防研究院，五十四年四月版。

十一、行政生態學，金耀基譯，商務印書館，七十一年六月版。

十二、大眾傳播理論，徐佳士著，臺北市新聞記者公會，六十八年三月版。

十三、行政學，左潞生著，三民書局，六十五年八月版。

十四、行政學通論，侯暢著，華岡書局，六十年七月版。

十五、行政學論叢，姜占魁著，五南圖書出版公司，六十五年十月版。

十六、現代管制考核制度，邢祖援著，行政院研究發展考核委員會，六十四年
　　　六月版。

十七、現代管理科學，朱承武著，政治作戰學校，六十六年一月版。

十八、行政的現代化，徐有守著，商務印書館，六十三年六月版。

十九、目標管理概念與實務，陳庚金編撰，行政院研究發展考核委員會，六十
一年六月版。

二十、行政法新論，林紀東著，自印，六十三年九月版。

二十一、人事管理，傅肅良著，三民書局，七十二年一月版。

二十二、人事管理，傅肅良著，三民書局，六十八年十月版。

二十三、心理學，張春興、楊國樞著，三民書局，六十七年七月版。

二十四、心理學，劉安彥著，三民書局，六十七年七月版。

二十五、人格心理學，余照著，自印，六十八年一月版。

二十六、人事心理學，鄭伯壎編譯，大洋出版社，六十六年一月版。

二十七、工業心理學，李序僧著，大中國圖書公司，六十七年八月版。

二十八、管理心理學，湯淑貞著，三民書局，六十六年九月版。

二十九、人事心理學，傅肅良著，三民書局，七十年四月版。

三十、組織心理學，吳洋德譯，協志工業叢書，六十六年十二月版。

三十一、行為發展與心理衛生，廖榮利著，自印，六十六年九月版。

三十二、人羣關係新論，姜占魁著，五南圖書出版公司，六十八年十一月版。

三十三、人羣關係與管理，陳庚金著，五南圖書出版公司，六十八年四月版。

三十四、人羣關係，蘇伯顯著，自印，六十五年三月版。

三十五、諮商理論與技術要義，陳照明著，大洋出版社，六十六年十月版。

三十六、行為科學與管理，許是祥譯，中華企業發展中心，六十八年八月版。

三十七、財務行政，張則堯著，政大公企教育中心，五十四年十二月版。

三十八、財政學原理，張則堯著，自印，七十一年十月版。

三十九、財務管理，張春雄著，三民書局，七十一年三月版。

四十、財務管理，黃柱權著，三民書局，六十九年九月版。

四十一、財務法規，陳肇榮著，五南圖書出版公司，七十年七月版。

四十二、事務管理規則，行政院秘書處，七十二年四月版。

四十三、公文處理手冊，北一出版社，六十五年一月版。

四十四、行政革新研究專集，繆全吉主編，聯合報叢書，六十七年七月版。

四十五、現代化辦公室管理，梁馨科、王淑芬編著，信文圖書有限公司，七十年十月版。

四十六、管理資訊系統導論，楊維楨譯，商務印書館，七十一年九月版。

四十七、電子計算機與資料處理，許慶芳著，松崗圖書公司。

貳：英文部份

1. Management, Theory Process and Practice, Richard M. Hodgetts, 中央圖書出版社，1975。

2. Principles of Management, George R. Terry, 美亞出版社，1972。

3. Management, Principles and Practices, Dalton E. McFarland, 美亞出版社，1974。

4. Organization and Management, A Systems Approach, Fremont E. Kast, James E. Rosenzweig, 淡江書局，1974。

5. Management, Concepts and Situations, Howard M. Carlisle, 淡江書局，1976。

6. The Management of Organizations, Herbert G. Hicks, C. Ray Gullett, 竹一出版社，1976。

7. Management, Basic Elements of Managing Organizations, Ross A. Webber, 華泰書局，1976。

8. Organizations, Gibson, Ivancevich & Donnelly, 馬陵出版社，1976。

9. Management, Tasks Responsibilities Practices, Peter F. Drucker, 美亞出版社，1974。

10. Management, Theory and Practice, Ernest Dale, 東南書局，1973。

11. Principles of Management and Organizational Behavior, Justin G. Longenecker, 美亞出版社，1973。

12. The Fundamentals of Top Management, Ralph Currier Davis,

Harper & Brothers, 1951。

13. Principles of Management, A Modern Approach, Henry Albers, 美亞出版社, 1974。

14. Principles of Management, Harold Koontz & Cyril O'Donnell, McGraw-Hill Book Company, 1959。

15. Organization and Management, A Contingency Approach, Gary Dessler, 華泰書局, 1976。

16. Administration, Albert Lepawsky, Alfred-A-Knoff, 1960。

17. The Administrator, John Desmond Glover & Ralph M. Hower, Richard D. IRwin, 1957。

18. Public Administration, Marshall Edward Dimock & Gladys Ogden Dimock, 馬陵出版社, 1969。

19. Managing Human Resources, Leonard R. Sayles & George Strauss, 大同圖書公司, 1978。

20. Administrative Behavior, Herbert A. Simon, 巨浪出版社, 1976。

21. Public Personnel Administration, O. Glenn Stahl, 華泰書局, 1976。

22. Personnel Administration, Paul Pigors & Charles A. Myers, 華泰書局, 1977。

23. Personnel Management, Theory and Practice, Dalton E. McFarland, 新月圖書公司, 1968。

24. Personnel Management and Industrial Relations, Dale Yoder, 虹橋書局, 1973。

25. The Personnel Management Process, Wendell French, 美亞出版社, 1974。

26. Human Relations in Administration, Robert Dubin, 大同圖書公司, 1968。

27. The Human Side of Enterprise, Douglas McGregor, McGraw-Hill

Book Company, 1960。

28. Psychology in Industrial Organizations, Norman R.F. Maier, 雙葉書廊，1977。

29. Organizational Behavior and Personnel Psychology, Kenneth N. Wexley & Gary A Yukl, 華泰書局，1977。

30. Behavior in Organizations, H. Joseph Reitz, 華泰書局，1978。

31. Managerial Psychology, Harold J. Leavitt, 新智出版社，1978。

32. Introduction to Psychology, Hilgard & Atkinson, 虹橋書局，1979。

33. Theories of Personality, Calvin S. Hall & Gardner Lindzey, 1978。

34. Readings in Managerial Psychology, Harold J. Leavitt & Louis R. Pondy, 華泰書局，1973。

35. Social Psychology, Lawrence S. Wrightsman, 雙葉書廊，1977。

36. Essentials of Psychological Testing, Lee J. Gronbach, 中央圖書出版社，1970。

37. Psychological Testing, Anne Anastasi, 雙葉書廊，1976。

38. The Process of Communication, David K. Berlo, Holt, Rinehart and Winston, 1961。

39. Introduction to Management Science, Billy M. Thornton & Paul Preston, 中央圖書出版社，1977。

40. Office Management and Control, George R. Terry, 美亞出版社，1973。

41. Information Systems for Modern Management, Robert G. Murdick & Jeol E. Ross, 大同圖書公司，1976。

三民大專用書書目

強制執行法	陳 榮 宗 著	臺 灣 大 學
法院組織法論	管 歐 著	東 吳 大 學

政治・外交

政治學	薩 孟 武 著	前臺灣大學
政治學	鄒 文 海 著	前政治大學
政治學	曹 伯 森 著	陸 軍 官 校
政治學	呂 亞 力 著	臺 灣 大 學
政治學概要	張 金 鑑 著	政 治 大 學
政治學方法論	呂 亞 力 著	臺 灣 大 學
政治理論與研究方法	易 君 博 著	政 治 大 學
公共政策概論	朱 志 宏 著	臺 灣 大 學
公共政策	曹 俊 漢 著	臺 灣 大 學
公共政策	朱 志 宏 著	臺 灣 大 學
公共關係	王 德 馨 等著	交 通 大 學
中國社會政治史㈠～㈣	薩 孟 武 著	前臺灣大學
中國政治思想史	薩 孟 武 著	前臺灣大學
中國政治思想史 （上）（中）（下）	張 金 鑑 著	政 治 大 學
西洋政治思想史	張 金 鑑 著	政 治 大 學
西洋政治思想史	薩 孟 武 著	前臺灣大學
中國政治制度史	張 金 鑑 著	政 治 大 學
比較主義	張 亞 澐 著	政 治 大 學
比較監察制度	陶 百 川 著	國 策 顧 問
歐洲各國政府	張 金 鑑 著	政 治 大 學
美國政府	張 金 鑑 著	政 治 大 學
地方自治概要	管 歐 著	東 吳 大 學
國際關係——理論與實踐	朱張碧珠 著	臺 灣 大 學
中美早期外交史	李 定 一 著	政 治 大 學
現代西洋外交史	楊 逢 泰 著	政 治 大 學

行政・管理

行政學（增訂版）	張 潤 書 著	政 治 大 學
行政學	左 潞 生 著	中 興 大 學
行政學新論	張 金 鑑 著	政 治 大 學

— 3 —

書名	著者	學校
行政管理學	傅肅良 著	中興大學
行政生態學	彭文賢 著	中興大學
各國人事制度	傅肅良 著	中興大學
考詮制度	傅肅良 著	中興大學
交通行政	劉承漢 著	成功大學
組織行為管理	龔平邦 著	前逢甲大學
行為科學概論	龔平邦 著	前逢甲大學
行為科學與管理	徐木蘭 著	臺灣大學
組織行為學	高尚仁 等著	香港大學
組織原理	彭文賢 著	中興大學
實用企業管理學	解宏賓 著	中興大學
企業管理	蔣靜一 著	逢甲大學
企業管理	陳定國 著	臺灣大學
國際企業論	李蘭甫 著	中文大學
企業政策	陳光華 著	交通大學
企業概論	陳定國 著	臺灣大學
管理新論	謝長宏 著	交通大學
管理概論	郭崑謨 著	中興大學
管理個案分析	郭崑謨 著	中興大學
企業組織與管理	郭崑謨 著	中興大學
企業組織與管理（工商管理）	盧宗漢 著	中興大學
現代企業管理	龔平邦 著	前逢甲大學
現代管理學	龔平邦 著	前逢甲大學
事務管理手冊	新聞局 著	
生產管理	劉漢容 著	成功大學
管理心理學	湯淑貞 著	成功大學
管理數學	謝志雄 著	東吳大學
品質管理	戴久永 著	交通大學
可靠度導論	戴久永 著	交通大學
人事管理（修訂版）	傅肅良 著	中興大學
作業研究	林照雄 著	輔仁大學
作業研究	楊超然 著	臺灣大學
作業研究	劉一忠 著	舊金山州立大學

書名	作者	學校
系統分析	陳　進　著	前聖瑪麗學院

社　會

書名	作者	學校
社會學	蔡文輝 著	印地安那大學
社會學	龍冠海 著	前臺灣大學
社會學	張華葆 主編	東海大學
社會學理論	蔡文輝 著	印地安那大學
社會學理論	陳秉璋 著	政治大學
社會心理學	劉安彥 著	傑克立州大學
社會心理學	張華葆 著	東海大學
社會心理學	趙淑賢 著	安柏拉校區
社會心理學理論	張華葆 著	東海大學
政治社會學	陳秉璋 著	政治大學
醫療社會學	廖榮利 等著	臺灣大學
組織社會學	張苙雲 著	臺灣大學
人口遷移	廖正宏 著	臺灣大學
社區原理	蔡宏進 著	臺灣大學
人口教育	孫得雄 編著	東海大學
社會階層化與社會流動	許嘉猷 著	臺灣大學
社會階層	張華葆	東海大學
西洋社會思想史	張承漢 等著	臺灣大學
中國社會思想史（上）（下）	張承漢 著	臺灣大學
社會變遷	蔡文輝 著	印地安那大學
社會政策與社會行政	陳國鈞 著	中興大學
社會福利行政（修訂版）	白秀雄 著	臺灣大學
社會工作	白秀雄 著	臺灣大學
社會工作管理	廖榮利 著	臺灣大學
團體工作：理論與技術	林萬億 著	臺灣大學
都市社會學理論與應用	龍冠海 著	前臺灣大學
社會科學概論	薩孟武 著	前臺灣大學
文化人類學	陳國鈞 著	中興大學

書名	著者		學校
勞工問題	陳國鈞	著	中興大學
少年犯罪心理學	張華葆	著	東海大學
少年犯罪預防及矯治	張華葆	著	東海大學

教　育

書名	著者		學校
教育哲學	賈馥茗	著	臺灣師大
教育哲學	葉學志	著	彰化教育學院
普通教學法	方炳林	著	臺灣師大
各國教育制度	雷國鼎	著	臺灣師大
教育心理學	溫世頌	著	傑克州立大學
教育心理學	胡秉正	著	政治大學
教育社會學	陳奎憙	著	臺灣師大
教育行政學	林文達	著	政治大學
教育行政原理	黃昆輝	主譯	臺灣師大
教育經濟學	蓋浙生	著	臺灣師大
教育經濟學	林文達	著	政治大學
工業教育學	袁立錕	著	彰化師大
技術職業教育行政與視導	張天津	著	臺灣師大
技職教育測量與評鑑	李大偉	著	臺灣師大
高科技與技職教育	楊啟棟	著	臺灣師大
工業職業技術教育	陳昭雄	著	臺灣師大
技術職業教育教學法	陳昭雄	著	臺灣師大
技術職業教育辭典	楊朝祥	編著	臺灣師大
技術職業教育理論與實務	楊朝祥	著	臺灣師大
工業安全衛生	羅文基	著	高雄師大
人力發展理論與實施	彭台臨	著	臺灣師大
職業教育師資培育	周談輝	著	臺灣師大
家庭教育	張振宇	著	淡江大學
教育與人生	李建興	著	臺灣師大
當代教育思潮	徐南號	著	臺灣大學
比較國民教育	雷國鼎	著	臺灣師大
中等教育	司琦	著	政治大學
中國教育史	胡美琦	著	文化大學